Fachoberschulen und Höhere Berufsfachschulen

VWL
Volkswirtschaftslehre

3., aktualisierte Auflage

Herausgeber:
Franz-Josef Kaiser
Volker Brettschneider

Autoren:
Sylke Behrends
Volker Brettschneider
Franz-Josef Kaiser

unter Mitarbeit der Verlagsredaktion

Die 3. Auflage entstand unter Verwendung von Materialien von:
Norbert Damke, Markus Fleitmann, Hans-Peter Hrdina, Ludger Katt, Dorothe Redeker, Saskia Richter

Aktualitätendienst Wirtschaft
Im Internet unter www.cornelsen.de/cbb/akd-wirtschaft
finden Sie regelmäßig aktuelle Unterrichtseinheiten aus dem Bereich Volkswirtschaftslehre

Verlagsredaktion:	Dorothe Redeker
Außenredaktion:	Jan W. Haas, Berlin
Bildredaktion:	Christina Fanselow
Layout und technische Umsetzung:	vitaledesign, Berlin
Umschlaggestaltung:	sign, Berlin
Titelfoto:	Punchstock/Image Source

www.cornelsen.de/cbb

3. Auflage, 1. Druck 2010

Druck: CS-Druck CornelsenStürtz, Berlin

ISBN 978-3-06-450148-5

 Inhalt gedruckt auf säurefreiem Papier aus nachhaltiger Forstwirtschaft.

Inhaltsverzeichnis

Themenbereich 1: Grundtatbestände des Wirtschaftens **7**

1.1 Glauben Sie an außerirdische Wesen? 8

1.2 Die Volkswirtschaft im System der Wissenschaften 9

1.3 Denken in Modellen 12

1.4 Volkswirtschaftliche Grundprobleme 13

1.4.1 Bedürfnisse und Bedarf 13

1.4.2 Güterknappheit, Produktionsfaktoren und Arbeitsteilung 15

1.5 Regeln der Volkswirtschaft 19

1.6 Prinzipien wirtschaftlichen Handelns 25

1.7 Expertengespräch zum Produktionsfaktor Arbeit in der Region 27

Themenbereich 2: Wirtschaftskreislauf und Volkswirtschaftliche Gesamtrechnung **29**

2.1 Die Suche nach der Wohlstandsformel 30

2.2 Der Wirtschaftskreislauf 32

2.2.1 Wirtschaftskreislauf mit zwei Sektoren 33

2.2.2 Wirtschaftskreislauf mit fünf Sektoren 33

2.2.3 Kritik am Wirtschaftskreislauf 35

2.3 Volkswirtschaftliche Gesamtrechnung 37

2.3.1 Bestandteile der Volkswirtschaftlichen Gesamtrechnung 39

2.3.2 Das Bruttoinlandsprodukt als Wohlstandsindikator? 41

2.4 Statistiken lesen und mit Grafiken veranschaulichen 43

Themenbereich 3: Markt und Preis **45**

3.1 Äpfel, Bananen oder Wertpapiere? 46

3.2 Der Markt als Institution 47

3.3 Marktarten 49

3.4 Die Nachfrage 50

3.4.1 Die Nachfragekurve 50

3.4.2 Preiselastizität der Nachfrage 51

3.5 Das Angebot 53

3.5.1 Die Angebotskurve 53

3.5.2 Preiselastizität des Angebots 54

3.6 Preisbildung auf dem vollkommenen Markt 55

3.7 Preisbildung auf dem unvollkommenen Markt 57

3.7.1 Preisbildung im unvollkommenen Polypol 57

3.7.2 Preisbildung im unvollkommenen Oligopol 58

3.7.3 Preisbildung im vollkommenen und unvollkommenen Monopol 59

3.8 Eingriffe des Staates in die Preisbildung 61

3.9 Marktversagen 65

3.10 Planspiel zur Börse 67

Themenbereich 4: Geld und Währung **69**
4.1   Geld: nichts Geheimnisvolles 70
4.2   Geschichte des Geldes. 71
4.3   Funktionen des Geldes 73
4.4   Von der DM zum Euro. 75
4.5   Binnenwert des Geldes 77
4.6   Geldwertstörungen 80
4.7   Außenwert des Geldes. 88
4.8   Wechselkurssysteme 91
4.8.1 System der freien Wechselkurse 91
4.8.2 System der fixen Wechselkurse. 95
4.8.3 System der Leitkurse und Bandbreiten 96
4.9   Projekt „Erstellen einer Broschüre zum Thema Inflation". 99

Themenbereich 5: Wirtschaftsordnungen **101**
5.1   Die „Stunde null". 102
5.2   Entwicklung einer Wirtschaftsordnung 103
5.3   Freie Marktwirtschaft als idealtypische Wirtschaftsordnung 107
5.4   Soziale Marktwirtschaft als realtypische Wirtschaftsordnung 111
5.5   Die Zentralverwaltungswirtschaft. 115
5.6   Pro-und-Kontra-Diskussion 118

Themenbereich 6: Träger und Ziele der Wirtschaftspolitik. **119**
6.1   Entscheidung vertagt 120
6.2   Ziele staatlicher Wirtschaftspolitik 121
6.3   Träger und Akteure der Wirtschaftspolitik 126
6.4   Handlungsfelder der Wirtschaftspolitik 129
6.5   Fallstudie zur Regionalökonomie 134

Themenbereich 7: Wettbewerb und Konzentration **139**
7.1   Monopolkommission: „Energiemarkt fehlt Wettbewerb". 140
7.2   Funktionsfähiger Wettbewerb 142
7.3   Konzentrationstendenzen 144
7.4   Unternehmenszusammenschlüsse. 146
7.5   Die Hüter des Wettbewerbs 152
7.5.1 EU-Kommission. 152
7.5.2 Bundeskartellamt und Monopolkommission 153
7.6   Gesetz gegen Wettbewerbsbeschränkungen 155
7.6.1 Kartellverbote 155
7.6.2 Fusionskontrolle 157
7.6.3 Missbrauchsaufsicht über marktbeherrschende Unternehmen 158
7.6.4 Überprüfung der Vergabe öffentlicher Aufträge 159
7.7   Netzwerk – Verbraucherschutz vor unlauterem Wettbewerb 160

Themenbereich 8: Konjunktur- und Geldpolitik **163**
8.1   Rezessionsjahr 2009: Der ganz große Absturz 164
8.2   Konjunkturpolitik 166
8.2.1 Konjunkturzyklus 166
8.2.2 Konjunkturforschung und -prognosen 168
8.2.3 Konjunkturindikatoren 169
8.3   Geldpolitik 171
8.3.1 Das Europäische System der Zentralbanken 171
8.3.2 Die Deutsche Bundesbank im Eurosystem 172
8.3.3 Nichtbankensektor und Geldmenge 175
8.3.4 Geldschöpfungsprozess und Mindestreserve 176
8.3.5 Geldpolitische Instrumente 180
8.3.6 Geldpolitische Strategie 183
8.4   Finanzpolitik 188
8.5   Fiskalpolitik 192
8.5.1 Nachfragepolitik 192
8.5.2 Angebotspolitik – Monetarismus 196
8.5.3 Einsatz von Geld- und Fiskalpolitik zur Stabilisierung der Volkswirtschaft 197
8.6   Wandzeitung 200

Themenbereich 9: Arbeitsmarkt und Sozialpolitik **201**
9.1   Was ist soziale Sicherung? 203
9.2   Das Sozialstaatsprinzip 203
9.2.1 Staatliche Transferleistungen 204
9.2.2 Das Sozialbudget 204
9.3   Gesetzliche Sozialversicherung 206
9.3.1 Krankenversicherung 208
9.3.2 Pflegeversicherung 211
9.3.3 Rentenversicherung 213
9.3.4 Unfallversicherung 215
9.3.5 Arbeitslosenversicherung 215
9.4   Förderung von Chancengleichheit und Unterstützung Benachteiligter 218
9.4.1 Bildungspolitik 218
9.4.2 Familienpolitik 219
9.4.3 Arbeitnehmerschutz 223
9.5   Einkommen „gerecht" verteilen 226
9.5.1 Die Einkommens- und Vermögensverteilung 226
9.5.2 Steuergerechtigkeit 228
9.6   Private Absicherung und Vermögensbildung 232
9.6.1 Vermögensbildung gefördert durch den Staat 232
9.6.2 Altersvorsorge gefördert durch den Staat 233
9.7   Arbeitsmarkt- und Beschäftigungspolitik 235
9.7.1 Ursachen und Folgen von Arbeitslosigkeit 236
9.7.2 Mittel der Arbeitsmarkt- und Beschäftigungspolitik 238
9.8   Projekte „Gründung eines Sozialunternehmens" 240

Themenbereich 10: Außenwirtschaft und Globalisierung **241**

10.1   Soll Dirk Nowitzki seinen Rasen selbst mähen? 242

10.2   Gründe für den Außenhandel 243

10.2.1 Absolute Kostenvorteile 243

10.2.2 Komparative Kostenvorteile 244

10.3   Terms of Trade 246

10.4   Handelsbeschränkungen 247

10.4.1 Tarifäre Handelshemmnisse 248

10.4.2 Nichttarifäre Handelshemmnisse 249

10.5   Zahlungsbilanz 252

10.5.1 Leistungsbilanz 252

10.5.2 Vermögensübertragungs-, Kapital- und Devisenbilanz 253

10.5.3 Die Bedeutung der Zahlungsbilanz 254

10.6   Internationale Organisationen und Abkommen 256

10.7   Regionale Handelsabkommen 261

10.8   Die Europäische Union (EU) 263

10.8.1 Die Wirtschafts- und Währungsunion (WWU) 263

10.8.2 Organe der EU 265

10.8.3 EU-Strukturpolitik 267

10.9   Globalisierung 270

10.9.1 Antriebskräfte 270

10.9.2 Auswirkungen 272

10.9.3 Krisenerscheinungen 273

10.10   Surfen im Internet – Vorbereitung einer PowerPoint-Präsentation 276

Themenbereich 11: Umweltpolitik **279**

11.1   Weltklima vor dem Kollaps? 280

11.2   Verhältnis von Ökonomie und Ökologie 282

11.3   Leitbild der nachhaltigen Entwicklung 284

11.3.1 Konzept der Nachhaltigkeit 284

11.3.2 Agenda 21 und „Lissabon-Strategie" 286

11.4   Die Grenzen des Wachstums 288

11.5   Ziele und Prinzipien staatlicher Umweltpolitik 294

11.6   Instrumente der Umweltpolitik 295

11.7   Diskrepanz zwischen Umweltbewusstsein und -verhalten 300

11.8   Projekt „Lokale Agenda 21" 303

Glossar **305**

Stichwortverzeichnis **322**

Bildquellenverzeichnis **327**

Wie wird die Volkswirtschaft in das System der Wissenschaften eingeordnet?

Warum werden in der Volkswirtschaft Modelle verwendet?

Welche Grundprobleme sind in allen Volks- wirtschaften zu lösen?

Welche Prinzipien bestimmen wirtschaft- liches Handeln?

Welche Ziele verfolgen die Marktteilnehmer?

1 Grundtatbestände des Wirtschaftens

1.1 Glauben Sie an außerirdische Wesen?

scarce = engl. für knapp

Es begann damit, dass mich mein Chef, Dienststellenleiter einer staatlichen Behörde, zu sich rief und mir mitteilte, er habe eine Aufgabe für mich, die mit einer längeren Dienstreise verbunden sei. Wie jeder gute Beamte hatte auch ich nichts gegen eine längere Dienstreise einzuwenden, also sagte ich freudig zu. „Sie müssen nach Scarcia", fuhr mein Chef fort, „um die Leute dort in wirtschaftlichen Fragen zu beraten." – „Wohin bitte soll ich reisen?" – „Nach Scarcia, das liegt 20 000 Lichtjahre von der Erde entfernt. Daher benötigen Sie ein interstellares Raumschiff, das zu diesem Zweck von den Schlaraffianern zur Verfügung gestellt wird." Da ich nicht antwortete, fuhr er fort: „Die Schlaraffianer sind an die Bundesregierung mit der Bitte um Wirtschaftsberatung herangetreten, da einige Schlaraffianer wegen, wie sie sich ausdrückten, „fortgesetzter Nörgelei" vom Planeten Schlaraffia auf den Planeten Scarcia verbannt wurden." Da nun auf Schlaraffia Wirtschaften nicht notwendig sei, auf

Scarcia aber wohl, benötigten die „Alt-Schlaraffianer" bzw. „Neu-Scarcianer" einen Experten, der ihnen die Grundbegriffe des Wirtschaftens erläutere.
Mein Chef lehnte sich zurück. „Wollen Sie diese Aufgabe übernehmen? Selbstverständlich erhalten Sie für Ihre Reisespesen einen erhöhten Tagessatz." – „Sicher", antwortete ich, indem ich zum Telefonhörer griff, um den Notarzt zu alarmieren. In diesem Augenblick öffnete sich die Tür zum Vorzimmer, und ein etwa 1,30 Meter großes Wesen betrat den Raum, lächelte mich freundlich an und sagte: „Es freut mich, dass Sie zusagen. Die schlaraffianische Regierung ist Ihnen zu Dank verpflichtet."

Quelle: Friedrich, J., Volkswirtschaftslehre, Essen 1988, S. 7

Problemstellung

Stellen Sie sich vor, Sie müssten die „Scarcianer" als Experten beraten und ihnen erläutern, dass in der Regel wirtschaften und die Bewältigung von Knappheit erforderlich sind, um die Lebensbedürfnisse zu befriedigen. Bearbeiten Sie hierfür in Gruppen folgende Aufgabenstellungen:

1 Welches sind Grundbegriffe, Prinzipien und Bedingungen, nach denen eine Volkswirtschaft funktioniert? Entwickeln Sie zunächst mehrere Thesen und halten Sie diese schriftlich fest.
2 Überprüfen Sie Ihre Thesen mithilfe der folgenden Kapitel. Trafen die Thesen den „Kern"? Welche Aspekte haben Sie nicht berücksichtigt?
3 Entwickeln Sie, nachdem Sie diesen Themenbereich durchgearbeitet haben, eine kurze „Expertise", um den „Scarcianern" Grundbegriffe und -prinzipien des Wirtschaftens zu erläutern.

1.2 Die Volkswirtschaft im System der Wissenschaften

Eine Volkswirtschaft besteht aus einer Vielzahl von Menschen, den Wirtschaftssubjekten, die in einem räumlich abgegrenzten Gebiet leben. Diese treffen wirtschaftliche Entscheidungen, führen wirtschaftliche Aktivitäten durch und beeinflussen wirtschaftliche Vorgänge. Menschen entscheiden sich z. B., in Urlaub zu fahren, buchen eine Reise und nutzen ein Flugzeug. Werden die wirtschaftlichen Prozesse systematisch betrachtet, so lässt sich die wirtschaftliche Entwicklung eines Landes analysieren und die Gesellschaft zum Wohle aller gestalten. Diese Aufgabe wird im Rahmen der Wirtschaftswissenschaften wahrgenommen.

Wirtschafssubjekte sind Personen oder Personengruppen, z. B. private Haushalte, Unternehmen, Staat und Ausland.

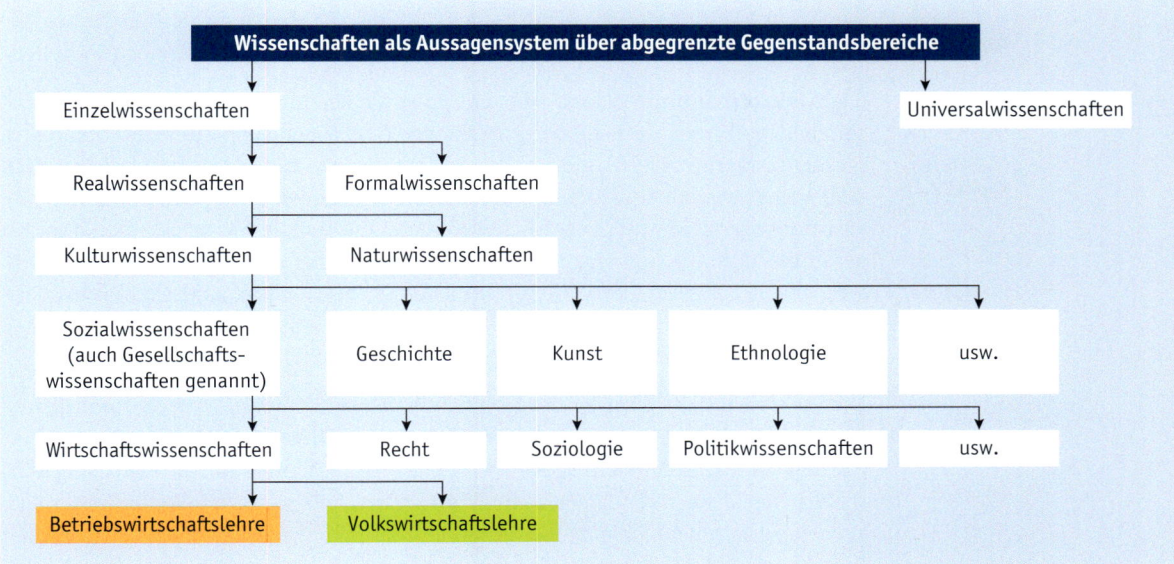

Gemäß einer weit verbreiteten wissenschaftstheoretischen Betrachtungsweise kann grundlegend zwischen Universal- und Einzelwissenschaften, **Formalwissenschaften** (z. B. Logik, Mathematik, reine Linguistik und theoretische Informatik) und Realwissenschaften unterschieden werden.

Die **Realwissenschaften** können nach Natur- und Kulturwissenschaften unterteilt werden. Die **Naturwissenschaften** (z. B. Physik, Chemie, Geowissenschaften) zielen darauf ab, Naturerscheinungen zu ergründen, Regelmäßigkeiten zu erkennen und Gesetzmäßigkeiten in der Natur zu ermitteln. Die **Kulturwissenschaften** sind auf Menschen und ihr geistiges Schaffen oder ihre geistigen Produkte bezogen.

In den **Sozialwissenschaften** stehen die Menschen und ihr Verhalten im Mittelpunkt der Forschung. Menschliches Verhalten kann nicht wie Erscheinungen in der Natur durch immerwährende Gesetzmäßigkeiten erklärt werden. Gemäß der Auffassung von *Max Weber* (1864–1920), einem der bedeutendsten deutschen Sozialwissenschaftler, ist alles Handeln an Zielen und Werten ausgerichtet.

Max Weber (1864–1920)

Die **Wirtschaftswissenschaften** werden nach Betriebs- und Volkswirtschaftslehre unterschieden. Die **Betriebswirtschaftslehre (BWL)** kann nach Allgemeiner Betriebswirtschaftslehre (z. B. Beschaffung, Produktion, Forschung und Entwicklung) und Spezieller Betriebswirtschaftslehre (z. B. Industriebetriebslehre, Bankbetriebslehre) unterschieden werden. Die Aufgabe der Betriebswirtschaftslehre besteht darin, aus der Perspektive des einzelnen Unternehmens das betriebliche Geschehen zu analysieren. Das betrifft:
- das innerbetriebliche Handeln, wie z. B. Beschaffung, Produktion, Absatz, Finanzierung, Forschung und Entwicklung,
- zwischenbetriebliches Geschehen, das sich aufgrund wirtschaftlicher Aktivitäten der Wirtschaftssubjekte entwickelt.

Der Begriff „Mikro" bedeutet: klein, gering, fein

Markt **Kapitel 3.2**

Die **Volkswirtschaftslehre (VWL)** kann nach Mikro- und Makroökonomie unterteilt werden. In der **Mikroökonomie** werden ökonomische Entscheidungen einzelner Wirtschaftssubjekte und ihre Folgen auf den Märkten analysiert. Ziel ist es, die Koordination einzelwirtschaftlicher Entscheidungen auf den Märkten darzustellen.

Der Begriff „Makro" bedeutet: lang, groß

Sektoren **Kapitel 2.2**

Modelle **Kapitel 1.3**

Die **Makroökonomie** befasst sich mit einer Volkswirtschaft als Ganzes und fasst gleichartige Wirtschaftssubjekte zu Sektoren (z. B. Haushaltssektor, Unternehmenssektor) zusammen. Die ökonomischen Aktivitäten wie z. B. investieren, konsumieren oder sparen werden als gesamtwirtschaftliche Größen wie gesamtwirtschaftliche Investition oder gesamtwirtschaftlicher Konsum dargestellt. Sie befasst sich also mit gesamtwirtschaftlichen Fragestellungen, wobei zur Vereinfachung makroökonomische Modelle angewendet werden. Die Vielfalt der einzelwirtschaftlichen Unterschiede wird dabei auf überschaubare Zusammenhänge reduziert. Die Analyse wird so vereinfacht und Beziehungen zwischen gesamtwirtschaftlichen Größen erklärt.

Die Volkswirtschaftslehre kann auch nach Wirtschaftstheorie, Wirtschaftpolitik und Finanzwissenschaft unterschieden werden. In der **Wirtschaftstheorie** (auch Allgemeine Volkswirtschaftslehre genannt) geht es hauptsächlich um die Erklärung wirtschaftlicher Zusammenhänge. Gefragt wird nach dem „Warum" ökonomischer Phänomene, d. h., entsprechende Wirkungszusammenhänge stehen im Mittelpunkt der Betrachtung. Zugleich wird es als Aufgabe angesehen, Vorhersagen zu treffen; hierbei ist zu berücksichtigen, dass Prognosen immer zeit- und raumgebundene Aussagen darstellen.

Wirtschaftspolitik **Kapitel 6**

Arbeitsmarkt **Kapitel 9.7**

Im Rahmen der Theorie der **Wirtschaftspolitik** wird analysiert, welche Gestaltungsmöglichkeiten bestehen und welche Instrumente eingesetzt werden können, um die Wirtschaft entsprechend gewünschter Zielsetzungen zu beeinflussen. Arbeitsmarktpolitische Instrumente können beispielsweise verwendet werden, um die Zahl der Arbeitslosen zu verringern.

Finanzwissenschaft = Lehre von der öffentlichen Finanzwirtschaft **Kapitel 8.4**

Konjunktur **Kapitel 8.2**

Die **Finanzwissenschaft** beschäftigt sich mit den öffentlichen Haushalten (Bund, Länder, Gemeinden) und den ökonomischen Aktivitäten sonstiger juristischer Personen des öffentlichen Rechts (z. B. Gemeindeverbände). Aufgabengebiete sind insbesondere die öffentlichen Einnahmen und Ausgaben sowie die Lehre vom öffentlichen Kredit mit der Theorie der Staatsverschuldung und den politischen Möglichkeiten der Einflussnahme auf den Konjunkturverlauf.

Um die Wirtschaftswirklichkeit angemessen zu erklären, müssen Ursachen und Abhängigkeiten beachtet werden. Daher kommt die Volkswirtschaftslehre nicht ohne die Ergebnisse anderer Wissenschaften wie z. B. der Mathematik, der Statistik, der Rechtswissenschaft sowie der Soziologie oder der Politologie aus.

Zentrale Aufgaben der Volkswirtschaftslehre sind:

1. **Beschreibung**: Die Volkswirtschaftslehre versucht, die wirtschaftlichen Geschehnisse mithilfe geeigneter Methoden und Begriffe zu beschreiben. Zu den grundlegenden Begriffen gehören z. B. Bedürfnisse, Güter, Arbeitsteilung, Produktionsfaktoren und Einkommen. Die Beschreibung wirtschaftlicher Vorgänge bezieht sich dabei in der Regel auf den abgelaufenen Prozess.

2. **Erklärung**: Die Volkswirtschaftslehre versucht, das wirtschaftliche Geschehen zu erklären. Es wird z. B. untersucht, warum bestimmte Ereignisse so und nicht anders ablaufen und wie sie zusammenhängen.

3. **Prognose**: Die Volkswirtschaftslehre versucht den Ablauf des Wirtschaftsgeschehens vorherzusagen. Sie möchte z. B. herausfinden, wie sich das Preisniveau entwickelt und ob die Arbeitslosigkeit steigt oder sinkt. Darüber hinaus versucht sie darzustellen, wie sich bestimmte wirtschaftspolitische Maßnahmen in Zukunft auswirken werden. Das Erstellen von Prognosen erweist sich als sehr schwierig und ist mit Unsicherheiten verbunden. Trotzdem sind Prognosen notwendig, um Entscheidungen in der Wirtschaftspolitik zu treffen.

4. **Politikberatung**: In diesem Bereich versucht die Volkswirtschaftslehre aufzuzeigen, welche Möglichkeiten es gibt, Wirtschaftsprozesse zu beeinflussen und zu steuern. Wirtschaftspolitik ist – wie Sie in den folgenden Abschnitten sehen werden – eine zentrale Aufgabe der Volkswirtschaftslehre.

ÜBERBLICK

Wirtschaftssubjekte sind Personen oder Personengruppen (z. B. private Haushalte, Unternehmen, Staat und Ausland). Sie treffen wirtschaftliche Entscheidungen und entscheiden darüber, ob, wie, in welchem Umfang und an welchem Ort sie sich zu welcher Zeit wirtschaftlich betätigen.

Die **zentralen Aufgaben** der Volkswirtschaftslehre sind Beschreibung, Erklärung, Prognose und Politikberatung.

AUFGABEN

1 Warum wird die Volkswirtschaftslehre als Sozialwissenschaft bezeichnet?

2 Grenzen Sie die Volks- von der Betriebswirtschaftslehre ab.

3 Erläutern Sie den Unterschied zwischen Mikro- und Makroökonomie.

4 Erläutern Sie die Aufgaben der Volkswirtschaftslehre an Beispielen.

5 Suchen Sie Beispiele für wirtschaftsbezogene Prognosen (z. B. in Tageszeitungen).

6 Womit beschäftigt sich die Finanzwissenschaft und welches sind ihre Hauptaufgaben?

1.3 Denken in Modellen

In einer Volkswirtschaft führen Millionen von Menschen eine Vielzahl von einzelnen Aktivitäten aus, wie z. B. kaufen, verkaufen, arbeiten, sparen, produzieren, Arbeitskräfte einstellen und entlassen. Diese Aktivitäten sind insgesamt kaum zu überschauen. Deshalb werden in der Volkswirtschaftslehre oft Denkmodelle entwickelt, um die Wirklichkeit auf eine überschaubare Anzahl von Faktoren und Zusammenhängen zu reduzieren.

Der Vorgang der Modellbildung beruht in den Wirtschaftswissenschaften im Wesentlichen auf folgenden Prinzipien:

- Durch **Aggregation** werden eine Vielzahl gleichartiger Elemente zu einer Größe zusammengefasst, z. B. beinhaltet der Sektor „Privater Haushalt" alle Haushalte einer Volkswirtschaft.
- Durch **Isolierung** werden nicht erfasste Faktoren aus der Betrachtung ausgeschlossen. In einer Straßenkarte für Autofahrer werden in der Regel Fahrrad- und Wanderwege nicht berücksichtigt.
- Ökonomische Verhaltensweisen werden oftmals als **„mechanische"** Vorgänge aufgefasst, die durch wenige Faktoren bedingt sind. So wird im Modell des „Homo oeconomicus" davon ausgegangen, dass der Mensch immer rational handelt.

Homo oeconomicus
Kapitel 1.6

In volkswirtschaftlichen Modellen wird in mehrfacher Weise von der ökonomischen Wirklichkeit abstrahiert. Es werden nicht alle Merkmale und Eigenschaften des Originals erfasst, vielmehr beschränkt sich der Modell-Konstrukteur auf solche Faktoren, die für ihn besonders wichtig sind. Unberücksichtigte Phänomene werden so behandelt, als ob ihr Einfluss konstant bliebe. Reichweite und Aussagekraft von ökonomischen Modellen sind für die Erklärung realen wirtschaftlichen Verhaltens oftmals nur dann richtig zu verstehen, wenn die Annahmen bekannt sind, auf denen die Modellkonstruktion beruht.

BEISPIEL

Ein volkswirtschaftliches Denkmodell ist beispielsweise das Modell des Wirtschaftskreislaufs, in dem die grundlegenden Transaktionen in einer Volkswirtschaft verdeutlicht werden sollen.

ÜBERBLICK

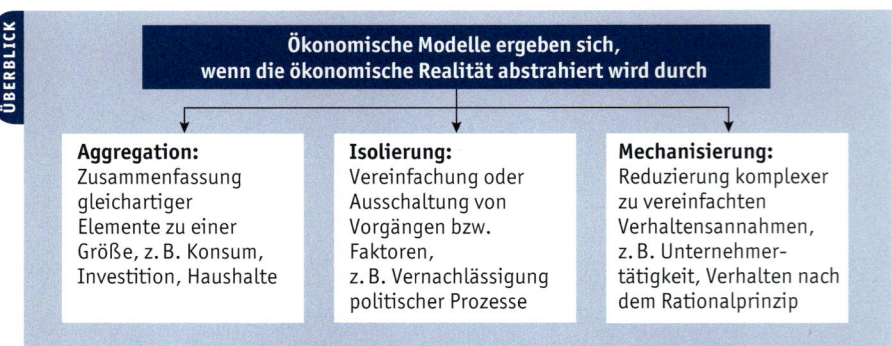

Ökonomische Modelle ergeben sich, wenn die ökonomische Realität abstrahiert wird durch

Aggregation:
Zusammenfassung gleichartiger Elemente zu einer Größe, z. B. Konsum, Investition, Haushalte

Isolierung:
Vereinfachung oder Ausschaltung von Vorgängen bzw. Faktoren, z. B. Vernachlässigung politischer Prozesse

Mechanisierung:
Reduzierung komplexer zu vereinfachten Verhaltensannahmen, z. B. Unternehmertätigkeit, Verhalten nach dem Rationalprinzip

AUFGABEN

1 Auf welchen Prinzipien beruht der Vorgang der Modellbildung?
2 Warum werden in der Volkswirtschaft Modelle entwickelt und zur Analyse der Wirtschaftlichkeit genutzt?

1.4 Volkswirtschaftliche Grundprobleme

Eine Volkswirtschaft zu begreifen erfordert zwar einige Mühe, aber der Albtraum, zu dem sie manche Menschen machen wollen, ist sie auch wieder nicht:

> Am ersten Tag schuf Gott die Sonne. Worauf der Teufel nachzog und den Sonnenbrand schuf. Am zweiten Tag schuf Gott das Geschlecht. Der Teufel schlug zurück und schuf die Ehe. Am dritten Tag schuf Gott einen Ökonomen. Was für eine Herausforderung für den Teufel. Er dachte lange nach und schließlich schuf er ... einen zweiten Ökonomen.
>
> *Quelle: Fourcans, A., Die Welt der Wirtschaft, Weinheim/Basel 2000, S. 9*

Ähnlich wie in einem Haushalt sind auch in einer Volkswirtschaft zahlreiche Entscheidungen zu treffen, welche Arbeiten vom wem zu erledigen sind. In allen Gesellschaften müssen dieselben wirtschaftlichen Grundprobleme gelöst werden. Folgende Fragen sind zu lösen:

- **Was** soll produziert werden, d. h., welche Waren und Dienstleistungen sollen hergestellt werden?
- **Wie** sollen Waren und Dienstleistungen, d. h., mithilfe welcher Produktionsverfahren soll etwas erzeugt werden?
- Von **wem** werden die Produkte hergestellt, d. h., welche Anreize gibt es, damit jemand das Risiko zu wirtschaften auf sich nimmt?
- **Wo**, also an welchem Standorten, soll produziert werden?
- **Wann** soll produziert werden?
- **Für wen** soll produziert werden?

Das Schlaraffenland / Paul Hey

Die Beantwortung dieser Fragen steht in der Regel in einem Spannungsfeld von unendlich vielen **Bedürfnissen** der Menschen und knappen Ressourcen und Gütern, die für ihre Befriedigung eingesetzt werden können. Güter müssen mithilfe von Produktionsmitteln (z. B. Maschinen) produziert werden. Die Produktionsmittel, über die eine Volkswirtschaft verfügt, sind in der Regel begrenzt, mit der Folge, dass nur eine eingeschränkte Anzahl von Gütern erzeugt werden kann. Aus dem **Knappheitsproblem** resultiert der Zwang zu wirtschaften. Wirtschaften kann definiert werden als der Einsatz knapper Mittel zur Befriedigung menschlicher Bedürfnisse. Wirtschaftliches Handeln ist die Antwort auf die Tatsache, dass wir nicht im Schlaraffenland leben.

Ressourcen = materielle und immaterielle Mittel (Produktionsfaktoren), die für die Produktion von Gütern zur Verfügung stehen

1.4.1 Bedürfnisse und Bedarf

Im Rahmen der Volkswirtschaftslehre werden Wünsche **Bedürfnisse** genannt und als zentrale Antriebskräfte des wirtschaftlichen Entscheidens und Handelns angesehen. Menschen haben unterschiedliche Bedürfnisse. Diese sind z. B. abhängig vom Alter, Geschlecht, sozialen und gesellschaftlichen Umfeld, der technischen Entwicklung und dem Einkommen. Einige Bedürfnisse müssen i. d. R. unmittelbar befriedigt werden, wie z. B. Hunger und Durst. Andere können mittelfristig erfüllt werden, wie z. B. der Wunsch nach Mobilität oder Geborgenheit.

Güter
Kapitel 1.4.2

Kaufkraft = das zur Verfügung
stehende Einkommen
Kapitel 4.5

Nachfragekurve
Kapitel 3.4.1

Wenn sich die Bedürfnisse des Menschen auf ganz bestimmte Güter beziehen und zu ihrer Befriedigung Kaufkraft vorhanden ist, wird von einem **Bedarf** gesprochen. Erst wenn Güter tatsächlich gekauft werden, d.h. der Bedarf am Markt wirksam wird, handelt es sich um eine **Nachfrage**.

Abraham Maslow (1908–1970) unterscheidet fünf Bedürfnisebenen. Aus diesen Bedürfnisebenen ergibt sich eine sogenannte **Bedürfnispyramide**.

1. **Physiologische Bedürfnisse** müssen vor allen anderen Bedürfnissen befriedigt werden. Sie sind zur Lebenserhaltung unbedingt notwendig, z.B. Nahrung, Getränke und Schlaf.
2. **Sicherheitsbedürfnisse** sind darauf ausgerichtet, dass die physiologischen Bedürfnisse auch in Zukunft befriedigt werden können, z.B. Altersvorsorge durch Geldwertstabilität, Ordnung, Gesetze und Regeln.
3. **Soziale Bedürfnisse** ergeben sich aus den sozialen Kontakten des Individuums und dem Wunsch nach einem Leben in einer Gemeinschaft, nach Geselligkeit und Freundschaft.
4. **Wertschätzungsbedürfnisse** sind darauf ausgerichtet, als Mensch von anderen Menschen Anerkennung und Bestätigung zu erhalten; nicht selten sind sie eine wesentliche „Triebfeder" des Verhaltens.
5. **Entwicklungsbedürfnisse** zielen auf die sogenannte Selbstverwirklichung des Menschen ab. Sie beruhen auf dem Wunsch, das Leben gemäß eigener Vorstellungen zu gestalten.

Rangordnung der Bedürfnisse nach Maslow

Karikatur von Rauschenbach

Nach Maslow wird die Befriedigung eines höherrangigen Bedürfnisses erst angestrebt, wenn die vorgelagerten Bedürfnisse befriedigt sind. Solange die Grundbedürfnisse nicht in ausreichendem Maße befriedigt sind, sind sie für das menschliche Verhalten bestimmend. Erst wenn der Mensch seine Grundbedürfnisse gesättigt hat, ist
er in der Lage, seine sozialen Kontakte auszubauen und zu pflegen. Sind die sozialen
Bedürfnisse und die Wertschöpfungsbedürfnisse befriedigt, wird schließlich der
Wunsch nach sozialer Anerkennung und Selbstverwirklichung größer.

BEISPIEL

Als Robinson Crusoe auf einer einsamen Insel strandet, muss er zunächst
seine physiologischen Bedürfnisse befriedigen. Er sucht etwas zu essen
und frisches Wasser. Damit er wieder zu Kräften kommt, wird er eine Weile
schlafen. Danach baut er sich zum Schutz eine kleine Hütte. Mit der Zeit
wird es ihm langweilig und er führt Selbstgespräche. Dann irgendwann
trifft er auf seinen Gefährten Freitag, der sein Freund wird und von dem er
anerkannt und bewundert werden möchte. Nachdem Crusoe erkennt, dass
er wohl noch eine Weile auf der Insel leben muss, philosophiert er über
den Sinn des Lebens und versucht, sein Leben auf der Insel nach seinen
Vorstellungen und Wünschen zu leben.

An der Theorie von Maslow wird beispielsweise kritisiert, sie treffe nur für den ame-
rikanisch-europäischen Kulturraum zu. Es wird ferner angezweifelt, ob die Entwicklung der Persönlichkeitsbedürfnisse dem Aufbau der Stufen im Sinne einer stufenab-
hängigen Entwicklung folgt. Gleichwohl besitzt die Theorie bis heute eine hohe
Erklärungskraft, da sie es ermöglicht, menschliche Bedürfnisse und die Möglichkeiten ihrer Befriedigung systematisch zu analysieren.

1.4.2 Güterknappheit, Produktionsfaktoren und Arbeitsteilung

Für die Befriedigung der menschlichen Bedürfnisse stehen die Güter nicht im Über-
fluss zur Verfügung. Wir leben nicht im Schlaraffenland. Nur ganz wenige Güter
stellt uns die Natur noch kostenlos zur Verfügung, wie z. B. Luft zum Atmen und Sand
in der Wüste (**freie Güter**). Alle anderen Güter sind knapp und müssen erarbeitet
bzw. hergestellt werden. Sie werden deshalb **wirtschaftliche Güter** genannt. Wirtschaftliche bzw. knappe Güter können in materielle und immaterielle Güter unterschieden werden. **Materielle Güter**, die auch als Sachgüter bezeichnet werden, sind
gegenständlich erfahrbar. Zu den **immateriellen Gütern** gehören **Dienstleistungen** und **Rechte** (Patente, Lizenzen, Miete und Pacht). Sachgüter werden in Konsumgüter und Produktionsgüter eingeteilt. **Konsumgüter** werden von den privaten
Haushalten nachgefragt, z. B. Nahrungsmittel. **Produktionsgüter** (auch Investitionsgüter genannt) werden hingegen von Unternehmen zum Zweck der Herstellung von
Gütern nachgefragt. Sowohl Konsum- als auch Produktionsgüter können in Ge-
brauchs- und Verbrauchsgüter unterteilt werden. **Gebrauchsgüter** werden über einen längeren Zeitraum genutzt, z. B. Waschmaschinen und Werkzeug. **Verbrauchsgüter** können nur einmal genutzt werden, z. B. Brot, Butter und Spülmittel.

Achtung! Wenn von Gütern die
Rede ist, sind auch alle Dienstleistungen gemeint. Damit die
Dienstleistungen nicht „unter-
gehen", wird auch häufig von
Waren und Dienstleistungen
gesprochen.

Unterscheidung private und
öffentliche Güter
Kapitel 3.9

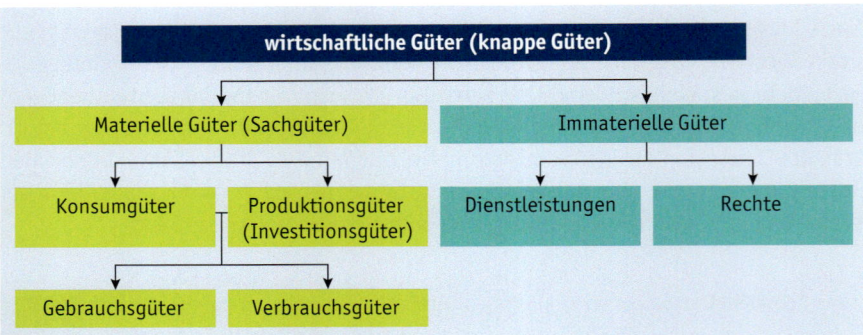

Für die Bereitstellung der wirtschaftlichen Güter werden materielle und immaterielle Mittel, sogenannte **Produktionsfaktoren**, benötigt. Sie gehen nicht direkt in die produzierten Güter ein. Sie werden als Leistung für die Erstellung von Gütern bereitgestellt. Zu den klassischen Produktionsfaktoren gehören:

- **Arbeit**: Der Faktor Arbeit umfasst das gesamte Arbeitskräftepotenzial einer Volkswirtschaft.
- **Kapital**: Unter dem Faktor Kapital versteht man die finanziellen oder sachlichen Mittel, die nicht für den Konsum verbraucht, sondern zur Anschaffung oder Nutzung von Produktionsmitteln (z. B. Maschinen, Gebäude) verwendet werden.
- **Boden bzw. Natur**: Zum Produktionsfaktor Boden bzw. Natur gehören die gesamte Bodenfläche, die für landwirtschaftliche, industrielle, gewerbliche und verkehrsmäßige Nutzung benötigt wird, sowie Luft, Wasser und die vorhandenen Bodenschätze.

Arbeit

Kapital

Boden bzw. Natur

In einer Zeit, in der Wissen ständig anwächst und die weltweite Vernetzung sich zunehmend beschleunigt, werden Fähigkeiten und Techniken der Informationsgewinnung, -verarbeitung und -bewertung immer bedeutsamer. Aus diesem Grund wird das Element **Information** nicht selten auch als zusätzlicher Produktionsfaktor angesehen. Ohne Informationen und deren Austausch entstehen keine Grundlagen für neue Entwicklungen und technischen Fortschritt. Technische Neuerungen sind beispielsweise unabdingbar, um die Produktivität des Faktors Arbeit zu erhöhen und das Wachstum der Wirtschaft zu vergrößern.

Die **Produktivität** wird bestimmt, indem das Produktionsergebnis (Output) durch den Mitteleinsatz (Input) geteilt wird.

$$\text{Produktivität} = \frac{\text{Output}}{\text{Input}} \qquad \text{Produktivität der Arbeit} = \frac{\text{erzeugte Produktionsmenge}}{\text{Arbeitszeit}}$$

> Der Fliesenleger Schmidt benötigt zwei Arbeitsstunden für das Verlegen von 5 m² Badezimmerfliesen, während Herr Tammen für die gleiche Fläche nur eine Arbeitsstunde benötigt, so ist die Arbeitsproduktivität von Herrn Tammen doppelt so groß.

BEISPIEL

Im Rahmen einer Volkswirtschaft müssen die Produktionsfaktoren kombiniert werden bzw. zusammenwirken, um Waren und Dienstleistungen zu erstellen. Produktionsfaktoren können auch substituiert werden; so kann beispielsweise Arbeit durch Kapital ersetzt werden. Nicht selten hat eine Kapitalinvestition in der Produktion zur Folge, dass die Arbeitskräfte, die dann nicht mehr benötigt werden, entlassen werden. Die Substitution von Produktionsfaktoren kann daher negative Rationalisierungseffekte für die Arbeitnehmer haben.

In entwickelten Volkswirtschaften werden Güter mithilfe von Produktionsfaktoren in einem arbeitsteiligen Prozess hergestellt. Die **Arbeitsteilung** hat sich als wirtschaftlich sehr effizient herausgestellt, weil auf diese Weise die Produktivität der Arbeit deutlich gesteigert wird.

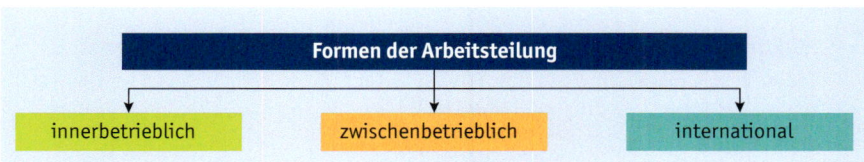

Die **innerbetriebliche Arbeitsteilung** wird auch als technische Arbeitsteilung bezeichnet. Sie beinhaltet die Aufteilung eines Arbeitsprozesses in mehrere Einzelschritte, z. B. Fließbandproduktion in der Autoindustrie. Jeder Arbeitsschritt ist dabei auf wenige Handgriffe reduziert. Von **zwischenbetrieblicher Arbeitsteilung** wird gesprochen, wenn die einzelnen Teile für die Herstellung eines Produktes in verschiedenen Unternehmen hergestellt werden. Dementsprechend haben sich einzelne Unternehmen auf die Herstellung bestimmter Produkte oder Einzelteile spezialisiert, z. B. Produktion von Reifen für die Autoindustrie. Die **internationale Arbeitsteilung** beruht auf der Tatsache, dass sich auch einzelne Volkswirtschaften auf die Herstellung bestimmter Produkte bzw. Einzelteile spezialisiert haben. Dabei spezialisieren sich die Volkswirtschaften in der Regel auf die Herstellung der Güter, die sie im Vergleich zu anderen Ländern kostengünstig herstellen können. Der technische Fortschritt durch Informations- und Kommunikationstechniken fördert die Arbeitsteilung auf internationaler Ebene.

Verschiffung von Exportartikeln

Die produktivitätssteigernde Wirkung der Arbeitsteilung kann darauf zurückgeführt werden, dass die Spezialisierung auf bestimmte Teilarbeiten die Arbeiter in die Lage versetzt, diese Tätigkeiten immer besser auszuführen. Bei prinzipiell gleichem Mitteleinsatz können Güter schneller produziert oder mehr Güter hergestellt werden.

In einer Volkswirtschaft sind zahlreiche Entscheidungen zu treffen, was, wie, von wem, wo, wann und für wen produziert werden soll. Die „Unendlichkeit" der Bedürfnisse und „Knappheit" der Ressourcen zwingen die Menschen zu **wirtschaften**.

Bedürfnisse sind individuelle Wünsche, die ein Mangelgefühl erzeugen. Sie sind unbegrenzt und veränderbar. Sie sind die zentrale Antriebskraft wirtschaftlichen Handelns. Der **Bedarf** ist auf ein bestimmtes Gut bezogenes Bedürfnis, für die Kaufkraft vorhanden ist. Die **Nachfrage** ist ein am Markt wirksam gewordener Bedarf.

Nach der **Bedürfnispyramide** gibt es aufsteigend folgende Bedürfnisse: physiologische Bedürfnisse, Sicherheitsbedürfnisse, soziale Bedürfnisse, Wertschätzungsbedürfnisse, Entwicklungsbedürfnisse.

Güter lassen sich nach freien und wirtschaftlichen Gütern einteilen. Wirtschaftliche Güter sind knapp und sie lassen sich nach materiellen und immateriellen Gütern unterscheiden. Zu den immateriellen Gütern zählen Dienstleistungen und Rechte. Materielle Güter, die auch Sachgüter genannt werden, lassen sich nach Konsum- und Produktionsgütern (Investitionsgütern) unterscheiden und/oder nach Gebrauchsgütern und Verbrauchsgütern.

Produktionsfaktoren gehen nicht direkt in produzierte Güter ein. Sie werden als Leistung für die Erstellung von Gütern bereitgestellt. Zu den Produktionsfaktoren gehören Arbeit, Kapital und Boden. Häufig wird auch Information als Produktionsfaktor angesehen.

Die **Arbeitsteilung** kann nach innerbetrieblicher, zwischenbetrieblicher und internationaler unterteilt werden. Bei der innerbetrieblichen Arbeitsteilung werden Arbeitsprozesse in mehrere Einzelschritte aufgeteilt. Bei der zwischenbetrieblichen Arbeitsteilung erfolgt eine Spezialisierung einzelner Unternehmen auf die Herstellung bestimmter Güter. Spezialisieren sich einzelne Volkswirtschaften auf die Herstellung bestimmter Güter, wird von internationaler Arbeitsteilung gesprochen.

1 Erläutern Sie an Beispielen die wirtschaftlichen Grundprobleme, die in allen Gesellschaften gelöst werden müssen.

2 Erläutern Sie den „Zwang zu wirtschaften" anhand von Beispielen.

3 Unterscheiden Sie Bedürfnisse, Bedarf und Nachfrage.

4 Erläutern Sie die Bedürfnisebenen nach Maslow anhand von Beispielen.

5 Nennen Sie jeweils drei Beispiele für Konsumgüter, Produktionsgüter und Dienstleistungen.

6 Erläutern Sie die Bedeutung der klassischen Produktionsfaktoren für wirtschaftliches Handeln anhand von Beispielen.

7 Begründen Sie, warum neben den traditionellen Produktionsfaktoren häufig die Information als zusätzlicher Produktionsfaktor angesehen wird.

8 Welche Formen der Arbeitsteilung gibt es? Erläutern Sie diese anhand von Beispielen.

9 Diskutieren Sie in Gruppen: Ist die Arbeitsteilung „Fluch oder Segen" für den Wohlstand einer Volkswirtschaft? Berücksichtigen Sie insbesondere die Sichtweisen von Unternehmern, Arbeitnehmern und Konsumenten.

1.5 Regeln der Volkswirtschaft

Der US-amerikanische Ökonom N. Gregory Mankiw hat volkswirtschaftliche Grundtatbestände in zehn Leitprinzipien zusammengefasst, auf die wir uns im Folgenden beziehen. Hierbei wird eine Grundstruktur entwickelt, in die die Inhalte der anschließenden Kapitel jeweils eingeordnet werden können.

Regel 1: Menschen wägen Alternativen ab

Wenn der Mensch etwas haben möchte, muss er in der Regel etwas anderes abgeben bzw. bezahlen; für gewöhnlich gibt es nichts umsonst. Bei diesem Tausch müssen Alternativen abgewogen und Entscheidungen getroffen werden. Menschen, die sich entscheiden müssen, sind Zielkonflikten ausgesetzt.

> Sophia muss sich entscheiden. Soll sie ihre zur Verfügung stehende Zeit für die Vorbereitung auf die Klassenarbeit verwenden oder einen Teil der Zeit nutzen, um sich mit Freunden zu treffen?
>
> **BEISPIEL**

Ein **volkswirtschaftlicher Zielkonflikt** besteht beispielsweise zwischen Effizienz und Gerechtigkeit. Effizienz bedeutet, dass auf Basis der zur Verfügung stehenden knappen Ressourcen (Produktionsfaktoren) so viele Güter wie möglich produziert werden. Gerechtigkeit bedeutet, dass die produzierten Güter fair unter den Bürgern verteilt werden. Diese beiden Ziele stehen im Konflikt.

> Der Staat versucht durch die Sozialversicherung Bedürftige zu unterstützen. Wirtschaftlich Erfolgreiche müssen beispielsweise durch die Einkommensbesteuerung mehr an den Staat abgeben als andere. Durch die Umverteilung von Reichen zu Armen besteht die Gefahr, dass der Anreiz sinkt, zu arbeiten.
>
> **BEISPIEL**

Regel 2: Opportunitätskosten entstehen beim Treffen von Entscheidungen

Soll eine Entscheidung getroffen werden, so ist es erforderlich, Kosten und Nutzen alternativer Handlungsmöglichkeiten gegeneinander abzuwägen. Die Kosten einer Entscheidung werden auch als Opportunitätskosten bezeichnet. Die Opportunitätskosten für ein Gut entsprechen dem, was aufgegeben wird, um das Gut zu erlangen.

Kosten = Werteinsatz (materiell oder auch immateriell), um ein Bedürfnis zu befriedigen

Nutzen = Begriff, der ausdrückt, wie gut die Bedürfnisse einer Person befriedigt werden

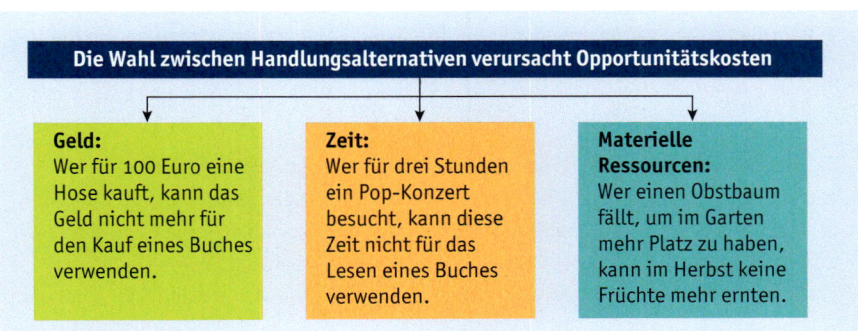

Die Wahl zwischen Handlungsalternativen verursacht Opportunitätskosten

Geld: Wer für 100 Euro eine Hose kauft, kann das Geld nicht mehr für den Kauf eines Buches verwenden.

Zeit: Wer für drei Stunden ein Pop-Konzert besucht, kann diese Zeit nicht für das Lesen eines Buches verwenden.

Materielle Ressourcen: Wer einen Obstbaum fällt, um im Garten mehr Platz zu haben, kann im Herbst keine Früchte mehr ernten.

Volkswirtschaftliche Opportunitätskosten können mithilfe der **Produktionsmög-lichkeitenkurve** analysiert werden. Dieses Modell beruht auf der Annahme, die Volkswirtschaft bestehe aus nur zwei Unternehmen; ferner werden die zur Verfügung stehenden Ressourcen vollständig genutzt. Die Kurve zeigt die verschiedenen Mengenkombinationen, die in dieser Modellvolkswirtschaft hergestellt werden können. Es kann jede Mengenkombination auf oder unterhalb der Kurve hergestellt werden.

BEISPIEL

In einer Volkswirtschaft können Waschmaschinen und Fahrräder produziert werden. Werden 2 000 Waschmaschinen hergestellt, gibt es keine Fahrradproduktion (A), da alle Arbeitskräfte mit der Herstellung von Waschmaschinen beschäftigt sind. Im Punkt B werden nur Fahrräder produziert. Im Punkt C werden 1 400 Waschmaschinen und 4 000 Fahrräder, in Punkt D 1 200 Maschinen und 4 400 Räder produziert. Punkt E repräsentiert eine ineffiziente Verwendung der Ressourcen, da die Möglichkeiten der Volkswirtschaft nicht optimal genutzt werden. Punkte oberhalb der Kurve (z. B. F) sind mit den vorhandenen Ressourcen nicht zu erreichen. Um von Punkt C zu Punkt D zu gelangen, müssen 200 Waschmaschinen weniger hergestellt werden. Dafür werden dann 400 Fahrräder mehr produziert.

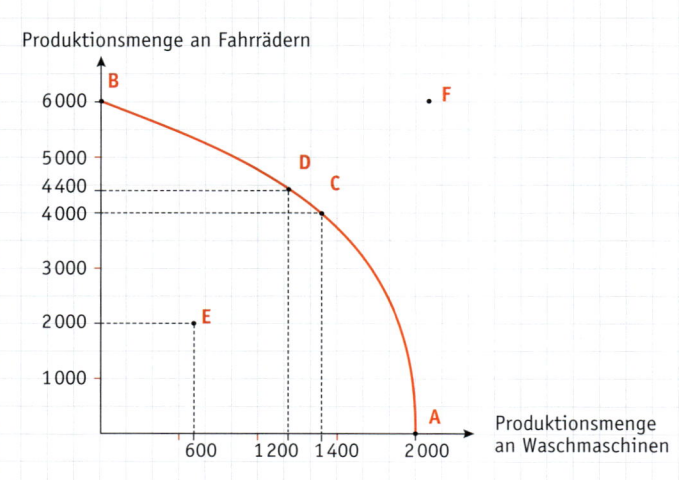

Die Produktionsmöglichkeitenkurve ist nach außen gewölbt, d.h., die Opportunitätskosten hängen davon ab, wie viel von jedem Gut jeweils hergestellt wird. Werden nur Fahrräder produziert, ist die Kurve relativ flach. Dies bedeutet beispielsweise, dass Arbeitskräfte und Maschinen in der Fahrradproduktion eingesetzt sind, die besser für die Herstellung von Waschmaschinen verwendet werden sollten. Nicht jede produzierte Waschmaschine führt zu einer namhaften Steigerung der Produktion, d.h., im Extremfall sind die Opportunitätskosten relativ hoch.

Regel 3: Rational Handelnde berücksichtigen den Grenznutzen

Viele Entscheidungen im Wirtschaftsleben sind darauf ausgerichtet, bestehende Pläne in kleinen Schritten abzuwandeln und neuen Bedingungen anzupassen.

BEISPIEL

Einer Fluggesellschaft entstehen für ein Flugzeug mit 200 Sitzplätzen, das Hin- und Rückflug über eine bestimmte Distanz zurücklegt, Kosten von 85 000 Euro. Jeder Sitzplatz kostet somit 425 Euro.

Die Fluggesellschaft verkauft die Tickes bis 10 Tage vor Abflug zu diesem Preis. Danach werden die Tickes jeden Tag etwas günstiger, damit das Flugzeug möglichst voll besetzt fliegen kann. Die Fluggesellschaft würde die Tickes nicht verkaufen, wenn Sie weiterhin 425 Euro verlangen würde. Sie wäre nicht gut beraten, würde sie niemals ein Ticket unter 425 Euro verkaufen, denn Kosten entstehen ihr für den Flug, egal ob voll besetzt oder nicht.

Die Fluggesellschaft denkt und handelt wie jeder rational entscheidende Mensch: Der zusätzliche Nutzen ist mit den zusätzlichen Kosten zu vergleichen. Der Fluggesellschaft entstehen für jeden weiteren Fluggast sogenannte marginale Kosten oder **Grenzkosten**, wie z.B. Gepäcktransport und Bordverpflegung. Solange der Passagier mehr als die Grenzkosten bezahlt, ist der Verkauf eines Flugtickets letztendlich rentabel.

Als **Grenznutzen** wird der Nutzen bezeichnet, den der Konsum der nächsten Einheit eines Gutes stiftet. Nach H. H. Gossen (1810–1858) nimmt der Grenznutzen eines Gutes mit zunehmender konsumierter Menge ab. Das sogenannte **erste Gossensche Gesetz** wird auch als Sättigungsgesetz bezeichnet.

Rational Handelnde lassen sich noch von Gefühlen leiten.
Kapitel 1.6

> Herrn Petri schmeckt abends im Gasthaus das erste Glas Bier noch gut, und auch am zweiten Glas erfreut er sich noch. Aber das zehnte Glas Bier stiftet ihm nur noch einen geringen Nutzen für sein Wohlbefinden.
>
> BEISPIEL

Regel 4: Menschen reagieren auf Anreize

Menschen vergleichen Kosten und Nutzen, wenn sie wirtschaftliche Entscheidungen treffen. Ihr Verhalten wird sich ändern, wenn sich Kosten oder Nutzen verändern. Sie reagieren auf Anreize. Von zentraler Bedeutung für wirtschaftliches Verhalten sind zumeist monetäre Anreize, d.h. Anreize, Geld zu sparen oder einen in Geld messbaren vorteilhafteren Gegenwert zu erhalten. Wenn beispielsweise die Preise für Äpfel steigen, werden die Menschen in der Regel mehr Birnen essen.

Regel 5: Durch Handel kann es allen bessergehen

Für eine Familie ist es in wirtschaftlicher Hinsicht kaum sinnvoll, sich von anderen Menschen abzukapseln und keine wirtschaftlichen Beziehungen einzugehen. Andernfalls müsste sie ihre eigenen Nahrungsmittel anbauen, die Bekleidung selber herstellen, Zähne möglicherweise bei Zahnschmerzen selber ziehen usw. Eine Familie profitiert vom Austausch mit anderen. Dies gilt in ähnlicher Form für nationale Volkswirtschaften. Der Handel auf dem Weltmarkt ist nicht mit einem sportlichen Wettkampf zu vergleichen, bei dem der eine verliert und der andere gewinnt. Handel zwischen zwei Ländern führt meist dazu, dass es jedem Land wirtschaftlich bessergeht. Jede Volkswirtschaft kann sich auf das spezialisieren, was sie am besten kann, und durch Handel eine große Bandbreite an Waren und Dienstleistungen erwerben.

Deutschlands wichtigste Handelspartner
Angaben für 2009 in Milliarden Euro

Exporte nach:		Importe aus:
Frankreich	81,9	
	58,0	Niederlande
Niederlande	54,1	
	55,4	China
USA	53,8	
	54,6	Frankreich
Großbritannien	53,2	
	39,9	USA
Italien	51,1	
	39,7	Italien
Österreich	48,2	
	33,2	Großbritannien

Quelle: Stat. Bundesamt

dpa·12342

Regel 6: Organisation des Wirtschaftslebens durch Märkte

Preisbildung
Kapitel 3.6 und 3.7

Markt
Kapitel 3.2

Wirtschaftliches Handeln wird in der Regel durch die Preise geleitet, die sich auf den Märkten bilden. Adam Smith (1723–1790) schrieb in seinem Buch „The Wealth of Nations", dass Unternehmen und Haushalte auf Märkten zusammenwirken, als ob sie von einer „unsichtbaren Hand" geleitet würden. Mithilfe der Preise werden wirtschaftliche Entscheidungen und Aktivitäten der Marktteilnehmer gelenkt, denn durch den Preis werden Angebot und Nachfrage auf dem Markt abgestimmt. Preise spiegeln in der Regel den gesellschaftlichen Wert eines Gutes und die sozialen Kosten für die Herstellung des Gutes wider.

Regel 7: Marktergebnisse können durch Regierungen verbessert werden

Die „unsichtbare Hand" bewirkt gewöhnlich, dass die Ressourcen effizient verteilt werden. Sie garantiert jedoch nicht, dass beispielsweise der Wohlstand gerecht verteilt wird und jedermann genug zu essen hat. Darum gibt es zwei wichtige Gründe für den Staat, in die Märkte einzugreifen:
- Steigerung der Effizienz des Wirtschaftsprozesses
- Förderung der Gerechtigkeit im Hinblick auf die Verteilung der Wirtschaftsgüter

externe Effekte
Kapitel 3.9

Auf Märkten, die sich selbst überlassen bleiben, kann es zum Marktversagen kommen. In dieser Situation schafft es der Markt nicht alleine, die Ressourcen effizient und gerecht zu verteilen. Ein möglicher Grund von Marktversagen sind **externe Effekte**. Ein klassisches Beispiel hierfür ist die Luftverschmutzung. Wenn ein Unternehmen nicht die gesamten Kosten für Umweltschäden durch ihre ausgestoßenen Schadstoffe zu tragen hat, wird es leicht zu viel davon in die Umwelt abgeben. In diesem Fall ist der Staat gefordert, mithilfe umweltpolitischer Maßnahmen die Natur zu schützen. Auch durch **Marktmacht** kann es zum Marktversagen kommen. Mit Marktmacht wird die Fähigkeit Einzelner oder einer kleinen Gruppe bezeichnet, den Marktpreis übermäßig zu beeinflussen. Gibt es beispielsweise in einer Stadt nur einen Anbieter für Benzin, so unterliegt er nicht dem örtlichen Wettbewerb mit anderen Anbietern. Da er somit keine örtliche Konkurrenz fürchten muss, hat er die Möglichkeit, die Benzinpreise anzuheben, ohne zu riskieren, dass die Autofahrer an einer anderen Tankstelle im Ort Benzin kaufen.

Marktmacht
Kapitel 3.9

Wettbewerb
Kapitel 7

Produktivität
Kapitel 1.4.2

Regel 8: Der Lebensstandard eines Landes hängt von der Produktivität der eingesetzten Produktionsfaktoren ab

Der Lebensstandard ist rund um die Welt sehr unterschiedlich ausgeprägt. Das Durchschnittseinkommen der Menschen weist eine große Streuung auf, die sich in einer unterschiedlich hohen Lebensqualität der Bürger niederschlägt.

Differenzen im Lebensstandard zwischen den Nationen beruhen nahezu vollständig auf unterschiedlich hoher **Produktivität.**

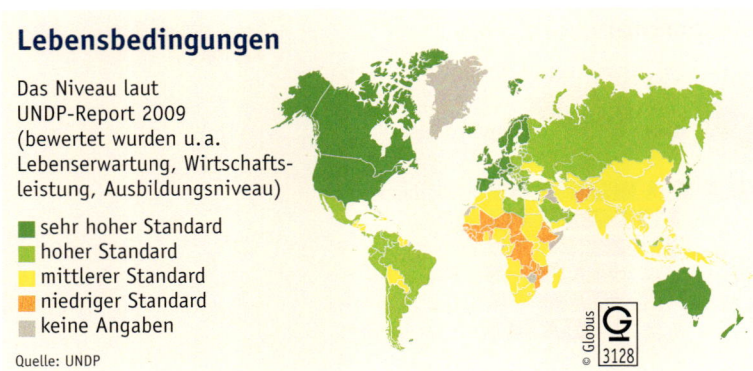

Lebensbedingungen

Das Niveau laut UNDP-Report 2009 (bewertet wurden u. a. Lebenserwartung, Wirtschaftsleistung, Ausbildungsniveau)

- sehr hoher Standard
- hoher Standard
- mittlerer Standard
- niedriger Standard
- keine Angaben

Quelle: UNDP

In Volkswirtschaften mit einer hohen Produktivität, d. h., in denen die Beschäftigten eine große Menge an Gütern pro Zeiteinheit herstellen, können die Menschen ein hohes Einkommen erwirtschaften und genießen in der Regel einen hohen materiellen Lebensstandard. In Staaten mit weniger produktiven Arbeitskräften und einer niedrigeren Kapitalausstattung erwirtschaften die Menschen nicht selten nur einen bescheideneren Wohlstand. Die enge Verknüpfung von Produktivität und Lebensstandard hat weitreichende Folgen. So ist die Ursache eines verlangsamten Wirtschaftswachstums oftmals nicht die zunehmende ausländische Konkurrenz und der internationale Wettbewerb, sondern ein nachlassendes Produktivitätswachstum im eigenen Land.

Wirtschaftswachstum
Kapitel 2.3

Inflation
Kapitel 4.6

Umlaufgeschwindigkeit des Geldes
Kapitel 4.6

Regel 9: Preise steigen, wenn zu viel Geld im Umlauf ist

Die Menschen können ihren Wohlstand vermehren, wenn ihr Einkommen steigt und die Preise gleich bleiben. Steigt das Preisniveau in einer Volkswirtschaft an, wird von **Inflation** gesprochen. Steigende Preise bedeuten gewöhnlich, dass der Lebensstandard sinkt. Die Ursachen einer Inflation liegen häufig im Geldmengenwachstum. Weitet ein Staat oder eine Zentralbank die Geldmenge stark aus, ohne dass die Gütermenge entsprechend wächst, sinkt der Geldwert. Einer gleichbleibenden Gütermenge steht eine größere Geldmenge gegenüber, mit der Folge, dass die Preise steigen.

Regel 10: Kurzfristig kann eine Volkswirtschaft nur zwischen Inflation oder Arbeitslosigkeit wählen

Obwohl hohe Inflationsraten beispielsweise durch starkes Geldmengenwachstum erklärbar sind, fällt es Wirtschaftspolitikern in der Regel schwer, Inflationsraten in einer Volkswirtschaft zu senken. Sie befürchten, dass mit dem Absenken der Inflationsrate ein Anstieg der **Arbeitslosigkeit** verbunden ist.

Arbeitslosigkeit
Kapitel 9.7

Zwischen Inflation und Arbeitslosigkeit besteht ein Zielkonflikt. Bei sinkender Geldmenge besteht beispielsweise die Gefahr, dass Kredite für Investitionen teurer oder Konsumkredite weniger nachgefragt werden. Wenn die Zentralbanken die Geldmenge senken, verringern sich in der Regel die Geldausgaben der Menschen, da weniger Geld für Konsumausgaben zur Verfügung steht. Verringerter Konsum führt – in Verbindung mit unverändert hohen, „starren" Preisen – dazu, dass die Gütermenge, die verkauft werden kann, zurückgeht. Geringere Umsätze veranlassen die Unternehmen zu Rationalisierung und Entlassungen. Das Einkommen aller Menschen in einer Volkswirtschaft sinkt, mit der Folge, dass noch weniger Güter nachgefragt und gekauft werden.

Zentralbank
Kapitel 8.3.1

- Regel 1: Menschen wägen Alternativen ab
- Regel 2: Opportunitätskosten entstehen beim Treffen von Entscheidungen
- Regel 3: Rational Handelnde berücksichtigen den Grenznutzen
- Regel 4: Menschen reagieren auf Anreize

Diese vier Regeln beziehen sich auf individuelle Entscheidungen. Die Menschen müssen Kosten und Nutzen vergleichen und zwischen Alternativen wählen. Die Kosten, die dabei entstehen, heißen **Opportunitätskosten**. Entscheidungen werden von **Grenznutzen** und **Grenzkosten** beeinflusst.

- Regel 5: Durch Handel kann es allen bessergehen
- Regel 6: Organisation des Wirtschaftslebens durch Märkte
- Regel 7: Marktergebnisse können durch staatliche Eingriffe verbessert werden

Diese drei Regeln betreffen das Zusammenwirken der Menschen untereinander. **Märkte** und **Preise** sind gewöhnlich gute Mechanismen für die Koordination nationaler und internationaler Wirtschaftsbeziehungen. Allerdings ist der Staat gefordert einzugreifen, wenn Marktmacht oder Marktversagen vorliegen.

- Regel 8: Der Lebensstandard eines Landes hängt von der Produktivität der eingesetzten Produktionsfaktoren ab
- Regel 9: Preise steigen, wenn zu viel Geld im Umlauf ist
- Regel 10: Kurzfristig kann eine Volkswirtschaft nur zwischen Inflation oder Arbeitslosigkeit wählen

Diese drei Regeln betreffen das Funktionieren einer Volkswirtschaft. Die Produktivität ist Ursache für unterschiedliche **Lebensstandards**. Das Geldmengenwachstum ist Ursache der Inflation und die Gesellschaft kann kurzfristig nur zwischen höherer Inflation oder Arbeitslosigkeit wählen.

1 Erläutern Sie einige der Zielkonflikte, denen eine Familie beim Kauf eines Autos gegenübersteht.
2 Welches sind die Opportunitätskosten eines Schwimmbadbesuches?
3 Erläutern Sie modellhaft in einer Matrix die Opportunitätskosten für Papierfabrikanten und Stahlfabrikanten.
   · Der Papierfabrikant könnte 1 kg Papier in einer Arbeitsstunde, 1 kg Stahl in 40 Arbeitsstunden herstellen.
   · Der Stahlfabrikant könnte 1 kg Stahl in einer Arbeitsstunde, 1 kg Papier in 10 Arbeitsstunden herstellen.
4 Ist es möglich, den Nutzen eines Gutes objektiv zu bestimmen? Begründen Sie?
5 Entwickeln Sie eine Produktionsmöglichkeitenkurve für die beiden Güter Personenkraftwagen und Personalcomputer. Erläutern Sie:
   a effiziente Ausnutzung der Produktionsmöglichkeiten
   b Opportunitätskosten
6 Wasser ist ein lebenswichtiges Grundnahrungsmittel. Ist der Grenznutzen eines Glases Wasser groß oder klein?
7 Welchen wirtschaftlichen Vorteil hat weltweiter Handel für eine Volkswirtschaft?
8 Worin besteht die „unsichtbare Hand" des Marktes?
9 Warum muss der Staat in den Markt eingreifen?
10 Wie sind die weltweiten Unterschiede im Lebensstandard zu erklären?
11 Wie sind Inflation und Arbeitslosigkeit kurzfristig miteinander verknüpft?
12 Stellen Sie sich vor, Sie würden morgen aufwachen und der Staat hätte die Ersparnisse aller Bürger verdoppelt. Welche Effekte hätte diese Verdoppelung des Geldangebots auf:
   a die gesamten Konsumausgaben?
   b die gekaufte Gütermenge bei gleichbleibenden Preisen?
   c die Gütermenge, sofern sich die Preise anpassen können?

1.6 Prinzipien wirtschaftlichen Handelns

Die **privaten Haushalte** streben z. B. an, möglichst qualitativ hochwertige Güter zu einem angemessenen Preis zu erhalten bzw. hohe Einkommen zu erzielen, um den Lebensunterhalt zu sichern. Sie fragen eine Vielzahl von Gütern nach und wollen dabei ihren persönlichen **Nutzen maximieren**.

Menschen, die sich in ihrem wirtschaftlichen Handeln nicht von Gefühlen leiten lassen, wird in den Wirtschaftswissenschaften ein rationales Verhalten unterstellt. **Rationales Handeln** ist danach z. B. dadurch bestimmt, dass der Mensch sich seiner Ziele bewusst ist. Er sucht systematisch nach Mitteln und Wegen, um seine Ziele in kurzer Zeit und mit geringem Aufwand zu erreichen.

Für die Analyse rationalen Verhaltens der Menschen wurde das Modell des Homo oeconomicus entwickelt. Der Homo oeconomicus maximiert durch sein Handeln seinen eigenen Nutzen. Charakteristische Merkmale, die den **Homo oeconomicus** auszeichnen, sind:

Modelle
Kapitel 1.3

- Er besitzt eine vollständige Marktübersicht (Markttransparenz), d. h., er kennt alle Güter mit ihren Preisen und alle Alternativen sind ihm bekannt. Er besitzt somit eine unbegrenzte Informationsverarbeitungskapazität.
- Durch sein Verhalten versucht er seinen persönlichen Nutzen zu maximieren.
- Er trifft seine Entscheidungen, ohne sich von anderen Personen (Freunde, Bekannte usw.) beeinflussen zu lassen.

In der Realität ist ein ausschließlich am Homo oeconomicus orientiertes Verhalten kaum vorhanden, da das Modell zu sehr von realen Verhaltensweisen abstrahiert.

Entsprechend der Modellvorstellung des Homo oeconomicus beruht rationales wirtschaftliches Handeln auf dem ökonomischen Prinzip. Wirtschaftliche Mittel sollen danach möglichst effizient bzw. kostengünstig eingesetzt werden, um bestimmte Ziele zu erreichen. Das ökonomische Prinzip wird häufig auch Wirtschaftlichkeitsprinzip genannt. Durch das Handeln nach diesem Prinzip soll der Konflikt zwischen den unbegrenzten Bedürfnissen und den knappen wirtschaftlichen Gütern bzw. begrenzten Geldmitteln weitgehend entschärft werden.

Das ökonomische Prinzip kann zwei Ausprägungen annehmen:
- Nach dem **Maximalprinzip** soll mit vorhandenen Mitteln ein möglichst hoher Ertrag erzielt werden, d. h., beispielsweise mit einer bestimmten Menge Geld sollen möglichst viele Bedürfnisse befriedigt werden.
- Nach dem **Minimalprinzip** hingegen soll ein bestimmtes Ziel mit möglichst geringen Mitteln erreicht werden, d. h., beispielsweise für die Befriedigung eines Bedürfnisses soll möglichst wenig Geld ausgegeben werden.

Marie-Sophie möchte ihr Zimmer verschönern und hat dazu 300 Euro zur Verfügung. Sie möchte für dieses Geld nicht nur das Zimmer streichen, sondern auch neue Gardinen und einen neuen Teppich kaufen (Maximalprinzip).

Handelt sie hingegen nach dem Minimalprinzip, dann wird sie versuchen, für den Neuanstrich ihres Zimmers, neue Gardinen und den neuen Teppich möglichst wenig Geld auszugeben.

BEISPIEL

Mit dem Verhaltensmodell des Homo oeconomicus ist wirtschaftliches Handeln jedoch nur in begrenztem Umfang erklärbar.

In einer erweiterten Modellvorstellung wird davon ausgegangen, dass neben Geld auch immaterielle Werte, wie z.B. Anstrengung, Zeitaufwand und Verzicht auf Bequemlichkeit, in die Modellbildung einbezogen werden. Unterstellt wird allerdings weiterhin rationales Handeln. Das Individuum wägt im Rahmen dieser erweiterten Modellvorstellung beispielsweise Aufwand in Form von Geldeinheiten gegenüber einem höheren Zeitaufwand ab.

BEISPIEL

Johannes aus Gießen zeigt rationales Kaufverhalten, wenn er nicht nach Frankfurt fährt, um dort einen Computer 30 Euro günstiger als in seiner Heimatstadt einzukaufen. Die Fahrtkosten und der hohe Zeitaufwand führen zu höheren „Gesamtkosten".

In der Realität lässt sich der Mensch auch bei seinen wirtschaftlichen Aktivitäten nicht selten durch Spontaneität, Gewohnheit und Geltungssucht leiten. So lassen sich z.B. die Menschen häufig durch ihr Gefühle leiten und treffen Kaufentscheidungen „aus dem Bauch" heraus.

Unternehmen kombinieren die Produktionsfaktoren nach dem ökonomischen Prinzip, um Güter herzustellen. Dabei streben sie an, diese Güter mit einem möglichst hohen Gewinn zu verkaufen, d.h., sie streben nach **Gewinnmaximierung**. Der Gewinn ergibt sich (vereinfacht) aus der Differenz zwischen dem erzielten Erlös und den hierfür aufgewandten Kosten. Das Gewinnstreben ist ein entscheidender Faktor für alle Unternehmen, die im Wettbewerb miteinander stehen. Es treibt z.B. die Entwicklung von neuen Produktionsverfahren und den technischen Fortschritt voran. Seine Grenzen findet das Gewinnstreben durch den Wettbewerb am Markt. Bezogen auf die Funktionsfähigkeit des Marktes besteht die Aufgabe des **Staates** darin, sicherzustellen, dass Konkurrenz in genügendem Umfang besteht und Verstöße gegen den Wettbewerb verhindert werden.

ÜBERBLICK

Das Modell des **Homo oeconomicus** erklärt menschliches Verhalten bzw. das Verhalten privater Haushalte. Die Annahmen zu diesem Modell lauten: Rationales Verhalten, Existenz vollständiger Markttransparenz, unbegrenzte Informationsverarbeitungskapazität und Entscheidungen werden nicht von anderen Menschen beeinflusst.

Handeln nach dem **Ökonomischen Prinzip** entschärft den Konflikt zwischen unbegrenzten Bedürfnissen einerseits und knappen Wirtschaftsgütern andererseits. Nach dem **Maximalprinzip** soll mit vorhandenen Mitteln ein möglichst hoher Ertrag erzielt werden. Nach dem **Minimalprinzip** soll ein gegebenes Ziel mit möglichst geringem Ressourceneinsatz erreicht werden.

Das **wirtschaftliche Ziel** privater Haushalte ist die Nutzenmaximierung. Das Ziel der Unternehmen ist die Gewinnmaximierung.

AUFGABEN

1 Welches sind die Grundannahmen der Modellvorstellung des Homo oeconomicus?
2 Erläutern Sie die Reichweite der Modellvorstellung des Homo oeconomicus zur Erklärung tatsächlich wirtschaftlichen Handelns in der Realität.
3 Suchen Sie Beispiele, in denen sich Menschen in wirtschaftlichen Belangen nicht rational verhalten. Welches könnten die Gründe sein?
4 Wodurch werden den Unternehmen in ihrem Streben nach Gewinnmaximierung Grenzen gesetzt?

1.7 Expertengespräch zum Produktionsfaktor Arbeit in der Region

www.arbeitsagentur.de

Erkunden Sie den Produktionsfaktor Arbeit unter berufsorientierendem Aspekt in Ihrer Region: Führen Sie ein entsprechendes Expertengespräch in der Arbeitsagentur durch. Im Rahmen eines Expertengesprächs wird der Raum der Schule verlassen, um von besonders sachkundigen Fachleuten „vor Ort" Informationen zu einem bestimmten Sachverhalt einzuholen.

Notwendig zur Durchführung von Expertengesprächen sind neben Sachkenntnissen insbesondere:

- **Schreibtechniken**, z. B. Notizen machen, stichwortartiges Protokollieren
- **Fragetechniken**, z. B. Wissensfragen, Verständnisfragen, Fragen nach Ursachen
- **Planungs- und Arbeitstechniken**, z. B. Arbeits- und Zeitplan aufstellen, Termine absprechen, Informationsmaterialien zur Vorbereitung beschaffen, Statistiken auswerten
- **Strukturierungstechniken**, z. B. komplexe Informationen ordnen, Gliederungen anfertigen
- **Ordnungstechniken**, z. B. markieren, abheften, Mappen und Ordner gliedern

Expertengespräche müssen sorgfältig vorbereitet, durchgeführt und ausgewertet werden.

1. Vorbereitung

- Informieren Sie sich über die Arbeits- und Ausbildungssituation in Ihrer Region. Besorgen Sie sich zu diesem Zweck z. B. den letzten **Jahreswirtschaftsbericht** der **Industrie- und Handelskammer**. Werten Sie die relevanten statistischen Angaben aus.
- Informieren Sie sich z. B. mithilfe einer Internetrecherche über Aufgaben und Funktionen der **Arbeitsagentur.**
- Sprechen Sie mit der Arbeitsagentur einen Termin ab.
- Bereiten Sie sich gut auf das Expertengespräch vor und erstellen Sie einen **Interviewleitfaden**, beispielsweise entsprechend der Checkliste auf der nächsten Seite.

Expertengespräch bei der Arbeitsagentur

2. Durchführung

Während der Durchführung eines Expertengesprächs gilt es zu berücksichtigen, dass der Experte über hohe Sachkenntnis und umfangreiche Berufserfahrungen verfügt. Fragen Sie deshalb alle Begriffe, die Sie nicht verstehen, nach. Berücksichtigen Sie ferner, dass sich jedes Gespräch dynamisch fortentwickelt. Benutzen Sie deshalb Ihren Interviewleitfaden als Strukturierungshilfe und diskutieren Sie im Gespräch weitere Aspekte der Thematik.

Den Jahreswirtschaftsbericht der Industrie- und Handelskammer finden Sie unter **www.dihk.de**.

METHODE

Checkliste:

Expertengespräch zum Produktionsfaktor Arbeit in der Region

Bevölkerungsstruktur
☐ Bevölkerungsdichte
☐ Bevölkerungsab- oder -zunahme
☐ ...

Beschäftigungsstruktur
☐ Beschäftigte im Handwerk
☐ Beschäftigte im produzierenden Gewerbe
☐ Beschäftigte im Handel
☐ Beschäftigte in sonstigen Dienstleistungen
☐ Ein- und Auspendler
☐ Arbeitslosigkeit
☐ ...

Arbeits- und Ausbildungsstättenstruktur
☐ Arbeits- und Ausbildungsstätten im Handwerk
☐ Arbeits- und Ausbildungsstätten im produzierenden Gewerbe
☐ Arbeits- und Ausbildungsstätten im Handel
☐ Arbeits- und Ausbildungsstätten in sonstigen Dienstleistungen
☐ ...

Einkommensstruktur
☐ Einkommensstruktur im Handwerk
☐ Einkommensstruktur im produzierenden Gewerbe
☐ Einkommensstruktur im Handel
☐ Einkommensstruktur in sonstigen Dienstleistungen
☐ Steuerkraft/Steuereinnahmen
☐ ...

Fähigkeiten und Fertigkeiten im Beruf
☐ Fähigkeiten und Fertigkeiten im Handwerk
☐ Fähigkeiten und Fertigkeiten im produzierenden Gewerbe
☐ Fähigkeiten und Fertigkeiten im Handel
☐ Fähigkeiten und Fertigkeiten in sonstigen Dienstleistungen
☐ ...

3. Auswertung

Erstellen Sie für die Auswertung des Expertengesprächs eine Informationsbroschüre: „Ausbildungs- und Arbeitsmöglichkeiten in der Region – Chancen und Risiken".

Welche wirtschaftlichen Tätigkeiten lassen sich mithilfe des Wirtschaftskreislaufs veranschaulichen?

Was wird in der Volkswirtschaft unter Sektoren verstanden? Welche Sektoren gibt es?

Was wird mithilfe der Volkswirtschaftlichen Gesamtrechnung ermittelt?

Inwieweit kann das Bruttoinlandsprodukt als Wohlstandsindikator angesehen werden?

2 Wirtschaftskreislauf und Volkswirtschaftliche Gesamtrechnung

2.1 Die Suche nach der Wohlstandsformel

Infolge der Weltfinanzkrise zweifeln immer mehr Experten am Wirtschaftswachstum als ökonomischem Allheilmittel. Wie würde sich ein Leben mit weniger materiellem Luxus anfühlen? (...)

Immer mehr Politiker, Unternehmer, Umweltaktivisten oder Klimaretter mahnen, die Wirtschaftsleistung dürfe nicht weiter so ungebremst wachsen wie in den vergangenen 100 Jahren. Die Erde besitzt vermutlich nicht genug Ressourcen, um sieben oder gar acht Milliarden Menschen mit Tiefkühltruhen, Flachbildfernsehern, geländegängigen SUVs und täglich frischen Vollkorn-Brötchen mit Bio-Marmelade zu versorgen.

Dass unser Heimatplanet an den Grenzen des Wachstums angekommen sein könnte, behauptete schon der Club of Rome im Jahr 1972. Zwischenzeitlich verhallte die Warnung; erst jetzt, nach dem globalen Finanzdesaster, gewinnen die Propheten des weltwirtschaftlichen Nieder- oder Un-

Club of Rome
Kapitel 11.4

tergangs wieder Gehör. „Ein immerwährendes Wachstum von zwei oder drei Prozent kann nicht funktionieren", warnt der Sozialwissenschaftler Meinhard Miegel. Ein simpler Taschenrechner würde die Absurdität dieser Strategie offenbaren, meint Miegel: „Drei Prozent Wachstum – das bedeutet in einem Menschenleben die Verzwölffachung der Gütermenge." (...)

Bruttoinlandsprodukt
Kapitel 2.3

Seit mehr als 250 Jahren gilt ein anwachsendes Bruttoinlandsprodukt (BIP) als Voraussetzung für eine gesunde Ökonomie. Jeder Wohlstandszuwachs speiste sich aus dem steten Anwachsen der Wirtschaftsleistung. (...) Erst durch den Anstieg des Bruttoinlandsprodukts, so die gängige Lehrmeinung, können Arbeitsplätze, Sozialausgaben, Infrastruktur und Bildungsausgaben eines Landes gesichert werden, und es füllt sich das staatliche Sparschweinchen für Zukunftsinvestitionen. (...) Alle gesellschaftlichen Gruppen profitieren vom steigenden Bruttoinlandsprodukt: Arbeiter und Angestellte freuen sich über Lohnsteigerungen, die Gewerkschaften feiern das als ihren Erfolg, Unternehmer können höhere Gewinne einfahren, die Banken leben sorgenfrei, und der Beamtenapparat gedeiht dank expandierender Steuereinnahmen. (...)

Fatalerweise beschleunigt jedes Wirtschaftswachstum die Ausplünderung der Erde. (...) Über die Menge an Bodenschätzen, Land, Wasser und Luft machten sich erstmals Wissenschaftler im Auftrag des Club of Rome im Jahr 1972 Gedanken. Die Apollo-Astronauten waren gerade auf dem Mond gelandet, Fernreisen wurden erstmals mit dem Jumbo richtig komfortabel, die Autos gerieten größer und schöner denn je, und dieses Wissenschaftler-Gremium stellte die äußerst unpopuläre These vor, das nunmehr „Die Grenzen des Wachstums" erreicht sein sollen! (...) Das Team des US-Zukunftsforschers Dennis Meadows hatte einen Großrechner mit Eckdaten eines primitiven Weltmodells gefüttert, der daraus dramatische Engpässe in der Ernährung und den natürlichen Ressourcen berechnete. (...) Meadows' Mahnung, endliche Ressourcen nicht zu vergeuden, ist heute aktueller denn je.

Um die Belastung der Erde durch die Menschheit abzuschätzen, ziehen Forscher verschiedene Maßstäbe heran, die sich meist linear zum Bruttoinlandsprodukt verändern:

äquivalent = lat.
gleichwertig

Der Energieverbrauch pro Kopf ist ein guter Gradmesser für den Wohlstand und gleichzeitig für die CO_2-Emissionen, also die Klimaschädigung. Spitzenwerte erreichen die Kanadier mit 96 521 kWh. Der Durchschnitts-Deutsche verbraucht 48 874 kWh – Chinesen (13 236 kWh) und Inder (5958 kWh) haben noch gewaltigen Nachholbedarf.

CO_2-Fußabdruck

Durchschnittlicher Kohlendioxid-Ausstoß in Deutschland je Person und Jahr (inkl. CO_2-Äquivalente)

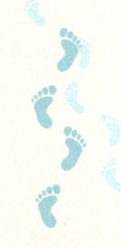

Wohnen	Heizung und Warmwasser	1,97 t
	Strom	0,75 t
Mobilität	Privatfahrzeuge	1,56 t
	Öffentlicher Verkehr	0,11 t
	Flugreisen	0,85 t
Konsum	Ernährung	1,65 t
	Persönlicher Konsum	2,75 t
	Öffentlicher Verbrauch	1,24 t
Gesamt:		**10,88 t**

Quelle: Bayerisches Landesamt für Umweltschutz
© Bergmoser + Höller Verlag AG

ZAHLENBILDER
126 309

Der ökologische Fußabdruck zeigt, wie viel Bodenfläche für die Produktion, die Nutzung und Entsorgung aller Produkte eines Menschen nötig ist. Während ein US-Bürger 9,7 ha beansprucht und ein Deutscher 4,2 ha, kommt ein Chinese mit 2,1 ha und ein Inder mit lediglich 0,9 ha aus. Insgesamt ist die globale

ha = Hektar = 10 000 m²

Fläche zur Erfüllung aller Bedürfnisse bereits um 40 Prozent überschritten, obwohl Hunderte Millionen Menschen noch Lust auf deutlich mehr Produkte und Dienstleistungen hätten. Eigentlich, so resümiert das Global Footprint Network, bräuchten wir schon jetzt 1,4 Heimatplaneten, um alle Wünsche nach Ernährungssicherheit und Komfort zu befriedigen. Ab 2030 wären zwei komplette Erden vonnöten.

Ist Wachstum also Gift? Ist es höchste Zeit, auf die Innovationsbremse zu treten und das gute Alte zu konservieren? (...) Vielleicht sind Wertewandel, Effizienz, umweltschonende Energieerzeugung und Recycling die Säulen einer zukunftsfähigen Lösungsstrategie. (...) Vielleicht muss Wachstum nur neu definiert werden, wie es der US-Wirtschaftsnobelpreisträger Joseph Stiglitz fordert. (...)

Revolutionäre Fragen werden nun gestellt: Hilft die Messung des Bruttoinlandsprodukts oder die Messung des Konsumverhaltens bei der Steuerung moderner Gesellschaften? Im Auftrag der französischen Regierung hat Stiglitz eine Reform zur Messung der Wirtschaftsleistung vorgelegt, denn Staatspräsident Nicolas Sarkozy hält das Wirtschaftswachstum als Maß für den Wohlstand überholt. Das BIP habe ausgedient und müsse dringend durch Daten über die Qualität der Umwelt, Sozialleistungen, Gesundheit und öffentliche Dienstleistungen erweitert werden.

Quelle: Kunz, M., in: Focus, Nr. 9 2010, S. 56 ff.

Problemstellung

1 Informieren Sie sich anhand des nächsten Kapitels, wie das Bruttoinlandsprodukt (BIP) berechnet wird.
2 Stellen Sie die Gründe zusammen, die für die Suche nach einer neuen Wohlstandformel sprechen.
3 Durch welche Daten müsste nach Auffassung des Nobelpreisträgers Joseph Stiglitz die Berechnung des BIP erweitert werden? Diskutieren Sie, welche Probleme es bei der Messbarkeit dieser Daten geben könnte.

2.2 Der Wirtschaftskreislauf

Der Tausch von Waren und Dienstleistungen vollzieht sich auf Märkten.
Kapitel 3.2

Die wirtschaftlichen Abläufe in einer arbeitsteiligen Volkswirtschaft sind außerordentlich komplex und kompliziert. Millionen von Menschen stehen direkt oder indirekt mit allen anderen in Tauschbeziehungen; ein undurchschaubares, verwirrendes Geflecht. Wer die wirtschaftliche Realität verstehen will, muss die grundlegenden Beziehungen verdeutlichen. Um diese Komplexität der wirtschaftlichen Prozesse verstehen zu können, wird mit Modellen gearbeitet.

Modelle
Kapitel 1.3

Im Folgenden soll das Modell des Wirtschaftskreislaufs eingeführt werden, um die vielfältigen Beziehungen in einer Volkswirtschaft zu analysieren. Der Wirtschaftskreislauf wurde von François Quesnay (1694–1774) entwickelt, dem Leibarzt der Marquise de Pompadour und ihres königlichen Gönners Ludwig XV. Die Grundidee des Wirtschaftskreislaufs war der Vergleich der wirtschaftlichen Tauschvorgänge mit dem gerade entdeckten Blutkreislauf.

John Maynard Keynes
Kapitel 8.5.1

Einkommen
Kapitel 9.5

Das **Modell des Wirtschaftskreislaufs**, das wir heute verwenden, geht auf John Maynard Keynes (1883–1946) zurück. Keynes versuchte, die gesamtwirtschaftlichen Zusammenhänge und das Zusammenwirken der unterschiedlichen wirtschaftlichen Faktoren wie Einkommen, Ausgaben, Beschäftigung, Sparen, Staatshaushalt usw. aus der Vogelperspektive zu betrachten und somit die Abläufe in einer arbeitsteiligen Volkswirtschaft vereinfacht darzustellen und zu analysieren. Es handelt sich um ein typisches ökonomisches Denkmodell, mit dem sich nie die ganze Wirklichkeit erfassen lässt.

Der Wirtschaftskreislauf ist ein bildhaftes Modell, das die ökonomische Realität in mehrfacher Hinsicht vereinfacht.

- **Aggregation**: Jede Volkswirtschaft besteht aus einer Vielzahl von Marktteilnehmern. Diese werden nach der Art ihrer wirtschaftlichen Aktivitäten in **Sektoren** (z. B. private Haushalte, Unternehmen, Staat und Ausland) zusammengefasst. Außerdem werden der Güter- und Geldstrom, unabhängig von der Sektorenanzahl, zusammengefasst. Der Güterstrom verläuft entgegen dem Geldstrom, weil Geld die Gegenleistung für die Güter bildet. Und daher gilt: Die Summe der in einen Sektor einfließenden Geldströme ist gleich der Summe der aus diesem Sektor ausfließenden Geldströme.
- **Mechanisierung**: Es werden bestimmte Tatbestände vorausgesetzt, z. B. das rationale Verhalten der Marktteilnehmer.
- **Isolierung**: Die Beziehungen zwischen den Akteuren werden vereinfacht. Deshalb wird im Folgenden mit einem Wirtschaftskreislauf, bestehend aus den Sektoren „private Haushalte" und „Unternehmen", begonnen. Danach wird der Wirtschaftskreislauf erweitert.

Volkswirtschaftliche Gesamtrechnung
Kapitel 2.3

Europäische Zentralbank
Kapitel 8.3.1

Der praktische Nutzwert des Wirtschaftskreislaufs als Analyseinstrument zeigt sich in der **Volkswirtschaftlichen Gesamtrechung (VGR)**. Mit diesem Rechenwerk wird versucht, für einen abgelaufenen Zeitraum im Nachhinein (*ex-post*) Rechenschaft darüber abzulegen, welche zahlenmäßigen Ergebnisse sich z. B. für ein Jahr aus dem Wirtschaftsprozess einer Volkswirtschaft ergeben. Die Volkswirtschaftliche Gesamtrechnung stellt für die Politiker eine Informationsgrundlage dar, um konjunkturelle und wirtschaftliche Entscheidungen zu treffen. Auch die Europäische Zentralbank ist auf Zahlen der Volkswirtschaftlich Gesamtrechnung angewiesen.

2.2.1 Wirtschaftskreislauf mit zwei Sektoren

Das nachfolgende Schaubild stellt eine schematische Gliederung der Volkswirtschaft dar. In diesem Modell besteht die Volkswirtschaft aus zwei Sektoren: **privaten Haushalten** und **Unternehmen**. Diese interagieren auf zweierlei Märkten. Auf den Gütermärkten treten die privaten Haushalte als Käufer von Gütern, die Unternehmen als Verkäufer auf. Auf den Faktormärkten stellen die privaten Haushalte den Unternehmen die zur Produktion notwendigen Inputs wie Arbeit, Boden und Kapital zur Verfügung. Hier sind die Haushalte Verkäufer und die Unternehmen Käufer.

zwei Sektoren: private Haushalte und Unternehmen

Wirtschaftskreislauf mit zwei Sektoren

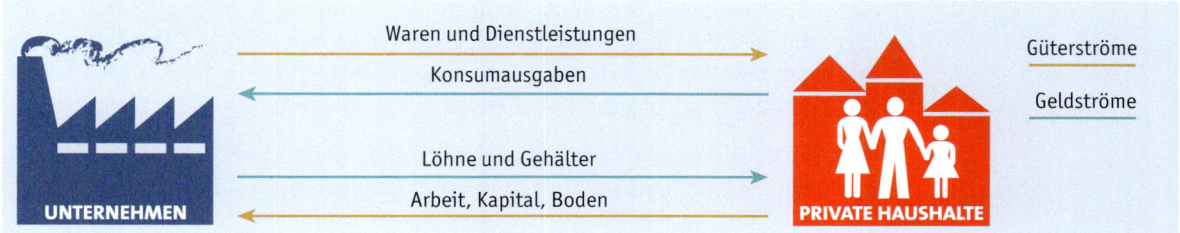

Wenn die Haushalte das gesamte Einkommen für den Kauf von Gütern ausgeben, ist der Kreislauf geschlossen. Die Menge der produzierten Güter und der Lebensstandard bleiben gleich, d. h., dass es kein Wirtschaftswachstum und keine Vermögensbildung gibt. Die Wirtschaft befindet sich in einem statischen Zustand. Für diese **geschlossene Volkswirtschaft** gilt die Gleichung:

Y = Einkommen (engl. yields)
C = Konsum (engl. consumption)

$$Y = C$$

2.2.2 Wirtschaftskreislauf mit fünf Sektoren

Das einfache Modell lässt sich im Baukastensystem erweitern, denn die privaten Haushalte beziehen nicht nur Einkommen von den Unternehmen. Sie bekommen Geld vom Staat. Auch geben die privaten Haushalte nicht ihr ganzes Einkommen aus. Sie sparen ebenso wie die Unternehmen. Auch treten Unternehmen als Nachfrager auf, z. B. kaufen sie Maschinen. Außerdem werden viele Güter außerhalb der Volkswirtschaft gekauft. Es gibt Beziehungen zum Ausland.

Mit der Einbeziehung der öffentlichen Haushalte, zusammengefasst zum **Sektor Staat**, erfolgt eine wichtige Ergänzung. Der Staat ist in den Volkswirtschaften aller Industrienationen ein wichtiger wirtschaftlicher Akteur. Die privaten Haushalte und Unternehmen entrichten an den Staat Steuern, Gebühren und Beiträge. Mit den Einnahmen unterstützt der Staat bedürftige Haushalte (Sozialhilfe usw.), sichert die Existenz erhaltenswerter Unternehmen durch Unterstützungszahlungen (Subventionen) und entlohnt seine Beschäftigten, z. B. Lehrer, Polizisten oder Verwaltungsangestellte. Über die Investition des Staats in Kollektivgüter (Schulen, Autobahnen usw.) und deren Unterhaltung fließen den Unternehmen Einnahmen zu. Berücksichtigt man im Kreislaufmodell auch die Rolle des Staates, so kann die Gleichung wie folgt ergänzt werden:

Einnahmen des Staates **Kapitel 8.4**

$$Y = C_H + C_S$$

Da die privaten Haushalte, die Unternehmen und der Staat nicht nur konsumieren, sondern auch sparen, wird das Modell um das Vermögensänderungskonto erweitert. Das **Vermögensänderungskonto** ist ein Hilfskonstrukt, das die Höhe des Konsumverzichts einer Volkswirtschaft zeigt. Es nimmt die Ersparnisse der Sektoren auf und zeigt, wie hoch die Investitionen dieser Sektoren sind. So wird erreicht, dass alle das Volksvermögen betreffenden Vorgänge sichtbar werden.

Mit der Erweiterung des Modells um den **Sektor Ausland** wird der Kreislauf einer geschlossenen Volkswirtschaft verlassen. Die Volkswirtschaft wird als **offene Volkswirtschaft** bezeichnet, wenn der Waren-, Kapital- und Dienstleistungsverkehr grenzüberschreitend stattfinden. Das binnenländische Güterangebot und die binnenländische Geldmenge werden durch **Exporte** und **Importe** verändert. Übersteigt der Export den Import, dann werden in der Exportwirtschaft weniger Güter konsumiert als hergestellt. Als Gegenleistung für den Konsumverzicht erhöht sich das Einkommen durch die Zahlungen des Auslandes.

Der Wirtschaftskreislauf mit fünf Sektoren stellt eine dynamische Wirtschaft dar, denn durch Sparen und Investieren ist ein Wirtschaftswachstum möglich.

Wirtschaftskreislauf mit fünf Sektoren (nur Geldströme)

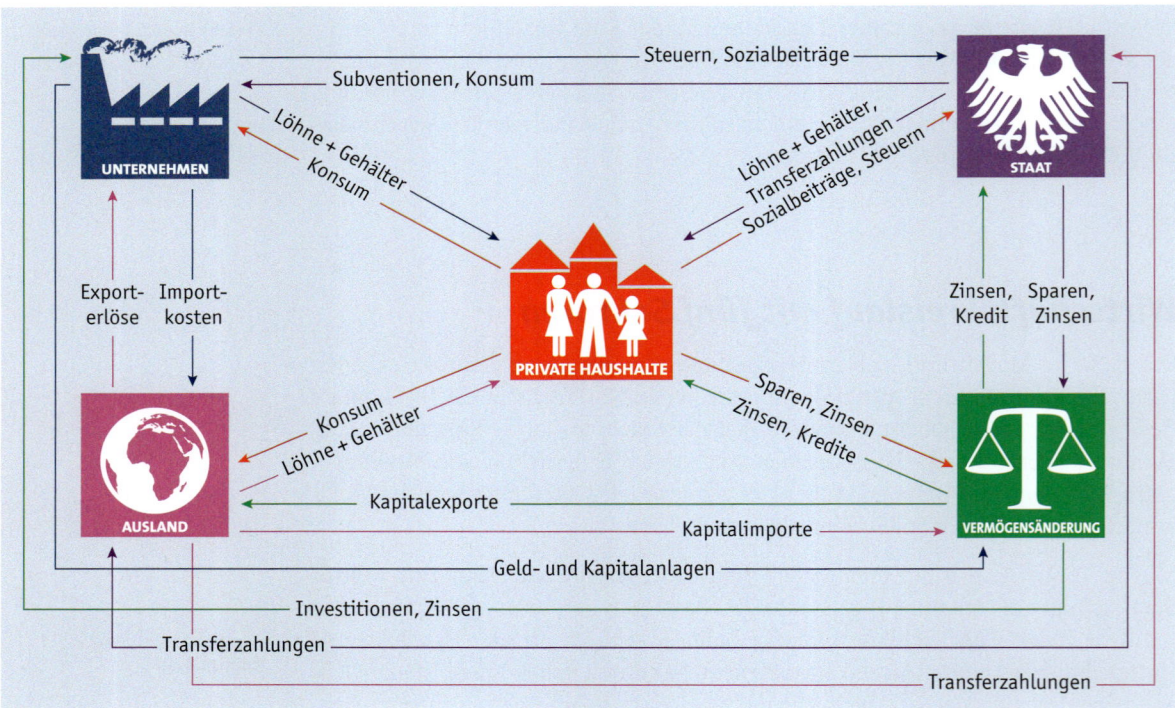

Die Ergänzung des Wirtschaftskreislaufs um die Sektoren Vermögensänderungskonto und Ausland ergibt folgende Gleichung:

I_{br} = Bruttoinvestitionen
M = Importe
X = Exporte

$$Y + M = \underbrace{C_H + C_S} + I_{br} + X$$
$$Y = \qquad C \quad + I_{br} + (X - M)$$

2.2.3 Kritik am Wirtschaftskreislauf

Das Modell des Wirtschaftskreislaufs veranschaulicht:
- wer am Wirtschaftsprozess beteiligt ist
- die Beziehungen zwischen den Beteiligten
- staatliche Möglichkeiten, um in das Geschehen regulierend einzugreifen
- dass die Wirtschaft ein komplex vernetztes System ist
- dass sich ein Eingriff, der nur einen Teil des Systems betrifft, auf das ganze System auswirken kann

Der Wirtschaftskreislauf basiert auf der Gegenüberstellung von Güter- und Geldströmen, d. h., es werden nur die bezahlten Leistungen berücksichtigt, unbezahlte Leistungen, z. B. die Arbeit von Hausfrauen und -männern, nicht. Ebenso verhält es sich mit den meisten Leistungen der Natur. Erweitert man den Wirtschaftskreislauf um den Faktor Umwelt, dann fällt auf, dass den zahlreichen Güterströmen vielfach keine entsprechenden Geldströme gegenüberstehen:

Umwelt
Kapitel 11

- Die Entnahme von nicht erneuerbaren Ressourcen, z. B. von Erdöl, wird nur mit den Förderungskosten berechnet. Die Abnahme der Rohstoffvorkommen wird nicht berücksichtigt.
- Die Nutzung der Umwelt als „Lagerhalde" für die Abfälle aus Produktion und Konsum wird nur dann erfasst, wenn für die Inanspruchnahme dieser Leistung bezahlt werden muss.
- Die Beseitigung der Umweltschäden hingegen kostet Geld; im Sinne des herkömmlichen Wirtschaftskreislaufs werden somit die produzierte Gütermenge und das Einkommen erhöht.

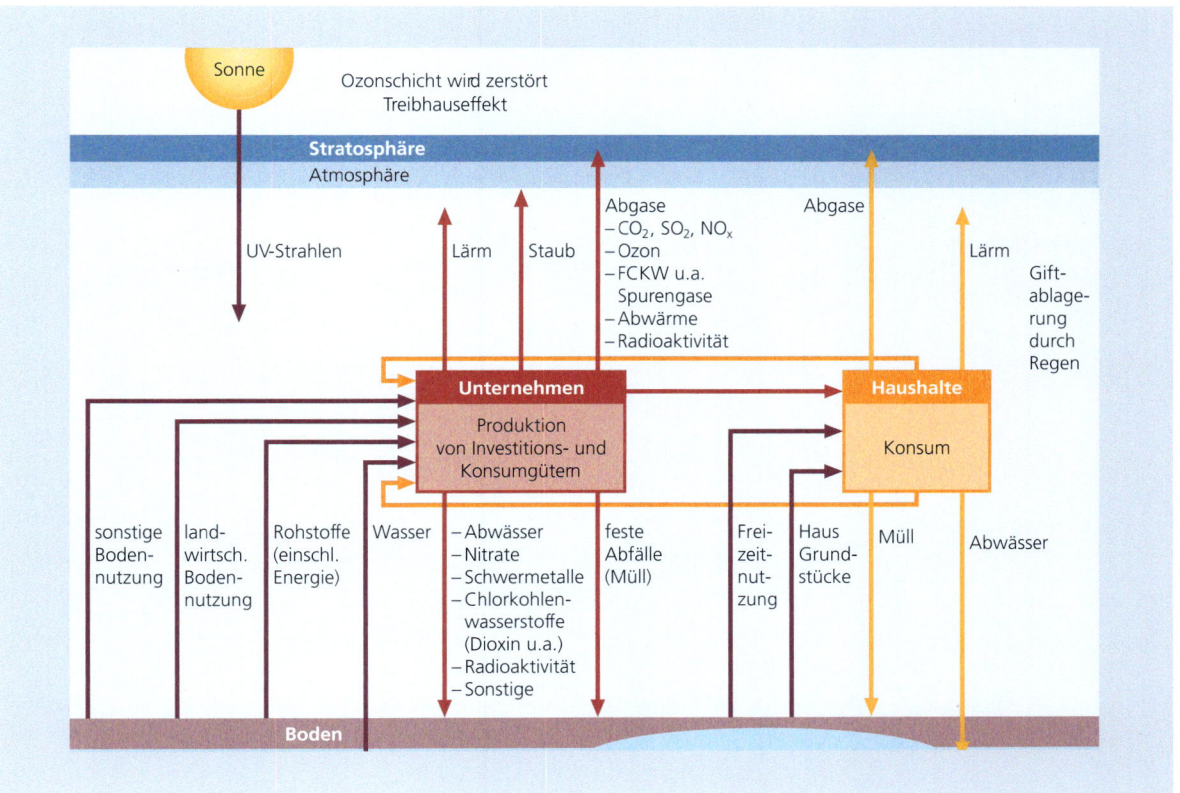

In der ökonomischen Betrachtung wird somit übersehen, dass das Wirtschaftswachstum zu Lasten der Umweltqualität erkauft wird. Als Ergänzung zur Volkswirtschaftlichen Gesamtrechnung gibt es vom Statistischen Bundesamt eine **Umweltökonomische Gesamtrechnung** (UGR). Hier wird der Umweltzustand quantitativ und teilweise in monetärer Form erfasst.

Umweltökonomische Gesamtrechung
Kapitel 11.4

> **ÜBERBLICK**
>
> Der **Wirtschaftskreislauf** stellt gesamtwirtschaftliche Zusammenhänge anhand eines vereinfachten Modells dar. Es wird nie die ganze Wirklichkeit erfasst.
>
> In der **Volkswirtschaftlichen Gesamtrechnung** werden die wirtschaftlichen Vorgänge einer Volkswirtschaft für einen abgelaufenen Zeitraum erfasst.
>
> Das einfachste Modell des Wirtschaftskreislaufs hat **zwei Sektoren**: Unternehmen und private Haushalte. Es zeigt deren gegenseitige Verflechtung. Der Wirtschaftskreislauf mit **fünf Sektoren** ergibt sich, wenn außerdem der Staat, das Vermögensänderungskonto und das Ausland berücksichtigt werden. Nach der Erweiterung des Wirtschaftskreislaufs um den Faktor **Umwelt** wird deutlich, dass zahlreiche Beziehungen zwischen dem ökologischen und ökonomischen Kreislauf nicht berücksichtigt werden.

AUFGABEN

1 Welchen Zweck erfüllen modellhafte Kreislaufbetrachtungen?

2 Worin bestehen die Unterschiede zwischen einer statischen und dynamischen, einer geschlossenen und offenen Volkswirtschaft?

3 Analysieren Sie die wirtschaftlichen Auswirkungen über den Geldstrom im Fünf-Sektoren-Modell, wenn in einer Volkswirtschaft

  a mehr gespart wird.

  a die Steuern erhöht werden.

4 Nennen Sie ökonomische Vorgänge, die im Modell des Wirtschaftskreislaufs nicht oder nur unzureichend abgebildet werden. Problematisieren Sie insbesondere die fehlende Berücksichtigung der Umwelt.

5 Stellen Sie die folgenden ökonomischen Aktivitäten grafisch als Kreislauf mit fünf Sektoren dar:

GE = Geldeinheiten

Konsum der privaten Haushalte (C_H)	700 GE
Konsum des Staates (C_S)	250 GE
Einkommen aus unselbstständiger Arbeit der Staatsbediensteten (Y_H)	200 GE
Einkommen aus unselbstständiger Arbeit u. Einkommen aus Unternehmertätigkeit und Vermögen (Y_H)	1 000 GE
Sparen der privaten Haushalte (S)	200 GE
Steuern der privaten Haushalte (T_H)	300 GE
Steuern der Unternehmen (T_U)	150 GE
Bruttoinvestitionen (I_{br})	260 GE
Abschreibungen der Unternehmen (D)	100 GE
Importe der Unternehmen von Sachgütern, Dienstleistungen, Faktorleistungen (M)	310 GE
Exporte von Sachgütern, Dienstleistungen, Faktorleistungen (X)	350 GE

2.3 Volkswirtschaftliche Gesamtrechnung

Der Erfolg der wirtschaftlichen Aktivitäten (produzieren, verteilen, konsumieren, investieren, finanzieren), insbesondere das Wirtschaftswachstum, werden in der offiziellen deutschen Statistik am **Bruttoinlandsprodukt** (**BIP**) gemessen. Auf Basis dieses Indikators trifft die Bundesregierung wirtschaftspolitische Entscheidungen, beispielsweise:

- Um wie viel Prozent sollen und dürfen jährlich Löhne und Renten steigen?
- Welche Ausgaben soll und kann der Staat z. B. für Krankenhäuser, Schulen, Forschung, Rüstung und Straßenbau tätigen?

Das Bruttoinlandsprodukt misst nur die im Inland entstandenen wirtschaftlichen Leistungen. Dazu zählen die Einkünfte der Inländer im Inland sowie die Einkünfte der Ausländer im Inland. Wobei unter Inländer alle inländischen Wirtschaftssubjekte, z. B. private Haushalte, Unternehmen und Staat, verstanden werden. Dieses Konzept zur Berechnung des Bruttoinlandsprodukts wird **Inlandskonzept** genannt.

Auch Unternehmen verwenden die Veränderung des Bruttoinlandsprodukts bei ihren Produktions- und Verlaufsplanungen als Orientierungshilfe.

> Herr Raul ist Deutscher und arbeitet in Deutschland. Seine Einkünfte fließen in die Berechnung des Bruttoinlandsproduktes ein (Einkünfte eines Inländers im Inland).
>
> Frau de Mol ist Niederländerin und wohnt in den Niederlanden. Sie arbeitet bei einem Unternehmen in Deutschland. Ihr Einkommen wird bei der Berechnung des Bruttoinlandsproduktes ebenfalls berücksichtigt (Einkünfte einer Ausländerin im Inland).
>
> BEISPIEL

Das **Bruttonationaleinkommen (BNE)** ergibt sich aus den wirtschaftlichen Leistungen, die von Inländern erbracht werden. Dazu zählen die Einkünfte von Inländern im Inland und im Ausland. Dieses Konzept wird **Inländerkonzept** genannt.

Das Bruttonationaleinkommen wurde bis 1999 auch Bruttosozialprodukt (BSP) genannt.

> Bei der Berechnung des Bruttonationaleinkommens werden die Einkünfte von Herrn Raul berücksichtigt. Frau Fischer lebt in Deutschland, arbeitet für ein dänisches Unternehmen und bezieht ihre Einkünfte aus Dänemark. Diese Einkünfte zählen ebenfalls zum Bruttonationaleinkommen (Einkünfte einer Inländerin im Ausland).
>
> BEISPIEL

Das Bruttonationaleinkommen beleuchtet die Einkommensseite, das Bruttoinlandsprodukt dagegen die Produktionsseite. Das Bruttoinlandsprodukt wird im Rahmen der **Volkswirtschaftlichen Gesamtrechnung** (VGR) ermittelt. Diese setzt am Wirtschaftskreislauf an. Die Darstellung des Wirtschaftskreislaufs ist eine Vorstufe der Volkswirtschaftlichen Gesamtrechnung.

In der realen Volkswirtschaft wird das Bruttoinlandsprodukt über Hunderttausende von Unternehmensleistungen berechnet. Man erhält so das **nominale Bruttoinlandsprodukt**, d. h. einen Wert, der den derzeitigen Preisen entspricht. Abhängig von den derzeitigen Preisen sinkt das nominale Bruttoinlandsprodukt bei sinkenden Marktpreisen (Deflation) und steigt bei steigenden Marktpreisen (Inflation). Damit das tatsächliche wirtschaftliche Wachstum gemessen werden kann, werden die Preise bereinigt. Dazu legt man die Preise eines festgelegten Basisjahres zugrunde (Bruttoinlandsprodukt zu konstanten Preisen). Auf diese Weise erhält man das **reale Bruttoinlandsprodukt**.

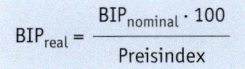

$$BIP_{real} = \frac{BIP_{nominal} \cdot 100}{Preisindex}$$

Inflation und Deflation
Kapitel 4.6

Der Wirtschaftskreislauf wird hier in der Form genutzt, dass nur die Sektoren Unternehmen mit drei Einzelunternehmen und die privaten Haushalte in den Blick genommen werden. Es wird angenommen, dass eine Volkswirtschaft aus drei Unternehmen und dem Sektor private Haushalte besteht. Ein Winzer (U1) baut Weintrauben an, veredelt diese zu Wein und füllt den Wein in Flaschen ab. Der Weinhändler (U2) kauft diesen Wein und verkauft ihn an einen Supermarkt (U3) weiter.

Der Winzer (U1) benötigt für die Herstellung und Abfüllung von einem Hektoliter Wein 500 Geldeinheiten (GE). Er hat Löhne zu zahlen und möchte Gewinn erzielen. Weitere Vorleistungen von anderen Unternehmen benötigt er nicht. Die Wertschöpfung, d. h. die Summe aus Löhnen und Gewinnen, beträgt 500 Geldeinheiten und fließt an die privaten Haushalte.

Vorleistungen = Wert aller Güter, die inländische Wirtschaftseinheiten von anderen in- oder ausländischen Wirtschaftseinheiten für den Produktionszweck bezogen und verbraucht haben

Der Weinhändler (U2) kauft den Wein vom Winzer und verkauft ihn für 900 Geldeinheiten weiter an einen Supermarkt (U3). In diesem Preis sind die 500 Geldeinheiten vom Winzer (U1) als Vorleistung enthalten. Die Wertschöpfung des Weinhändlers beträgt somit 400 Geldeinheiten. Die Löhne und Gehälter fließen an die privaten Haushalte.

Der Supermarkt (U3) möchte beim Verkauf an die privaten Haushalte ebenfalls einen Gewinn erzielen. An seine Mitarbeiter zahlt er Löhne und Gehälter. Der Supermarkt verkauft den Wein für 1 100 Geldeinheiten. Die Wertschöpfung beträgt 200 Geldeinheiten. Das Bruttoinlandsprodukt kann nun als Summe der Wertschöpfung der drei Unternehmen ermittelt werden.

Wertschöpfung U1 500 GE
+ Wertschöpfung U2 400 GE
+ Wertschöpfung U3 200 GE
─────────────────────
= BIP   1 100 GE

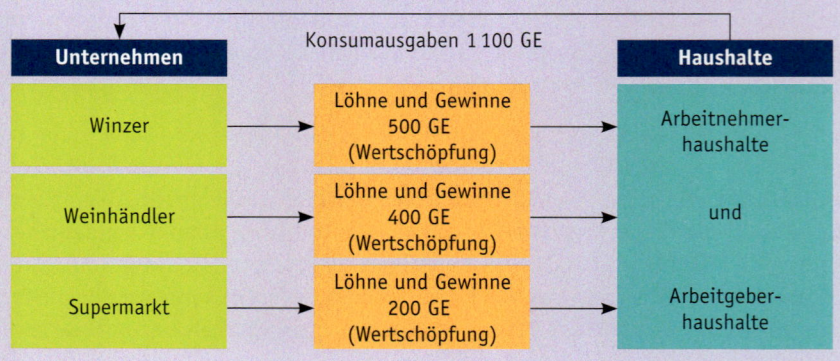

38

2.3.1 Bestandteile der Volkswirtschaftlichen Gesamtrechnung

Die Volkswirtschaftliche Gesamtrechnung (VGR) wird vom Statistischen Bundesamt durchgeführt. Sie lässt sich unter den Gesichtspunkten der Entstehung, nach der Verteilung und der Verwendung des Bruttoinlandsprodukts betrachten.

Statistisches Bundesamt:
www.destatis.de

Entwicklung des Bruttoinlandsprodukts

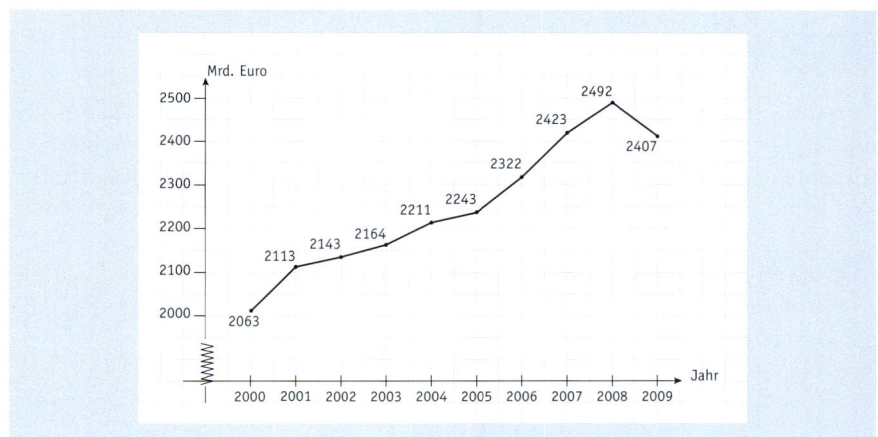

$$\text{Wachstumsrate} = \frac{\text{BIP (Jahr}_2) - \text{BIP (Jahr}_1)}{\text{BIP (Jahr}_1)} \cdot 100$$

Die **Entstehungsrechnung** ermittelt die Wertschöpfung der einzelnen Wirtschaftsbereiche zum Bruttoinlandsprodukt. Die **Wertschöpfung** ist die Summe aller Werte, die durch die Produktion von Waren und Dienstleistungen neu entstanden sind. Die Berechnungsart wurde im vorangegangenen Kapitel dargestellt.

Entstehungsrechnung (vereinfachte Darstellung)

	Wertschöpfung Land- und Forstwirtschaft
+	Wertschöpfung produzierendes Gewerbe
+	Wertschöpfung Dienstleistungsgewerbe
=	Bruttoinlandsprodukt (BIP)

Im Rahmen der **Verwendungsrechnung** wird ermittelt, von wem die produzierten Güter verbraucht werden. Der größte Teil wird von den Haushalten und vom Staat konsumiert. Ein kleinerer Teil wird von den Unternehmen in die Erhaltung oder Erweiterung ihrer Produktionsanlagen investiert. Die Investitionen bilden die Grundlage für die zukünftige Produktion. Güter, die vom Ausland konsumiert werden (Exporte), sind Teil des Bruttoinlandsprodukts. Hingegen bilden Güter, die vom Ausland importiert werden, nicht Teil des Bruttoinlandsprodukts. Die Differenz zwischen Exporten und Importen geht als **Außenbeitrag** in die Verwendungsrechnung ein.

Verwendungsrechnung

	Privater Konsum
+	Staatsausgaben
+	Investitionen
+/−	Außenbeitrag
=	Bruttoinlandsprodukt (BIP)

	Exporte von Gütern
−	Importe von Gütern
=	Außenbeitrag

In der **Verteilungsrechnung** wird ermittelt, wie das erwirtschaftete Geld verteilt wird. Grundlage der Verteilungsrechnung ist aber nicht unmittelbar das Bruttonationaleinkommen, sondern das **Volkseinkommen**. Dieses errechnet sich wie folgt:

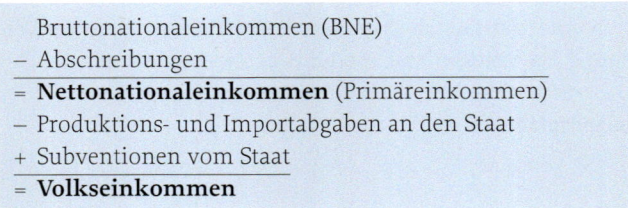

	Bruttonationaleinkommen (BNE)
–	Abschreibungen
=	**Nettonationaleinkommen** (Primäreinkommen)
–	Produktions- und Importabgaben an den Staat
+	Subventionen vom Staat
=	**Volkseinkommen**

Lohn- und Gewinnquote
Kapitel 9.5.1

Das Volkseinkommen wird an Arbeitnehmer, Unternehmer und Kapitalgeber verteilt. Die Arbeitnehmer erhalten ihren Anteil als Löhne und Gehälter (**Arbeitnehmerentgelte**), die Unternehmer und Kapitalanleger als Gewinne, Zinsen, Mieten, Pachten und Dividenden (**Unternehmens- und Vermögenseinkommen**).

Verteilungsrechnung

	Arbeitnehmereinkommen
+	Unternehmens- und Vermögenseinkommen
+	Produktions- und Importabgaben
+	Abschreibungen
+/–	Saldo der Einkommen vom/ans Ausland
=	Bruttoinlandsprodukt (BIP)

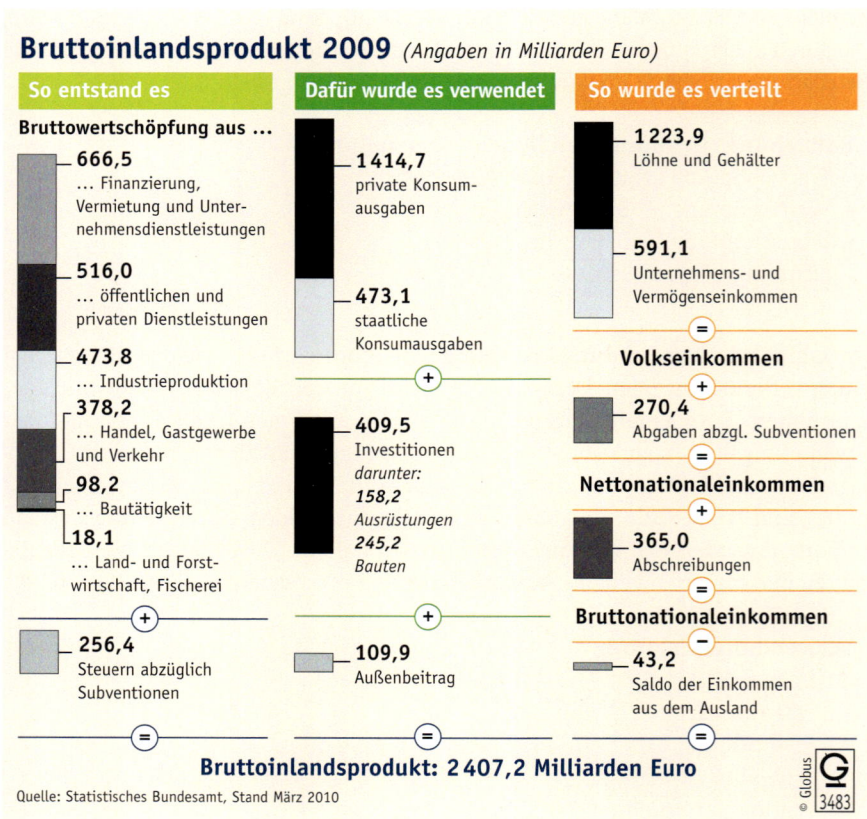

Bruttoinlandsprodukt 2009 *(Angaben in Milliarden Euro)*

So entstand es

Bruttowertschöpfung aus ...

- **666,5** ... Finanzierung, Vermietung und Unternehmensdienstleistungen
- **516,0** ... öffentlichen und privaten Dienstleistungen
- **473,8** ... Industrieproduktion
- **378,2** ... Handel, Gastgewerbe und Verkehr
- **98,2** ... Bautätigkeit
- **18,1** ... Land- und Forstwirtschaft, Fischerei

(+)

- **256,4** Steuern abzüglich Subventionen

(=)

Dafür wurde es verwendet

- **1414,7** private Konsumausgaben
- **473,1** staatliche Konsumausgaben

(+)

- **409,5** Investitionen
  darunter:
  158,2 Ausrüstungen
  245,2 Bauten

(+)

- **109,9** Außenbeitrag

(=)

So wurde es verteilt

- **1223,9** Löhne und Gehälter
- **591,1** Unternehmens- und Vermögenseinkommen

(=) **Volkseinkommen**

(+)

- **270,4** Abgaben abzgl. Subventionen

Nettonationaleinkommen

(+)

- **365,0** Abschreibungen

(=) **Bruttonationaleinkommen**

(–)

- **43,2** Saldo der Einkommen aus dem Ausland

(=)

Bruttoinlandsprodukt: 2 407,2 Milliarden Euro

Quelle: Statistisches Bundesamt, Stand März 2010

© Globus 3483

2.3.2 Das Bruttoinlandsprodukt als Wohlstandsindikator?

Das Bruttoinlandsprodukt erfasst nur Leistungen, die auf dem Markt gehandelt werden. Daher ist das Bruttoinlandsprodukt als Wachstumsmaßstab nur bedingt geeignet. Leistungen, die nicht in das Bruttoinlandsprodukt einfließen, sind z. B. Hausarbeit, Schwarzarbeit und Nachbarschaftshilfe. Auch die Benutzung von Straßen und Schulen fließt nicht in die Berechnung ein. Sie werden vom Staat kostenlos als Kollektivgüter zur Verfügung gestellt.

Besser wachsen

„... Kindererziehung und Krankenpflege daheim? Sie steigern das BIP kein bisschen. Umweltschäden, die keiner mehr beseitigen kann? Senken das BIP kein bisschen. Mehr Freizeit und Selbstverwirklichung für alle? Im Zweifelsfall eher schlecht fürs BIP. Zunehmender sozialer Unfrieden und Kriminalität? Keine Auswirkung. Halt doch! Wenn ein Hooligan eine Scheibe einwirft, muss der Glaser kommen. Dann wächst das BIP sogar. An diesem Unsinn aber richten wir unsere Politik aus. Als Bankkonzerne dank ihrer Luftbuchungen gewaltige Gewinne verzeichneten, haben wir es dankbar als einen Teil des gestiegenen BIPs verbucht. Der Steigerung des BIPs verschreiben wir unser Bildungssystem, unsere Forschungsförderung, unsere Infrastruktur. Der Raubbau an den Wäldern, bodenzerstörende Monokulturen, die Zersetzung von Gesellschaft durch Überarbeitung – sie dienen kurzfristig der Steigerung des BIPs und zerstören langfristig die Lebensgrundalge des Menschen. Dennoch feiern wir Länder, die beim BIP-Wachstum vorn liegen, wie Leistungssportler: Schaut her, China hat die Zehnprozentmarke gerissen! ..."

Quelle: Fischermann, T., in: Die Zeit, Nr. 18 (23. April 2009), S. 1

Schäden, die durch Umweltverschmutzung entstehen und mit finanziellem Aufwand beseitigt werden müssen, steigern das Bruttoinlandsprodukt. Dadurch entstehen hohe **soziale Kosten.** Der Wohlstand und die Lebensqualität werden jedoch nicht erhöht, sondern eher verringert. Das Wachstum einer Volkswirtschaft, gemessen als Steigerung des Bruttoinlandsprodukts, sagt also nichts über die Lebensbedingungen und Lebensqualität aus. In einer Gesellschaft kann es z. B. ein gesamtwirtschaftliches Wachstum geben, aber zugleich können sich die Lebensbedingungen insgesamt verschlechtern und bestimmte Personengruppen verarmen.

Die Organisation für wirtschaftliche Zusammenarbeit und Entwicklung (OECD) hat vorgeschlagen, die Lebensqualität in einer Volkswirtschaft mithilfe von **Sozialindikatoren** messbar zu machen. Sozialindikatoren dienen dazu, Entwicklungsvorgänge und Lebensqualitäten einer Gesellschaft zu ermitteln. Folgende Hauptzielbereiche sind dabei zu berücksichtigen:

OECD
Kapitel 10.6

* wirtschaftliche Situation und Kaufkraft des Geldes
* Gesundheit
* Qualität des Arbeitslebens
* persönliche Sicherheit
* Entwicklung der Persönlichkeit durch Bildung
* Zeiteinteilung und Freizeit
* physische Umwelt
* gesellschaftliche Beteiligungschancen

Kaufkraft des Geldes
Kapitel 4.5

Der amerikanische Ökonom Paul Samuelson (1915–2009) hat für die Messung des Wohlstands das Wohlfahrtsmaß **Net Economic Welfare** (NEW) entwickelt. Dabei werden vom BIP die sozialen Kosten, wie z. B. Maßnahmen zum Umweltschutz, zur inneren Sicherheit und zur Verteidigung, abgezogen. Leistungen, wie z. B. Hausarbeit, Freizeit und Schwarzarbeit, die keinen Marktpreis haben, werden hinzugezählt. Die einzelnen Größen lassen sich allerdings schwerlich messen und bewerten.

ÜBERBLICK

Die Leistung der Wirtschaft wird mithilfe des **Bruttoinlandsprodukts** (BIP) angegeben. Das BIP erfasst die im Inland produzierten Leistungen (**Inlandskonzept**). Das **Bruttonationaleinkommen** (BNE) erfasst die Leistungen, die von Inländern im Inland und im Ausland erbracht werden (**Inländerkonzept**).

Das **nominale BIP** entspricht den derzeitigen Preisen, das **reale BIP** ist preisbereinigt.

Das BIP wird im Rahmen der **Volkswirtschaftlichen Gesamtrechnung** (VGR) unter drei Blickwinkeln ermitteln: bei der Entstehung, bei seiner Verwendung und bei seiner Verteilung.

AUFGABEN

1 Entwickeln Sie das Kreislaufbild einer kleinen Volkswirtschaft, die aus vier Unternehmen und den privaten Haushalten besteht. Es werden folgende Annahmen zugrunde gelegt:
   Bei den Unternehmen handelt es sich um einen Landwirtschaftsbetrieb, eine Mühle, eine Bäckerei und einen Lebensmittelhandel. Ein Landwirt verkauft Weizen im Wert von 700 Geldeinheiten (GE) an eine Mühle. Von dem Erlös bezahlt er seinen Auszubildenden; der Rest ist Gewinn für seine Arbeit und seinen Kapitaleinsatz. In der Mühle wird das Korn gemahlen und das Mehl ausgesiebt. Das Mehl wird für 1 400 GE an eine Großbäckerei verkauft. Die dort produzierten Brötchen werden für 2 300 GE von einem Lebensmittelhändler gekauft und von diesem für 2 900 GE an seine Kunden weiterverkauft.
   a Entwickeln Sie das Kreislaufbild.
   b Berechnen Sie die Wertschöpfung auf den einzelnen Stufen.
   c Wie hoch ist das Bruttonationaleinkommen in der Volkswirtschaft?
   d Begründen Sie mithilfe des Beispiels, warum die folgende Aussage falsch ist:
     „Das Bruttonationaleinkommen ist die Summe der in einem Jahr produzierten Güter einer Volkswirtschaft."

2 Grenzen Sie voneinander ab: nominales BIP, reales BIP, Volkseinkommen, Bruttonationaleinkommen.

3 Es wird geschätzt, dass sich in Deutschland im Jahr X ca. zwei Millionen Verkehrsunfälle ereigneten, wobei nur solche Unfälle registriert wurden, bei denen der Schaden mehr als 1 500 Euro betrug.
   a Welchen Einfluss hat dies auf das Bruttoinlandsprodukt?
   b Wie beurteilen Sie vor diesem Hintergrund das Bruttoinlandsprodukt als Wohlstandsindikator?

4 Nennen Sie Beispiele, wie das Bruttonationaleinkommen wachsen oder schrumpfen kann, ohne dass in der Volkswirtschaft mehr oder weniger produziert wird. Ist das Bruttoinlandsprodukt überhaupt als Wohlstandsmaßstab geeignet?

5 Recherchieren Sie im Internet, ob es neben dem Net Economic Welfar noch andere Ansätze gibt, um den Wohlstand zu messen.

2.4 *Statistiken lesen und mit Grafiken veranschaulichen*

Wirtschaftliche Sachverhalte und Ereignisse spiegeln sich nicht selten in Statistiken wider. Statistiken begegnen uns im täglichen Leben häufig, z. B. in der Tageszeitung, in Zeitschriften, in Büchern und sogar im Fernsehen. Die Kunst besteht darin, diese richtig zu lesen und zu interpretieren.

Statistische Daten und Zusammenhänge lassen sich in Diagrammen und Tabellen darstellen. Dadurch werden Daten und Zusammenhänge verständlich. Es gibt Diagramme, die veranschaulichen eine **Entwicklung** von Größen im Zeitverlauf (Liniendiagramme) oder **Anteile** und **Aufteilungen** einer Grundgesamtheit (Balkendiagramme, Kreisdiagramme, Säulendiagramme).

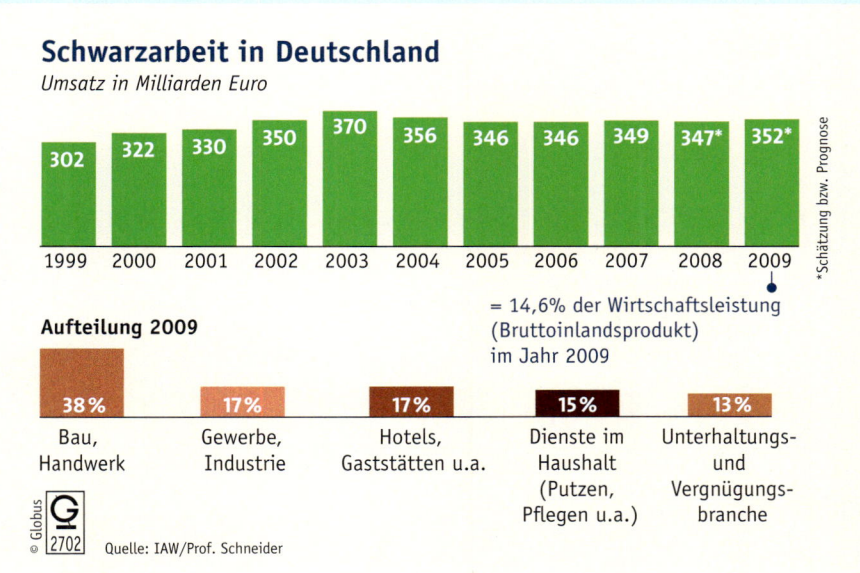

Balkendiagramm

Da Diagramme geeignet sind, wirtschaftliche Daten und Ereignisse zu veranschaulichen, bieten sie auch die Chance, die Wirklichkeit zu verfälschen. Zu den bekannten Aussprüchen über den kritischen Umgang mit Statistiken gehört „Statistiken lügen nicht, aber Statistiker" oder „Ich traue nur Statistiken, die ich selber gefälscht habe" (Winston Churchill). Walter Krämer bringt in seinem Buch „So lügt man mit Statistiken" eine Fülle von Beispielen.

In Liniendiagrammen wird beispielsweise ein Sachverhalt immer dann optisch verfälscht, wenn die senkrechte Achse abgeschnitten oder gestreckt wird. Falls nicht ausdrücklich darauf hingewiesen wird, wird dem Betrachter absichtlich ein falsches Bild vermittelt.

Wie man mit Säulendiagrammen „lügen" kann, verdeutlicht Walter Krämer an der Kundenentwicklung einer bekannten deutschen Bank. In der Informationsbroschüre der Bank, aus der die Balkendiagramme entnommen sind, heißt es: „Unsere Grafiken zeigen, dass die Einlagen von Kunden – vor allem Baufinanzierungen – stark angestiegen sind." Als Beweis sind in der Broschüre die folgenden Diagramme abgebildet:

METHODE

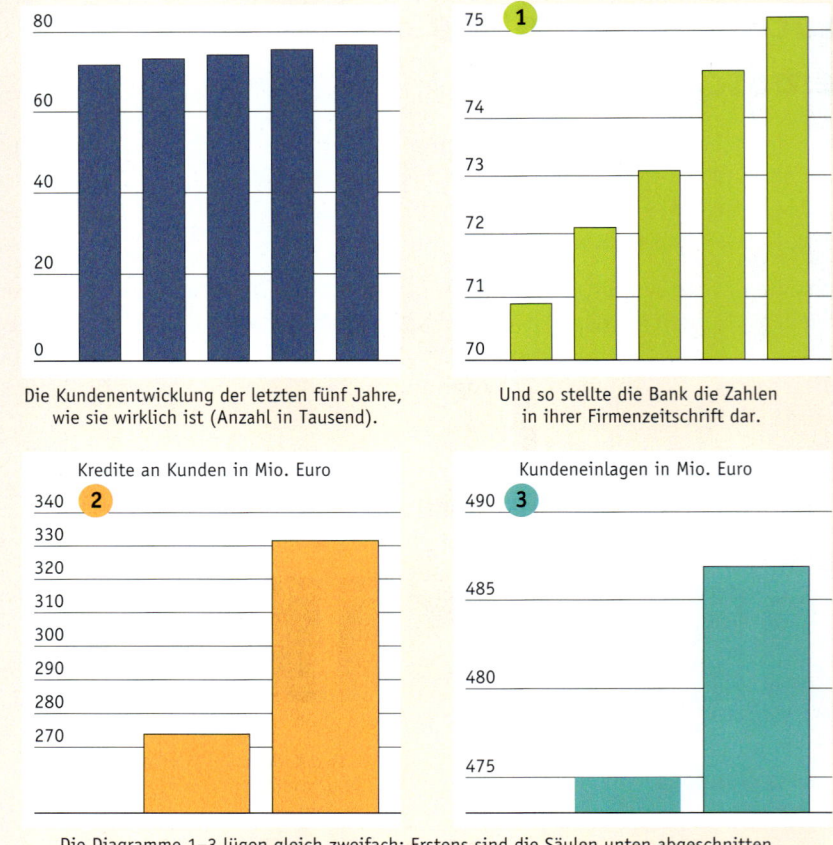

Die Kundenentwicklung der letzten fünf Jahre, wie sie wirklich ist (Anzahl in Tausend).

Und so stellte die Bank die Zahlen in ihrer Firmenzeitschrift dar.

Kredite an Kunden in Mio. Euro

Kundeneinlagen in Mio. Euro

Die Diagramme 1–3 lügen gleich zweifach: Erstens sind die Säulen unten abgeschnitten, und zweitens zieht sich die Skala bei Diagramm 1 noch nach oben in die Länge.

Quelle: Krämer, W., So lügt man mit Statistiken, München 2000, S. 45

Aufgaben

1 Das Statistische Bundesamt hat nachfolgende Daten für das Bruttoinlandsprodukt der Bundesrepublik von 2005 bis 2009 bekannt gegeben:

Bruttonationalprodukt in jeweiligen Preisen (in Mrd. Euro)

	I. Quartal	II. Quartal	III. Quartal	IV. Quartal
2005	559,90	571,10	590,30	603,80
2006	559,90	571,10	590,30	603,80
2007	589,70	596,70	617,20	624,60
2008	609,70	625,60	634,40	626,10
2009	579,50	589,60	616,00	622,10

1%	→	1°
5%	→	18°
10%	→	36°
12,5%	→	45°
25%	→	90°
33,33%	→	120°
50%	→	180°
66,66%	→	240°
75%	→	270°

a Stellen Sie die Entwicklung des BIP anhand eines Liniendiagramms dar.

b Die Entwicklung des BIP lässt sich auch in einem Balkendiagramm darstellen. Wie sieht die Grafik dann aus?

2 In der Grafik auf vorangegangener Seite wird gezeigt, in welchen Bereichen häufig schwarzgearbeitet wird. Stellen Sie die Aufteilung mithilfe eines Kreisdiagramms dar. Nutzen Sie die nebenstehende Umrechnung.

Warum ist der Markt eine Institution?

Welche Marktarten gibt es?

Wovon hängen Angebot und Nachfrage auf dem Markt ab?

Wie reagieren Angebot und Nachfrage auf Preisänderungen?

Wie bildet sich der Preis auf vollkommenen und unvollkommenen Märkten?

In welcher Form kann der Staat die Preise beeinflussen?

Warum kann es zu Marktversagen kommen?

3 Markt und Preis

3.1 Äpfel, Bananen oder Wertpapiere?

Auf dem Erzeugermarkt an der Konstablerwache in Frankfurt am Main bietet sich jeden Donnerstag und Samstag das gleiche Bild: der Wochenmarkt. Für einige Stunden entsteht dort geschäftige Betriebsamkeit: Buden und Stände reihen sich nebeneinander. Landwirte türmen Obst und Gemüse auf; Blumenhändler arrangieren die Blumen in Kübeln; Fleisch- und Fischhändler richten ihre Delikatessen in ihren Auslagen. Schon bald kommen die Besucher, um ihre Einkäufe zu tätigen. Einige kaufen immer an denselben Ständen, andere gehen zunächst von Stand zu Stand, um die Preise und Qualitäten miteinander zu vergleichen. Der Frankfurter **Wochenmarkt** findet zu den festgelegten Zeiten jeweils am selben Ort statt. Die meisten Anbieter haben einen Stammplatz. Viele Käufer sind Stammkunden und kaufen aus Tradition. Viele der angebotenen Waren könnten auch in den Supermärkten beschafft werden. Auf den Wochenmärkten in anderen Städten in Deutschland sieht es ähnlich aus.

Beispiele für Wochenmärkte gibt es in Deutschland unbegrenzt. Die Anzahl der Börsenplätze ist dagegen begrenzt.

Auch an den **Börsen** treffen sich Käufer und Verkäufer von Wertpapieren zu festen Zeiten an festen Plätzen. Den Begriff der Börse findet man jedoch nicht nur im Zusammenhang mit Wertpapieren, sondern auch bei Rohstoffen wie z. B. Getreide. Die an den Börsen ausgehandelten oder festgelegten Kurse kann man in Fachzeitschriften, aber auch in den Wirtschaftsteilen der Tageszeitungen nachlesen.

Angebot
Kapitel 3.5

Nachfrage
Kapitel 3.4

Der **Markt** ist der Ort, an dem Angebot und Nachfrage zusammentreffen. Neben dem Wochenmarkt gibt es noch andere Märkte, wie z. B. den Arbeitsmarkt, den Wohnungs- und Immobilienmarkt. Der Markt stellt das Koordinationszentrum der Wirtschaft dar, in dem die Interessen der Anbieter (Verkäufer) und Nachfrager (Käufer) aufeinandertreffen. Der Nachfrager möchte möglichst preisgünstig einkaufen, der Anbieter seine Waren zu einem möglichst hohen Preis verkaufen. Der Arbeitnehmer möchte möglichst hohe Einkünfte erzielen, der Arbeitgeber dagegen niedrige Löhne und Gehälter zahlen. Banken möchten teure Kredite anbieten, Kreditnehmer niedrige Zinsen aushandeln.

Problemstellung

Suchen Sie nach Kriterien, mithilfe derer man Märkte beschreiben kann.

3.2 Der Markt als Institution

Eine Institution ist ein Begriff für stabile, auf Dauer angelegte Einrichtungen zur Regelung, Herstellung oder Durchführung bestimmter Zwecke und Handlungen. **Institutionen** vermindern die Unsicherheit für die am Wirtschaftsprozess eines Landes Beteiligten; sie schaffen Regeln für die Art und Weise des menschlichen Handelns. Der Markt lässt sich als Institution begreifen. Er gibt z. B. vor, wie man sich beim Kauf eines Gutes verhalten muss oder was folgen kann, wenn man einen eingegangenen Vertrag bricht. Der Markt als Institution ist ein zentraler Lenkungsmechanismus für wirtschaftliche Aktivitäten.

Betrachten wir den Markt genauer, dann ist er eine Institution, die durch die Bekanntgabe einer Zeit, eines Ortes, eines Preises sowie der Art und Qualität eines Gutes Verkäufer und Käufer zusammenführt. Schon ein erster Blick zeigt, dass im Hinblick auf den Kauf eines Gutes im Vorhinein eine Fülle von Fragen auftreten und die Tauschaktion begleiten: Was muss z. B. alles geregelt werden, damit ein funktionsfähiger Markt entsteht? Was muss vorher investiert werden?

BEISPIEL

Fragen, die bei der Einrichtung eines Wochenmarktes geklärt werden müssen:
- Wir benötigen Flächen oder ein Gebäude. Wer ist Eigentümer von Grund und Boden, wo der Markt eingerichtet, „institutionalisiert" wird?
- Gehört die Fläche oder das Gebäude dem Staat, der Stadt oder einer Privatperson?
- Wie sollen die Marktzeiten geregelt werden?
- Wie hoch sollen die Gebühren für die Einrichtung von Marktständen sein?

Für die Einrichtung eines Marktes sind Regelungen erforderlich, aber auch inoffizielle Regeln werden sich entwickeln, wie z. B. Preisabsprachen zwischen den Anbietern, Sicherheits- und Schutzabsprachen. Des Weiteren müssen die Preise der Wettbewerber beobachtet, Sonderangebote überlegt werden usw.

Sowohl die Einrichtung, die Nutzung, die Erhaltung als auch die Veränderung von Institutionen verursachen Kosten. Man nennt diese Kosten **Transaktionskosten**. Sie sind sozusagen die Betriebskosten eines Wirtschaftssystems.

Welche Transaktionskosten entstehen dem Marktbenutzer? Dies sind vor allem:
- **Such- und Informationskosten:** Kosten, die zur Beschaffung einer Übersicht über Angebot und Nachfrage aufgewendet werden müssen.
- **Verhandlungs- und Entscheidungskosten:** Kosten, die unmittelbar mit dem Abschluss eines Vertrages aufgewendet werden müssen, z. B. durch das Hinzuziehen eines Rechtsanwalts.
- **Vertragsdurchsetzungskosten, Kontroll- und Anpassungskosten:** Kosten, die für die Kontrolle des Vertrages aufgewendet werden müssen, z. B. Abschluss einer Schutzversicherung.

Wirtschaftliche Strukturen und Prozesse sind dann wirksam gestaltet, wenn die Transaktionskosten möglichst gering gehalten werden können. Dies ist beispielsweise der Fall, wenn die Kosten für das Ermitteln von Informationen, die Durchführung von Verhandlungen sowie für die Koordination, Steuerung und Kontrolle minimiert werden können.

Transaktionskosten, die dem Konsumenten beim Kauf Eigentumswohnung entstehen können:
- Such- und Informationskosten: Anzeigen in der Zeitung durchsuchen, Anzeigen für den Kauf einer Wohnung aufgeben, Makler aufsuchen, Makler beauftragen
- Verhandlungs- und Entscheidungskosten: Angebote vergleichen, Verhandlungen für Preise führen
- Vertragsdurchsetzungskosten, Kontroll- und Anpassungskosten: Sachverständigen zur Qualitätsüberprüfung der Wohnung beauftragen, Rechtsanwalt für Vertragsvereinbarungen beauftragen, Wohnung ins Grundbuch eintragen

Die zentrale Frage, die die Politik und Wirtschaft gleichermaßen bewegt, ist: „Wie müssen Märkte gestaltet werden, dass alle Beteiligten ökonomische Handlungen zum gegenseitigen Vorteil ausführen?"

Der Markt hat verschiedene Aufgaben und Funktionen zu erfüllen

Versorgungsfunktion
Der Markt soll für die bestmögliche Versorgung der Bevölkerung mit Gütern sorgen.

Koordinationsfunktion
Der Markt soll Angebot und Nachfrage zusammenführen.

Preisbildungsfunktion
Angebot und Nachfrage bewirken, dass sich auf dem Markt ein Preis bildet.

Verteilungsfunktion
Auf dem Markt werden Waren und Dienstleistungen verteilt.

ÜBERBLICK

Der **Markt** ist der Ort, wo Angebot und Nachfrage aufeinandertreffen. Er ist eine **Institution**, die die wirtschaftlichen Aktivitäten der Wirtschaftssubjekte durch offizielle und inoffizielle Regelungen lenkt.

Transaktionskosten = Handlungskosten eines Wirtschaftssystems

Such- und Informationskosten	Verhandlungs- und Entscheidungskosten	Vertragsdurchsetzungskosten, Kontroll- und Anpassungskosten

AUFGABEN

1 Welche Kosten entstehen den Marktbenutzern auf Märkten?
2 Nennen Sie Beispiele für Transaktionskosten beim Kauf eines Computers.
3 Der kaufmännische Angestellte Max Weber plant den Neukauf eines gebrauchten Pkw im Internet. Welche Transaktionskosten hat er zu beachten und welche Schwierigkeiten können bei der Umsetzung seines Vorhabens entstehen?
4 Wie können Such- und Informationskosten reduziert werden? Nennen Sie Beispiele.
5 Erläutern Sie die verschiedenen Funktionen des Marktes anhand von konkreten Beispielen.

3.3 *Marktarten*

Märkte lassen sich nach verschiedenen Kriterien einteilen, z. B.:

- **räumlich:** Es können örtliche (z. B. der Wohnungsmarkt einer Stadt), regionale (z. B. der Arbeitsmarkt in Nordrhein-Westfalen), nationale (z. B. der Kapitalmarkt in Deutschland) oder internationale Märkte (z. B. der Warenmarkt innerhalb der EU) unterschieden werden.
- **zeitlich:** Es gibt tägliche (z. B. die Wertpapier- oder Rohstoffbörsen), wöchentliche (z. B. der Wochenmarkt) oder saisonale Märkte (z. B. Weihnachtsmärkte).
- **organisatorisch:** Auf einem zentralisierten Markt treffen Angebot und Nachfrage an einem Ort und zu einem bestimmten Zeitpunkt zusammen (z. B: Wochenmarkt, Börse, Großmarkt, Versteigerungen). Er ist im Allgemeinen nach festen Regeln und Ordnungen organisiert. Ein dezentralisierter Markt findet dagegen nicht an einem bestimmten Ort und zu einem bestimmten Zeitpunkt statt. Er ist in der Regel unorganisiert (z. B. Zusammentreffen von Käufer und Verkäufer im Sportgeschäft).
- **nach Art der gehandelten Güter:** z. B. Warenmarkt (Konsumgütermarkt), Arbeitsmarkt, Immobilienmarkt, Geld- und Kapitalmarkt.
- **nach Regulierungsgrad:** Auf einem offenen Markt gibt es keine Zutrittsbeschränkungen, jeder kann als Anbieter oder Nachfrager auftreten. Der Staat greift nicht ins Marktgeschehen ein. Greift der Staat z. B. aus politischen Gründen in das Marktgeschehen ein, handelt es sich um einen regulierten Markt. Auf einen geschlossenen Markt hat nicht jeder Zutritt, da er vor allem durch rechtliche Bestimmungen beschränkt und gesteuert wird (z. B. staatliches Monopol).
- **nach Einflussnahme der Marktteilnehmer:** Auf einem Verkäufermarkt haben die Anbieter verhandlungstechnisch große Macht (z. B. gab es nach dem Zweiten Weltkrieg nur wenige Waren im Angebot). Auf einem Käufermarkt hat der Käufer eine starke verhandlungstechnische Macht. Heute sind die einzelnen Märkte durch ihre enorme Auswahl an Waren in der Regel Käufermärkte.
- **nach Funktion:** Auf einem Beschaffungsmarkt werden Waren und Dienstleistungen (z. B. Arbeitskräfte auf dem Arbeitsmarkt) beschafft. Auf dem Absatzmarkt werden Waren und Dienstleistungen angeboten.

Gliederungskriterien für Marktarten						
räumlich	zeitlich	organisatorisch	Art der gehandelten Güter	nach Regulierungsgrad	nach Einflussnahme der Marktteilnehmer	nach Funktion

1 Suchen Sie weitere Beispiele zu den verschiedenen Arten von Märkten.

2 In welcher Form können auf den einzelnen Märkten Probleme auftreten?

3 Es gibt in einer Wirtschaft eine unendliche Vielzahl von Märkten. Unterscheiden Sie die Märkte: „Arbeitsmarkt für Bauarbeiter in der Region Hamburg" und „Wochenmarkt in Frankfurt" hinsichtlich ihrer Marktteilnehmer und deren Motive bzw. Ziele.

3.4 Die Nachfrage

3.4.1 Die Nachfragekurve

Bedürfnis
Kapitel 1.4.1

Unter Nachfrage versteht man den Wunsch, eine bestimmte Ware oder Dienstleistung zu erwerben, um damit bestimmte **Bedürfnisse zu** befriedigen. Die Nachfrage nach einem Gut steigt, wenn der Preis sinkt. Steigt der Preis eines Gutes, dann sinkt die Nachfrage. Dieses Verhalten wird als das **Gesetz der Nachfrage** bezeichnet. Dieses Gesetz gilt allerdings nur dann, wenn alle anderen Einflüsse auf die Nachfrage unverändert bleiben, das heißt, dass z.B. Vorlieben nicht berücksichtigt werden, die Preise ähnlicher Güter oder das Einkommen der Käufer unverändert bleiben.

Die Beziehung zwischen Preis und Menge der nachgefragten Güter lässt sich durch die **Nachfragekurve (N)** veranschaulichen, indem man die jeweiligen beiden Werte in einem Koordinatensystem abträgt. Auf der horizontalen Achse (x-Achse) wird die Menge des Gutes abgetragen und auf der vertikalen Achse (y-Achse) der Preis des Gutes. Die **Sättigungsmenge** ist erreicht, wenn trotz niedriger Preise oder kostenloser Abgabe die Nachfrage gegen null geht. Der **Höchstpreis** ist erreicht, wenn die Nachfragemenge gegen null tendiert.

BEISPIEL

Die Nachfragekurve für Kartoffeln auf dem Wochenmarkt in Frankfurt ergibt sich aus folgender Tabelle.

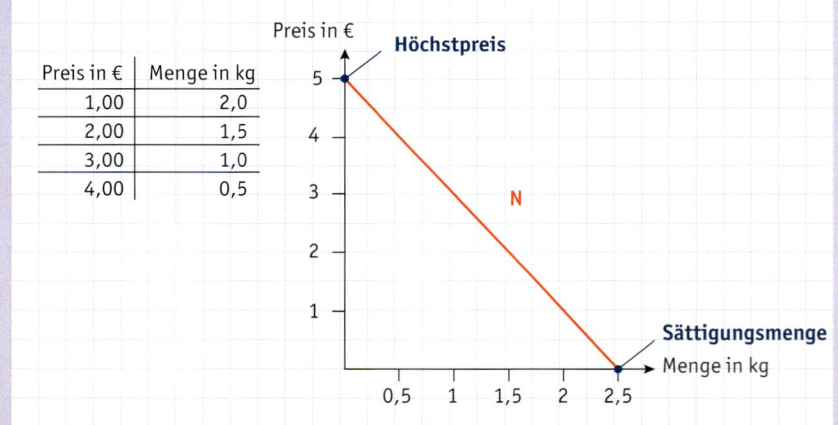

Preis in €	Menge in kg
1,00	2,0
2,00	1,5
3,00	1,0
4,00	0,5

Bei einem niedrigen Preis kaufen die Kunden mehr Kartoffeln als bei einem hohen Preis. Erhöht sich der Preis für die Kartoffeln, so wandert man auf der Nachfragekurve nach links. Sinkt der Preis, so wandert man auf der Nachfragekurve nach rechts.

Die Nachfrage wird neben dem Preis noch von anderen Faktoren beeinflusst:
- von der Höhe des verfügbaren Einkommens
- von der Stärke der Bedürfnisse
- von der Existenz und den Preisen ähnlicher Gütern (Substitutionsgüter)
- von der Existenz und den Preisen ergänzender Güter (Komplementärgüter)
- von Mode- und Trenderscheinungen
- von der Qualität der Güter
- von der technischen Entwicklung
- von den Zukunftserwartungen der Nachfrager

Erhöht sich das Einkommen der Bevölkerung in einem Land, dann steigt tendenziell die Nachfrage nach Handys. Das höhere Einkommen verschiebt die Nachfragekurve nach rechts, weil zu jedem Handypreis eine höhere Menge nachgefragt wird. Die Nachfragekurve verschiebt sich ebenfalls nach rechts, wenn zusätzliche Nachfrager auf dem Handymarkt auftreten (N_1).

Sinkt das Einkommen oder die Anzahl der Nachfrager, dann verschiebt sich die Nachfragekurve nach links, weil zu jedem Preis weniger Handys nachgefragt werden (N_2).

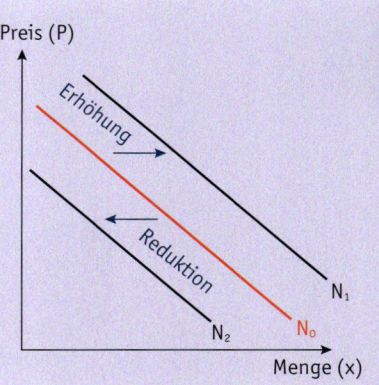

3.4.2 Preiselastizität der Nachfrage

In welcher Stärke die Nachfrager auf Preisänderungen reagieren, lässt sich durch die Preiselastizität der Nachfrage bestimmen. Sie setzt die prozentuale Nachfrageänderung für ein bestimmtes Gut ins Verhältnis zur prozentualen Preisänderung dieses Gutes.

$$\text{Preiselastizität der Nachfrage } (E_N) = \frac{\text{Änderung der Nachfrage in \%}}{\text{Änderung des Preises in \%}}$$

Die Nachfrage wird als **elastisch** bezeichnet, wenn Preisänderungen relativ große Mengenänderungen bewirken, also die Preiselastizität > 1 ist. Verändert sich die Nachfragemenge nach Preisänderungen kaum, wird von einer **unelastischen** Nachfrage gesprochen. Die Preiselastizität ist < 1.

Die Preiselastizität hängt sehr stark von der Art der Güter ab. Bei Gütern, die dringend benötigt werden und für die keine Alternativen existieren, verändert eine Preiserhöhung die Nachfragemenge kaum (unelastische Nachfrage). Kann z. B. ein Gut durch ein anderes ersetzt werden, führt eine Preisänderung zu einer großen Nachfrageänderung (elastische Nachfrage).

Die Preisforderung für Flachbildmonitore wird um 20 % von 500 Euro auf 400 Euro reduziert. Die Nachfrage erhöht sich um 100 %, d. h. von 10 000 Stück auf 20 000 Stück.

$$\text{Preiselastizität der Nachfrage } (E_N) = \frac{100\,\%}{20\,\%} = 5{,}0$$

Die Preissenkungsstrategie der Anbieter wird „belohnt". Die Umsätze steigen von 5 Mio. Euro auf 8 Mio. Euro. Umgekehrt wäre eine Erhöhung der Preise mit einem hohen Nachfragerückgang verbunden.

Der Preis pro Liter Heizöl steigt um 25 % von bisher 0,40 Euro auf 0,50 Euro. Die Verbraucher senken die Nachfrage um 10 %, d. h. von 5 000 Liter auf 4 500 Liter.

$$\text{Preiselastizität der Nachfrage } (E_N) = \frac{10\,\%}{25\,\%} = 0{,}4$$

Aufgrund der unelastischen Nachfrage wird die erhöhte Preisforderung nicht „bestraft". Die Umsätze steigen von 2 000 Euro auf 2 250 Euro. Umgekehrt würde sich eine Preissenkung nicht lohnen. Der negative Effekt der Preissenkung würde durch eine entsprechende Nachfrageerhöhung nicht ausgeglichen.

Bei **vollkommen elastischer Nachfrage** kann jede beliebige Menge zum geforderten Preis abgesetzt werden. Dieser Fall könnte vorliegen, wenn wegen fehlender Kapazitäten die aktuelle Nachfrage nicht befriedigt werden kann. Bei **vollkommen unelastischer Nachfrage** ist jeder Preis durchsetzbar, da die Nachfrager ihre Kaufmenge nicht anpassen. Es handelt sich um Güter, für die nur bestimmte Mengen benötigt werden und für die es keine Ersatzgüter gibt.

> **BEISPIEL**
>
> Vollkommen elastische Nachfrage: Buchbestseller, der innerhalb weniger Stunden nach Erscheinen restlos ausverkauft ist, da die Nachfrage unterschätzt wurde.
>
> Vollkommen unelastische Nachfrage: Benzinpreis für Fahrten zum Arbeitsplatz, sofern Ausweichmöglichkeiten nicht gegeben sind.

Einen anormalen Verlauf der Nachfragekurve zeigt der sogenannte **Snob-Effekt**. Hier haben steigende Preise steigende Nachfragemengen zur Folge. Der Snob-Effekt spielt insbesondere bei Gütern eine Rolle, deren Marken im Bewusstsein der Verbraucher mit einem hohen Prestigewert und Statuscharakter verknüpft sind. Sinken die Preise, so ist es weniger erstrebenswert, das Gut zu besitzen. Steigen die Preise, so wird mehr gekauft.

> **ÜBERBLICK**
>
> Das **Gesetz der Nachfrage** besagt, dass die Nachfrage steigt, wenn der Preis sinkt bzw. die Nachfrage sinkt, wenn der Preis steigt.
>
> Beim **Snob-Effekt** verhält es sich umgekehrt: Bei steigenden Preisen steigt die Nachfrage und bei sinkenden Preisen sinkt die Nachfrage.

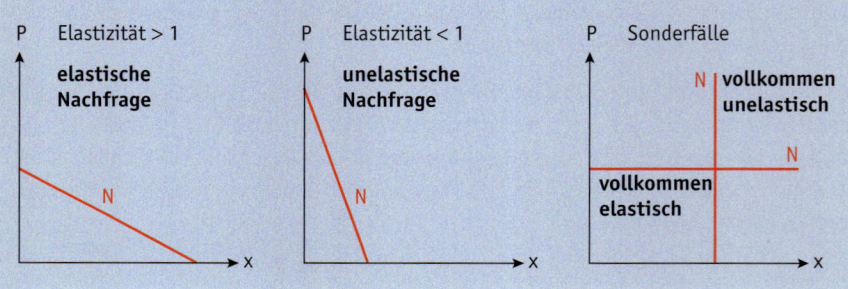

1 Erläutern Sie die Sättigungsmenge und den Höchstpreis.
2 Erläutern Sie die verschiedenen Einflussfaktoren, die die Nachfrage bestimmen.
3 Finden Sie Beispiele für Substitutions- und Komplementärgüter.
4 Ein Anbieter eines Konsumgutes hat in seinem regionalen Markt eine Monopolsituation und geht von nebenstehender Nachfragekurve aus.
   a Begründen Sie den Verlauf der Nachfragekurve unter der Bedingung, dass sich der Nachfrager rational verhält.
   b Berechnen Sie die Preiselastizität der Nachfrage auf der Grundlage der angegebenen Preis-Mengen-Kombinationen und beurteilen Sie die Situation.
   c Welche Bedeutung haben in diesem Fall Sättigungsmenge und Höchstpreis?
   d Der Anbieter will die Preise von aktuell 5,00 Euro auf 10,00 Euro erhöhen. Nehmen Sie Stellung!
   e Welche Folgen hätte es für den Verlauf der Nachfragekurve, wenn der Anbieter mit verstärkten Marketing-Aktivitäten sein Kundenpotenzial erhöhen kann?

3.5 Das Angebot

3.5.1 Die Angebotskurve

Die Beziehung zwischen Preis und angebotener Menge an Gütern lässt sich mit der **Angebotskurve (A)** abbilden. Unternehmen legen fest, bei welchen Preisen sie sich am Marktgeschehen mit welchen Angebotsmengen beteiligen. Verkaufspreise und Verkaufsmengen bestimmen die Verkaufserlöse. Die Verkaufserlöse sollten zumindest kostendeckend sein und darüber hinaus Gewinne ermöglichen (Gewinnmaximierung). Unternehmen erhöhen im Regelfall ihr Angebot, wenn sie bei sonst gleichen Bedingungen höhere Preise für ihr Produkt am Markt erzielen können. Andererseits wird angenommen, dass die Angebotsmengen gesenkt werden, wenn die Marktpreise sinken (**Gesetz des Angebots**).

BEISPIEL

Die Angebotskurve für Kartoffen auf dem Frankfurter Wochenmarkt ergibt sich aus folgender Tabelle.

Preis in €	Menge in kg
1,00	0,50
2,00	1,50
3,00	2,50
3,50	3,00

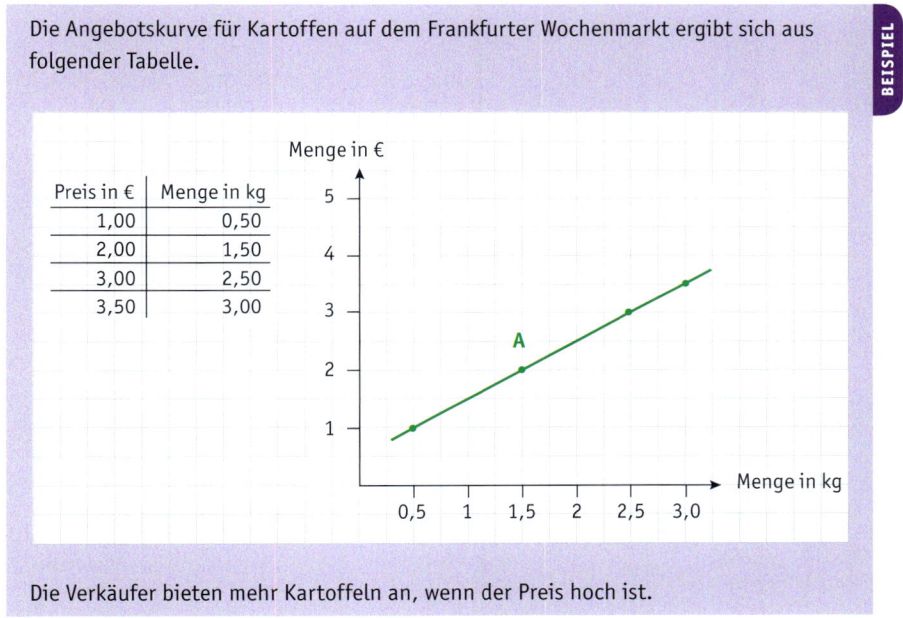

Die Verkäufer bieten mehr Kartoffeln an, wenn der Preis hoch ist.

Die dargestellte Angebotskurve ist unter der Bedingung erstellt, dass alle anderen Einflussfaktoren auf das Angebot gleich bleiben. Allerdings verschiebt sie sich als Ganzes, sobald sich andere Einflussfaktoren als der Preis verändern. Die Kurve verschiebt sich nach rechts, wenn zum selben Preis mehr angeboten wird. Sie verschiebt sich nach links, wenn zum selben Preis weniger angeboten wird.

Die Faktoren, welche die Angebotskurve verschieben können, sind:
- der für das Gut erzielbare Preis
- die Kosten und Zielsetzungen der einzelnen Anbieter
- die Konkurrenzsituation auf dem Absatzmarkt
- die saisonalen Einflüsse
- die gesetzlichen Rahmenbedingungen vom Staat
- die Konjunkturlage

Konjunktur
Kapitel 8.2

Das Angebot wird vor allem durch die Kosten und die Verfügbarkeit der benötigten Produktionsfaktoren beeinflusst.

Anreiz- und Informationsfunktion von Preisen

(...) Die Preise beeinflussen also, wie viele Güter produziert werden, je nachdem, ob die Nachfrage steigt oder sinkt. Aber sie bewirken noch mehr. Sie regen zu neuen Aktivitäten an und führen zu vielen Erfindungen. Wenn der Benzinpreis steigt, stürzen sich Unternehmen auf so genannte erneuerbare Energien (wie die Atom- oder Sonnenenergie) in der Hoffnung, dort große Profite erzielen zu können. Gleichzeitig achten die Verbraucher bei steigenden Benzinpreisen stärker darauf, den so kostbar gewordenen Rohstoff Öl nicht unnötig zu verschwenden. (...)

Quelle: Fourcans, A., Die Welt der Wirtschaft, Frankfurt/New York 1998, S. 36 f.

3.5.2 Preiselastizität des Angebots

Die Preiselastizität des Angebots macht deutlich, wie sich Preisänderungen auf die Angebotsmenge auswirken. Sie setzt die prozentuale Angebotsmengenänderung für ein bestimmtes Gut ins Verhältnis zur prozentualen Preisänderung dieses Gutes.

$$\text{Preiselastizität des Angebots } (E_A) = \frac{\text{Änderung der Angebotsmenge in \%}}{\text{Änderung des Preises in \%}}$$

Sind Güterproduzenten im Rahmen ihrer technischen Möglichkeiten in der Lage, ihre Produktionskapazitäten sehr schnell an eine veränderte Marktlage anzupassen, so reagieren sie **elastisch** auf Preisveränderungen. Ist aber die Anpassung aus technischen Gründen nicht möglich, so reagieren Produzenten **unelastisch**. Im Extremfall sind Güterproduzenten kurzfristig überhaupt nicht in der Lage, ihre Produktionskapazitäten anzupassen. Das Güterangebot ist in diesem Fall vollkommen unelastisch.

ÜBERBLICK

Nach dem **Gesetz des Angebots** steigt das Angebot bei steigenden Preisen; bei sinkenden Preisen nimmt das Angebot entsprechend ab.

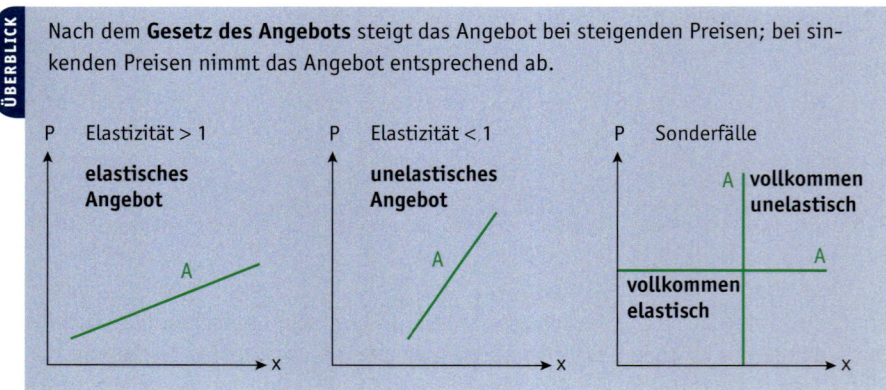

AUFGABEN

1 Erläutern Sie die verschiedenen Einflussfaktoren, die das Angebot bestimmen.
2 Annahme: Die Angebotskurve für ein Investitionsgut kennzeichne sich durch nebenstehenden Verlauf.
 a Warum erhöht sich tendenziell in offenen Märkten das Angebot eines Gutes, wenn die Produzenten erwarten, dass die Preise für das Gut steigen?
 b Die Angebotskurve 1 (Zeitpunkt 1) kennzeichnet sich durch einen elastischen Verlauf. Begründen Sie diese Aussage und machen Sie die Folgen deutlich.
 c Welche Ursachen könnten die Verschiebung der Angebotskurve im Zeitablauf von A 1 nach A 2 (Zeitpunkt 2) haben?

3.6 Preisbildung auf dem vollkommenen Markt

Werden die Nachfragekurve und die Angebotskurve zusammengefügt, so ergibt sich das Bild des vollständigen Marktes mit beiden Marktseiten. Die Preisbildung sorgt dafür, dass sich die angebotenen und die nachgefragten Mengen ausgleichen.

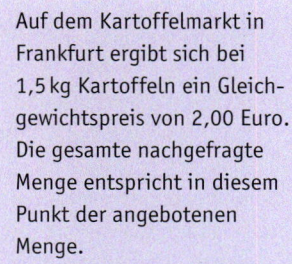

Auf dem Kartoffelmarkt in Frankfurt ergibt sich bei 1,5 kg Kartoffeln ein Gleichgewichtspreis von 2,00 Euro. Die gesamte nachgefragte Menge entspricht in diesem Punkt der angebotenen Menge.

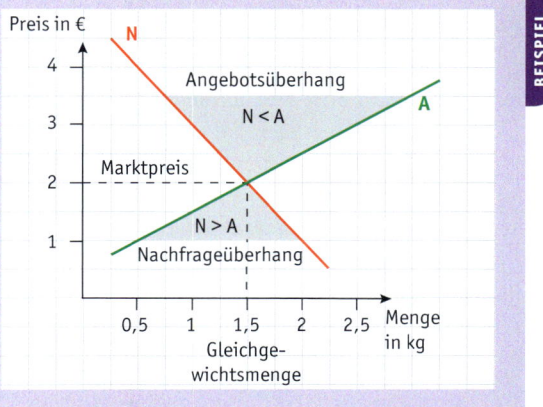

Bei Preisen ober- und unterhalb des Gleichgewichtspreises ergeben sich ein Angebots- und ein Nachfrageüberhang. Ein **Angebotsüberhang** (Nachfragelücke) liegt vor, wenn das Angebot die Nachfrage übersteigt. In diesem Fall können die Anbieter nicht alle Produkte verkaufen, da die Angebotspreise zu hoch liegen. Bei einem **Nachfrageüberhang** (Angebotslücke) ist die Nachfrage höher als das Angebot, da die Preise für ein Marktgleichgewicht zu niedrig liegen. Ein Angebotsüberhang wird später durch sinkende Preise und eine verringerte Güterproduktion, ein Nachfrageüberhang durch steigende Preise und erhöhte Güterproduktion beseitigt. Somit wird immer wieder ein Marktgleichgewicht hergestellt.

Angebotsüberhang = Nachfragelücke

Nachfrageüberhang = Angebotslücke

Die Preisvorstellungen der Nachfrager orientieren sich im Regelfall an bestimmten Höchstgrenzen (Limit). Sie verzichten auf Kaufhandlungen, wenn der Marktpreis über ihrem Limit liegt. Liegt der Marktpreis unter dem Limit, so profitieren sie von der Marktsituation. Sie erzielen eine Nachfragerente (**Konsumentenrente**) in Höhe der Differenz zwischen Marktpreis und ihrem Limit. Ihre Ausgaben sind in diesem Fall niedriger als erwartet, da sie auch einen höheren Marktpreis akzeptiert hätten. Entspricht der Marktpreis genau ihrem Limit, so entscheiden sie sich ebenfalls für den Kauf. Sie gelten in diesem Fall als **Grenznachfrager**. Bei einem höheren Marktpreis würde kein Geschäftsabschluss zustande kommen.

Preisvorstellungen der Verkäufer sind im Regelfall Mindestpreise. Sie ziehen ihr Angebot zurück, wenn der Marktpreis unter ihrem Limit liegt. Liegt der Marktpreis darüber, so profitieren sie von der Marktsituation. Sie erzielen eine Anbieterrente (**Produzentenrente**) in Höhe der Differenz zwischen Marktpreis und ihrem Limit. Ihre Einnahmen sind in diesem Fall höher als erwartet, da sie auch einen niedrigeren Marktpreis akzeptiert hätten. Entspricht der Marktpreis genau den Vorstellungen der Anbieter, so verkaufen sie ebenfalls. Sie gelten in diesem Fall als **Grenzanbieter**. Bei einem niedrigeren Marktpreis würde kein Geschäftsabschluss zustande kommen.

Das beschriebene Zusammenspiel von Angebot und Nachfrage beruht auf dem Modell des sogenannten **vollkommenen Marktes**. Dieser beinhaltet die folgenden Annahmen:

- Alle **Güter sind homogen**, d.h., sie unterscheiden sich weder durch Qualität, Aufmachung oder Farbe noch durch Geschmack oder Verpackung (Beispiel: Banknoten, Aktien, Rohöl in Barrel, Edelmetalle in Unzen).
- Es gibt **keine persönlichen Präferenzen**. Die Entscheidungen werden unabhängig von anderen Personen getroffen; z.B. wird ein Anbieter, der besonders freundlich ist, nicht bevorzugt.
- Es gibt **keine räumlichen Präferenzen**. Kaufentscheidungen werden z.B. nicht durch einen besonders günstigen Standort beeinflusst.
- Es bestehen **keine zeitlichen Präferenzen**, d.h., es gibt keine Lieferfristen oder Abnahmetermine. Die Anbieter können sofort liefern und die Nachfrager sind bereit, die Güter sofort entgegenzunehmen.
- Es herrscht vollkommene **Markttransparenz**. Anbieter und Nachfrager verfügen über sämtliche Informationen. Die Anbieter kennen Preise und Mengen, zu denen die Nachfrager ein Gut kaufen wollen. Die Nachfrager wissen wiederum, zu welchen Preisen und Mengen die Anbieter ein Gut verkaufen möchten.

Obwohl in der Realität vollkommene Märkte nicht existieren, sind die Modellannahmen des vollkommenen Marktes und damit die Vorstellungen der idealen Preisbildung ein geeignetes Instrument zur Analyse des Marktgeschehens.

ÜBERBLICK

Beim **Angebotsüberhang** ist das Angebot größer als die Nachfrage. Die Preise müssen sinken, damit der Überschuss verkauft werden kann. Beim **Nachfrageüberhang** ist das Angebot kleiner als die Nachfrage. Die Preise müssen steigen, damit der Markt „geräumt" wird.

Die **Konsumentenrente** ergibt sich aus der Differenz zwischen Marktpreis und gesetztem Limitpreis des Nachfragers, die **Produzentenrente** hingegen aus der Differenz zwischen Marktpreis und gesetztem Mindestpreis des Anbieters.

Grenznachfrager sind alle Käufer, deren Preisvorstellungen mit dem tatsächlichen Marktpreis übereinstimmen. **Grenzanbieter** sind alle Verkäufer, deren Preisvorstellungen mit dem tatsächlichen Marktpreis übereinstimmen.

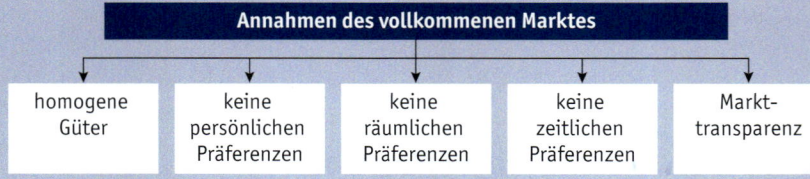

AUFGABEN

1 Für ein Konsumgut gelte in einem homogenen Markt zu einem bestimmten Zeitpunkt nebenstehende Erwartungshaltungen der Anbieter und der Nachfrager.

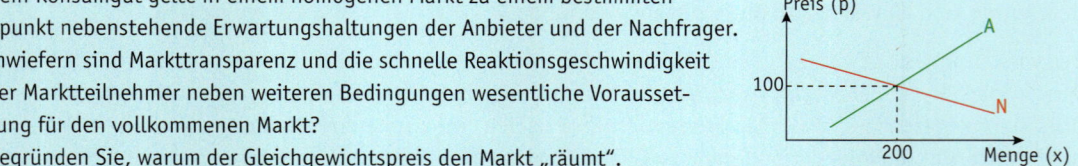

a Inwiefern sind Markttransparenz und die schnelle Reaktionsgeschwindigkeit der Marktteilnehmer neben weiteren Bedingungen wesentliche Voraussetzung für den vollkommenen Markt?

b Begründen Sie, warum der Gleichgewichtspreis den Markt „räumt".

c Welche Anbieter bzw. Nachfrager erzielen aus welchen Gründen eine Produzentenrente bzw. Konsumentenrente?

d Begründen Sie, warum ein Preis von 120,00 Euro im vollkommenen Markt nicht als Gleichgewichtspreis vorstellbar ist.

3.7 Preisbildung auf dem unvollkommenen Markt

Es können verschiedene **Marktformen** unterschieden werden, und zwar nach Anzahl und Macht der einzelnen Marktteilnehmer auf der Angebots- bzw. der Nachfrageseite. Für die Wettbewerbsintensität spielen die Marktform sowie die Möglichkeiten des Marktzutritts für neue Marktteilnehmer eine große Rolle. Wesentlich ist, inwiefern neue Marktteilnehmer die Möglichkeit haben, in einen Markt einzutreten. Marktzutrittsbeschränkungen können in gesetzlichen Vorgaben bestehen, aber auch technischer oder finanzieller Art sein. Der Wettbewerb wird stark beeinflusst, wenn auf einer Marktseite die Marktmacht größer ist als auf der anderen Seite. Im Extremfall kann der Wettbewerb dann sogar ausgeschaltet werden.

offener und geschlossener Markt
Kapitel 3.3

Marktformen	viele Anbieter	wenige Anbieter	ein Anbieter
viele Nachfrager	**Polypol** *Beispiel: viele Blumenhändler – viele Konsumenten*	**(Angebots-)Oligopol** *Beispiel: wenige Autohersteller – viele Konsumenten*	**(Angebots-)Monopol** *Beispiel: ein Wasserwerk – viele Konsumenten*
wenige Nachfrager	**Nachfrageoligopol** *Beispiel: viele Landwirte – wenige Molkereien*	**zweiseitiges Oligopol** *Beispiel: wenige Eisenbahnhersteller – wenige Abnehmer*	**beschränktes Angebotsmonopol** *Beispiel: ein Hersteller eines speziellen Medikamentes – wenige Nachfrager, da seltenes Krankheitsbild*
ein Nachfrager	**Nachfragemonopol**	**beschränktes Nachfragemonopol** *Beispiel: viele Straßenbauunternehmen – Staat als einziger Nachfrager*	**zweiseitiges Monopol** *Beispiel: ein Hersteller von Panzern – Bundeswehr als einziger Abnehmer*

Ist nur eine der Funktionsbedingungen des vollkommenen Marktes nicht erfüllt, so wird von einem unvollkommenen Markt gesprochen. Verlangen z. B. die Anbieter für ein Gut unterschiedliche Preise oder bieten sie es in unterschiedlichen Ausführungen an verschiedenen Orten an, so liegt bereits ein unvollkommener Markt vor.

3.7.1 Preisbildung im unvollkommenen Polypol

Im Polypol stehen sich auf dem unvollkommenen Markt viele Anbieter und viele Nachfrager gegenüber, es wird dann von **vollständiger Konkurrenz** gesprochen. Die Güter sind nicht homogen und die Käufer haben räumliche, zeitliche und persönliche Präferenzen. Zugleich fehlt ein vollständiger Marktüberblick.

Innerhalb einer bestimmten Bandbreite kann der Anbieter deshalb einen gewinnmaximalen Preis festsetzen, ohne dass die Nachfrager zur Konkurrenz abwandern. In diesem Fall verhält sich der Anbieter wie ein Monopolist. Deshalb wird auch von einem **monopolistischen Preisspielraum** gesprochen. Im Rahmen der monopolistischen Preisspanne reagieren die Nachfrager unelastisch. Je größer die Heterogenität der Güter ist, je stärker die Präferenzen sind und je unübersichtlicher der Markt ist, desto ausgeprägter ist der monopolistische Preisspielraum.

Wird der Preis über die obere Preisgrenze hinaus erhöht, so wandern die Nachfrager zur Konkurrenz ab. Senkt der Anbieter seinen Preis unter die untere Preisgrenze, so werden zu viele Nachfrager angelockt. Damit kann die Gesamtnachfrage unter Umständen wegen der begrenzten Kapazitäten nicht vollständig befriedigt werden. Außerdem erzielt der Anbieter keinen Gewinn mehr. Beide Bereiche werden auch als polypolistische Bereiche bezeichnet und die Nachfrage ist hier elastisch.

BEISPIEL In einer Stadt gibt es viele Änderungsschneidereien. Die Preise für das Kürzen einer Hose sind jeweils unterschiedlich. Wenn die Änderungsschneiderei „Tapferes Schneiderlein" den Preis von 7 Euro auf 8 Euro erhöht, wirkt sich das kaum auf die Nachfrage aus. Erhöht das „Tapfere Schneiderlein" den Preis aber auf 10 Euro, werden viele Kunden zur Konkurrenz abwandern, da ihnen der Preis zu hoch erscheint. Senkt er den Preis auf 5 Euro, so werden neue Kunden angelockt.

Die Preisabsatzfunktion kann auch als Nachfragefunktion oder Preisabsatzkurve bezeichnet werden. Sie gibt an, welche Menge eines Gutes bei unterschiedlichen Preisen absetzbar ist.

Doppelt geknickte Preisabsatzfunktion

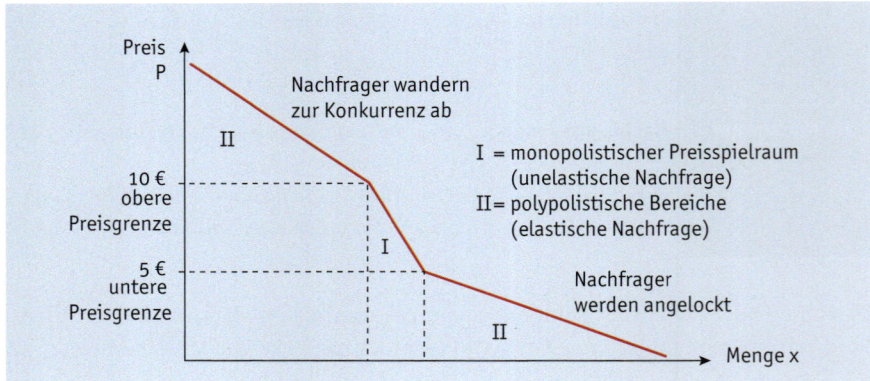

3.7.2 Preisbildung im unvollkommenen Oligopol

Neben dem Polypol ist das Oligopol die Marktform, die am häufigsten auf dem unvollkommenen Markt anzutreffen ist. In einem (Angebots-)Oligopol stehen wenige Anbieter vielen Nachfragern gegenüber. Der einzelne Oligopolist besitzt einen großen Marktanteil und kann dadurch auch den Marktpreis stärker beeinflussen. Bei der Preisgestaltung muss er die Reaktion der Nachfrager ebenso berücksichtigen wie die Reaktion der anderen Anbieter.

Insbesondere beim Angebot von homogenen Gütern (z. B. Benzin) achten die Anbieter auf ihre Mitbewerber. Häufig kommt es daher auf oligopolistischen Märkten für homogene Güter zu einer **Preisstarrheit** bzw. zu gleichgerichtetem Verhalten. Grafisch wird diese Preisstarrheit mithilfe von zwei zusammengesetzten Preisabsatzfunktionen dargestellt. Eine Preisabsatzfunktion gilt für die Preiserhöhung, die andere für eine Preissenkung.

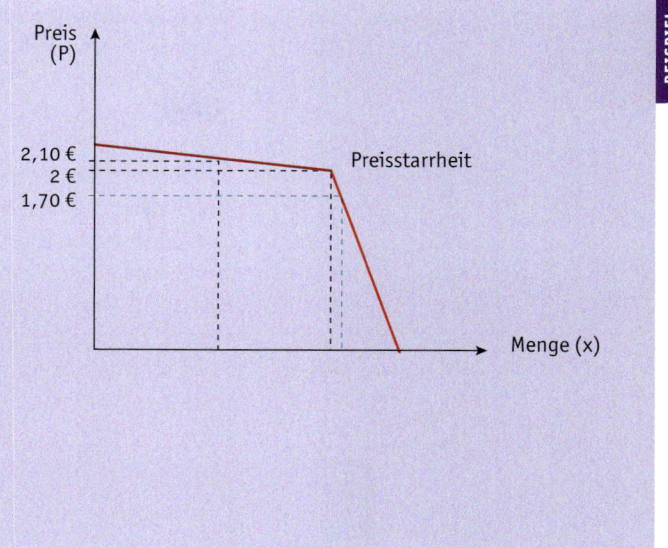

Ein Oligopolist setzt seinen Preis für einen Liter Benzin (homogenes Gut) von 2,00 Euro auf 2,10 Euro herauf. Die anderen Anbieter halten ihre Preise konstant. Viele Nachfrager wandern ab, da sie beim günstigsten Anbieter kaufen werden. Die Preisabsatzfunktion für eine Preiserhöhung verläuft flach, da keine Reaktion der anderen Anbieter vorausgesetzt wird (rote Linie).

Senkt der Oligopolist allerdings seinen Preis für einen Liter Benzin von 2,00 Euro auf 1,70 Euro, werden auch die anderen Anbieter ihre Preise senken. Die Preisabsatzfunktion für eine Preissenkung verläuft steiler, weil eine Reaktion der anderen Anbieter vorausgesetzt wird (grüne Linie). Die Preisabsatzfunktion verläuft umso steiler, je ausgeprägter die Reaktion der anderen Anbieter ist.

Im Oligopol sind neben der Preisstarrheit auch andere Preisstrategien denkbar:

- Bei einer **Marktverdrängungspolitik** versucht ein Oligopolist, die anderen Anbieter durch Preisunterbietungen auszuschalten, um deren Marktanteile zu gewinnen. Die anderen Anbieter werden auf die Preissenkung ebenfalls mit einer Preissenkung reagieren. Dieser Prozess kann dazu führen, dass Anbieter aus dem Markt verdrängt werden, da sie ihre Kosten langfristig nicht mehr decken könnten. In diesem Fall wird auch von ruinösem Wettbewerb gesprochen.
- Ein Preiskampf kann sich auf alle Anbieter nachteilig auswirken, da die Kosten nicht mehr gedeckt werden können. Daher treffen Anbieter oft stillschweigende **Preisabsprachen** über ihr Verhalten. Abgestimmtes Verhalten oder vertragliche Vereinbarungen zwischen Anbietern sind nach dem Gesetz gegen Wettbewerbsbeschränkungen verboten, da der Wettbewerb auf der Preisebene umgangen wird.
- Ein besonders umsatzstarker Anbieter wird häufig von seinen Konkurrenten als **Preisführer** anerkannt. Verändert er seine Preise, so zieht die Konkurrenz nach.

Gesetz gegen Wettbewerbsbeschränkungen
Kapitel 7.6

3.7.3 Preisbildung im vollkommenen und unvollkommenen Monopol

Beim (Angebots-)Monopol steht ein Anbieter vielen Nachfragern gegenüber. In einem **vollkommenen Markt** agiert er auf einem Verkäufermarkt, da er seine Preisforderungen und Angebotsmengen unabhängig von Mitbewerbern festlegen kann. Somit ist er in der Lage, den größtmöglichen Gewinn zu erzielen. Der Markterfolg des Monopolisten wird jedoch eingeschränkt durch die Preiselastizität der Nachfrage.

Reagiert die Nachfrage preiselastisch, sind Preisforderungen nicht unbegrenzt durchsetzbar. Bei preisunelastischer Nachfrage werden hohe Preisforderungen zwar akzeptiert, locken jedoch auch Mitbewerber an, die in das Marktsegment des Monopolisten eindringen wollen, um Gewinnchancen zu realisieren. Auf einem vollkommenen Markt kann der Monopolist nur einen Preis verlangen. Eine Preisdifferenzierung durch den Monopolisten ist nicht möglich.

Preisdifferenzierung: Für das gleiche Gut können unterschiedliche Preise gefordert werden.

Auf einem **unvollkommenen Markt** kann der Monopolist für ein Gut unterschiedliche Preise verlangen, um die Konsumentenrente abzuschöpfen. Er kann so seinen Gewinn erhöhen. Allerdings muss es ihm dann gelingen, dass gleiche Gut zu unterschiedlichen Preisen auf verschiedenen Teilmärkten zu verkaufen. Eine Preisdifferenzierung ist z.B. möglich durch:

- räumliche Preisdifferenzierung: Das Gut wird an verschiedenen Orten zu einem unterschiedlichen Preis angeboten.
- zeitliche Preisdifferenzierung: Das Gut wird zu unterschiedlichen Zeitpunkten zu einem unterschiedlichen Preis angeboten.
- sachliche Preisdifferenzierung: Das Gut wird in unterschiedlichen Ausführungen zu einem unterschiedlichen Preis angeboten.
- persönliche Preisdifferenzierung: Das Gut wird verschiedenen Personengruppen zu einem unterschiedlichen Preis angeboten.

ÜBERBLICK

Wird nur eine Bedingung des vollkommenen Marktes nicht erfüllt, so handelt es sich um einen **unvollkommenen Markt**. Es lassen sich verschiedene **Marktformen** nach Anzahl der Anbieter und Nachfrager unterscheiden:

- Im **Polypol** kann der Anbieter innerhalb des monopolistischen Bereichs einen gewinnmaximalen Preis festlegen. Die Nachfrage ist unelastisch. Im polypolistischen Bereich ist die Nachfrage elastisch.
- Im (Angebots-)**Oligopol** stehen wenige Anbieter vielen Nachfragern gegenüber. Hinsichtlich der Preisfestsetzung gibt es verschiedene Preisstrategien (Preisstarrheit, Marktverdrängung, Preisabsprachen, Preisführerschaft).
- Im **Monopol** des unvollkommenen Marktes kann der Monopolist unterschiedliche Preise verlangen und die Konsumentenrente abschöpfen. Auf dem vollkommenen Markt wird er seinen Preis so festlegen, dass er den Gewinn maximiert.

AUFGABEN

1 Erarbeiten Sie die Vor- und Nachteile der einzelnen Marktformen für die Marktteilnehmer.
2 In einem Stadtteil Frankfurts gibt es eine Vielzahl von kleinen Fleischereigeschäften sowie von Supermärkten mit angeschlossener Fleischabteilung. Es ist von einem Käufermarkt auszugehen. Warum handelt es sich hier tendenziell um ein Polypol und warum können Marketing-Maßnahmen wie Produktinnovationen, Werbemaßnahmen sowie guter Service Preisspielräume ermöglichen?
3 Die Autokonzerne A, B und C sind u.a. in der Luxus-Klasse tätig. Dieses Marktsegment kennzeichnet sich durch eine oligopolistische Struktur, auf dem die Konzerne A, B und C sich die Marktführerschaft streitig machen. Es ist von einem Verkäufermarkt auszugehen. Was könnte die Anbieter veranlassen, den Kampf um die Marktführerschaft durch ein abgestimmtes Verhalten zu beenden? Beschreiben Sie Maßnahmen des abgestimmten Verhaltens.
4 Erläutern Sie, warum die Oligopolisten nur begrenzte Preissetzungsspielräume haben.
5 Insbesondere durch Produktinnovationen können Anbieter in einem offenen Markt zumindest kurzfristig eine Monopolsituation begründen.
   a Begründen Sie diese Aussage.
   b Warum wird der Preisforderungsspielraum für den Monopolisten vor allem durch die Preiselastizität der Nachfrage begrenzt?

3.8 Eingriffe des Staates in die Preisbildung

Der Staat verhält sich **marktkonform**, wenn er als Nachfrager oder Anbieter auf dem Markt auftritt. Er verhält sich dann wie jeder andere Marktteilnehmer. In der sozialen Marktwirtschaft sollte der Staat nach Möglichkeit nicht in das Marktgeschehen eingreifen. Mit anderen Worten: Der Staat sollte nur dann eingreifen, wenn der Markt als Koordinationssystem versagt.

soziale Marktwirtschaft
Kapitel 5.4

Durch **marktinkonforme** Eingriffe des Staates wird die marktwirtschaftliche Preisbildung außer Kraft gesetzt, sodass der Marktpreis seine eigentlichen Funktionen nicht mehr erfüllen kann. Diese Eingriffe erfolgen häufig aus sozialen Gründen. Sie können dazu führen, dass das Wirtschaftswachstum insgesamt gebremst wird. Der Staat hat verschiedene Eingriffsmöglichkeiten.

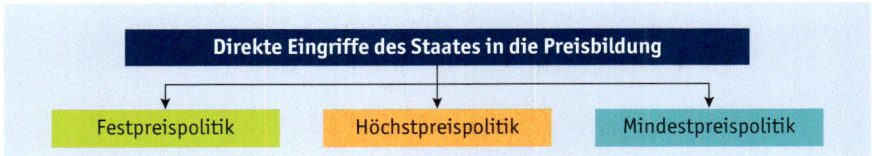

Der Staat hat zunächst die Möglichkeit, die **Preise** für Güter und Dienstleistungen **festzulegen**. In Deutschland geschieht dies z. B. im Gesundheitswesen oder teilweise im Wohnungsbau. Die Festpreise sollen bzw. dürfen weder unter- noch überschritten werden. Die Setzung von Festpreisen orientiert sich dabei vorwiegend an sozialen Gesichtspunkten und soll die Versorgung der Gesamtbevölkerung sicherstellen.

Höchstpreise dienen zum Schutz der Nachfrager. Höchstpreise dürfen nicht überschritten werden und liegen immer unter dem Gleichgewichtspreis (Marktpreis). Dadurch kommt es zum Nachfrageüberhang. Durch den Eingriff des Staates wird die Angebotsmenge verringert, da viele Unternehmen bei den vorgegebenen Preisen nicht mehr produzieren können. Durch die Angebotslücke ergeben sich Warteschlangen vor den Geschäften und es entstehen illegale Schwarzmärkte. Rationierungen werden erforderlich, um die angebotenen Mengen gerecht zu verteilen.

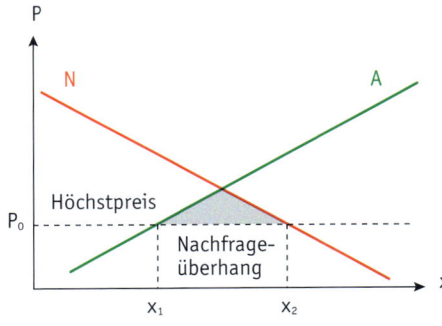

Nina hat eine Ausbildungsstelle in Hannover erhalten. Der Ausbildungsvertrag ist bereits unterschrieben. Was jetzt noch fehlt, ist ein möbliertes Zimmer, welches einerseits zentral gelegen, auf der anderen Seite aber auch bezahlbar ist. Sie findet in der Zeitung eine Anzeige für eine günstige Wohnung. Der Mietpreis liegt unter dem Mietspiegel dieses Stadtteiles. Der Staat hat hier einen Höchstpreis über dem Gleichgewichtspreis festgelegt. Nina geht am kommenden Samstag zum Besichtigungstermin um zehn Uhr. Vor dem Haus warten aber bereits etwa 50 weitere Interessenten, es gibt einen Überschuss an Nachfrage, da die Miete sehr gering ist. Einige von ihnen haben Geldscheine für den Vermieter in der Hand. Die Verteilung der Wohnungen erfolgt bei Mietpreisbindung z. B. nach Wartelisten, Zufall oder Abstandszahlungen. Sie verzichtet daraufhin auf die Besichtigung. Enttäuscht fährt sie wieder zu ihren Eltern nach Hause. Wie soll sie jetzt noch bis Ausbildungsbeginn ein Zimmer finden?

BEISPIEL

Auf dem Wohnungsmarkt finden sich oft **Mietpreisbindungen** für Wohnungen, die mit öffentlichen Geldern gefördert werden, beispielsweise im sozialen Wohnungsbau. Wohnen soll so für Arme und Bedürftige erschwinglich sein, denn der Vermieter darf keine höheren Mieten verlangen, als zur Deckung der laufenden Aufwendungen erforderlich sind. Durch die Mietpreisbindung wird die Koordinationsfunktion des Marktes außer Kraft gesetzt. Auf kurze Sicht ist das Wohnungsangebot fest gegeben, Eigentümer und Vermieter können die Angebotsmenge nur langsam an die veränderte Marktlage anpassen. Angebot und Nachfrage sind kurzfristig relativ unelastisch.

Mietpreisbindung kuzfristig

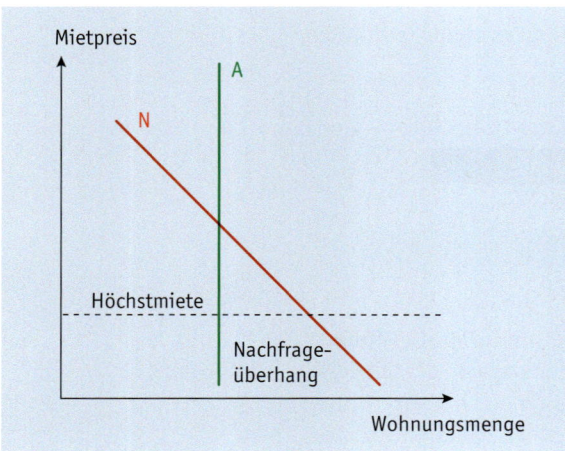

Mietpreisbindung langfristig

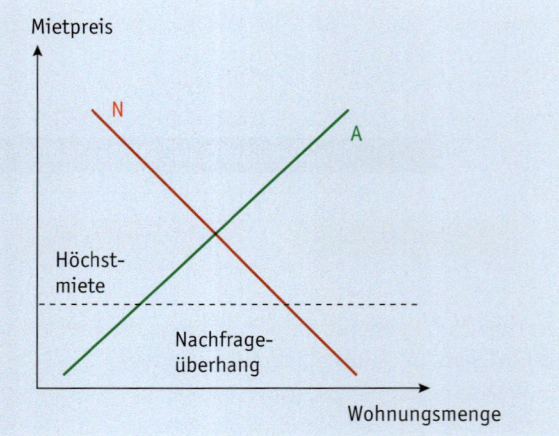

Langfristig werden Angebot und Nachfrage elastischer:
- Das Angebot an Mietwohnungen wird auch bei steigender Nachfrage kaum zunehmen, da sich für die Vermieter die Investitionen in neue Wohnungen nicht lohnen. Oftmals finden sich attraktivere Anlagemöglichkeiten.
- Der Zustand der Mietwohnungen kann sich verschlechtern, weil möglicherweise notwendig gewordene Reparaturen hinausgezögert werden. Die festgesetzten Mietpreise werden dabei oft durch die sich verschlechternde Qualität der Wohnungen ausgeglichen.
- Ein weiteres Problem ist, dass Wohnungen vielfach aufgrund subjektiver Faktoren vergeben werden: So werden z. B. „DINKS-Paare" (double income – no kids) mitunter Ehepaaren mit Kindern vorgezogen; in Zeitungsinseraten finden sich oft Zusätze wie z. B. „Wohnung an Alleinstehende, ruhige Dame ab 40 mit entsprechendem Verdienstnachweis zu vermieten, keine Haustiere".

Höchstpreise auf dem Wohnungsmarkt führen daher nicht unbedingt zu mehr sozialer Gerechtigkeit, sodass der Staat durch andere Mechanismen, wie z. B. die Zahlung von Wohngeld oder Anreize zum Bau von Eigenheimen, eingreifen muss.

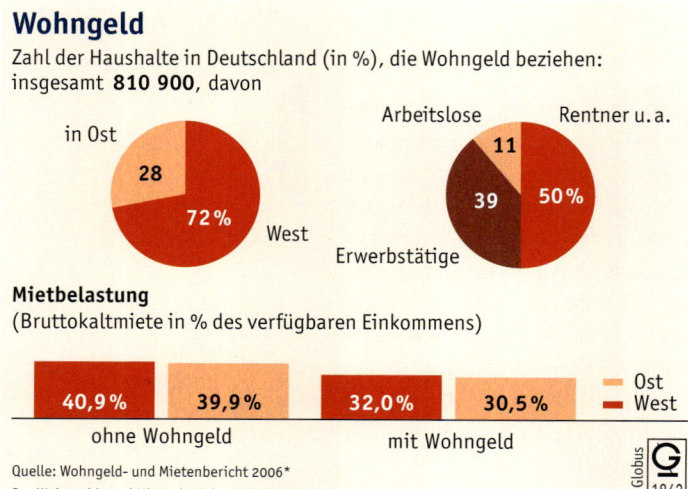

Mindestpreise dienen dazu, den Anbietern ein bestimmtes Mindesteinkommen zu sichern. Im Gegensatz zum Höchstpreis liegt der Mindestpreis immer über dem Gleichgewichtspreis und führt damit zu einem Angebotsüberhang. Der Staat muss den Überschuss aufkaufen, lagern, vernichten oder Kapazitäten stilllegen lassen.

Der immer wieder diskutierte gesetzliche **Mindestlohn** gehört zu den bedeutsamsten Fällen von Mindestpreispolitik. In diesem Fall heißt der Angebotsüberhang Arbeitslosigkeit. Das Ausmaß der Arbeitslosigkeit hängt vom Verlauf der Arbeitsangebotskurve und der Arbeitsnachfragekurve ab. Die Arbeitslosigkeit ist geringer, wenn Angebot und/oder Nachfrage steiler sind.

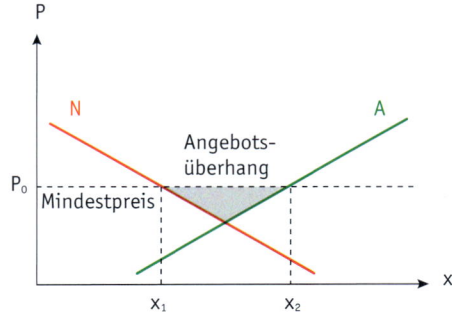

Das Setzen von Fest-, Höchst- und Mindestpreisen gehört zu den **marktinkonformen Maßnahmen** des Staates. **Höchstpreise** dienen zum Schutz der Nachfrager und liegen unter dem Marktpreis (Gleichgewichtspreis). Sie führen zu einer Angebotslücke (Nachfrageüberhang). **Mindestpreise** dienen zum Schutz der Anbieter und liegen über dem Marktpreis. Sie führen zu Nachfragelücken (Angebotsüberhang).

Durch **marktkonforme Maßnahmen** des Staates kann die freie Preisbildung zwar beeinflusst, jedoch nicht aufgehoben werden. Zu diesen Maßnahmen gehören steuerpolitische Maßnahmen sowie Subventionszahlungen. Der Staat kann ebenfalls als Anbieter oder Nachfrager am Markt auftreten.

ÜBERBLICK

AUFGABEN

1 Erläutern Sie die Vor- und Nachteile, die mit Höchst- und Mindestpreisen für die Nachfrager und die Anbieter verbunden sind.
2 Informieren Sie sich über das Wohngeld. In welchen Fällen wird es gezahlt?
3 Diskutieren Sie, warum der Staat in den Wohnungsmarkt eingreift und welche Auswirkungen das Eingreifen des Staates auf den Wohnungsmarkt hat.
4 Fassen Sie die Möglichkeiten zusammen, wie der Staat auf den Wohnungsmarkt Einfluss nehmen kann.
5 In der Debatte um einen gesetzlichen Mindestlohn wird auf der einerseits betont, dass die Arbeitnehmer im Niedriglohnsektor ansonsten nicht von ihrem Arbeitseinkommen leben können, andererseits wird vor dem Verlust von Arbeitsplätzen gewarnt.
  a Erklären Sie den Begriff Mindestlohn im Vergleich zum Gleichgewichtslohn und begründen Sie, warum der gesetzliche Mindestlohn als nicht marktkonform gilt.
  b Nehmen Sie Stellung zu den unterschiedlichen Aussagen.
  c Was spricht für und was gegen einen Kombilohn (Marktlohn plus Sozialleistungen)?
6 Löhne werden in der Regel in Tarifverhandlungen von Gewerkschaften und Arbeitgebern vor dem Hintergrund der Arbeitsmarktsituation ausgehandelt. Lesen Sie dazu den Text auf der folgenden Seite.
  a Mit welchen Argumenten begründen die Gewerkschaften die Forderung und Einführung von Mindestlöhnen und mit welchen Argumenten lehnen die Arbeitgeber häufig die Einführung von Mindestlöhnen ab?
  b Recherchieren Sie im Internet, in welchen Bereichen Mindestlöhne eingeführt sind. Recherchieren Sie außerdem, wie Mindestlöhne in Großbritannien und Frankreich eingeführt sind und ob es Untertützung wie z. B. Arbeitslosengeld bei Arbeitslosigkeit gibt.
  c Führen Sie eine Podiumsdiskussion „Pro und Kontra Mindestlöhne" durch.
7 Was unterscheidet den Arbeitsmarkt grundsätzlich von anderen Märkten?

Der Streit über den Mindestlohn

Seit Monaten wird über Sinn und Unsinn von Mindestlöhnen diskutiert. Kann man damit Armut bekämpfen? (...) Ein gerechter und sozialer Staat muss allen Bürgern ein menschenwertes Leben garantieren. Es gibt wohl niemanden, der das bestreitet. Ist es dann aber gerecht, wenn eine Friseurin in Thüringen für 3 Euro 15 ihren Kunden die Haare schneidet und ein Wachmann in Westdeutschland für 4 Euro 22 bei Wind und Wetter seine Runden dreht?

Nein, sagen viele. „Solche Hungerlöhne sind in einem Sozialstaat ein Skandal", heißt es von vielen Politikern. Deshalb haben Union und SPD schon in ihrer Koalitionsvereinbarung verabredet, über einen Mindestlohn zu reden. Dieser soll sicherstellen, dass hierzulande die Menschen von ihrer Arbeit auch ein auskömmliches Leben bestreiten können. (...) Politiker lieben den Mindestlohn, denn sie glauben, mit Mindestlöhnen könne man Armut bekämpfen, ohne Geld dafür in die Hand nehmen zu müssen.

Über die Höhe des Mindestlohns gibt es unterschiedliche Auffassungen. Die Gewerkschaften, die lange Zeit gar nicht so begeistert waren von dem Thema, halten mindestens 7 Euro 50 für anständig und jedem Arbeitgeber zumutbar. Arbeitsmarktexperten, die dem Mindestlohn gegenüber aufgeschlossen sind, warnen vor dieser Vorgabe und plädieren für 5 Euro. Das entspräche rechnerisch etwa einem Stundenlohn, den auch ein arbeitsfähiger Hartz-IV-Empfänger erhält.

Umstritten ist nicht nur die Höhe, sondern auch der Weg, wie ein Mindestlohn gefunden werden soll. Die schlichte Lösung heißt: Die Regierung erlässt per Gesetz einen Mindestlohn, den dann alle Unternehmen zu respektieren haben. Die SPD plädiert für diesen Weg. Doch nicht nur Union, auch die Gewerkschaften sind dagegen. Denn der gesetzliche Mindestlohn hebelt die Gestaltungsmacht der Gewerkschaften aus. (...) Danach sollen die von den Tarifpartnern ausgehandelten Löhne für eine bestimmte Branche (Friseure, Zeitarbeit, Briefboten, Schlachter) zunächst für allgemeinverbindlich erklärt werden. Auch Unternehmern, die keinem Arbeitgeberverband angehören, müssten sich daran halten. Anschließend würde diese Norm vom Arbeitsminister auch für ausländische Arbeiter als verbindlich erklärt – was faktisch einem gesetzlichen Mindestlohn entspricht. Namhafte (...) Ökonomen widersprechen jetzt energisch: „Hände weg vom Mindestlohn", ist – mit einer einzigen Ausnahme (Peter Bofinger) – der überwältigende Tenor dieser Umfrage. Sind Ökonomen kaltherziger als normale

Reinigungskraft im Bundestag: Ob ihr ein Mindestlohn hilft?

Menschen? Die Volkswirte bestreiten das. Aber sie weisen auch darauf hin, dass zwischen „Gut" und „Gut gemeint" ein Unterschied besteht. Denn kein Arbeitgeber ist gezwungen, zu einem Mindestlohn einen Arbeiter zu beschäftigen. Er hat Alternativen, kann seine Produktion in ein anderes Land verlagern oder die Arbeit von Maschinen machen lassen. (...) Mindestlöhne sind nur dann nicht schädlich, sagen die Ökonomen, so lange sie unter dem so genannten „markträumenden Preis" für Arbeit bleiben. Dann haben sie aber auch nur symbolische Bedeutung. Denn zu diesem Mindestpreis findet ein Unternehmer ohnehin keinen Arbeiter.

Müssen wir also den schlecht qualifizierten Menschen zumuten, eine Arbeit anzunehmen, von der sie nicht leben können? Nein sagen die Ökonomen. Aber Umverteilung und Lohnfindung gehören getrennt. Während sich die Löhne nach der Produktivität (und sonst gar nichts) richten sollen, kann der Staat die Differenz zu einem lebenswerten Einkommen aufstocken. Der Sachverständigenrat (Fünf Weise) schlägt zum Beispiel vor, die Möglichkeiten zum Arbeitslosengeld hinzuzuverdienen, großzügiger zu bemessen. (...) Wer eine Arbeit ablehnt, müsse dagegen eine Kürzung der Transfers in Kauf nehmen: Die Sozialhilfe wird gekürzt.

„Viele anderen Staaten haben längst einen Mindestlohn", kontern die Befürworter. Frankreich, England, sogar die Vereinigten Staaten könnten damit gut leben, sagen sie. „Dort verhindert der Mindestlohn dass Phänomen des working poor", sagt der Würzburger Ökonom Peter Bofinger. Doch die Mehrheit der Volkswirte widerspricht ihm: Der Arbeitsmarkt in Deutschland sei mit diesen Ländern nicht zu vergleichen. Denn auch in Deutschland gebe es mit der Arbeitslosenhilfe faktisch schon einen Mindestlohn, den jedermann ohne Arbeit erhält. (...)

Quelle: www.faz.net/-00s3ow, 16. Juni 2007

3.9 Marktversagen

Der Preisbildungsmechanismus, mit dem wir uns bisher beschäftigt haben, betrifft nicht alle Güter. Es gibt Güter, bei denen der Markt als Koordinierungssystem nicht funktioniert; in diesem Fall wird von Marktversagen gesprochen.

Voraussetzung für die Preisbildung auf dem Markt ist die Existenz von Angebot und Nachfrage. In der Realität kommt es aber immer wieder zu Konzentration und Wettbewerbsbeschränkungen und damit zur **Marktmacht**.

Güter, an denen Eigentumsrechte bestehen, bezeichnet man als **private Güter**. Beim Kauf eines privaten Gutes muss der Käufer die Bedingungen anerkennen, die der Eigentümer des Gutes setzt. Akzeptiert er diese Bedingungen (z. B. den Preis) nicht, wird er von der Nutzung dieses Gutes ausgeschlossen. Dieser Sachverhalt wird als Ausschlussprinzip bezeichnet. Es gibt jedoch Güter, für die das Ausschlussprinzip nicht gilt. Diese Güter werden öffentliche Güter genannt. Nach dem Nicht-Ausschlussprinzip kann niemand von der Nutzung **öffentlicher Güter** ausgegrenzt werden. Durch das Nicht-Ausschlussprinzip kann es zu einem Trittbrettfahrer-Verhalten kommen, da jeder Nutznießer ist. Grundsätzlich ist es möglich, auch öffentliche Güter zu privatisieren. Das geschieht z. B. bei Autobahngebühren im Ausland.

> **BEISPIEL**
> Die Straßenbeleuchtung ist ein öffentliches Gut, d. h., das Licht kommt nicht nur einem Anwohner zugute, sondern allen. Der Konsument hat für dieses Gut nicht gesondert zu bezahlen. Ebenso verhält es sich mit Deichen als Hochwasserschutz oder der Straßenreinigung.

Zu den öffentlichen Gütern zählt z. B. auch die **Umwelt**. Für die Wirtschaftssubjekte ergibt sich im Hinblick auf das öffentliche Gut Umwelt ein Dilemma. Solange die Umwelt nichts kostet, besteht für den Einzelnen kein unmittelbarer Anreiz, sich umweltgerecht zu verhalten. Das führt in der Regel dazu, dass umweltschädliches Verhalten begünstigt wird.

Umweltpolitik
Kapitel 11

> **BEISPIEL**
> Frau Meyer kauft gewöhnlich keine umweltfreundlichen Produkte, wenn sie dafür mehr zahlen muss als für nicht umweltfreundliche Produkte. Herr Schwarz fährt aus Bequemlichkeit mit dem Auto anstatt mit dem Fahrrad. Beide wissen, dass sie mit ihrem Verhalten die Umwelt schädigen.

Auch das Gewinnstreben veranlasst die Produzenten, die Umwelt kostenlos zu nutzen und die Beseitigung der ökologischen Schäden auf Dritte bzw. die Allgemeinheit abzuwälzen. Die entstehenden Kosten werden als **externe Effekte** bezeichnet.

Darüber hinaus besteht auf unvollkommenen Märkten **asymmetrische Information**, dies gilt insbesondere hinsichtlich der mangelnden Marktübersicht und Beeinflussung der Konsumenten durch die Werbung.

Konjunktur
Kapitel 8.2

Wie die geschichtliche Entwicklung zeigt, kommt es in der Marktwirtschaft immer wieder zu erheblichen **Konjunkturschwankungen**, die zu Unternehmenszusammenbrüchen, Arbeitslosigkeit und allgemeiner wirtschaftlicher Stagnation führen können.

gerechte
Einkommensverteilung
Kapitel 9.5

Auch die **Verteilungsungerechtigkeit** wird häufig als Marktversagen angesehen. Das gilt vor allem deshalb, weil Einkommen und Vermögen ungleich verteilt sind. Ungleiche Verteilungen können zu sozialen Spannungen führen.

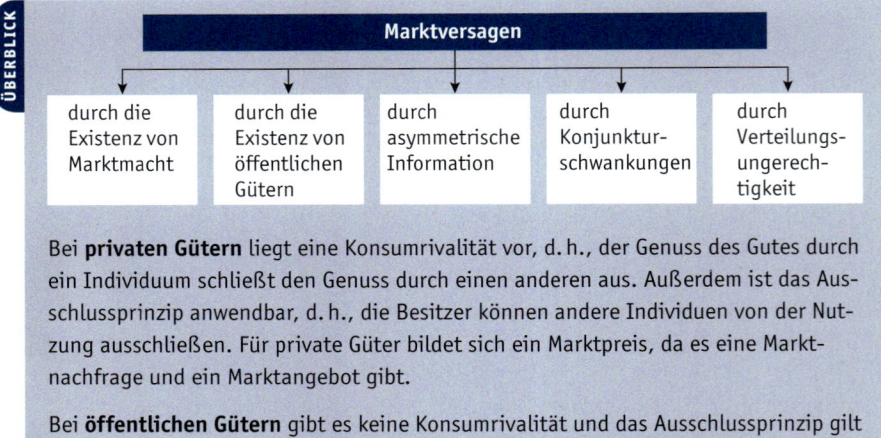

ÜBERBLICK

Marktversagen

| durch die Existenz von Marktmacht | durch die Existenz von öffentlichen Gütern | durch asymmetrische Information | durch Konjunkturschwankungen | durch Verteilungsungerechtigkeit |

Bei **privaten Gütern** liegt eine Konsumrivalität vor, d. h., der Genuss des Gutes durch ein Individuum schließt den Genuss durch einen anderen aus. Außerdem ist das Ausschlussprinzip anwendbar, d. h., die Besitzer können andere Individuen von der Nutzung ausschließen. Für private Güter bildet sich ein Marktpreis, da es eine Marktnachfrage und ein Marktangebot gibt.

Bei **öffentlichen Gütern** gibt es keine Konsumrivalität und das Ausschlussprinzip gilt nicht. Da es keine Marktnachfrage und kein Marktangebot gibt, bildet sich auch kein Marktpreis. Es kommt zum Marktversagen.

AUFGABEN

1 Wodurch unterscheiden sich private und öffentliche Güter?
2 Nennen Sie Beispiele für private und öffentliche Güter.
3 Warum sind Straßen keine rein öffentlichen Güter?
4 Was versteht man unter „Marktversagen" und wann liegt dieses vor?
5 Nennen Sie Beispiele für wirtschaftliches Handeln, das zu externen Effekten führt.
6 Erklären Sie, was unter Trittbrettfahrer-Verhalten verstanden wird. In welchem Kontext kann es vorkommen?

3.10 *Planspiel zur Börse*

Ein Planspiel stellt eine Simulation der komplexen Wirklichkeit dar, es wird in verschiedene Perioden eingeteilt und nach vorher festgelegten Regeln gespielt. Der Vorteil eines Planspiels besteht darin, dass man den Gefahren, die es in der Realität gäbe, z. B. Verlusten an der Börse, nicht ausgesetzt ist.

Ein Planspiel besteht aus der Vorbereitung, der eigentlichen Spiel- und Entscheidungsphase und der anschließenden Auswertung, sodass es sich über einen längeren, vorher festzulegenden Zeitraum erstreckt.

Bevor Sie mit einem Planspiel beginnen können, müssen Sie in der **Vorbereitungsphase** die Zielsetzung des Planspiels klären sowie Spielregeln in Abstimmung untereinander aufstellen. Materialien, die benötigt werden, sind zu beschaffen.

Die **Durchführungs- oder Spielphase** soll mehrere Spielperioden umfassen und hängt wesentlich von den Absprachen, die Sie in der Vorbereitungsphase getroffen haben, ab. Sie sollten einen Spielleiter wählen, der auf die Einhaltung der festgelegten Regeln zu achten hat. Auch sollten Sie den Verlauf des Spiels dokumentieren.

In der **Auswertungsphase** bewerten Sie das Planspiel inhaltlich und formal. Die Ergebnisse werden zusammengefasst und veranschaulicht und der Spielverlauf wird noch einmal rekapituliert. Es wird überprüft, inwieweit das Planspiel mit der Wirklichkeit übereinstimmt. Auch können Sie Vorschläge unterbreiten, was bei künftigen Planspielen verbessert werden könnte.

Das **Ziel eines Börsenplanspiels** besteht darin, die Realität an der Wertpapierbörse (d. h. die Käufe und Verkäufe von Wertpapieren) im Unterricht zu simulieren. Die einzelnen Gruppen innerhalb der Klasse sollen im Laufe des Planspiels den Wert ihrer Aktiendepots durch geschickte Käufe und Verkäufe erhöhen. Sie sollten jeweils Gruppen von etwa vier bis fünf Schülern bilden und sich zu Beginn des Planspiels ein fiktives Spielkapital zur Verfügung stellen. Zur Vereinfachung sollte die Anzahl der Aktiengesellschaften, von denen Wertpapiere ge- oder verkauft werden können, begrenzt werden. Das Planspiel sollte über einen Monat laufen, wobei die Aktien jeweils an den Unterrichtstagen gehandelt werden können.

Die Börse in Frankfurt

Informationsquellen
im Internet:
www.bankenverband.de
www.aktiencheck.de/
lexikon
www.boerse.de
www.boerse-einsteiger.de
www.schulbank.de

www.planspiel-boerse.com

Vor Beginn des Planspiels sollten Sie sich bei einem Kreditinstitut über die Modalitäten des Wertpapierhandels informieren. Eventuell können Sie einen Experten für ein Gespräch im Unterricht gewinnen. Bestimmte Grundbegriffe zum Aktienmarkt können Sie durch die Beschaffung entsprechender Informationsbroschüren klären. Wichtig ist es dabei auch, dass Sie sich weitere Informationsquellen, die für die Entscheidungsfindung von Bedeutung sind, erschließen. Des Weiteren gibt es zu dieser Thematik zahlreiche Fernsehsendungen und Fachzeitschriften. Im Textverarbeitungs- oder Wirtschaftsinformatikunterricht können Sie Formulare für die Kauf- oder Verkaufsaufträge entwerfen. Auch sollten Sie die Spielverläufe der einzelnen Gruppen für die spätere Auswertung des Planspiels grafisch festhalten.

Jedes Jahr im Herbst motiviert das **Planspiel Börse** Schüler auf spielerische Art und Weise, sich in einem europaweiten Wettbewerb mit den Themen Finanzen und Wirtschaft zu beschäftigen und leistet damit einen nachhaltigen Beitrag zur finanziellen Bildung. Die Schüler schießen sich in Teams zusammen und erarbeiten eine Strategie für ihr Wertpapierdepot und das fiktive Startkapital. Gemeinsam entscheiden sie, welche der Wertpapiere die erfolgversprechenden sind und wie lange sie im Depot gehalten werden sollen.

*Wie hat sich das Geld im Laufe
der Jahrhunderte entwickelt?*

Welche Funktionen hat das Geld?

Was sagt der Binnenwert des Geldes aus?

*Wodurch unterscheiden sich Inflation
und Deflation?*

Was sagt der Außenwert des Geldes aus?

Welche Wechselkurssysteme gibt es?

4 Geld und Währung

4.1 Geld: nichts Geheimnisvolles

Alle Welt hat täglich mit Geld zu tun; die meisten Zahlen, die niedergeschrieben werden, sind Geldbeträge. (...) Wer kein Geld hat oder keines bekommt, ist total abhängig. Es ist nur zu verständlich, dass die Menschen hinter diesem Geld Geheimnisse vermuten, dass ihnen das Geld in vielerlei Hinsicht rätselhaft ist. Wenn man die Menschen darauf ansprechen würde, was ihnen an dem Geld so rätselhaft ist, würden sie nicht so recht wissen, wo sie anfangen sollen. Die meisten würden wohl ihren Hauptkummer vortragen und fragen, ob es „fest" sei, ob es „hält", ob es vielleicht mit Gold oder sonst etwas „gedeckt" ist. Andere würden sich dafür interessieren, wie man es „macht". Da wären dann auch die Leute, die regelmäßig den Wirtschaftsteil einer Tageszeitung lesen und von Wechselkursen, Auf- und Abwertungen, Zahlungsbilanzüberschüssen und -defiziten, liquiden Geldmärkten und Geldknappheit gehört haben. (...)

Wie wir alle wissen, kann man mit Geld Schulden bezahlen, Verbindlichkeiten begleichen. Der Unternehmer zahlt den Lohn, das Gehalt aus, und damit ist die Schuld für die geleistete Arbeit getilgt. Überall, wo Menschen, die persönlich miteinander nichts oder wenig zu tun haben oder zu tun haben wollen, sich etwas beschaffen wollen, was sie brauchen, etwas loswerden wollen, was sie nicht brauchen können, ist Geld eine bequeme Einrichtung, um miteinander in Austausch zu treten. Mit Geldeinheiten kann man zahlen, in Geldeinheiten kann man rechnen.

Die Menschen haben sich also ein großartiges Austausch- und Rechensystem geschaffen: es hat die weltweite Arbeitsteilung ermöglicht. Es enthebt die Leute der Notwendigkeit, unmittelbar untereinander auszutauschen. Und jeder kann sich im Rahmen der Vergütung, die er für seine Leistung erhält, weitgehend die Leistungsergebnisse anderer beschaffen. Und schließlich, er kann einen Teil des Ergebnisses seiner eigenen Tätigkeit auch einmal für längere Zeit aufheben, wenn er etwa für eine bestimmte Anschaffung „sparen" will.

Quelle: Bundesverband deutscher Banken e.V. (Hrsg.), Alles über Geld, 7. Auflage, Köln 1994, S. 16 f.

Problemstellung

Im Text wird die vielfältige Bedeutung und Funktion des Geldes für jeden Einzelnen und das wirtschaftliche Geschehen insgesamt dargestellt.

1 Stellen Sie auf der Basis des Textes eine Liste zusammen, in welchen Situationen des täglichen Lebens Geld eine Rolle spielt bzw. in welchen Situationen Geld unbedingt erforderlich ist.

2 Erstellen Sie eine Auflistung, für welche Zwecke Sie Ihr Geld verwenden, das Sie monatlich zur Verfügung haben.

4.2 Geschichte des Geldes

Was verbinden Sie mit Geld? Fallen Ihnen dazu gleich Münzen und Banknoten ein oder denken Sie ans „Geld verdienen", „Geld ausgeben", „Geld leihen" sowie „Geld sparen"? Häufig stellen sich unterschiedliche Assoziationen ein. Das zeigt, dass Geld eine universelle Rolle im Wirtschaftsleben spielt. Ohne Geld geht heute nichts, aber wie war das z. B. in der Frühzeit? Wie hat sich das Geld entwickelt?

In der Frühzeit gab es nur reine **Tauschwirtschaften**. Die Menschen tauschten Ware gegen Ware. Dabei hatten sie häufig das Problem, dass ein geeigneter Tauschpartner gefunden werden musste – manchmal über lange Tauschketten. Außerdem gab es die Schwierigkeit, die Austauschrelation jeder Ware zu jeder anderen zu bestimmten. In der Tauschwirtschaft war der Handel demzufolge sehr träge oder fast unmöglich.

Naturaltausch

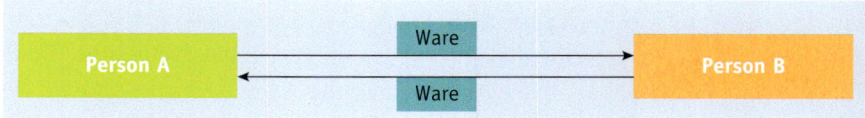

Münzen aus dem Königreich Lydien

Aufgrund dieser Schwierigkeiten kamen die Menschen schnell auf die Idee, nicht mehr „Waren gegen Waren" zu tauschen, sondern ein Zwischentauschmittel einzusetzen: Geld. Zunächst gab es nur **Warengeld** (Naturalgeld). Dafür wurden begehrte Güter wie beispielsweise Salz, Fisch, Getreide oder Felle verwendet. Später übernahmen wertvolle Edelmetalle wie Bronze, Silber oder Gold die Funktion von Geld. Sie waren leichter teilbar und nutzten weniger ab.

Vermutlich entstanden Mitte des 7. Jahrhunderts v. Chr. die ersten Münzen. Aus dem Königreich Lydien in der heutigen West-Türkei stammen Metallkügelchen, die mit einer Prägung versehen waren. Das Gewicht der Münze bestimmte deren Wert. Die Prägung verlieh dem Metallstück einen garantierten Wert. Diese Münzen werden **Kurantmünzen** genannt, da der aufgeprägte Wert dem eigentlichen Metallwert entspricht.

Im Laufe der Zeit verbreiteten sich genormte und geprägte Metallstücke. Später erhielten die Münzen einen aufgeprägten Münzwert (Nennwert), der nicht mehr dem Metallwert entsprach. Diese sogenannten **Scheidemünzen** machen überwiegend das moderne Münzgeld aus.

Banknote aus Schweden um 1666

Im 17. Jahrhundert liegt der Ursprung unserer modernen **Banknoten**. Goldschmiede nahmen Edelmetalle und Münzen in Verwahrung und stellten darüber Quittungen aus. Diese Quittungen übernahmen die Funktion von Geld. Somit waren die ersten Banknoten Schuldversprechen. **Papiergeld** lässt sich wesentlich leichter transportieren als Münzgeld. Es wurde genutzt, um den aufwendigen und mit Sicherheitsrisiken verbundenen Transport von Metallgeld zu ersetzen.

Die Goldschmiede, und später die Banken, verpflichtete sich, gegen Vorlage einer von ihr ausgestellten Banknote den Gegenwert in Gold oder Silber auszuzahlen. Im Laufe der Zeit setzte sich das Prinzip der Ausgabe von Banknoten mit gleichzeitiger Deckungszusage in immer mehr Städten durch. Es entstand die Gold- oder auch Silberwährung. Mit zunehmender wirtschaftlicher Entwicklung stieg der Geldbedarf, sodass die Staaten wegen ihrer begrenzten Gold- und Silbervorräte die Deckungszusage nicht mehr aufrechthalten konnten. Das Papiergeld wurde im Lauf der Zeit auch ohne Deckungszusage akzeptiert.

Neben dem Papiergeld entwickelte sich nahezu zeitgleich das **Buchgeld** bzw. **Giralgeld** in großen Handelsstädten wie Amsterdam oder Hamburg. Dieses Geld war nur in Büchern bzw. auf Konten der Banken verzeichnet und ermöglichte den Kaufleuten, Guthaben von Konto zu Konto zu bewegen. Dieses System hat sich bis heute erhalten und an Bedeutung gewonnen. Heutzutage werden Geldbeträge nicht mehr durch Zu- und Abschreiben in Kontenbüchern bewegt, sondern elektronisch. Girokonten lassen sich für den **bargeldlosen Zahlungsverkehr** nutzen. Bargeldloser Zahlungsverkehr ist bequem und senkt die Transaktionskosten. Die Geldbevorratung mit Bargeld wird reduziert. Auf Geldtransporte kann weitgehend verzichtet werden. Die Zahlungsvorgänge werden lediglich buchmäßig dokumentiert und dadurch beschleunigt.

Transaktionskosten
Kapitel 3.2

Es muss allerdings gewährleistet sein, dass Kunden jederzeit ihr Guthaben in Bargeld erhalten können, wenn sie dies wünschen. Der Kunde kann die Höhe seines Guthabens „per Sicht" feststellen und bei Bedarf darüber verfügen. Ist das Bankensystem dazu nicht in der Lage, verlieren Kunden das Vertrauen in das Buchgeld. Sie erhöhen ihre Bargeldpräferenz.

ÜBERBLICK

In der **Naturaltauschwirtschaft** tauschten die Menschen Waren gegen Waren. In der **Geldwirtschaft** werden Waren gegen Geld getauscht. **Geld** wird für eine Vielzahl von Transaktionen benötigt. Es soll leicht transportierbar sein, eine einheitliche Form haben und teilbar sein.

Münzen lassen sich nach ihrem Metallwert in Kurant- und Scheidemünzen unterscheiden. Kurantmünzen sind Münzen, bei denen der aufgeprägte Wert dem eigentlichen Metallwert entspricht. Seidemünzen sind Münzen, bei denen der aufgeprägte Nennwert über dem Metallwert liegt. Papiergeld sind **Banknoten**, die nur einen geringen Warenwert besitzen.

Buch- und Giralgeld sind Sichtguthaben bei Banken. Über das Guthaben kann z. B. mittels Barauszahlung, Überweisung, Scheckausstellung oder Verwendung der Bankkarte sowie Kreditkarte verfügt werden.

AUFGABEN

1 Nach dem Zweiten Weltkrieg gab es die „Zigarettenwährung". Erkundigen Sie sich bei älteren Mitbürgern, wie die Zahlung mit dieser „Währung" funktionierte.

2 Stellen Sie die geschichtliche Entwicklung des Geldes – evtl. unter Zuhilfenahme von Geschichtsbüchern – in einem Zeitstrahl dar.

www.tauschring.de

3 Informieren Sie sich über Tauschringe. Was wird dort getauscht? Welche Gefahren kann es geben?

4 Informieren Sie sich über Kreditkarten. Welche Besonderheiten gibt es?

4.3 Funktionen des Geldes

Tobias möchte sich von seinem Taschengeld eine CD von Lady Gaga kaufen. Bei der Suche in verschiedenen CD-Shops stellt er Preisunterschiede fest. Schließlich kauft er die CD bei MetroPoint. Der CD-Händler muss jeden Abend den im Laufe des Tages erzielten Umsatz ermitteln. Das Geld wird jeweils nach Geschäftsschluss in einer Geldbombe zur Bank gebracht. Bei Bedarf wird das Geld wieder abgehoben.

In einer arbeitsteiligen Volkswirtschaft werden im Regelfall alle realen Austauschprozesse mithilfe von Geld abgewickelt. Geld hat somit verschiedene Funktionen zu erfüllen – muss dafür aber auch gewisse Eigenschaften mitbringen.

In erster Linie vereinfacht Geld als **Tausch- und Zahlungsmittel** das Austauschen von Gütern und Finanztransaktionen, wie z. B. Kredite gewähren oder Schulden bezahlen. Geld als gesetzliches Zahlungsmittel unterliegt einem Annahmezwang und bedarf der allgemeinen Anerkennung durch die inländischen Wirtschaftssubjekte. Die internationale Akzeptanz der inländischen Währung erleichtert die Finanzierung von Transaktionen mit dem Ausland. In der Geldverfassung wird per Gesetz oder internationalem Vertrag das gesetzliche Zahlungsmittel eines Landes oder eines grenzüberschreitenden Wirtschaftsraums festgelegt.

Der Euro ist gesetzliches Zahlungsmittel in den Ländern der Eurozone. Er hat die nationalen Währungen der Teilnehmerländer abgelöst. Nach anfänglichen Akzeptanzproblemen wird der Euro sowohl innerhalb der Eurozone als auch in Drittländern verwendet.

Seit Einführung des Euro 2002 als gesetzliches Zahlungsmittel hat die deutsche Bundesbank das Recht, Euro-Banknoten zu drucken und auszugeben. Banknoten sind im Europäischen Währungsgebiet gesetzliches Zahlungsmittel. Münzen werden vom Staat geprägt und ausgegeben und sind nur im beschränkten Umfang gesetzliches Zahlungsmittel. Niemand ist nämlich verpflichtet, mehr als 50 Münzen pro Zahlung anzunehmen.

Bundesbank
Kapitel 8.2

Ferner dient Geld als **Wertmaßstab** sowie **Recheneinheit**. Es drückt den Wert von Gütern in Geldeinheiten aus und kann über den Preis mit anderen Gütern verglichen werden. Bei der gesamten Wirtschaftsrechnung, z.B. der Erstellung der Volkswirtschaftlichen Gesamtrechung und von Bilanzen, dient Geld als Recheneinheit. Diese Berechnungen und Vergleiche wären ohne eine Recheneinheit nicht möglich. Für die Funktion des Geldes als Recheneinheit muss dieses ausreichend teilbar sein.

Volkswirtschaftliche Gesamtrechnung **Kapitel 2.3**

Darüber hinaus ist Geld ein **Wertaufbewahrungsmittel**, denn es bietet die Möglichkeit, einen gewissen Wert zu „speichern", bis es für andere Zwecke verwendet wird. Beim Sparen wird der Wert des Geldes sozusagen „konserviert" und der Sparer erhält dafür Zinsen, die als Entschädigung dafür dienen, dass er für eine bestimmte Zeit auf das Geld verzichtet hat. Gespartes Geld kann später verfügt werden. Die Funktion als Wertaufbewahrungsmittel hat das Geld aber nur dann, wenn es wertbeständig ist. Die Wertaufbewahrungsfunktion kann für jede Volkswirtschaft zu einem ökonomischen Problem werden, wenn das Geld innerhalb eines bestimmten Zeitraums seinen Wert verliert. Die Angst, dass Geld kein sicheres Wertaufbewahrungsmittel mehr ist, führt in Krisenzeiten zur sogenannten Flucht in Vermögenswerte. Die Menschen kaufen Grundstücke, Immobilien und Kunstgegenstände.

Geldwertstörungen **Kapitel 4.6**

> **BEISPIEL**
> Sind 100 Euro aus diesem Jahr im nächsten Jahr nur noch 85 Euro wert, so ist die Aufbewahrungsfunktion des Geldes erheblich eingeschränkt.

Geld muss folgenden Anforderungen entsprechen, um in der Wirtschaft die verschiedenen Funktionen erfüllen zu können. Es sollte
- allgemein anerkannt,
- wertbeständig und
- leicht übertragbar sowie beliebig teilbar sein.

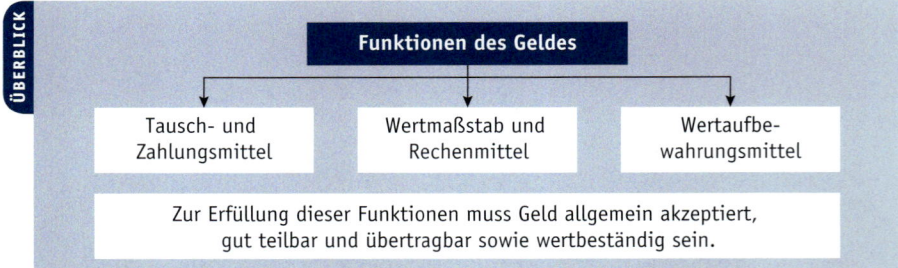

ÜBERBLICK

Funktionen des Geldes

| Tausch- und Zahlungsmittel | Wertmaßstab und Rechenmittel | Wertaufbewahrungsmittel |

Zur Erfüllung dieser Funktionen muss Geld allgemein akzeptiert, gut teilbar und übertragbar sowie wertbeständig sein.

AUFGABEN

1 Suchen Sie jeweils ein Beispiel, um die verschiedenen Funktionen des Geldes zu verdeutlichen.
2 Recherchieren Sie im Internet, in welchen Ländern außerhalb der Eurozone mit dem Euro gezahlt werden kann. Warum nutzen diese Länder ihrer Meinung nach den Euro als Zahlungsmittel?

4.4 *Von der DM zum Euro*

Im Jahr 1992 wurde im niederländischen Maastricht der EG-Vertrag (Maastricher Vertrag) unterzeichnet. Bestandteil war die Errichtung der Wirtschafts- und Währungsunion (WWU). Der europäische Binnenmarkt sollte eine gemeinsame Währung, den Euro, bekommen.

Europäische Union (EU)
Kapitel 10.8

1994 wurde das Europäische Währungsinstitut als Vorläufer der Europäischen Zentralbank gegründet. Die **Europäische Zentralbank** mit Sitz in Frankfurt und das System der Zentralbanken wurden errichtet. Anfang 1999 wurden die **Umrechnungskurse** zwischen den Teilnehmerwährungen und dem Euro unwiderruflich festgelegt. Die nationalen Währungen blieben zunächst gesetzliche Zahlungsmittel. Unbare Zahlungen konnten wahlweise in Euro oder in den nationalen Währungen durchgeführt werden. Die Teilnehmerländer verzichteten auf einen Teil ihrer staatlichen Souveränität zugunsten einer einheitlichen Geld- und Währungspolitik in Euro. Ab dem 1. Januar 1999 standen die ersten 11 Mitgliedstaaten der Europäischen Union fest, die das **Eurowährungsgebiet** (Eurozone) bilden sollten. Nach und nach haben auch andere Mitgliedstaaten den Euro eingeführt.

Europäische Zentralbank
Kapitel 8.3.1

Umrechnungskurs:
1 Euro = 1,95583 DM

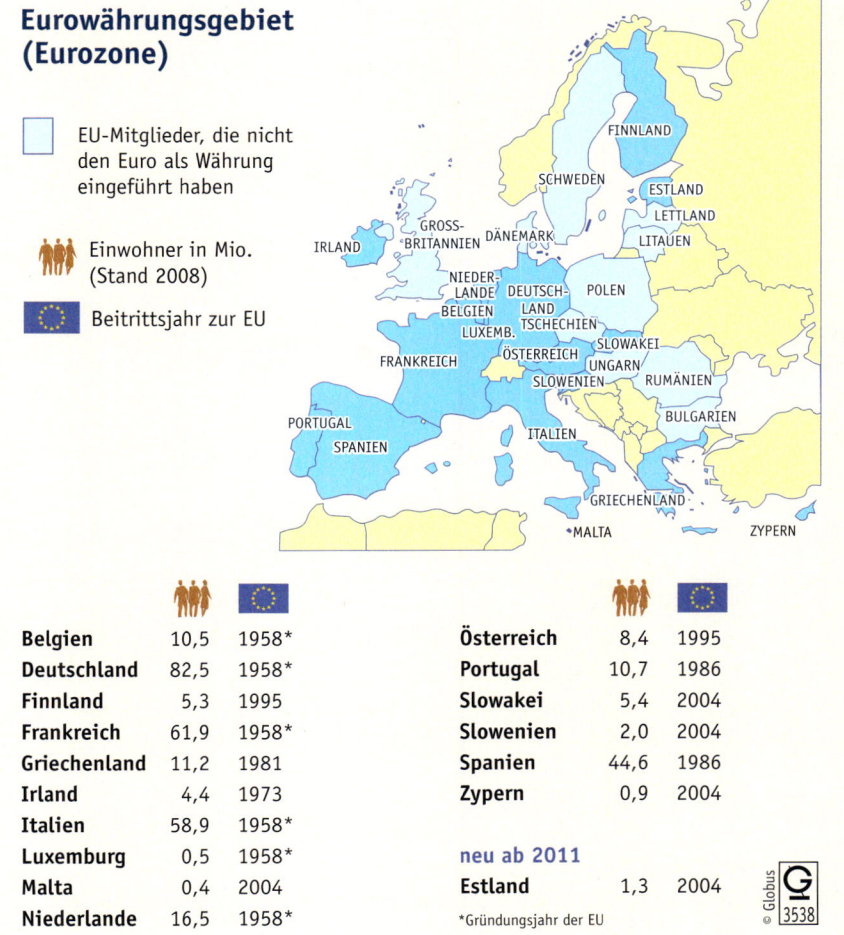

Eurowährungsgebiet (Eurozone)

EU-Mitglieder, die nicht den Euro als Währung eingeführt haben

Einwohner in Mio. (Stand 2008)

Beitrittsjahr zur EU

Teilnehmer des Eurowährungsgebiets zum 1.1.1999: Belgien, Deutschland, Finnland, Frankreich, Irland, Italien, Luxemburg, Niederlande, Österreich, Portugal und Spanien

	👥	🇪🇺		👥	🇪🇺
Belgien	10,5	1958*	Österreich	8,4	1995
Deutschland	82,5	1958*	Portugal	10,7	1986
Finnland	5,3	1995	Slowakei	5,4	2004
Frankreich	61,9	1958*	Slowenien	2,0	2004
Griechenland	11,2	1981	Spanien	44,6	1986
Irland	4,4	1973	Zypern	0,9	2004
Italien	58,9	1958*			
Luxemburg	0,5	1958*	**neu ab 2011**		
Malta	0,4	2004	**Estland**	1,3	2004
Niederlande	16,5	1958*	*Gründungsjahr der EU		

© Globus
3538

Das Rechnungswesen der Kreditinstitute und der Unternehmen wurde in dieser Übergangsphase umgestellt. Am 1. Januar 2002 wurden die Euro-Münzen und -Banknoten auch als Bargeld in Umlauf gebracht und am 1. Juli 2002 wurde der Euro in allen beteiligten Ländern alleiniges gesetzliches Zahlungsmittel. Die Umstellung von nationalen Währungen auf den Euro war damit abgeschlossen. Nationale Banknoten und Münzen verloren ihre Gültigkeit als gesetzliche Zahlungsmittel. Im Gegensatz zu den Banknoten sind die Münzen in der EU nicht überall gleich, sondern haben eine einheitliche europäische Vorderseite und eine individuell gestaltete nationale Rückseite.

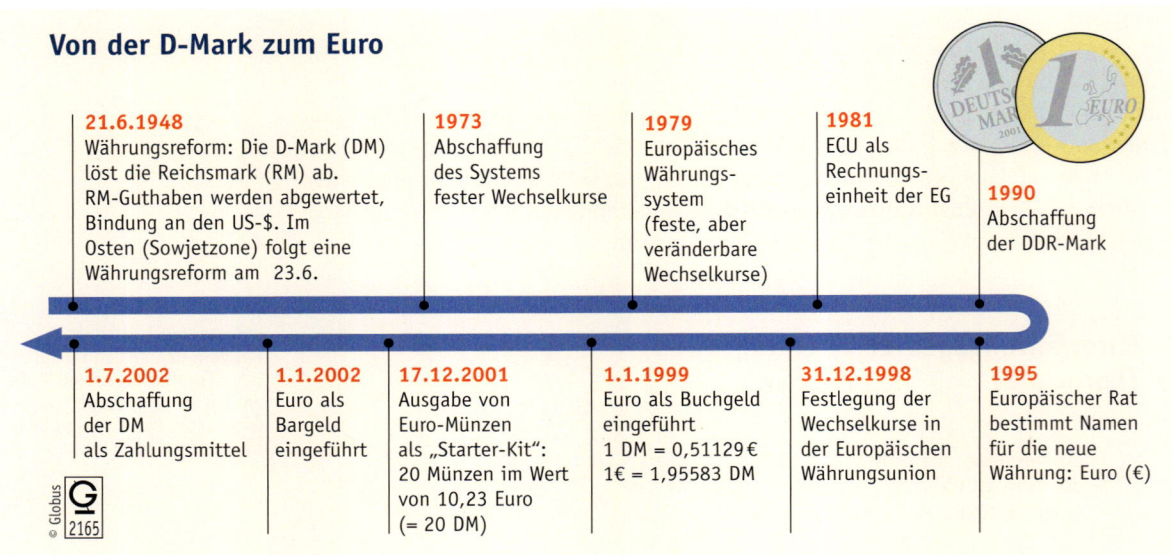

Von der D-Mark zum Euro

21.6.1948
Währungsreform: Die D-Mark (DM) löst die Reichsmark (RM) ab. RM-Guthaben werden abgewertet, Bindung an den US-$. Im Osten (Sowjetzone) folgt eine Währungsreform am 23.6.

1973
Abschaffung des Systems fester Wechselkurse

1979
Europäisches Währungssystem (feste, aber veränderbare Wechselkurse)

1981
ECU als Rechnungseinheit der EG

1990
Abschaffung der DDR-Mark

1.7.2002
Abschaffung der DM als Zahlungsmittel

1.1.2002
Euro als Bargeld eingeführt

17.12.2001
Ausgabe von Euro-Münzen als „Starter-Kit": 20 Münzen im Wert von 10,23 Euro (= 20 DM)

1.1.1999
Euro als Buchgeld eingeführt
1 DM = 0,51129 €
1 € = 1,95583 DM

31.12.1998
Festlegung der Wechselkurse in der Europäischen Währungsunion

1995
Europäischer Rat bestimmt Namen für die neue Währung: Euro (€)

© Globus 2165

Die Einführung des Euro bedeutete keine Währungsreform, sondern lediglich eine **Währungsumstellung**, da verschiedene Währungen vereinheitlicht wurden. Bei einer Währungsreform wird eine stark geschwächte Währung durch eine neue ersetzt. In Deutschland geschah dies 1923 und nach dem Zweiten Weltkrieg 1948. Bei der Euro-Umstellung änderte sich lediglich der Name, da die im Geldguthaben ausgedrückte Kaufkraft gleich blieb.

ÜBERBLICK

Zum 1. Januar 1999 wurde in den EU-Mitgliedstaaten, die an der Währungsunion teilnehmen wollten oder durften, der Euro als **Einheitswährung** eingeführt. Für eine Übergangszeit von drei Jahren war der Euro zunächst nur als Buchgeld verfügbar. Am 1. Januar 2002 wurde der Euro auch in Form von Bargeld eingeführt. Zum 1. Juli 2002 verloren die nationalen Währungen ihre Funktion als gesetzliche Zahlungsmittel. Es handelte sich bei der Währungsunion nicht um eine Währungsreform, sondern um eine Währungsumstellung.

AUFGABEN

1 Erkundigen Sie sich bei einem Kreditinstitut, welche Probleme sich bei der Umstellung der Währung von DM auf Euro ergeben haben.

2 Recherchieren Sie im Internet, um herauszufinden, ob die Vor- und Nachteile, die für den Euro prognostiziert wurden, eingetreten sind.

4.5 Binnenwert des Geldes

Die wirtschaftliche Bedeutung des Geldes liegt weder im Materialwert der Banknoten noch im Metallwert der Münzen, sondern ausschließlich in seiner Akzeptanz als Tauschmittel im Rahmen ökonomischer Transaktionen. Der aufgedruckte Wert (Nennwert), d.h. der **nominale Geldwert**, ist nur ein Ansatzpunkt für den **realen Geldwert**, der letztlich bestimmt wird von der Anzahl der Güter, die man für diesen Wert tatsächlich kaufen kann. Der Binnenwert des Geldes bezieht sich auf die **Kaufkraft** des Geldes im Inland. Die Kaufkraft des Geldes zeigt an, welchen Tauschwert das Geld besitzt. Sie gibt an, welche Gütermenge tatsächlich mit einer Geldmenge erworben werden kann. Der Binnenwert des Geldes ist abhängig von der allgemeinen Preisentwicklung, z.B. führen Preissteigerungen zu einer Verringerung des realen Geldwertes.

Preisniveaustabilität ist ein Ziel, welches im Stabilitätsgesetz verankert sowie eine der Voraussetzungen zur Aufnahme in die Europäische Währungsunion ist. Man spricht von Preisniveaustabilität, wenn die Kaufkraft des Geldes erhalten bleibt. Die Messung der Kaufkraft erfolgt auf der Grundlage eines **Warenkorbs**. Da nicht jeder Warenkorb für jede Fragestellung geeignet ist, z.B. interessieren sich die privaten Haushalte für die Preise anderer Güter und Dienstleistungen als Einzelhändler oder Produzenten, werden verschiedene Warenkörbe berechnet.

Der **Verbraucherpreisindex** (VIP) wird vom Statistischen Bundesamt auf Basis eines Warenkorbs berechnet, der aus Waren und Dienstleistungen besteht, die ein privater Haushalt für Konsumzwecke im Inland kauft. Er enthält sowohl Waren und Dienstleistungen für den täglichen Bedarf als auch langlebige Gebrauchsgüter. Der Warenkorb ist zugeschnitten auf Endverbraucher und spiegelt deren Lebenshaltungskosten wider. Für die Messung der Kaufkraftentwicklung wird ein einheitlicher Warenkorb herangezogen. Er soll repräsentativ sein und die Verbrauchergewohnheiten eines Großteils der Verbraucher abbilden. Die Aussagefähigkeit des Warenkorbs wird von der Art und der Anzahl der in ihm enthaltenden Güter bestimmt.

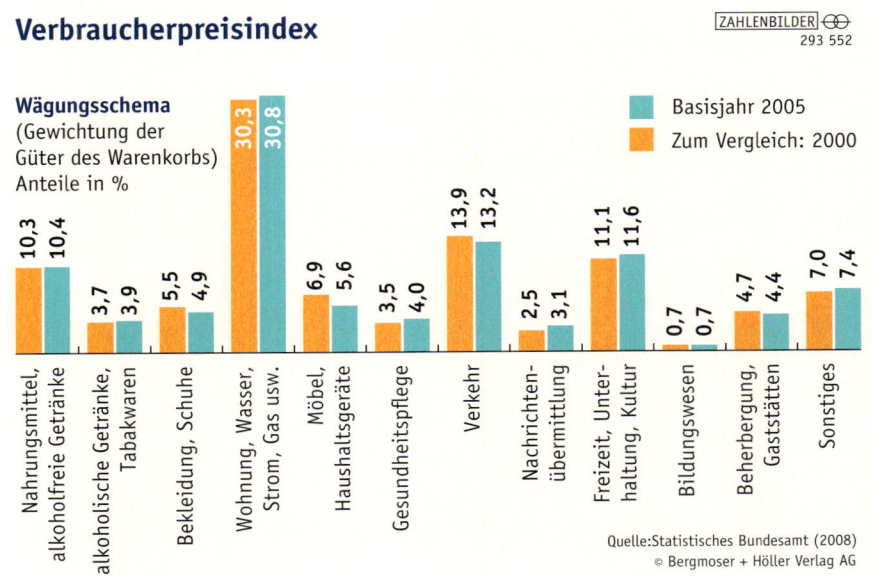

Verbraucherpreisindex

ZAHLENBILDER
293 552

Wägungsschema (Gewichtung der Güter des Warenkorbs) Anteile in %

■ Basisjahr 2005
■ Zum Vergleich: 2000

Kategorie	2000	2005
Nahrungsmittel, alkoholfreie Getränke	10,3	10,4
alkoholische Getränke, Tabakwaren	3,7	3,9
Bekleidung, Schuhe	5,5	4,9
Wohnung, Wasser, Strom, Gas usw.	30,3	30,8
Möbel, Haushaltsgeräte	6,9	5,6
Gesundheitspflege	3,5	4,0
Verkehr	13,9	13,2
Nachrichtenübermittlung	2,5	3,1
Freizeit, Unterhaltung, Kultur	11,1	11,6
Bildungswesen	0,7	0,7
Beherbergung, Gaststätten	4,7	4,4
Sonstiges	7,0	7,4

Quelle: Statistisches Bundesamt (2008)
© Bergmoser + Höller Verlag AG

Darüber hinaus enthält der Warenkorb eine prozentuale Gewichtung bzw. ein **Wäh-rungsschema**. Das Währungsschema macht deutlich, wie hoch der Anteil einzelner Güter oder Gütergruppen gemessen am Warenkorb insgesamt ist. Der Warenkorb wird ausgehend von einem Basisjahr für eine Reihe von Folgejahren fixiert. Im Regelfall wird der Warenkorb alle fünf Jahre in seiner Zusammensetzung und Gewichtung aktualisiert, da z. B. Verbraucher auf Einkommensveränderungen reagieren, Kaufentscheidungen auf andere Ausgabenbereiche verlagern und Produktinnovationen nutzen.

Der Wert des Warenkorbs wird aus der Summe der Verbrauchsgüterpreise und unter Beachtung des Währungsschemas ermittelt. Basis ist eine **Indexformel**. Die Messung der Preisentwicklung im Zeitablauf erfolgt über den so ermittelten Verbraucherpreisindex. Die Gütermenge des Basisjahres wird für den Berichtszeitraum fixiert und mit den Preisen des Basisjahres bzw. Berichtsjahres bewertet. Der Index ist ein gewogener Mittelwert. Die Summe der Ausgaben im Basisjahr wird gleich 100 gesetzt. Es ist davon auszugehen, dass der Verbraucherpreisindex nur im Einzelfall die tatsächliche Entwicklung der Verbrauchsausgaben eines einzelnen Haushalts abbildet. Der individuelle Warenkorb weicht vom Durchschnitt ab. Weitere Fehlerquellen liegen darin, dass sich die Zusammensetzung des Warenkorbs des Basisjahres bereits verändert, bevor er von der Statistik angepasst wird.

> **BEISPIEL** Der Warenkorb eines Nichtrauchers enthält keine Tabakwaren. Ein Seniorenhaushalt kauft keine Kindersachen. Der Besuch von Sonnenstudios und Fitnessstudios nimmt zu, ebenso der Kauf von Lebensmitteln in Discountern.

Die Bemessung der Kaufkraft des Euro erfolgt auf der Basis der **harmonisierten Verbraucherpreisindizes** (HVPI). Die HVPI sind die Grundlage für verschiedene Verbraucherpreisindizes der Europäischen Union und werden aus den nationalen Warenkörben abgeleitet. Die Teilindizes der einzelnen Länder werden so weit harmonisiert, dass die HVPI nur Waren und Dienstleistungen berücksichtigen, die in allen Ländern annähernd vergleichbar sind. Ferner wird berücksichtigt, dass der Anteil der Verbrauchsausgaben in den einzelnen Ausgabekategorien von Land zu Land unterschiedlich ist.

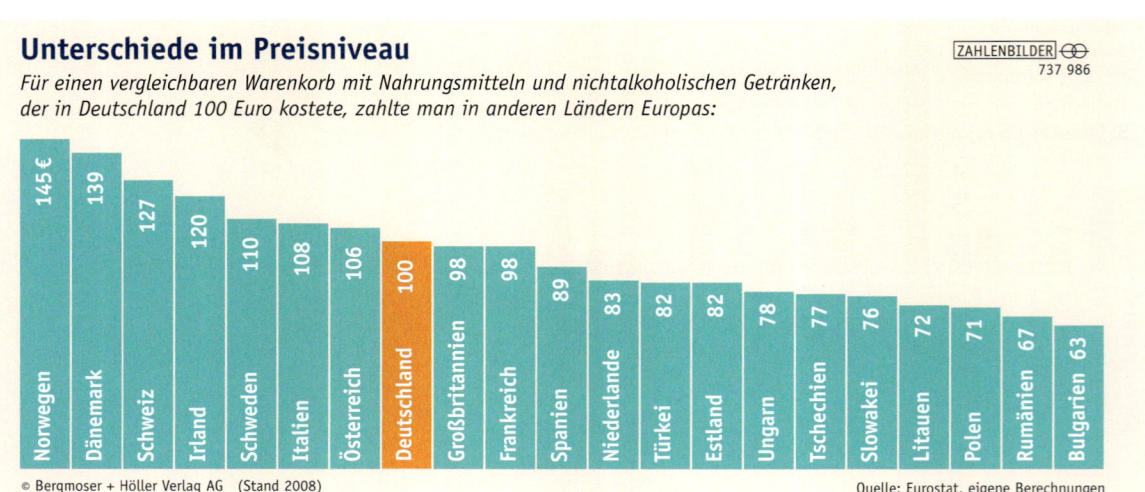

Unterschiede im Preisniveau

ZAHLENBILDER
737 986

Für einen vergleichbaren Warenkorb mit Nahrungsmitteln und nichtalkoholischen Getränken, der in Deutschland 100 Euro kostete, zahlte man in anderen Ländern Europas:

Norwegen	145 €
Dänemark	139
Schweiz	127
Irland	120
Schweden	110
Italien	108
Österreich	106
Deutschland	100
Großbritannien	98
Frankreich	98
Spanien	89
Niederlande	83
Türkei	82
Estland	82
Ungarn	78
Tschechien	77
Slowakei	76
Litauen	72
Polen	71
Rumänien	67
Bulgarien	63

© Bergmoser + Höller Verlag AG   (Stand 2008)

Quelle: Eurostat, eigene Berechnungen

Index- und Kaufkraftentwicklung

Preisindexveränderungen können in Punkten und in Prozent angegeben werden. Die Ergebnisse sind allerdings inhaltlich nicht vergleichbar. Wenn z. B. der Preisindex von 105 auf 115 gestiegen ist, beträgt der Preisanstieg 10 Punkte. Um die Indexentwicklung in Prozent zu berechnen, wird folgende Formel angewendet:

$$\text{Veränderung des Preisindex} = \left(\frac{\text{neuer Indexstand}}{\text{alter Indexstand}} \times 100 \right) - 100$$

$$= \left(\frac{115}{105} \times 100 \right) - 100 = 9,52\,\%$$

Mithilfe des Preisindex kann auch die Änderung der Kaufkraft des Geldes berechnet werden. Für das Beispiel ergibt sich bei Anwendung der nachstehenden Formel folgende Veränderung der Kaufkraft:

$$\text{Veränderung der Kaufkraft} = \left(\frac{\text{alter Indexstand}}{\text{neuer Indexstand}} \times 100 \right) - 100$$

$$= \left(\frac{105}{115} \times 100 \right) - 100 = 8,7\,\%$$

Die Kaufkraft ist bei einer Preissteigerung von 10 Punkten bzw. 9,52 % um 8,7 % gesunken.

AUFGABEN

1 Erklären die den Nominalwert des Geldes.
2 Was sagt der Binnenwert des Geldes aus?
3 Erläutern Sie, warum sich die Bundesbürger heutzutage erheblich mehr leisten können als früher.
4 Suchen Sie Beispiele für Waren und Dienstleistungen, die in den vergangenen Jahren zu Veränderungen im Warenkorb geführt haben.
5 Vergleichen Sie die Wägungsschemata für den Verbraucherpreisindex aller privaten Haushalte aus dem Schaubild „Verbraucherpreisindex" im Hinblick auf die Veränderung. Welche Gründe könnten für die Veränderung in den einzelnen Bereichen angefügt werden?
6 Recherchieren Sie z. B. mithilfe der Website des Statistischen Bundesamtes aktuelle Daten zur Verteilung des privaten Konsums in Deutschland.

4.6 Geldwertstörungen

Verteuert sich der inländische Warenkorb eines Berichtsjahres im Vergleich zum Basisjahr, sinkt der Binnenwert und damit die Kaufkraft des Geldes. Die Lebenshaltungskosten steigen (Inflation). Wird der Warenkorb billiger, sinken die Lebenshaltungskosten. Binnenwert und Kaufkraft steigen (Deflation).

Inflation

> Im Sommer 1923 druckten 50 Großdruckereien in Tag- und Nachtschichten Geld. Der Nennwert der Banknoten stieg ständig. Millionen-Mark-Geldscheine wurden schon bald durch Banknoten in Milliarden- und Billionenhöhe abgelöst. Oft wurden Geldscheine (z. B. 1 000 Mark) einfach mit einem höheren Wert (z. B. 1 Milliarde Mark) überdruckt. Im November 1923 erreichte der Bargeldumlauf die fantastische Höhe von
>
> 400 338 326 350 700 000 000 Mark,
>
> eine Trillionenzahl. Doch die Druckmaschinen spuckten nur Papier, kein Brot aus. Reichten Lohn oder Rente in der einen Woche gerade noch aus, um die Miete zu bezahlen, so bekam man in der nächsten Woche noch ein paar Brötchen dafür. Die Zeitungen veröffentlichten täglich die aktuellen Preise, die oft am Abend schon überholt waren. Der Berliner Lokalanzeiger vom 4. November 1923 meldete beispielsweise, dass die Post die Gebühren für ein Ortsgespräch am nächsten Tag von 1,5 auf 7,5 Milliarden Mark erhöhen werde. Für einen Liter Milch mussten am gleichen Tag 20 Milliarden Mark gezahlt werden. (...)
>
> Wenn die Lohngelder ausgezahlt wurden, traten Arbeiter und Angestellte mit Waschkörben an. Viele Betriebe schlossen nach der Lohnzahlung für einige Stunden, um den Mitarbeitern Gelegenheit zu geben, das Geld auszugeben. Wer begehrte Ware hatte, nahm ohnehin kein Geld mehr an. Kinos nahmen Briketts, Theater Eier und Butter als Eintrittsgeld.
>
> *Quelle: Jungblut, M., in: Die Zeit, 5. Oktober 1979*

1923: Aufwertung eines 20-Millionen-Mark-Scheins auf 2 Milliarden

Inflation geht einher mit sinkendem Binnenwert bzw. sinkender Kaufkraft des Geldes als Folge steigender Preise. Eine Inflation zwingt Konsumenten dazu, ihre reale Nachfrage einzuschränken, es sei denn, sie senken ihre Sparquote oder verschulden sich. Häufig wird ein Inflationsausgleich gefordert. Er könnte geschaffen werden durch höhere Nominaleinkommen. Beschleunigt sich der Inflationsprozess ohne Einkommensausgleich, so verliert das Geld seine Funktionen.

Inflationäre Veränderungen des Binnenwertes im Zeitablauf lassen sich auf eine Reihe von **Ursachen** zurückführen. Dabei wird vor allem zwischen angebots- und nachfragebedingten Ursachen sowie monetären Ursachen unterschieden.

Nachfrageinduzierte Inflation ist entweder „hausgemacht" oder importiert, d. h., die Preissteigerungen sind auf eine erhöhte Nachfrage zurückzuführen, die entweder überwiegend aus dem Inland oder aus dem Ausland herrührt. Das vorhandene Produktionspotenzial ist im Vergleich zur Nachfrage zu

Hamsterkäufe in Jakarta während der Asienkrise. 1998 betrug die jährliche Inflationsrate in Indonesien 77,6 %.

gering. Die Güterproduzenten nutzen die Übernachfrage zu Preiserhöhungen. Man spricht in diesem Zusammenhang auch von einer inflatorischen Lücke (im Sinne einer **Angebotslücke**).

Eine nachfrageinduzierte Inflation kann durch verschiedene Faktoren ausgelöst werden:

induziert = herbeiführen, auslösen

- Individualkonsum: Private Haushalte erhöhen ihre Konsumquote. Sie fürchten Preissteigerungen und lösen z. B. ihre Sparreserven auf, bauen ihr Vermögen ab oder nehmen zusätzliche Kredite auf. Zusätzliche Einkommen werden für Konsumzwecke genutzt.
- Investitionen: Güterproduzenten investieren in neue Anlagen und fragen verstärkt nach Faktorleistung (Arbeit) nach. Sie haben hohe Gewinnerwartungen, da die Auftragslage positiv eingeschätzt wird. Die Produktionsmittel sind knapp.
- Staatsnachfrage: Der Staat weitet seinen Haushalt aus, wenn Steuereinnahmen zur Finanzierung zusätzlicher Ausgaben und nicht zur Kredittilgung genutzt werden. Eventuell werden zusätzliche Ausgaben durch Kredit finanziert.

antizyklische Fiskalpolitik
Kapitel 8.5

- Exporte: Das inländische Güterangebot ist qualitativ attraktiver bzw. billiger als im Ausland. Steigt die Nachfrage aus dem Ausland, so entsteht ein Exportüberschuss. Durch die Zahlungen aus dem Ausland steigt die inländische Geldmenge. Dieses Phänomen tritt vor allem dann auf, wenn die ausländische Inflationsrate höher liegt als die inländische (importierte nachfrageinduzierte Inflation).

Angebotsinduzierte Inflation lässt sich überwiegend auf Kostensteigerungen bei den Güterproduzenten zurückführen und setzt deren Überwälzungsmöglichkeiten auf die Preise voraus. Erhöhen sich die Kostenpreise, steigt die Preisuntergrenze. Soll die Gewinnspanne erhalten bleiben, muss die Preisforderung erhöht werden. Dies gelingt nur dann, wenn die Nachfrage preisunelastisch reagiert, wenn einzelne Anbieter aufgrund ihrer Marktmacht ihre Preiserhöhungen durchsetzen können oder wenn sich alle Anbieter auf Preiserhöhungen verständigen bzw. gleichgerichtet verfahren. Unabhängig von der Kostenentwicklung lassen sich höhere Preisforderungen auch darauf zurückführen, dass Güterproduzenten ihre Gewinnspanne zu erhöhen versuchen.

Elastizität der Nachfrage
Kapitel 3.4.2

Marktformen
Kapitel 3.7

Auslösende Faktoren für eine angebotsinduzierte Inflation:

- Betriebsmittel werden teurer und die Preise für Vorleistungen erhöhen sich (Fremdleistungen). Die gestiegenen Kosten werden auf die Preise abgewälzt.
- Gestiegene Preise führen in den Tarifverhandlungen zu neuen Lohn- und Gehaltsforderungen seitens der Gewerkschaften. In diesem Zusammenhang spricht man auch von der „Lohn-Preis-Spirale".

Aufwertung und Abwertung von Währungen **Kapitel 4.8**

- Staatlich administrierte Preise erhöhen sich, d. h. der Staat erhöht z. B. Gebühren für Abwasser, Abfall und Entsorgung sowie indirekte Steuern wie Umsatzsteuer oder Mineralölsteuer.
- Importe werden teurer (Vorleistungen), da die Weltmarktpreise anziehen oder die Inlandswährung abwertet (importierte angebotsinduzierte Inflation).

Monetaristen **Kapitel 8.5.2**

Die Monetaristen fordern im Hinblick auf eine vernünftige Geldpolitik, die Geldmenge gleichmäßig wachsen zu lassen. So können Unternehmen und private Haushalte realtiv sicher planen und die Wirtschaft hat Raum zur Expansion. Sie vertreten die Ansicht, dass Geldwertschwankungen auf **monetäre Ursachen** zurückzuführen sind. Demnach weisen Geldwertschwankungen auf ein Ungleichgewicht zwischen Gütermenge (reales Angebot) und Geldmenge (monetäre Nachfrage) unter Berücksichtigung der Umlaufgeschwindigkeit des Geldes hin.

Die **Umlaufgeschwindigkeit des Geldes** macht deutlich, wie oft Geld in einem bestimmten Zeitraum für Kaufhandlungen eingesetzt wird. Je höher die Umlaufgeschwindigkeit, desto mehr Transaktionen können mit einer bestimmten Geldmenge abgewickelt werden und umgekehrt.

> **BEISPIEL**
>
> Erhöhen private Haushalte ihre Konsumquote, steigt tendenziell die Umlaufgeschwindigkeit. Geld wird dem Kreislauf zugeführt und löst Folgegeschäfte aus. Erhöhen sie die Sparquote, ist der umgekehrte Effekt zu erwarten.

Geldwertschwankungen können vermieden werden, wenn die von Irving Fisher (1867–1947) entwickelte **Verkehrsgleichung des Geldes** (Quantitätsgleichung) erfüllt ist. Nach der Verkehrsgleichung gibt es einen engen Zusammenhang zwischen Gütermenge und Geldmenge. Betrachtet man die Größen Gütermenge und Geldmenge unter Berücksichtigung der Umlaufgeschwindigkeit des Geldes, so hat bereits die Veränderung einer Größe Auswirkungen auf das Preisniveau.

Kurzformel der Verkehrsgleichung

$$P = \frac{G \times U}{H}$$

P = Preisniveau

G = Geldmenge (Bargeld und Sichteinlagen inländischer Banken)

U = Umlaufgeschwindigkeit (durchschnittliche Zahl der Zahlungstransaktionen, die mit der vorhandenen Geldmenge innerhalb des zugrunde liegenden Zeitraums durchgeführt werden)

H = Handelsvolumen (Gütermenge, die im zugrunde liegenden Zeitraum verkauft werden)

Angebotsseite = Nachfrageseite
(Güterstrom) = (Geldstrom)

Zusammenhang zwischen Güter- und Geldmenge

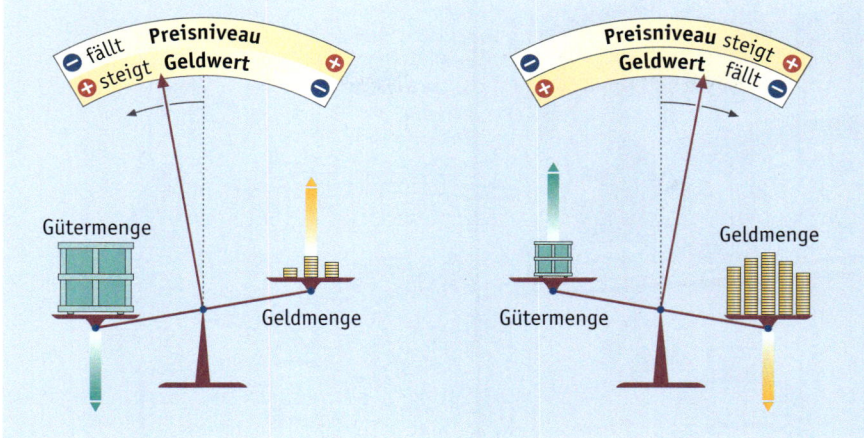

Im Zeitraum t_0 sind folgende Werte gegeben:

G = 100 GE   H = 50 ME   U = 2

$$P = \frac{100 \times 2}{50}$$

Das Preisniveau P in t_0 beträgt 4 GE.

Senken die Güterproduzenten im Zeitraum t_0 ihre Produktion auf 40 ME, so ist die Mehrproduktion bei sonst gleichen Bedingungen zu einem Preis von nun 5 GE absetzbar. Inflation ist die Folge.

BEISPIEL

GE = Geldeinheit
ME = Mengeneinheit

In den meisten Fällen ist das Geldmengenwachstum die Ursache für eine anhaltende und hohe Inflationsrate. Es lassen sich verschiedene **Arten der Inflation** nach ihrer Erkennbarkeit sowie nach ihrem Umfang und ihrer Geschwindigkeit unterscheiden.

Während sich die **offene** Inflation an der ausgewiesenen Inflationsrate messen lässt, ist die **verdeckte** Inflation an der Verschlechterung des Güterangebots spürbar. Preise werden z. B. durch staatliche Einflüsse, wie die Festsetzung von Höchstpreisen oder Rationierung, künstlich konstant gehalten. Die sich eigentlich ergebende Inflation wird zurückgehalten und ist nicht erkennbar.

Die **schleichende** Inflation ist gekennzeichnet durch relativ geringe Preissteigerungen im Jahr (von unter 5 %) und eine stufenweise Entwicklung der Inflationsraten. Der Kaufkraftverlust kann durch eine Anpassung der verfügbaren Nominaleinkommen ausgeglichen werden. Der Nichtbankensektor toleriert die Inflation.

Trabende Inflation liegt vor, wenn der Preisniveauanstieg im Jahr zwischen 5 % und 50 % liegt.

Die **galoppierende** Inflation geht einher mit Inflationsraten von über 50 % und einer sprunghaften Entwicklung in immer geringeren Zeitabständen. Es kommt zu einer Hyperinflation. Die Währung droht ihre Akzeptanz als Tauschmittel zu verlieren. Das Geldsystem bricht zusammen. Der Explosion der Geldmenge steht kein entsprechendes Güterangebot gegenüber. Es kommt zu Ausweichreaktionen. Entweder wird ausländisches Geld in Form von Devisen als inländische Transaktionswährung genutzt oder Notgeld („Zigarettenwährung") wird eingeführt.

BEISPIEL

Auslöser der galoppierenden Inflation kann insbesondere die Finanzierung der staatlichen Haushaltsdefizite über die Notenpresse in Kriegs- und Krisenzeiten sein („Inflation ist die Art der Besteuerung, die auch die schwächste Regierung durchsetzen kann"). 1923 betrug die Inflationsrate monatlich 30 000 %. Es kam zu einer Währungsreform. Die Mark wurde durch die Reichsmark ersetzt. Ähnliche Hintergründe hatte der Ersatz der Reichsmark durch die DM im Jahre 1948. Als Währungstausch, der nicht durch die Inflation begründet war, gelten die Ablösung der Ost-Mark durch die DM West im Zuge der Wiedervereinigung (Austauschverhältnis im Durchschnitt 1 DM West = 1,80 Ost-Mark) und die Einführung des Euro ab 1999 (1 Euro = 1,95583 DM).

Bei der **Stagflation** liegt sowohl Inflation als auch Stagnation vor, d. h. ein ausbleibendes Wachstum und Arbeitslosigkeit. Dieses Phänomen tritt eher selten auf.

Eine Inflation kann für die betroffene Volkswirtschaft verschiedene Folgen haben:
- Durch die Inflation verliert das Geld seine Wertaufbewahrungsfunktion. Die Eigentümer von Geldvermögen flüchten aus Angst um den Vermögensverfall in Sachwerte, wie z. B. Grundstücke, Häuser oder Edelmetalle, anstatt ihr Geld in Wertpapieren anzulegen.
- Hohe Inflationsraten bedeuten auch Verluste für die Gläubiger, weil ihr Geld zum Tilgungszeitpunkt eine geringere Kaufkraft aufweist. Die Schuldner hingegen profitieren von der Inflation, weil sie ihre Raten einfacher aufbringen können.
- Die Bezieher von Renten, Pensionen oder Sozialhilfe zählen ebenfalls zu den Verlierern der Inflation. Ihre Bezüge werden zwar jährlich an die Kaufkraftentwicklung angepasst, sie erleiden aber Verluste durch die Zeitverzögerung.
- Der Staat gewinnt kurzfristig durch eine hohe Inflation, weil die Einkünfte der Steuerzahler in der Progressionszone steigen und somit mit einem höheren Steuersatz belegt werden (sogenannte „kalte Progression"). Andererseits steigen die öffentlichen Ausgaben. Außerdem muss bedacht werden, dass mittelfristig die wirtschaftliche Situation leidet, was die öffentlichen Einnahmen schmälert.

Von kalter Progression wird gesprochen, wenn Lohnsteigerungen lediglich zu einem Inflationsausgleich führen und gleichzeitig die Einkommensteuersätze nicht der Inflationsrate angepasst werden.

Progressionszonen
Kapitel 9.5.2

Der Tag, als der Regen kam

Nie werde ich den Tag vergessen, als der Regen kam. Er begann ungewöhnlich klar und ruhig, und ich legte meinen Kopf zurück, um den Zauber dieses Tages in mich aufzunehmen. Als ich nach oben blickte, war ich entsetzt: Mit Ausnahme eines schmalen Spaltes am Horizont war der ganze Himmel mit einer unheilvollen grünen Wolke bedeckt. Und schon begann es zu regnen, aber es war kein feuchter Regen, es war Geld! Frische, neue, grüne Geldscheine und lauter große Noten. Ich scharrte so viele Scheine zusammen, als ich fassen konnte. Kisten und Kästen füllte ich mit herrlichen Papieren. Selbstverständlich verzichtete ich an diesem Tag darauf, zur Arbeit zu gehen. Ich hatte ja Geld genug. Ich wollte dem Chef das sagen, aber er hatte den Betrieb längst geschlossen, denn auch er hatte ja Geld genug auf der Straße gefunden.

Am nächsten Tag wollte ich an die Riviera fahren, aber leider war die Tankstelle geschlossen; dort hatte man ebenfalls Geld genug und brauchte kein Benzin mehr zu verkaufen. Nun wollte ich den Zug benutzen, aber auch die Züge fuhren nicht. Die Eisenbahner hatten es ja auch nicht mehr nötig zu arbeiten, denn sie brauchten ja kein Geld mehr. Da wollte ich mir etwas Schönes zu essen kaufen, aber die Geschäfte waren zu und die Gasthäuser geschlossen. Auch die Bauern auf dem Lande dachten gar nicht daran, Feldfrüchte oder Kartoffeln oder Milch und Fleisch zu verkaufen, sie hatten ja genügend Geld. Schon wankten Abertausende müde und verhungernd über die Felder, um wenigstens ein paar Futterrüben auszugraben, die im vergangenen Herbst vergessen worden waren. Ich ging nach Hause – der Kohlenmann hatte auch keine Kohlen gebracht, und es war bitterkalt. Ich nahm ein dickes Bündel Banknoten heraus, um wenigstens damit einzuheizen.

Und dann kamen mir ganz eigentümliche Gedanken: Die riesigen Mengen Geld waren wertlos, waren nicht einmal das Papier wert, auf dem sie gedruckt waren. Auf das Geld kommt es also offenbar sicher nicht an.

Quelle: (Aus einer amerikanischen Werkszeitschrift) Wiltschegg, W., Wirtschaft durch die Blume, Wien 1966, S. 49

Deflation

In Zeiten der **Deflation** sinkt das Preisniveau. Geld gewinnt an Wert und Verbraucher profitieren zumindest kurzfristig. Preiserhöhungen auf Güter- und Faktormärkten lassen sich nicht durchsetzen. Eine generelle **Nachfragelücke** kann deflationäre Prozesse begünstigen und einen konjunkturellen Abschwung (Rezession) nach sich ziehen. Deflation kann den Abschwung sogar beschleunigen, wenn Verbraucher Kaufentscheidungen zurückstellen, weil man mit einer weiteren Verschlechterung der wirtschaftlichen Lage rechnet oder weitere Preissenkungen abwartet. Die abwartende Haltung der Verbraucher verstärkt die pessimistische Grundstimmung.

Konjunktur
Kapitel 8.2

BEISPIEL

In den 30er-Jahren (Weltwirtschaftskrise) verzichteten die Konsumenten damals aufgrund pessimistischer Zukunftserwartungen auf Konsumausgaben, die Unternehmen auf Investitionen. Das Geld wurde gehortet und so dem Wirtschaftskreislauf entzogen. Die Folge war ein Überangebot auf den Gütermärkten, was zu fallenden Preisen führte. Die Unternehmen konnten ihre Produkte nicht oder nur zu Preisen unter den Herstellungskosten absetzen. Der Preisverfall führte zur Produktionsdrosselung und schließlich zur Vernichtung zahlreicher Unternehmen und zur Massenarbeitslosigkeit.

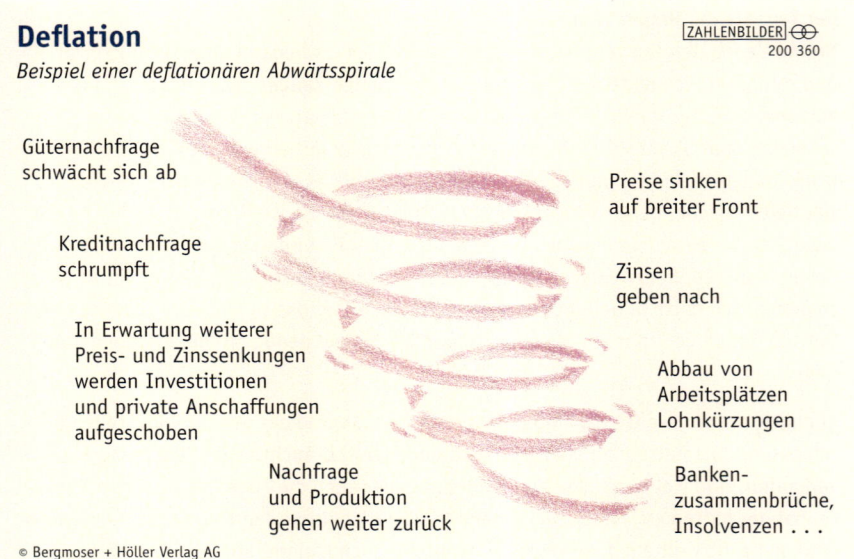

Deflation
Beispiel einer deflationären Abwärtsspirale

ZAHLENBILDER
200 360

Güternachfrage schwächt sich ab

Preise sinken auf breiter Front

Kreditnachfrage schrumpft

Zinsen geben nach

In Erwartung weiterer Preis- und Zinssenkungen werden Investitionen und private Anschaffungen aufgeschoben

Abbau von Arbeitsplätzen Lohnkürzungen

Nachfrage und Produktion gehen weiter zurück

Banken-zusammenbrüche, Insolvenzen . . .

© Bergmoser + Höller Verlag AG

Geldwertstörungen ergeben sich aus Veränderungen des Preisniveaus im Zeitablauf. **Inflation** geht einher mit sinkendem Binnenwert bzw. sinkender Kaufkraft des Geldes als Folge steigender Preise.

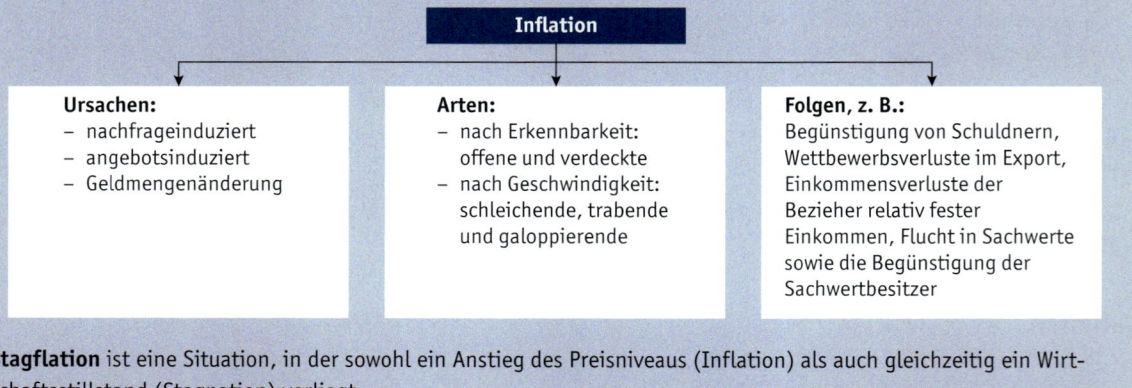

Inflation

Ursachen:
– nachfrageinduziert
– angebotsinduziert
– Geldmengenänderung

Arten:
– nach Erkennbarkeit: offene und verdeckte
– nach Geschwindigkeit: schleichende, trabende und galoppierende

Folgen, z. B.:
Begünstigung von Schuldnern, Wettbewerbsverluste im Export, Einkommensverluste der Bezieher relativ fester Einkommen, Flucht in Sachwerte sowie die Begünstigung der Sachwertbesitzer

Stagflation ist eine Situation, in der sowohl ein Anstieg des Preisniveaus (Inflation) als auch gleichzeitig ein Wirtschaftsstillstand (Stagnation) vorliegt.

Deflation erhöht Binnenwert und Kaufkraft als Folge sinkender Preise. Eine anhaltende Deflation kann die Wirtschaft in eine Depression führen.

AUFGABEN

1 Diskutieren Sie die folgende Aussage zur Geldentwertung: „Von einer importierten Inflation spricht man, wenn durch starke Auslandsnachfrage aus Ländern mit schneller wachsendem Preisniveau im Inland die Nachfrage überhitzt ist."
2 Erläutern Sie anhand der Verkehrsgleichung die Auswirkung auf das Preisniveau und die Kaufkraft, wenn sich die Geldmenge verdoppelt. Legen Sie dabei folgende Daten zugrunde:
   a Geldmenge: 150 Mrd. GE
   b Umlaufgeschwindigkeit: 2,5
   c Handelsvolumen: 50 Mrd. GE
   d Preisniveau: ?

3 Welchen Zustand beschreibt der Text „Der Tag, als der Regen kam"?

4 Interpretieren Sie die nachfolgende Grafik.

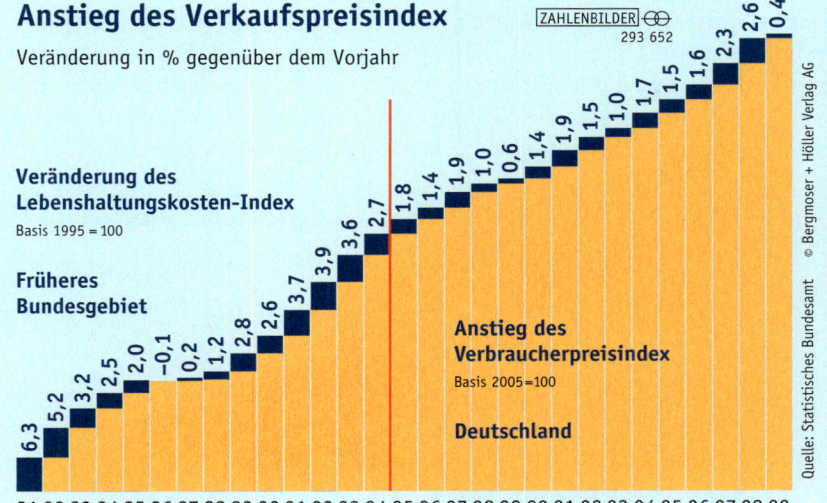

Anstieg des Verkaufspreisindex

Veränderung in % gegenüber dem Vorjahr

ZAHLENBILDER
293 652

Veränderung des Lebenshaltungskosten-Index
Basis 1995 = 100

Früheres Bundesgebiet

Anstieg des Verbraucherpreisindex
Basis 2005 = 100

Deutschland

6,3 5,2 3,2 2,5 2,0 −0,1 0,2 1,2 2,8 2,6 3,7 3,9 3,6 2,7 1,8 1,4 1,9 1,0 0,6 1,4 1,9 1,5 1,0 1,7 1,5 1,6 2,3 2,6 0,4

81 82 83 84 85 86 87 88 89 90 91 92 93 94 95 96 97 98 99 00 01 02 03 04 05 06 07 08 09

Quelle: Statistisches Bundesamt · © Bergmoser + Höller Verlag AG

5 Ist eine Deflation eher positiv oder eher negativ für eine Volkswirtschaft? Begründen Sie Ihre Meinung.

6 Stellen Sie fest, ob die nachfolgenden Schaubilder jeweils im Zeitraum von Z_1 bis Z_2 unter sonst gleichen Bedingungen in der Entwicklung eine Deflation, eine Inflation bzw. weder eine Inflation noch eine Deflation darstellen.

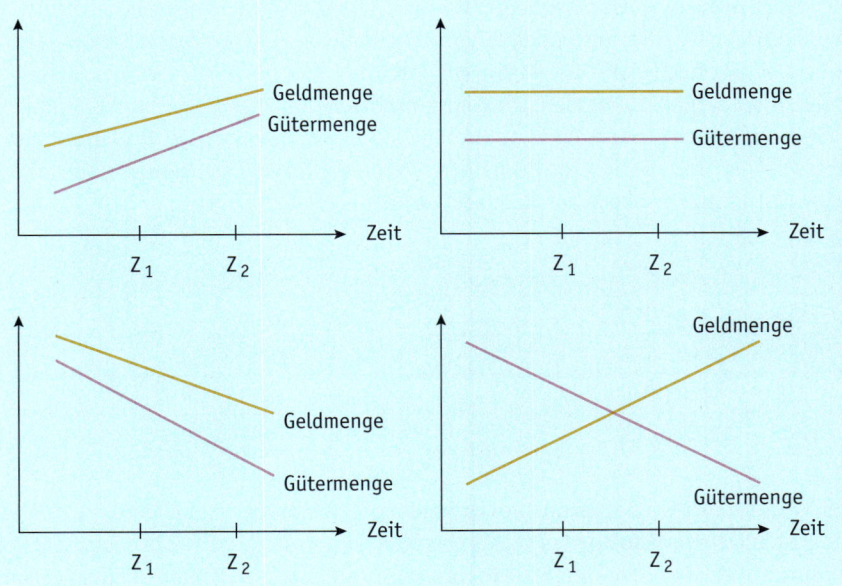

4.7 Außenwert des Geldes

Außenhandel
Kapitel 10.2

Auch der Export und Import von Gütern bedürfen monetärer Transaktionen. Tauschpartner müssen sich auf eine Währung verständigen. Eine **Währung** bezeichnet in einem weit gefassten Sinne die Verfassung und Ordnung des Geldwesens eines Staates. In der Regel wird unter Währung aber die Geldsorte eines Staates oder Gebietes verstanden. Im internationalen Währungshandel werden alle Währungen mit einer genormten Abkürzung, die aus drei Buchstaben besteht, geführt.

Währung	genormte Abkürzung	ungenormte Abkürzung/ Währungssymbol
Euro	EUR	€
US-Dollar	USD	$
Britisches Pfund	GBP	£
Schweizer Franken	CHF	sfr
Japanischer Yen	JPY	¥

Grundsätzlich ist der Exporteur daran interessiert, für seine Leistung seine Inlandswährung zu erhalten. Er ist Zahlungsempfänger und gibt das Geld im Regelfall im Inland aus. Andererseits möchte der Importeur im Regelfall seine Zahlungsverpflichtung nicht in Fremdwährung, sondern in seiner Inlandswährung begleichen. Währungen werden eventuell getauscht. Die Tauschpartner verständigen sich auf einen Preis, den Wechselkurs. Der Wechselkurs bestimmt den **Außenwert**.

Der **Wechselkurs** ist der Preis einer ausländischen Währungseinheit, ausgedrückt in inländischen Währungseinheiten. Der Wechselkurs stellt das Austauschverhältnis zweier Währungen dar. Das Austauschverhältnis kann sowohl mengen- als auch preisnotiert dargestellt werden. Die **Mengennotierung** zeigt an, wie viel Fremdwährung man für eine Einheit der inländischen Währung bekommt. Die **Preisnotierung** gibt hingegen an, wie viel eine Einheit der Fremdwährung kostet. Mathematisch sind beide Notierungen jeweils der Kehrwert der anderen.

Mengennotierung:
1 EUR = x USD

Preisnotierung:
1 USD = x EUR

Mengennotierung	Preisnotierung
1 EUR = 1,22664 USD	1 USD = 0,81457 EUR
1 EUR = 0,84892 GBP	1 GBP = 1,17658 EUR
1 EUR = 1,42203 CHF	1 CHF = 0,70272 EUR
1 EUR = 111,69 JPY	100 JPY = 0,89454 EUR

Stand 31.05.2010

Der Wechselkurs wird aufgrund des bargeldlosen Zahlungsverkehrs in fremder Währung auch **Devisenkurs** genannt. Als **Devisen** werden allgemein alle ausländischen Zahlungsmittel bezeichnet, z. B. Guthaben bei ausländischen Banken oder auf ausländische Währungseinheiten ausgestellte Schecks. Ausländische Münzen und Banknoten werden **Sorten** genannt. Sorten werden von den Banken zu einem speziellen Sortenkurs, dem sogenannten **Schalterkurs** getauscht. Der Schalterkurs orientiert sich am Wechselkurs (Devisenkurs), ist aber nicht identisch. Kauft eine Bank Sorten an, liegt der Ankaufkurs über dem Wechselkurs, der Verkaufskurs darunter. Die Spanne zwischen Ankaufs- und Verkaufskurs legt jede Bank bzw. Wechselstube selbst fest.

Schalterkurse einer Bank für ausländische Banknoten		Stand 31.05.2010	
Land	Einheit	Verkauf FW/ Ankauf 1 EUR	Ankauf FW/ Verkauf 1 EUR
Ägypten	1 EUR/EGP	5,5670	7,5870
Australien	1 EUR/AUD	1,3530	1,5320
Dänemark	1 EUR/DKK	7,1200	7,7600
Großbritannien	1 EUR/GBP	0,8265	0,8735
Japan	1 EUR/JPY	108,6500	118,0500
Kanada	1 EUR/CAD	1,2250	1,3620
Kroatien	1 EUR/HRK	6,5500	8,3600
Neuseeland	1 EUR/NZD	1,7080	1,8710
Norwegen	1 EUR/NOK	7,5700	8,3800
Polen	1 EUR/PLN	3,7000	4,4600
Schweden	1 EUR/SEK	9,1700	10,1200
Schweiz	1 EUR/CHF	1,3830	1,4530
Südafrika	1 EUR/ZAR	8,5400	10,5800
Tschechien	1 EUR/CZK	22,6000	28,5900
Ungarn	1 EUR/HUF	253,7000	300,7000
USA	1 EUR/USD	1,1810	1,2810

Bei grenzüberschreitenden Transaktionen sind im Regelfall sowohl Schuldner als auch Gläubiger daran interessiert, Zahlungen in ihrer jeweiligen Landeswährung zu erhalten. Werden Verträge in Fremdwährung (Devisen) geschlossen, so ist der Schuldner zur Beschaffung der Devisen gezwungen. Gläubiger dagegen verkaufen ihre Devisen, wenn sie liquide Mittel in ihrer Landeswährung benötigen.

Die Auto AG mit Hauptsitz in Deutschland hat eine Exportquote von 60 %. Ihre Importquote beträgt 40 %. Die Importe und Exporte aus dem Fremdwährungsraum werden überwiegend in USD fakturiert. Dies führt dazu, dass Dollarerlöse aus dem Export zur Finanzierung der Importe zur Verfügung stehen. Devisenüberschüsse werden auch zur Finanzierung von Wertschöpfungsprozessen in amerikanischen Produktionsstätten oder zur Anlage auf den internationalen Kapitalmärkten genutzt. Benötigt die Auto AG die Dollarüberschüsse für Wertschöpfungsprozesse und Investitionen in Deutschland, werden sie in Euro eingewechselt. Entsteht ein zusätzlicher Bedarf an USD, so kauft die Auto AG USD ein und bezahlt in Euro.

Inländer erhalten Devisen durch Liquiditätszuflüsse aus Fremdwährungsgeschäften. Es entstehen Guthaben auf Fremdwährungskonten, über die der Inhaber verfügen und die er bei Bedarf verkaufen kann. Devisen werden zum Handelsgut, wenn sie grenzüberschreitend übertragbar (**konvertibel**) sind.

Der Devisenhandel wird über spezielle Devisenmärkte abgewickelt. Er findet überwiegend auf dem Interbankenmarkt statt, d.h. Marktteilnehmer sind im Regelfall institutionelle Anleger und gegebenenfalls die Notenbanken, wenn sie es währungspolitisch für sinnvoll erachten.

Die Europäische Zentralbank (EZB) errechnet täglich für eine Reihe von gehandelten konvertiblen Währungen **Euro-Referenzkurse**. Sie greift dabei auf Meldungen der einzelnen nationalen Notenbanken zurück. Jede nationale europäische Notenbank innerhalb und außerhalb des ESZB erfragt bei den Marktteilnehmern ihres Landes die aktuellen Devisenkurse (Wechselkurse), bildet daraus einen Durchschnitt und meldet diesen Durchschnittkurs täglich um 14:15 Uhr an die EZB. Die EZB ermittelt ihrerseits aus den gemeldeten Kursen einen Durchschnittskurs und veröffentlicht diesen als Euro-Referenzkurs.

BEISPIEL

Euro-Reverenzkurse	Stand 31.05.2010
genormte Abkürzung	**1 EUR =**
USD	1,2307
GBP	0,84863
CHF	1,4230
JPY	112,62

ÜBERBLICK

Der **Außenwert** einer Währung lässt sich aus ihrem Kurs ableiten. Der Kurs ist der Preis von 1 Einheit Inlandswährung, ausgedrückt in x Einheiten Fremdwährung.

Der **Wechselkurs** (**Devisenkurs**) gibt das Preisverhältnis zweier Währungen zueinander an. Er schlägt sich in seinem Außenwert nieder und wird im Regelfall als Mengennotierung ermittelt. Der Wechselkurs macht Preise international vergleichbar und stellt die Grundlage für den Außenhandel dar.

Devisen sind Guthaben bei ausländischen Banken und auf ausländische Währung lautende Zahlungsmittel, z. B. Schecks. Als **Sorten** werden ausländische Münzen und Banknoten bezeichnet. Die Banken tauschen Sorten zum **Schalterkurs**.

Mit **Konvertibilität** wird das Recht bezeichnet, jederzeit Währungsguthaben in andere Währungen umzutauschen.

Die Europäische Zentralbank ermittelt täglich **Euro-Referenzkurse** für ausgewählte Währungen.

AUFGABEN

1 Wie wirkt sich ein Sinken der inländischen Importgüternachfrage infolge höherer Preissteigerungen im Ausland auf Devisenangebot und -nachfrage aus?

2 Was bedeutet es, wenn
  a das Austauschverhältnis des Wecheslkurses mengenorientiert dargestellt wird?
  b das Austauschverhältnis preisorientiert ausgewiesen wird?

3 Begründen Sie, warum bei grenzüberschreitenden Transaktionen sowohl Schuldner als auch Gläubiger daran interessiert sind, Zahlungen in ihrer eigenen Landeswährung zu erhalten.

4.8 Wechselkurssysteme

Nach der Art der Bestimmung von Wechselkursen unterscheidet man verschiedene Wechselkurssysteme:
- System der freien Wechselkurse
- System der festen Wechselkurssysteme
- System der Leitkurse mit Bandbreiten

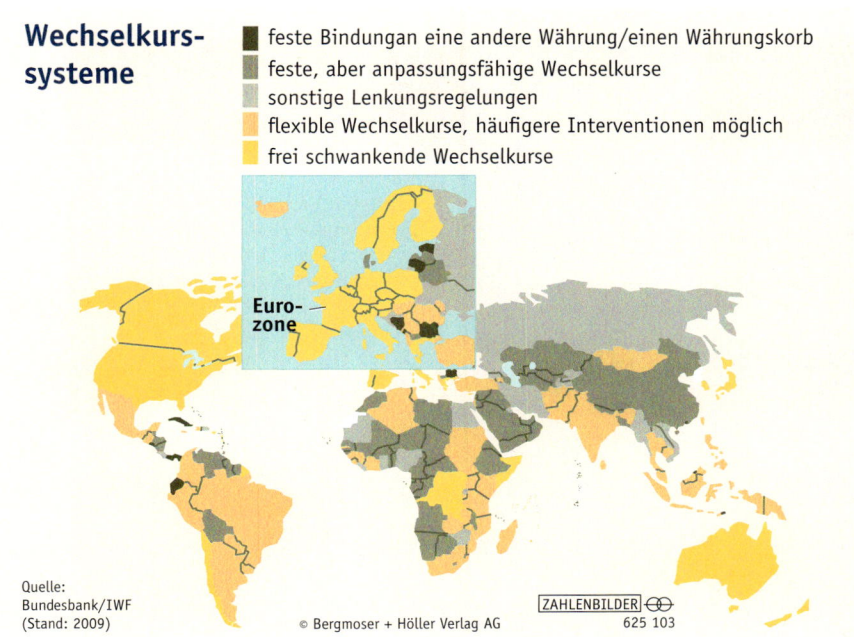

Wechselkurssysteme

- ■ feste Bindungan eine andere Währung/einen Währungskorb
- ■ feste, aber anpassungsfähige Wechselkurse
- ■ sonstige Lenkungsregelungen
- ■ flexible Wechselkurse, häufigere Interventionen möglich
- ■ frei schwankende Wechselkurse

Euro-zone

Quelle:
Bundesbank/IWF
(Stand: 2009)

© Bergmoser + Höller Verlag AG

ZAHLENBILDER
625 103

4.8.1 System der freien Wechselkurse

Freie bzw. flexible Wechselkurse folgen den Gesetzen der **freien Preisbildung**. Die Marktteilnehmer bestimmen den Preis für jedes einzelne Geschäft. Da freie Wechselkurse dem Marktgeschehen unterworfen sind, unterliegen sie je nach Marktsituation starken Schwankungen. Sie können sich im Extremfall im Stundentakt oder sogar in noch kürzeren Zeitabständen ändern. Dies gilt insbesondere dann, wenn eine Währung in das Visier der Spekulanten gerät und diese gezielt eine Auf- oder Abwertung durch den Einsatz hoher Beträge herbeiführen, um kurzfristige Kursgewinne zu realisieren.

Preisbildung
Kapitel 3.7

Die freie Bildung der Wechselkurse wird auch als *floating* bezeichnet (*float* = engl. treiben, schwimmen).

Starke Kursschwankungen erschweren insbesondere die langfristige Kalkulation im internationalen Güterhandel und bei der grenzüberschreitenden Kapitalanlage. Durch entsprechende Gegengeschäfte, wie z. B. Devisentermingeschäfte, lassen sich die Risiken absichern.

> Devisentermingeschäfte sichern das Kursrisiko ab. Der zum Zeitpunkt des Vertragsabschlusses gültige Kurs wird durch einen Vertragspartner (in der Regel eine Bank) gegen Zahlung einer Prämie zu einem bestimmten Termin (Erfüllung der Zahlungsverpflichtung oder Zahlungseingang) garantiert. Die Bank übernimmt das Kursrisiko.

BEISPIEL

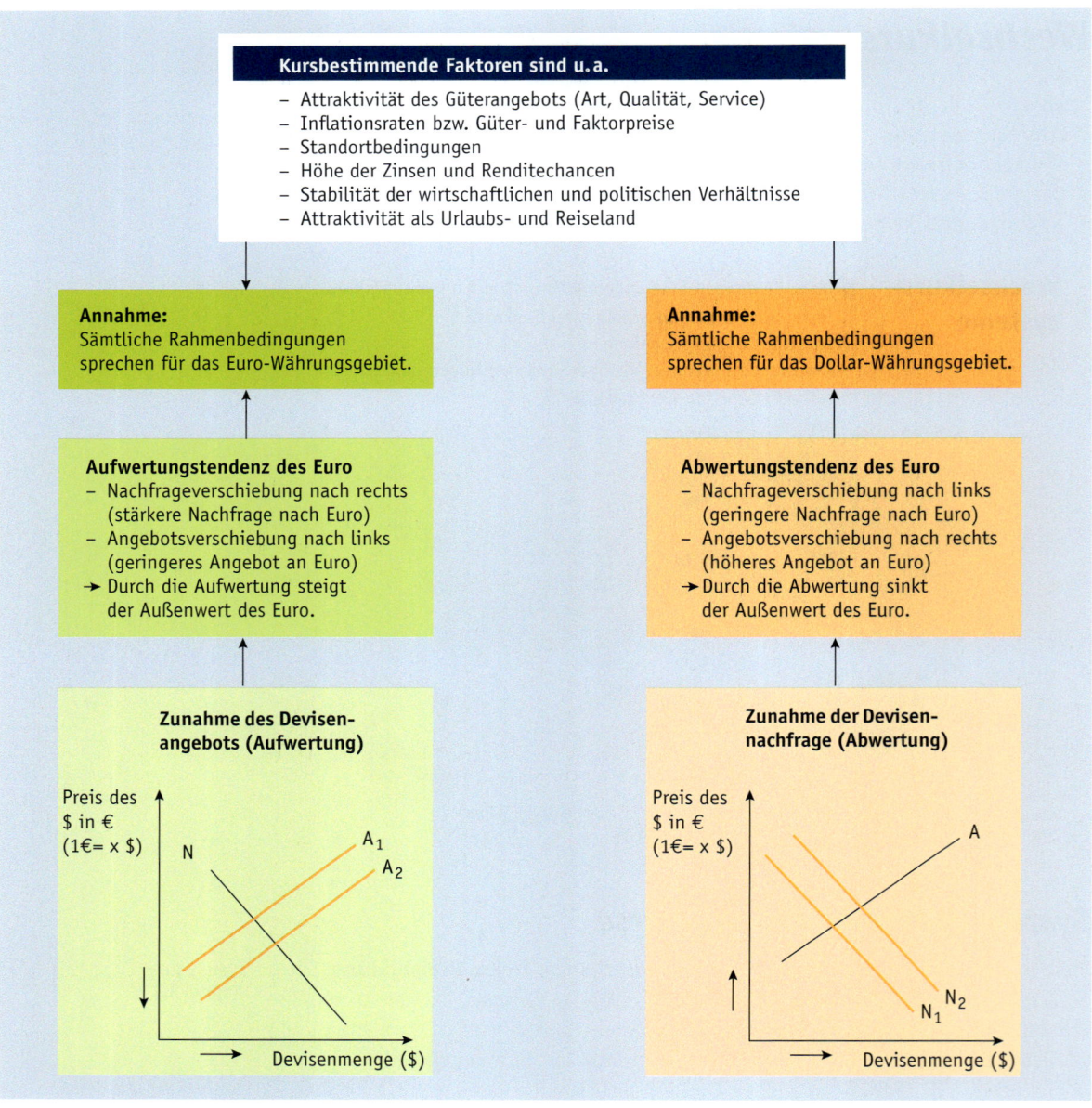

Kursbestimmende Faktoren sind u. a.
- Attraktivität des Güterangebots (Art, Qualität, Service)
- Inflationsraten bzw. Güter- und Faktorpreise
- Standortbedingungen
- Höhe der Zinsen und Renditechancen
- Stabilität der wirtschaftlichen und politischen Verhältnisse
- Attraktivität als Urlaubs- und Reiseland

Annahme:
Sämtliche Rahmenbedingungen sprechen für das Euro-Währungsgebiet.

Annahme:
Sämtliche Rahmenbedingungen sprechen für das Dollar-Währungsgebiet.

Aufwertungstendenz des Euro
- Nachfrageverschiebung nach rechts (stärkere Nachfrage nach Euro)
- Angebotsverschiebung nach links (geringeres Angebot an Euro)
→ Durch die Aufwertung steigt der Außenwert des Euro.

Abwertungstendenz des Euro
- Nachfrageverschiebung nach links (geringere Nachfrage nach Euro)
- Angebotsverschiebung nach rechts (höheres Angebot an Euro)
→ Durch die Abwertung sinkt der Außenwert des Euro.

Zunahme des Devisen- angebots (Aufwertung)

Zunahme der Devisen- nachfrage (Abwertung)

Wirkungen der Auf- und Abwertung

Wirkung auf	Aufwertung	Abwertung
Konjunktur	wird gehemmt	wird gefördert
Wechselkurs (für fremde Währung)	sinkt	steigt
Import	steigt	sinkt
Export	sinkt	steigt
Preisniveau	sinkt	steigt
Anzahl der Arbeitnehmer	sinkt	steigt

Außerdem bestehen **Kursrisiken**, wenn Vertragsabschluss und Zahlungstermin auseinanderfallen.

Die Auto AG exportiert in den und importiert aus dem Dollarraum. Die Fakturierungswährung ist der US-Dollar. Das Zahlungsziel beträgt sowohl für Exporte als auch für Importe drei Monate. Der Kurs liegt am Tage des Vertragsabschlusses bei 1,25 USD.

Es wird unterstellt, dass am Zahltag
– der Kurs auf 1,20 USD abgewertet hat (Alternative 1),
– der Kurs auf 1,30 USD aufgewertet hat (Alternative 2).

Betrachtet werden folgende Fälle:
– Fall 1 (Export): Der Exportpreis für einen Mittelklassewagen wird auf der Basis von 20 000 Euro = 25 000 USD kalkuliert.
– Fall 2 (Import): Es werden für 10 000 USD = 8 000 Euro Vorleistungen bezogen.

	Kurs für 1 Euro		
	1,25 USD	1,20 USD	1,30 USD
Fall 1 (Export)			
Exportpreis in Euro	20 000,00 Euro	20 000,00 Euro	20 000,00 Euro
Zahlungseingang in USD	25 000,00 USD	25 000,00 USD	25 000,00 USD
Tatsächlicher Erlös nach Umtausch in Euro	20 000,00 Euro	20 833,33 Euro	19 230,77 Euro
Kursgewinn/Kursverlust	0,00 Euro	+ 833,33 Euro	- 769,23 Euro
Kalkulierter Preis für Folgegeschäfte in USD	25 000,00 USD	24 000,00 USD	26 000,00 USD
Fall 2 (Import)			
Importpreis in USD	10 000,00 USD	10 000,00 USD	10 000,00 USD
Kalkulierter Kostenpreis in Euro	8 000,00 Euro	8 000,00 Euro	8 000,00 Euro
Tatsächlicher Kostenpreis	8 000,00 Euro	8 333,33 Euro	7 692,31 Euro
Kursgewinn/Kursverlust	0,00 Euro	- 333,33 Euro	+ 407 69 Euro
Kalkulierte Kosten für Folgegeschäfte	8 000,00 Euro	8 333,33 Euro	7 692,31 Euro

Bei freien Wechselkurssystemen bildet sich der Wechselkurs frei und entspricht dem tatsächlichen **Marktwert**, der sich den unterschiedlichen wirtschaftlichen Gegebenheiten der Partnerländer angleicht. Das System freier Wechselkurse lässt im Prinzip keine währungspolitisch motivierte Intervention zu. Der Marktpreis soll Güter- und Kapitaltransaktionen angleichen und unerwünschte Ausschläge auf die Volkswirtschaften der Partnerländer verhindern.

Drohen der Inlandswährung massive Kursschwankungen, kann dem auch wirtschaftspolitisch entgegengewirkt werden. Dies ist dann sinnvoll, wenn außenwirtschaftliche Ungleichgewichte von binnenwirtschaftlichen begleitet werden, wie z. B. Schwankungen des Binnenwerts.

Entstehen hohe Importüberschüsse aufgrund einer anhaltenden Inflation, können fiskal- und geldpolitische Maßnahmen die Inflation eindämmen. Niedrige Inflationsraten verbessern auch die internationale Wettbewerbsfähigkeit und mildern den Abwertungsdruck.

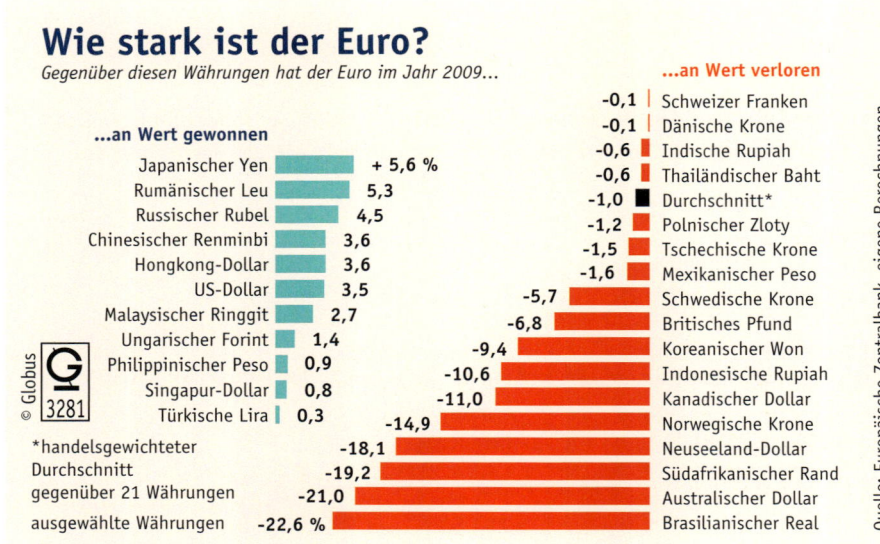

Kurzfristig auftretenden und vor allem spekulativ bedingten Kursausschlägen kann dadurch begegnet werden, dass eine einzelne Notenbank oder eine Gruppe von Notenbanken im Rahmen einer **konzertierten Aktion** gegen den Markt handelt und interveniert.

Ausgangskurs 1 Euro = 1,25 USD	
Kurs = 1,30 USD – Aufwertung des Euro	**Kurs = 1,20 USD – Abwertung des Euro**
– Dollar-Besitzer muss mehr für den Euro ausgeben (Euro wird teurer). – Euro-Besitzer muss weniger für den Dollar bezahlen (Dollar wird billiger). – Im Umkehrschluss ist die Aufwertung des Euro mit einer Abwertung des Dollar verbunden.	– Dollar-Besitzer muss weniger für den Euro ausgeben (Euro wird billiger). – Euro-Besitzer muss mehr für den Dollar bezahlen (Dollar wird teurer). – Im Umkehrschluss ist die Abwertung des Euro mit einer Aufwertung des Dollar verbunden.
Folgen – Kursgewinne aus Fremdwährungsgeschäften (Ausgaben für Importe in Euro sinken) – Importimpulse durch niedrigere Fremdwährungspreise – Bremseffekt für Wachstum und Beschäftigung – Kursverluste aus Fremdwährungsgeschäften (Exporterlöse sinken) – Niedrigere Preise für Importe (positiv bei Importabhängigkeit) – Niedrigere Preise für Auslandsreisen – Wachstumsverlust durch verstärkten Kauf ausländischer Produkte – Tendenziell sinkender Außenbeitrag zum BIP – Tendenziell steigende Kapitalexporte und sinkende Kapitalimporte	**Folgen** – Kursgewinne aus Fremdwährungsgeschäften (Exporterlöse in Euro steigen) – Exportimpulse durch niedrigere Fremdwährungsforderungen – Exportinduziertes Wachstum mit Beschäftigungseffekten – Kursverluste aus Fremdwährungsgeschäften (Ausgaben für Güterimporte steigen) – Höhere Preise für Importe (negativ bei Importabhängigkeit von Vorprodukten) – Höhere Preise für Auslandsreisen – Wachstumseffekte durch verstärkten Kauf inländischer Produkte – Tendenziell steigender Außenbeitrag zum BIP – Tendenziell steigende Kapitalimporte und sinkende Kapitalexporte
Problem Trendverstärkung durch Spekulanten, die auf eine weitere Aufwertung setzen und Euro gegen Fremdwährung kaufen (Kursgewinne bei Verkauf nach Aufwertung)	**Problem** Trendverstärkung durch Spekulanten, die auf eine weitere Abwertung setzen und Euro gegen Fremdwährung verkaufen (Kursgewinne bei Verkauf nach Abwertung)

4.8.2 System der fixen Wechselkurse

Im System fixer (fester) Wechselkurse ergibt sich der Währungskurs nicht als Marktpreis. Er wird politisch vergegeben. Bei fixen Wechselkursen entfällt daher das Problem nicht vorhersehbarer Kursschwankungen. Der Vorteil dieses Wechselkurssystems liegt in der Kurssicherheit für Außenhändler und Kapitaldisponenten. Demgegenüber steht der mögliche Nachteil eines nicht marktgerechten Außenwertes. Der Vorteil fixer Wechselkurse kann jedoch nur funktionieren, wenn sich die fundamentalen Wirtschaftsdaten, insbesondere die Inflationsrate, der beteiligten Länder weitgehend entsprechen.

Entscheiden sich Staaten oder Währungsgebiete für fixe Wechselkurse, legen sie in eigener Entscheidung oder in Absprache mit Fremdwährungsländern den Wechselkurs fest und garantieren den Marktteilnehmern dessen Einhaltung. Alle grenzüberschreitenden Transaktionen werden dann zum fixierten Kurs abgerechnet. Kursverluste und Kursgewinne sind ausgeschlossen. Es ist jedoch nicht gewährleistet, dass der fixierte Kurs bei seiner Festlegung dem Marktpreis entspricht oder in Zukunft entsprechen wird.

> **BEISPIEL**
>
> Angenommen der fixe Wechselkurs beträgt 1 Euro = 1,25 USD. Aufgrund eines höheren Preisniveaus in den USA steigt die Nachfrage nach europäischen Gütern. Gleichzeitig werden Reisen amerikanischer Sparer zur Geldanlage in Euro. US-amerikanische Direktinvestitionen nehmen wegen der Erschließung der europäischen Märkte zu. Spekulanten setzen darauf, dass der Euro in naher Zukunft aufwertet.
>
> Der fixe Wechselkurs von 1,25 USD wirkt in der aktuellen Situation als Höchstpreis. Ein Nachfrageüberhang (Angebotslücke) wird deutlich, da Güterkäufe und Kapitalanlagen im Euro-Währungsgebiet günstiger sind als in den USA. Im System freier Wechselkurse hätte die verstärkte Nachfrage nach Euro unmittelbar einen Aufwertungseffekt zur Folge und dadurch eine bremsende Wirkung auf Güterexporte und Kapitalimporte. Der fixierte Kurs wird jedoch nicht angepasst. Der Euro ist unterbewertet. Der Dollar ist überbewertet.

Höchstpreise
Kapitel 3.8

Währungspolitische Interventionen der Zentralbank sind im System fixer Wechselkurse unvermeidbar. Entsteht eine für Höchstpreissituationen typische **Angebotslücke**, wie im vorangegangenen Beispiel beschrieben, muss sie durch Interventionen der Zentralbanken geschlossen werden. Entweder erhöht die EZB das Euro-Angebot und kauft Dollar auf oder die US-amerikanische Notenbank setzt aus dem Bestand ihrer Währungsreserven Euro zur Kursstabilisierung ein. Hält der Trend dennoch an und vergrößert sich die Angebotslücke, muss der Kurs des Euro nachträglich angehoben werden (Aufwertung des Euro), um die Unterbewertung zu beenden.

Eine **nachträgliche Anpassung** (Realignment) ist nicht immer im Interesse des Landes, das gezwungen ist aufzuwerten. Seine Exporte und Kapitalimporte sind von einer Aufwertung negativ betroffen. Das Land, dessen Währung gegenüber der aufzuwertenden Währung abwertet, drängt hingegen auf die Anpassung. Dessen Exporte und Kapitalimporte werden durch die Abwertung begünstigt.

Realignments können auch zu sogenannten **Abwertungswettläufen** führen. Da eine Abwertung mit Wettbewerbsvorteilen für den Export verbunden ist, profitiert ein Land davon, einseitig einen niedrigeren Preis für seine Währung festzulegen.

Fiskalpolitik
Kapitel 8.5

Geldpolitik
Kapitel 8.3

protektionistische
Maßnahmen
Kapitel 10.4

Das kann zur Folge haben, dass andere Länder sich anschließen. Letztlich gibt es keine Gewinner. Beteiligen sich Länder mit einer hohen Importabhängigkeit an diesem Wettlauf, können sie nur verlieren, da Abwertung die Importe verteuert. Will man Abwertungen verhindern, muss grundsätzlich auch wirtschaftspolitisch entgegengesteuert werden, d.h. mit Instrumenten der Fiskal- oder Geldpolitik.

Manche Länder versuchen, den Druck auf fixe Wechselkurse durch protektionistische Maßnahmen zu mildern, wie z.B. Einschränkungen der freien Konvertibilität ihrer Währung. Denkbar sind auch Kapitalverkehrskontrollen, wie z.B. Beschränkungen oder sogar Verbote der Devisenausfuhr und der Deviseneinfuhr.

> **BEISPIEL**
>
> Bis 2005 hatte China seine Währung Chinesischer Renminbi Yuan fixiert. Er war in einem festen Kurs an den US-Dollar als Leitkurs gekoppelt. Da der Yuan unterbewertet war, wurden hohe Exportüberschüsse im Güterverkehr und Kapitalimporte begünstigt. Moderate Kursanpassungen wurden in den vergangenen Jahren nur unter großem internationalem Druck vorgenommen. Der Yuan unterlag strengen Kapitalverkehrskontrollen und war nicht frei konvertibel. Neuerdings läßt China den Yuan innerhalb geringer Bandbreiten um einen Währungskorb floaten.

4.8.3 System der Leitkurse und Bandbreiten

Leitkurse mit Bandbreite weisen Elemente sowohl des Systems freier als auch des Systems fixer Wechselkurse auf. Ausgangspunkt ist die Festlegung eines fixen Wechselkurses. Dieser Kurs ist der **Leitkurs**. Innerhalb einer bestimmten **Bandbreite** um den Leitkurs herum sind Kursschwankungen zulässig, die von Angebot und Nachfrage bestimmt werden. Insofern enthält dieses System gewisse Marktelemente, wenngleich die Kursausschläge auch nicht völlig frei sind. Überschreitet der Kurs den sogenannten oberen oder unteren **Interventionskurs**, sind währungspolitische Aktivitäten erforderlich.

> **BEISPIEL**
>
> Leitkurse mit Bandbreite wurden als international gültiges Wechselkurssystem 1944 eingeführt (Konferenz von Bretton Woods, USA). Der USD wurde entsprechend seiner weltwirtschaftlichen Bedeutung als Leitwährung verankert. Die Schwankungsbreite betrug +/– 1%. Dieses System war verknüpft mit der Zusage der USA, jeden Dollar bei Bedarf in Gold einzutauschen. Dadurch sollten der freie internationale Zahlungsverkehr sichergestellt, Konvertibilität ermöglicht und Devisenbeschränkungen abgebaut werden, ohne das Risiko von Kursschwankungen einzugehen. 1973 wurde das System nach Aufhebung der Goldeinlöseverpflichtung durch die USA abgelöst durch ein System freier Wechselkurse. Mitgliedsländer haben sich im Laufe der Zeit entweder für völlig freie Wechselkurse entschieden oder ihre Währung an eine Leitwährung oder an einen Währungskorb gekoppelt.

Das System der Leitkurse mit Bandbreite wurde im Rahmen der Euro-Einführung vereinbart. Es gilt für einzelne EU-Länder, wie z.B. Dänemark, die auf ihre nationale Währung nicht verzichten, aufgrund der engen wirtschaftlichen Bindung an den europäischen Binnenmarkt jedoch das Risiko starker Kursschwankungen nicht eingehen wollten.

Wenn ein Land dem WKM II mindestens zwei Jahre angehört, ohne dass größere Spannungen aufgetreten sind, ist eine der Vorbedingungen für den Beitritt zur Eurozone erfüllt.

Darüber hinaus gilt das System zurzeit für EU-Länder, wie z.B. Litauen und Lettland, die die im Maastrichter Vertrag geforderten Eintrittsvoraussetzungen nicht erfüllen oder noch nicht lange genug erfüllt haben. Innerhalb der EU wird das System der Leitkurse mit Bandbreite als **WKM II** bezeichnet.

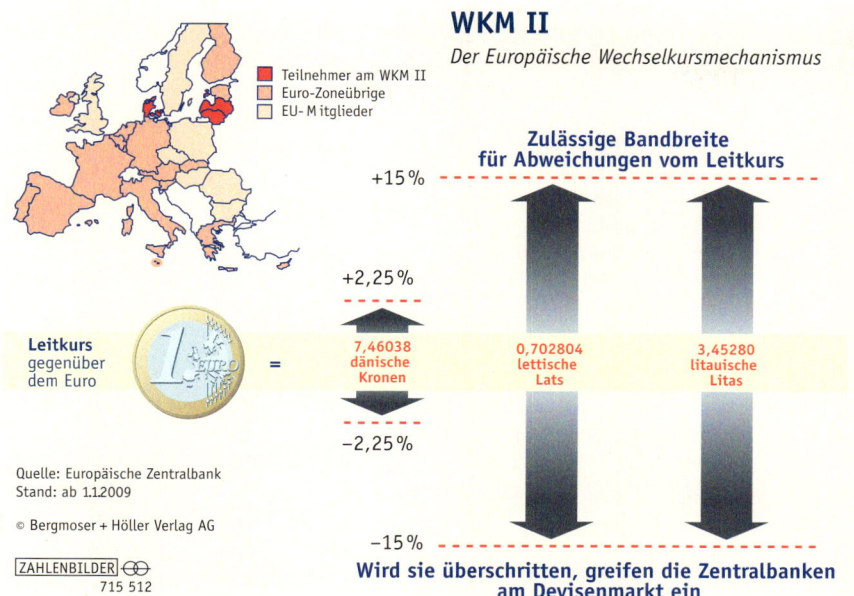

WKM II
Der Europäische Wechselkursmechanismus

WKM II
Kapitel 10.8.1

Teilnehmer am WKM II
Euro-Zoneübrige
EU-Mitglieder

Zulässige Bandbreite für Abweichungen vom Leitkurs

+15%

+2,25%

Leitkurs gegenüber dem Euro =

7,46038 dänische Kronen

0,702804 lettische Lats

3,45280 litauische Litas

−2,25%

Quelle: Europäische Zentralbank
Stand: ab 1.1.2009

© Bergmoser + Höller Verlag AG

ZAHLENBILDER
715 512

−15%

Wird sie überschritten, greifen die Zentralbanken am Devisenmarkt ein

Droht eine Überschreitung des oberen oder unteren Interventionskurses, so sind EZB und die jeweilige Nationalbank zum Handeln gezwungen. Sie intervenieren auf den Devisenmärkten.

Besteht eine **Aufwertungstendenz** des Euro, die auf einen **Nachfrageüberhang** hindeutet, wird der Euro-Kurs an der oberen Bandbreite aufgehalten und stabilisiert. Die EZB schreitet ein, indem sie Euro verkauft, um die überschüssige Nachfrage zu befriedigen. Dies ist für die EZB unproblematisch, da sie das Monopol der Euro-Zentralbankgeldschöpfung hat. Auch die betroffenen nationalen Notenbanken verkaufen Euro, um die Abwertung ihrer Inlandswährung zu stoppen. Sie benötigen hierfür ausreichende Euro-Reserven.

Im Falle einer **Abwertungstendenz** des Euro wird der Euro-Kurs an der unteren Bandbreite stabilisiert. Der **Angebotsüberhang** des Euro wird durch zusätzliche Nachfrage der Notenbanken beseitigt. Die Aufwertung der Fremdwährungen wird gestoppt, indem die Notenbanken ihre jeweilige Inlandswährung verkaufen. Auch die EZB verkauft die Fremdwährung und bedient sich hierzu aus ihren Devisenreserven.

Das **System freier Wechselkurse** (Floating) garantiert, dass der Kurs ein Marktpreis ist und dem tatsächlichen Marktwert entspricht. Der Wechselkurs entspricht dem realen Außenwert.

ÜBERBLICK

Fixe Wechselkurse können Überbewertungen (Nachfragelücken) oder Unterbewertungen (Angebotslücken) nach sich ziehen. Fixe Wechselkurse sind von Zeit zu Zeit an die veränderte Marktsituation anzupassen, wenn Unterbewertungen oder Überbewertungen vermieden werden sollen. Die nachträgliche Anpassung bezeichnet man als Realignment. Fixe Wechselkurse zwingen zu einer stabilitätsorientierten Binnenwirtschaftspolitik insbesondere derjenigen Länder, für die ein Realignment eine Abwertung bedeuten würde. ▶

Wechselkurse werden auf Basis unterschiedlicher Wechselkurssysteme gebildet.

Freie Wechselkurse
– Marktpreise durch Angebot und Nachfrage
– Gefahr starker Schwankungen (unsichere Kalkulationsgrundlage und Kursrisiken)
– Automatische Anpassung an veränderte Rahmenbedingungen
– Abbildung des realen Außenwerts
– Gegensteuerung durch die Zentralbanken nur im Ausnahmefall

Leitkurse mit Bandbreite
– Bestimmung des Leitkurses und der Bandbreite durch die Teilnehmerländer
– Interventionsverpflichtung der beteiligten nationalen Notenbanken am
  – oberen Interventionspunkt
  – unteren Interventionspunkt
– Bremsender Effekt auf Kursausschläge durch die Bandbreite (Begrenzung des Kursrisikos)

Fixe Wechselkurse
– Festlegung durch Währungsbehörde
– Keine Schwankungen
– Problem der Über- und Unterbewertung
– Realignment als Anpassung an veränderte Marktverhältnisse
– Problem: Abwertungswettläufe

1 Im System freier Wechselkurse bildet sich der Kurs nach den Gesetzen von Angebot und Nachfrage.
   a Nennen Sie Gründe für ein steigendes Devisenangebot und analysieren Sie die Auswirkungen auf den Wechselkurs.
   b Bewerten Sie das System freier Wechselkurse.
2 Diskutieren Sie folgende Aussagen: Freie Wechselkurse …
   a erleichtern die Kalkulation der Ex- und Importeure.
   b schalten Kursschwankungen aus.
   c erschweren den Import von Inflation.
3 Informieren Sie sich über die aktuelle Entwicklung des Eurokurses.
4 Erläutern Sie, wer die Gewinner und Verlierer einer Euro-Schwäche sind.
5 Überlegen Sie,
   a warum die Bundesregierung an einem starken Euro interessiert sein könnte.
   b welche Vor- und Nachteile ein zu hoher Wechselkurs hat.
   c welche Vor- und Nachteile ein zu niedriger Wechselkurs mit sich bringt.
   d welche Wirtschaftsdaten für die Entwicklung der Wechselkurse entscheidend sind.
   e warum es so schwierig ist, verlässliche Währungsprognosen zu machen.
6 Welche Aussagen treffen zu?
   a Das System freier Wechselkurse führt tendenziell dazu, dass Binnenwert und Außenwert sich entsprechen.
   b Für den Außenwert des Geldes gelten die Schwankungen von Angebot und Nachfrage, da auch Währungen wie andere Güter gehandelt werden.
   c Der Außenwert gibt an, welche Kaufkraft inländisches Geld unter Berücksichtigung des Wechselkurses in anderen Ländern besitzt.
   d Fixe Wechselkurse ergeben sich über Marktpreise durch Angebot und Nachfrage.
   e Wird der Euro gegenüber dem Dollar aufgewertet, muss der Dollar-Besitzer mehr für den Euro ausgeben. Der Euro wird teurer.

4.9 Projekt „Erstellen einer Broschüre zum Thema Inflation"

Inflationsprozesse sind sowohl in historischer Hinsicht als auch aktuell immer noch von großem Interesse. In Deutschland gab es im 20. Jahrhundert zwei Währungsreformen als Reaktion auf die enormen Inflationsraten. In den letzten Jahren ist es zwar gelungen, die Inflationsraten durch Maßnahmen der Wirtschafts- und Geldpolitik in gewissen Bandbreiten zu halten, jedoch werden die aktuellen Inflationszahlen in Deutschland einmal monatlich veröffentlicht. In Deutschland steht das Inflationsproblem nun zwar nicht mehr im Vordergrund, es gibt jedoch noch zahlreiche andere Länder z. B. in Südamerika oder in Afrika, die mit fast unvorstellbaren Inflationsraten und den daraus entstehenden Problemen zu kämpfen haben. Auch sind die Inflationsraten innerhalb der EU sehr unterschiedlich.

Ihre Aufgabe besteht nun darin, eine Broschüre zu erstellen, in der möglichst alle **Aspekte**, die im **Zusammenhang mit der Inflation** stehen, angesprochen werden. Ihre Ergebnisse können in Form einer Wandzeitung in der Schule gezeigt werden, auch eine Veröffentlichung im Internet wäre denkbar.

Projektarbeit bedeutet, dass Sie in Gruppen die Arbeitsschritte, die zum Ergebnis führen, selbstständig planen und durchführen und am Ende das Ergebnis reflektieren. Das ist bei einer umfangreichen Aufgabenstellung wie dieser vielleicht nicht ganz einfach. Erforderlich sind ein arbeitsteiliges Vorgehen und klare Zielvereinbarungen. Hier folgen einige Hinweise, wie Sie vorgehen können.

1. Themenfindung und Bildung von Arbeitsgruppen
Bilden Sie in der Klasse Arbeitsgruppen mit maximal fünf Mitgliedern. Wählen Sie einen Gruppensprecher. Legen Sie in Abstimmung mit den anderen Gruppen fest, welche Inhalte Sie bearbeiten wollen. Zu diesem Zeitpunkt sollten bereits erste Überlegungen zum Zeitbedarf und zu den benötigten Materialien angestellt werden. Auch sollten notwendige organisatorische Hilfsmittel eingeplant werden.

2. Erstellen eines Verlaufsplans in den Gruppen
Beschaffen Sie sich erste Informationen zu Ihrem Gruppenthema. Entwickeln Sie daraus Fragestellungen, mit denen Sie sich vertieft auseinandersetzen wollen. Verteilen Sie in Ihrer Gruppe konkrete Aufträge, sodass Sie arbeitsteilig vorgehen können. Erstellen Sie eine Planung, wer was bis wann zu erledigen hat.

3. Arbeit in den Projektgruppen
Während der Durchführung können Sie, wenn nötig, die Hilfe anderer Fächer, z. B. der Text-/Datenverarbeitung oder des Deutschunterrichts, weiterer Lehrer und außerschulischer Institutionen in Anspruch nehmen. In regelmäßigen Abständen sollten auch die Zwischenergebnisse der einzelnen Gruppen diskutiert und abgestimmt werden, um Überschneidungen und Mehrfacharbeiten zu vermeiden. Am Ende der Projektarbeit sind die einzelnen Gruppenergebnisse zu einem Ganzen zu koordinieren. Bei Problemen sollte die Hilfe der Lehrer in Anspruch genommen werden.

4. Vorstellen der Ergebnisse
Stellen Sie das Ergebnis Ihrer Arbeit der Klasse vor.

5. Bewertung der Ergebnisse und Auswertung des Projekts

Zum Schluss sollten Sie auf jeden Fall Ihre Ergebnisse und die gewonnenen Erfahrungen in der Klasse gründlich reflektieren. Bewerten Sie die geleistete Arbeit, die Zielerreichung und die gesetzten Zielvorstellungen und entwickeln Sie Verbesserungsvorschläge für zukünftige Projekte.

Anregungen und Hilfestellungen zum Projekt

Es bietet sich an, die Themen der einzelnen Gruppen nach verschiedenen Aspekten zu sortieren und zu strukturieren. Folgende **Fragestellungen**, die bearbeitet werden können, sind denkbar:

- Welche Auswirkungen hat Inflation auf die Wirtschaft eines Landes?
- Wie sieht die aktuelle Inflationssituation in Deutschland aus?
- Wie konnte es zu den Inflationsproblemen in Deutschland in der Vergangenheit kommen?
- Welche Maßnahmen können gegen Inflation ergriffen werden?
- Welche Maßnahmen wurden bzw. werden tatsächlich ergriffen?
- Warum haben einige Länder auf der Welt besonders hohe Inflationsraten?
- Welche Maßnahmen auf internationaler Ebene können zur Senkung der hohen Inflationsquoten ergriffen werden?
- Welche Probleme hat die EU aufgrund der sehr unterschiedlichen Inflationsraten in den einzelnen Mitgliedstaaten?
- Welche gemeinsamen Maßnahmen können auf EU-Ebene ergriffen werden?

Das Erstellen einer Broschüre ist vergleichbar mit der Anfertigung einer Facharbeit. Die Inhalte wurden thematisch im Unterricht besprochen, die Broschüre soll nun weitgehend selbstständig erstellt werden. Dazu müssen Informationen aus verschiedenen Quellen gesammelt und gefiltert werden. Absprachen mit der betreuenden Lehrperson über die genauen Inhalte, die Erwartungen und den Textumfang sind sinnvoll. Wichtig ist auch die ansprechende Präsentation der Ergebnisse in einer einheitlichen Form.

Einigen Sie sich daher auf bestimmte Gestaltungsrichtlinien, z.B. ein bestimmtes Seitenlayout, Schriftarten für Text und Überschriften usw. Die Broschüre sollte neben dem Text auch Skizzen, Tabellen, Diagramme und Fotos enthalten.

Ideen sammeln

Was wird unter einer Wirtschaftsordnung verstanden?

Welche Funktionen erfüllt eine Wirtschaftsordnung?

Welche Ordnungsformen prägen die Wirtschaftsordnung?

Wie lassen sich freie Marktwirtschaft, soziale Marktwirtschaft und Zentralverwaltungswirtschaft unterscheiden?

5 Wirtschaftsordnungen

5.1 Die „Stunde null"

Der Zweite Weltkrieg, den Hitler vom Zaun gebrochen hatte, um „Lebensraum" für das deutsche Volk zu erobern und ein „großgermanisches" Reich zu errichten, war mit der „bedingungslosen Kapitulation" der deutschen Wehrmacht am 8. Mai 1945 zu Ende gegangen. (...) Mit der vollständigen Besetzung des deutschen Reichsgebietes durch die Armeen der Anti-Hitler-Koalition erlebten die Deutschen die bitterste Stunde ihrer Geschichte, die totale Niederlage stand am Ende des von Goebbels fanatisch ausgerufenen „totalen Krieges". Doch zugleich war es die Stunde der Befreiung von der nationalsozialistischen Terrorherrschaft, was freilich viele erst später begriffen.

Zusammengebrochen waren nicht nur das Regime und der Staat, großenteils zusammengebrochen waren infolge des Krieges auch die lebensnotwendigen Einrichtungen: Verkehrs- und Transporteinrichtungen waren zerstört, Eisenbahn und Post waren lahmgelegt, fast alle Behörden und Dienststellen hatten sich aufgelöst. Die großen Städte, aber auch viele mittlere und kleine, lagen in Trümmern, rund 5 Millionen Wohnungen waren total oder erheblich zerstört. Die Menschen in den Städten hausten in Kellern unter Trümmern, in Barackenlagern oder notdürftig hergerichteten Behelfswohnungen. In zahlreichen Städten waren zudem die Versorgung mit Elektrizität und Gas, selbst mit Wasser zusammengebrochen. (...)

Man hat die damalige Situation der Deutschen mit dem Wort von der „Stunde null" gekennzeichnet: Fast alles war zerstört, die materiellen, aber auch die immateriellen Werte. Die Hauptsorge galt bei den meisten der unmittelbaren Existenzerhaltung, doch zugleich schien die Situation Deutschlands völlig offen zu sein. Verbreitet war die Einstellung, man könnte nun die Vergangenheit völlig hinter sich lassen und mit der Gestaltung der Zukunft bei null anfangen.

Quelle: Müller, H. M., Deutsche Geschichte in Schlaglichtern, Mannheim 1996

Problemstellung

1 Versetzen Sie sich in die Situation der Politiker am Ende des Zweiten Weltkriegs. Diskutieren Sie in Gruppen: Welche Strukturelemente soll die neue Wirtschaftsordnung enthalten?

2 Halten Sie Ihre Überlegungen schriftlich fest.

  a Welche Wirtschaftsordnungen wurden in Deutschland nach dem Zweiten Weltkrieg institutionalisiert?

  b Begründen Sie, welche Maßnahmen zur Einführung der sozialen Marktwirtschaft die Basis dafür geschaffen haben, die wirtschaftliche Not der Bevölkerung in der Nachkriegszeit zu überwinden.

  c Inwieweit führten die Maßnahmen langfristig zum „Wohlstand für alle" (Ludwig Erhard)?

5.2 Entwicklung einer Wirtschaftsordnung

Nach dem Zweiten Weltkrieg wurde im Frühjahr 1945 der westliche Teil Deutschlands von den Westmächten USA, Frankreich und England besetzt, der Osten Deutschlands von der Sowjetunion. In den beiden Besatzungsgebieten wurden 1949 zwei deutsche Staaten mit unterschiedlichen politischen Systemen und Wirtschaftsordnungen gegründet: In der Bundesrepublik Deutschland trugen die Westmächte dafür Sorge, dass eine parlamentarische Demokratie entstand, deren wirtschaftliche Basis die soziale Marktwirtschaft darstellt. In der Deutschen Demokratischen Republik (ehemalige DDR) entstand nach dem Vorbild der Sowjetunion ein kommunistisches Regime und auf der Grundlage einer Zentralverwaltungswirtschaft die sozialistische Planwirtschaft.

soziale Marktwirtschaft
Kapitel 5.4

Zentralverwaltungswirtschaft
Kapitel 5.5

Jede Wirtschaftsordnung besteht aus Wirtschaftssubjekten als Bestandteile einer **Wirtschaftsgesellschaft**. Das Geschehen in einer Wirtschaftsgesellschaft ist geprägt durch das Bedürfnis eines ständigen Austauschs von Gütern. Dabei sollten die Wirtschaftssubjekte rational handeln und ihre wirtschaftlichen Ziele in Wirtschaftsplänen festhalten. Ob dem Einzelnen das Recht zugestanden wird, seine Wirtschaftspläne individuell festzulegen und inwieweit der Staat das freie wirtschaftliche Handeln einschränkt, wird von der **Wirtschaftsordnung** bestimmt.

rationales Handeln
Kapitel 1.6

Als **idealtypisch** gilt eine Wirtschaftsordnung, die in allen Teilbereichen von ihren Grundprinzipien bestimmt wird. Eine Vermischung mit Elementen anderer Systeme findet nicht statt. Eine Wirtschaftsordnung gilt als **realtypisch**, wenn sie in der gesellschaftlichen Realität vorkommt. Realtypische Wirtschaftsordnungen sind häufig Mischformen, die verschiedene Elemente idealtypischer Systeme miteinander verknüpfen.

Wirtschaftsordnungen bieten unterschiedliche Wege zur Lösung wirtschaftlicher Probleme. Mit dem Knappheitsproblem sind z. B. alle Wirtschaftsgesellschaften unabhängig von ihrer Wirtschaftsordnung konfrontiert. Es zählt zu den systemübergreifenden Grundproblemen wirtschaftlichen Handelns.

Die Kernfrage hinsichtlich einer Wirtschaftsordnung ist die Frage nach der Lösung des Koordinationsproblems: Wie kann eine hoch entwickelte arbeitsteilige Volkswirtschaft so koordiniert und organisiert werden, dass der Wirtschaftsprozess ohne größere Störungen ablaufen kann und es nicht zu Funktionsstörungen kommt? Es gibt systembedingte Bestandteile, die einzelne Wirtschaftsordnungen kennzeichnen. Die idealtypischen Wirtschaftsordnungen unterscheiden sich insbesondere hinsichtlich der Planungshoheit und der Planabstimmung. Während die freie Marktwirtschaft dem Markt die Rolle zuweist, Millionen von Individualplänen zu koordinieren, setzt z. B. die Zentralverwaltungswirtschaft auf die Planungshoheit des Staates.

Grundfragen jeder Wirtschaftsordnung sind:
• Wer trifft die Investitions- und Konsumentscheidungen?
• Was wird in welchen Mengen an welchen Standorten zu welchem Zeitpunkt produziert?
• Welche Güter werden in welcher Kombination für welche Produktionsprozesse eingesetzt?
• Wer legt nach welchen Kriterien die Höhe der Güterpreise fest?
• An wen wird die Wertschöpfung (die Güterproduktion) wie und in welchem Umfang verteilt?

Koordination des Wirtschaftsprozesses

Opportunitätskosten
Kapitel 1.5

Arbeitsteilung
Kapitel 1.4.2

Geld
Kapitel 4

Interdependenz =
gegenseitige Abhängigkeit

Jede Wirtschaftsordnung legt fest, welche Entscheidungen hinsichtlich des Einsatzes und der Verteilung knapper Ressourcen in einer Wirtschafsgesellschaft abzulaufen haben und welche Rahmenbedingungen der Staat für das wirtschaftliche Handeln setzt.

Eine Wirtschaftsordnung hat dabei drei grundlegende **Funktionen** zu erfüllen:
- Herstellung und Sicherung der Funktionsfähigkeit einer Volkswirtschaft (Welche Güter sollen wann, wo, für wen, wie und in welchem Umfang produziert werden?)
- zielgerichtete Koordination der wirtschaftlichen Aktivitäten in einer Volkswirtschaft (autoritäre, hierarchische, marktwirtschaftliche Koordination)
- Förderung gesellschaftlicher Grundwerte wie Freiheit, Sicherheit, Gerechtigkeit und Wohlstand

Hinsichtlich der Analyse und Beurteilung einer Wirtschaftsordnung sind vorab Wirtschaftssystem, Wirtschaftsordnung und Wirtschaftsverfassung voneinander abzugrenzen. Ein **Wirtschaftssystem** stellt die theoretische, lediglich gedachte Koordinationsform und Struktur einer Volkswirtschaft dar. Es handelt sich um eine idealtypische Betrachtungsweise der Koordinationsmechanismen, mit deren Hilfe die Wirtschaft organisiert werden soll. Das Wirtschaftssystem ist ein Teil des Gesellschaftssystems und umfasst die Beziehungen zwischen den Wirtschaftssubjekten (z. B. private Haushalte, Unternehmen und Staat). Es muss als Subsystem des Gesellschaftssystems immer in Verbindung mit anderen gesellschaftlichen Subsystemen (politisches System und kulturelles System) gesehen werden.

Die **Wirtschaftsordnung** ist die tatsächliche Ausprägung eines Wirtschaftssystems, d.h. die reale Umsetzung der theoretischen Überlegungen.

Die **Wirtschaftsverfassung** beinhaltet alle rechtlichen und organisatorischen Institutionen, die das wirtschaftliche Geschehen ordnen. Daher gibt es eine Fülle von Gesetzen und Rechtsordnungen.

Gesellschaftssystem mit seinen Subsystemen

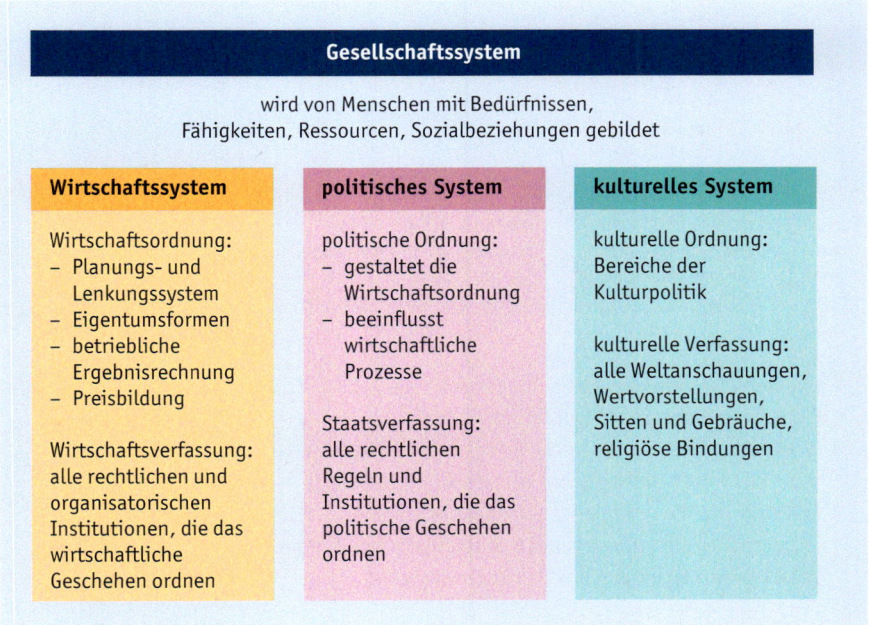

Zentrale Bedeutung für die Entwicklung eines Wirtschaftssystems haben folgende **Ordnungsformen**, von deren Umsetzung die reale Ausprägung einer Wirtschaftsordnung abhängt:

- **Planungs- und Lenkungssystem**: Es ist die Entscheidung zu treffen, wie in einer arbeitsteilig organisierten Volkswirtschaft die Vielzahl wirtschaftlicher Aktivitäten aufeinander abgestimmt werden kann. Die Koordination einer Volkswirtschaft kann grundsätzlich zentral oder dezentral erfolgen.
- **Eigentumsformen**: Entscheidungsbefugnisse sind eng mit dem Eigentum an den Produktionsmitteln (z. B. Fabriken, Grundstücke und Rohstoffe) verbunden. Daher gilt es zu regeln, ob Individuen, der Staat oder die Gesellschaft über die Produktionsmittel verfügen dürfen.
- **Betriebliche Ergebnisrechnung**: Es ist festzulegen, ob Unternehmen nach dem Prinzip der Gewinnmaximierung oder der Planerfüllung wirtschaften. Planerfüllung heißt, dass in der Volkswirtschaft zentral aufgestellte Pläne erfüllt werden. Beide Formen des Wirtschaftens können durch spezielle Prämiensysteme ergänzt werden.
- **Preisbildungsformen**: Ein wesentliches Steuerungsinstrument für wirtschaftliche Aktivitäten stellen die Preise dar, zu denen die produzierten Güter verkauft werden können oder sollen. Es ist zu entscheiden, ob sich die Preise am Markt bilden oder ob sie vom Staat festgelegt werden sollen.

Gewinnmaximierung
Kapitel 1.6

ÜBERBLICK

Eine **Wirtschaftsordnung** legt fest, nach welchen Regeln die ökonomischen Austauschprozesse in einer Wirtschaftsgesellschaft abzulaufen haben und welche Rahmenbedingungen der Staat für das wirtschaftliche Handeln setzt.

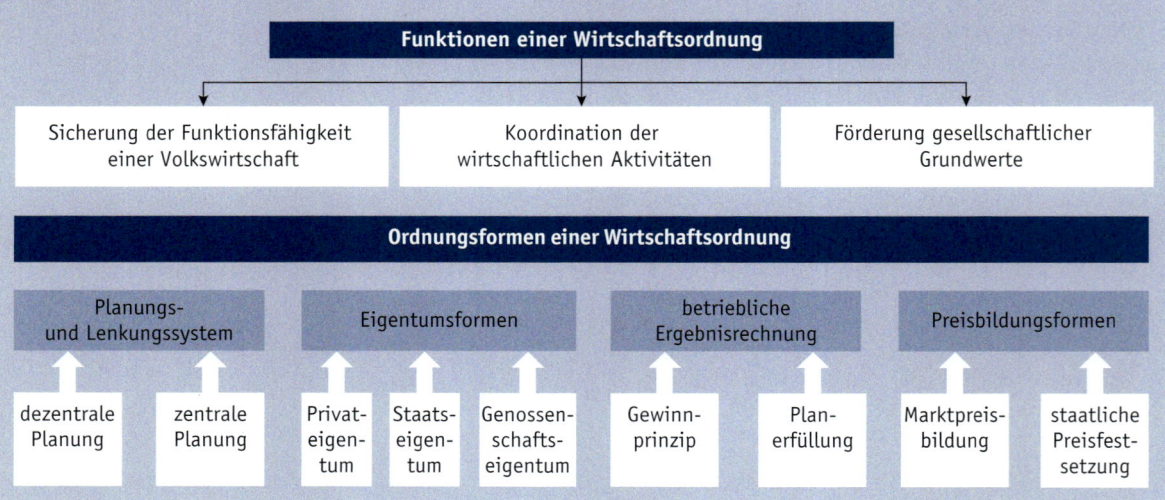

Funktionen einer Wirtschaftsordnung

Sicherung der Funktionsfähigkeit einer Volkswirtschaft	Koordination der wirtschaftlichen Aktivitäten	Förderung gesellschaftlicher Grundwerte

Ordnungsformen einer Wirtschaftsordnung

Planungs- und Lenkungssystem		Eigentumsformen			betriebliche Ergebnisrechnung		Preisbildungsformen	
dezentrale Planung	zentrale Planung	Privateigentum	Staatseigentum	Genossenschaftseigentum	Gewinnprinzip	Planerfüllung	Marktpreisbildung	staatliche Preisfestsetzung

AUFGABEN

1 Erläutern Sie, warum in einer modernen Volkswirtschaft die Notwendigkeit, besteht Wirtschaftsprozesse zu koordinieren.

2 Beschreiben Sie den Zusammenhang zwischen Gesellschaftssystem, Wirtschaftssystem, Wirtschaftsordnung und Wirtschaftsverfassung.

3 Erläutern Sie die grundlegenden Funktionen einer Wirtschaftsordnung.

4 Erläutern Sie die grundlegenden Ordnungsformen für die Entwicklung einer Wirtschaftsordnung anhand des folgenden Textes:

> Die Wirtschaftsordnung umfasst alle Regeln, Normen und Institutionen, die als meist längerfristig angelegte Rahmenbedingungen wirtschaftliche Entscheidungs- und Handlungsspielräume von Individuen und wirtschaftlichen Einheiten (Haushalte, Unternehmen) abgrenzen. Unter ordnungstheoretischen (...) Gesichtspunkten sind Wirtschaftsordnungen die Kombination einer begrenzten Zahl von Ordnungsformen. Als Klassifikationskriterien von Wirtschaftsordnungen werden z. B. Formen der Planung und Lenkung, Eigentums-, Markt- und Preisbildungs- und Unternehmensformen sowie Formen der Geld- und Finanzwirtschaft angesehen. Jede Ordnungsform hat verschiedene Ausprägungen: Der Wirtschaftsprozess kann zentral oder dezentral gelenkt werden; Produktionsmittel können Privat-, Staats- oder Gesellschaftseigentum sein; der Güteraustausch auf Märkten kann durch Leistungswettbewerb, aber auch durch Monopole geprägt sein; Willensbildung und -durchsetzung sowie Erfolgsrechnung von Unternehmen können verschiedenen Organisationsprinzipien folgen usw. Die Vielfalt konkreter Wirtschaftsordnungen ist Ausdruck der Fülle von Kombinationsmöglichkeiten dieser Ausprägungen von Ordnungsformen.
>
> *Quelle: Thieme, J.: Wirtschaftssysteme, in: Vahlens Kompendium der Wirtschaftstheorie und Wirtschaftspolitik, Bd. 1, 6. A., München (1995), S. 10 ff.*

5 Informieren Sie sich über die politischen und wirtschaftlichen Hintergründe der „Stunde null" in Deutschland.

5.3 Freie Marktwirtschaft als idealtypische Wirtschaftsordnung

Das Modell der freien Marktwirtschaft hat – im Sinne einer idealtypischen Modell-vorstellung – seine geistigen Wurzeln in den Ideen des **klassischen Liberalismus**. Der Liberalismus entwickelte sich als Reaktion auf die uneingeschränkte Herrschaft der Fürsten (Absolutismus) und des Merkantilismus als vorherrschender Wirtschafts-form im 17. Jahrhundert. Der Merkantilismus hatte zum Ziel, die Finanzkraft des Staates, d. h. der absolutistisch regierenden Herrscher, zu mehren, indem die Ausfuhr von Gütern unterstützt und die Einfuhr weitgehend unterbunden wurde. Ein ausge-prägter Handelsprotektionismus war das zentrale wirtschaftspolitische Mittel. Die Annahme war, dass durch den Export von Gütern Geld in Form von Gold und Silber ins Land zurückströmt.

Adam Smith (1723–1790) ist zwar nicht der einzige Begründer des klassischen ökonomischen Liberalismus, er gilt aber als der bedeutendste Theoretiker dieser ökonomischen Lehre. Grundlegend für die Auffassung von Smith ist die Einsicht, dass der wirtschaftliche Erfolg nicht auf der Nächstenliebe (Altruismus), sondern auf der Eigenliebe der Einzelnen (Egoismus) beruht. Ferner nimmt er an, dass das sogenannte Eigennutzstreben die wesentliche Antriebskraft für wirtschaftliches Handeln ist. Jeder Mensch verfolgt seinen eigenen Vorteil und nicht den der Gesellschaft. Eine **„un-sichtbare Hand"** sorgt für die Vereinbarkeit von Einzel- und Gesamtinteressen. Zwar wird das wirtschaftliche Handeln des Kaufmanns durch sein Gewinnstreben moti-viert, d. h., die Gesellschaft wird nicht durch das Wohlwollen der Kaufleute mit Gü-tern versorgt, die Durchsetzung des Einzelinteresses führt dennoch zum Vorteil für alle. Solange der einzelne Kaufmann seine Güter mit Gewinn verkaufen kann, ist auf diese Weise die Versorgung aller Menschen mit Gütern sichergestellt.

Die liberalen Klassiker wandten sich **gegen Eingriffe des Staates** in das Wirtschafts-geschehen. Ihnen zufolge soll der Staat keine eigenen Interessen wahrnehmen, son-dern nur den ordnungspolitischen Rahmen schaffen. Seine Tätigkeit beschränkt sich auf Belange der inneren und äußeren Sicherheit, der Bildung zur Wahrung der Chan-cengleichheit und einer funktionierenden Rechts- und Geldordnung. Er gilt als „Nachtwächterstaat" und sichert so die freie Entfaltung seiner Bürger auch in wirt-schaftlichen Angelegenheiten ab.

Grundprinzip der freien Marktwirtschaft ist die **Planungsautonomie** der Wirt-schaftssubjekte in allen wirtschaftlichen Angelegenheiten. Der Einzelne bestimmt Art und Umfang seiner ökonomischen Aktivität. Konsum-, Spar- und Investitionsent-scheidungen sind dem Privatsektor vorbehalten. Die Menschen sind gezwungen, sich aktiv am Wertschöpfungsprozess zu beteiligen. Sie gründen Unternehmen, bieten ihre Faktorleistungen (Arbeit, Boden, Kapital) privaten Güterproduzenten an oder finanzieren durch ihre Spargelder gesamtwirtschaftliche Produktionsprozesse.

Da der Staat nur einen ordnungspolitischen Rahmen schafft, existiert kein staatliches soziales Netz. Die privaten Haushalte sind gezwungen, ihre Lebensrisiken (Alter, Krankheit, Pflege, Arbeitslosigkeit, Unfall) selbst abzusichern. Sie entscheiden darü-ber, ob sie Teile ihres Einkommens zum Zwecke der Privatvorsorge einsetzen oder es in vollem Umfang konsumieren. Vorsorge ist nur auf der Grundlage eines ausreichen-den Einkommens möglich. Die wirtschaftliche Situation der Wirtschaftssubjekte wird bestimmt von ihrer Leistungsfähigkeit.

Protektionismus = Schutz der einheimischen Produktion ge-gen die Konkurrenz des Aus-landes durch Maßnahmen der Außenhandelspolitik
Kapitel 10.4

Adam Smith (1723–1790)

Wertschöpfung
Kapitel 2.3

Der ordnungspolitische Rahmen der freien Marktwirtschaft ist gekennzeichnet durch **wirtschaftliche Freiheitsrechte**, die der Staat den Wirtschaftssubjekten gewährt. Sie sind das Wesensmerkmal der freien Marktwirtschaft und gewährleisten, dass die Wirtschaftsprozesse von den Interessen des Privatsektors bestimmt werden.

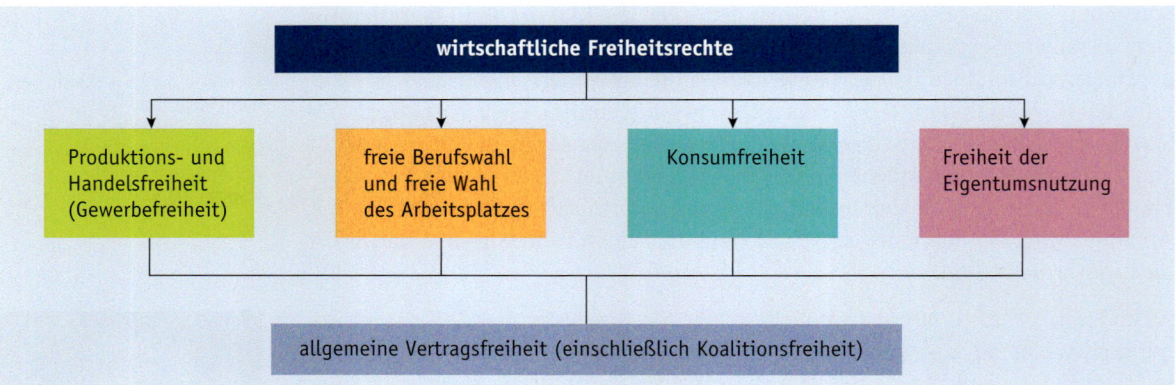

- **Produktions- und Handelsfreiheit** des Unternehmenssektors schließt die **Gewerbefreiheit** mit ein. Als Gewerbe gilt eine unternehmerische Tätigkeit, die auf Dauer angelegt ist, Gewinnerzielungsabsichten verfolgt und mit der Teilnahme am öffentlichen Wirtschaftsleben verknüpft ist. Daraus folgt, dass Investitionsentscheidungen weitgehend dem Unternehmenssektor vorbehalten bleiben.
- **Freie Berufswahl** und **freie Wahl des Arbeitsplatzes** sind die Konsequenzen aus der Produktionsfreiheit. Private Haushalte bzw. Arbeitnehmerhaushalte haben das Recht, ihre Faktorleistung Arbeit einem Unternehmen ihrer Wahl zur Verfügung zu stellen. Durch die Berufswahl werden Eignungsprofile erworben, die im Arbeitsleben die Existenz sichern.
- **Konsumfreiheit** bedeutet, dass private Haushalte ihr Einkommen frei verwenden, indem sie ihr Nachfrageverhalten an ihren Individualbedürfnissen ausrichten. Auch Sparen und die damit verbundene Kapitalanlage ist den wirtschaftlichen Freiheitsrechten zuzuordnen.
- Die **Freiheit der Eigentumsnutzung** gesteht den Wirtschaftssubjekten das Privateigentum an Gütern zu, sodass diese privat genutzt werden können. Dies gilt für Konsumgüter ebenso wie für Produktionsgüter.
- Ohne die **Vertragsfreiheit** ist eine freie Marktwirtschaft nicht vorstellbar. Unternehmen und private Haushalte sind für den Austausch von Gütern auf Vertragspartner angewiesen. Vertragsfreiheit meint die freie Wahl der Vertragspartner und die freie Gestaltung der Vertragsinhalte durch die Vertragspartner.

Märkte und Preise – dezentrale Lenkungsinstanzen

Die den Wirtschaftssubjekten eingeräumte Planungsautonomie hat zur Folge, dass in jedem Unternehmen und in jedem privaten Haushalt individuelle Wirtschaftspläne erstellt werden. Dezentrale Wirtschaftsordnungen wie die freie Marktwirtschaft sind gekennzeichnet durch eine unendliche Zahl von Wirtschaftsplänen, deren Koordination zu organisieren ist. Koordination meint die Lenkung der ökonomischen Austauschprozesse. Koordinationsinstrumente in der freien Marktwirtschaft sind Märkte und Preise.

Private Haushalte und Güterproduzenten werden Marktteilnehmer unter der Voraussetzung, dass ihnen der freie Marktzugang gestattet ist und sie Güter und Faktorleistungen nachfragen oder anbieten können.

Preisbildung
Kapitel 3.6 und **3.7**

Sowohl auf Güter- als auch auf Faktormärkten kommt es zu Tauschhandlungen, wenn sich Anbieter und Nachfrager auf die Tauschbedingungen hinsichtlich der Mengen und Preise verständigen. Die Nachfrager geben Preisgebote ab, die Anbieter stellen Preisforderungen. Es entstehen **Marktpreise**.

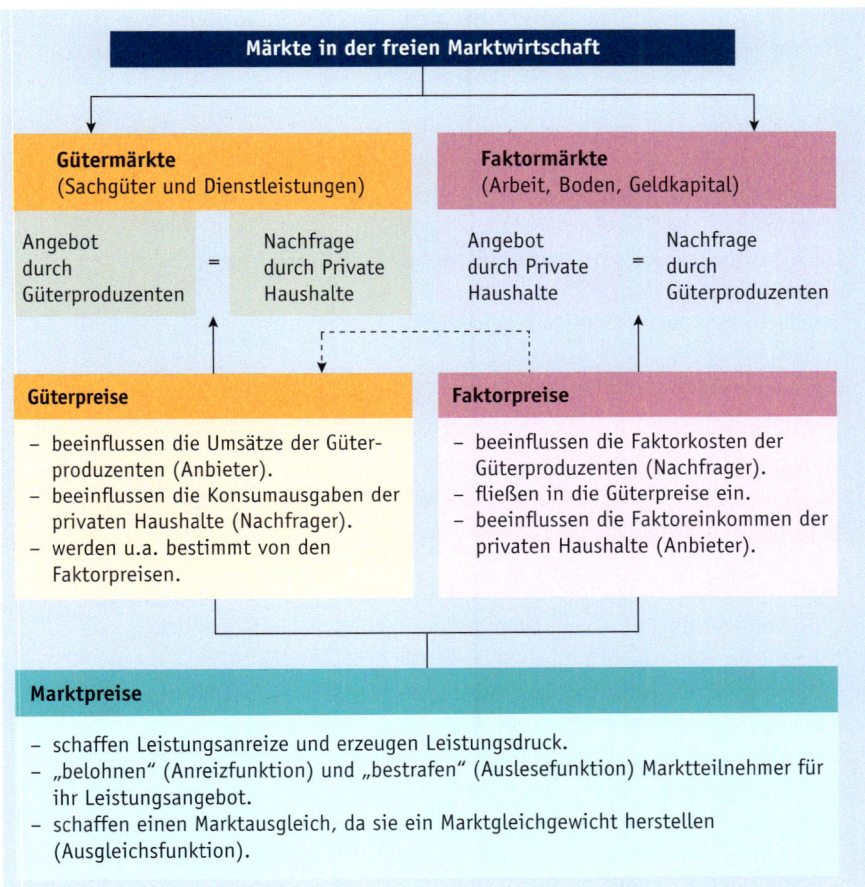

Die **Auslesefunktion** von Preisen wird in folgenden Fällen deutlich:
- Überhöhte Preisforderungen können dazu führen, dass Nachfrager auf den Kauf verzichten. Sie können oder wollen sich den Kauf nicht leisten.
- Zu niedrige Preisgebote können Anbieter dazu veranlassen, ihr Angebot zurückzuziehen. Sie wollen oder können sich den Verkauf zu niedrigen Preisen nicht leisten.

Die **Anreizfunktion** von Preisen zeigt sich in umgekehrter Weise:
- Hohe Preisgebote können dazu führen, dass Anbieter ihre Angebotsmengen erhöhen. Umsätze oder Einkommen steigen.
- Niedrige Preisforderungen können Nachfrager dazu veranlassen, ihre Nachfragemengen zu erhöhen. Sie können sich den Kauf leisten.

Die **Ausgleichsfunktion** von Preisen beschreibt die Tatsache, dass der Marktpreis für einen Interessenausgleich unter den Marktteilnehmern sorgt und den Markt „räumt". Bei einem bestimmten Marktpreis kommen diejenigen Anbieter mit Preisforderungen über dem Marktpreis genauso wenig zum Zuge wie diejenigen Nachfrager, deren Preisgebote unter dem Marktpreis liegen.

Preise erfüllen eine **Lenkungsfunktion**, da sie sowohl Produktionsentscheidungen als auch Konsumentscheidungen beeinflussen. Darüber hinaus sind Preise ein Gradmesser für den Wert von Gütern und Faktorleistungen. Überlässt man dem Markt die Preisbildung, so werden die Werte ausschließlich von den Vorstellungen der Marktteilnehmer bestimmt.

Die **freie Marktwirtschaft** ist eine idealtypische Wirtschaftsordnung und hat Modellcharakter. Dieses Modell beruht auf den Ideen des klassischen Liberalismus. Der Wirtschaftsprozess wird dezentral geplant. Der Staat schafft nur einen ordnungspolitischen Rahmen und übernimmt die Aufgabe, Schutz, Sicherheit und Eigentum der Bürger zu gewährleisten. Wesensmerkmale der freien Marktwirtschaft sind:
– Produktions- und Handelsfreiheit (Gewerbefreiheit)
– freie Berufswahl und freie Wahl des Arbeitsplatzes
– Konsumfreiheit
– Freiheit der Eigentumsnutzung
– Vertragsfreiheit

Die **Marktpreise** entwickeln sich aus Preisvorstellungen der Anbieter (Preisforderungen) und den Preisvorstellungen der Nachfrager (Preisgebote) unter Berücksichtigung der gewünschten Kauf- und Verkaufsmengen.

1 Erläutern Sie die Entstehungsbedingungen des klassischen Liberalismus.
2 Welche ökonomischen Kerngedanken enthält der klassische Liberalismus?
3 Erläutern Sie die zentralen Merkmale des Modells der freien Marktwirtschaft.
4 Erläutern Sie die Rolle des Staates im Modell der freien Marktwirtschaft.
5 Welche Funktionsprobleme der freien Marktwirtschaft könnte es geben?
6 Welche Aussagen gelten für Preisfunktionen und Marktpreise in der freien Marktwirtschaft? (2 richtige Antworten)
  a Die Anreizfunktion der Marktpreise besteht darin, dass Anbieter eine Preisgarantie haben und so ihre Preisforderungen durchsetzen können.
  b Die Auslesefunktion der Marktpreise macht deutlich, dass Nachfrager mit niedrigen Preisgeboten Gefahr laufen, kein Angebot zu erhalten.
  c Die Ausgleichsfunktion der Marktpreise führt dazu, dass Marktpreise Gleichgewichtspreise sind, wenn Kauf- und Verkaufsmengen übereinstimmen.
  d Marktpreise haben zur Folge, dass Anbieter mit Preisforderungen unterhalb des Marktpreises durch den einheitlichen Marktpreis „bestraft" werden.
  e Die Anreizfunktion erfüllen Marktpreise für alle Nachfrager, die hohe Preisforderungen zu akzeptieren bereit sind.
  f Marktpreise sichern die Güterversorgung der Verbraucher zu niedrigen Preisen, da zwischen Anbietern ein harter Wettbewerb herrscht.

5.4 Soziale Marktwirtschaft als realtypische Wirtschaftsordnung

Nach dem Ende des Zweiten Weltkriegs stellte sich die Frage, wie Deutschland politisch und wirtschaftlich organisiert werden sollte. Aufgrund der negativen Erfahrungen mit dem Frühkapitalismus des 19. Jahrhunderts und den Erfahrungen mit der Kriegswirtschaft des nationalsozialistischen Regimes wurde versucht, in wirtschaftlicher Hinsicht mit der Gründung der Bundesrepublik Deutschland einen neuen Weg einzuschlagen. Dieser bestand in dem Konzept, eine marktwirtschaftliche Ordnung mit staatlich regulierenden und sozialen Elementen anzureichern. So entstand das Modell der sozialen Marktwirtschaft, als deren maßgebliche Begründer der spätere Wirtschaftsminister und Bundeskanzler Ludwig Erhard und sein Staatssekretär Alfred Müller-Armack angesehen werden.

Ludwig Erhard (1897–1977)

Die soziale Marktwirtschaft zeichnet sich durch **vier Grundprinzipien** aus:

1. **Wettbewerbsprinzip**: Ordnungspolitische Basis ist der Wettbewerb, der als dynamischer Prozess aufgefasst wird und letztlich wirtschaftliches Wachstum und technischen Fortschritt sichert.
2. **Sozialprinzip**: Wirtschaftliche Leistungsfähigkeit schafft prinzipiell die Basis für soziale Gerechtigkeit und Sicherheit. Allerdings ist der Markt nicht in der Lage, alle auftretenden sozialen Probleme zu lösen. Im Rahmen der Sozialpolitik ist der Staat gefordert, die Marktwirtschaft sozial auszugestalten.
3. **Konjunkturpolitisches Prinzip**: Die Stabilität der Währung ist die ökonomische Basis, damit die Wirtschaft funktioniert und soziale Gerechtigkeit gesichert werden kann. Ein Ausgleich von auftretenden Konjunkturschwankungen sollte primär durch geldpolitische Maßnahmen erfolgen.
4. **Prinzip der Marktkonformität**: Wirtschaftspolitische Maßnahmen des Staates müssen weitgehend marktkonform erfolgen, d. h., die freie Preisbildung auf den Märkten darf nicht eingeschränkt werden.

Alfred Müller-Armack (1901–1978)

In der sozialen Marktwirtschaft wird der Staat zum Wirtschaftssubjekt. Er konsumiert und investiert und hält damit ein Angebot an Kollektivgütern vor, das der Befriedigung von Kollektivbedürfnissen dient.

Der Staat übernimmt **Umverteilungsaufgaben**, die den Sozialcharakter der sozialen Marktwirtschaft prägen. Die Sozialausgaben des Staates werden durch die Zahlung von Zwangsabgaben finanziert, die Leistungsansprüche in sozialen Notlagen begründet. Es ist politisch zu entscheiden, ob ein engmaschiges soziales Netz gewollt ist oder ob die Eigenverantwortlichkeit der Bürger gestärkt wird und der Staat nur im Notfall einspringt. Die staatliche Umverteilungsfunktion verdeutlicht, dass sich eine Gesellschaft als Solidargemeinschaft versteht, die bereit ist, füreinander einzustehen.

Wirtschaftspolitische Maßnahmen haben das Ziel, den Wirtschaftsprozess zu ordnen, zu beeinflussen oder direkt in die wirtschaftlichen Abläufe einzugreifen.
Kapitel 6

soziale Sicherung
Kapitel 9.2

In der sozialen Marktwirtschaft wird der Staat wirtschaftspolitisch aktiv und greift steuernd in die Wirtschaftsabläufe ein. Die wirtschaftspolitische Ordnung und Steuerung durch den Staat erklärt sich aus den Negativfolgen, die die freie Marktwirtschaft mit sich bringt:

- Verdrängungswettbewerb gefährdet den Marktmechanismus und schränkt wirtschaftliche Wahlrechte ein
- hohe Arbeitslosigkeit führt zu individuellen und gesellschaftlichen Problemen
- Investitionsentscheidungen der Güterproduzenten bestimmen die Faktoreinkommen und deren Verteilung
- Wertschöpfungsprozesse sind einseitig abhängig vom Individualkonsum
- kurzfristige Profitmaximierung kann negative ökologische Folgen haben

Wirtschaftspolitik in der sozialen Marktwirtschaft hat die Aufgabe, gesamtwirtschaftliche Prozesse durch systemkonforme Maßnahmen unter bestimmten Zielvorgaben zu optimieren. Dabei sind die marktwirtschaftlichen Prinzipien der Planungsautonomie und des Marktmechanismus zu wahren.

Rechtliche Rahmenbedingungen

Sozialpolitik Kapitel 9

Die aktive Rolle des Staates in der sozialen Marktwirtschaft wird festgelegt in einer Vielzahl von Rechtsnormen. **Sozialpolitik** soll eine soziale Grundsicherung ermöglichen und Armut vermeiden. Sozialgesetze binden die Bürger unter bestimmten Voraussetzungen in das System der sozialen Sicherung mit ein. Sie werden per Gesetz zur Mitgliedschaft in Sozialsystemen verpflichtet und damit zu Zwangsmitgliedern einer Solidargemeinschaft. Mitglieder finanzieren ihre Sozialsysteme durch Sozialabgaben. Als Gegenleistung erwerben sie Ansprüche auf Leistungen der Solidargemeinschaft. Auch die **Steuerpolitik** dient sozialpolitischen Zielen, indem Sozialausgaben auch durch Steuereinnahmen finanziert werden. Steuersysteme werden so gestaltet, dass Leistungsstarke steuerlich stärker belastet werden als weniger Leistungsstarke.

Steuerpolitik Kapitel 9.5.2

BEISPIEL
Eine progressive Besteuerung der Faktoreinkommen belastet hohe Faktoreinkommen stärker als niedrige. Wird das Aufkommen aus der Einkommensteuer für Transferzahlungen verwendet, kommt es bedürftigen Bevölkerungskreisen zugute, die keine oder nur geringe Steuern zahlen.

Das Eigentumsrecht genießt auch in der sozialen Marktwirtschaft eine hohe Priorität. Das Recht auf **Privateigentum**, verbunden mit dem Erbrecht, unterstützt das Leistungsstreben der Wirtschaftssubjekte. Das Eigentumsrecht hat in der Bundesrepublik Deutschland Verfassungsrang. Eingriffe des Staates in das Verfügungsrecht der Eigentümer sind grundsätzlich nicht möglich, es sei denn, dass ein übergeordnetes Allgemeininteresse nachgewiesen und gerichtlich bestätigt wird. Dann ist eine Enteignung unter Zahlung von Entschädigung möglich.

Interessensgruppen Kapitel 6.3

Die **Koalitionsfreiheit** (Vereinigungsfreiheit) steht in der Bundesrepublik Deutschland nach Art. 9 GG allen Bürgern zu, um gemeinsame wirtschaftliche Interessen zu vertreten. Verbände bündeln die Interessen Einzelner und vertreten Gruppeninteressen. Sie handeln als Lobbyisten im Namen ihrer Gruppenmitglieder. Ihre Durchsetzungskraft in politischen und wirtschaftlichen Fragen hängt ab von der Anzahl ihrer Gruppenmitglieder. Verbandsmacht ist Marktmacht.

> **BEISPIEL**
>
> Verbraucherverbände, Haus- und Grundstückseigentümerverbände, Verbände der Steuerzahler, Verbände des Handels und der Industrie, Umweltschutzverbände

Auch Arbeitnehmer und Arbeitgeber haben das Recht sich zusammenzuschließen. Sie werden durch freien Entschluss Mitglied in Gewerkschaften bzw. Arbeitgeberverbänden. Ein Koalitionszwang besteht nicht. Der Zusammenschluss stärkt ihre Marktmacht insbesondere in **Tarifverhandlungen**.

Der Sozialcharakter der sozialen Marktwirtschaft wird auch in einer Reihe von **Schutzgesetzen** deutlich, die vorrangig dem Schutz der Arbeitnehmer dienen. Das Schutzbedürfnis der Arbeitnehmer wird damit begründet, dass diese in vielen Fällen auf das Arbeitseinkommen angewiesen sind und ohne rechtliche Schutzregelungen ihre Beschäftigung einseitig von den Nachfrageentscheidungen der Güterproduzenten bestimmt wäre.

> **BEISPIEL**
>
> Jugendarbeitsschutz, Mutterschutz, Arbeitszeitgesetz, Gesetz über Lohnfortzahlung, Kündigungsschutzgesetz, Berufsausbildungsgesetz, Betriebsverfassungsgesetz, Mitbestimmungsgesetz

Der Staat hat im Rahmen der **Ordnungspolitik**, als Teil der Wirtschaftspolitik, in einer sozialen Marktwirtschaft die Aufgabe,

- für einen reibungslosen Ablauf des Marktgeschehens zu sorgen.
- das Entstehen von Marktmacht zu verhindern.
- Machtmissbrauch zu unterbinden.
- den freien Zugang zu den Markten zu gewährleisten.

Ordnungspolitisch begründete Eingriffe des Staates in die Planungsautonomie werden als vertretbar angesehen, wenn sie dem **Leistungswettbewerb** dienen. Leistungswettbewerb lebt von der Konkurrenz. Er sichert am ehesten die optimale Nutzung der Produktionsmittel und damit die bestmögliche Güterversorgung.

Die soziale und wirtschaftliche Lage der Bürger wird weitgehend durch gesamtwirtschaftliche Entwicklungen bestimmt. Individuelle Leistungsfähigkeit und Leistungsbereitschaft sind zwar Grundvoraussetzungen für wirtschaftlichen Erfolg, müssen sich jedoch gesamtwirtschaftlichen Rahmenbedingungen unterordnen.

Ordnungspolitik **Kapitel 6.4**

> **BEISPIEL**
>
> Steigt das Volkseinkommen, können Verbraucher ihre Konsumausgaben erhöhen oder mehr sparen. Sparen dient u. a. der sozialen Absicherung für Notfälle oder der Altersvorsorge. Allerdings macht langfristiges Sparen nur Sinn, wenn die Kaufkraft des Geldes erhalten bleibt.

Wirtschaftliche Ungleichgewichte sind in einer Marktwirtschaft systembedingt und mit negativen sozialen Folgen verbunden. Der Staat übernimmt in einer sozialen Marktwirtschaft **Steuerungsaufgaben**, indem er versucht, die Planungen der Wirtschaftssubjekte so zu beeinflussen, dass ihr Handeln positive gesamtwirtschaftliche Effekte auslöst. Er verfolgt das Ziel der Vollbeschäftigung, des Wirtschaftswachstums, der Preisniveaustabilität, des außenwirtschaftlichen Gleichgewichts und das Ziel einer gerechten Einkommens- und Vermögensverteilung sowie umweltpolitische Ziele.

Grundgedanke der sozialen **Marktwirtschaft** ist es, das Prinzip der Freiheit auf dem Markt mit dem des sozialen Ausgleichs zu verbinden. Die **Grundprinzipien** der sozialen Marktwirtschaft sind Wettbewerbsprinzip, Sozialprinzip, konjunkturpolitisches Prinzip und Prinzip der Marktkonformität.

soziale Marktwirtschaft

- ist eine real existierende Wirtschaftsordnung.
- ist der Planungsautonomie des Privatsektors und der Koordinationsfunktion des Marktes verpflichtet.
- erlangt ihren Sozialcharakter durch aktives wirtschaftliches Handeln des Staates.
- kennzeichnet sich durch ein Regelwerk, das dem Staat Ordnungs- und Steuerungsaufgaben zuweist und ihm entsprechende Instrumente zur Umsetzung zur Verfügung stellt.

wirtschaftliche Tätigkeit des Staates	rechtlicher Rahmen	wirtschaftspolitische Instrumente
- Angebot von Kollektivgütern und eines sozialen Netzes - Umverteilung sorgt für sozialen Ausgleich und dient der sozialen Gerechtigkeit.	- Sozial- und Steuergesetze - Sozialbindung des Eigentums - Koalitionsfreiheit - Schutzgesetze für Arbeitnehmer	- Ordnungspolitik schafft den Rahmen für einen funktionierenden Wettbewerb. - Steuerungspolitik soll wirtschaftliche Rahmenbedingungen stabilisieren.

Ordnungspolitik ist **Wettbewerbspolitik**. Sie schafft die Rahmenbedingungen für wettbewerbsintensive Märkte und gesteht dem Staat das Recht zu, bei Verstoß gegen Wettbewerbsregeln einzugreifen und gegebenenfalls Sanktionen (Strafen) zu verhängen.

1 Erläutern Sie die Entwicklung der sozialen Marktwirtschaft.

2 Erläutern Sie die Grundprinzipien der sozialen Marktwirtschaft.

3 Welche Funktionsprobleme könnte es in der sozialen Marktwirtschaft geben?

4 Erläutern Sie Unterschiede zwischen freier und sozialer Marktwirtschaft.

5 „Die digitale Revolution hat die Wirtschaft umgekrempelt: Die Idee zählt mehr als das Material, das Kapital verlagert sich von der Maschine wieder zurück zum Menschen. In der Wirtschaft der Informations- und Wissensgesellschaft zählt ein Faktor besonders viel: Ideen – verpackt als Patente und Produktpläne, Computerprogramme und Seiten im WWW. Der Wert vieler Produkte ist umso höher, je mehr Menschen sie nutzen. Liegt ein Ideenproduzent erst einmal vorne, dann bekommt er automatisch einen neuen Schub. Diese Größenvorteile verändern den Wettbewerb. Auf solchen Märkten konkurriert nicht mehr eine Schar ähnlich starker Hersteller um Marktanteile, wie es das Idealbild der Ökonomen vorsieht. Dort kämpfen die Firmen kurz und vehement um den ganzen Markt. Vom Start weg viele Kunden zu erreichen, ist wichtiger als sofort profitabel zu arbeiten." (Quelle: Autorentext)

a Definieren Sie den Begriff Wirtschaftsordnung und machen Sie an Beispielen aus dem Text deutlich, dass sowohl systembedingte als auch systemneutrale Aussagen gemacht werden!

b Verdeutlichen Sie mithilfe des Textes die These: „In einer Wirtschaft sollten Produktionsprozesse so organisiert werden, dass eine optimale Versorgung der Gesellschaft mit Gütern gewährleistet ist".

c Welche Bedeutung hat der Wettbewerb für die Marktwirtschaft?

5.5 Die Zentralverwaltungswirtschaft

Die Wirtschaftsordnung der Deutschen Demokratischen Republik (DDR) beruhte auf dem Modell der Zentralverwaltungswirtschaft (ZVW) und der weltanschaulichen Grundlage des Marxismus-Leninismus, wie sie insbesondere von Karl Marx und Friedrich Engels begründet wurde. Vorläufer waren die utopischen Sozialisten, beispielsweise Thomas Morus (1478–1535), Henri de Saint-Simon (1760–1825), Charles Fourier (1772–1832) und Robert Owen (1771–1851).

Karl Marx und Friedrich Engels lebten und wirkten in einer Zeit, als die Industriearbeiterschaft begann, sich als eigenständige gesellschaftliche Kraft zu formieren. Sie studierten die wirtschaftliche und gesellschaftliche Entwicklung des kapitalistischen Systems und entwickelten daraus die Schlussfolgerung, dass der Kapitalismus selbst an seinen Widersprüchen zugrunde gehen werde. In Gestalt der Arbeiterklasse werde jene Kraft entstehen, die eine neue Gesellschaft errichten werde.

Karl Marx (1818–1883)

Im Zentrum der Betrachtung stand die kapitalistische Produktionsweise. Der Kapitalismus ist nach Marx dadurch charakterisiert, dass sich die Produktionsmittel in den Händen einer kleinen privilegierten Schicht befinden, während die Arbeiter genötigt sind, ihre Arbeitskraft zu verkaufen. Die Entwicklung des Kapitalismus führt nach Marx dazu, dass sich die Gesellschaft immer mehr in zwei feindliche, sich bekämpfende Lager spaltet: die „Kapitalisten" auf der einen und das „Proletariat" auf der anderen Seite.

Der Marxismus-Leninismus erhebt den Anspruch, sich als „wissenschaftliche Weltanschauung" grundsätzlich von allen anderen weltanschaulichen Systemen zu unterscheiden. Sein Ziel ist es, nach der bisherigen Zeit der Klassenkämpfe eine klassenlose Gesellschaft zu verwirklichen, in der „jedem nach seinen Bedürfnissen" zugeteilt wird und damit nationale und internationale Konflikte überwunden werden. Das Konzept der Zentralverwaltungswirtschaft wurde also bewusst als Gegenmodell zum Kapitalismus entworfen und stellte insofern bereits in seinen Anfängen ein künstliches Gebilde dar.

Die ökonomische Grundlage der sozialistischen Wirtschaft bildet das „gesellschaftliche Eigentum an den Produktionsmitteln". Dieses existiert in zwei Grundformen: als gesamtgesellschaftliches Volkseigentum und als genossenschaftliches Eigentum werktätiger Kollektive. Das Volkseigentum wird als die fortgeschrittenste Eigentumsform angesehen, es wird gleichzeitig als „gesamtgesellschaftliches staatliches Eigentum" bezeichnet. In dieser Formulierung kommt zum Ausdruck, dass die Produktionsmittel nicht einzelnen Betrieben und ihren Belegschaften gehören, sondern der gesamten Gesellschaft, die ihre Eigentümerfunktion durch den sozialistischen Staat wahrnimmt. Daher wird die sozialistische Wirtschaft als Planwirtschaft organisiert, die die „Anarchie der Warenproduktion" im Kapitalismus ablösen soll.

Friedrich Engels (1820–1895)

In Zentralverwaltungswirtschaften wird die Entscheidungsstruktur in der Volkswirtschaft zentral vom Staat bestimmt. Zugrunde liegt eine kollektivistische Gesellschaftsordnung: Der einzelne Mensch wird als der Gesellschaft untergeordnet angesehen. Das Individuum hat sein Denken und Handeln an den Zielen des Kollektivs auszurichten.

Für jedes Gut wurden naturale Güterbilanzen in Form von Bedarfs- und Produktionsbilanzen aufgestellt:

- In der Bedarfsbilanz wurden geplante Möglichkeiten, um den Bedarf zu decken, und Verwendungszwecke gegenübergestellt. Wurden beispielsweise 50 000 m² Stoff benötigt, so musste zunächst geprüft werden, wie viele m² als Bestand vorhanden waren, wie viele importiert werden sollten und wie viele m² selber hergestellt werden mussten. Dem wurde der Verwendungszweck gegenübergestellt, z. B. für Gardinen, Bettwäsche und Tischdecken.
- In der Produktionsbilanz wurde die zur Verarbeitung notwendige Faktormenge genau aufgeschlüsselt, z. B. notwendige Arbeits- und Maschinenstunden für die Herstellung der Güter und die Menge an erforderlicher Baumwolle als Rohstoff.

In der Zentralverwaltungswirtschaft wird den Wirtschaftssubjekten die Planungsautonomie ganz oder teilweise entzogen. Staatliche Planbehörden sind zuständig für Güterproduktion und -konsum. Es wird unterstellt, dass ein **zentraler Wirtschaftsplan** dem gesellschaftlichen Gesamtinteresse eher entspricht als die Vielzahl der individuellen Pläne der Wirtschaftssubjekte. Der Staat sammelt alle wirtschaftlich relevanten Informationen über die Bedürfnisse der Bevölkerung, legt die Prioritäten fest und setzt sie in Produktionspläne um.

DDR 1958: Zwei Arbeiterinnen einer Schuhfabrik vor einer „Wettbewerbstafel", die stündlich den Stand der Planerfüllung anzeigt

Wirtschaftliche Freiheitsrechte werden eingeschränkt oder ganz aufgehoben. Da der Staat über das Produktionsmonopol verfügt, entscheidet er allein über Art, Umfang und Qualität der Produktion. Exporte und Importe sind dem Staat vorbehalten. Auch die Investitionsentscheidungen trifft der Staat, sodass er sich die Verfügungsrechte über die volkswirtschaftlichen Produktionsmittel sichert. Eigentum an Produktionsgütern ist Kollektiveigentum. Im Privateigentum befindliches Grundvermögen wird durch Enteignungen zum Staatseigentum. Private Haushalte haben keine Wahlmöglichkeiten und sind auf das staatlich gesteuerte Güterangebot angewiesen. Spargelder der privaten Haushalte können nur bei staatlichen Banken angelegt werden. Der Staat legt die Zinsen fest. Berufswahl und Wahl des Arbeitsplatzes werden durch die Interessen des Staates bestimmt.

Auch die Koordination durch **Markt und Preis** entfällt in der Zentralverwaltungswirtschaft. Güter- und Faktorpreise werden durch den Staat festgelegt. Faktoreinkommen ist überwiegend Arbeitseinkommen. Gewinne, Mieten und Pachten kommen nicht vor. Leistungsanreize werden den Wirtschaftssubjekten über Prämien im Rahmen der Planübererfüllung zugestanden. Die Befriedigung von Kollektivbedürfnissen steht im Vordergrund. Es gibt häufig eine Beschäftigungsgarantie, da der Staat es sich politisch nicht leisten kann, Massenarbeitslosigkeit zuzulassen.

Das System der Zentralverwaltungswirtschaft hat sich in der Vergangenheit als nicht lebensfähig erwiesen. Zentral gelenkte Wirtschaftssysteme scheiterten insbesondere an der fehlenden Produktivität der Leistungserstellung, der Fehllenkung der Produktionsprozesse sowie der Informationsdefizite hinsichtlich der Individualbedürfnisse der privaten Haushalte. Die Unzufriedenheit der Bevölkerung mit der Güterversorgung und den fehlenden wirtschaftlichen Freiheitsrechten hat in fast allen Ländern mit einer zentral gelenkten Wirtschaftsordnung zum Systemwechsel geführt.

In der **Zentralverwaltungswirtschaft** bündelt ein zentraler Wirtschaftsplan sämtliche Produktionsmittel einer Volkswirtschaft und legt fest, welche Güter in welchen Mengen in den staatlichen Betrieben wie und an welchen Standorten zu produzieren sind.

1 Erläutern Sie die Entscheidungsstruktur in Zentralverwaltungswirtschaften.
2 Erläutern Sie Aufgabe und Erstellung von naturalen Güterbilanzen durch die zentrale Planungsbehörde.
3 Wie wurden die Preise in einer Zentralverwaltungswirtschaft festgelegt?
4 Stellen Sie die Funktionsweise der Planwirtschaft dar.
5 Wie werden die Preise in einer Zentralverwaltungswirtschaft festgelegt?
6 Erläutern Sie die Funktionsprobleme der Zentralverwaltungswirtschaft.
7 Wie begründen Marx und Engles ihre Vorstellung, dass der Kapitalismus an seinen eigenen Widersprüchen zugrunde gehen werde?

METHODE

5.6 Pro-und-Kontra-Diskussion

Die Marktwirtschaft ist alternativlos. Das sagen viele. Aber nicht alle handeln danach. Der durch die weltweite Finanzkrise ausgelöste Konjunktureinbruch hat in Deutschland zu einer zunehmenden Skepsis gegenüber der sozialen Marktwirtschaft geführt. Deshalb ist es mir wichtig, eine Kernbotschaft zu vermitteln: Wir befinden uns zwar in einer Wirtschaftskrise, von der wir alle hoffen, dass sie möglichst bald ausgestanden ist. Wir befinden uns aber nicht in einer Systemkrise. Versagen der Finanzaufsicht, Begünstigung des Baubooms in vielen Ländern oder eine zu lockere US-Geldpolitik sind Beispiele für politische Fehler, nicht für Marktversagen. Spätestens wenn wir die unmittelbaren Aufräumarbeiten abgeschlossen haben, müssen wir uns bei unserem Handeln darauf besinnen, wie wichtig grundlegende Ordnungsprinzipien und die Wahrung von Verantwortlichkeiten sind, insbesondere mit Blick auf die Trennung von Staat und Wirtschaft. (...)

Quelle: Brüderle, R., Bundesministerium für Wirtschaft und Technologie, Monatsbericht Dezember 2009

Recht, Staat, Sitte und Moral, feste Normen und Wertüberzeugungen gehören zu diesem Rahmen nicht minder als eine Wirtschafts-, Sozial- und Finanzpolitik, die jenseits des Marktes Interessen ausgleicht, Schwache schützt, Zügellose im Zaum hält, Auswüchse beschneidet, Macht begrenzt, Spielregeln setzt und ihre Innehaltung überwacht. Marktwirtschaft ist eine notwendige, aber keine ausreichende Bedingung einer freien, glücklichen, wohlhabenden, gerechten und geordneten Gesellschaft. Das Schicksal der Marktwirtschaft (...) entscheidet sich jenseits von Angebot und Nachfrage.

Quelle: Röpke, W., Marktwirtschaft ist nicht genug, in: Hat der Westen eine Idee? Schriftenreihe der Aktionsgemeinschaft Soziale Marktwirtschaft, Tagungsprotokoll Nr. 7, Ludwigsburg 1957, S. 10 f.

Aufgaben

Internetrecherche zu wirtschaftlichen Grundsatzpositionen:

– Arbeitgeberverbände
– Gewerkschaften
– SPD
– CDU
– FDP
– Bündnis 90/Die Grünen
– PDS
– u. a.

1 Lesen Sie die beiden obenstehenden Artikel. Welche möglichen Auslöser für Krisen der sozialen Marktwirtschaft führen die beiden Autoren an?

2 Informieren Sie sich (z. B. im Internet) über die wirtschaftlichen Grundsatzpositionen wichtiger wirtschaftlicher Institutionen und der großen Parteien in Deutschland. Entwickeln Sie für die Durchführung der Pro-und-Kontra-Diskussion Rollenkarten für die einzelnen Interessenvertreter gemäß folgender Kriterien:
   – Kurzbeschreibung des Typs des Interessenvertreters, z. B. Alter, Schulbildung, berufliche Position, Familiensituation
   – zentrale Strategie für die Diskussion
   – zentrale Argumente in der Diskussion

3 Bereiten Sie die Beobachter der Diskussion auf ihre Aufgaben vor:
   – Beobachtung sowie stichwortartiges Protokoll der Redebeiträge und Analyse der Redebeiträge
   – Bewertung der Diskussion und Schlussfolgerungen

4 Führen Sie eine Pro-und-Kontra-Diskussion zum Thema: „Soziale Marktwirtschaft – die beste Wirtschaftsordnung aller Zeiten?" durch.

*Welche Zielsetzungen verfolgt
die Wirtschaftspolitik?*

*Warum wird das Zielsystem der Wirt-
schaftspolitik als „magisches Viereck"
bzw. „magisches Sechseck" bezeichnet?*

*Wer sind die Träger und Akteure der
Wirtschaftspolitik?*

*Welche Handlungsfelder
der Wirtschaftspolitik gibt es?*

6 Träger und Ziele der Wirtschaftspolitik

6.1 *Entscheidung vertagt*

Es besteht dringender Reformbedarf für den Wirtschaftsstandort Deutschland: Steigende Arbeitslosigkeit, schwaches Wachstum und die anhaltende Investitionsschwäche belegen es. Seit Jahren listen Wirtschaftsforscher die unumgänglichen Reformschritte auf, von der nachhaltigen Absenkung der Steuer- und Abgabenquote bis zu mehr Flexibilität in den Arbeitsbeziehungen („betriebsnähere Tarifpolitik"). An Ideen mangelt es nicht. Aber es mangelt an der zügigen, beherzten und konsequenten Umsetzung. ... Wir können uns nicht entscheiden, allenfalls halbherzig, mühsam und zu langsam.

Warum diese Unfähigkeit zum Entscheiden? Es liegt an dem hierzulande außerordentlich weit getriebenen Pluralismus. An gesellschaftlichen Entscheidungsprozessen ist jeder zu beteiligen. Die Ebenen von Konflikt und Mitwirkung sind tief gegliedert. In der größeren Regierungspartei fängt die Kontroverse um die Ausgestaltung der Reform an. Während man sich dort zu einer Entscheidung durchringt, muss die Abstimmung mit dem Koalitionspartner gesucht werden. Die mit Brüssel hat hoffentlich schon vorher stattgefunden. Gibt es dann eine Regierungsvorlage, stemmt sich die Opposition im Bundestag dagegen. Eine Entscheidung des Bundestages kann häufig durch den Bundesrat aufgehalten werden. Der Entscheidungsprozess wird überlagert, abgebremst, emotionalisiert durch das Begleitkonzert der Gewerkschaften, Arbeitgeberverbände, Wirtschaftsverbände, Kirchen und der Vertreter sozialer Gruppen. Ist endlich ein Kompromiss gefunden, wird er noch lange nicht umgesetzt. Jetzt reagieren die „betroffenen" Bürger. Sie nehmen Anhörungs- und Einspruchsrechte in Planfeststellungsverfahren wahr (und schlagen bei Ablehnung den Rechtsweg ein). Wer solche Rechte nicht hat, kann immer noch eine Bürgerinitiative gründen, die – wenn sie lautstark genug ist – Gehör findet. Und Umweltschützer und Denkmalpfleger fühlen sich ohnehin meist zum Einspruch aufgerufen. ... Es gibt gute historische Gründe, dass sich Deutschland nach dem schrecklichen Zentralismus des Naziregimes eine ausgeprägt dezentrale Verfassung gegeben hat. Pluralistisch und demokratisch muss es bleiben. Und doch müssen wir uns heute ernsthaft fragen, wie wir die Entscheidungsprozesse effizient machen können. Denn die Reform des Standortes Deutschland muss umfassend sein; wie selten zuvor wird man auch in vorhandene Rechte und Ansprüche („Besitzstände") eingreifen müssen. Statt an Entscheidungen möglichst viele zu beteiligen, muss Entscheidungsfähigkeit zurückgewonnen werden, indem die Verantwortung für Entscheidungen wieder konzentriert wird. Es sind nicht nur die Unternehmen, die im internationalen Wettbewerb stehen und sich dort bewähren müssen. Auch die Gesellschaften stehen in Hinblick auf ihre Reformierbarkeit in einem zunehmenden internationalen Wettbewerb. Entscheiden wir uns für die Reform!

Quelle: Pohl, R., in: Beilage der Süddeutschen Zeitung vom 21. August 1996, „Wirtschaftsstandort Deutschland"

> Pluralismus = Vielfältigkeit, hier: Vielzahl an Akteuren bei politischen Entscheidungen

Problemstellung

1 Der Text wurde vor vielen Jahren veröffentlicht. Begründen Sie, warum es auch heute noch schwierig ist, dringende wirtschaftliche Reformen durchzusetzen.
2 Begründen Sie, warum trotz aller Schwierigkeiten Entscheidungsprozesse demokratisch bleiben müssen.

6.2 Ziele staatlicher Wirtschaftspolitik

Mithilfe der Wirtschaftspolitik wird das wirtschaftliche Geschehen im Rahmen bestimmter Zielvorgaben beeinflusst. Die Festelgung der Ziele erfolgt staatspolitisch, z. B. durch das Parlament. Da die Wirtschaft nur ein Teilbereich der Gesellschaft ist, müssen sich die wirtschaftspolitischen Ziele an übergeordneten **gesellschaftlichen Grundwerten** wie Freiheit, Gerechtigkeit, Sicherheit und Fortschritt orientieren.

Träger und Akteure der Wirtschaftspolitik
Kapitel 6.3

Freiheit: Freiheit schafft die Voraussetzung für die freie Entfaltung der Persönlichkeit. Die Wirtschaftspolitik muss sicherstellen, dass die persönliche Freiheit des Einzelnen auch bei seinen wirtschaftlichen Entscheidungen garantiert ist und z. B. nicht durch die wirtschaftliche Macht eines Monopolisten eingeschränkt wird.

Monopol
Kapitel 3.7.3

Gerechtigkeit: Alle Bürger eines Staates haben die gleichen Rechte. Niemand darf aufgrund seiner Herkunft, seines Glaubens, seines Geschlechts usw. bevorzugt oder benachteiligt werden. Auf wirtschaftlichem Gebiet zielt die Forderung nach Gerechtigkeit insbesondere auf die Verteilungsgerechtigkeit, d. h. Einkommen und Vermögen sollten möglichst gerecht verteilt sein.

Einkommens- und Vermögensverteilung
Kapitel 9.5.1

Sicherheit: In der Gesellschaft dürfen Krankheit, Behinderung, Alter oder sonstige Umstände, die die Leistungsfähigkeit verringern, nicht zu sozialer Verelendung führen. Die Gesellschaft muss deshalb die soziale Sicherheit als solidarische Aufgabe aller Bürger begreifen.

soziale Sicherung
Kapitel 9.2

Fortschritt: Fortschritt ist kein Wert an sich, sondern als immer neue Annäherung an vorgegebene gesellschaftspolitische Ziele zu interpretieren. Wirtschaftliches Wachstum kann nur dann Fortschritt hervorbringen, wenn das Wachstum nicht nur ökonomischen, sondern auch sozialen, ökologischen und humanen Aspekten gerecht wird. Nur so lässt sich die Lebensqualität verbessern und das Gemeinwohl vermehren.

Unter Berücksichtigung der gesellschaftlichen Grundwerte ergeben sich unter anderem Stabilitäts- und Wachstumsziele, welche die wirtschaftliche Entwicklung stabilisieren und das gesamtwirtschaftliche Gleichgewicht sichern sollen. Gesamtwirtschaftliches Gleichgewicht wird als Gleichgewicht auf allen Güter- und Faktormärkten definiert. Im **Stabilitäts- und Wachstumsgesetz (StWG)** von 1967 sind folgende **Teilziele** formuliert:
- ein stetiges und angemessenes Wirtschaftswachstum
- ein hohes Beschäftigungsniveau
- ein stabiles Preisniveau
- ein außenwirtschaftliches Gleichgewicht

Das Stabilitäts- und Wachstumsgesetzt heißt amtlich: Gesetz zur Förderung der Stabilität und des Wachstums der Wirtschaft.

Preisniveau
Kapitel 4.5

Die Formulierung der Teilziele ist so allgemein gehalten, dass ihre Konkretisierung notwendig wird. Die Erfahrung hat gezeigt, dass realistische Zielvorgaben von der jeweils aktuellen wirtschaftlichen Lage bestimmt werden müssen. Maßnahmen sind daher häufig schwerpunktmäßig auf die Realisierung bestimmter Teilziele ausgerichtet. Die Bundesregierung gibt im Jahreswirtschaftsbericht zu Beginn eines Jahres wünschenswerte Zielgrößen bekannt, von denen sie annimmt, dass sie in dem betreffenden Jahr erreicht werden können. In diesem Zusammenhang ist wichtig, dass die wirtschaftspolitischen Ziele operationalisiert werden können. Nur wenn die Ziele messbar sind, können eine notwendige Erfolgskontrolle und, sofern notwendig, eine Hierarchisierung von Zielen gewährleistet werden.

BEISPIEL

In Zeiten hoher Arbeitslosigkeit wird deren Beseitigung eine hohe Priorität einge-räumt. Außenwirtschaftliche Ungleichgewichte werden in Kauf genommen, um Wachstumsprozesse anzuregen, die den Abbau der Arbeitslosigkeit ermöglichen kön-nen.

Gesellschaftliche Grundwerte und wirtschaftspolitische Ziele

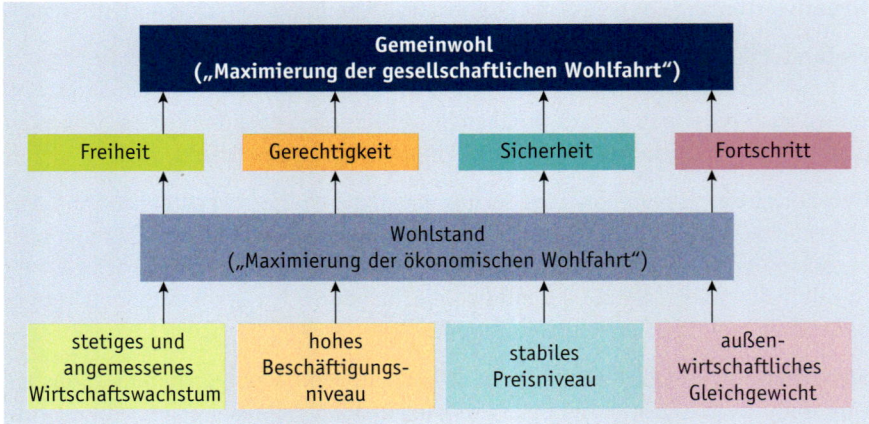

Teilziel 1: Stetiges und angemessenes Wirtschaftswachstum

Bruttoinlandsprodukt
Kapitel 2.3

Volkswirtschaftliche Gesamtrechnung
Kapitel 2.3

Von wirtschaftlichem Wachstum wird gesprochen, wenn das Bruttoinlandsprodukt in einem bestimmten Zeitraum gegenüber einer vergleichbaren Periode zunimmt. Das Wachstum wird mithilfe der Volkswirtschaftlichen Gesamtrechnung ermittelt. Wirtschaftswachstum ermöglicht z. B. den Arbeitnehmern höhere Lohnabschlüsse, den Unternehmern höhere Renditen und den öffentlichen Haushalten höhere Ein-nahmen.

Teilzeil 2: Hohes Beschäftigungsniveau

Arbeitslosenquote
Kapitel 9.7

Ein hohes Beschäftigungsniveau bedeutet, dass die Zahl der Arbeitslosen gering ist. Gemessen wird die Situation auf dem Arbeitsmarkt mithilfe der Arbeitslosenquote. Arbeitslosigkeit geht einher mit finanziellen Einbußen und häufig dem Verlust des Selbstwertgefühls. Jeder Arbeitslose bedeutet zugleich unter wirtschaftlichen Ge-sichtspunkten einen Verzicht auf die Nutzung volkswirtschaftlicher Ressourcen und einen Verzicht an Staatseinnahmen in Form von Steuern.

Teilziel 3: Stabiles Preisniveau

Kaufkraft des Geldes
Kapitel 4.5

Europäische Zentralbank
Kapitel 8.3.1

Preisniveaustabilität bezieht sich auf die Entwicklung des Geldwertes. Die Kaufkraft des Geldes gibt an, welche Gütermenge tatsächlich mit einer bestimmten Geldmen-ge erworben werden kann. Von Preisniveaustabilität wird gesprochen, wenn die Kauf-kraft des Geldes erhalten bleibt. Die Europäische Zentralbank definiert Preisstabilität als Anstieg des Harmonisierten Verbraucherpreisindexes (HVPI) für das Euro-Wäh-rungsgebiet von unter 2 % gegenüber dem Vorjahr.

Teilziel 4: Außenwirtschaftliches Gleichgewicht

Außenwirtschaft
Kapitel 10.2

Zahlungsbilanz
Kapitel 10.5

Jeder Staat ist auf wirtschaftliche Beziehungen zu anderen Volkswirtschaften ange-wiesen. Außenwirtschaftliches Gleichgewicht wird sichergestellt, wenn Exporte und Importe sich entsprechen. Alle wirtschaftlichen Transaktionen mit dem Ausland werden in der Zahlungsbilanz erfasst. Ziel ist eine ausgeglichene Zahlungsbilanz.

Die Teilziele des Stabilitäts- und Wachstumsgesetzes stehen zum Teil in einem Konfliktverhältnis. Man spricht in diesem Zusammenhang auch von einem **„magischen Viereck"**.

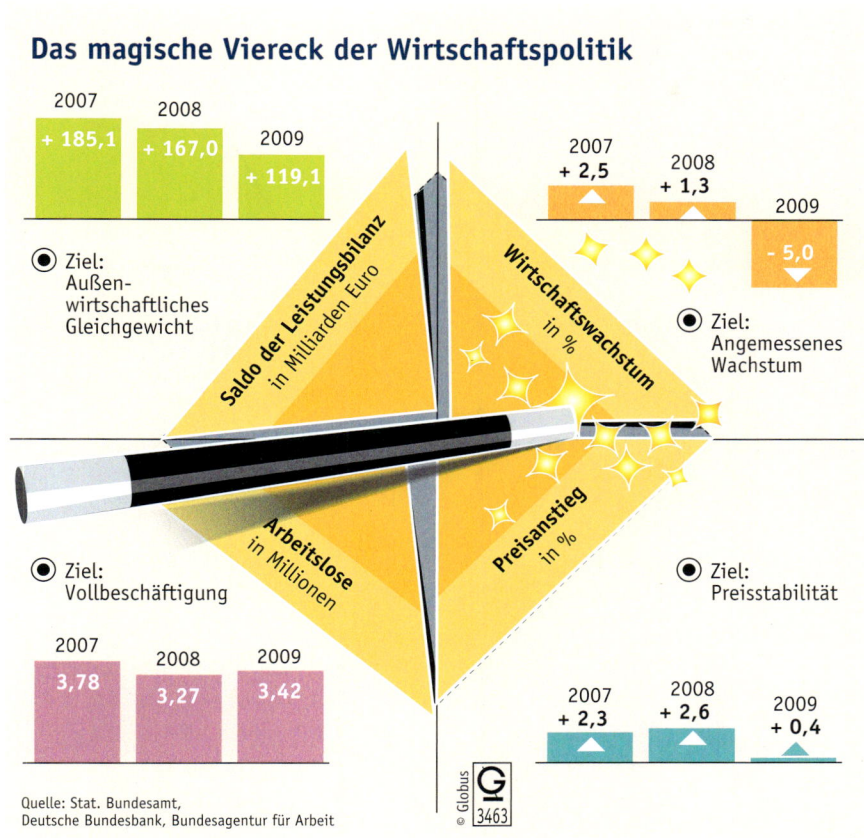

Das magische Viereck der Wirtschaftspolitik

Quelle: Stat. Bundesamt, Deutsche Bundesbank, Bundesagentur für Arbeit

© Globus 3463

Die Teilziele „Gerechte Einkommens- und Vermögensverteilung" und „Erhalt der ökologischen Lebensgrundlagen" sind nicht im Zielkatalog des Stabilitäts- und Wachstumsgesetz aufgeführt. Sie ergänzen im Sinne einer umfassenden wirtschaftspolitischen Aufgabenstellung die Teilziele des allgemeinen Stabilitätsziels.

Weiteres Teilziel: Gerechte Einkommens- und Vermögensverteilung

Eine gerechte Einkommens- und Vermögensverteilung ist gesellschaftlich und wirtschaftlich von großer Bedeutung. Wenn große Teile der Bevölkerung vom gesellschaftlichen Wohlstand ausgeschlossen werden, kann dies zu erheblichen gesellschaftlichen Verwerfungen führen. Nur wenn die bestehenden Einkommens- und Vermögensverhältnisse von der Bevölkerung akzeptiert werden, kann der soziale Frieden in einer Gesellschaft gewahrt werden.

Einkommens- und Vermögensverteilung
Kapitel 9.5.1

Weiteres Teilziel: Erhalt der ökologischen Lebensgrundlagen

Künftige Generationen sollen in einer lebenswerten Umwelt wirtschaften und leben können. Die Umweltpolitik des Staates muss daher darauf ausgerichtet sein, Umweltschäden zu verhindern und entstandene Umweltschäden zu beseitigen.

Umweltpolitik
Kapitel 11

Auch diese beiden Ziele stehen mit den Teilzielen des Stabilitäts- und Wachstumsgesetzes in Konflikt und bilden so ein **magisches Sechseck**.

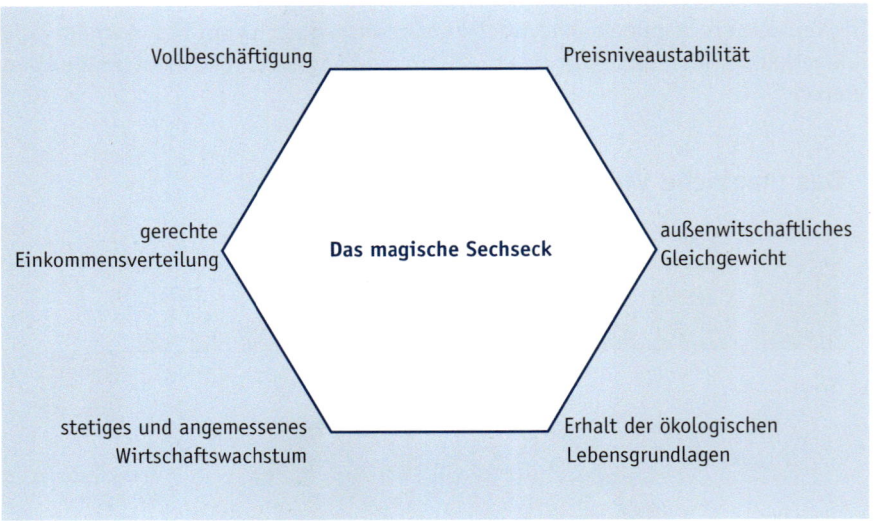

Vollbeschäftigung   Preisniveaustabilität

gerechte
Einkommensverteilung   **Das magische Sechseck**   außenwitschaftliches
Gleichgewicht

stetiges und angemessenes   Erhalt der ökologischen
Wirtschaftswachstum   Lebensgrundlagen

Zielbeziehungen der wirtschaftspolitischen Ziele

Obwohl jedes der vier bzw. sechs wirtschaftspolitischen Ziele für sich genommen erstrebenswert ist, stehen alle Ziele in Wechselbeziehung zueinander. Ziele können einander neutral gegenüberstehen, miteinander harmonieren oder Konflikte auslösen.

> **BEISPIEL**
>
> – **Zielneutralität** zwischen außenwirtschaftlichem Gleichgewicht und gerechter Einkommens- und Vermögensverteilung: Das außenwirtschaftliche Gleichgewicht hat keinen Einfluss auf die gerechte Einkommensverteilung.
> – **Zielharmonie** zwischen Wirtschaftswachstum und hohem Beschäftigungsniveau: Wenn mehr Güter produziert und gehandelt werden, stellen die Unternehmen mehr Beschäftigte ein.
> – **Zielkonflikt** zwischen wirtschaftlichem Wachstum und Erhalt der ökologischen Lebensgrundlagen: Wirtschaftliches Wachstum kann nur sichergestellt werden, wenn mehr Güter produziert und gehandelt werden. Für die zunehmende Produktion der Güter werden beispielsweise mehr Rohstoffe verbraucht sowie neue Industrieanlagen gebaut. Dies verschmutzt Luft und Wasser und verringert die Lebensqualität.

„Hurra, wieder 2,5 % höher!"
Karikatur von Haitzinger

Zielkonflikte können überall dort auftreten, wo unterschiedliche Interessen aufeinandertreffen. Unterschiedliche Vorstellungen und Erwartungen einzelner gesellschaftlicher Gruppen treten z. B. im Hinblick auf den Umweltschutz auf. Umweltschützer fordern höhere Umweltstandards, während Vertreter der Wirtschaft argumentieren, dass hohe Auflagen zum Umweltschutz die Exportchancen verringern. Das gleiche Argument führen die Vertreter der Wirtschaft an, wenn die Gewerkschaften höhere Löhne fordern. Letztlich gilt es, die Konflikte in der Wirtschaftspolitik zu erkennen und zu bewältigen.

Wirtschaftspolitik umfasst alle Maßnahmen des Staates, die darauf gerichtet sind, das wirtschaftliche Geschehen im Rahmen bestimmter Zielvorgaben zu beeinflussen.

Zu den **gesellschaftlichen Grundwerten** zählen Freiheit, Gerechtigkeit, Sicherheit und Fortschritt. Aus diesen Grundwerten können die wirtschaftspolitischen Ziele abgeleitet werden.

Das allgemeine Ziel des **Stabilitäts- und Wachstumsgesetzes** ist Gleichgewicht auf allen Güter- und Faktormärkten. Teilziele sind stetiges und angemessenes Wachstum, Vollbeschäftigung, Preisniveaustabilität und außenwirtschaftliches Gleichgewicht. Diese Ziele können ergänzt werden durch gerechte Einkommens- und Vermögensverteilung und Erhalt der ökologischen Lebensgrundlage.

Die Teilziele stehen in unterschiedlichen Zielbeziehungen zueinander. Häufig kommt es auch zum **Zielkonflikt**. Deshalb wird in diesem Zusammenhang auch vom **magischen Viereck** bzw. **magischen Sechseck** gesprochen.

1 Erläutern Sie den Zusammenhang zwischen den gesellschaftlichen Grundwerten und den Zielen der Wirtschaftspolitik.

2 Wie würde sich Ihrer Meinung nach ein Verzicht auf wirtschaftliches Wachstum auf den sozialen Frieden auswirken?

3 Informieren Sie sich beim zuständigen Arbeitsamt über die Entwicklung der Arbeitslosigkeit in Ihrer Region in den letzten fünf Jahren.

4 Nennen Sie typische Import- und Exportgüter aus deutscher Sicht.

5 Wie sollte Ihrer Meinung nach eine gerechte Einkommensverteilung aussehen?

6 Diskutieren Sie: Welche sozialen Zustände finden Sie in unserem Staat gerecht bzw. ungerecht?

7 Ein Braunkohlekraftwerk konnte seinen Gewinn durch eine erhöhte Stromproduktion steigern. Die zusätzlichen Schadstoffemissionen zwingen die Forstbesitzer zum vermehrten Aufkalken der Wälder und führen zu vermehrten Atembeschwerden der Anwohner. Auf den Protest der Betroffenen reagiert das Kraftwerk mit dem Einbau einer neuen Filteranlage. Beschreiben Sie die Folgen für das Bruttoinlandsprodukt.

8 Stellen Sie sich vor, die Bundesrepublik würde aus umweltpolitischen Gründen die Automobilproduktion einstellen. Wie würden die anderen Ziele des magischen Sechsecks beeinflusst?

9 Nehmen Sie Stellung zu der Aussage: „Das Ziel Umweltschutz steht mit den Zielen Vollbeschäftigung und Wirtschaftswachstum in einem dauerhaften Konflikt."

10 Nennen Sie zwei Ziele des magischen Sechsecks, die gleichzeitig
   a gut zu erreichen sind,
   b schwer zu erreichen sind.

6.3 Träger und Akteure der Wirtschaftspolitik

soziale Marktwirtschaft
Kapitel 5.4

Die staatlichen Organe sind die wesentlichen Träger der Wirtschaftspolitik in der sozialen Marktwirtschaft. Der föderalistische Aufbau der Bundesrepublik Deutschland hat zur Folge, dass Bund, Länder und Gemeinden im Rahmen der ihnen zugewiesenen Aufgabenbereiche wirtschaftspolitisch relevante Entscheidungen treffen. Dies macht ständige Abstimmungsprozesse erforderlich, um ein unkoordiniertes Nebeneinander und damit nachteilige Folgen für die Gesamtwirtschaft zu verhindern.

Europäische Union
Kapitel 10.5

Des Weiteren werden im Rahmen internationaler Vereinbarungen bestimmte Politikfelder ganz oder teilweise supranationalen Institutionen überlassen. Dies gilt insbesondere für Verträge mit der Europäischen Union, aber auch für Vereinbarungen im Rahmen der World Trade Organisation (WTO), die sich auf den internationalen Freihandel beziehen.

Word Trade Organisation
Kapitel 10.6

Europäische Zentralbank
Kapitel 8.3.1

BEISPIEL Politikfelder der EU sind z. B. Agrarpolitik, Wettbewerbspolitik, Strukturpolitik, Sozialpolitik, Geldpolitik (Europäische Zentralbank). Zu den Vereinbarungen innerhalb der WTO zählen u. a. freier Marktzugang, Diskriminierungsverbot, Abbau von Agrarsubventionen.

Wirtschaftspolitik setzt die Rahmenbedingungen für das wirtschaftliche Handeln der Wirtschaftssubjekte. Dies veranlasst unterschiedliche Interessengruppen, die Wirtschaftspolitik zu beeinflussen. Zu ihnen gehören:

NGOs = non-governmental organizations (Nichtregierungsorganisationen), sind nicht auf Gewinnerzielung ausgerichtet. Dazu gehören z. B. auch gemeinnützige Vereine.

- Verbände (z. B. Kammern, Gewerkschaften, Arbeitgeberverbände)
- wissenschaftliche Berater (z. B. Club of Rome, Sachverständigenräte)
- NGOs (z. B. Greenpeace, Attac, Amnesty International)
- Medien

Lobbyismus = Versuch, Abgeordnete durch Interessengruppen zu beeinflussen

Die politischen Aktivitäten der nichtstaatlichen Gruppen werden auch als Lobbyismus bezeichnet. Lobbyisten versuchen auf die Ausformulierung von Gesetzen und Beschlüssen Einfluss zu nehmen, indem sie Abgeordnete und Fachreferenten der Ministerien beraten.

Karikatur von Mohr

Träger und Akteure der Wirtschaftspolitik	Legitimation
Europäische Zentralbank (EZB) und die zentralen Noten-banken der Nationalstaaten	EZB-Gesetz der EU sowie die entsprechenden nationalen Gesetze
EU-Kommission und -Rat	Amsterdamer Vertrag
Bundestag und Bundesregierung	Grundgesetz
Länderparlamente und -regierungen	Länderverfassung
kommunale Parlamente und Regierungen	Grundgesetz und Kommunalverfassungen
berufsständische Verbände (z. B. Gewerkschaften und Arbeitgerberverbände)	gesellschaftliche Macht
Medien (Zeitung, Rundfunk, Fernsehen, Internet)	gesellschaftliche Macht
NGOs wie Greenpeace oder Amnesty International	moralische Macht
Interessenverbände wie z. B. der „Sozialverband VdK Deutschland"	moralische Macht

BEISPIEL

- Die **Bundesregierung** versucht durch ihre Entscheidungen ihre wirtschaftspoliti-schen Ziele zu realisieren. Dabei benötigt sie die Zustimmung des **Bundestages** und häufig auch des **Bundesrates**. Der Handlungsspielraum der Bundesregierung wird auch durch die außenwirtschaftlichen Verflechtungen der Bundesrepublik einge-schränkt. So müssen z. B. die vom **Europäischen Rat** erlassenen Verordnungen be-achtet und in deutsches Recht umgesetzt werden.
- Auch die **Bundesbehörden** haben einen beträchtlichen Einfluss auf die politischen Entscheidungsprozesse. Besondere Bedeutung kommt der **Deutschen Bundesbank** zu. Sie ist gemeinsam mit der **Europäischen Zentralbank** verantwortlich für die Geldversorgung der Wirtschaft und für die Stabilität der Währung.
- Besonderen Einfluss auf die Wirtschaftspolitik haben die **Tarifpartner**. Die Arbeit-geberverbände und die Gewerkschaften beeinflussen durch die Lohnpolitik die Ein-kommensentwicklung und Einkommensverteilung.

Adressaten und Methoden von Verbandseinfluss

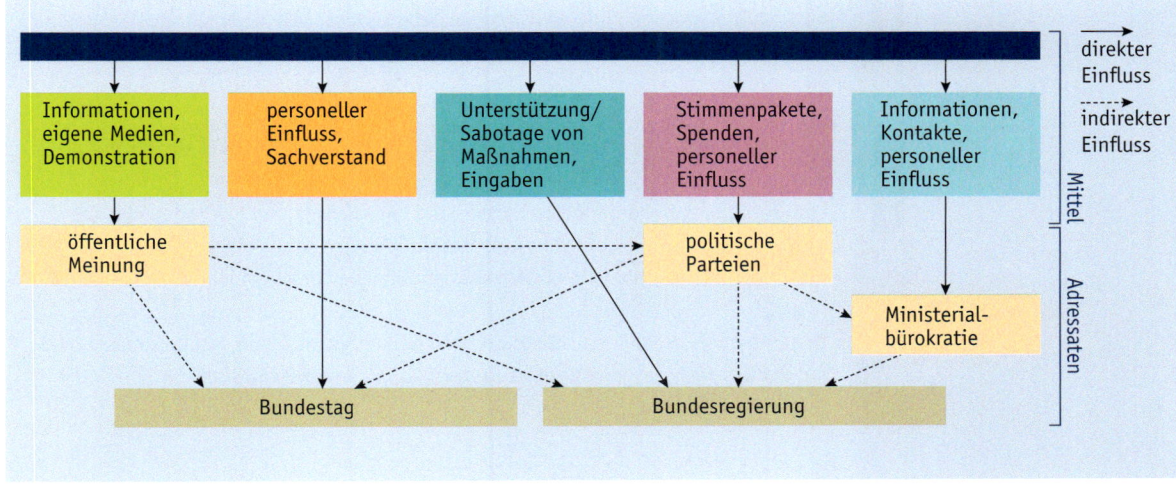

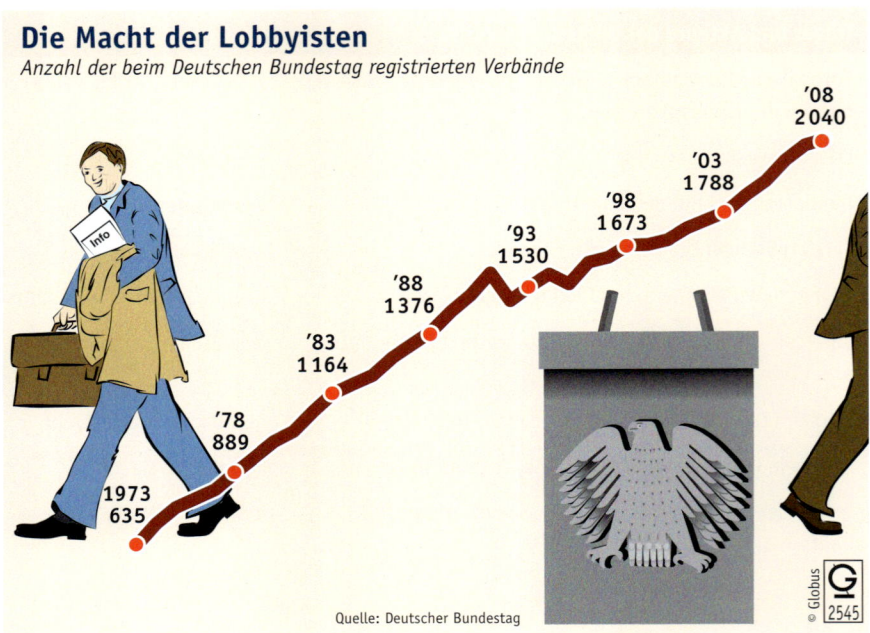

Die Macht der Lobbyisten
Anzahl der beim Deutschen Bundestag registrierten Verbände

'08 2040
'03 1788
'98 1673
'93 1530
'88 1376
'83 1164
'78 889
1973 635

Quelle: Deutscher Bundestag

© Globus 2545

Eine Mitwirkung von Interessenverbänden ist in den Geschäftsordnungen des Bundestages und der Bundesregierung ausdrücklich vorgesehen. Ministerien ziehen nicht selten bei der Vorbereitung von Gesetzen offizielle Vertreter der Spitzenverbände hinzu. Damit die Gefahr vermindert wird, dass Gesetze unvollständig und fehlerhaft ausgestaltet werden, wird tatsächlich der Sachverstand von Verbänden regelmäßig in Anspruch genommen. Der Einfluss der Interessengruppen auf die politischen Entscheidungsträger erweist sich nicht selten als problematisch. Einerseits sind die politischen Gremien bei der Entwicklung von Gesetzesentwürfen auf das Fachwissen der Interessenverbände angewiesen. Andererseits besteht die Gefahr, dass die Regierungen und Abgeordneten in ihren Entscheidungen stark bzw. einseitig beraten und beeinflusst werden.

ÜBERBLICK

Zentrale Akteure der Wirtschaftspolitik in der Bundesrepublik Deutschland sind Bundesregierung und Bundesbank, aber auch der Europäische Rat und die Europäische Zentralbank. Wichtigen Einfluss haben auch die Landes- und Kommunalregierungen, die Tarifpartner und Interessengruppen.

AUFGABEN

1 Informieren Sie sich über die Ziele und Aufgaben von zwei Trägern der Wirtschaftspolitik.
2 Erläutern Sie anhand der obigen Abbildung „Adressaten und Methoden von Verbandseinfluss", in welcher Weise die Verbände in der Bundesrepublik Einfluss auf die Wirtschaftspolitik und auf wirtschaftspolitische Entscheidungen nehmen können.
3 Begründen Sie, warum politische Gremien bei der Entwicklung von Gesetzesentwürfen auf das Fachwissen von Interessenverbänden angewiesen sind.

6.4 Handlungsfelder der Wirtschaftspolitik

Für die Klassifizierung wirtschaftspolitischen Handelns des Staates gibt es unterschiedliche Schemata. Das am häufigsten verwendete Schema unterteilt die Wirtschaftspolitik in drei Handlungsfelder.

Im Rahmen der **Ordnungspolitik** legt der Staat bestimmte rechtliche, soziale und wirtschaftliche Grundnormen und Rahmenbedingungen fest, nach denen eine Wirtschaftsordnung funktioniert. Mit der Ordnungspolitik schafft der Staat Institutionen, bestimmt Träger, weist Kompetenzen zu und entwickelt Instrumente zur Steuerung der Wirtschaftspolitik. Die Ordnungspolitik ist in der Regel **langfristig** angelegt. Daher eignet sie sich nicht für eine kurzfristige Feinabstimmung. Bereiche der Ordnungspolitik sind z. B. Wettbewerbsordnung (Kartellrecht), Sozialordnung (z. B. Sozialversicherung, Sozialhilfe), Eigentumsordnung, Verbraucher- und Umweltschutz, Geldordnung, Unternehmensverfassung und Arbeitsrecht. Ordnungspolitische Entscheidungen sind zum Teil in der Verfassung festgelegt, so z. B. der Schutz des Privateigentums und die Festschreibung der Tarifautonomie.

Wirtschaftsordnung
Kapitel 5.2

Mit der **Prozesspolitik** wird in allen Politikbereichen unmittelbar in das Wirtschaftsgeschehen eingegriffen. Dazu gehören alle Maßnahmen, die darauf abzielen, die gesamtwirtschaftliche Stabilität zu beeinflussen und günstige Bedingungen für ein anhaltendes Wirtschaftswachstum zu schaffen. Zur Prozesspolitik gehören die Maßnahmen der Deutschen Bundesbank im Rahmen der Geldpolitik und die Fiskalpolitik des Staates. Außerdem gehören Konjunktur- und Lohnpolitik zur Prozesspolitik. Im Unterschied zur Ordnungspolitik ist die Prozesspolitik **kurzfristig** angelegt. Seit Jahrzehnten wird über die sinnvolle Ausgestaltung und den angemessenen Umfang der Prozesspolitik gestritten.

Mithilfe der **Strukturpolitik** versucht der Staat, auf bestehende Strukturen einzuwirken. Die Strukturpolitik ist vorrangig auf den regionalen und sektoralen Strukturwandel ausgerichtet und eher **mittelfristig** angelegt. Die Wirtschaftsstruktur als Grundlage für Wertschöpfungsprozesse beeinflusst die Höhe des Bruttoinlandsprodukts eines Wirtschaftsraums. Das Bruttoinlandsprodukt gilt als Wohlstandsindikator. Wohlstandsgefälle sind u. a. zurückzuführen auf Unterschiede in der Wirtschaftsstruktur.

Bruttoinlandsprodukt als Wohlstandsindikator
Kapitel 2.3.2

> Merkmale strukturschwacher Regionen sind z. B. die Marktferne ihrer Unternehmen zu Kunden und Lieferanten, fehlende Verkehrsanbindungen, Mangel an Bildungs- und Sozialeinrichtungen, an Rohstoffvorkommen oder an qualifizierten und motivierten Arbeitskräften. Sind Unternehmen überwiegend in einem Sektor oder einer Branche tätig, wird die gesamte Region für Krisen in der dominierenden Branche sehr anfällig (Werften, Landwirtschaft, Kohle, Stahl). Auch Bürokratie und Korruption können Hindernisse für wirtschaftliche Entwicklungsprozesse sein.

Wirtschaftsstrukturen sind der Dynamik von Marktprozessen unterworfen und unterliegen einem ständigen Wandel. **Strukturwandel** beinhaltet eine Verlagerung der Wertschöpfungsprozesse in andere Branchen, Sektoren und Regionen, was teilweise schmerzhafte Anpassungsprozesse erfordert. Dies gilt insbesondere für die **Faktorleistung Arbeit**, wenn Arbeitsplätze in schrumpfenden Branchen verloren gehen. Arbeitslosigkeit droht, Umschulungen oder Umzug werden notwendig.

Arbeitslosigkeit
Kapitel 9.7

Doch nicht nur die Faktorleistung Arbeit ist vom Strukturwandel betroffen. Werksschließungen entwerten auch den **Faktor Boden**. Ohne Anschlussnutzung verfallen

Gebäude und technische, noch nutzbare Produktionsmittel werden stillgelegt.

Anpassungsfähigkeit an den Strukturwandel ist ein entscheidender Erfolgsfaktor im Leistungswettbewerb. Allerdings kann es politisch gewollt sein, dass der Staat im Rahmen seiner wirtschaftspolitischen Aktivitäten helfend eingreift. Ein Verzicht auf strukturpolitische Maßnahmen kann Unternehmenszusammenbrüche auslösen und Arbeitsplätze vernichten.

Allerdings ist Strukturpolitik immer dann kritisch zu beurteilen, wenn sie dazu beiträgt, dass langfristig notwendige Anpas-

Leerstehendes und verfallendes Unternehmensgebäude

sungsprozesse an den Strukturwandel verzögert oder sogar verhindert werden. Ferner beinhalten strukturpolitische Maßnahmen stets auch die Gefahr der Wettbewerbsverzerrung und sie belasten öffentliche Haushalte.

Sektoraler Strukturwandel kennzeichnet sich dadurch, dass sich die Bedeutung einzelner Wirtschaftssektoren oder Branchen innerhalb einer Volkswirtschaft verändert. Ihre Anteile am Bruttoinlandsprodukt verschieben sich. Produktionsprozesse werden verlagert, die Beschäftigtenstrukturen befinden sich im Umbruch.

> Agrargesellschaften werden zu Industriegesellschaften. Industriegesellschaften entwickeln sich hin zu Dienstleistungsgesellschaften. Der Tertiärsektor gewinnt an Bedeutung zu Lasten des Primär- und Sekundärsektors. Es entsteht eine Wissens- und Informationsgesellschaft.

Intrasektoraler Strukturwandel macht deutlich, dass ein Wirtschaftszweig oder eine Branche innerhalb eines Sektors Veränderungen unterworfen ist. Auslösender Faktor ist häufig der technische Fortschritt. Es kommt zu branchenspezifischen Produkt- und Prozessinnovationen mit starken Auswirkungen auf den Faktoreinsatz.

> Kapitalintensive Produktionsverfahren ersetzen personalintensive Verfahren. Dies geht zu Lasten der Faktorleistung Arbeit. Selbst wenn Arbeitskräfte nicht entlassen werden, verändern sich die Anforderungen an Arbeitnehmer. Kapitalintensive Produktionsverfahren verändern häufig auch die optimalen Betriebsgrößen. Die Kapitalintensität verlangt größere Produktionseinheiten; die Marktkonzentration nimmt zu. Auch die zunehmende Auslagerung von Arbeitsprozessen verändert Branchenstrukturen. Outsourcing erhöht den Anteil der Fremdfertigung, was sich ebenfalls negativ auf die Beschäftigung auswirkt.

Negativfolgen sektoraler oder intrasektoraler Veränderungen können auf bestimmte Regionen begrenzt bleiben. In diesem Fall wird Strukturpolitik als **regionale Strukturpolitik** oder Regionalpolitik bezeichnet.

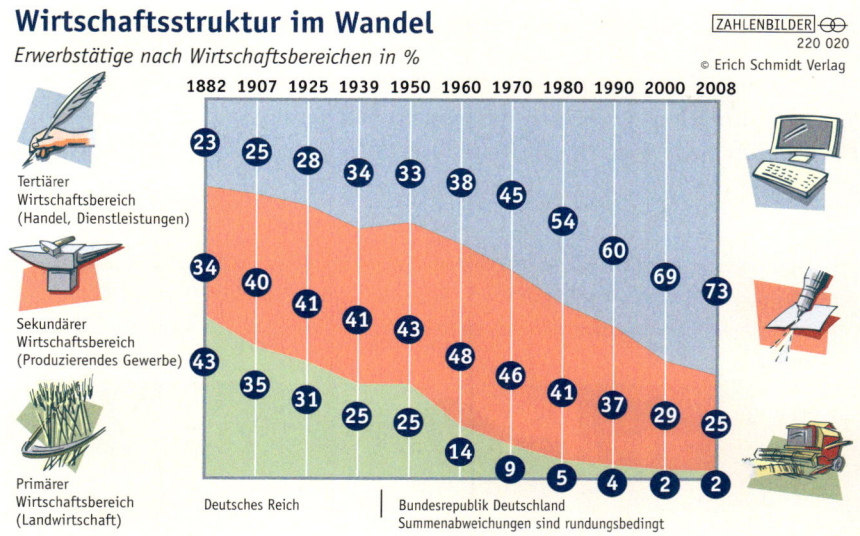

Wirtschaftsstruktur im Wandel
Erwerbstätige nach Wirtschaftsbereichen in %

ZAHLENBILDER
220 020
© Erich Schmidt Verlag

Instrumente der Strukturpolitik zielen auf bestimmte Teilbereiche der Wirtschaft und sollten ihrem Wesen nach befristet sein. Als Teilbereiche gelten einzelne Wirtschaftszweige bzw. Branchen sowie bestimmte Regionen. Nur im Ausnahmefall werden Einzelunternehmen mit branchenweiter oder regionaler Bedeutung in die Strukturhilfen einbezogen.

Strukturpolitische Instrumente verlängern den Anpassungszeitraum an veränderte Markttendenzen, indem

- direkte finanzielle Mittel eingesetzt werden,
- indirekte steuerliche Vergünstigungen eingeräumt werden,
- Preis- und Marktstützungsmaßnahmen eingeführt werden.

Zu den **direkten Subventionen** gehören u. a. Zulagen und Zuschüsse zu den Investitionskosten, laufende Zahlungen für Produktionskosten, Zinszuschüsse und Kapitalhilfen. Steuerliche Vergünstigungen gelten als **indirekte Subventionen**. Sie werden gezielt für Investitionen in bestimmten Branchen oder Regionen eingesetzt und können u. a. als Sonderabschreibungen oder Steuernachlässe gestaltet sein. **Preis- und Marktstützungsmaßnahmen** sind verbunden mit staatlichen Eingriffen in den Marktprozess. Der Staat übernimmt Preisgarantien, setzt per Gesetz Mindestpreise in Verbindung mit einem Abnahmezwang durch oder kauft eine Überschussproduktion auf.

Mindestpreise
Kapitel 3.8

Die **sektorale Strukturpolitik** setzt an der Angebotsseite des Marktes an und zielt auf einzelne Wirtschaftszweige bzw. Branchen. Sektorale Strukturpolitik kann sinnvoll sein, wenn die ausschließliche Steuerung über Marktprozesse die Existenz von Unternehmen bedroht, Arbeitsplätze vernichtet oder die Stilllegung gesamtwirtschaftlicher Produktionskapazitäten zur Folge hat.

Erhaltungssubventionen werden zum Erhalt nicht mehr wettbewerbsfähiger Strukturen eingesetzt. Hierbei besteht die Gefahr, dass der aus dem Marktgeschehen resultierende Anpassungsdruck auf Unternehmen nachlässt und der notwendige Strukturwandel gebremst wird. Es kommt zu Wettbewerbsverzerrungen. Subventionierte Unternehmen können niedrigere Preisforderungen stellen, werden steuerlich entlastet oder gezielt vor dem Leistungswettbewerb geschützt.

131

Der Abbau von Erhaltungssubventionen wird insbesondere dann schwierig, wenn bestimmte Branchen politischen Druck ausüben und die dauerhafte Zahlung von Subventionen durchsetzen können. Dies geschieht häufig mit dem Hinweis auf die Bedeutung der jeweiligen Branche für die nationale Versorgung, die jeweilige Region und deren Arbeitsplätze, obwohl die gesamtwirtschaftliche Bedeutung häufig eher gering ist.

> **BEISPIEL**
> Subventionen in der Landwirtschaft und im Kohlebergbau werden aus Gründen der Versorgungssicherheit eingefordert. Die Werftindustrie erhält Schiffbauhilfen, um im internationalen Preiswettbewerb bestehen zu können.

Subventionen für Landwirtschaft und Bergbau

Anpassungssubventionen können notwendige Strukturveränderungen beschleunigen. Sie fördern den Strukturwandel, indem Innovationsprozesse unterstützt, Unternehmens- und Existenzgründungen erleichtert sowie kleinen und mittelständischen Unternehmen der Zugang zu neuen Märkten ermöglicht werden. Anpassungsmaßnahmen können auch Arbeitnehmern zukommen, da der Strukturwandel auch ihnen erhöhte Flexibilität abverlangt.

> **BEISPIEL**
> Zulagen für Investitionen im Forschungs- und Entwicklungsbereich, Kapital- und Kredithilfen für Produkt- und Prozessinnovationen, Förderung des Technologietransfers durch Beratungsstellen, Umschulungsmaßnahmen für Arbeitnehmer

Regionale Strukturpolitik (Regionalförderung) zielt darauf ab, regionale Strukturschwächen zu beseitigen oder zumindest abzumildern, um in einem Wirtschaftsraum gleichartige Lebensverhältnisse zu schaffen. Das Merkmal strukturschwacher Regionen ist ihre geringere Wirtschaftskraft und ihr geringerer Wohlstand im Vergleich zu anderen Regionen. Regionalförderung konzentriert sich auf die Förderung von Investitionen des Privatsektors, den Ausbau einer leistungsfähigen wirtschaftsnahen Infrastruktur und die Förderung regionaler Entwicklungskonzepte, die insbesondere die Ansiedlung eines ganzen Netzwerks von Unternehmen ermöglichen. Das Konzept einer sogenannten „Clusterbildung" zielt auf die Gewinnung von Großunternehmen, die weitere Ansiedlungen vorgelagerter (Zulieferer) oder nachgelagerter Unternehmen nach sich ziehen.

Im Mai 2005 hat die BMW AG ihr neues Werk in Leipzig eröffnet. Der Standort Leipzig konnte sich im internationalen Standortwettbewerb durchsetzen, weil längere Arbeitszeiten und geringere Stundenlöhne gegenüber anderen westdeutschen Standorten durchsetzbar waren. Arbeitskräfte stehen in ausreichender Zahl zur Verfügung; auf 5500 Stellenausschreibungen entfielen 130 000 Bewerbungen. Kommunikations- und Qualitätsrisiken wurden nicht befürchtet. Bei einem Investitionsvolumen von 1,3 Mrd. Euro wurden öffentliche Hilfen in Höhe von 360 Mio. Euro gewährt. Außerdem ist die Nähe zu den bisherigen Werken in Westdeutschland vorteilhaft. In Sachsen haben sich mittlerweile viele Zulieferer angesiedelt.

Regionalförderung in der Bundesrepublik wird als Gemeinschaftsaufgabe verstanden. Bund und Länder stellen jährlich Mittel zur „Verbesserung der regionalen Wirtschaftsstruktur" zur Verfügung und konzentrieren ihre Ausgaben auf strukturschwache Fördergebiete. Dabei hängen Art und Höhe der Förderung von der Intensität der regionalen Strukturprobleme ab. Investitionen kleiner und mittelständischer Unternehmen werden besonders stark gefördert.

Ordnungspolitik	Strukturpolitik	Prozesspolitik
schafft grundlegende Rahmenbedingungen für wirtschaftspolitische Maßnahmen	zielt auf Weiterentwicklung bestehender wirtschaftlicher Strukturen ab	greift unmittelbar in das Wirtschaftsgeschehen ein
langfristig orientiert	mittelfristig orientiert	kurzfristig orientiert
Beispiele: Wettbewerbsordnung, Arbeitsrecht, Verbraucherschutz	Beispiele: Regionalpolitik, sektorale Strukturpolitik, Verteilungspolitik	Beispiele: Konjunkturpolitik, Geldpolitik, Fiskalpolitik

Strukturpolitik unterstützt und fördert die Anpassung der Anbieter von Gütern und Faktorleistungen an veränderte Marktverhältnisse. Zielvorgabe ist es, die Zukunftsfähigkeit der Wirtschaft insbesondere im globalen Wettbewerb zu gewährleisten.

Bereiche der Strukturpolitik sind **sektorale Strukturpolitik** (Anpassung an den Strukturwandel im Primär-, Sekundär- und Tertiärsektor), **intrasektorale Strukturpolitik** (Anpassung einzelner Wirtschaftszweige an dynamische Marktprozesse) und **Regionalpolitik** (Entwicklung strukturschwacher Wirtschaftsräume).

Instrumente der Strukturpolitik sind direkte Subventionen (Erhaltungssubventionen, Anpassungssubventionen), indirekte Subventionen (z. B. Sonderabschreibungen, Steuerermäßigungen) und Marktinterventionen (z. B. Preisgarantien, Aufkauf von Überschussmengen).

Strukturpolitik der EU
Kapitel 10.8.3

1 Erläutern Sie kurz den Unterschied von Ordnungs- und Prozesspolitik.
2 Erläutern Sie, warum die Konjunktur- und Lohnpolitik zur Prozesspolitik gehören.
3 Recherchieren Sie, welche Maßnahmen zur Verbesserung der Wirtschaftsstruktur in ihrer Region in den letzten zehn Jahren in Angriff genommen wurden.

6.5 Fallstudie zur Regionalökonomie

Bei wirtschaftspolitischen Entscheidungen kommt es immer wieder zu Konflikten, weil die Betroffenen (Bürger, Institutionen usw.) unterschiedliche Interessen haben. Das gilt nicht zuletzt dann, wenn neue Industriegebiete geschaffen werden sollen und Infrastrukturmaßnahmen ergriffen werden.

Dies trifft auch für den Flächennutzungsplan der Stadt Paderborn zu, in dem im Landschafts- und Wasserschutzgebiet „Dreihausen" ein Industriegebiet entstehen sollte. Der hier dargestellte Interessenkonflikt hält sich an einen authentischen Fall, der 20 Jahre lang die Bürger und die Stadt beschäftigt hat. Erst im Jahr 1998 konnte im Rat der Stadt eine Einigung herbeigeführt und eine für alle Bürger akzeptable Lösung gefunden werden. Im Folgenden wird der „Fall Dreihausen" anhand von ausgewählten Materialien dokumentiert.

Naturschutzgebiet Dreihausen

Information der Schutzgemeinschaft „Dreihausen"

Das Landschafts- und Wasserschutzgebiet „Dreihausen" soll Industriegebiet werden. Wir, die „Schutzgemeinschaft Dreihausen", protestieren gegen diese sinnlose Zerstörung einer Naturlandschaft, die erst vor kurzem flurbereinigt und landwirtschaftlich aufgebessert wurde. Dieses im Norden Paderborns gelegene Gebiet ist ein herrliches Areal zum Wandern und um sich zu erholen.

Die „Schutzgemeinschaft Dreihausen" bittet um Unterstützung und Ihre Unterschrift bei der anlaufenden Aktion, ein Stück Natur zu erhalten, denn wenn erst einmal industrialisiert ist, lässt sich das Gebiet auch jederzeit erweitern.

Die „Schutzgemeinschaft Dreihausen" ist der Meinung, dass genug Arbeitsplätze im Handwerk und Gewerbe auf den vorhandenen, noch nicht bebauten Gebieten geschaffen werden können. Blind, wie städtische Planer nun einmal sind, kennen sie nur ihre Zeichnungen und gehen an den Tatsachen einer schönen und lebensnotwendigen Natur vorbei. Der Mensch muss erst leben, ehe er arbeiten kann. Um Ihre Unterschrift bittet Sie die „Schutzgemeinschaft Dreihausen".

gez. Heribert Steffens

Aus Protestbriefen betroffener Bürger

„Im Frühjahr 1977 wurde uns noch der Neubau eines Wohnhauses zum landwirtschaftlichen Betrieb genehmigt. Der Bau ist inzwischen durchgeführt und bezogen. Um den landwirtschaftlichen Betrieb aufrechterhalten zu können, sind wir auf die weitere landwirtschaftliche Nutzung der Grundstücke angewiesen."

„Sollten wir hier ausgesiedelt werden, werde ich des Lebens nicht mehr froh. Dieses von meinen Geschwistern und mir urbar gemachte und bearbeitete Land werden wir bis zum Allerletzten verteidigen. Für mich persönlich gibt es keinen schöneren Flecken Erde auf Gottes schöner Welt. Ich protestiere auf das Schärfste gegen die Ausweisung eines Industriegebietes im Sander Bruch. Auch Sie, meine verehrten Ratsherren, atmen den Sauerstoff, der in dieser Landschaft entsteht."

„Wir müssen leider feststellen, dass die so genannte Großstadt Paderborn es nicht versteht, ihre Erholungsgebiete, Grün- und Wasserflächen zu schützen, zu hegen und zu pflegen ... Im Ruhrgebiet werden Schutthalden bepflanzt, um Grün und Abwechslung in die Landschaft zu bringen. Hier wird planlos gewachsene Natur zerstört. Wir haben früher in Schloss Neuhaus gewohnt und konnten aus nächster Nähe miterleben, wie sich Industrieanlagen langfristig doch ausbreiten ... Wir werden immer gegen diese Industrieansiedlung sein. Aus dem ganz einfachen Grund, weil es in Paderborn genügend angefangene Industriegebiete gibt, die bei einiger Überlegung sinnvoll und zukunftsorientiert ausgebaut werden können ..."

Quelle: Neue Westfälische vom 5. April 1979

Flächennutzungsplan

Bürgern und Gemeinden ist es nicht freigestellt, willkürlich Häuser, Fabriken oder öffentliche Gebäude an beliebigen Standorten zu bauen. Jede Gemeinde ist verpflichtet, eine Flächennutzungsplanung durchzuführen. Bei dieser Planung versucht man, sich darüber Klarheit zu verschaffen, wo sinnvoll Wohnbauflächen, Gewerbebauflächen sowie land- und forstwirtschaftliche Flächen bereitgestellt werden können.

Die Flächennutzungsplanung ist Voraussetzung dafür, wie diese Flächen in Zukunft im Einzelnen bebaut werden sollen. Dies wird in den sogenannten Bebauungsplänen festgelegt, die von den Gemeinden aufgestellt und verabschiedet werden.

So weit möchte es kein Bürger von Dreihausen kommen lassen.

135

Steckbrief Paderborn im Jahr 1998

Kreisstadt und Oberzentrum mit
131 137 Einwohnern.
Regionales Verwaltungs- und Dienst-
leistungszentrum, Hochschulstadt,
Standort namhafter Industrien.
Größe des Stadtgebietes: 160 km²

Wirtschaft
900 ha Industrie- und Gewerbefläche
61 000 Beschäftigte (Gesamtzahl)
64 verarbeitende Betriebe
836 Handwerksbetriebe
426 landwirtschaftliche Betriebe
367 Gaststättenbetriebe
18 000 Berufseinpendler
2 300 Berufsauspendler

Ohne Industrieflächen – wirtschaftlicher Rückschritt

STADT BRAUCHT DREIHAUSEN

Klare Aussage der Kammern – Zahl der Lehrlinge steigt um 10 Prozent

Wenn die günstige Wirtschaftsentwicklung des Raumes Paderborn in den vergangenen Jahrzehnten nicht stagnieren oder gar in einen Rückschritt umgekehrt werden soll, dann braucht die Wirtschaft für eine weitere Expansion große Flächen für neue Industrien, was häufig mit Flächen für die Großindustrie verwechselt werde. Im nächsten Jahrzehnt müssten im Großraum Paderborn zusätzlich etwa 12 000 Arbeitsplätze geschaffen werden, wolle man eine Abwanderung der hier lebenden und in den Arbeitsprozess nachrückenden jungen Menschen verhindern. Diese Auffassung vertraten übereinstimmend Vertreter des Arbeitsamtes Paderborn und der Handwerks- und Industrie- und Handelskammer bei einer Pressekonferenz über die derzeitige Situation auf dem Ausbildungsstellenmarkt im Hochstift Paderborn.

Bei der augenblicklichen Diskussion über den Industriestandort Dreihausen, bei der die Natur- und Umweltschützer einseitig den Ton angäben, drohe der Kern des Konfliktes – die Schaffung neuer Arbeitsplätze – aus den Augen zu geraten. Arbeitsamtdirektor Alfons Nohl wies erneut auf die Notwendigkeit weiterer Betriebsansiedlungen zur strukturellen Verbesserung der Arbeits- und Ausbildungslage hin. Georg Wilhelm Sassenroth, Geschäftsführer der Industrie- und Handelskammer in Paderborn, sprach sich klar für Dreihausen aus, weil dieses Gelände am verkehrsgünstigsten erschlossen werden könne – Autobahn und Eisenbahn. Niemand beabsichtige, hier Stahlwerke oder Erdölraffinerien anzusiedeln. Auch Arbeitsamtdirektor Nohl hält die Umweltbelastung dieses neuen Industriegebietes für gering, dafür werde schon die Gewerbeaufsicht mit ihren Auflagen sorgen. Wie Josef Tack,

Geschäftsführer der Kreishandwerkschaft, betonte, sind auch die heimischen Handwerker auf neue Gewerbeflächen angewiesen, da dieser Wirtschaftszweig, sowohl was die Zahl seiner Betriebe als auch der Beschäftigten angehe, expandiere.

Quelle: Neue Westfälische vom 5. April 1979

Flächennutzungsplan der Stadt Paderborn

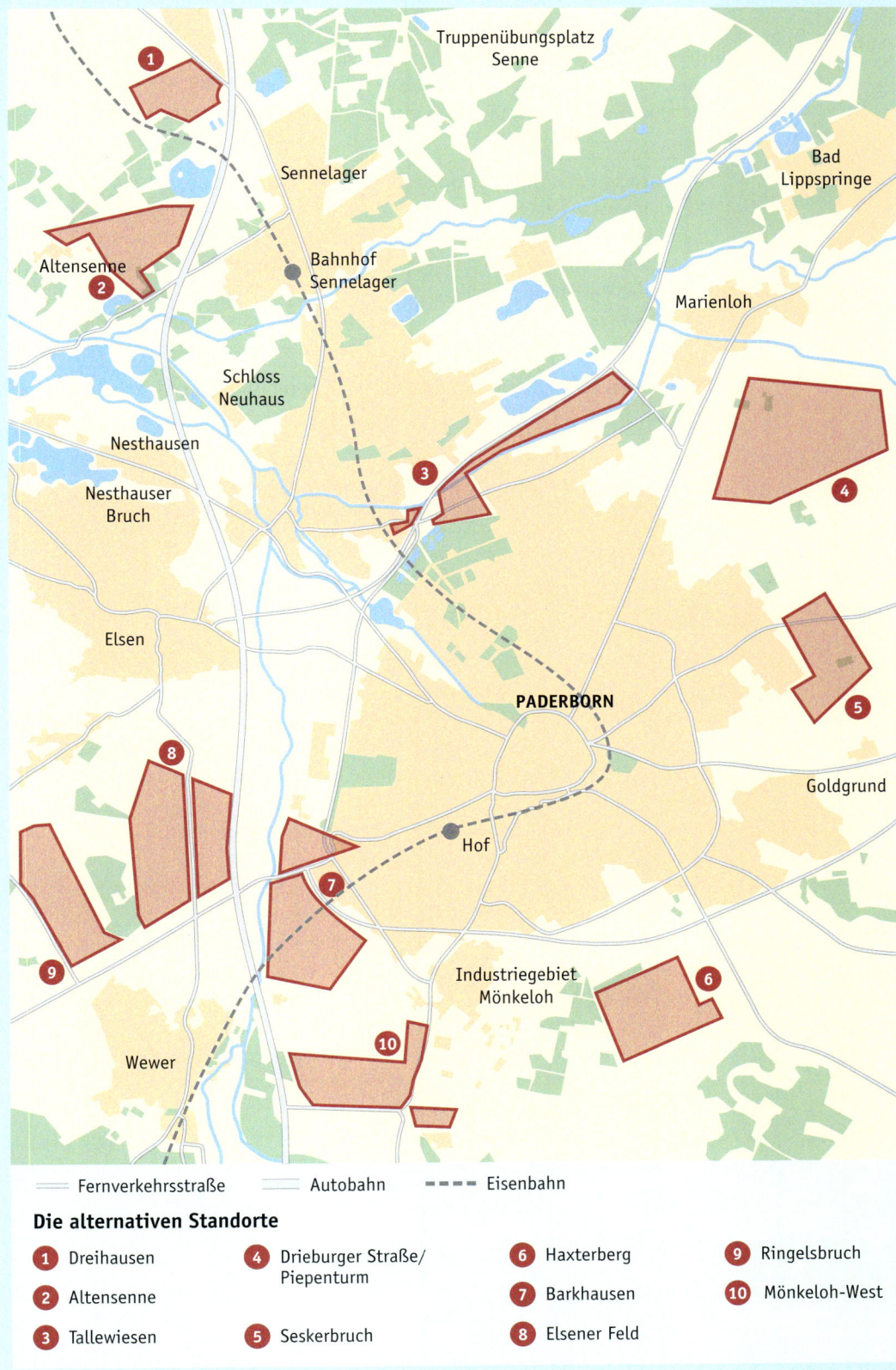

Legende:

——— Fernverkehrsstraße   ——— Autobahn   - - - - Eisenbahn

Die alternativen Standorte

1 Dreihausen

2 Altensenne

3 Tallewiesen

4 Drieburger Straße/ Piepenturm

5 Seskerbruch

6 Haxterberg

7 Barkhausen

8 Elsener Feld

9 Ringelsbruch

10 Mönkeloh-West

Pro-und-Kontra-Argumente um den Standort „Dreihausen"

Pro: verkehrsgünstige Lage	Kontra: Umweltschädigung
Gegenüber vielen kleinen verstreuten Industrieflächen bietet ein großräumiges Industriegebiet kostengünstige Vorteile.	Durch den Bau werden Umsiedlungen zwingend notwendig. Abwertung der angrenzenden Grundstücke.
Dreihausen besitzt wichtige infrastrukturelle Voraussetzungen für einen Industriestandort: unmittelbarer Anschluss an die Autobahn A 33 und Gleisanschluss an die Bahnlinie Paderborn – Bielefeld.	Nahe liegende Natur- und Wasserschutzgebiete werden bedroht. Das Wasserschutzgebiet „Borkheide" wäre am Rande betroffen, u. U. Absinken des Grundwasserspiegels. Mögliche Beeinträchtigungen für Klima und Natur der reizvollen Seenlandschaft.
keine zusätzliche Verkehrsbelastung der Wohngebiete	In direkter Nähe liegt das Erholungs- und Freizeitgebiet Lippesee.
niedriger Kaufpreis durch geringe Bodenqualität und durchgeführte Flurbereinigung	Bei ungünstiger Wetterlage besteht eine große Emissionsgefahr für das nahe liegende Heilbad Lippopringe.

Quelle: Neue Westfälische vom 5. April 1979

Aufgaben

1 Diskutieren Sie den „Fall Dreihausen". Benutzen Sie dazu den Entwurf des Flächennutzungsplans und die Zeitungsberichte.

2 Diskutieren Sie die Pro-und-Kontra-Argumente für das Industrie- und Gewerbegebiet Dreihausen und vergleichen Sie die Argumente mit den Informationen, die Sie aus dem Flächennutzungsplan ablesen können. Treffen Sie eine Entscheidung und begründen Sie diese.

3 Überlegen Sie, welche Möglichkeiten die Anwohner des Gebietes Dreihausen haben, um die Entscheidung des Stadtrates zu beeinflussen.

4 Welche Konflikte können sich für Stadtratsmitglieder bei einer Entscheidung für oder gegen Dreihausen als Industrie- und Gewerbegebiet ergeben?

5 Nehmen Sie an: Die Stadt hat zu einem Hearing über den „Fall Dreihausen" eingeladen. An dieser Diskussion sollen teilnehmen: Vertreter der Stadt (Bürgermeister, Stadtdirektor), Vertreter der Anwohner von Dreihausen, Direktor des Arbeitsamtes, Vertreter der Industrie- und Handelskammer, Vertreter des Landschaftsschutzverbandes, Vertreter des DGB. Bereiten Sie sich in Gruppen auf diese Podiumsdiskussion vor und erarbeiten Sie Argumente für ihren Vertreter, der an der Diskussion teilnehmen soll. Alle anderen Schüler sind Zuhörer der Podiumsdiskussion.

6 Nehmen Sie an, Sie sind der Vertreter einer regionalen Wirtschaftsförderungsgesellschaft und wollen für Ihre Stadt oder Region werben. Entwerfen Sie ein entsprechendes Werbeplakat.

Welche Funktionen hat der Wettbewerb?

Warum schließen sich Unternehmen zusammen?

Welche Unternehmenszusammenschlüsse gibt es?

Welche Chancen und Risiken liegen in Unternehmenszusammenschlüssen?

Welche Aufgabe haben die EU-Kommission und das Bundeskartellamt?

Wann gilt europäisches Wettbewerbsrecht?

Was sind die Inhalte des Gesetzes gegen Wettbewerbsbeschränkungen?

7 Wettbewerb und Konzentration

7.1 Monopolkommission: „Energiemarkt fehlt Wettbewerb"

Monopolkommission stellt Sondergutachten zur Wettbewerbssituation auf den Energiemärkten vor

(...) Die Monopolkommission hat heute ihr zweites Sondergutachten nach dem Energiewirtschaftsgesetz mit dem Titel „Strom und Gas 2009: Energiemärkte im Spannungsfeld von Politik und Wettbewerb" vorgestellt. Die vertiefte Analyse des deutschen Strom- und Gasmarktes zeigt, dass auf den Märkten der leitungsgebundenen Energieversorgung in Deutschland weiterhin kein funktionsfähiger Wettbewerb herrscht.

Im Strommarkt sieht die Monopolkommission insbesondere auf der Erzeugungsebene signifikante Wettbewerbsprobleme, welche durch eine hohe Marktkonzentration hervorgerufen werden. Die Hauptwettbewerbshindernisse im Gasmarkt resultieren zum einen aus der hohen Konzentration des Gasangebots auf wenige Unternehmen und zum anderen aus den fehlenden Zugriffsmöglichkeiten der Wettbewerbs- und Regulierungsbehörden auf die Produktionsstufe. Die Monopolkommission trägt den zahlreichen daraus resultierenden energiewirtschaftlichen Problemen und ihren Interdependenzen mit einem umfassenden Konzept Rechnung. Sie gibt zahlreiche politische Handlungsempfehlungen.

Unabdingbare Voraussetzungen für die Wirksamkeit regulatorischer Eingriffe sind die Verlässlichkeit und die Stabilität allgemeiner Energiepolitik. Nur wenn bei der Umsetzung legitimer politischer Ziele anhand konsistenter ökonomischer Kriterien verfahren wird und administrative Markteintrittsbarrieren vermieden werden, bleiben Anreize für Zukunftsinvestitionen im Energiesektor erhalten. „Bei der konkreten Ausgestaltung muss das Hauptaugenmerk auf der Öffnung der Märkte und dem Abbau von strukturellen Markteintrittsbarrieren liegen", so der Vorsitzende der Monopolkommission, Justus Haucap. (...)

Quelle: www.monopolkommission.de, 4. August 2009

Ein energiepolitisches Gesamtkonzept für Deutschland

(...) Investitionszusagen der Wirtschaft in Milliardenhöhe
Auf nationaler Ebene wurden erste konkrete Schritte im April 2006 verabredet: So will die Energiewirtschaft bis zum Jahr 2012 über 30 Milliarden Euro in neue Kraftwerke und die Energieinfrastruktur investieren. Für die Weiterentwicklung und den Ausbau der erneuerbaren Energien sind darüber hinaus bis zu 40 Milliarden Euro vorgesehen.

Mehr Transparenz bei den Energiekosten
Bundesregierung und Verbraucher waren sich beim Energiegipfel einig: Wir brauchen deutlich mehr Transparenz und Wettbewerb, damit Strom und Gas in Deutschland bezahlbar bleiben. Das neu gestaltete Energiewirtschaftsgesetz hat die Voraussetzungen für einen funktionierenden Wettbewerb entscheidend verbessert.

Die Bundesregierung und die Bundesnetzagentur sowie die Regulierungsbehörden der Länder werden den damit gegebenen Rahmen zügig ausfüllen. So hat die Bundesregierung die Ressortabstimmung zur Verordnung über die Anreizregulierung der Energieversorgungsnetze eingeleitet. Die Verordnung regelt die Bestimmung der Entgelte für den Zugang zu den Strom- und Gasversorgungsnetzen neu.

Bundesregierung erhöht Mittel für Energieforschung
Die Bundesregierung wird die Mittel für Energieforschung und Innovationen bis 2009 um 30 Prozent aufstocken – für eine sichere, wirtschaftliche und umweltverträgliche Energieversorgung. Zwischen 2006 und 2009 werden insgesamt zwei Milliarden Euro in diesen Forschungsbereich fließen. Für die Förderung sparsamer Energieverwendung stellt sie 24,9 Millionen Euro bereit.

Außerdem wird die Exportinitiative für erneuerbare Energien um eine Initiative für energieeffizientere Technologie ergänzt. Für 2007 sind hierfür insgesamt 15 Millionen Euro vorgesehen. 2006 wurden 12 Millionen Euro für erneuerbare Energietechnologien eingesetzt. (...)

Quelle: www.bundesregierung.de

Problemstellung

1 Recherchieren Sie die Marktsituation auf den Energiemärkten.
2 Recherchieren Sie Maßnahmen der Bundesregierung zur Energiepolitik.
3 Wie beurteilen Sie die Maßnahmen der Bundesregierung zur Verbesserung der Wettbewerbssituation auf den Energiemärkten?

7.2 *Funktionsfähiger Wettbewerb*

Wettbewerb hat zunächst eine **gesellschaftliche Aufgabe**. Er soll den Anbietern (Produzenten) und Nachfragern (Konsumenten) möglichst viel Freiheit gewährleisten. Außerdem hat Wettbewerb eine **ökonomische Aufgabe**, denn eine gute Versorgung über den Markt soll garantiert werden. Wettbewerb soll Handlungs- und Wahlfreiheiten in der Form garantieren, dass

- den Anbietern die individuelle Freiheit über ihre verfügbaren Ressourcen gewährleistet wird,
- den Nachfragern die Wahl zwischen verschiedenen alternativen Angeboten gestattet wird und
- den Arbeitnehmern die Chance zum Wechsel ihres Arbeitsplatzes ermöglicht wird.

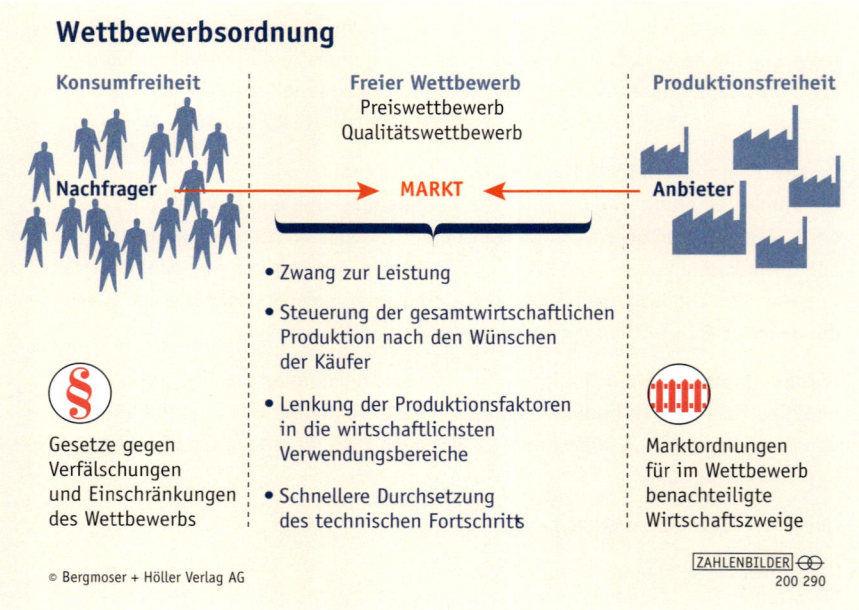

© Bergmoser + Höller Verlag AG

Eine Grundidee der Marktwirtschaft ist, dass im Wettbewerb durch das „freie Spiel der Kräfte" Güterproduktion und Güterverteilung möglichst optimal gestaltet werden. Allerdings bestehen für Unternehmen Anreize, eine marktbeherrschende Stellung anzustreben, um letztendlich die Gewinnsituation zu verbessern. Daher ist die **Wettbewerbspolitik** in der Marktwirtschaft eine zentrale ordnungspolitische Aufgabe. Wettbewerbspolitik hat insbesondere den freien Zugang zu Güter- und Faktormärkten zu gewährleisten und für wettbewerbsintensive Märkte zu sorgen. Märkte mit hoher **Wettbewerbsintensität** sorgen für einen leistungsorientierten Interessenausgleich unter den Marktteilnehmern. Die Entstehung von Marktmacht soll so verhindert und Machtmissbrauch unterbunden werden.

unvollkommener Markt
Kapitel 5.3

Im Konzept des funktionsfähigen Wettbewerbs werden bestimmte **Unvollkommenheiten** des Marktes in Kauf genommen. Insbesondere wird die Problematik der Verteilung von Marktmacht in die Überlegungen einbezogen, d.h., durch Kontrollmechanismen ist sicherzustellen, dass Unvollkommenheiten auf Märkten nicht missbräuchlich ausgenutzt werden können.

Ein funktionsfähiger Wettbewerb erfüllt verschiedene Funktionen:

- **Steuerungsfunktion:** Die Produzenten werden dazu angehalten, ein Angebot bereitzustellen, das den Wünschen der Konsumenten entspricht.
- **Allokationsfunktion:** Die Produzenten setzen Produktionsfaktoren so ein, dass eine größtmögliche Effizienz gewährleistet wird.
- **Innovationsfunktion:** Die Produzenten treiben den technischen Fortschritt voran, indem sie neuere, bessere und kostengünstigere Produkte entwickeln.
- **Anpassungsfunktion:** Die Produzenten sind gezwungen, die größtmögliche Produktivität zu erreichen und die Produktionsstruktur den sich verändernden Verbraucherwünschen anzupassen.
- **Verteilungsfunktion:** Durch den Wettbewerb auf den Faktormärkten wird eine möglichst leistungsgerechte Einkommensverteilung gewährleistet.
- **Kontrollfunktion:** Durch den Wettbewerb wird die wirtschaftliche Macht von Unternehmen begrenzt und kontrolliert, sodass kein Anbieter seine Position zu einer marktbeherrschenden Stellung ausbauen kann.

Funktionen des Wettbewerbs

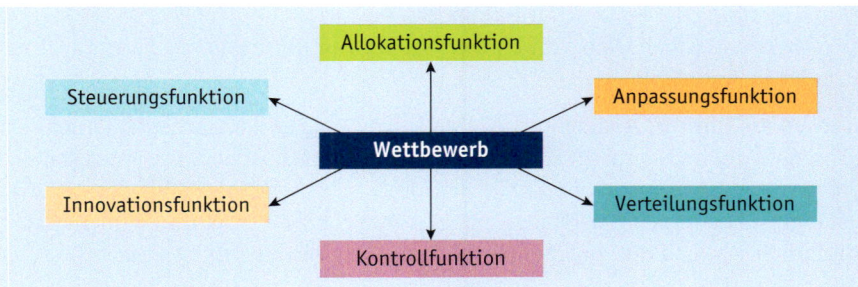

ÜBERBLICK

Der **Wettbewerb** hat eine gesellschaftliche und eine ökonomische Aufgabe.

Wettbewerbspolitik legt Regeln für den Leistungswettbewerb fest und überwacht deren Einhaltung. Zielvorgabe ist insbesondere die Verhinderung von Machtmissbrauch, der sich aus Marktmacht ergeben kann.

Funktionen des Wettbewerbs sind: Steuerungsfunktion, Allokationsfunktion, Innovationsfunktion, Anpassungsfunktion, Verteilungsfunktion und Kontrollfunktion.

AUFGABEN

1 Überlegen Sie, durch welche Merkmale das Modell der vollständigen Marktkonkurrenz gekennzeichnet ist.
2 Recherchieren Sie im Internet Beispiele für Marktmacht auf unvollkommenen Märkten.

7.3 Konzentrationstendenzen

Globalisierung
Kapitel 10.9

Im Zuge zunehmender Globalisierung verschärft sich der weltweite Wettbewerb. Durch die Verbreitung des Internets wird die Welt zu einem „globalen Dorf". Anbieter aus der ganzen Welt stehen plötzlich im Wettbewerb miteinander. Die Öffnung der Märkte erhöht den Druck auf viele kleine Unternehmen, die ihre gesteckten Ziele nicht mehr allein erreichen können. Aber auch große Unternehmen stehen durch die Zunahme der weltweiten Konkurrenz vor großen Problemen. Aus diesem Grund schließen sich immer häufiger Unternehmen mit anderen zusammen.

Die Argumente, mit denen die Unternehmen einen Zusammenschluss begründen, sind unabhängig von der Wirtschaftsbranche oft sehr ähnlich. Sie schließen sich mit anderen Unternehmen zusammen, um beispielsweise

- durch den gemeinsamen Bezug von Rohstoffen oder gemeinsamen Absatz von Waren, durch gemeinsame Werbung, Forschung und Entwicklung sowie durch Rationalisierung ihre Wettbewerbsposition zu verbessern.
- das unternehmerische Risiko durch Bildung größerer Unternehmenseinheiten und Stärkung der Finanzkraft zu mindern.
- vorhandene Arbeitsplätze durch Übernahme von Aufträgen aus anderen Unternehmen zu sichern.

Marktformen
Kapitel 3.7

Wettbewerb führt zu Änderungen der Marktstruktur. Die Anzahl der Unternehmen auf dem Markt und somit ihr Anteil am Umsatz der Branchen verändert sich ständig. Um den Wettbewerb und den Konkurrenzdruck zu entschärfen, schließen sich Unternehmen zusammen. Unabhängig davon, in welcher Form dies geschieht, führt ein Zusammenschluss i. d. R. zu einer Vergrößerung der wirtschaftlichen Macht.

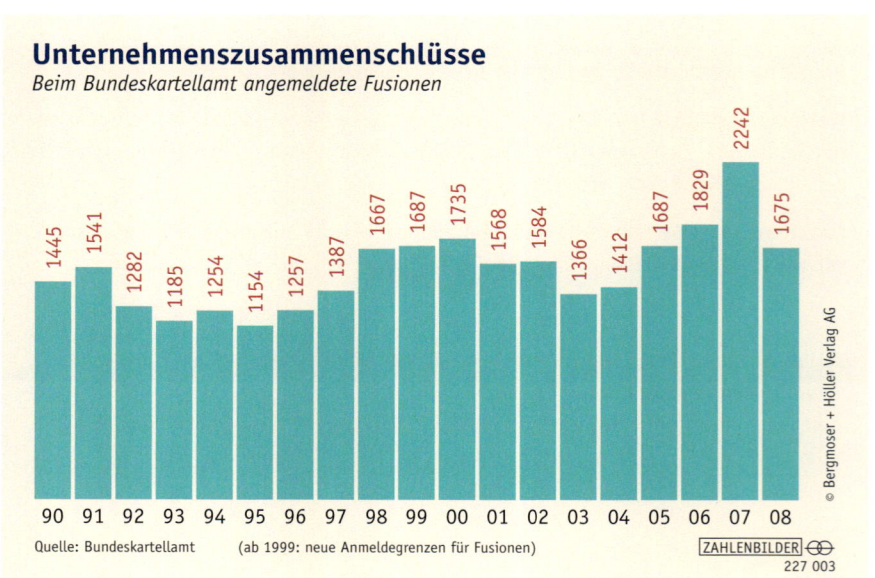

Unternehmenszusammenschlüsse
Beim Bundeskartellamt angemeldete Fusionen

90	91	92	93	94	95	96	97	98	99	00	01	02	03	04	05	06	07	08
1445	1541	1282	1185	1254	1154	1257	1387	1667	1687	1735	1568	1584	1366	1412	1687	1829	2242	1675

Quelle: Bundeskartellamt   (ab 1999: neue Anmeldegrenzen für Fusionen)

ZAHLENBILDER
227 003

© Bergmoser + Höller Verlag AG

Kooperation und Konzentration
Kapitel 7.4

Wenn Unternehmen sich durch Verträge zur Zusammenarbeit verpflichten, wird von **Kooperation** gesprochen. Sofern Unternehmen ihre rechtliche und/oder wirtschaftliche Selbstständigkeit aufgeben, um sich unter eine zentrale Leitung zu stellen, liegt **Konzentration** vor.

Unternehmenszusammenschlüsse, unabhängig von der Form, in der sie sich vollziehen, führen zu Konzentration wirtschaftlicher Macht. Nach der Produktionsstufe lassen sich horizontale, vertikale und anorganische Zusammenschlüsse unterscheiden.

Art des Zusammen-schlusses	Erklärung	Beispiel
horizontaler Zusammenschluss	Unternehmen derselben Produktionsstufe (Branche) schließen sich zusammen.	Mehrere Ölkonzerne schließen sich zusammen.
vertikaler Zusammenschluss	Unternehmen aufeinander folgender Produktionsstufen schließen sich zusammen.	Ein Spanplattenhersteller, ein Küchenhersteller und eine Handelskette für Küchenmöbel schließen sich zusammen.
anorganischer Zusammenschluss	diverse Unternehmen unterschiedlicher Branchen schließen sich zusammen.	Ein Nahrungsmittelhersteller, ein Versicherungsunternehmen und eine Schiffswerft schließen sich zusammen.

ÜBERBLICK

Unternehmen schließen sich zusammen, um ihre **Wettbewerbsposition** zu verbessern.

Kooperation bezeichnet die Verpflichtung von Unternehmen, aufgrund von Verträgen zusammenzuarbeiten. Geben Unternehmen ihre rechtliche und/oder wirtschaftliche Selbstständigkeit auf, um sich unter eine gemeinsame Leitung zu stellen, spricht man von **Konzentration**.

Nach der Produktionsstufe werden drei Erscheinungsformen unterschieden: Schließen sich Unternehmen der gleichen Branche zusammen, handelt es sich um einen **horizontalen Zusammenschluss**. Ein **vertikaler Zusammenschluss** von Unternehmen bezeichnet den Konzentrationsprozess aufeinander folgender Produktionsstufen. Schließen sich Unternehmen aus unterschiedlichen Wirtschaftsbranchen zusammen, spricht man von **anorganischer Konzentration**.

AUFGABEN

1 Recherchieren Sie im Internet nach aktuellen Beispielen für nationale und internationale Unternehmenszusammenschlüsse.
2 Bilden Sie Beispiele zu den drei verschiedenen Formen von Unternehmenszusammenschlüssen:
   – horizontaler Zusammenschluss
   – vertikaler Zusammenschluss
   – anorganischer Zusammenschluss
3 Erläutern Sie, welche Vor- und Nachteile durch die Unternehmenszusammenschlüsse für die Volkswirtschaft entstehen können.

7.4 Unternehmenszusammenschlüsse

Bei **Kooperationen** geben die beteiligten Unternehmen nur zu einem Teil ihre wirtschaftliche Selbstständigkeit auf. Ihre rechtliche Selbstständigkeit bleibt uneingeschränkt bestehen. Kooperationsformen sind z. B. Fachverbände, Interessengemeinschaften, Arbeitsgemeinschaften (ARGE) oder Konsortien sowie Kartelle. Bei **Konzentrationen** geben Unternehmen ihre rechtliche und/oder wirtschaftliche Selbstständigkeit auf und stehen unter einer zentralen Leitung, z. B. bei Konzernen oder Trust.

Arten von Unternehmenszusammenschlüssen

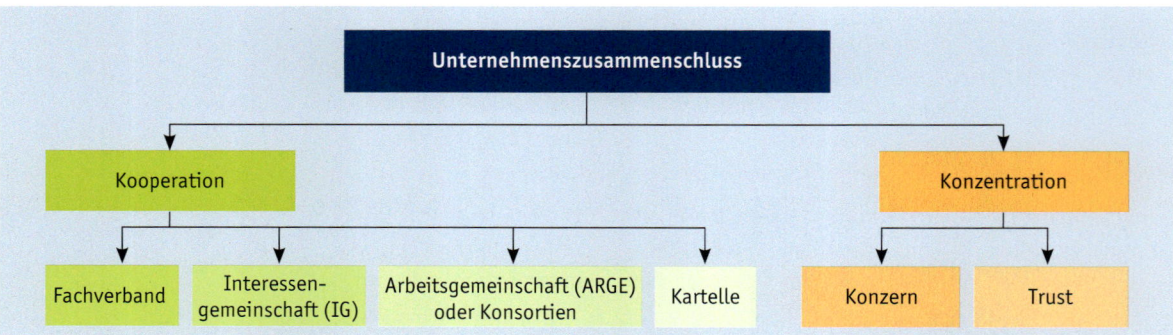

Ein **Fachverband** stellt eine lockere Verbindung dar. Er berät seine Mitgliedsunternehmen fachlich und vertritt sie nach außen, ohne dass dadurch ihre Selbstständigkeit eingeschränkt wird.

> **BEISPIEL**
> Bundesverband der Baumaschinen-, Baugeräte- und Industriemaschinenfirmen, Fachverband deutscher Sanitärhersteller, Hauptverband des deutschen Einzelhandels, Zentralverband des deutschen Handwerks

Interessengemeinschaften (IG) werden von mehreren selbstständig bleibenden Unternehmen gebildet, um gemeinsame Interessen oder Aufgaben zu definieren und zu lösen. So können z. B. Forschungs- und Entwicklungsarbeiten gemeinsam durchgeführt werden. Unternehmen schließen hierbei einen Kooperationsvertrag oder gründen dazu eine BGB-Gesellschaft oder einen eingetragenen Verein (e. V.).

Arbeitgemeinschaften (ARGE) oder **Konsortien** sind zeitlich befristet. Ihr Ziel ist die Durchführung gemeinsamer Projekte, wie z. B. große Bauprojekte oder die Ausgabe von Aktien. Diese Kooperationsformen bilden sich, wenn ein einzelnes selbstständiges Unternehmen die Durchführung eines Projektes nicht alleine leisten kann. In der Regel sind Arbeitsgemeinschaften bzw. Konsortien BGB-Gesellschaften. Nach dem Erreichen des gemeinsamen Ziels lösen sie sich wieder auf.

Kartelle können den Wettbewerb ausschalten, ohne dass den beteiligten Unternehmen wesentliche Beeinträchtigungen oder komplizierte Prozeduren entstehen: Bei Wahrung ihrer Souveränität schließen sie „lediglich" vertragliche Übereinkünfte. Die Ziele dieser Übereinkunft reichen von der Steigerung der Leistungsfähigkeit gegenüber Konkurrenten bis hin zum völligen Ausschluss des Wettbewerbs am Markt. Kartelle sind nach dem **Gesetz gegen Wettbewerbsbeschränkungen** (Kartellgesetz) und den Artikeln 101 ff. des „Vertrags über die Arbeitsweise der Europäischen Union" grundsätzlich verboten. Allerdings gibt es auch Ausnahmen, die vom Bundeskartellamt genehmigt werden.

Gesetz gegen Wettbewerbsbeschränkungen = GWB
Kapitel 7.6

Vertrag über die Arbeitsweisen der Europäischen Union = AEUV, sogenannter Lissabon-Vertrag
Kapitel 7.5.1

Bundeskartellamt
Kapitel 7.5.2

Einige Kartellarten und ihre wettbewerbsrechtliche Beurteilung

Bezeichnung	Erklärung	wettbewerbsrechtliche Beurteilung
Preiskartell	Die beteiligten Unternehmen treffen Vereinbarungen über Preise, z. B. Verkaufspreise.	Verstoß gegen § 1 GWB und Artikel 101 AEUV
Submissionskartell	Diese Kartellart ist eine Sonderform des Preiskartells. Die beteiligten Unternehmen vereinbaren, sich an Angebotspreise und -bedingungen für öffentliche Ausschreibungen zu halten.	Verstoß gegen § 1 GWB und Artikel 101 AEUV
Quotenkartell	Bei der Auftragsverteilung werden Bestellungen an einer zentralen Stelle gesammelt und dann nach einem bestimmten Schlüssel (Quote) an die beteiligten Unternehmen verteilt. Bei der Angebotsverteilung werden die zu verkaufenden Mengen je nach Marktlage und Kapazität für die beteiligten Unternehmen reguliert.	Verstoß gegen § 1 GWB und Artikel 101 AEUV
Rabattkartell	Die beteiligten Unternehmen vereinbaren einheitliche Rabatte, z. B. Umsatz- und Mengenrabatte.	Verstoß gegen § 1 GWB und Artikel 101 AEUV
Konditionenkartell	Die beteiligten Unternehmen treffen Absprachen über allgemeine Geschäfts-, Lieferungs- und Zahlungsbedingungen.	grundsätzlich nach § 1 GWB und Artikel 81 I AEUV verboten, aber im Einzelfall Freistellung möglich
Gebietskartell/ Exportkartell	Die beteiligten Unternehmen treffen Vereinbarungen für einzelne Gebiete oder Länder im Hinblick auf Absatzquote, Grundpreis und Konditionen wie z. B. Provisionen und Rabatte.	grundsätzlich nach § 1 GWB und Artikel 101 AEUV verboten, aber zulässig, wenn Wettbewerbsbeschränkung weder unmittelbar noch mittelbar im Geltungsbereich des GWB
Rationalisierungs- kartell	Die beteiligten Unternehmen treffen Vereinbarungen zur Rationalisierung wirtschaftlicher Vorgänge in den Bereichen Finanzierung, Investition, Einkauf, Produktion und Absatz.	grundsätzlich nach § 1 GWB und Artikel 101 AEUV verboten, aber Freistellung möglich, z. B. für Spezialisierungskartelle
Normen- und Typenkartell	Die beteiligten Unternehmen treffen Vereinbarungen über einheitliche Normen, wie z. B. über die Beschaffenheit der Waren hinsichtlich Material und Typen, wie z. B. Baumuster für komplexe Produkte.	nach § 1 GWB und Artikel 101 AEUV verboten, wenn die Vereinbarung nicht offen und transparent für die Wettbewerber ist, aber erlaubt, wenn die Vereinbarung offen und transparent ist

147

Mit abgestimmten Verhaltensweisen versuchen Unternehmen wegen des Kartellverbots den Wettbewerb auf andere Art und Weise zu beschränken. Diese nicht schriftlich fixierten Absprachen werden auch **Frühstückskartell** genannt, da sie beim „Frühstücken" oder „Kaffeetrinken" besprochen bzw. abgestimmt werden.

„Da kann ich nichts machen. Das ist keine unzulässige Absprache; das ist ihre Art zu grüßen."
Karikatur von Wolter

Ein **Konzern** ist im Unterschied zum Kartell ein Zusammenschluss von Unternehmen, der durch eine kapitalmäßige Verflechtung zustande kommt (z. B. durch Aktientausch, Erwerb von Aktienmehrheiten). Die sogenannten Tochterunternehmen behalten ihre rechtliche Selbstständigkeit, werden aber voneinander wirtschaftlich abhängig und stehen unter einer einheitlichen Leitung. Die einheitliche Leitung ermöglicht es, die wirtschaftlichen Interessen und Aufgaben der Konzernunternehmen aufeinander abzustimmen und somit die Marktsituation zu verbessern.

Im **Unterordnungskonzern** werden ein herrschendes und ein oder mehrere Tochterunternehmen durch die Leitung des herrschenden Unternehmens (Konzernmutter) zusammengefasst. Dies erfolgt entweder durch die Beteiligung einer Obergesellschaft an den abhängigen Unternehmen durch Erwerb von mehr als 50 % des Grund- oder Stammkapitals oder durch die Bildung einer **Holding**. Die beteiligten Unternehmen schließen darüber einen Vertrag, in dem die Übertragung aller oder nur eines Teils ihrer Kapitalanteile auf eine Dachgesellschaft (Holding-Gesellschaft) festgehalten wird. Die Holding-Gesellschaft verwaltet die Geschäftsanteile der Tochtergesellschaften, aber sie greift nicht in das operative Geschäft ein.

Unterordnungskonzern

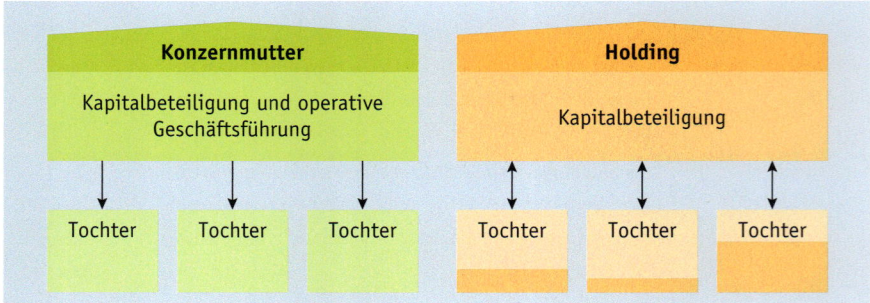

Bei **Gleichordnungskonzernen** tauschen Konzernunternehmen ihre Kapitalbeteiligungen gleichmäßig aus, ohne dass das eine Unternehmen von dem anderen abhängig ist. Dazu müssen die Unternehmen kein neues Kapital aufnehmen. Zwischen diesen sogenannten Schwestergesellschaften besteht aufgrund der Ausgewogenheit der Beteiligung ein gleichgewichtiger, gegenseitiger Einfluss. Die einheitliche Leitung entsteht hier durch gegenseitige Abstimmung. Diese Konzernform kommt in der Praxis aber eher selten vor.

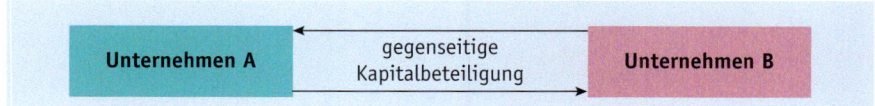

Der Zusammenschluss von zwei oder mehreren Unternehmen zu einer Einheit stellt die am weitesten gehende wirtschaftliche Konzentration dar. Durch die Verschmelzung geben die Unternehmen ihre wirtschaftliche und auch rechtliche Selbstständigkeit auf. Dieser Vorgang wird auch als **Fusion** bezeichnet. Wenn sich verschiedene Unternehmen derselben Branche mit dem Ziel zusammenschließen, eine überragende Marktstellung oder gar die Marktbeherrschung (Monopol) zu erlangen, bezeichnet man das neu entstandene Unternehmen als **Trust**. Nach der Fusion besteht nur noch ein rechtlich selbstständiges Unternehmen. Bei Aktiengesellschaften muss die Genehmigung der Fusion von der Hauptversammlung der Unternehmen beschlossen werden. Dieses kann als Unternehmensübernahme oder Unternehmensneugründung geschehen.

Monopol
Kapitel 3.7.3

Bei der **Unternehmensübernahme** nimmt das aufnehmende Unternehmen (A) das abhängige Unternehmen (B) auf. Das abhängige Unternehmen geht mit allen Vermögens- und Schuldteilen in das aufnehmende Unternehmen über und erlischt.

Unternehmensübernahme

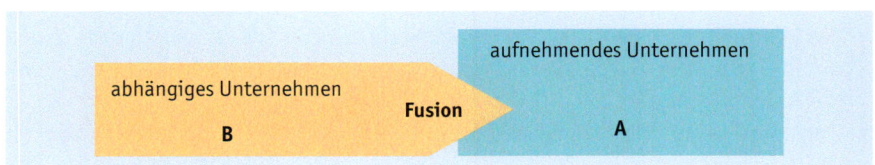

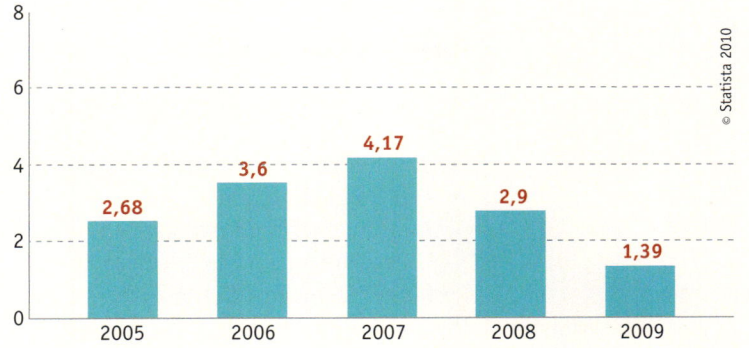

Volumen von Fusionen und Übernahmen weltweit von 2005 bis September 2009

(*in Milliarden US Dollar*)

© Statista 2010

149

Eine zweite Möglichkeit ist die **Unternehmensneugründung**: Beide beteiligten Unternehmen (A und B) übertragen ihre gesamten Vermögens- und Schuldteile auf ein neu gegründetes Unternehmen, in dem die alten Unternehmen aufgehen.

Unternehmensneugründung

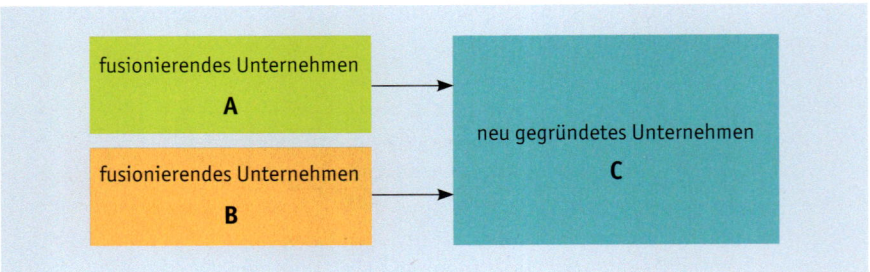

Chancen und Risiken

Unternehmenszusammenschlüsse bieten die Möglichkeit,
- große und kostspielige Forschungsvorhaben durchzuführen (z. B. bei der Entwicklung neuer Motoren auf dem Automobilsektor oder bei der Entwicklung neuer Technologien auf dem Energiesektor).
- das unternehmerische Risiko durch den gemeinsamen Bezug von Rohstoffen oder Absatz von Gütern, Werbung usw. zu verringern.
- Kosten im Bereich der Fertigung einzusparen. Durch den Einsatz moderner Verfahren können preiswerte Massengüter angeboten werden.
- die Produktivität zu erhöhen und somit die Verbraucher besser zu versorgen.
- neue und bessere Ideen durch das Zusammenarbeiten von zwei Unternehmen zu entwickeln, als das jedes Unternehmen für sich allein hätte erreichen können. Dieser Effekt wird als Synergie bezeichnet.
- die eigene Marktmacht zu stärken und somit Arbeitsplätze zu sichern.
- das unternehmerische Risiko zu streuen. Verluste in einer Geschäftssparte können durch Gewinne in einer anderen Sparte ausgeglichen werden; dies erhöht zugleich die Arbeitsplatzsicherheit.
- Zugang zu neuen Märkten zu bekommen und dadurch die Wettbewerbsfähigkeit zu verbessern.

Kritiker warnen allerdings angesichts der wachsenden Zahl von Unternehmenszusammenschlüssen. Sie argumentieren, dass
- aufgrund fehlender Konkurrenz notwendige Rationalisierungsmaßnahmen nicht mehr durchgeführt werden.
- durch die Zusammenlegung und den Wegfall von Unternehmensteilen Arbeitsplätze in der Verwaltung und in der Fertigung verloren gehen.
- die Verbraucher überhöhte Preise als Folge von Preisabsprachen zahlen müssen.
- eine zu große Marktmacht auch dazu führen kann, dass die Unternehmen das Angebot künstlich verknappen (z. B. Mineralölkonzerne). Marktbeherrschende Unternehmen sind in der Lage, höhere Preise zu fordern als Unternehmen im funktionierenden Wettbewerb.
- der Missbrauch wirtschaftlicher Macht zugleich auch zu größerer politischer Einflussnahme (Lobbyismus) führt.

Lobbyismus
Kapitel 6.3

Unternehmenszusammenschlüsse müssen in jedem einzelnen Fall sehr differenziert beurteilt werden, um herauszufinden, ob ein Zusammenschluss positive oder negative Auswirkungen für die Unternehmen, die Verbraucher oder die Gesamtwirtschaft hat.

Als das Huhn dem Schwein vorschlug, man möge doch kooperieren und gemeinsam „ham and eggs" produzieren, war das Borstenvieh zuerst begeistert. Dann wurde es nachdenklich. „Wenn du die Eier lieferst und ich den Schinken, geht das aber tödlich für mich aus", erwiderte das Schwein. „Nun ja", entgegnete das Huhn ungerührt, „so ist das eben bei Fusionen." Bei Fusionen ist immer Vorsicht geboten. Anfangs sind die Partner begeistert. Sie beschwören gigantische Synergieeffekte, es folgen Rückschläge und nicht selten Katzenjammer oder sogar die Scheidung. Meist heißt es dann, die Unternehmenskulturen seien halt doch zu unterschiedlich gewesen.

Quelle: Die Welt vom 15. April 2001

Form des Zusammenschlusses	Beispiel	wirtschaftliche Selbstständigkeit	rechtliche Selbstständigkeit
Kooperation	Fachverband	bleibt bestehen	bleibt bestehen
	Interessengemeinschaft	bleibt bestehen	bleibt bestehen
	Arbeitsgemeinschaft / Konsortium	bleibt bestehen / Einschränkung möglich	bleibt bestehen
	Kartell	wird eingeschränkt	bleibt bestehen
Konzentration	Konzern	geht verloren	bleibt bestehen
	Trust	geht verloren	geht verloren

ÜBERBLICK

Kartelle sind grundsätzlich verboten; Ausnahmen können vom Bundeskartellamt genehmigt werden. Es gibt verschiedene **Kartellarten**: Preiskartell, Submissionskartell, Quotenkartell, Rabattkartell, Konditionenkartell, Gebietskartell/ Exportkartell, Rationalisierungskartell, Normen- und Typenkartell sowie Frühstückskartell.

Kommt es zwischen mindestens zwei Unternehmen zu einer kapitalmäßigen Verflechtung, entsteht ein **Konzern**. Man unterscheidet Unterordnungs- und Gleichordnungskonzerne.

Schließen sich Unternehmen zu einer rechtlichen Einheit zusammen, entsteht ein **Trust**. Der Einigungsvorgang wird als **Fusion** bezeichnet.

AUFGABEN

1 Formulieren Sie Beispiele zu den verschiedenen Kartellarten: Preiskartell, Gebietskartell, Quotenkartell, Submissionskartell, Konditionenkartell, Normen- und Typenkartell, Frühstückskartell.
2 Welche Gründe können Unternehmen veranlassen zu fusionieren?
3 Ein deutsches und ein amerikanisches Automobilunternehmen schließen sich zusammen:
  a Was versteht man unter einer Fusion und wodurch unterscheidet sie sich vom Kartell?
  b Welche Form der Konzernbildung liegt im vorliegenden Fall Ihrer Meinung nach vor?
  c Versuchen Sie anzugeben, wann sich positive, wann sich negative Auswirkungen für den Wettbewerb ergeben.
4 Recherchieren Sie im Internet Vorteile und Nachteile von Unternehmensfusionen und diskutieren Sie in Gruppen, welche Chancen und Risiken Unternehmenszusammenschlüsse beinhalten.

7.5 Die Hüter des Wettbewerbs

Die weltweite Öffnung der Märkte hat die Wettbewerbspolitik zu einer internationalen Aufgabe gemacht. Als relevante Rechtsebenen sind zu unterscheiden:

- internationales Recht (Völkervertragsrecht) und ggf. ausländisches Recht
- supranationales Recht (hier: europäisches Recht)
- nationales Recht

7.5.1 EU-Kommission

Die weltweite Öffnung der Märkte hat die Wettbewerbspolitik zu einer internationalen Aufgabe gemacht. Sie hat zu verhindern, dass durch Unternehmenszusammenschlüsse der marktwirtschaftliche Wettbewerb beeinträchtigt oder sogar aufgehoben wird. In die Zuständigkeit der **Europäischen Kommission** in Brüssel fallen daher Zusammenschlüsse, die über die nationale Grenze hinaus bedeutend sind.

Die Bundesrepublik Deutschland hat gewisse Hoheitsrechte auf die Europäische Union übertragen, d. h. bestimmte Wirtschafts- und Lebensbereiche rechtlich zu regeln. Europäisches Recht gilt unmittelbar, d. h. ohne nationale Ratifizierung, in den Mitgliedstaaten der EU. Grundsätzlich kann gesagt werden, dass nationales Recht dem übergeordneten europäischen Recht nicht entgegenstehen darf.

Im Konfliktfall gilt der Grundsatz, dass das europäische Recht das höherrangige Recht ist und das nationale Recht „bricht" und außer Kraft setzt. Das **Subsidiaritäts-Prinzip** beinhaltet den Grundsatz, dass die EU-Kommission als übergeordnete „Hüterin des Wettbewerbs" dann zuständig ist, wenn Konzentrationsvorgänge den gemeinsamen Wettbewerb beeinträchtigen.

Europäische Wirtschaftsgemeinschaft Kapitel 10.8.1

Grundlagen des europäischen Wettbewerbsrechts wurden bereits im Vertrag der Europäischen Wirtschaftsgemeinschaft (EWG) von 1957 gelegt. Seit dem 1. Dezember 2009 gelten die Artikel 101–118 des „Vertrags über die Arbeitsweise der Europäischen Union" (AEUV) für die gemeinsamen Wettbewerbsregeln. Die **Fusionskontrolle** wurde 2004 in einer Verordnung geregelt.

Danach ist die EU-Kommission zuständig, wenn folgende Umsatzschwellen erreicht werden:

- Die beteiligten Unternehmen haben mehr als 5 Milliarden Euro Weltumsatz und weisen mindestens zwei Unternehmen mit einem EU-Umsatz von mehr als 250 Millionen Euro auf.
- Alle am Zusammenschluss beteiligten Unternehmen haben zusammen einen weltweiten Gesamtumsatz von mehr als 2,5 Mrd. Euro, mindestens zwei der beteiligten Unternehmen erzielen einen gemeinschaftsweiten Umsatz von jeweils mehr als 100 Mio. Euro, alle am Zusammenschluss beteiligten Unternehmen erreichen zusammen in mindestens drei Mitgliedstaaten einen Gesamtumsatz von jeweils mehr als 100 Mio. Euro und mindestens zwei der beteiligten Unternehmen in jedem dieser drei Mitgliedstaaten erzielen einen Umsatz von jeweils mehr als 25 Mio. Euro.

Die EU-Kommission ist jedoch nicht zuständig, wenn die beteiligten Unternehmen mehr als zwei Drittel des EU-Umsatzes in ein und demselben Mitgliedstaat erzielen.

Artikel 101 AEUV

1 Mit dem Binnenmarkt unvereinbar und verboten sind alle Vereinbarungen zwischen Unternehmen, Beschlüsse von Unternehmensvereinigungen und aufeinander abgestimmte Verhaltensweisen, welche den Handel zwischen Mitgliedstaaten zu beeinträchtigen geeignet sind und eine Verhinderung, Einschränkung oder Verfälschung des Wettbewerbs innerhalb des Binnenmarkts bezwecken oder bewirken, insbesondere

  a die unmittelbare oder mittelbare Festsetzung der An- oder Verkaufspreise oder sonstiger Geschäftsbedingungen;

  b die Einschränkung oder Kontrolle der Erzeugung, des Absatzes, der technischen Entwicklung oder der Investitionen;

  c die Aufteilung der Märkte oder Versorgungsquellen;

  d die Anwendung unterschiedlicher Bedingungen bei gleichwertigen Leistungen gegenüber Handelspartnern, wodurch diese im Wettbewerb benachteiligt werden;

  e die an den Abschluss von Verträgen geknüpfte Bedingung, dass die Vertragspartner zusätzliche Leistungen annehmen, die weder sachlich noch nach Handelsbrauch in Beziehung zum Vertragsgegenstand stehen.

2 Die nach diesem Artikel verbotenen Vereinbarungen oder Beschlüsse sind nichtig.

3 Die Bestimmungen des Absatzes 1 können für nicht anwendbar erklärt werden auf

  – Vereinbarungen oder Gruppen von Vereinbarungen zwischen Unternehmen,

  – Beschlüsse oder Gruppen von Beschlüssen von Unternehmensvereinigungen,

  – aufeinander abgestimmte Verhaltensweisen oder Gruppen von solchen,

  die unter angemessener Beteiligung der Verbraucher an dem entstehenden Gewinn zur Verbesserung der Warenerzeugung oder -verteilung oder zur Förderung des technischen oder wirtschaftlichen Fortschritts beitragen, ohne dass den beteiligten Unternehmen

  a Beschränkungen auferlegt werden, die für die Verwirklichung dieser Ziele nicht unerlässlich sind, oder

  b Möglichkeiten eröffnet werden, für einen wesentlichen Teil der betreffenden Waren den Wettbewerb auszuschalten.

7.5.2 *Bundeskartellamt und Monopolkommission*

Zuständig für den Wettbewerbsschutz ist in Deutschland das **Bundeskartellamt**, das zum Geschäftsbereich des Bundesministeriums für Wirtschaft und Technologie gehört, aber nicht weisungsgebunden ist.

Bundeskartellamt.de

Das Bundeskartellamt in Bonn

Gesetz gegen Wettbewerbs-
beschränkungen
Kapitel 7.6

Grundlage seiner Tätigkeit ist das **Gesetz gegen Wettbewerbsbeschränkungen** (GWB). Zu seinen Aufgaben gehören im Einzelnen die Durchsetzung des Kartellverbots, die Fusionskontrolle, Missbrauchsaufsicht über marktbeherrschende Unternehmen und die Überprüfung der Vergabe öffentlicher Aufträge. Daneben kann das Bundeskartellamt das europäische Wettbewerbsrecht anwenden, soweit die Europäische Kommission nicht selbst tätig wird. Die Zuständigkeit des Bundeskartellamtes erstreckt sich auf alle Wettbewerbsbeschränkungen, die sich in Deutschland auswirken.

www.monopolkommission.de

Daneben wurde 1973 die **Monopolkommission** eingerichtet, die aus fünf unabhängigen Gutachtern besteht und die die Aufgabe hat, die Bundesregierung in wettbewerbspolitischen Fragen zu beraten. Grundlage bilden i. d. R. entsprechende Gutachten.

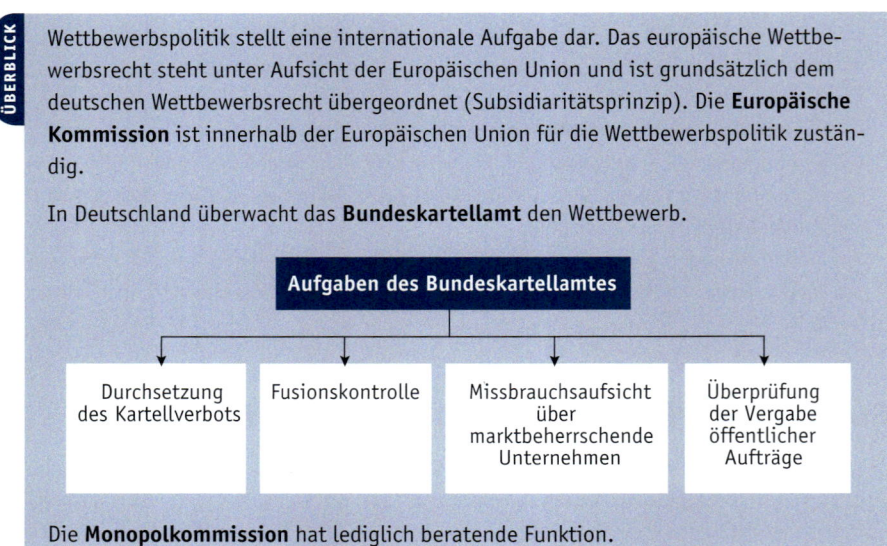

ÜBERBLICK

Wettbewerbspolitik stellt eine internationale Aufgabe dar. Das europäische Wettbewerbsrecht steht unter Aufsicht der Europäischen Union und ist grundsätzlich dem deutschen Wettbewerbsrecht übergeordnet (Subsidiaritätsprinzip). Die **Europäische Kommission** ist innerhalb der Europäischen Union für die Wettbewerbspolitik zuständig.

In Deutschland überwacht das **Bundeskartellamt** den Wettbewerb.

Aufgaben des Bundeskartellamtes

| Durchsetzung des Kartellverbots | Fusionskontrolle | Missbrauchsaufsicht über marktbeherrschende Unternehmen | Überprüfung der Vergabe öffentlicher Aufträge |

Die **Monopolkommission** hat lediglich beratende Funktion.

AUFGABEN

1 Formulieren Sie den Artikel 101 AEUV in eigenen Worten.
2 Welche Ziele verfolgt die europäische, welche die nationale Wettbewerbspolitik? Erläutern Sie in diesem Zusammenhang das Subsidiaritätsprinzip.
3 Recherchieren Sie unter http://europa.eu Grundsätze der Wettbewerbsgestaltung der Europäischen Union.
4 Recherchieren Sie unter www.bundeskartelamt.de die Aufgaben des Bundeskartellamtes.
5 Recherchieren Sie unter www.monopolkommission.de die Aufgaben der Monopolkommission.

7.6 Gesetz gegen Wettbewerbsbeschränkungen

Gesetzliche Grundlage staatlicher Wettbewerbspolitik ist das Gesetz gegen Wettbewerbsbeschränkungen (GWB) von 1957 – auch Kartellgesetz genannt – mit späteren Änderungen. Wichtigste Inhalte dieses Gesetzes sind das Kartellverbot, die Fusionskontrolle, die Missbrauchsaufsicht über marktbeherrschende Unternehmen und seit 2007 die Überprüfung der Vergabe öffentlicher Aufträge. Das deutsche Gesetz gegen Wettbewerbsbeschränkungen wurde 2005 an Art. 101 ff. des „Vertrags über die Arbeitsweise der Europäischen Union" (AEUV) angepasst.

7.6.1 Kartellverbote

Kartelle sind gem. § 1 GWB verboten. Verboten sind Beschlüsse von Unternehmensvereinigungen und aufeinander abgestimmte Verhaltensweisen, sofern diese den Wettbewerb verhindern, einschränken oder verfälschen. Unter das Kartellverbot fallen sowohl horizontale als auch vertikale Vereinbarungen.

Kartellarten
Kapitel 7.4

> **§ 1 GWB**
> Vereinbarungen zwischen Unternehmen, Beschlüsse von Unternehmensvereinigungen und aufeinander abgestimmte Verhaltensweisen, die eine Verhinderung, Einschränkung oder Verfälschung des Wettbewerbs bezwecken oder bewirken, sind verboten.

Elefantenhochzeit (Karikatur von Hanel/CCC, www.c5.net)

Kartelle sind erlaubt, wenn Sie unter die sogenannten **Freistellungsvoraussetzungen** fallen (§ 2 GWB). Die Freistellungsvoraussetzungen sind erfüllt, wenn z.B. die Warenerzeugung verbessert wird, der technische Fortschritt gefördert wird und die Verbraucher an dem entstehenden Gewinn angemessen beteiligt werden.

> **§ 2 (1) GWB**
> **1** Vom Verbot des § 1 freigestellt sind Vereinbarungen zwischen Unternehmen, Beschlüsse von Unternehmensvereinigungen oder aufeinander abgestimmte Verhaltensweisen, die unter angemessener Beteiligung der Verbraucher an dem entstehenden Gewinn zur Verbesserung der Warenerzeugung oder -verteilung oder zur Förderung des technischen oder wirtschaftlichen Fortschritts beitragen, ohne dass den beteiligten Unternehmen
>   **1** Beschränkungen auferlegt werden, die für die Verwirklichung dieser Ziele nicht unerlässlich sind, oder
>   **2** Möglichkeiten eröffnet werden, für einen wesentlichen Teil der betreffenden Waren den Wettbewerb auszuschalten.

Wenn Unternehmen diese Freistellungsvoraussetzungen erfüllen, gelten diese Zusammenschlüsse grundsätzlich als legal (**Legalausnahme**). Für Unternehmen bedeutet das, dass sie selbst einschätzen müssen, ob ihr Zusammenschluss mit dem Kartellrecht vereinbar ist. Dieses System der Legalausnahme stellt hohe Anforderungen an die Unternehmen.

Darüber hinaus sind gemäß § 3 GWB **Mittelstandskartelle** vom Kartellverbot ausgenommen, wenn sie zu einer Rationalisierung wirtschaftlicher Vorgänge führen. Dies gilt allerdings nur dann, wenn der Wettbewerb nur unwesentlich beeinträchtigt wird oder das Kartell dazu dient, die Wettbewerbsfähigkeit kleiner und mittlerer Unternehmen zu verbessern.

---

§ 3 (1) GWB

1 Vereinbarungen zwischen miteinander im Wettbewerb stehenden Unternehmen und Beschlüsse von Unternehmensvereinigungen, die die Rationalisierung wirtschaftlicher Vorgänge durch zwischenbetriebliche Zusammenarbeit zum Gegenstand haben, erfüllen die Voraussetzungen des § 2 Abs. 1, wenn

1. dadurch der Wettbewerb auf dem Markt nicht wesentlich beeinträchtigt wird und
2. die Vereinbarung oder der Beschluss dazu dient, die Wettbewerbsfähigkeit kleiner oder mittlerer Unternehmen zu verbessern.

Gegen wettbewerbsbeschränkende Vereinbarungen kann das Bundeskartellamt vorgehen. Zum einen kann es im Rahmen von Verwaltungsverfahren anordnen, die beanstandete Vereinbarung zu beenden. Zum anderen kann es im Zusammenhang mit einem Ordnungswidrigkeitsverfahren Bußgelder verhängen.

Das Bundeskartellamt hat gegen sechs Unternehmen der Tondachziegelbranche und acht Personen wegen der Beteiligung an wettbewerbsbeschränkenden Absprachen bei Tondachziegeln Geldbußen in Höhe von insgesamt 165 Mio. € verhängt. (...) Im Juli 2006 hatte fast die gesamte Branche bei einem Verbandstreffen vereinbart, die Preise um 4–6 % durch die Erhebung eines sogenannten „Energiekostenzuschlages" im laufenden Jahr zu erhöhen. Zuvor hatten sich bereits im Frühjahr Etex, Koramic, Lafarge und Erlus in einem speziellen Segment der Tondachziegel über eine massive Preiserhöhung verständigt. Die Absprache vom Juli betraf die gesamte Produktpalette der Tondachziegelbranche.Bei dem gesamten Dachpfannenmarkt handelt es sich um einen bedeutenden Bereich der Bauwirtschaft mit einem Marktvolumen in Höhe von über 1 Mrd. € im Jahr 2006. (...) Die Bußgeldbescheide sind noch nicht rechtskräftig.

Quelle: Pressemeldung des Bundeskartellamtes vom 22. Dezember 2008, www.bundeskartellamt.de

---

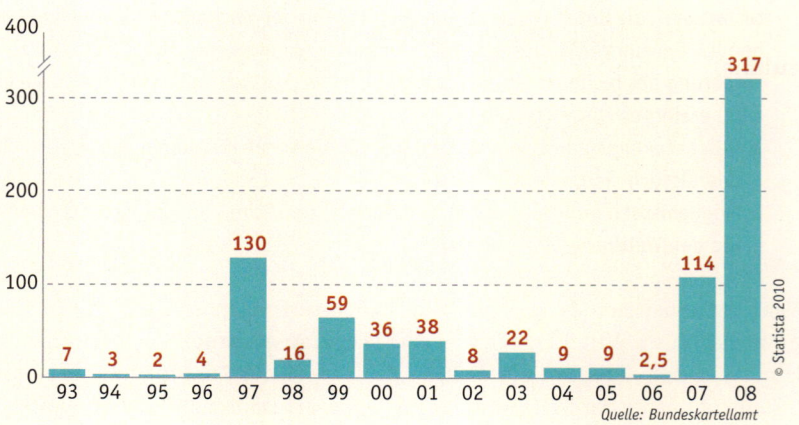

Vom Bundeskartellamt vereinnahmte Bußgelder 1993 bis 2008

(*in Mio. Euro*)

© Statista 2010

Quelle: Bundeskartellamt

7.6.2 Fusionskontrolle

Unternehmenszusammenschlüsse (Fusionen) sind in Deutschland grundsätzlich erlaubt, sofern die Unternehmen dadurch ihre Geschäftsfelder verbessern oder neu ausrichten können. Im Hinblick auf die Fusionskontrolle sind nach dem GWB zwei Klassen von Zusammenschlüssen zu unterscheiden. **Kontrollpflichtige Fälle** müssen gemäß § 39 GWB vor Vollzug angemeldet werden. **Nicht kontrollpflichtige Fälle** sind nicht anmeldepflichtig. Zusammenschlüsse werden anmeldepflichtig, wenn bestimmte Umsatzschwellen erreicht werden. Dann prüft das Bundeskartellamt, ob durch den geplanten Zusammenschluss eine marktbeherrschende Stellung entsteht oder verstärkt wird. Ist dies der Fall, kann die Kartellbehörde die Fusion untersagen.

Fusionskontrolle

Anmeldepflicht

Ein **Zusammenschluss**,
bei dem ein Unternehmen
- ein anderes erwirbt,
- die Kontrolle über ein anderes Unternehmen übernimmt (z. B. durch Rechte oder Verträge),
- mindestens 25 % bzw. 50 % des Aktienkapitals erwirbt,
- auf sonstige Art erheblichen Einfluss auf ein anderes Unternehmen gewinnt,

muss beim Bundeskartellamt vor dem Vollzug angemeldet werden

Umsatzschwellen

Weltumsatz der beteiligten Unternehmen: mehr als 500 Mio. €
Deutschland-Umsatz mindestens eines der beteiligten Unternehmen: mehr als 25 Mio. €

Das Bundeskartellamt prüft, ob durch den Zusammenschluss eine marktbeherrschende Stellung entsteht oder verstärkt wird

Ist das zu erwarten, wird der Zusammenschluss untersagt

Ministererlaubnis

Der Bundeswirtschaftsminister kann den Zusammenschluss trotzdem genehmigen, wenn die Wettbewerbsbeschränkung durch gesamtwirtschaftliche Vorteile der Fusion aufgewogen wird

ZAHLENBILDER
© Bergmoser + Höller Verlag AG
200 300

Weisen die beteiligten Unternehmen ihrerseits jedoch nach, dass durch den Zusammenschluss auch Verbesserungen der Wettbewerbsbedingungen eintreten, die den Nachteil der Marktbeherrschung überwiegen, kann der Zusammenschluss erlaubt werden.

Zusätzlich hat der Bundeswirtschaftsminister die Möglichkeit, vom Bundeskartellamt untersagte Fusionen ausnahmsweise zu genehmigen, wenn dies durch übergeordnete, gesamtwirtschaftliche Vorteile gerechtfertigt ist (sogenannte **Ministererlaubnis**).

Ministererlaubnis für E.ON

Europas zweitgrößter Energieversorger E.ON wird nach Informationen des Abendblatts heute die Ministererlaubnis erhalten, mit der er Deutschlands größten Gasimporteur übernehmen darf. Damit wird der Stromriese auch zur Nummer eins auf dem deutschen Gasmarkt. Ohne Ministererlaubis hätte E.ON keine Chance bei Ruhrgas gehabt, weil sich das Bundeskartellamt und die Monopolkommission aus Furcht vor Wettbewerbsverzerrungen gegen den Übernahmeplan ausgesprochen hatten. Eine Ausnahmeerlaubnis gab es in der Geschichte der Bundesrepublik bislang nur sechsmal.

Quelle: Stürmlinger, D., in: Hamburger Abendblatt, 5. Juli 2002

7.6.3 Missbrauchsaufsicht über marktbeherrschende Unternehmen

In § 19 GWB ist definiert, wann eine **marktbeherrschende Stellung** vorliegt. Sie liegt dann vor, wenn ein Unternehmen keine Wettbewerber hat oder gegenüber seinen Wettbewerbern eine überragende Marktstellung einnimmt. Eine marktbeherrschende Stellung wird vermutet, wenn

- ein Unternehmen einen Marktanteil von einem Drittel hat,
- bis zu drei Unternehmen einen Marktanteil von zusammen 50 % haben,
- bis zu fünf Unternehmen einen Marktanteil von zusammen zwei Dritteln erreichen.

Ein Unternehmen missbraucht seine wirtschaftliche Macht immer dann, wenn durch sein Verhalten die wirtschaftlichen Handlungsmöglichkeiten anderer Unternehmen (z. B. Konkurrenten, Abnehmer oder Lieferanten) erheblich beeinträchtigt werden. Missbräuchlich sind solche Verhaltensweisen, die nur aufgrund der Marktmacht eines Unternehmens möglich sind und dadurch die anderen Unternehmen behindern oder benachteiligen. Missbräuchliches Verhalten tritt in zwei Ausprägungsformen auf: als Behinderungs- und Ausbeutungsmissbrauch.

Nutzt ein Unternehmen seine marktbeherrschende Stellung, um seinen Konkurrenten den Zugang zu eigenen Netzen zu verweigern, handelt es sich um einen **Behinderungsmissbrauch**. Behinderungsmissbrauch liegt auch dann vor, wenn das marktbeherrschende Unternehmen versucht, seine Konkurrenten mit einer gezielten Kampfstrategie aus dem Markt zu verdrängen.

> „Das Bundeskartellamt hat Anfang 2002 der Deutschen Lufthansa untersagt, auf der Strecke Frankfurt – Berlin/Tegel einen Flugpreis zu verlangen, der nicht mindestens 35 Euro über dem Flugpreis des Wettbewerbers Germania auf dieser Strecke liegt. Die Lufthansa hatte zuvor ihren eigenen Ticketpreis für die Strecke Frankfurt – Berlin unmittelbar nach dem Markteintritt der Germania massiv gesenkt und dabei den Germania-Preis faktisch deutlich unterboten. Das Bundeskartellamt sah in diesem Verhalten einen Versuch der Lufthansa, den neuen Wettbewerber vom Markt zu verdrängen. (…) Wäre Germania aus dem Markt verdrängt worden, hätte Lufthansa die Preise wieder anheben können. Das Oberlandesgericht Düsseldorf hat die Untersagungsentscheidung des Bundeskartellamtes bestätigt."
>
> *Quelle: www.bundeskartellamt.de*

Ausbeutungsmissbrauch liegt dann vor, wenn ein Unternehmen von seinen Abnehmern überzogene Preise oder Konditionen fordert oder wenn es gegenüber einem abhängigen Zulieferer Preisdumping betreibt.

In der Praxis ist missbräuchliches Verhalten oftmals nur schwer nachweisbar. Gleichwohl hat die EU-Kommission beispielsweise 2007 gegen Mitglieder eines Kartells von Aufzug- und Rolltreppenherstellern ein Bußgeld von 992 Millionen Euro erlassen. Als einzelnes Unternehmen musste Microsoft ein Bußgeld in Höhe von 899 Millionen Euro erstatten.

Der Bundesgerichtshof bestätigte beispielsweise 2010, dass die hessische Landeskartellbehörde den Wasserversorger der Stadt Wetzlar verpflichten durfte, die Wasserpreise um ca. 30 % anzuheben.

7.6.4 *Überprüfung der Vergabe öffentlicher Aufträge*

Das Gesetz gegen Wettbewerbsbeschränkungen schreibt bestimmte Regeln zum Verfahren und Rechtsschutz öffentlicher Aufträge vor (§§ 97–129). Hierbei handelt es sich um die klassischen öffentlichen Auftraggeber: Bund, Länder und Kommunen. Das Vergaberecht schließt unter bestimmten Voraussetzungen aber auch Unternehmen ein, z. B. solche der Energie- und Trinkwasserversorgung sowie Unternehmen, die im Verkehrswesen tätig sind. Das Bundeskartellamt ist nur dann zuständig, wenn die Aufträge einen bestimmten Schwellenwert erreichen, z. B. für Liefer- und Dienstleistungen 206 000 Euro, für Bauaufträge 5,15 Mio. Euro. Alle Angebote ausländischer und inländischer Unternehmen sind gleich zu behandeln.

ÜBERBLICK

Das **Gesetz gegen Wettbewerbsbeschränkungen** verbietet Kartelle grundsätzlich, sofern eine Beschränkung des Wettbewerbs eintritt (§ 1 GWB). Es beinhaltet Ausnahmen, die im Einzelfall zu prüfen sind. Werden die **Freistellungsvoraussetzungen** aus § 2 GWB erfüllt, sind Kartelle erlaubt (Legalausnahme). Auch **Mittelstandskartelle** (§ 3 GWB) sind vom Kartellverbot ausgenommen.

Im Rahmen der **Fusionskontrolle** prüft das Bundeskartellamt, ob durch einen Zusammenschluss von Unternehmen eine marktbeherrschende Stellung entsteht oder verstärkt wird. Ist dies der Fall, kann die Kartellbehörde die Fusion untersagen.

Die **Missbrauchsaufsicht** kann marktbeherrschenden Unternehmen wettbewerbsschädigendes Verhalten untersagen und Verträge für unwirksam erklären. Es wird zwischen **Behinderungs**- und **Ausbeutungsmissbrauch** unterschieden.

Das Bundeskartellamt überprüft daneben auch die **Vergabe von öffentlichen Aufträgen**.

AUFGABEN

1 Das deutsche Gesetz gegen Wettbewerbsbeschränkungen beinhaltet wichtige Instrumente, um für einen fairen Wettbewerb zu sorgen.
   a Erläutern Sie das Kartellverbot. Gehen Sie dabei auch auf die Ausnahmen ein.
   b Welche Aufgaben hat die Fusionskontrolle? Wann wird ein Zusammenschluss untersagt? Was bedeutet die „Ministererlaubnis"?
   c Wann wird die Missbrauchsaufsicht gegenüber marktbeherrschenden Unternehmen tätig? Welche Voraussetzungen müssen für Verfügungen der Kartellbehörde gegeben sein?
2 Es seien folgende Anbieter gegeben: Möbelhändler, Drogeriemarkt, Autohändler, Großhändler für sanitäre Einrichtungen.
   Nennen Sie wettbewerbsbeschränkende Strategien, die diese Anbieter anwenden könnten, um Kunden von der Konkurrenz zu gewinnen.
3 Recherchieren Sie im Internet aktuelle Aufgaben und Tätigkeiten des Bundeskartellamtes. Welche Fusionen wurden in der letzten Zeit erlaubt, welche untersagt? Was waren die Gründe für die Erlaubnis/Untersagung?
4 Suchen Sie in Zeitungen und im Internet nach Beispielen, bei denen Unternehmenszusammenschlüsse nicht die gewünschten Erfolge gebracht haben.

METHODE

7.7 Netzwerk – Verbraucherschutz vor unlauterem Wettbewerb

Netzwerke bieten die Möglichkeit, komplexe Zusammenhänge grafisch darzustellen. Die Grundvorstellung der Vernetztheit von Elementen bildet dabei der Kreis im Gegensatz zu einer Kette, bei der nur ein linearer Zusammenhang zwischen Variablen dargestellt werden kann. Mithilfe eines zielgerichteten Netzwerks kann gezeigt werden, dass mit einer bestimmten Maßnahme eine ganze Reihe von positiven oder negativen Auswirkungen verbunden ist.

Positive Beziehungen zwischen den Auswirkungen kennzeichnen Sie mit einem Pfeil und einem „+". („Je mehr ... desto mehr ..." oder „je weniger ... desto weniger ...")

Beispiel: „Je mehr der Umsatz erhöht werden soll, desto mehr Telefonwerbung ist erforderlich."

Negative Beziehungen kennzeichnen Sie mit einem „–". („Je mehr ... desto weniger ..." oder „je weniger ... desto mehr ...")

Beispiel: „Je mehr Konsumenten keine Einverständniserklärung für Telefonwerbung erteilen, desto weniger Telefonanrufe zu Werbezwecken können erfolgen."

Netzwerkbeispiel
Auswirkungen verbotene bzw. erlaubte Telefonwerbung

In Deutschland wurde durch das am 8. Juli 2004 in Kraft getretene neue **Gesetz gegen den unlauteren Wettbewerb** (UWG) das Recht des unlauteren Wettbewerbs neu geregelt. Hierbei wurden europarechtliche Vorgaben und das Bestreben einer fortschreitenden Harmonisierung der Rechtsverhältnisse berücksichtigt. Unlauterer Wettbewerb ist eine Verhaltensweise, durch die ein Anbieter für sich Vorteile gegenüber seine(n)m Konkurrenten erreichen will, die nicht auf seiner Leistung, sondern auf unfairen Wettbewerbspraktiken beruhen.

Unerwünschte Telefonwerbung

Am 4. August 2009 ist das „Gesetz zur Bekämpfung unerlaubter Telefonwerbung und zur Verbesserung des Verbraucherschutzes" bei besonderen Vertriebsformen in Kraft getreten. Unerwünschte Telefonwerbung hat sich in der letzten Zeit zu einem die Verbraucher erheblich belästigenden Problem entwickelt. Wer kennt das nicht: Das Telefon klingelt und eine freundliche Stimme verspricht Gewinne, eine Traumreise oder günstige Telefontarife.

Was viele Verbraucherinnen und Verbraucher jedoch nicht wissen: Derartige Telefonwerbung ohne vorheriges Einverständnis ist nach dem Gesetz gegen den unlauteren Wettbewerb (UWG) eindeutig wettbewerbswidrig und damit verboten.

Unseriöse Firmen setzen sich über dieses Verbot immer wieder hinweg. Um dieses rechtswidrige Vorgehen einzudämmen und die Rechte von Verbraucherinnen und Verbrauchern bei unerlaubter Telefonwerbung und telefonisch oder im Internet abgeschlossenen Verträgen zu verbessern, hat der Bundestag am 26. März 2009 das Gesetz zur Bekämpfung unerlaubter Telefonwerbung und zur Verbesserung des Verbraucherschutzes bei besonderen Vertriebsformen beschlossen, das nun in Kraft getreten ist.

Nach dem neuen Recht
– können Verstöße gegen das bestehende Verbot der unerlaubten Telefonwerbung gegenüber Verbrauchern mit einer Geldbuße bis zu 50 000 Euro geahndet werden. Außerdem wird im Gesetz klargestellt, dass ein Werbeanruf nur zulässig ist, wenn der Angerufene vorher ausdrücklich erklärt hat, Werbeanrufe erhalten zu wollen.
– dürfen Anrufer bei Werbeanrufen ihre Rufnummer nicht mehr unterdrücken, um ihre Identität zu verschleiern. Bei Verstößen gegen das Verbot droht eine Geldbuße bis zu 10 000 Euro.
– bekommen Verbraucherinnen und Verbraucher mehr Möglichkeiten, Verträge zu widerrufen, die sie am Telefon abgeschlossen haben. Verträge über die Lieferung von Zeitungen, Zeitschriften und Illustrierten sowie über Wett- und Lotterie-Dienstleistungen können künftig widerrufen werden, so wie es heute schon bei allen anderen Verrägen möglich ist, die Verbraucher am Telefon abgeschlossen haben.
– können Verbraucherinnen und Verbraucher, die nicht ordnungsgemäß über ihr Widerrufsrecht belehrt worden sind, alle telefonisch oder im Internet geschlossenen Verträge über Dienstleistungen noch bis zur vollständigen Bezahlung widerrufen. Dies gilt auch dann, wenn das Unternehmen bereits mit der Ausführung der Dienstleistung begonnen hat. Das macht insbesondere sogenannte Kostenfallen im Internet wirtschaftlich unattraktiv, denn im Falle des Widerrufs gehen die unseriösen Anbieter leer aus.

Quelle: www.bmj.bund.de/cold-calling

Aufgaben

1 Recherchieren Sie Grundlagen des Gesetzes gegen den unlauteren Wettbewerb (UWG) und des Gesetzes zur Bekämpfung unerlaubter Telefonwerbung und zur Verbesserung des Verbraucherschutzes im Internet.

2 Erstellen Sie ein Netzwerk zum Thema „Telefonwerbung". Einen Ansatz für ein solches Netzwerk finden Sie im Beispiel oben.
Ergänzen Sie dieses Netzwerk und gehen Sie dabei folgendermaßen vor:

   a Bestimmen Sie weitere mögliche Einflussfaktoren bzw. Auswirkungen hinsichtlich verbotener bzw. erlaubter Telefonwerbung, die sich sowohl aus Anbieter- als auch aus Konsumentensicht ergeben. Halten Sie Ihre Überlegungen schriftlich fest.

   b Legen Sie anschließend die Beziehungen zwischen den Einflussfaktoren fest.

   c Stellen Sie nun das gesamte Netzwerk, z. B. in Form einer Wandzeitung, dar und präsentieren Sie es Ihren Mitschülerinnen und Mitschülern.

   d Diskutieren Sie abschließend das erstellte Netzwerk innerhalb der Klasse.

METHODE

Was ist ein Konjunkturzyklus?

*Welche Erklärungen gibt es für das regel-
mäßige Auf und Ab der wirtschaftlichen
Entwicklung?*

*Wer bestimmt die Geldpolitik und welche
geldpolitischen Instrumente gibt es?*

Wie finanziert sich der Staat?

*Wo liegen die Unterschiede zwischen
Nachfrage- und Angebotspolitik?*

8 Konjunktur-
und Geldpolitik

8.1 Rezessionsjahr 2009: Der ganz große Absturz

Das Krisenjahr 2009 hat der deutschen Wirtschaft tiefe Wunden hinterlassen. (...) Erst kam die Krise, dann der große Absturz: Die deutsche Wirtschaft ist 2009 so stark geschrumpft wie noch nie seit dem Zweiten Weltkrieg. Die wichtigste Kennzahl der deutschen Wirtschaft, das Bruttoinlandsprodukt (BIP), sackte um fünf Prozent ab, wie das Statistische Bundesamt mitteilte. Zum Vergleich: 2008 hatte die Gesamtsumme aller in Deutschland produzierten Waren und Dienstleistungen noch um 1,3 Prozent zugelegt. 2007 lag das Plus bei 2,5 Prozent.

Bruttoinlandsprodukt Kapitel 2.3

Maastricht-Grenze, vgl. Konvergenzkriterien Kapitel 10.8.1

Maastricht-Grenze wieder überschritten

Das Finanzierungsdefizit des Staates lag nach vorläufigen Berechnungen bei 77,2 Milliarden Euro oder 3,2 Prozent des Bruttoinlandsproduktes. 2008 hatte es wegen der vergleichsweise guten Einnahmesituation von Bund, Ländern, Kommunen und Sozialversicherungen lediglich 1,05 Milliarden Euro betragen.

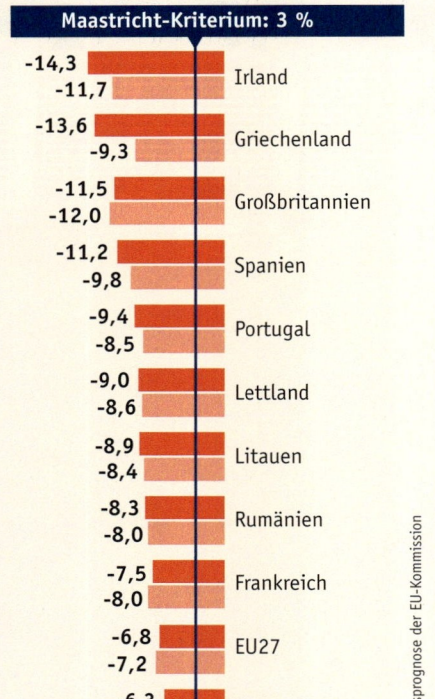

Finanzierungsdefizite ausgewählter EU-Staaten

(in % des BIP)

■ 2009   ■ Schätzung 2010

Maastricht-Kriterium: 3 %

	2009	Schätzung 2010
Irland	-14,3	-11,7
Griechenland	-13,6	-9,3
Großbritannien	-11,5	-12,0
Spanien	-11,2	-9,8
Portugal	-9,4	-8,5
Lettland	-9,0	-8,6
Litauen	-8,9	-8,4
Rumänien	-8,3	-8,0
Frankreich	-7,5	-8,0
EU27	-6,8	-7,2
Euroraum	-6,3	-6,6
Deutschland	-3,3	-5,0

dpa•12555

Quelle: Frühjahrsprognose der EU-Kommission

Die Rezession 2009 fiel mehr als fünfmal so tief aus wie beim bisher stärksten Einbruch 1975 nach der Ölkrise. Damals war ein Minus von 0,9 Prozent verzeichnet worden. Im Jahr 2008 war die deutsche Wirtschaft um 1,3 Prozent gewachsen, ein Jahr zuvor noch um 2,5 Prozent. Bereits im Sommer hatte sich das Ende der Rezession angekündigt: Im zweiten Quartal wuchs die deutsche Wirtschaft erstmals seit Anfang 2008 wieder – um 0,4 Prozent im Vergleich zum Vorquartal. Im dritten Quartal sorgten kräftige Investitionen dank staatlicher Konjunkturprogramme und der wieder anziehende Export für 0,7 Prozent Zuwachs beim realen BIP. Das holte die deutsche Wirtschaft zwar aus der Rezession, im vierten Quartal stagnierte die Wirtschaft dann allerdings.

Nach ersten vorläufigen Schätzungen des Statistischen Bundesamtes veränderte sich das reale Bruttoinlandsprodukt (BIP) saison- und kalenderbereinigt in den letzten drei Monaten des Jahres im Vergleich zum Vorquartal nicht mehr. Im ersten Quartal 2009 hatte es einen Rückgang von 3,5 Prozent zum Vorquartal gegeben – vor allem dadurch war der Absturz im Gesamtjahr nicht mehr zu verhindern.

Bye-bye, Krise!

Für 2010 erwarten Volkswirte, dass die deutsche Konjunktur an Fahrt gewinnen und die Folgen der Krise zunehmend hinter sich lassen wird. Die Wachstumsprognosen reichen von 1,6 Prozent bis 2,3 Prozent.

Die führenden Wirtschaftsforschungsinstitute und die Bundesregierung hatten im vergangenen Herbst beim BIP ein Minus von fünf Prozent für 2009 vorhergesagt. Am Dienstag hieß es, die Bundesregierung überdenke für 2010 eine Erhöhung der Wachstumsprognose. Die neue Schätzung, die Ende des Monats veröffentlicht werden soll, dürfte bei etwa eineinhalb Prozent Wachstum für das Jahr 2010 liegen.

Die privaten Konsumausgaben der Bürger stiegen 2009 um 0,4 Prozent. Die Konsumausgaben des Staates legten um 2,7 Prozent zu. Die Investitionen der Unternehmen
in Ausrüstungen verringerten sich um 20 Prozent. Die Bauinvestitionen sanken um
0,7 Prozent. Die Exporte gingen um 14,7 Prozent zurück, die Importe verringerten
sich um 8,9 Prozent. „Das Ergebnis 2009 stand ganz im Zeichen der Wirtschafts- und
Finanzkrise", sagte der Präsident des Statistischen Bundesamts, Roderich Egeler.

Temporäre Einbrüche in der deutschen Wirtschaftsleistung hat es in den vergangenen
Jahrzehnten immer wieder gegeben. Einen derart massiven Rückgang wie 2009 musste die Bundesrepublik aber noch nie hinnehmen.

Quelle: www.sueddeutsche.de vom 13. Januar 2010

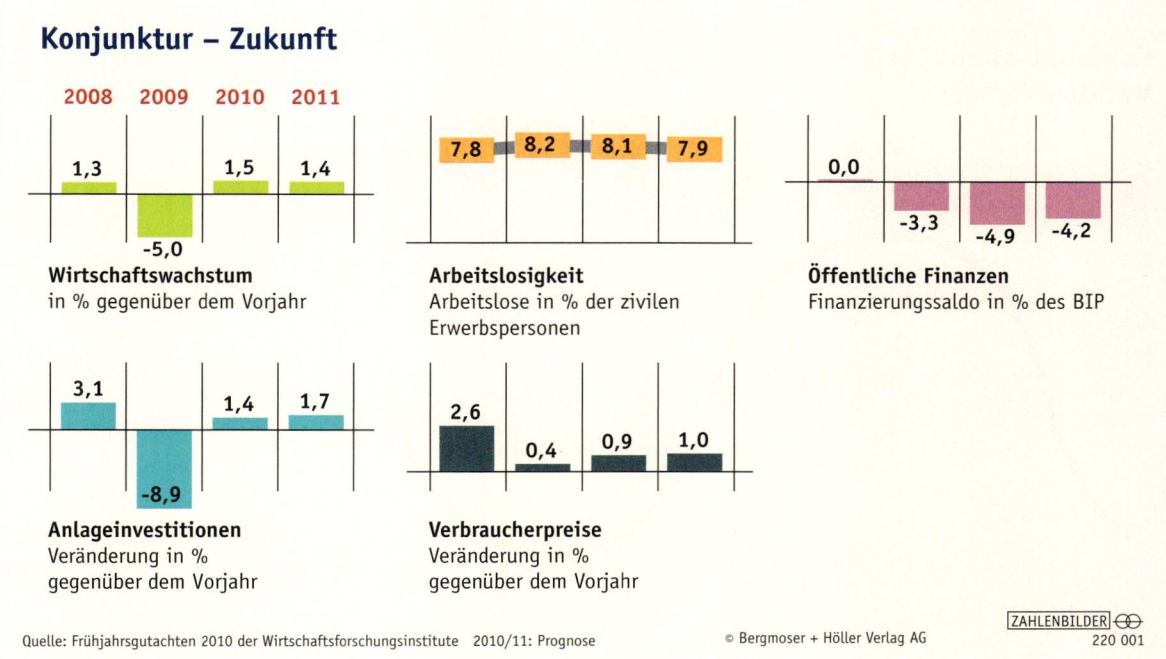

Problemstellung

Lesen Sie den Text „Rezessionsjahr 2009: Der ganz große Absturz". Diskutieren Sie danach
die Aussagen des Textes in Gruppen und beantworten Sie folgende Fragen:

1 Warum wird das Rezessionsjahr 2009 als „Der ganz große Absturz" betrachtet?
2 Welcher Indikator wird zur Messung der Wirtschaftskraft verwendet?
3 Welcher Zusammenhang besteht zwischen dem BIP und der Gesamtsumme aller in
  Deutschland produzierten Waren und Dienstleistungen?
4 Warum wird in dem Text auf die Maastricht-Grenzen Bezug genommen?
5 Durch welche Maßnahmen wuchs die deutsche Wirtschaft wieder?
6 In welchen Aussagen wird auf die Kraft der Nachfrage hingewiesen?
7 Erläutern Sie die Aussage von Roderich Egeler, Präsident des Statistischen Bundesamtes: „Das Ergebnis 2009 stand ganz im Zeichen der Wirtschafts- und Finanzkrise."

8.2 Konjunkturpolitik

Ordnungs- und Prozesspolitik
Kapitel 6.4

Die **Prozesspolitik** zielt auf die Stabilisierung der wirtschaftlichen Entwicklung ab. Wie die Wirtschaftsentwicklung eines Landes verläuft, lässt sich anhand der Konjunkturschwankungen nachvollziehen. Die Konjunkturpolitik als Teil der Prozesspolitik umfasst im weitesten Sinne alle Maßnahmen der staatlichen Wirtschaftspolitik, die auf ein angemessenes Wirtschaftswachstum, einen hohen Auslastungsgrad der Produktionskapazitäten, ein stabiles Preisniveau und eine ausgeglichene Handelsbilanz abzielen. Im engeren Sinne bezeichnet sie nur die Maßnahmen, die konjunkturelle Schwankungen der gesamtwirtschaftlichen Nachfrage vermindern sollen.

Handelsbilanz
Kapitel 10.5.1

8.2.1 Konjunkturzyklus

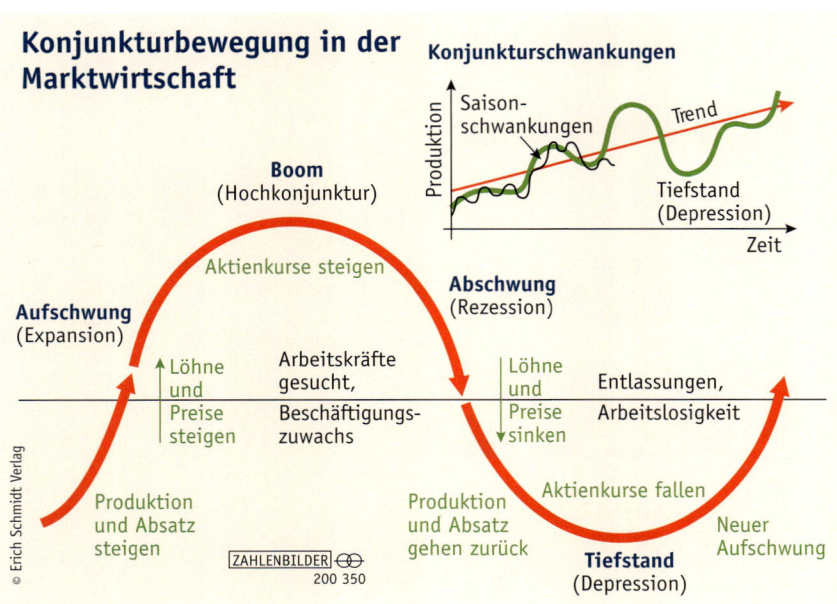

Der Konjunkturzyklus setzt sich aus vier Phasen zusammen: Aufschwung, Boom, Abschwung, Tiefstand. Beim **Wachstumspfad** wird ein längerfristiger Trend abgebildet, während die konjunkturellen Schwankungen auf die kurzfristigen Veränderungen des BIP hinweisen.

Aufschwung (Expansion)

Die Aufschwungphase ist durch eine Erholung (Expansion) der Wirtschaft gekennzeichnet. In dieser Phase zeigt sich eine verbesserte Kapazitätsauslastung durch eine zunehmende wirtschaftliche Vertrauensbildung der Wirtschaftssubjekte. Als Folge erhöhen die privaten Haushalte ihre Konsumnachfrage und die privaten Unternehmen ihre Investitionsnachfrage. Lohnsumme und Volkseinkommen steigen.

Boom (Hochkonjunktur)

Die Erholung der Wirtschaft geht in den Boom über, sobald die Produktionsfaktoren ausgelastet sind und die Nachfrage weiter steigt. Auf dem Höhepunkt herrscht eine hohe Güternachfrage bei voll ausgelasteten Produktionskapazitäten und Vollbeschäftigung. Eine weiterhin zunehmende Nachfrage führt zu Preissteigerungen, weil die Unternehmen mittels Investitionen ihre Kapazitäten erhöhen und diesen Kostenfaktor in die Preisgestaltung für ihre Produkte mit einbeziehen. Die Preissteigerungen werden zusätzlich durch die hohe Arbeitsnachfrage verstärkt. Die verbesserte Position der Gewerkschaften wird genutzt, um Lohnerhöhungen durchzusetzen, die wiederum zu steigenden Kosten in den Unternehmen führen. Wenn die Preise weiter steigen, nimmt das Inflationsrisiko zu. Um diese Inflationsgefahr zu mindern, wird die Zentralbank die Leitzinsen erhöhen.

Inflation
Kapitel 4.6

Zentralbank
Kapitel 8.3

Abschwung (Rezession)

Ist der Wendepunkt der Hochkonjunktur überschritten und geht die Nachfrage zurück, ist der Abschwung eingeleitet. Das in der Boomphase erhöhte Zinsniveau führt zu sinkenden Investitionen, wodurch auch die Gewinne und Löhne zurückgehen. Es kommt zu einer mangelnden Auslastung der Produktionskapazitäten mit Unterbeschäftigung, sodass die Arbeitslosenquote steigt. Die Arbeitslosen reduzieren ihren Konsum, Nachfrage und Produktion sinken weiter. Das noch bestehende Überangebot führt zu Preissenkungen.

Arbeitslosenquote
Kapitel 9.7

Tiefstand (Depression)

Haben die Wirtschaftssubjekte pessimistische Zukunftserwartungen, werden sie ihre Nachfrage weiter einschränken und die gesamtwirtschaftliche Nachfrage sinkt weiter. Die konjunkturelle Entwicklung bewegt sich in Richtung Depression. Diese Phase ist durch geringe Kapazitätsauslastung mit niedriger Investitionsbereitschaft, geringes Einkommen der privaten Haushalte und fallende Unternehmergewinne sowie hohe Arbeitslosigkeit, niedrige Inflationsrate und geringes Zinsniveau gekennzeichnet. Wenn die Produktion wieder ansteigt, ist die Talsohle der Depression mit dem Tiefpunkt des Konjunkturzyklus durchschritten und der Wendepunkt markiert den Beginn eines neuen Aufschwungs mit einem neuen Konjunkturzyklus.

Die Dauer von Konjunkturzyklen kann unterschiedlich sein. Heutzutage dauern die Konjunkturschwankungen im Allgemeinen ca. 4 bis 5 Jahre. Bis Mitte des 20. Jahrhunderts umfassten sie ungefähr 6 bis 10 Jahre. Berücksichtigt man die **langfristigen Wellen** der Weltkonjunktur, so verlaufen diese Wellenbewegungen im Umfang von 50 bis 60 Jahren. Diese sogenannten **Kondratieff-Zyklen** (nach N. D. Kondratieff) werden durch den technologischen Fortschritt ausgelöst.

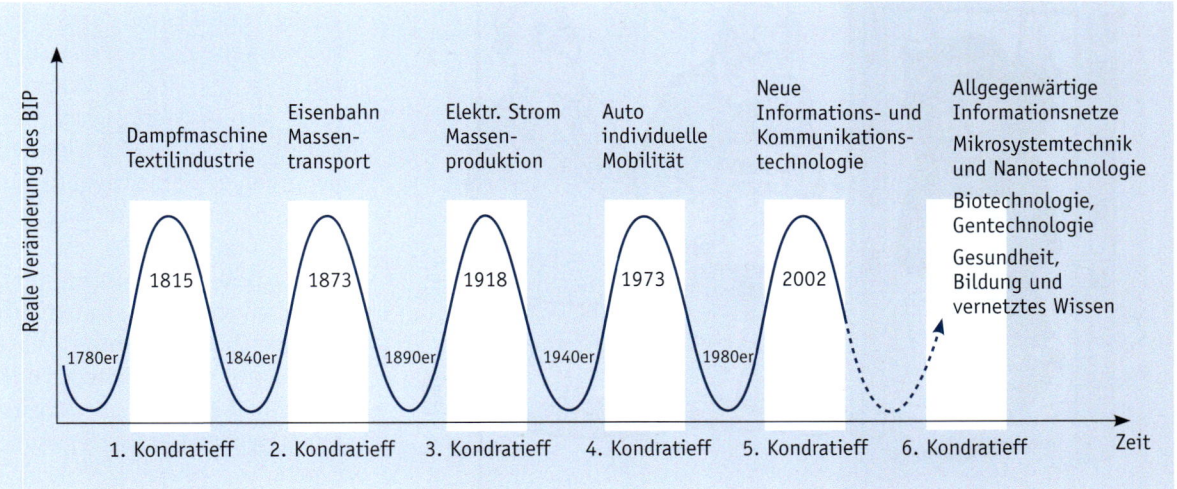

Von den Konjunkturschwankungen lassen sich **saisonale Schwankungen** unterscheiden. Diese basieren nicht auf einem gesamtwirtschaftlichen Nachfragerückgang, sondern auf den jahreszeitlichen Änderungen der Nachfrage. Saisonale Nachfrageschwankungen entstehen z. B. in der Bekleidungs- und Getränkeindustrie, in der Bau-, Land- und Forstwirtschaft sowie im Tourismus. Die daraus entstehende saisonale Arbeitslosigkeit ist im Allgemeinen von kurzfristiger Dauer und bereinigt sich mit der saisonalen Nachfrage von alleine.

8.2.2 Konjunkturforschung und -prognosen

Aufgabe der Konjunkturpolitik ist es, extreme Konjunkturschwankungen, wie Boom und Depression, zu vermeiden. Jedoch sind Konjunkturschwankungen in geringem Ausmaß Kennzeichen einer Marktwirtschaft. Dazu gehört eine zeitverzögerte Anpassungsreaktion des Angebots an die Nachfrageänderung. Deshalb ist es nicht die Aufgabe des Staates, den konjunkturellen Verlauf vollkommen zu unterbinden. Aber bei einem extremen Konjunkturausschlag versuchen sowohl der Staat als auch die Zentralbank, durch eine aktive Konjunkturpolitik eine Glättung des Konjunkturverlaufs herbeizuführen.

Marktwirtschaft Kapitel 5.4

Bevor die Träger der Konjunkturpolitik aktiv werden, ziehen sie in der Regel **Konjunkturprognosen** zu Rate. Denn sie müssen wissen, ob es sich bei einem Konjunkturausschlag um eine „normale" oder extreme Konjunkturschwankung oder sogar eine Strukturkrise handelt. Bei einer **Strukturkrise** ergibt sich ein dauerhafter Nachfragerückgang innerhalb eines gewissen Wirtschaftszweiges oder einer Region aufgrund des Strukturwandels, wie z. B. im Steinkohlenbergbau, in der Landwirtschaft, bei der analogen Technologie (z. B. Fotografie) oder der Digitalisierung der Schreibtechnik (Ersatz der Schreibmaschine durch den PC). Würden bei einer Strukturkrise konjunkturpolitische Instrumentarien zur Nachfragesteuerung eingesetzt, so wären diese wirkungslos. Ist die richtige Diagnose erfolgt, muss bei der Gefahr eines extremen Konjunkturausschlags über den Einsatz der entsprechenden Instrumentarien entschieden werden.

In Deutschland beschäftigen sich mehrerer Konjunktur- bzw. Wirtschaftsforschungsinstitute mit der Konjunkturanalyse und -forschung. Diese Institute erarbeiten beispielsweise Prognosen zur Entwicklung des Bruttoinlandsprodukts, der Arbeitslosigkeit, des privaten Konsums, der privaten Investitionen, der Zinspolitik sowie der Ex- und Importe. Zweimal jährlich, im Frühjahr und im Herbst, werden von ausgewählten Wirtschaftsforschungsinstituten **Gemeinschaftsgutachten** über die deutsche und weltwirtschaftliche Konjunkturlage als Arbeitsgrundlage für die Bundesregierung erstellt.

BEISPIEL Am Frühjahrsgutachten 2010 waren das Kieler Institut für Weltwirtschaft (IfW), das Münchner Ifo-Institut, das Institut für Wirtschaftsforschung Halle (IWH), das Rheinisch-Westfälische Institut für Wirtschaftsforschung (RWI) in Essen, das Institut für Makroökonomie und Konjunkturforschung in Düsseldorf, die Konjunkturforschungsstelle der Eidgenössischen Technischen Hochschule Zürich (KOF) sowie das Österreichische Institut für Wirtschaftsforschung und das Institut für höhere Studien (IHS) in Wien beteiligt.

Neben den Gemeinschaftsgutachten der Wirtschaftsforschungsinstitute erstellt der **„Sachverständigenrat** zur Begutachtung der gesamtwirtschaftlichen Entwicklung" (SVR) jährlich Mitte November ein Gutachten zur politischen Empfehlung. Der Sachverständigenrat setzt sich aus fünf Volkswirtschaftsprofessoren („Fünf Weisen") zusammen. Er wurde 1963 durch Gesetz zur periodischen Begutachtung der Wirtschaftsentwicklung gegründet. Er analysiert die gesamtwirtschaftliche Lage und deren mögliche Entwicklung, um zu prognostizieren, wie sich diese auf die Ziele des Stabilitäts- und Wachstumsgesetzes (StWG) auswirkt. Diese vier Ziele sind:

www.sachverstaendigenrat-wirtschaft.de

- Preisniveaustabilität,
- hoher Beschäftigungsstand und
- außenwirtschaftliches Gleichgewicht bei
- stetigem und angemessenem Wachstum.

Stabilitäts- und Wachstums-gesetz
Kapitel 6.2

8.2.3 Konjunkturindikatoren

Die gegenwärtige Situation im Konjunkturverlauf (Diagnose) bzw. zukünftige Entwicklungen (Prognose) können durch Indikatoren ermittelt werden. Indikatoren sind Messgrößen, die den Konjunkturverlauf anzeigen. Allgemein werden drei verschiedene Arten unterschieden.

Konjunkturindikatoren		
Frühindikatoren	Indikatoren, die auf die zu erwartende Entwicklung der nächsten sechs bis neun Monate hinweisen und als konjunkturelle Trendwende gelten	z. B. – Auftragseingänge – Baugenehmigungen für den Hochbau – Lagerbestände/ Lagerbestandsveränderungen – Geschäftsklimaindex
Präsensindikatoren	Indikatoren, die zeitgleich aufgrund der aktuellen Wirtschaftslage die Konjunkturprognose bestätigen oder widerlegen	z. B. – Bruttoinlandsprodukt – industrielle Produktion – Einzelhandelsumsätze – Kapazitätsauslastung
Spätindikatoren	Indikatoren, die zeitverzögert die konjunkturelle Entwicklung zeigen	z. B. – Verbraucherpreisindex – Erwerbstätige bzw. Arbeitslosenquote – Tariflöhne – Gewinne

Der Aussagewert von Konjunkturindikatoren zum rechtzeitigen Erkennen konjunktureller Wendepunkte ist begrenzt, da die Zukunft immer ungewiss ist und exogene Störungen, wie z. B. Ölpreisschock, Schuldenkrise, terroristische Angriffe und Naturkatastrophen, nicht vorhersehbar sind. Darüber hinaus lassen die Konjunkturindikatoren Interpretationsspielräume zu, wodurch die Treffsicherheit weiter eingeschränkt wird. Auch eine mögliche Ursache-Wirkungs-Relation ist nicht konkret berechenbar. Konjunkturprognosen aufgrund von Konjunkturindikatoren können demzufolge Prognosefehler enthalten und damit die zukünftige konjunkturelle Entwicklung nur unzureichend widerspiegeln.

Daten für Konjunkturindikatoren finden Sie auf den Internetseiten:

Bundesagentur für Arbeit:
www.arbeitsagentur.de

Deutsche Bundesbank:
www.bundesbank.de

Statistisches Bundesamt:
www.destatis.de

Die Konjunkturpolitik gehört zur **Prozesspolitik** und ist kurzfristig angelegt.

Die Konjunkturphasen beziehen sich auf kurzfristige Schwankungen des BIP. Ein vollständiger **Konjunkturzyklus** umfasst die Phasen Aufschwung, Boom, Abschwung und Tiefstand.

Die **Konjunkturforschung** versucht, konjunkturelle Entwicklungen zu prognostizieren, um für wirtschaftspolitische Entscheidungen Empfehlungen und Ratschläge zu geben. Die Grundlage für die Prognose bilden **Konjunkturindikatoren** als Messgrößen, die den zukünftigen Konjunkturverlauf darzustellen versuchen.

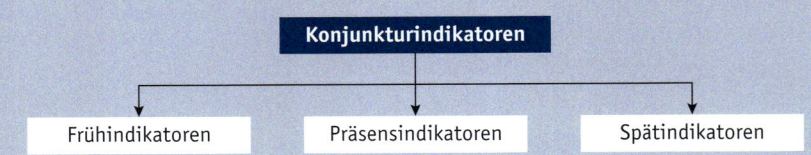

1 Erläutern Sie kurz den Unterschied zwischen Ordnungs- und Prozesspolitik.
2 Erklären Sie, welcher Zusammenhang zwischen der Konjunktur- und der Prozesspolitik besteht.
3 Warum ist es nicht Aufgabe der Konjunkturpolitik, die konjunkturellen Schwankungen vollständig zu unterbinden?
4 Stellen Sie die Phasen des Konjunkturzyklus dar.
5 Legen Sie eine Tabelle mit den Spalten „Aufschwung" und „Abschwung" an und füllen Sie diese mit Faktoren, die die jeweilige Phase beeinflussen/kennzeichnen (z. B. steigende/sinkende Nachfrage).
6 Beschreiben Sie, wodurch sich saisonale und konjunkturelle Schwankungen voneinander unterscheiden.
7 Erläutern Sie, wodurch sich die Kondratieff-Zyklen ergeben haben.
8 Warum sind die konjunkturellen Schwankungen heute kürzer als vor 60 Jahren?
9 Wodurch unterscheiden sich Konjunkturkrise und Strukturkrise voneinander?
10 Wodurch werden Konjunkturkrisen und Strukturkrisen ausgelöst?
11 Warum ist die Konjunkturpolitik kurzfristig angelegt?
12 Informieren Sie sich, z. B. durch eine Internetrecherche, über weitere Wirtschaftsforschungsinstitute und deren Prognosen.
13 Diskutieren Sie darüber, in welcher Konjunkturphase sich die deutsche Wirtschaft derzeit befindet und wie die weitere Entwicklung prognostiziert wird. Verwenden Sie ggf. das aktuelle Gutachten des Sachverständigenrates als Diskussionsgrundlage (im Internet auf der Homepage des Sachverständigenrates verfügbar).
14 Welche Konjunkturindikatoren kennen Sie? Finden Sie Beispiele für die einzelnen Indikatoren.

8.3 Geldpolitik

Als Geldpolitik werden alle Maßnahmen bezeichnet, mit denen eine Zentralbank versucht, die verschiedenen wirtschaftspolitischen Ziele zu erreichen. Vorrangiges Ziel der Geldpolitik der Europäischen Zentralbank (EZB) im Eurowährungsgebiet ist es, die Preisniveaustabilität zu gewährleisten. Außerdem fördert sie das reibungslose Funktionieren des Zahlungsverkehrs und verwaltet die Währungsreserven der Mitgliedsländer. Zur Erreichung ihrer Ziele setzt die Europäische Zentralbank geldpolitische Instrumente ein, mit denen sie die Zinskonditionen und Knappheitsverhältnisse am Geldmarkt steuert.

Eurowährungsgebiet
1. Januar 2011:
Belgien, Deutschland, Estland, Finnland, Frankreich, Griechenland, Irland, Italien, Luxemburg, Malta, Niederlande, Österreich, Portugal, Slowenien, Slowakei, Spanien, Zypern

8.3.1 Das Europäische System der Zentralbanken

Vor der Einführung der Gemeinschaftswährung Euro war die Deutsche Bundesbank in Deutschland für die Geldpolitik zuständig. Seit dem 1. Januar 1999 liegt die Verantwortung für die einheitliche Geldpolitik des Eurowährungsgebietes beim **Eurosystem**. Es besteht aus der **Europäischen Zentralbank (EZB)** und den **nationalen Zentralbanken (NZB)** des Eurowährungsgebiets. Die EZB bildet zusammen mit allen nationalen Zentralbanken der EU-Mitgliedstaaten, also auch mit den nationalen Zentralbanken, die den Euro nicht eingeführt haben, das **Europäische System der Zentralbanken (ESZB)**. Nur die nationalen Zentralbanken des Eurowährungsraumes dürfen in der europäischen Geldpolitik mitbestimmen.

Deutsche Bundesbank:
www.bundesbank.de

Europäische Zentralbank:
www.ecb.int

Das ESZB ist gemäß Artikel 130 des EU-Vertrags (Lissabon-Vertrag) in seinen geldpolitischen Entscheidungen grundsätzlich **unabhängig** von sonstigen Trägern der Wirtschaftspolitik. Bei der Wahrnehmung ihrer Aufgaben dürfen weder die EZB noch eine NZB oder ein Mitglied ihrer Beschlussorgane Weisungen von dritter Seite einholen oder entgegennehmen.

Lissabon-Vertrag
Kapitel 10.8.1

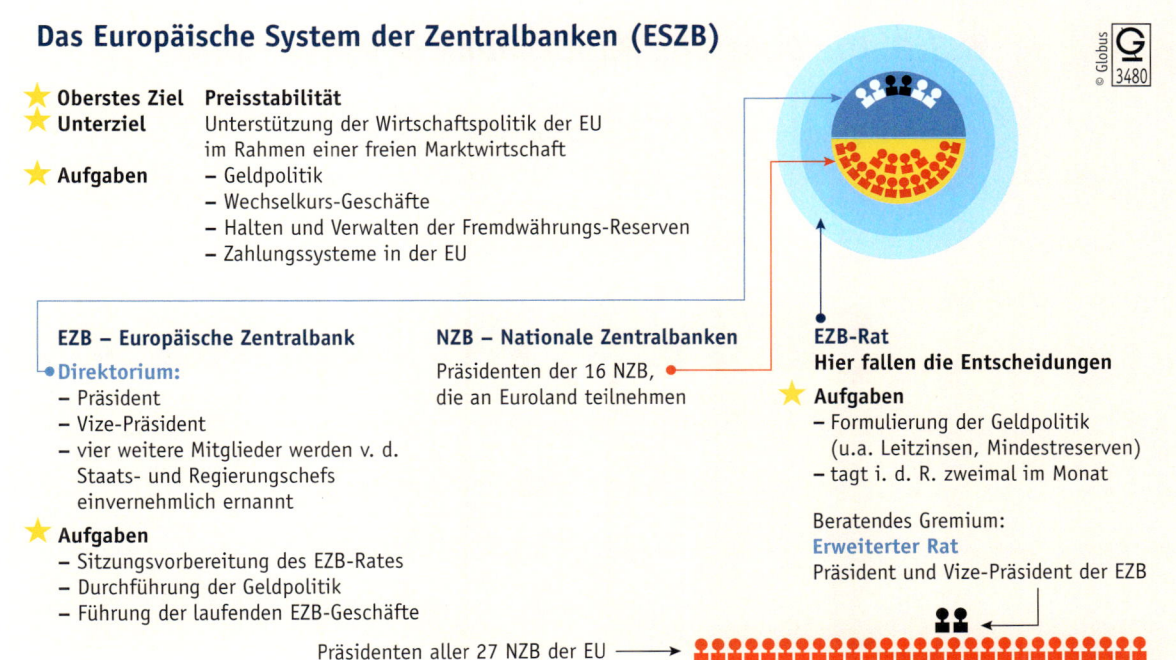

Das Europäische System der Zentralbanken (ESZB)

★ **Oberstes Ziel** **Preisstabilität**
★ **Unterziel** Unterstützung der Wirtschaftspolitik der EU im Rahmen einer freien Marktwirtschaft
★ **Aufgaben** – Geldpolitik
– Wechselkurs-Geschäfte
– Halten und Verwalten der Fremdwährungs-Reserven
– Zahlungssysteme in der EU

EZB – Europäische Zentralbank
● **Direktorium:**
– Präsident
– Vize-Präsident
– vier weitere Mitglieder werden v. d. Staats- und Regierungschefs einvernehmlich ernannt
★ **Aufgaben**
– Sitzungsvorbereitung des EZB-Rates
– Durchführung der Geldpolitik
– Führung der laufenden EZB-Geschäfte

NZB – Nationale Zentralbanken
Präsidenten der 16 NZB, die an Euroland teilnehmen

EZB-Rat
Hier fallen die Entscheidungen
★ **Aufgaben**
– Formulierung der Geldpolitik (u.a. Leitzinsen, Mindestreserven)
– tagt i. d. R. zweimal im Monat

Beratendes Gremium:
Erweiterter Rat
Präsident und Vize-Präsident der EZB

Präsidenten aller 27 NZB der EU ⟶

© Globus 3480

Europäische Währungsunion
Kapitel 10.8.1

Die **Europäische Zentralbank** wurde 1998 mit Sitz in Frankfurt am Main gegründet. Sie ist die Zentralbank der an der Europäischen Währungsunion (EWU) teilnehmenden Staaten. Das ESZB wird von den Beschlussorganen der EZB geleitet. Die obersten Organe der EZB sind der **EZB-Rat** und das **Direktorium**. Das **EZB-Direktorium** ist das geschäftsleitende Organ der EZB, das für die einheitliche Durchführung der Geldpolitik im Eurosystem gemäß den Leitlinien des EZB-Rates verantwortlich ist. Das Direktorium setzt sich aus dem Präsidenten und Vizepräsidenten der EZB und vier weiteren Mitgliedern zusammen. Die Auswahl und die Ernennung nehmen die teilnehmenden Länder der Europäischen Währungsunion vor.

Das maßgebliche Entscheidungsorgan der EZB ist der **EZB-Rat**. Er setzt sich zusammen aus den sechs Direktoriumsmitgliedern und den Zentralbankpräsidenten der EU-Staaten, die an der EWU teilnehmen. Die nationalen Präsidenten werden ausschließlich von den jeweiligen Mitgliedsländern ernannt. Der EZB-Rat tagt in der Regel alle vierzehn Tage und entscheidet nicht nur über geldpolitische, sondern auch über organisatorische Maßnahmen. Jedes Mitglied des EZB-Rates hat eine Stimme. Die Größe des EZB-Rates nimmt nicht kontinuierlich mit jedem neuen an der EWU teilnehmenden Mitgliedsland zu, sondern ist ab dem Zeitpunkt, zu dem die Anzahl der Mitglieder des EZB-Rates 21 übersteigt, limitiert. Ab dieser Teilnehmergröße hat jedes Mitglied des Direktoriums eine Stimme und beträgt die Anzahl der stimmberechtigten Präsidenten der nationalen Zentralbanken 15. Die Verteilung und Rotation dieser Stimmrechte erfolgen gemäß Artikel 10 des EU-Vertrages (Lissabon-Vertrag).

Zum **Erweiterten Rat** der EZB gehören neben dem EZB-Präsidenten und EZB-Vizepräsidenten auch die Zentralbankpräsidenten der zunächst nicht an der EWU teilnehmenden EU-Mitgliedstaaten. Der Erweiterte Rat dient vor allem der Abstimmung der Geld- und Währungspolitik zwischen Teilnehmer- und Nichtteilnehmerländern. Der erweiterte Rat ist ein Übergangsgremium. Sobald alle EU-Länder an der Gemeinschaftswährung teilnehmen, wird er aufgelöst.

8.3.2 Die Deutsche Bundesbank im Eurosystem

Die Deutsche Bundesbank wurde 1957 gem. Art. 88 Grundgesetz gegründet und hat ihren Sitz in Frankfurt am Main. Seit 1998 ist die Bundesbank neben den anderen Zentralbanken der Teilnehmerländer der Europäischen Währungsunion integraler Bestandteil des Europäischen Systems der Zentralbanken. Sie ist, wie die anderen nationalen Zentralbanken der EWU-Länder, an die Leitlinien und Weisungen des ESZB gebunden.

Deutsche Bundesbank, Frankfurt am Main

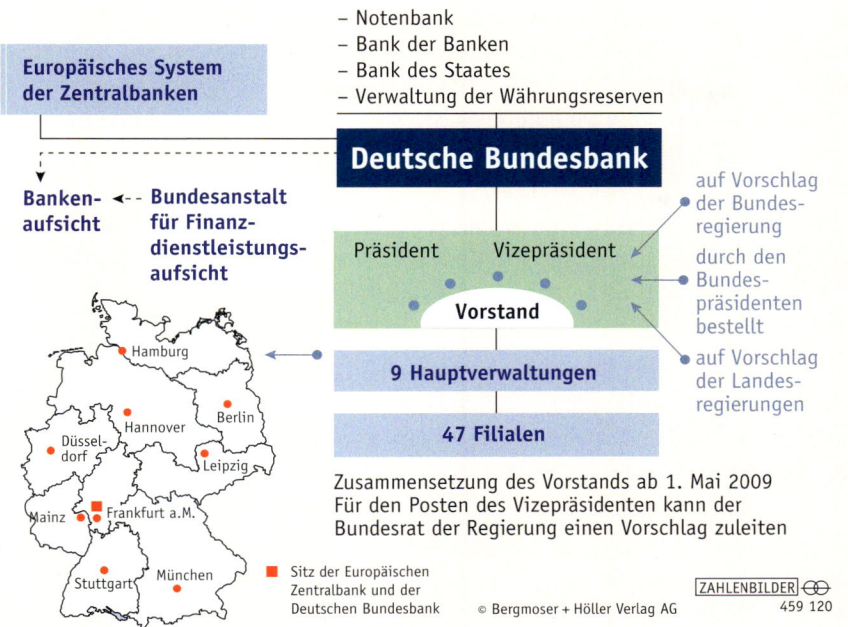

– Notenbank
– Bank der Banken
– Bank des Staates
– Verwaltung der Währungsreserven

Europäisches System der Zentralbanken

Deutsche Bundesbank

Bankenaufsicht ◄-- **Bundesanstalt für Finanzdienstleistungsaufsicht**

Präsident   Vizepräsident

Vorstand

auf Vorschlag der Bundesregierung

durch den Bundespräsidenten bestellt

auf Vorschlag der Landesregierungen

9 Hauptverwaltungen

47 Filialen

Zusammensetzung des Vorstands ab 1. Mai 2009
Für den Posten des Vizepräsidenten kann der
Bundesrat der Regierung einen Vorschlag zuleiten

Hamburg
Berlin
Hannover
Düsseldorf
Leipzig
Mainz Frankfurt a.M.
Stuttgart München

■ Sitz der Europäischen
Zentralbank und der
Deutschen Bundesbank   © Bergmoser + Höller Verlag AG

ZAHLENBILDER
459 120

Per Gesetz wurde die **Organisationsstruktur** der Deutsche Bundesbank 2002 an die veränderte Rolle im ESZB angepasst.

Ein **Vorstand** steht an der Spitze der Bundesbank. Der Vorstand setzt sich aus dem Präsidenten, dem Vizepräsidenten und vier weiteren Mitgliedern zusammen. Die Mitglieder des Vorstands werden vom Bundespräsidenten bestellt. Die Bestellung des Präsidenten und des Vizepräsidenten sowie eines weiteren Mitglieds erfolgt auf Vorschlag der Bundesregierung, die der übrigen drei Mitglieder auf Vorschlag des Bundesrates im Einvernehmen mit der Bundesregierung. Der Präsident der Bundesbank ist unabhängiges Mitglied im Rat der EZB und wirkt in dieser Funktion an allen grundsätzlichen geld- und währungspolitischen Entscheidungen mit.

Die **Hauptverwaltungen** führen die Geschäfte der Bundesbank mit den Kreditinstituten und den öffentlichen Verwaltungen. Ihre Niederlassungen befinden sich in Berlin, Düsseldorf, Frankfurt am Main, Hamburg, Hannover, Leipzig, Mainz, München und Stuttgart. Ihnen sind 47 Filialen in den größten Städten der Bundesrepublik nachgeordnet.

Als **Zentralbank** nimmt die Bundesbank eine Reihe von Aufgaben wahr. Die Bundesbank gibt als **Notenbank** die Banknoten in Deutschland heraus. Sie versorgt die Bevölkerung und die Wirtschaft mit Zahlungsmitteln. Die Versorgung umfasst unter anderem die regelmäßige Aussortierung nicht mehr umlauffähiger Noten, die Falschgeldkontrolle, die Ersatzleistung für beschädigte Noten und den selten vorkommenden Aufruf zur Einziehung von Noten (z. B. Ausgabe von Scheinen mit verändertem Erscheinungsbild).

Die Bundesbank ist als **Bank der Banken** in die Bankenaufsicht eingeschaltet. Außerdem stellt sie den Banken Dienstleistungen für die Abwicklung des unbaren Zahlungsverkehrs zur Verfügung. Die Kreditinstitute müssen ihren Kunden Bargeld auszahlen. Zur Aufrechterhaltung ihrer Zahlungsfähigkeit unterhalten sie Guthaben, sogenannte Mindestreserven, bei der Bundesbank.

Die Bundesbank ist die **Hausbank des Bundes** und – mit gewissen Einschränkungen – auch die Hausbank der Länder. Sie wickelt für Bund und Länder den Zahlungsverkehr ab. Zudem übernimmt sie die Beratungs-, Mittler- und Koordinationsfunktion bei der Mittelaufnahme am Kapitalmarkt. Außerdem bringt sie Münzen in Umlauf, die der Bund nach Genehmigung der EZB ausgeben darf. Die Bundesbank darf jedoch staatlichen Stellen keine Kredite gewähren.

Die Bundesbank ist **Verwalterin der Währungsreserven** Deutschlands. Bei den Währungsreserven handelt es sich hauptsächlich um Guthaben, die in US-Dollar bei Banken oder Nichtbanken im Ausland gehalten werden. Dazu kommen die Goldbestände sowie Reservepositionen und Forderungen gegenüber dem IWF und der EZB.

Die Bundesbank führt als **nationale Zentralbank** die gemeinsame Geldpolitik des ESZB in der Bundesrepublik Deutschland durch. Damit die Bundesbank ihre Aufgaben ohne politischen Druck ausführen kann, wurde ihr vom Gesetzgeber ein hohes Maß an Unabhängigkeit verliehen.

ÜBERBLICK

Die **geldpolitischen Entscheidungsträger** sind die Europäische Zentralbank (EZB), das Eurosystem und das Europäische System der Zentralbanken (ESZB). Die einheitliche Geldpolitik erfolgt durch das ESZB, das durch die Beschlussorgane EZB-Rat und EZB-Direktorium geleitet wird.

Die **Hauptaufgabe** der geldpolitischen Entscheidungsträger ist die Sicherung der Preisniveaustabilität.

Bei ihrer Aufgabenerfüllung sind alle geldpolitischen Entscheidungsträger **unabhängig** von den Weisungen der EU-Organe oder der Regierung der Mitgliedstaaten.

Die **Deutsche Bundesbank** ist als nationale Zentralbank integraler Bestandteil des ESZB. Sie ist an die Leitlinien und an die Weisungen des ESZB gebunden.

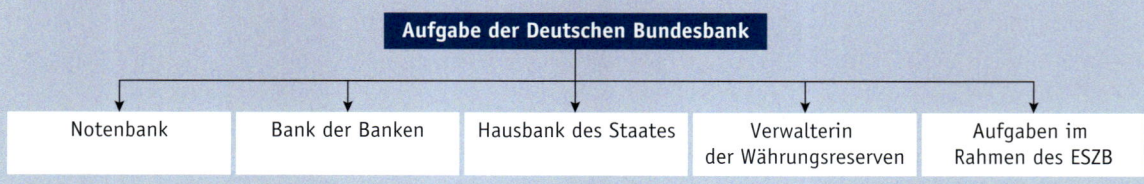

Aufgabe der Deutschen Bundesbank

| Notenbank | Bank der Banken | Hausbank des Staates | Verwalterin der Währungsreserven | Aufgaben im Rahmen des ESZB |

AUFGABEN

1 Welche Aufgaben hat das Europäische System der Zentralbanken im Rahmen des Eurosystems?
2 Warum wird zwischen den geldpolitischen Entscheidungsträgern Europäische Zentralbanken, Eurosystem und Europäisches System der Zentralbanken unterschieden?
3 Warum ist es so wichtig, dass das Europäisches System der Zentralbanken unabhängig von den sonstigen Trägern der Wirtschaftspolitik ist?
4 Recherchieren Sie im Lissabon-Vertrag, wie die Verteilung und das Rotationsprinzip bei einer Erhöhung der Mitglieder des EZB-Rates über 21 Teilnehmer erfolgen.
5 Recherchieren Sie unter Zuhilfenahme der offiziellen Internetseiten der EZB und EU, ob die Grafik „Das Europäische System der Zentralbanken" noch aktuell ist.
6 Welche Aufgaben hat die Deutsche Bundesbank?
7 Recherchieren Sie mithilfe der Internetseite der Deutschen Bundesbank, was die Verwaltung von Währungsreserven bedeutet.

8.3.3 Nichtbankensektor und Geldmenge

Zur Geldmenge zählen das Bargeld und das Giral- bzw. Buchgeld der Nichtbanken. Als **Nichtbanken** werden alle Wirtschaftssubjekte bezeichnet, die zur Teilnahme am Wirtschaftsgeschehen Geld benötigen. Der Nichtbankensektor umfasst alle privaten und öffentlichen Haushalte sowie den Unternehmenssektor.

Giralgeld bzw. Buchgeld
Kapitel 4.2

Das Liquiditätsverhalten des Nichtbankensektors beeinflusst die zur Verfügung stehende Geldmenge in ihrer Zusammensetzung. Geld befindet sich entweder unmittelbar im Besitz des Nichtbankensektors oder wird im Bankensektor „zwischengelagert". Das Geld unterscheidet sich hinsichtlich seines Liquiditätszustands. So kann der Nichtbankensektor über das umlaufende Bargeld und das Buchgeld der Banken unmittelbar verfügen, während der Sparer sein Geld anlegt und auf sein Verfügungsrecht für eine bestimmte Zeit verzichtet. Die Bereitschaft, auf Liquidität zu verzichten, wird für den Geldanleger dann belohnt, wenn er es anderen zur Nutzung überlässt. Er erhält je nach Art der Anlage Zinsen, Dividenden oder Gewinne. Die Höhe seiner „Belohnung" hängt u. a. vom Zeitraum seiner Anlage ab. Grundsätzlich ist die langfristige Anlage ertragreicher als die kurzfristige, da der Geldnachfrager den längeren Liquiditätsverzicht honoriert.

Das Kriterium der Liquiditätsnähe ist entscheidend hinsichtlich der Definition der umlaufenden Geldmenge. Die **Geldmenge M 1** enthält täglich verfügbares Geld. Dazu gehören der Bargelbestand und die Sichteinlagen (Buchgeld) bei Banken, über die täglich z. B. per Kreditkarte oder Überweisung verfügt werden kann. Das Sichtguthaben ist ähnlich liquide wie Bargeld.

M = engl. money

Werden zur Geldmenge M 1 Termingelder und Spareinlagen addiert, entsteht die **Geldmenge M 2**. Termingelder mit einer vereinbarten Laufzeit von bis zu zwei Jahren stehen ohne Kündigung nach Ende der Laufzeit zur Verfügung. Spareinlagen mit einer vereinbarten Kündigungsfrist von bis zu drei Monaten sind unbefristet und können erst nach Einhaltung der Kündigungsfrist vom Sparer verwendet werden.

Die **Geldmenge M 3** ergibt sich, wenn zur Geldmenge M 2 die Geldmarktfondsanteile, Schuldverschreibungen mit einer Laufzeit von bis zu zwei Jahren und Repogeschäfte zugerechnet werden. Geldmarktfonds sind Investmentfonds, die in kurzfristige Anlageformen wie z. B. Bankeinlagen und festverzinsliche Wertpapiere investieren. Die Anleger können ihre Anteile jederzeit zurückgeben. Bei Schuldverschreibungen handelt es sich um Wertpapiere, die von staatlichen Stellen, Banken und Industrieunternehmen zwecks Finanzierung ausgegeben werden. Bei Repogeschäften handelt es sich um den Kauf und Rückkauf von Wertpapieren, wobei Rückkauftermin und Rückkaufbedingungen bereits bei Vertragsabschluss bestimmt werden. Sie dienen Banken zur kurzfristigen Mittelbeschaffung.

Geldmengendefinitionen des Eurosystems

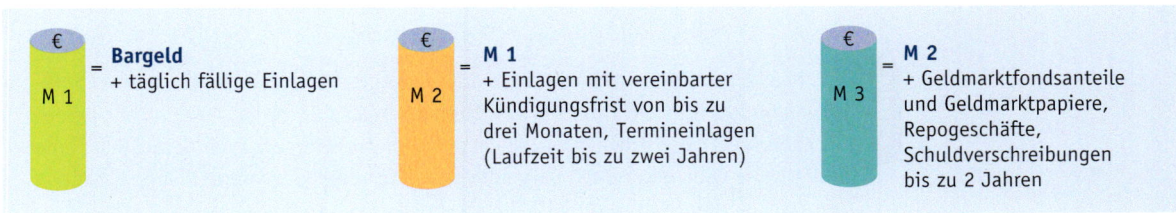

175

Der Nichtbankensektor verwendet Geld zur...		
... Kassenhaltung	... kurzfristigen Geldanlage auf Geldmärkten	... langfristigen Geldanlage auf Kapitalmärkten
Gründe: – Ausgaben für anstehende Konsum- oder Investitionsentscheidungen – Liquiditätsreserve für unvorhergesehene oder kurzfristig geplante Ausgaben	Gründe: – Ansparen für größere Anschaffungen – Restsparen – „Parken" überflüssiger Liquidität	Gründe: – Vorsorgesparen – Erzielung von Kapitalerträgen
Merkmal: Liquiditätspräferenz wird mit Zinsverzicht erkauft.	Merkmal: Kurzfristiger Liquiditätsverzicht bringt Zinsvorteile.	Merkmal: Langfristiger Liquiditätsverzicht bringt Zinsvorteile.
Bestandteile von M 3		kein Bestandteil von M 3

8.3.4 Geldschöpfungsprozess und Mindestreserve

Die Vermehrung der Geldmenge erfolgt durch Geschäfte des Bankensektors, indem zusätzliches Geld und Giralgeld geschaffen bzw. geschöpft wird.

> **BEISPIEL**
> Das Kaufhaus A benötigt liquide Mittel. Es beantragt einen Kredit in Höhe von 500 000 Euro bei seiner Bank. Nach Prüfung des Antrags wird das Darlehen gewährt und dem Girokonto des Kaufhauses als Sichteinlage gutgeschrieben. Das Kaufhaus erhält Bankengeld. Die Bank verpflichtet sich, Verfügungen bis zur Höhe von 500 000 Euro durch das Kaufhaus zuzulassen. Die Gegenleistung des Kaufhauses besteht in der Rückführung des Darlehens am Ende der Laufzeit und in der Zahlung der Zinsen.

Jede Kreditvergabe wirkt auf die Höhe der umlaufenden Geldmenge. Werden Kredite gewährt, steigt die Geldmenge; werden sie zurückgeführt, sinkt die Geldmenge. Entsteht Bankengeld duch Kreditvergabe des Bankensektors an den Nichtbankensektor wird von **aktiver Giralgeldschöpfung** gesprochen. Die Kreditvergabe liegt im Ermessen des Bankensektors.

Die einfachste Form der Giralgeldschöpfung ist die Einzahlung von Bargeld des Nichtbankensektors auf Girokonten des Bankensektors, wobei Bargeld in Giralgeld (Buchgeld) umgetauscht wird. Die Bargeldeinzahlung liegt im Ermessen des Nichtbankensektors. Hier wird von **passiver Giralgeldschöpfung** gesprochen, die Geldmenge bleibt dabei unverändert, lediglich die Zusammensetzung der Geldmenge verändert sich.

Bargeldauszahlungen wirken ebenfalls auf die Zusammensetzung der Geldmenge, nicht aber auf deren Höhe. Bankengeld wird in diesem Fall zu Bargeld.

> **BEISPIEL**
> Kaufhaus A benötigt zur Abwicklung seiner Tagesgeschäfte eine Kassenreserve in Höhe von 50 000 Euro. Dem Wunsch des Kaufhauses nach Bargeldauszahlung aus dessen Guthaben kann die Bank nur nachkommen, wenn sie ihrerseits über Bargeldbestände verfügt. Die Bank deckt ihren Bargeldbedarf durch Geschäfte mit der Europäischen Zentralbank. Der Betrag von 50 000 Euro wird an das Kaufhaus ausgezahlt. Der Kassenbestand der Bank verringert sich.

Um zu gewährleisten, dass Kunden jederzeit Bargeldauszahlungen aus ihren Sichtguthaben erhalten können, hält der Bankensektor **freiwillige Kassenreserven**. Mit steigender Akzeptanz der bargeldlosen Zahlungsverkehrssysteme hat die Bargeldpräferenz des Nichtbankensektors jedoch abgenommen. Der Nichtbankensektor verzichtet weitgehend auf Kassenhaltung; die umlaufende Geldmenge besteht überwiegend aus Bankengeld. Als Folge dieser Entwicklung hat der Bankensektor seine Kassenreserven minimiert, zumal die Bevorratung mit Bargeld sowohl mit Gefahren als auch mit Kosten verbunden ist (Sicherheitseinrichtungen, Transport, Kontrolle). Neben die freiwillige Kassenreserve tritt die **gesetzliche Mindestreserve**, um jederzeit die Umwandlung von Spareinlagen der Kunden in Liquidität sicherzustellen.

Die Europäische Zentralbank verpflichtet die Banken, einen bestimmten Prozentsatz (Reservesatz) ausgewählter Kundeneinlagen (Reservebasis) bei der jeweiligen Zentralbank in Form von **Zentralbankbuchgeld** zu unterhalten. Die Europäische Zentralbank bestimmt Reservebasis und Reservesätze. Der gesetzlichen Verpflichtung zur Mindestreserve kann sich keine Bank entziehen. Es drohen Sanktionen bei Nichteinhaltung.

Das Mindestreservekonto wird als Zentralbankkonto bei der Europäischen Zentalbank bzw. der nationalen Notenbank geführt. Das Guthaben ergibt sich aus

- Bargeldeinzahlungen des Bankensektors und
- Gutschriften aus Geschäften mit der Europäischen Zentralbank (z. B. Kauf und Verkauf von Vermögenswerten, Kreditvergabe der EZB).

> **BEISPIEL**
>
> Ein Kunde zahlt bei der Bank A Bargeld in Höhe von 25 000 Euro ein. Es entstehen 25 000 Euro Giralgeld. Die Bank A muss z. B. 20 % der Einlage, also 5 000 Euro, als Mindestreserve bei der Bundesbank halten. Das verbleibende Überschussguthaben in Höhe von 20 000 Euro darf sie als Kredit ausleihen (Überschussreserve). Das T-Konto der Bank A sieht nun wie folgt aus:
>
> | Aktiva | | Passiva | |
> |---|---|---|---|
> | Reserven | 5 000 € | Einlagen | 25 000 € |
> | Kredite | 20 000 € | | |
>
> Ein Großhandelsunternehmen möchte mit dem Kredit der Bank A die Rechnung eines Lieferanten bezahlen. Die Bank A überweist die Kreditsumme auf das Konto des Lieferanten bei der Bank B. Hier entsteht eine neue Einlage von 20 000 Euro. Von dieser Einlage darf sie 16 000 Euro als neuen Kredit weitergeben.
>
> | Aktiva | | Passiva | |
> |---|---|---|---|
> | Reserven | 4 000 € | Einlagen | 20 000 € |
> | Kredite | 16 000 € | | |
>
> Herr Meier bekommt die gesamte Summe als Kredit von Bank B. Er kauft sich ein neues Auto und überweist den Betrag an einen Autohändler der Bank C.
>
> | Aktiva | | Passiva | |
> |---|---|---|---|
> | Reserven | 3 200 € | Einlagen | 16 000 € |
> | Kredite | 12 800 € | | |
>
> ▶

BEISPIEL

So könnte es noch weitergehen, bis aufgrund der Mindestreserve der Kreditbetrag 0 Euro beträgt. Aus dem Einzahlungsbetrag von 25 000 Euro sind 73 800 Euro geworden (25 000 € + 20 000 € + 16 000 € + 12 800 € = 73 800 €). Alle beteiligten Banken haben auf diesem Wege Giralgeld geschaffen. Theoretisch wäre es den Banken auf diese Weise möglich, bei einer Mindestreserve von 20 % aus dem Einzahlungsbetrag von 25 000 Euro einen Betrag von 125 000 Euro zu schöpfen. In diesem Zusammenhang wird auch von dem Geldschöpfungsmultiplikator gesprochen.

Die Kreditsumme, die das gesamte Bankensystem maximal ausleihen kann, wird durch den **Giralgeldschöpfungsmultiplikator** errechnet.

Die Mindestreservepflicht begrenzt die Geldschöpfungsmöglichkeiten des Bankensektors. Sowohl Bargeldeinzahlungen des Nichtbankensektors (passive Giralgeldschöpfung) als auch die Kreditvergabe an den Nichtbankensektor (aktive Giralgeldschöpfung) begründen reservepflichtige Sichteinlagen, die einer Hinterlegung auf dem Mindestreservekonto bedürfen. Ohne Zentralbankgeld gibt es kein Bankengeld.

Geldschöpfung der Banken und ihre Begrenzung

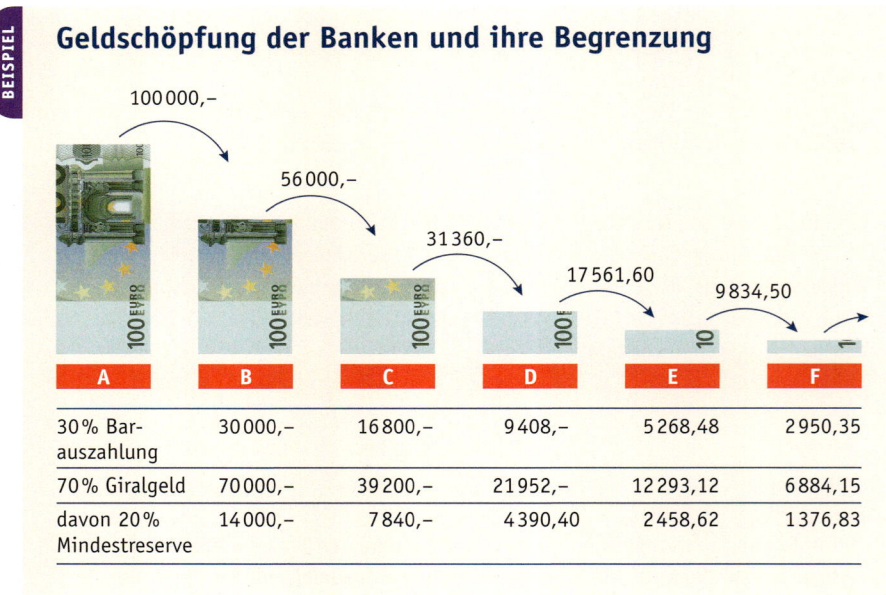

	A	B	C	D	E	F
30 % Barauszahlung	30 000,–	16 800,–	9 408,–	5 268,48	2 950,35	
70 % Giralgeld	70 000,–	39 200,–	21 952,–	12 293,12	6 884,15	
davon 20 % Mindestreserve	14 000,–	7 840,–	4 390,40	2 458,62	1 376,83	

Eine Giralgeldschöpfung kann nicht eintreten, wenn die Einlagen vollständig als Bargeld abgehoben werden, denn dann verwandelt sich Giralgeld in Bargeld, das nur von der Zentralbank geschöpft werden kann. Also kann das **Giralgeldschöpfungspotenzial** des Bankensystems begrenzt werden durch
- verfügbare freie Zentralbankguthaben,
- Barabhebungsquote und
- Mindestreserveverpflichtung.

ÜBERBLICK

Der **Nichtbankensektor** wird gebildet durch alle privaten Haushalte, den Staat und alle Unternehmen. Der **Bankensektor** – alle Banken und weitere Finanzinstitute – ist Geschäftspartner der Europäischen Zentralbank und versorgt den Nichtbankensektor mit Barageld und Buchgeld (Sichteinlagen).

Als **Geldmenge** wird der Geldbestand einer Volkswirtschaft bezeichnet. **Geldmenge M 1:** Bargeld und die täglich fälligen Einlagen (Sichteinlagen) des Nichtbankensektors. **Geldmenge M 2:** Geldmenge M 1 + Einlagen mit vereinbarten Kündigungsfristen bis zu drei Monaten + Termineinlagen mit einer vereinbarten Laufzeit von bis zu zwei Jahren. **Geldmenge M 3:** Geldmenge M 2 + Repogeschäfte + Geldmarktfondsanteile + Schuldverschreibungen mit einer Laufzeit von bis zu zwei Jahren.

Aktive Giralgeldschöpfung bezeichnet die Entstehung von Bankengeld durch Kreditvergabe des Bankensektors an den Nichtbankensektor. Die Kreditvergabe liegt im Ermessen des Bankensektors. Folgen: Bankengeld wird zur Verfügung gestellt, Liquiditätsausstattung des Nichtbankensektors wird verbessert, Umlauf Geldmenge M 3 steigt.

Passive Giralgeldschöpfung bezeichnet Bargeldeinzahlungen des Nichtbankensektors auf Girokonten des Bankensektors. Die Bargeldeinzahlung liegt im Ermessen des Nichtbankensektors. Folgen: Bargeldpräferenz des Nichtbankensektors sinkt, Bargeld wird zu Bankengeld, Liquidität des Nichtbankensektors wird umstrukturiert, umlaufende Geldmenge bleibt konstant, Kassenbestand des Bankensektors erhöht sich.

Mithilfe des **Giralgeldschöpfungsmultiplikators** kann die maximale Giralgeldschöpfung bestimmt werden. Begrenzt wird das Giralgeldschöpfungspotenzial durch frei verfügbare Zentralbankguthaben, die Barabhebungsquote und den Mindestreservesatz.

1 Was beinhalten die Geldmengen M 1, M 2 und M 3 und warum wird zwischen diesen Geldmengenbegriffen unterschieden?

2 Recherchieren Sie im Internet, wie sich die Geldmenge M 3 in letzter Zeit entwickelt hat und wie hoch der Mindestreservesatz ist.

3 Sie haben 1 000 Euro bar und zahlen diese bei der Bank A ein. Diese 1 000 Euro verbleiben im Bankensystem. Die Bank A muss Mindestreserven in Höhe von 2 % ihrer Einlagen bei der Bundesbank halten.

  a Wie hoch ist das Überschussguthaben, das die Bank A als Kredit vergeben darf?

  b Ein Einzelhandelsunternehmen nimmt den Kredit der Bank A in Anspruch und zahlt damit eine Rechnung der Firma X bei der Bank B. Wie hoch ist hier das Überschussguthaben, das die Bank B als Kredit vergeben darf, wenn die Firma X: (i) 200 Euro bar abhebt? (ii) keine Abhebung vom Konto vornimmt?

  c Welcher maximale Betrag kann aus den 1 000 Euro geschöpft werden?

  d Wie würden sich die Mindestreserve und das Geldangebot bei Bank A verändern, wenn die Zentralbank den Mindestreservesatz auf 5 % erhöhen würde?

4 In einer fiktiven Volkswirtschaft gebe es 5 000 Banknoten zu je 100 Euro. Wie hoch ist die Geldmenge,

  a wenn die Bevölkerung das gesamte Geld als Bargeld hält?

  b wenn die Einwohner das gesamte Geld auf Girokonten halten und der Mindestreservesatz bei 20 % liegt?

  c wenn die Bewohner zu gleichen Teilen Bargeld und Giroeinlagen besitzen und der Mindestreservesatz 10 % beträgt?

5 Nennen Sie die Faktoren, von denen die gesamtwirtschaftliche Kreditschöpfungsmöglichkeit entscheidend abhängt.

6 Erläutern Sie den Unterschied zwischen aktiver und passiver Giralgeldschöpfung.

8.3.5 Geldpolitische Instrumente

Preisniveaustabilität
Kapitel 4.5

Um das geldpolitische Ziel Preisniveaustabilität zu erreichen, sind geldpolitische Maßnahmen erforderlich. Mit indirekt wirkenden Instrumentarien versucht die Europäische Zentralbank die Geldmenge und damit die Giralgeldschöpfung des Bankensystems zu steuern. Zur Erreichung des Ziels Preisniveaustabilität stehen drei geldpolitische Instrumente zur Verfügung:

- die Offenmarktgeschäfte
- die ständigen Fazilitäten
- die Mindestreserven

Europas Geldpolitik

*Der **Europäische Zentralbank-Rat** entscheidet über den Kurs der Geldpolitik*

Geldpolitische Instrumente:

1. Offenmarktgeschäfte

Die EZB verkauft Wertpapiere an Geschäftsbanken
→ Geldmenge sinkt

oder sie kauft Wertpapiere von den Banken
→ Geldmenge steigt

Zentralbanken bieten zum europäischen Leitzins Wertpapiere an:
Hauptrefinanzierungsgeschäfte

2. „Girokonto für die Geschäftsbanken" (Ständige Fazilitäten*)

Geschäftsbanken können ihr Konto gegen Sollzinsen „überziehen" (Spitzenrefinanzierungsfazilität)
→ Geldmenge steigt

oder Geschäftsbanken können auf ihrem Konto verzinste Guthaben bilden (Einlagefazilität)
→ Geldmenge sinkt
das ergibt:
„Zinskanal für den Leitzins"

*Kreditmöglichkeiten

3. Mindestreservepflicht

Die Geschäftsbanken müssen Einlagen (Mindestreserve) bei der EZB halten, diese werden mit dem Leitzins verzinst

Niedrige Mindestreserve
→ Geldmenge steigt

Hohe Mindestreserve
→ Geldmenge sinkt

© Globus 2940

Offenmarktgeschäfte

Im Rahmen von Hauptrefinanzierungsgeschäften bietet die Europäische Zentralbank ihren Geschäftspartnern (Bankensektor) Zentralbankgeld für eine Laufzeit von einer Woche per Ausschreibungsverfahren bzw. sogenannten Tenderverfahren an. Die Europäische Zentralbank bestimmt je nach geldpolitischem Erfordernis das Geschäftsvolumen und die Höhe der jeweiligen Zinssätze. Hauptrefinanzierungsgeschäfte sind Offenmarktgeschäfte. Jede Bank kann Gebote abgeben. Das Mindestgebot beträgt 1 Mio. Euro.

Unter Offenmarktgeschäften wird der Kauf und der Verkauf von Wertpapieren durch die Zentralbank von bzw. an alle Geschäftspartner gegen die Ausgabe bzw. Rückgabe von Zentralbankgeld „am offenen Markt" verstanden. In der Geldpolitik spielen die Offenmarktgeschäfte eine wichtige Rolle. Mit ihrer Hilfe werden die Zinssätze und die Liquidität am Markt gesteuert und zusätzlich Signale bezüglich des geldpolitischen Kurses gegeben.

Die Europäische Zentralbank kann die Wertpapiere endgültig (outright) oder nur für eine bestimmte Zeit (befristete Transaktion) verkaufen oder ankaufen. Bei einer befristeten Transaktion verpflichtet sich die kaufende/verkaufende Bank, nach einer bestimmten Zeit die Wertpapiere zurückzuverkaufen/zurückzukaufen. Solche befristeten Geschäfte am offenen Markt mit Rückkaufvereinbarung werden Wertpapierpensionsgeschäfte genannt (sogenannte Repogeschäfte), da das Wertpapier für eine bestimmte Zeitspanne „in Pension geht", bevor es wieder zurückgenommen wird.

Wenn die Zentralbank von einer Bank für eine bestimmte Zeit Wertpapiere ankauft, steht der Bank für diese Zeit Zentralbankgeld zur Verfügung. Dies bedeutet, dass sich die Liquidität erhöht und die Bank mehr Kredite vergeben kann. Die Giralgeldschöpfung wird vergrößert. Kauft oder verkauft die Europäische Zentralbank Wertpapiere endgültig, handelt es sich um ein definitives Geschäft. Der Bank wird dann endgültig Zentralbankgeld zur Verfügung gestellt oder entzogen. Die Ausschreibung der Offenmarktgeschäfte erfolgt in der Regel in Form von **Tenderverfahren**. Mithilfe von Tendern fordert die Europäische Zentralbank ihre Geschäftspatrner zur Abgabe von Kaufgeboten für die von ihr angebotenen Geschäfte auf. Die Europäische Zentralbank unterscheidet dabei zwischen Mengentender und Zinstender:

Beim **Mengentender** legt die Europäische Zentralbank den Zinssatz fest, zu dem sie Offenmarktgeschäfte tätigt. Die Banken geben Mengengebote ab. Nicht bekanntgegeben wird das Tendervolumen, d. h. die Geldmenge, die dem Bankensektor zufließen soll. Die Europäische Zentralbank errechnet die Zuteilungsquote.

$$\text{Zuteilungsquote} = \frac{\text{Tendervolumen} \cdot 100}{\text{Summe aller Gebote}}$$

Beim **Zinstender** geben die Banken Gebote über die Beträge und die Zinsen ab, zu denen sie Geschäfte mit der Zentralbank abschließen wollen. Bei zu niedrigem Zins laufen die Banken Gefahr, dass sie bei der Zuteilung leer ausgehen. Bei einem hohen Zinsgebot ist die Chance einer vollen Zuteilung groß, weil zuerst der höchste Zinssatz bedient wird. Bei dem amerikanischen Zuteilverfahren erfolgt die Zuteilung nach dem gebotenen Zinssatz der Banken, bis das Gesamtvolumen ausgeschöpft ist. Im Falle, dass mehrere Banken den gleichen Zinssatz bieten, erhalten diese denselben Prozentsatz (Zuteilquote) ihres Bietungsbetrages.

Die Ausschreibung erfolgt i. d. R. wöchentlich in Form eines siebentägigen Hauptrefinanzierungsgeschäftes mit Zinstender als Mindestbietungssatz. Dieser Mindestbietungssatz wird auch Hauptrefinanzierungssatz genannt. Er bildet mit den beiden Zinssätzen der ständigen Fazilitäten die geldpolitischen Leitzinsen des Eurosystems.

Liquiditätszuführung über Zinstender (amerikanisches Zuteilungsverfahren)
Fünf Geschäftspartner geben folgende Gebote ab:

Geschäftspartner	Bietungssatz	Bietungsbetrag
Bank A	3,3 %	30 Mio. €
Bank B	3,1 %	20 Mio. €
Bank C	2,9 %	40 Mio. €
Bank D	2,9 %	20 Mio. €
Bank E	2,8 %	50 Mio. €

Die EZB beschließt, insgesamt 100 Millionen Euro zuzuteilen. Der Mindestzinssatz beträgt 2,8 % und die Laufzeit 100 Tage.

Es ergeben sich folgende Zuteilungsbeträge und Zuteilungsquoten:

Geschäftspartner	Zuteilung durch EZB	Zuteilquote
Bank A	30 Mio. € zu 3,3 %	100 %
Bank B	20 Mio. € zu 3,1 %	100 %
Bank C	33,3 Mio. € zu 2,9 %	83,3 %
Bank D	16,7 Mio. € zu 2,9 %	83,3 %
Bank E	–	–

BEISPIEL

Ständige Fazilitäten

Neben der Offenmarktpolitik stehen der Europäischen Zentralbank zwei sogenannte Fazilitäten (Kreditmöglichkeiten) zur Verfügung. Sie dienen dazu, Übernachtliquidität bereitzustellen oder zu beanspruchen. Die Zinssätze für die ständigen Fazilitäten werden auch als **Leitzinsen** bezeichnet. Sie setzen Signale bezüglich des geldpolitischen Kurses und stecken Ober- und Untergrenze der Geldmarktsätze für Tagesgeld ab.

Um eine **Spitzenrefinanzierungsfazilität** handelt es sich, wenn Banken sich „über Nacht" Kredite (Übernachtkredit) verschaffen. Am folgenden Tag muss der kurzfristige Kredit zurückgezahlt werden. Für alle Kreditgeschäfte müssen die Banken Sicherheiten hinterlegen. Der Zinssatz für die Spitzenrefinanzierungsfazilität liegt über dem Hauptrefinanzierungssatz, da es sonst möglich wäre, die geldpolitische Steuerung durch das Hauptrefinanzierungsgeschäft zu umgehen. Der Spitzenrefinanzierungssatz bildet die Obergrenze der Geldmarktsätze für das Tagesgeld.

Die **Einlagefaziliät** ermöglicht den Geschäftsbanken, überschüssiges Zentralbankgeld „über Nacht" zu einem festen Zinssatz anzulegen. Dieser Zinssatz ist niedriger als der Hauptrefinanzierungssatz, weil eine Bank bei einem darüber liegenden Zinssatz Zentralbankgeld zum Hauptrefinanzierungssatz besorgen würde und dieses zu einem höheren Zinssatz über Nacht einlegen würde. Der Zinssatz für die Einlagefazilität bildet die Untergrenze der Geldmarktsätze für das Tagesgeld.

Der Hauptrefinanzierungssatz, die Spitzenrefinanzierungsfazilität und die Einlagenfazilität sind in einem sogenannten **Zinskanal** miteinander verbunden. Die Europäische Zentralbank beobachtet die Geldmarktsituation und verschiebt je nach Bedarf die Zinssätze nach oben oder unten. Dabei passt sie im Regelfall alle Zinssätze im Zinskanal gleichzeitig an. Der Abstand zwischen den einzelnen Zinssätzen bleibt gleich.

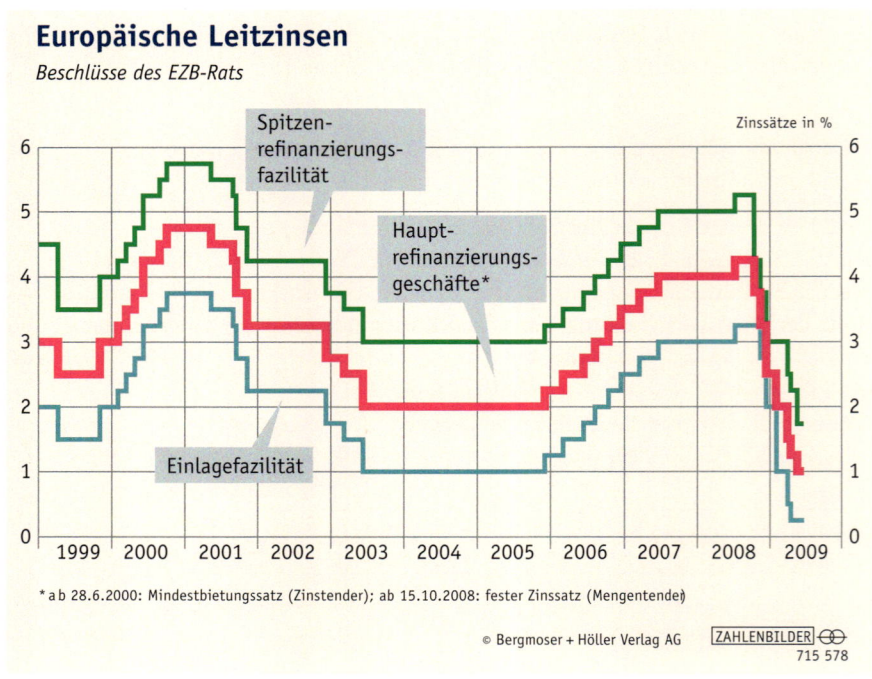

Europäische Leitzinsen

Beschlüsse des EZB-Rats

Spitzen-refinanzierungs-fazilität

Haupt-refinanzierungs-geschäfte*

Einlagefazilität

Zinssätze in %

* ab 28.6.2000: Mindestbietungssatz (Zinstender); ab 15.10.2008: fester Zinssatz (Mengentender)

© Bergmoser + Höller Verlag AG   ZAHLENBILDER ⊕⊕
715 578

Mindestreservepolitik

Die Europäische Zentralbank verlangt von den Banken im Eurowährungsraum, dass sie Mindestreserven bei den nationalen Zentralbanken unterhalten. Die Einlagen werden von der Europäischen Zentralbank zum Hauptrefinanzierungssatz verzinst, damit die Banken keinen Zinsverlust und keine Wettbewerbsnachteile gegenüber anderen Kredit- und Finanzinstituten außerhalb des Eurowährungsraums haben.

Mindestreserven dienten ursprünglich vor allem der Liquiditätssicherung der Kundschaftseinlagen bei den Banken. Sie sind aber gleichzeitig ein wichtiges Instrument, um den Geldumlauf, den Umfang der Kreditgewährung der Banken und die Zinsbildung am Geldmarkt zu beeinflussen. Durch die Hinterlegung von Mindestreserven hat die Europäische Zentralbank einen Hebel, um die Geldschöpfung der Banken und damit den Geldumlauf zu beeinflussen. Ferner verursacht die Mindestreserve eine gewisse Knappheit an Liquidität. Die Banken sind daher auf die Bereitstellung von Zentralbankgeld angewiesen, um Kredite vergeben zu können.

Die Mindestreserveverpflichtung ist von den Banken nicht täglich, sondern nur zu bestimmten Zeitpunkten zu erfüllen. Die Banken können daher die Mindestreserve als Liquiditätspuffer bei Schwankungen am Geldmarkt nutzen. Welche Geldbeträge als Mindestreserve zu hinterlegen sind (Mindestreserve-Soll), bemisst sich nach dem Stand der reservepflichtigen Verbindlichkeiten am Ende des vorangegangenen Monats. Mindestreservepflichtig sind alle täglichen Einlagen, alle Einlagen mit einer vereinbarten Laufzeit/Kündigungsfrist von bis zu zwei Jahren, ausgegebene Schuldverschreibungen mit einer Laufzeit von bis zu zwei Jahren und Geldmarktpapiere.

8.3.6 *Geldpolitische Strategie*

Die geldpolitische Strategie des Eurosystems ist darauf gerichtet, das Ziel Preisniveaustabilität zu erreichen. Dazu ist es erforderlich, die Einflussfaktoren auf die Preisentwicklung zu untersuchen. Das Preisniveau kann sich aufgrund von nachfragebedingten Faktoren (z. B. Konsum- und Investitionsentscheidungen) sowie aufgrund von angebotsbedingten Faktoren (z. B. Rohstoffpreis- und Lohnkostenentwicklung) ändern. Die Europäische Zentralbank trifft ihre geldpolitischen Entscheidungen auf der Grundlage monetärer und wirtschaftlicher Indikatoren, den sogenannten „**zwei Säulen**" der geldpolitischen Strategie der Europäischen Zentralbank.

Geldwertstörungen
Kapitel 4.6

Als **erste Säule** ihrer geldpolitischen Strategien stützt sich die Europäische Zentralbank auf eine **wirtschaftliche Analyse**. Sie beobachtet die Inflationsentwicklung selbst und Größen, die Einfluss auf die Inflation haben, wie z. B. Löhne und Gehälter, Wechselkursentwicklung, langfristige Zinssätze, Entwicklung des BIP und des BNE, Höhe der Staatsverschuldung, Preis- und Kostenindizes sowie Unternehmens- und Verbraucherumfragen. Als **zweite Säule** beobachtet sie die Entwicklung der **Geldmenge** (monetäre Analyse), da ein übermäßig hohes Geldmengenwachstum langfristige Inflationsrisiken anzeigt. Als Referenzwert strebt die Europäische Zentralbank eine jahresdurchschnittliche Ausweitung der Geldmenge um 4,5 % an.

Die Inflationsrate soll
im Eurowährungsgebiet unter,
aber nahe 2 % gegenüber dem
Vorjahr liegen,
vgl. Konvergenzkriterien
Kapitel 10.8.1

Im Gegensatz zur wirtschaftlichen Analyse ist die monetäre Analyse langfristig angelegt. Mit der monetären Analyse überprüft der EZB-Rat die Ergebnisse der wirtschaftlichen Analyse in Bezug auf die künftigen Inflationsrisiken. Durch diese Gegenprüfung wird gewährleistet, dass alle für die Preisniveaustabilität relevanten Faktoren berücksichtigt werden.

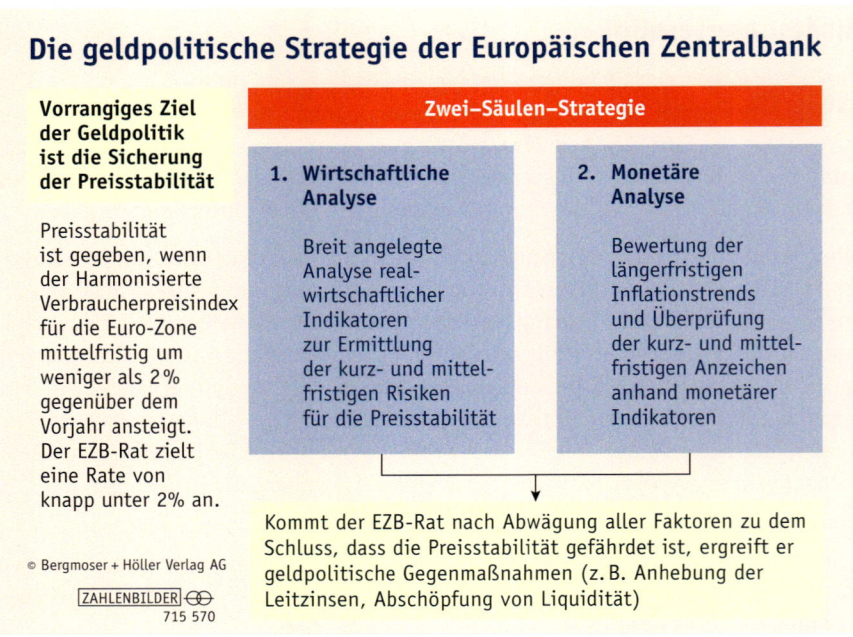

expansiv = sich ausdehnend

kontraktiv = sich zusammen-
ziehend

Je nach Ergebnis der wirtschaftlichen und monetären Analyse wird dann entweder eine expansive Geldpolitik als Anregung der monetären Gesamtnachfrage oder eine kontraktive Geldpolitik als Dämpfung der monetären Gesamtnachfrage praktiziert. Einerseits beeinflusst die Zentralbank die Bankenliquidität durch einen veränderten Umfang von Offenmarktgeschäften und veränderten Mindestreservesätzen. Andererseits werden die Kosten der Refinanzierung der Kreditinstitute über eine Veränderung der Zinssätze bzw. Mindestreserve beeinflusst.

Die geldpolitische Wirkung kann nur indirekt erfolgen. Sie setzt am Bankensystem an und wirkt weiter über unterschiedliche Einflusskanäle auf das Preisniveau. Die Übertragung geldpolitischer Impulse wird auch **Transmissionsmechanismus** genannt. Er beschreibt, wie sich geldpolitische Änderungen auf die wirtschaftlichen Variablen (wie Preisniveau, Produktion, Beschäftigung) übertragen.

Bei einer **expansiven Geldpolitik** verbilligen sich z.B. durch Senkung der Leitzinsen die Refinanzierungskosten für die Banken. Die Bank wird ihrerseits die Zinsen für Kredite senken. Daraus können sich folgende wirtschaftsbelebende Wirkungen ergeben:
- Erhöhung der Nachfrage nach Krediten.
- Abnahme des Sparanreizes privater Haushalte.

Auf- und Abwertung
Kapitel 4.8.1

- Der Geldzufluss aus dem Ausland geht aufgrund sinkender Zinsen zurück. Letzteres führt zu einem Abwertungsdruck auf den Euro und belebt dagegen die Exportnachfrage.
- Die Gesamtnachfrage wird durch Senkung der Leitzinsen angeregt (z.B. Investitionen, privater Verbrauch, Export).

Wird eine **kontraktive Geldpolitik** durch Erhöhung der Leitzinsen verfolgt, so soll sie die Gesamtnachfrage reduzieren und eine konjunkturelle Überhitzung vermeiden. Der Transmissionsprozess braucht Zeit, um seine Wirkungen auf Investitions- und Konsumverhalten zu entfalten. Diese Wirkungsverzögerungen sind auch von der Zentralbank schwer zu kalkulieren.

Die Transmission geldpolitischer Impulse
(Schematische und stark vereinfachte Darstellung)

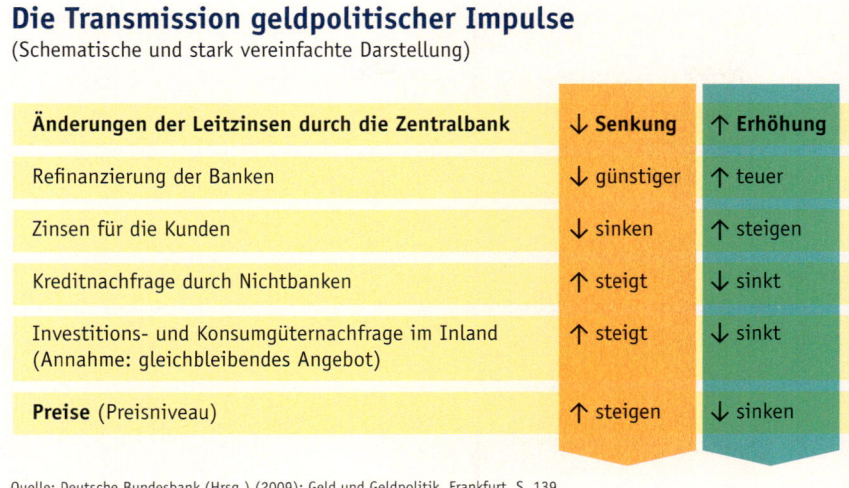

	↓ Senkung	↑ Erhöhung
Änderungen der Leitzinsen durch die Zentralbank	↓ Senkung	↑ Erhöhung
Refinanzierung der Banken	↓ günstiger	↑ teuer
Zinsen für die Kunden	↓ sinken	↑ steigen
Kreditnachfrage durch Nichtbanken	↑ steigt	↓ sinkt
Investitions- und Konsumgüternachfrage im Inland (Annahme: gleichbleibendes Angebot)	↑ steigt	↓ sinkt
Preise (Preisniveau)	↑ steigen	↓ sinken

Quelle: Deutsche Bundesbank (Hrsg.) (2009): Geld und Geldpolitik, Frankfurt, S. 139.

Kontrolle des Geldangebots

Obwohl das Instrumentarium der Europäischen Zentralbank sehr effektiv ist, hat es mit Problemen zu kämpfen. Das erste Problem liegt darin, dass die Zentralbank nicht kontrollieren kann, wie viele Einlagen die privaten Haushalte bei den Geschäftsbanken halten. Wie bereits erwähnt, ist die Geldschöpfung umso höher, je größer die Einlagen sind. Umgekehrt kann kein Geld geschöpft werden, wenn die Anleger ihr Geld abheben, weil sie z. B. das Vertrauen in das Bankensystem verloren haben. So kann auch ohne Eingreifen der Zentralbank das Geldangebot zurückgehen.

Das zweite Problem kann sich durch das Verhalten der Geschäftsbanken ergeben. Diese sind dazu verpflichtet, nur einen bestimmten Prozentsatz ihrer Einlagen als Reserve zu halten (partielles Reservesystem). Den übrigen zur Verfügung stehenden Betrag können, müssen sie jedoch nicht in Form von Krediten vergeben. Verleihen die Geschäftsbanken also z. B. aus Gründen der Vorsicht nur einen Teil der Einlagen, kann weniger Geld geschöpft werden als eigentlich möglich wäre. Auch dadurch verringert sich das Geldangebot, ohne dass die Zentralbank dieses steuern kann. In einem partiellen Reservesystem hängt die Geldmenge sowohl vom Verhalten der Einleger als auch von dem der Geschäftsbanken ab. Dies zeigt, dass die Zentralbank das Geldangebot nicht exakt steuern und kontrollieren kann.

Der Europäischen Zentralbank stehen drei **geldpolitische Instrumente** zur Erreichung ihrer Ziele zur Verfügung.

Hauptrefinanzierungsgeschäfte (auch **Offenmarktgeschäfte** genannt) sind zeitlich befristete Geschäfte zwischen der Europäischen Zentralbank und ihren Geschäftspartnern, die der Liquiditätssteuerung dienen. Die Europäische Zentralbank bestimmt die jeweiligen Geschäftsvolumina und Zinssätze. Auf Initiative der Zentralbank werden Wertpapiere gekauft oder verkauft. Befristete Transaktionen mit Rückkaufvereinbarung werden als Wertpapierpensionsgeschäfte bezeichnet. Beim **Mengentender** gibt die Europäische Zentralbank den Zinssatz vor, zu dem die Banken ihre Betragsangebote einreichen können. Beim **Zinstender** geben die Banken Gebote über die Beträge und die Zinssätze ab, zu denen sie Geschäfte mit der Zentralbank tätigen wollen. ▶

ÜBERBLICK

Die **ständigen Fazilitäten** dienen dazu, Übernachtliquidität bereitzustellen oder zu beanspruchen. Über die **Spitzenrefinanzierungsfazilität** können sich Banken „über Nacht" Kredite verschaffen. Überschüssige Liquidität kann „über Nacht" als **Einlagefazilität** angelegt werden. Die Zinssätze für ständige Fazilitäten gehören zu den geldpolitischen Leitzinsen der Europäischen Zentralbanken. Der Kreditzinssatz für die Spitzenrefinanzierungsfazilität wird höher festgelegt als der Anlagenzinssatz für die Einlagenfazilität.

Mindestreserven sind Guthaben, die von den Banken zwangsweise bei der Zentralbank hinterlegt werden müssen, damit die Zahlungsfähigkeit der Banken gewährleistet werden kann.

Das Ziel einer **expansiven Geldpolitik** ist es, die Geldmenge in der Wirtschaft zu erhöhen und die Wirtschaftstätigkeit zu beleben. Ziel einer **kontraktiven Geldpolitik** ist es, die Gesamtnachfrage zu dämpfen, um eine konjunkturelle Überhitzung zu vermeiden. Die Geldmenge in einem partiellen Reservesystem kann nicht vollständig und exakt von der Zentralbank gesteuert und kontrolliert werden, da sie zum Teil vom Verhalten der Einleger und Geschäftsbanken abhängt.

Geldpolitik	
– ist expansiv ausgerichtet, wenn sie dem Bankensektor Zentralbankliquidität zuführt oder seine Geldbeschaffungskosten senkt – soll durch niedrigere Zinsen die kreditfinanzierte Nachfrage des Nichtbankensektors erhöhen (Erhöhung der umlaufende Geldmenge)	– ist restriktiv ausgerichtet, wenn sie dem Bankensektor Zentralbankliquidität entzieht oder seine Geldbeschaffungskosten erhöht – soll durch höhere Zinsen die kreditfinanzierte Nachfrage des Nichtbankensektors bremsen (Senkung der umlaufenden Geldmenge)

geldpolitische Instrumente	expansiv	restriktiv
Mindestreservepolitik – Mindestreservesatz – Reservebasis	 senken verkleinern	 erhöhen verbreitern
ständige Fazilitäten – Spitzenrefinanzierungsfazilität – Einlagefazilität	 Zinskanal nach unten verschieben	 Zinskanal nach oben verschieben
Hauptrefinanzierungsgeschäfte am offenen Markt per Tenderverfahren – (Mengentender) Tendervolumen – (Zinstender) Mindestbietungssatz	 erhöhen senken	 senken erhöhen

1 Beschreiben Sie die Funktion und die Wirkung der Offenmarktgeschäfte.

2 Erläutern Sie die Ziele und die Funktionsweise der ständigen Fazilitäten.

3 Erläutern Sie die Aussage: „Der Zinssatz für die Spitzenrefinanzierungsfazilität liegt über dem Hauptrefinanzierungssatz, da es sonst möglich wäre, die geldpolitische Steuerung durch das Hauptrefinanzierungsgeschäft zu umgehen."

4 Die EZB verschiebt je nach Bedarf die Zinssätze. Woran orientiert sich der Bedarf?

5 Erklären Sie den Begriff der Mindestreserve.

6 Informieren Sie sich im Internet und in der Tagespresse über den derzeitigen Mindestreservesatz und die Höhe der Leitzinsen.

7 Wodurch unterscheiden sich ein Mengen- und ein Zinstender voneinander?

8 Die Europäische Zentralbank beschließt, dem Markt Liquidität über eine befristete Transaktion in Form eines Mengentenders zuzuführen. Die Europäische Zentralbank hat eine liquiditätspolitische Vorstellung von 200 Millionen Euro. Welche Zuteilungsbeträge haben die Geschäftspartner zu erwarten?

Fünf Banken geben folgende Gebote ab:

Geschäftspartner	Gebot (Mio. €)
Bank A	20
Bank B	50
Bank C	40
Bank D	80
Bank E	60
Insgesamt:	250

9 Welche Zuteilungsbeträge und Zuteilungsquoten haben die Geschäftsbanken (A bis E) bei Anwendung des amerikanischen Zuteilungsverfahrens zu erwarten, wenn das Gesamtvolumen 140 Mio. Euro, der Mindestzinssatz 3 % und die Laufzeit 90 Tage betragen?

Geschäftspartner	Bietungssatz	Bietungsbetrag
Bank A	3,5 %	60 Mio. €
Bank B	3,3 %	40 Mio. €
Bank C	3,1 %	15 Mio. €
Bank D	3,1 %	25 Mio. €
Bank E	2,8 %	55 Mio. €

10 Beschreiben Sie den Transmissionsprozess, wenn die Europäische Zentralbank
  a das Offenmarktvolumen erhöht,
  b die Mindestreserve erhöht,
  c die Leitzinsen erhöht.
Welche Wirkungen sind bei den Banken, den Nichtbanken und auf die Gesamtnachfrage zu beobachten? Welche Strategie der Geldpolitik (kontraktiv, expansiv) verfolgt die Europäische Zentralbank?

11 Wie wirkt sich eine expansive (kontraktive) Zinspolitik (Offenmarktpolitik, Mindestreservepolitik) auf das Geld- und Kreditangebot der Kreditinstitute und auf den Geldmarkt-, den Banken- und den Kapitalmarktzins aus?

12 Welche Strategie wird zurzeit von der Europäischen Zentralbank verfolgt? Informieren Sie sich hierzu im Internet und in der Tageszeitung.

13 Warum kann eine Zentralbank das Geldangebot nicht vollständig kontrollieren? Diskutieren Sie in der Gruppe, welche Maßnahmen die Zentralbank ergreifen könnte, um dieses Problem zu mindern.

14 Erklären Sie, warum es problematisch ist, wenn alle Einleger ihr Geld gleichzeitig abheben wollen.

15 Recherchieren Sie im Internet, was ein „bank run" ist und aus welchen Gründen der letzte „bank run" stattgefunden hat.

8.4 Finanzpolitik

Fiskalpolitik Kapitel 8.5

Die Finanzpolitik konzentriert sich auf die Einnahmen- und Ausgabentätigkeit des Staates. Im Gegensatz zur Fiskalpolitik sind die anfallenden Einnahmen und Ausgaben nicht direkt zur Steuerung der Konjunktur vorgesehen. Sie beeinflussen aber die wirtschaftliche Lage über die Einkommens- und Nachfrageeffekte.

In den 1970er-Jahren führte die verstärkte Ausgabenpolitik im Rahmen der Konjunkturpolitik zu hohen Staatsschulden und zu einer Erhöhung des Preisniveaus. Dagegen wurde in den 1980er-Jahren versucht, die Rahmenbedingungen für die Wirtschaft mithilfe einer angebotsorientierten Wirtschaftspolitik zu verbessern und den Haushalt auf mittlere Sicht zu konsolidieren, also Defizite in den öffentlichen Haushalten zu begrenzen bzw. rückzuführen. Dadurch wurde ein Zinsrückgang gefördert, die Preise stabilisierten sich, die Wirtschaft konnte wachsen.

Sozialversicherung Kapitel 9.3

Finanz- und Wirtschaftskrise Kapitel 8.5.1 und 10.9.3

Die Wiedervereinigung Deutschlands riss große Löcher in die öffentlichen Haushalte. Zwischen 1991 und 1998 flossen aus den Kassen des Bundes, der Länder und Gemeinden sowie der Renten- und Sozialversicherung umfangreiche finanzielle Hilfen, die die Aufbauprozesse vorantreiben sollten. Die Umstrukturierung der ostdeutschen Wirtschaft konnte nur durch eine einmalige Solidarleistung erreicht werden. Auch im Rahmen der Finanz- und Wirtschaftskrise seit 2008 hat die Staatsverschuldung durch die zahlreichen Rettungsprogramme zugenommen. Da übermäßig hohe Staatsdefizite aber die Zinsen hoch halten und dadurch private Investitionen verdrängen, muss ein notwendiger Konsolidierungskurs verfolgt werden.

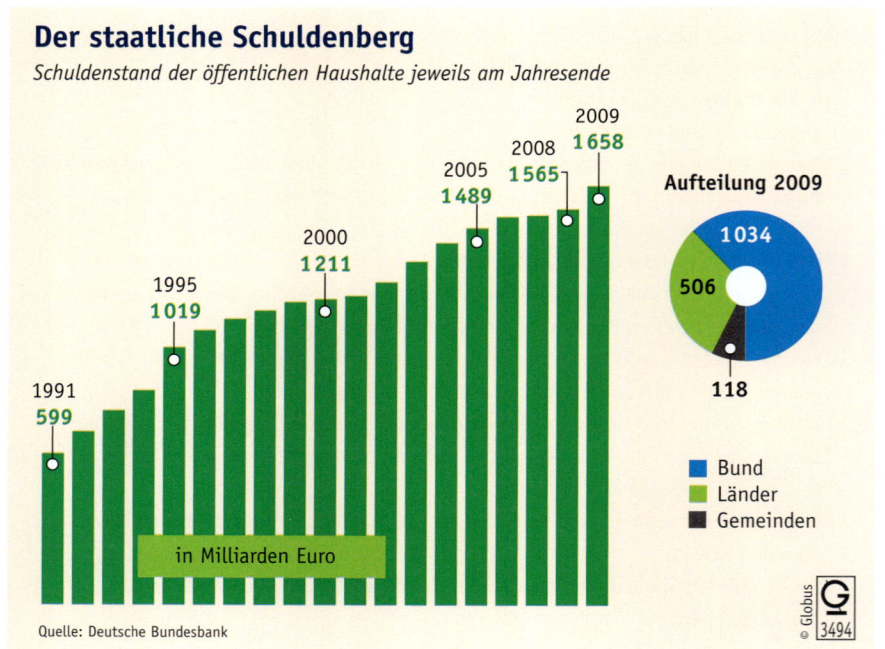

Der staatliche Schuldenberg

Schuldenstand der öffentlichen Haushalte jeweils am Jahresende

1991 **599**
1995 **1019**
2000 **1211**
2005 **1489**
2008 **1565**
2009 **1658**

in Milliarden Euro

Quelle: Deutsche Bundesbank

Aufteilung 2009

1034
506
118

Bund
Länder
Gemeinden

© Globus
3494

Der Staat nimmt Aufgaben wahr, die ein Einzelner nicht lösen kann, z. B. äußere Sicherheit, Erziehung und Bildung, Gesundheit, Polizei und Verkehrswesen. Damit er die vielfältigen Aufgaben im Rahmen der verschiedenen Politikbereiche erfüllen kann, benötigt er eigene Finanzmittel.

Einnahmen können auf verschiedene Art und Weise beschafft werden:
- Beiträge, z. B. Fremdenverkehrsbeiträge
- Gebühren, z. B. Passgebühren und Baugenehmigungen
- Einkünfte aus Kapitalbeteiligungen, z. B. Aktienbesitz an Unternehmen
- Kredite, z. B. Kreditaufnahme bei der Bundesbank und Ausgabe von Geldanleihen über den Kapitalmarkt
- Steuern, z. B. Lohn- und Einkommensteuer, Umsatzsteuer, Tabak- und Mineralölsteuer

Steuern können nach verschiedenen Einteilungskriterien klassifiziert werden:

Steuergerechtigkeit
Kapitel 9.5.2

- **nach der Ertragskompetenz**
  - Gemeinschaftssteuern, die Bund und Ländern in einem bestimmten Verhältnis zufließen, z. B. Einkommen- und Lohnsteuer
  - Bundessteuern, z. B. Einfuhrumsatzsteuer
  - Ländersteuern, z. B. Erbschaft- und Schenkungssteuer
  - Gemeindesteuern, z. B. Grund- und Hundesteuer

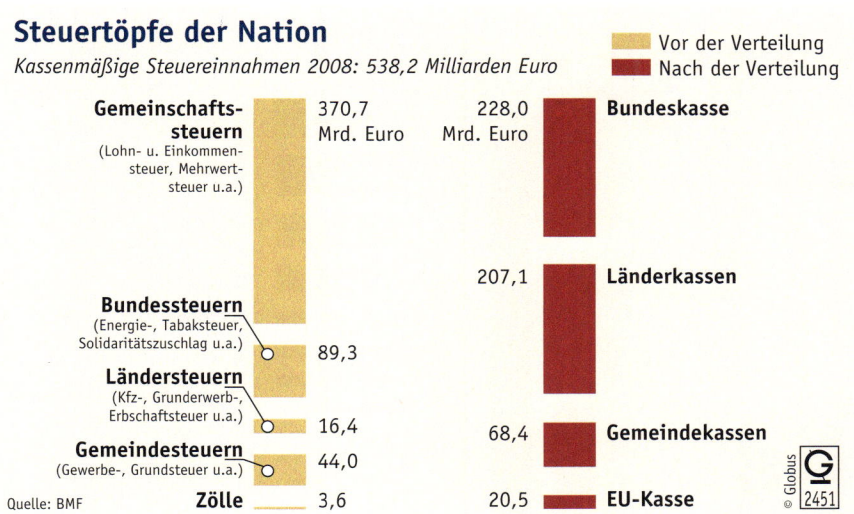

Steuertöpfe der Nation

Kassenmäßige Steuereinnahmen 2008: 538,2 Milliarden Euro

Vor der Verteilung
Nach der Verteilung

Gemeinschaftssteuern (Lohn- u. Einkommensteuer, Mehrwertsteuer u.a.) — 370,7 Mrd. Euro | 228,0 Mrd. Euro **Bundeskasse**

207,1 **Länderkassen**

Bundessteuern (Energie-, Tabaksteuer, Solidaritätszuschlag u.a.) — 89,3

Ländersteuern (Kfz-, Grunderwerb-, Erbschaftsteuer u.a.) — 16,4

68,4 **Gemeindekassen**

Gemeindesteuern (Gewerbe-, Grundsteuer u.a.) — 44,0

Quelle: BMF **Zölle** 3,6 | 20,5 **EU-Kasse**

© Globus 2451

- **nach direkten und indirekten Steuern**
  - Bei der direkten Besteuerung sind Steuerzahler und Steuerträger identisch. Die mit der Steuer belastete Person entrichtet den entsprechenden Betrag unmittelbar an das Finanzamt, damit ist keine Überwälzung auf andere Personen möglich. Direkte Steuern werden auf die Einkünfte des Steuerzahlers erhoben, z. B. Lohnsteuer.
  - Indirekte Steuern werden auf Güter erhoben und von den Unternehmen abgeführt, die die Möglichkeit haben, die Steuer durch Preiserhöhungen auf den Verbraucher abzuwälzen. Beispiele sind Umsatzsteuer (allgemeine Verbrauchsteuer) und Tabak- oder Mineralölsteuer (spezielle Verbrauchsteuer).

- **nach belastungspolitischen Gesichtspunkten**
  - Subjektsteuern (Personensteuern), die auch persönliche Verhältnisse wie Familienstand, Anzahl der Kinder und Körperbehinderungen des Steuerpflichtigen berücksichtigen, z. B. Einkommensteuer
  - Objektsteuern (Realsteuern), die an ein sachliches Merkmal anknüpfen, z. B. Grundsteuer

189

Die Staatseinnahmen werden für folgende Finanzierungszwecke verwendet:

- Sachaufwand, z. B. für Straßenbau oder Umrüstung der Bundeswehr
- Personalaufwand, z. B. für Löhne und Gehälter der Angestellten und Beamten, Richter und Soldaten
- Transferleistungen, z. B. Rente und Sozialhilfe, welche auch zu einer Umverteilung von Einkommen und Vermögen beitragen sollen
- Subventionen, in Form von Finanzhilfen und Steuervergünstigungen für bestimmte Unternehmen bzw. Wirtschaftszweige
- Schuldendienst, Zinsen und Tilgung für aufgenommene Kredite im Rahmen der Staatsverschuldung

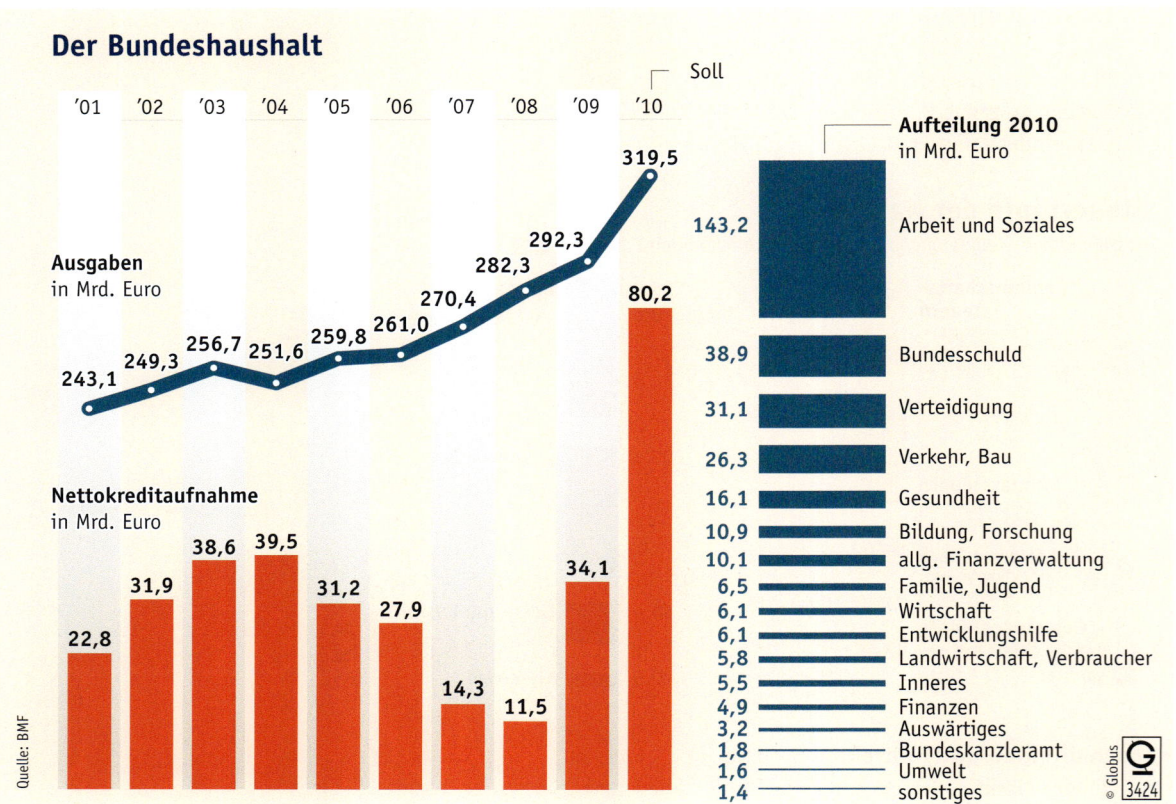

Die Höhe der Staatsausgaben lässt sich auch mithilfe der **Staatsquote** messen. Die Staatsquote misst den Anteil der Staatsausgaben am Bruttoinlandsprodukt.

Um die ausufernde Staatsverschuldung zu reduzieren, ist seit dem 12. Juni 2009 eine **Schuldenbremse** im Grundgesetz (GG) verankert.

Dazu wurden die Art. 109 und Art. 115 GG auf Initiative der Förderalismuskommission II geändert. Sie gelten für den Bund und die Länder ab 2011. Die Schuldenbremse beinhaltet:

- einen ausgeglichenen Haushalt ohne Einnahmen aus Krediten
- eine strukturelle Verschuldung des Bundes höchstens bis 0,35 % des BIP
- einen Ausgleich konjunkturbedingter Erhöhungen der Kreditaufnahme in Abschwungphasen durch Rückführung in Aufschwungphasen
- Ausnahmeregelungen bei Naturkatastrophen sowie Notsituationen und Krisenbewältigungen

- Errichtung eines Stabilitätsrates zur Prognose drohender Haushaltsnotlagen und Überwachung eingeleiteter Sanierungsverfahren; Übergangsregelungen sind gemäß Art. 143 Abs. 1 GG für den Bund bis 2015 und für die Länder bis 2019 vorgesehen

Schuldenbremse für Bund und Länder

Art. 109 GG:
„Die Haushalte von Bund und Ländern sind grundsätzlich ohne Einnahmen aus Krediten auszugleichen."

Zulässiges strukturelles Defizit
▼   ▼

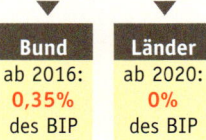

Bund	Länder
ab 2016:	ab 2020:
0,35%	**0%**
des BIP	des BIP

In der Übergangsphase ab 2011 müssen sich Bund und Länder schrittweise dem Ziel der Nullverschuldung annähern. Die finanzschwachen Länder Bremen, Saarland, Berlin, Sachsen-Anhalt und Schleswig-Holstein erhalten 2011–2019 eine Konsolidierungshilfe von insg. 800 Mio € jährlich

Über die Entwicklung der Finanzen von Bund und Ländern wacht ein

STABILITÄTSRAT

(Bundesfinanzminister, 16 Länderfinanzminister, Bundeswirtschaftsminister)

Bei einer drohenden Haushaltsnotlage vereinbart er ein Sanierungsprogramm mit dem betreffenden Land oder dem Bund

Im Konjunkturabschwung sind höhere Defizite möglich, doch müssen sie im Aufschwung durch Überschüsse ausgeglichen werden

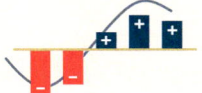

Ausnahmen gelten außerdem für Naturkatastrophen oder sonstige außergewöhnliche Notsituationen

© Bergmoser + Höller Verlag AG

ÜBERBLICK

Die umfangreichen Staatsaufgaben werden durch verschiedene Quellen finanziert. **Einnahmen** des Staates entstehen durch Beträge, Gebühren, Einkünfte aus Kapitalbeteiligungen, Kredite oder Steuern. Haupteinnahmequelle sind die **Steuern**, die sich nach verschiedenen Kriterien einteilen lassen.

Die **Staatsquote** misst den Anteil der Staatsausgaben am Bruttoinlandsprodukt.

Um die ausufernde **Staatsverschuldung** zu reduzieren, ist seit 2009 eine sogenannte Schuldenbremse im Grundgesetz verankert.

AUFGABEN

1 Recherchieren Sie im Internet, z. B. auf der Homepage des Bundesfinanzministeriums, wie sich der Schuldenstand der öffentlichen Haushalte seit Beginn der BRD entwickelt hat und wie hoch der Schuldenstand aktuell ist.

2 Ermitteln Sie durch Internetrecherche die aktuelle Höhe der Staatsquote.

3 Woraus setzt sich eine Nettokreditaufnahme zusammen?

4 Wodurch unterscheiden sich Finanz- und Fiskalpolitik voneinander?

5 Ordnen Sie die im Text und in der Abbildung erwähnten Steuern den beiden Bereichen direkte und indirekte Steuern zu.

6 Diskutieren Sie, ob die Schuldenbremse geeignet ist, die Staatsschulden nachhaltig zu reduzieren.

7 Wodurch unterscheiden sich ein strukturelles und ein konjunkturelles Defizit voneinander?

8.5 Fiskalpolitik

Im Gegensatz zur Finanzpolitik wird die Fiskalpolitik ausschließlich zur Steuerung der Wirtschaftsabläufe eingesetzt. Handlungsbedarf ist gegeben, wenn die konjunkturelle Entwicklung auf eine Nachfragelücke oder eine Angebotslücke hindeutet und zu erwarten ist, dass die Fehlentwicklungen längerfristig anhalten.

Konjunktur
Kapitel 8.2

prozyklisch = dem Konjunkturverlauf gleichgerichtete Wirkung wirtschaftspolitischer Maßnahmen

Bis in die 1930er-Jahre verfolgten die meisten Staaten eine eher passive Finanzpolitik. Ziel war es, einen möglichst ausgeglichenen Haushalt zu erreichen. Das hatte zur Folge, dass der Staat in Zeiten der Hochkonjunktur die Nachfrage steigerte, da er erhöhte Steuereinnahmen verzeichnen konnte. Dadurch wurde die Überhitzung der Wirtschaft vorangetrieben. Die Folgen dieser prozyklischen Fiskalpolitik waren fatal. In der Abschwungphase dagegen verringerten sich die Steuereinnahmen, sodass der Staat seine Nachfrage verminderte, was eine weitere Dämpfung der Wirtschaft zur Folge hatte.

8.5.1 Nachfragepolitik – Keynesianismus

antizyklisch = dem Konjunkturverlauf entgegengerichtete Wirkung wirtschaftspolitischer Maßnahmen

J. M. Keynes (1883–1946)

Ab 1967 wurde in Deutschland die antizyklische Wirtschafts- bzw. Fiskalpolitik eingeführt. Diese „fiscal policy" basiert auf der keynesianischen Wirtschaftspolitik. 1936 erschien vor dem Hintergrund der Weltwirtschaftskrise die „Allgemeine Theorie der Beschäftigung, des Zinses und des Geldes" von John Maynard Keynes (1883–1946), in der er die damals herrschende Wirtschaftstheorie grundlegend angriff. Die Hoffnung der Klassiker auf Selbststabilisierung des Systems wird abgelöst durch die Keynesianische Botschaft der Steuerungsnotwendigkeit und Steuerungsmöglichkeit der gesamtwirtschaftlichen Nachfrage, häufig verbunden mit einer Verschuldungspolitik (deficit spending).

Die Befürworter der Nachfragepolitik gemäß Keynes gehen von der Annahme aus, dass der Staat aktiv in das Wirtschaftsgeschehen eingreifen muss, um die Instabilität marktwirtschaftlicher Systeme auszugleichen. Konkret bedeutet dies, dass während der Rezession die Staatsausgaben erhöht werden müssen, um die Wirtschaft anzukurbeln. Da gleichzeitig die Steuereinnahmen sinken, kann der Staat seine Strategie nur verfolgen, indem er Kredite aufnimmt. Damit nimmt er ein **Haushaltsdefizit** in Kauf (deficit spending). In Boomphasen soll der Staat seine öffentlichen Ausgaben verringern und durch Steuererhöhungen den privaten Haushalten und Unternehmen Kaufkraft entziehen. Das bedeutet, dass sich der Staat im Hinblick auf die Konjunkturschwankungen antizyklisch verhält. Damit erfolgt die keynesianische Nachfragepolitik nicht präventiv, wie bei den Klassikern und den späteren Monetaristen, sondern korrektiv, also nachhinein zur Korrektur von wirtschaftlichen Instabilitäten. Der Nachfragepolitik stehen gemäß dem **Gesetz zur Förderung der Stabilität und des Wachstums der Wirtschaft** (StWG) vom 8. Juni 1967 verschiedene Maßnahmen zur Verfügung.

Stabilitäts- und Wachstumsgesetz
Kapitel 6.2

Steuerpolitik: Die progressive Besteuerung der Einkommen- und Körperschaftssteuer hat automatisch eine gewisse antizyklische Wirkung. Steigt das Einkommen im Boom, so mindert ein höherer Steuersatz das verfügbare Einkommen. Die Wirtschaftssubjekte können weniger kaufen. Im Abschwung hingegen wirkt sich bei sinkendem Einkommen ein niedrigerer Steuersatz positiv aus, da die Wirtschaftssubjekte nun mehr konsumieren können. Außerdem können Lohn- und Körperschaftssteuer für die Dauer von maximal einem Jahr um 10 % variiert werden. Soll die Konjunktur durch eine Steuererhöhung gebremst werden, sollen die Mehreinnahmen in der **Konjunkturausgleichsrücklage** stillgelegt werden, damit sie nicht wieder zurück in den Umlauf gelangen. Zugleich sind für den Konjunkturverlauf psychologische Faktoren von Bedeutung: Haben die Wirtschaftssubjekte pessimistische Erwartungen, werden sie sich auch durch eine Steuersenkung nicht zu höheren Investitions- bzw. Konsumausgaben anregen lassen, sondern ihre Ersparnisse erhöhen. Umgekehrt lösen sie diese bei optimistischen Annahmen auf, sodass eine Steuererhöhung unter Umständen wirkungslos bleibt.

Veränderungen der Abschreibungsregelungen: Abschreibungsregelungen beeinflussen die Steuerbelastung der Unternehmen und sollen die Investitionsgüternachfrage anregen bzw. bremsen. Verminderte Abschreibungsmöglichkeiten bedeuten für die Unternehmen erhöhte steuerpflichtige Gewinne (Einkommen), die Steuereinnahmen steigen, die verfügbaren Einkommen der Steuerpflichtigen hingegen sinken.

Direkte Staatsausgaben: Staatsausgaben können die gesamtwirtschaftliche Nachfrage unmittelbar beeinflussen, sind aber auch mit einigen Problemen behaftet. Zahlungen öffentlicher Gehälter bzw. Bezüge sind durch Tarifverträge festgelegt und können nicht kurzfristig verändert werden. Staatliche Investitionen können nur bedingt variiert werden, da sie einer langfristigen Planung bedürfen und durch Verträge gebunden sind. Letztlich hat die Bundesregierung nur einen begrenzten Zugriff auf die Investitionstätigkeit, da ein großer Teil auf die Gemeinden selbst entfällt. Diese zeigen jedoch oft ein prozyklisches Verhalten, indem sie z. B. in der Hochkonjunktur ihre Ausgaben für die Durchführung bisher zurückgestellter Projekte erhöhen.

Kreditaufnahme: Nach dem Prinzip der antizyklischen Wirtschaftspolitik soll der Staat in Schwächephasen die Ausgaben erhöhen, um die Gesamtnachfrage anzukurbeln. Zur Finanzierung kann der Staat entweder die Konjunkturausgleichsrücklage auflösen oder er muss Kredite aufnehmen. Diese sollen dann im Aufschwung zurückgezahlt werden. Da eine Kreditrückzahlung im Aufschwung in der Praxis nicht konsequent umgesetzt wird, führt das in der Regel zu einer Erhöhung der Staatsverschuldung.

Diese Instrumentarien sollen je nach konjunktureller Lage so eingesetzt werden, dass sie zur Verstetigung des Konjunkturverlaufs, also zur Stabilität des Preisniveaus, zu einem hohen Beschäftigungsstand, zum außenwirtschaftlichen Gleichgewicht und zu einem stetigen und angemessenen Wirtschaftswachstum beitragen. Dementsprechend wird eine antizyklische Finanzpolitik betrieben: In **Boomphasen** kommt es zu einer dämpfenden (kontraktiven) Haushaltspolitik. Der Staat verringert seine Ausgaben und entzieht den privaten Haushalten durch z. B. Steuererhöhungen Kaufkraft.

Während der **Rezession** müssen die Staatsausgaben erhöht werden, um die Wirtschaft anzukurbeln. Da gleichzeitig eine Steuersenkung erforderlich wird, kann der Staat seine Strategie nur verfolgen, indem er Kredite aufnimmt und damit ein Haushaltsdefizit in Kauf nimmt.

Körperschaftssteuer = Steuer, die eine juristische Person zahlen muss. Die Steuer ist abhängig vom Gewinn.

Konjunkturausgleichsrücklage = Bei zu starker Nachfrageausweitung können eingesparte Geldmittel der Bundes- und Länderhaushalte unverzinst bei der Bundesbank hinterlegt werden. Bei einer Abschwächung der allgemeinen Wirtschaftstätigkeit sollen sie im Interesse des gesamtwirtschaftlichen Gleichgewichts zur Finanzierung zusätzlicher Ausgaben dienen.

magisches Viereck
Kapitel 6.2

Kaufkraft
Kapitel 4.5

Instrumente laut StWG (Auszug)	Aufschwung	Rezession
Einnahmenpolitik (§§ 26 ff.)		
– auf ein Jahr befristete Veränderung der Einkommen-/Körperschaftssteuer bis max. 10 %	erhöhen	senken
– zeitweise Aussetzung der degressiven Abschreibung	ja	nein
– Anpassung von Steuervorauszahlungen für Einkommen-, Körperschafts- und Gewerbesteuer	erhöhen	senken
– Investitionsprämien als Abzug von der Steuerschuld bis zu 7,5 % der Investitionssumme	nein	ja
Ausgabenpolitik		
– zusätzliche Ausgaben (§ 6)	nein	ja
– Streckung öffentlicher Baumaßnahmen (§ 6)	ja	nein
– Beschleunigung von Investitionsvorhaben (§ 11)	nein	ja
Sonstiges		
– freiwillige Konjunkturausgleichsrücklage (§§ 5 f., §§ 15 f.)	bilden	auflösen
– Kredite (§§ 5 f., §§ 19 ff.)	tilgen	aufnehmen

Im Rahmen der **Finanz- und Wirtschaftskrise** wurde seit 2008 auf die keynesianische Nachfragepolitik zurückgegriffen. So wurden innerhalb von vier Monaten drei Maßnahmen als konjunkturgerechte Wachstumspolitik der Bundesregierung beschlossen. Ein Maßnahmenpaket zur Senkung der steuerlichen Belastung und Stabilisierung der Sozialversicherungsausgaben erfolgte am 7. Oktober 2008.

Am 5. November 2008 wurde das **Konjunkturpaket I** als Maßnahmenpaket zur Beschäftigungssicherung durch Wachstumsstärkung geschnürt. Inhaltlich konzentriert sich das 23-Millionen-Euro-Programm u. a. auf die Wiedereinführung der degressiven Abschreibung für bewegliche Güter des Anlagevermögens bis zu 25 %, die steuerliche Absetzbarkeit von Handwerksleistungen, Verkehrsinvestitionen, CO_2-Sanierungsmaßnahmen und befristete Steuerbefreiung von der Kfz-Steuer für Neuwagen.

Drei Monate später wurde am 20. Februar 2009 das **Konjunkturpakt II** als „Pakt für Beschäftigung und Stabilität in Deutschland zur Sicherung der Arbeitsplätze, Stärkung der Wirtschaftskräfte und Modernisierung des Landes" in Höhe von 50 Mrd. Euro aufgelegt. Dieses Konjunkturpaket war das größte deutsche Konjunkturprogamm der letzten 60 Jahre. Der größte Teil sollte bis zum Jahr 2010 in die Unternehmensfinanzierung und den Ausbau der kommunalen Infrastruktur fließen. Zu den Instrumenten zählen u. a. die Abwrackprämie beim Kauf eines Neuwagens, die Förderung der Kurzarbeit, Kredit- und Bürgschaftsprogramme für Unternehmen in Finanznot.

Mit diesem Konjunkturprogramm möchte die Bundesregierung die Nachfrage zu den Unternehmen, privaten Haushalten und Kommunen lenken. Es setzt sich aus einem Sammelsurium an konjunkturpolitischen Maßnahmen zusammen, die gleichzeitig auch strukturpolitische Wirkungen entfalten, weil es sich auch um sektorspezifische Instrumentarien handelt. Zusätzlich können sich Mitnahmeeffekte ergeben, wenn bereits geplante Investitionen vorhanden waren.

Ob sich jedoch durch die weltweite Finanz- und Wirtschaftskrise ein generelles Comeback des Keynesianismus ableitet, bleibt abzuwarten.

Konjunkturpakete gegen die Krise

Gesamtvolumen 2009/2010: über 80 Milliarden Euro

„Maßnahmenpaket"
(Oktober 2008)

- Höheres Kindergeld
- Schulstartpaket von 100 Euro für hilfebedürftige Kinder
- Haushaltsnahe Dienste höher absetzbar
- Beitragssatz zur Arbeitslosenversicherung sinkt auf 2,8 % (ab 1.1.2009)
- Verbesserter Steuerabzug für Beiträge zur privaten Kranken- und Pflegeversicherung

© Bergmoser + Höller Verlag AG

Konjunkturpaket I
(November 2008)

- Handwerkerleistungen bis zu 6000 Euro absetzbar
- Verbesserte Abschreibungsmöglichkeiten
- Befristete Kfz-Steuer-Befreiung für schadstoffarme Autos
- Zusätzliche Verkehrsinvestitionen
- Verlängerung des Kurzarbeitergelds auf 18 Monate
- Sonderprogramm für ältere und gering qualifizierte Beschäftigte
- Zusätzliche Vermittler bei der Bundesagentur für Arbeit
- Ausweitung des Kredit- und Bürgschaftsrahmens der KfW

Konjunkturpaket II
(Januar 2009)

- Einkommensteuerentlastung ab 1.1.2009
- Senkung des Krankenversicherungsbeitrags ab 1.7.2009
- Kinderbonus von 100 Euro
- Höheres Sozialgeld für 6- bis 13-Jährige
- Entlastung der Arbeitgeber von Sozialbeiträgen für Kurzarbeiter
- Förderung der Qualifizierung und Weiterbildung
- „Abwrackprämie"
  Umstellung auf CO_2-abhängige Kfz-Steuer
- Zukunftsinvestitionen in Infrastruktur und Bildung
- Innovations- und Forschungsförderung
- Kredit- und Bürgschaftsprogramme der KfW

ZAHLENBILDER
194 097

Die keynesianische Nachfragepolitik ist bei ihrer Anwendung nicht frei von **Wirkungsproblemen**. Folgende Probleme können bei der keynesianisch orientierten Fiskalpolitik auftreten:

- Richtige Diagnosestellung: Konjunkturschwankung oder Strukturkrise.
- Ausgabenpolitische Mittel können in ihrem Einsatz aufgrund internationaler Verpflichtungen, Gesetze oder Verträge beschränkt sein.
- Durch Zeitverzögerungen („time lags" der Wirtschaftspolitik) können die Maßnahmen nicht zum geeigneten Zeitpunkt wirken.

Zunächst muss ein Problem erkannt und eine Gegenmaßnahme ergriffen werden. Diese Gegenmaßnahmen müssen von der Ministerialbürokratie ausgewählt und teilweise parlamentarisch verabschiedet werden. Wenn ein Mittel zum Einsatz kommt, kann es kurz- oder erst langfristig wirken. Zwischen Diagnose, Einsatz und Wirkung kann es dadurch zu Verzögerungen kommen, sodass Instrumente oftmals pro- statt antizyklisch wirken.

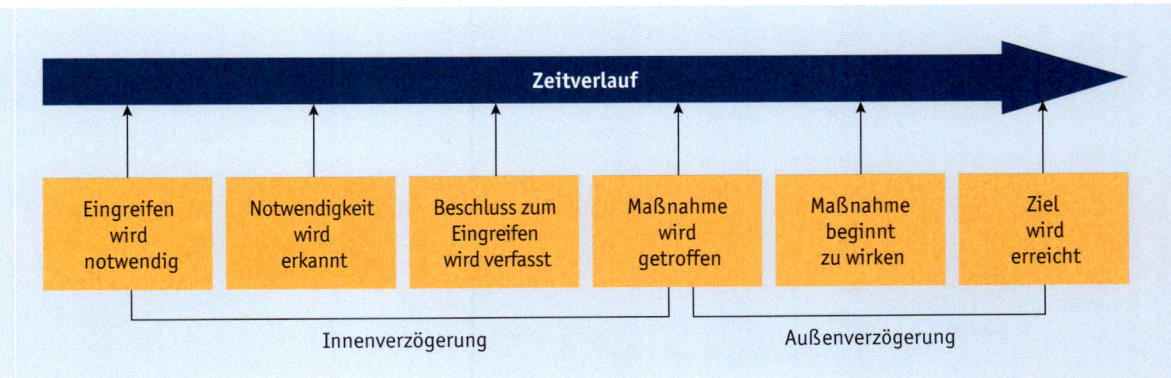

8.5.2 Angebotspolitik – Monetarismus

Die Angebotspolitik zielt darauf ab, die Rahmenbedingungen für die Investitionstätigkeit der Unternehmen zu verbessern. Investitionen sind die Grundbedingung für eine langfristig wachsende Wirtschaft. Sie schaffen zusätzliche Produktionsmöglichkeiten und somit auch eine höhere Beschäftigung. Mehrbeschäftigung bedeutet mehr Einkommen und schafft damit zusätzliche Nachfrage.

> **BEISPIEL**
>
> Vertreter der Angebotspolitik empfehlen z. B.:
> – Unternehmenssteuern senken
> – Infrastruktur verbessern und Innovationsprozesse beschleunigen
> – Arbeitskosten im Bereich der Lohnnebenkosten senken (Arbeitgeberanteil zur Sozialversicherung, Lohnfortzahlung im Krankheitsfall, Sonderzahlungen wie Weihnachts- und Urlaubsgeld, Urlaub und Feiertage)
> – flexible Entgelte (keine Mindestlöhne, Öffnungsklauseln für Tarifentgelte, Betriebsvereinbarungen statt Flächentarife, Entgeltsteigerungen nur in Verbindung mit Produktivitätssteigerungen)
> – Kündigungsschutz aufheben oder beschränken
> – Existenzgründungen und freie Marktzugänge erleichtern (Abschaffung des Meisterzwangs im Handwerk und des Beratungsmonopols im Bereich der Anwälte, Steuerberater und Wirtschaftsprüfer)
> – bürokratische Hemmnisse beseitigen (Durchforstung von Gesetzen, Verschlankung bürokratischer Systeme, Beschleunigung von Genehmigungsverfahren und Vermittlungsverfahren, Erhöhung der Mobilität)
> – Staatsverschuldung und Subventionen reduzieren
> – Geld- und Fiskalpolitik verstetigen, auch bei Konjunkturschwankungen

M. Friedman (1912–2006)

Geldpolitik
Kapitel 8.3

Ein Hauptvertreter der Angebotspolitik ist Milton Friedman. Friedman (1912–2006), der an der Universität von Chicago lehrte und zur Chicagoer Schule zählt, geht von der Stabilität des Marktes aus und führt Konjunkturschwankungen nicht zuletzt auf Staatsversagen zurück. Staatsversagen bedeutet in diesem Zusammenhang, dass der Staat durch sein Eingreifen die wirtschaftliche Entwicklung stört und dadurch zusätzliche Probleme schafft. Der Staat sollte daher laut Friedman auf jegliche kurzfristige Interventionen in den Wirtschaftsprozess verzichten. Im Mittelpunkt seiner Angebotspolitik steht nicht die Fiskalpolitik, sondern die Geldpolitik (Monetarismus). Die Zentralbank soll die Stabilität des Preisniveaus sichern. Die Geldmengenentwicklung ist hierzu am Wachstum des Produktionspotenzials auszurichten. Der Staat soll sich ausschließlich auf die Festsetzung der Rahmenbedingungen beschränken. Daher fordert Friedman den weitgehenden Verzicht auf Struktur- und Prozesspolitik sowie die Rücknahme staatlicher Regulierungen.

Vertreter der sozialen Marktwirtschaft kritisieren, dass in der Konzeption der Angebotspolitik Marktversagen nicht genügend berücksichtigt wird. Folgende Probleme bleiben unberücksichtigt:
- Konzentrations- und Wettbewerbsbeschränkungen
- Unterversorgung mit öffentlichen Gütern
- externe Effekte
- asymmetrische Information
- Konjunkturschwankungen
- Verteilungsungerechtigkeiten

Verteilungsgerechtigkeit
Kapitel 9.5

8.5.3 Einsatz von Geld- und Fiskalpolitik zur Stabilisierung der Volkswirtschaft

Während die keynesianische Sichtweise den Schwerpunkt auf die Fiskalpolitik legt, betont der Monetarismus die Wirksamkeit der Geldpolitik. Welche Instrumente auf fiskal- bzw. geldpolitischer Ebene zur Verfügung stehen und welche Auswirkungen dies auf den Konjunkturzyklus haben kann, wird zusammenfassend in den folgenden Schaubildern dargestellt:

Konjunkturfördernde Maßnahmen

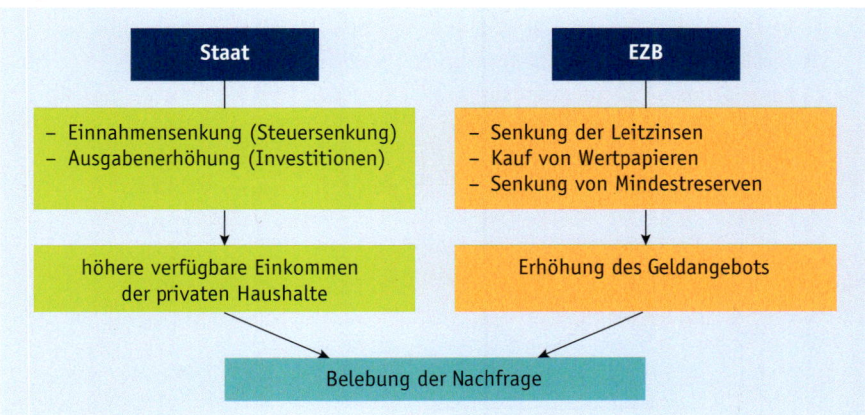

Konjunkturhemmende Maßnahmen

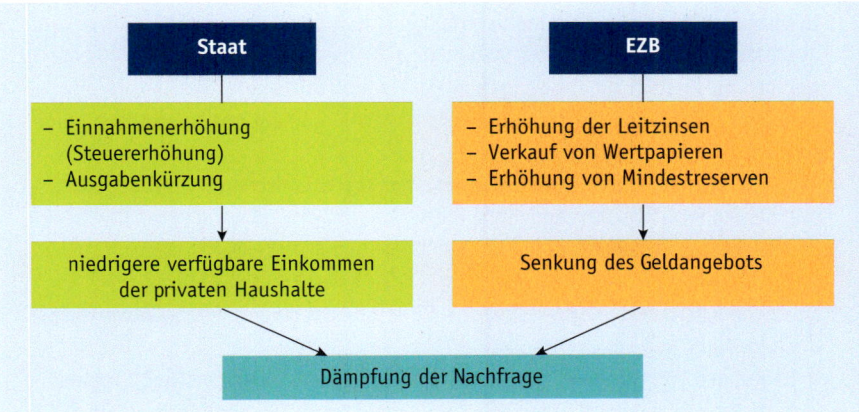

Die **Fiskalpolitik** umfasst alle finanzpolitischen Maßnahmen des Staatssektors im Dienst der Konjunkturpolitik.

Nachfragepolitik sieht die gesamtwirtschaftliche Nachfrage als Hauptursache wirtschaftlicher Ungleichgewichte. Sie zielt in ihren Maßnahmen auf die Beeinflussung der gesamtwirtschaftlichen Nachfrage.

Im **Gesetz zur Förderung der Stabilität und des Wirtschaftswachstums** (StWG) ist die keynesianische Wirtschaftspolitik verankert. Danach soll eine antizyklische Finanzpolitik betrieben werden. ▶

ÜBERBLICK

Die Durchführung der antizyklischen Fiskalpolitik ist mit verschiedenen Problemen behaftet und daher umstritten. Eine große Schwierigkeit sind die Zeitverzögerungen (**time lags**), durch die die Maßnahmen unter Umständen prozyklisch wirken.

Angebotspolitik sieht als Hauptursache für wirtschaftliche Ungleichgewichte die Investitionstätigkeit und zielt in ihren Maßnahmen darauf ab, sie zu beeinflussen.

1 Erläutern Sie kurz die Grundidee der antizyklischen Nachfragepolitik.

2 Welche Instrumente kann die Nachfragepolitik nutzen? Beschreiben Sie, wie die Maßnahmen während eines Booms aussehen sollten.

3 Führen Sie in der Gruppe ein Streitgespräch darüber, ob die Nachfragepolitik zur Stabilisierung der Volkswirtschaft eingesetzt werden sollte oder nicht.

4 In der folgenden Abbildung sind der Konjunkturverlauf und der Trend dargestellt:

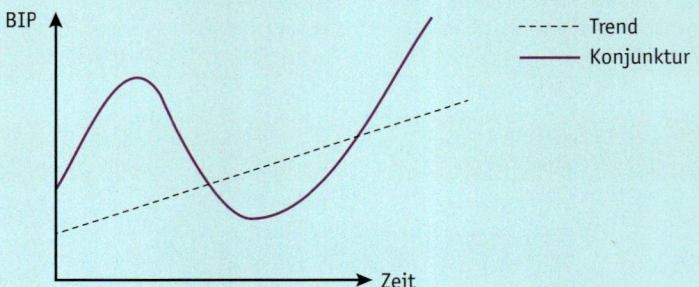

a Zeichnen Sie in einer zweiten Abbildung ein, wie nach Keynes ein sinnvoller Verlauf der Staatsausgaben aussieht.

b Wie sehen Trend und Konjunkturverlauf aus, wenn die keynesianische Wirtschaftspolitik optimal greift? Stellen Sie auch dies grafisch dar.

5 Nehmen Sie kritisch zur antizyklischen Fiskalpolitik Stellung!

6 Recherchieren Sie, ob die Bundesregierung aktuell ein Konjunkturprogramm aufgelegt hat.

7 Worin besteht der Unterschied zwischen einer keynesianischen Nachfragepolitik und der monetaristischen Angebotspolitik?

8 Stellen Sie den Zusammenhang zwischen Geld- und Fiskalpolitik in seinen Grundzügen dar.

9 Lesen Sie den Artikel „Keynes-Check" auf der folgenden Seite und beantworten Sie die folgenden Fragen:

a Begründen Sie, warum entsprechend der Aussage des „Keynes-Checks" Keynes die Entscheidung der Bundesregierung begrüßt hätte, Konjunkturprogramme aufzulegen.

b Warum hält der Wirtschaftsweise Peter Bofinger das Timing der Bundesregierung für die Auflage von Konjunkturprogrammen für falsch?

c Unter welchen wirtschaftlichen Rahmenbedingungen können die von Keynes vorgeschlagenen Maßnahmen sinnvoll und konjunkturfördernd sein?

Keynes-Check

Keynes ist also wieder da. Wie viel Gedankengut von ihm aber steckt in den Konjunkturpaketen der Bundesregierung – und wie nachfragewirksam sind sie? Das Handelsblatt hat bekannte Ökonomen dieser Denkschule gebeten, die aktuelle Politik, von der sich die Bundesregierung erhofft, ein Wachstum bis zu einem dreiviertel Prozentpunkt des Bruttoinlandsprodukts (BIP) zu erzielen, einem Keynes-Check zu unterziehen.

Das Fazit fällt deutlich aus: „Die Entscheidung der Bundesregierung, Konjunkturprogramme aufzulegen, hätte Keynes freilich begrüßt – die Inhalte hätte er allerdings bestenfalls teilweise unterschrieben", sagt Gustav Horn, wissenschaftlicher Direktor des gewerkschaftsnahen Instituts für Makroökonomie und Konjunkturforschung (IMK) und Vorstand der 2003 gegründeten Keynes-Gesellschaft.

Keynes lasse sich mit Antibiotika vergleichen, sagt der Wirtschaftsweise Peter Bofinger. Die Therapie müsse angewendet werden, wenn die Selbstheilungskräfte zerstört seien und dabei die richtige Diagnose, die richtige Dosis und der richtige Zeitpunkt beachtet werden: „Vor allem das Timing der Bundesregierung ist falsch." Dass die Inhalte der Konjunkturprogramme überwiegend ab dem zweiten Halbjahr 2009 oder erst 2010 umgesetzt werden, ist für ihn zu spät. Und Heiner Flassbeck, Chef-Makroökonom der Handels- und Entwicklungskonferenz der Vereinten Nationen in Genf, meint: „Der Ernst der Lage erfordert es, viel zu tun und schnell zu handeln und vor allem dort, wo man sicher sein kann, dass das Geld ausgegeben wird." Sein Urteil: „Das war beim ersten Konjunkturpaket gar nicht, beim zweiten zur Hälfte oder einem Drittel der Fall."

Quelle: Häring N., Hess, D, Der große Keynes-Check, in: Handelsblatt 10. Februar 2009

Milliarden für die Konjunktur

Konjunkturpaket I (verabschiedet im November 2008): **11,0 Mrd. Euro**
Konjunkturpaket II (verabschiedet im Januar 2009): **49,2 Mrd. Euro**
└─ davon für:

Investitionen
in **Bildungseinrichtungen** (Kindergärten, Schulen, Hochschulen, Forschung) und in **Infrastruktur** (Verkehr, Städtebau, Kliniken, Lärmschutz) — 14,00 Mrd. € (Bund); 3,33 (Länder u. Gemeinden)

Entlastung privater Haushalte
Senkung des GKV*-Beitragssatzes auf 14,9 % zum 1. Juli 2009 — 9,00
Senkung der Einkommensteuer (höherer Grundfreibetrag u. niedrigerer Eingangssteuersatz) — 8,94
einmaliger Kinderbonus i.H.v. 100 Euro — 1,80
Erhöhung des Kinderregelsatzes ALG II zum 1. Juli 2009 — 0,52

Automobilindustrie
Pkw-Abwrackprämie i.H.v. 2 500 Euro bei Neuwagenkauf — 1,50
Förderung innovativer Auto-Antriebstechnologien — 0,50
Neuregelung der Kfz-Steuer zum 1. Juli 2009 — 0,34

Arbeitsmarkt
hälftige Übernahme der Sozialversicherungsbeiträge für Kurzarbeiter — 2,10
Bewerbungstrainings, Umschulungen, Weiterbildungen — 1,97
Bundesdarlehen an Bundesagentur für Arbeit zur Stabilisierung des Beitragssatzes der Arbeitslosenversicherung bis Ende 2010 — 1,00
5 000 zusätzliche Vermittlerstellen bei der Bundesagentur für Arbeit — 0,80
Wiedereinstellung von Arbeitnehmern zur Qualifizierung — 0,40
mehr Weiterbildung für Ältere u. Geringqualifizierte — 0,14

Bundesgarantien über 100 Mrd. Euro für Unternehmenskredite — 2,00

Ausdehnung **Innovationsprogramm Mittelstand** auf alte Bundesländer — 0,90

*GKV: Gesetzliche Krankenversicherung

Quelle: Bundesregierung
© Globus 2606

8.6 Wandzeitung

Ein gutes Mittel, um sich über das aktuelle Wirtschaftsgeschehen und die wirtschaftliche Entwicklung zu informieren, sind Zeitungen.

Bereiten Sie in Gruppen eine Präsentation über die wirtschaftliche Lage in der Bundesrepublik vor. Gestalten Sie dafür eine Wandzeitung. Sammeln Sie zunächst Berichte, Karikaturen, Statistiken, Grafiken etc. aus der Tagespresse und im Internet, die sich mit Themen wie Konjunktur, Geld- und Fiskalpolitik, Arbeitslosigkeit und Steuerpolitik beschäftigen.

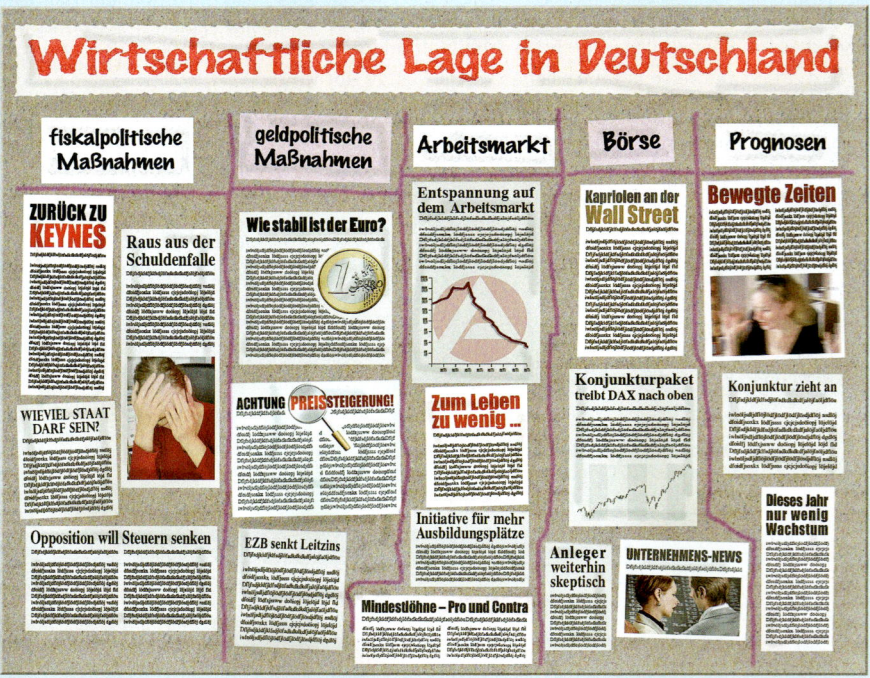

Ordnen Sie das gefundene Material z. B. folgenden Bereichen zu:
1. geldpolitische Maßnahmen (z. B. Zinssenkungen, -erhöhungen)
2. fiskalpolitische Maßnahmen (z. B. Steuersenkungen, -reform)
3. Auswirkungen der New Economy (z. B. Aktienkurse)
4. Auswirkungen der Konjunktur auf den Arbeitsmarkt
5. Prognosen der Wirtschaftsinstitute

Vergleichen und diskutieren Sie die Darstellung eines Bereichs in unterschiedlichen Tageszeitungen.

Was ist ein Sozialstaat?

Welche Ansatzpunkte der Sozialpolitik gibt es?

Was sind Transferleistungen?

Warum wird bei der gesetzlichen Sozialpolitik von „fünf Säulen" gesprochen?

Welche Politikbereiche gehören ebenfalls zur Sozialpolitik?

Können Einkommen und Vermögen gerecht verteilt werden?

Welche Möglichkeiten zur privaten Absicherung gibt es?

Welche Instrumente werden in der Arbeitsmarkt- und Beschäftigungpolitik eingesetzt?

9 Arbeitsmarkt und Sozialpolitik

9.1 Was ist soziale Sicherung?

Ein Samstagmorgen in Berlins Mitte. Touristen strömen in die Architekturdenkmäler der Hackeschen Höfe, Geschäfte, Bars und Cafés. Einheimische sitzen mit Espresso, Zeitungen und Laptops in den etwas versteckten Seitenstraßen. Dann zieht der Demonstrationszug gegen das Sparpaket der Regierung vorbei. Das Motto: „Die Krise heißt Kapitalismus." (...)

Im Plakatwald der Protestierer fallen einige Parolen besonders auf: „Wäre ich nicht arm, wärt ihr nicht reich", hat ein junger Mann geschrieben. Seine schwierige wirtschaftliche Lage begründet er mit dem Wohlstand der anderen. Ihr Geld gehört nach seiner Lesart eigentlich ihm und seinen Mitdemonstranten. Für ihn ist es offenbar undenkbar, dass sich jemand in Deutschland seinen Wohlstand wirklich verdient hat. Mit harter Arbeit, Durchhaltevermögen, mit einer langen, anstrengenden Ausbildungszeit, mit Mut und Fleiß. Oder mit Sparwillen.

Eine Frau trägt ein Plakat mit der Aufschrift: „Gegen die Privatisierung von Lebensrisiken". Dazu trägt sie ein T-Shirt mit dem Aufdruck „Staatsfeind". Es ist schon seltsam, dass ausgerechnet diejenigen, die für unser Land und unser politisches System nur herbe Kritik, oft sogar Verachtung übrig haben, sehr viel vom Staat und ihren Mitbürgern verlangen. Auf der einen Seite lehnen sie jede Einmischung des Staates entschieden ab. Selbstbestimmt und verantwortlich wollen sie leben. Entscheidungen sollen unbeeinflusst von wirtschaftlichen und politischen Zwängen gefällt werden. Aber wenn etwas schiefgeht, muss der Staat einspringen, den sie eigentlich ablehnen.

Die Idee vieler Parolen und Plakate auf dieser Demonstration: Individuelle Lebensrisiken und Notfälle sollen mit dem Geld von bessergestellten Mitbürgern abgefedert werden. Über die Freiheit und Selbstbestimmtheit dieser Menschen macht sich hier niemand Gedanken. Sie sind einfach nur die „Reichen", die „Besserverdiener". Und ein paar von ihnen spazieren gerade auf der anderen Straßenseite. Ein Riss geht durch die Mitte.

Quelle: Schmiechen, F., Demonstration gegen das Sparpaket in Berlin, in: Die Welt, 14. Juni 2010.

Problemstellung

1 Recherchieren Sie im Internet, in welchem Zusammenhang das „Sparpaket" verabschiedet wurde.

2 Welche Akteure kommen in dem genannten Text vor? Wofür stehen Sie?

3 Welcher Konflikt wird in dem Text thematisiert? Können Sie diesen politisch einordnen?

4 Stellen Sie auf der Basis des Textes und eigener Recherchen eine Liste zusammen, welche Argumente dafür sprechen, dass der Staat kollektive Lebensrisiken absichert.

5 Stellen Sie genau so eine Liste zusammen, welche Argumente dafür sprechen, dass der Einzelne die Verantwortung für Lebensrisiken übernimmt.

6 Was meinen Sie selbst? Nennen Sie persönliche Lebensrisiken und beschreiben Sie, wie sie abgesichert sein sollten.

9.2 Das Sozialstaatsprinzip

Deutschland ist ein **Sozialstaat**, dies ist im Grundgesetz (GG), Artikel 20 und Artikel 28, festgeschrieben. Doch was bedeutet der Begriff? Die Bundesregierung veröffentlicht dazu in einer Presseerklärung 2010:

> Ein Sozialstaat zeichnet sich dadurch aus, dass er den Bürgerinnen und Bürgern soziale Sicherheit garantiert. Sein Ziel ist es, soziale Unterschiede abzubauen und für alle Teile der Bevölkerung einen angemessenen Lebensstandard zu sichern. Daraus folgt die Verpflichtung des Staats zur sozialen Gerechtigkeit in Gesetzgebung, Verwaltung und Rechtsprechung. Sozialstaat bedeutet, dass der Staat seinen Bürgerinnen und Bürgern sichere existenzielle Lebensbedingungen gewährleistet. Gleichzeitig hat er die Voraussetzungen für die freie persönliche Entfaltung zu garantieren. Die konkrete Ausgestaltung des Sozialstaats erfolgt in der Sozialpolitik. Diese zeigt sich in staatlichen Leistungen wie beispielsweise der Grundsicherung (Sozialhilfe und Arbeitslosengeld II) oder den Transferleistungen (Kindergeld, Elterngeld, Wohngeld).
>
> *Quelle: Presse- und Informationsamt der Bundesregierung (2010) www.bundesregierung.de/nn_774/Content/DE/StatischeSeiten/Breg/ThemenAZ/Soziale_20Sicherheit/soziale-sicherheit-2008-06-18-das-sozialstaatsprinzip-und-die-gesetze-zur-sozialen-sicherheit-artikel1.html*

Art. 20 Abs. 1, GG: „Die Bundesrepublik Deutschland ist ein demokratischer und sozialer Bundesstaat."

Art. 28: „Die verfassungsgemäße Ordnung in den Ländern muss den Grundsätzen des republikanischen, demokratischen und sozialen Rechtsstaates im Sinne dieses Grundgesetzes entsprechen …"

Ein Sozialstaat verpflichtet sich nicht nur zu Geldleistungen. Vielmehr sorgt der Sozialstaat dafür, dass bestimmte Notlagen erst gar nicht entstehen, in denen ein Bürger sich aus eigener Kraft nicht mehr helfen kann. Er macht z. B. eine Absicherung bei Krankheit und im Alter zur Pflicht jedes Bürgers und verteilt das Risiko auf eine große Gruppe von Bürgern. Die Überwindung sozialer Benachteiligungen wird an erster Stelle durch die staatliche Bildungspolitik gefördert. Die Schulausbildung ermöglicht dem Einzelnen die Entfaltung seiner persönlichen Fähigkeiten und den beruflichen Erfolg.

Auch die Förderung der Vermögensbildung kann die soziale Benachteiligung verringern. Rechtliche Regelungen sollen die Rechte sozial Schwacher stärken, z. B. durch Kündigungsschutz und betriebliche Mitbestimmung. Diese rechtlichen Rahmenbedingungen stärken die Position der Arbeitnehmer im Unternehmen.

gesetzliche Sozialversicherung
Kapitel 9.3

Bildungspolitik
Kapitel 9.4.1

Vermögensförderung
Kapitel 9.6.1

Kündigungsschutz und betriebliche Mitbestimmung
Kapitel 9.4.3

Ansatzpunkte der Sozialpolitik

| staatliche Absicherung von Risiken, z. B.
- gesetzliche Sozialversicherung (Kranken-, Pflege, Renten-, Unfall- und Arbeitslosenversicherung) | staatliche Unterstützung, z. B. durch
- Bildungspolitik
- Familienpolitik
- Arbeitnehmerschutz
- Mietschutz | Ausgleich der Einkommenssituation zwischen „Arm" und „Reich", z. B.
- Geldleistungen
- Steuerermäßigungen
- Vermögensförderung |

Grundsätzlich hat der Staat zwei Möglichkeiten, um die Sozialpolitik zu realisieren: die Unterstützung der steuerfinanzierten Transferleistungen und der beitragsfinanzierten gesetzlichen Sozialversicherung.

Transferleistungen
Kapitel 9.2.1

9.2.1 Staatliche Transferleistungen

Kindergeld und Elterngeld
Kapitel 9.4.2

Zu den Transferleistungen zählen z.B. das Kindergeld, Elterngeld, Grundsicherung für Arbeitssuchende und Wohngeld. Dieses sind Leistungen nach dem **Fürsorgeprinzip**. Sie unterscheiden sich in zwei wesentlichen Punkten von der gesetzlichen Sozialversicherung:

Steuern
Kapitel 9.5.2

- Der Staat gewährt Transferleistungen **ohne besondere Gegenleistung**, der Empfänger muss also vorher keine Beiträge entrichtet haben.
- Die Finanzierung erfolgt **aus dem Steuertopf**. Die Finanzierungsbasis ist damit wesentlich breiter als bei der gesetzlichen Sozialversicherung, da Steuern nicht nur auf das Einkommen, sondern auch auf das Vermögen, den Konsum und andere Tatbestände erhoben werden.

Kindergartenplatz und
Kinderfreibetrag
Kapitel 9.4.2

Transferleistungen sind allerdings nicht nur Geldleistungen, sondern auch Sachleistungen, z.B. ein kostenloser Platz im Kindergarten. Bei den Geldleistungen werden die Geldauszahlungen von den Steuerermäßigungen unterschieden. Bei Steuerermäßigungen zahlt der Staat die Leistung nicht offen aus, stattdessen verlangt er weniger Steuern, z.B. über Kinderfreibeträge. Das Ergebnis aller Transferleistungen ist aber dasselbe: Das verfügbare Einkommen der Empfänger erhöht sich.

9.2.2 Das Sozialbudget

Einmal im Jahr veröffentlicht die Bundesregierung den **Sozialbericht**, einen Bericht, der einen umfassenden Überblick über die Sozialpolitik in Deutschland gibt. Ein Teil des Sozialberichts befasst sich mit dem Sozialbudget. Das **Sozialbudget** beleuchtet Umfang, Struktur und Ausgaben der einzelnen Zweige der sozialen Sicherung.

Bruttoinlandsprodukt
Kapitel 2.3.1

Die **Sozialleistungsquote** gibt an, welchen Anteil das gesamte Sozialbudget am Bruttoinlandsprodukt des jeweiligen Jahres hat. An der Höhe dieser Quote lässt sich erkennen, wie soziale Leistungen in einer Volkswirtschaft gewichtet werden.

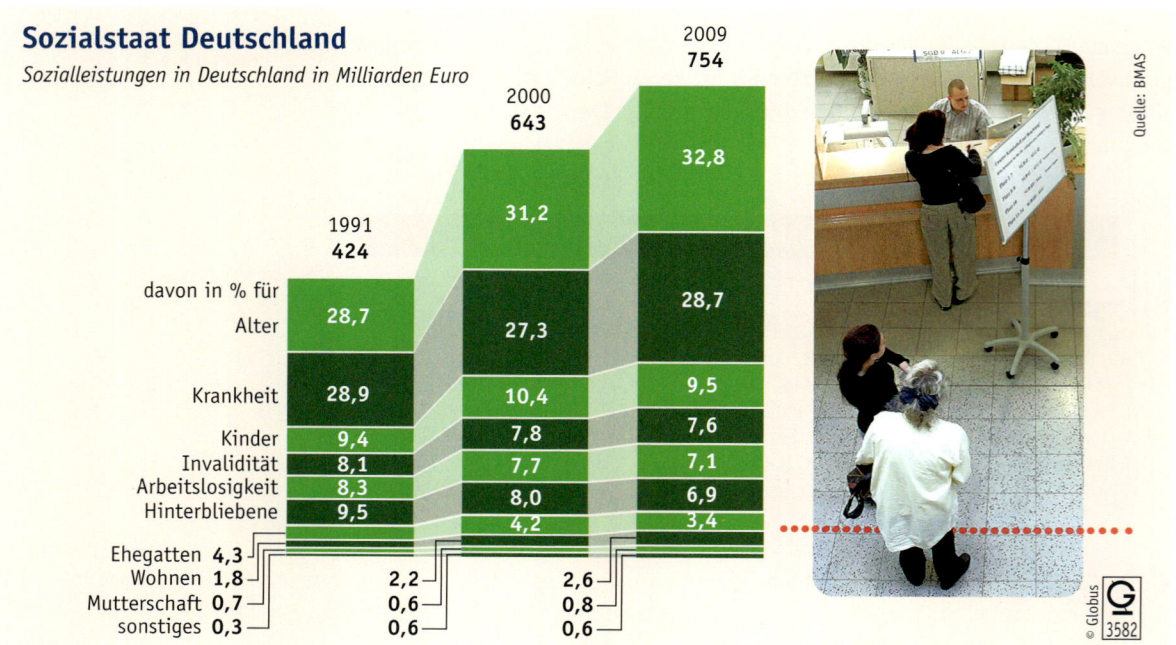

Sozialstaat Deutschland
Sozialleistungen in Deutschland in Milliarden Euro

Quelle: BMAS

	1991 424	2000 643	2009 754
			32,8
		31,2	
davon in % für Alter	28,7	27,3	28,7
Krankheit	28,9	10,4	9,5
Kinder	9,4	7,8	7,6
Invalidität	8,1	7,7	7,1
Arbeitslosigkeit	8,3	8,0	6,9
Hinterbliebene	9,5	4,2	3,4
Ehegatten	4,3		
Wohnen	1,8	2,2	2,6
Mutterschaft	0,7	0,6	0,8
sonstiges	0,3	0,6	0,6

© Globus
3582

Deutschland ist ein **Sozialstaat**, dessen Handlungsfeld die Sozialpolitik ist.

Dimensionen der **Sozialpolitik** sind staatliche Absicherung von Lebensrisiken der Bürger, Förderung von Chancengleichheit und die Unterstützung Benachteiligter.

Staatliche Transferleistungen sind Geld- und Sachleistungen ohne besondere Gegenleistung und steuerfinanziert.

Die **Sozialleistungsquote** definiert sich aus dem Quotienten Sozialbudget und Bruttoinlandsprodukt. Das **Sozialbudget** gibt die gesamten Ausgaben der sozialen Sicherung an. An der jährlich ermittelten Sozialleistungsquote lässt sich die Gewichtung und die Veränderung sozialer Leistung innerhalb einer Volkswirtschaft erkennen.

private Vorsorge
Kapitel 9.6

1 Recherchieren Sie die Entwicklung des Sozialstaates in Deutschland.
2 Warum und seit wann ist Deutschland ein Sozialstaat?
3 Informieren Sie sich bei Eltern, Freunden und Bekannten über Lebensrisiken, die der Staat nicht versichert und die privat versichert werden können.
4 Recherchieren Sie im Internet das Leistungsangebot privater Versicherungsträger. Welche Versicherungen gibt es und welche Versicherungen halten Sie für besonders wichtig?
5 Recherchieren Sie, wie hoch das Sozialbudget der Bundesrepublik Deutschland ist. Hat sich die Höhe in den letzten Jahren verändert? Wofür wird am meisten Geld zur Verfügung gestellt? Halten Sie den Rechercheweg fest: Wo haben Sie die Daten gefunden? Gestalten Sie eine kurze Präsentation für Ihre Mitschüler.
6 Nennen Sie weitere Sozialstaaten in Europa. Wie ist Sozialpolitik dort geregelt; welche Unterschiede können Sie erkennen? Recherchieren Sie im Internet und diskutieren Sie Ihre Ergebnisse in Gruppen von vier Personen.
7 Setzen Sie sich mit folgenden Einzelmeinungen zum Sozialstaat auseinander.
   – Nils: „Der Sozialstaat verhindert, dass sich jeder um die Sicherung seiner Lebensqualität kümmert."
   – Damir: „Ich komme aus einen Staat, in dem jeder alleine für die soziale Sicherung verantwortlich ist. Da herrscht viel Armut und daher gibt es viel Gewalt. Nachts kann man nicht alleine auf die Straße gehen, das ist viel zu gefährlich!"
   – Wiebke: „Wenn der Staat sich um alles kümmern, gibt es keinen Anreiz, aktiv zu werden."
   – Martina: „Wenn es so weitergeht, dann ist der Sozialstaat bald pleite."
   – Markus: „Gut, dass es den Sozialstaat gibt, er nimmt mir die Angst vor der Zukunft, denn ich weiß, dass ich Unterstützung bekomme, wenn ich mir selber nicht mehr helfen kann."
   – Julia: „Der Sozialstaat bildet die Grundlage für sozialen Frieden."

9.3 Gesetzliche Sozialversicherung

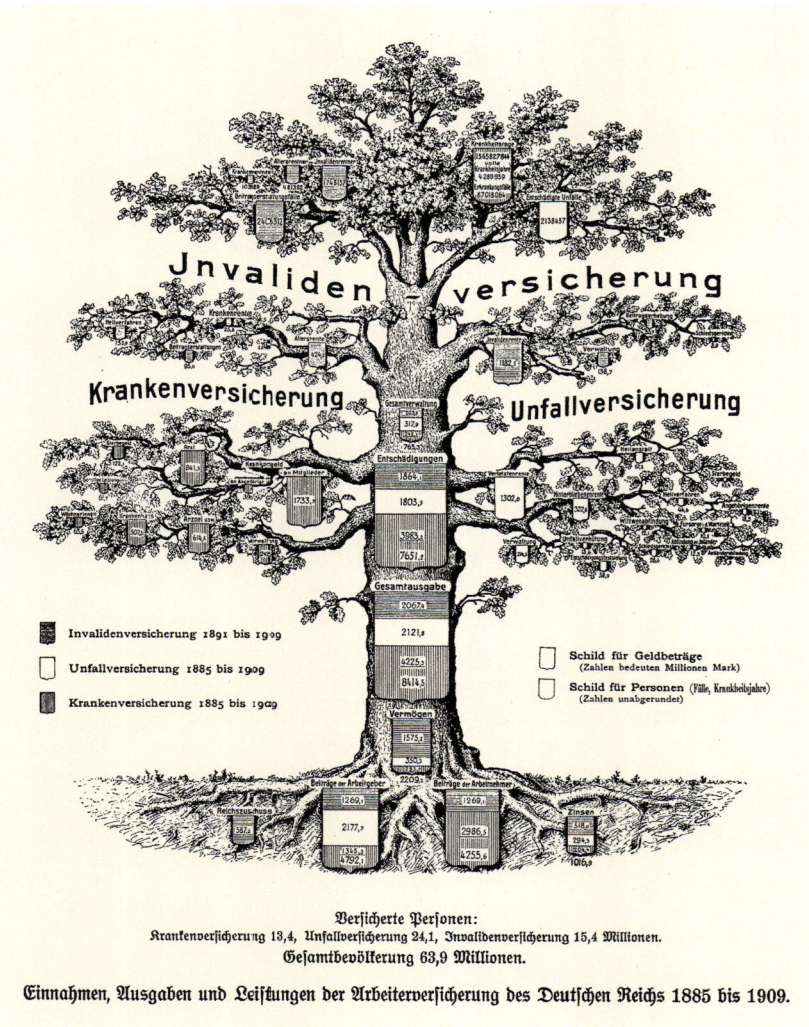

Versicherte Personen:
Krankenversicherung 13,4, Unfallversicherung 24,1, Invalidenversicherung 15,4 Millionen.
Gesamtbevölkerung 63,9 Millionen.

Einnahmen, Ausgaben und Leistungen der Arbeiterversicherung des Deutschen Reichs 1885 bis 1909.

Um den sozialen Sprengstoff durch die Verelendung der Industriearbeiter zu vermeiden, wurden bereits Ende des 19. Jahrhunderts die ersten gesetzlichen Sozialversicherungen eingeführt. Sie funktionierten nach dem Versicherungsprinzip. Die kollektive Risikoverteilung bezog sich in erster Linie auf die Industriearbeiter und ihre Familienmitglieder, später auch auf die Angestellten. Auch die Arbeitgeber wurden an den Versicherungsbeiträgen beteiligt. Staatsangestellte (Beamte) waren durch besondere Vereinbarungen auf Lebenszeit durch den Staat abgesichert. Das Versicherungsprinzip ist bis heute erhalten. Es wurde sogar noch erweitert. Zum Beispiel wurde im Fall des Krankheitsrisikos und der Pflegebedürftigkeit die Absicherung aller Bürger zur Pflicht (**Pflichtversicherung**).

Nach dem **Versicherungsprinzip** ist die Gesellschaft eine Solidargemeinschaft, die bereit ist, füreinander einzustehen. Die gesetzliche Sozialversicherung will die Folgen von Krankheit, Pflegebedürftigkeit, Alter oder Arbeitslosigkeit abmildern, indem sie den Einzelnen für den Fall des Risikoeintritts finanziell absichert. Die Höhe der Pflichtbeiträge richtet sich nach dem Einkommen und nicht wie bei privaten Versicherungen nach dem Risiko. Alle Mitglieder der gesetzlichen Sozialversicherung haben Anspruch auf die gleiche Leistung.

private Versicherungen
Kapitel 9.6

In Deutschland sind Arbeitnehmer bis auf einige Ausnahmen Pflichtmitglieder der gesetzlichen Sozialversicherung. Lediglich geringfügig Beschäftigte sind unter bestimmten Umständen versicherungsfrei.

Entsprechend den versicherten Risiken ruht die Sozialversicherung auf „fünf Säulen". Im **Sozialgesetzbuch** (SGB) IV finden sich allgemeine Regelungen für alle Versicherungszweige. Jedem einzelnen Versicherungszweig widmet sich darüber hinaus ein eigenes Buch des insgesamt zwölf Bücher umfassenden Sozialgesetzbuches.

gesetzliche Sozialversicherung				
Kranken-versicherung	Pflege-versicherung	Renten-versicherung	Unfall-versicherung	Arbeitslosen-versicherung
SGB V	SGB XI	SGB VII	SGB XI	SGB III
SGB IV – gemeinsame Vorschriften für die Sozialversicherung				

Folgende **Prinzipien** liegen der Sozialversicherung zugrunde:

- Die Versicherung wird hauptsächlich durch Beiträge finanziert. In abhängigen Beschäftigungsverhältnissen übernehmen Arbeitgeber und Arbeitnehmer die Beitragszahlungen überwiegend zu je gleichen Teilen. Wichtigste Ausnahmen: Die Beiträge zur Unfallversicherung trägt allein der Arbeitgeber; bei geringfügig Beschäftigten zahlt allein der Arbeitgeber für den Arbeitnehmer einen Sozialversicherungsbeitrag in Höhe von pauschal 28 %. Die Höhe der Beiträge legt bei der Kranken-, Pflege-, Renten- und Arbeitslosenversicherung der Gesetzgeber fest, bei der Unfallversicherung die Selbstverwaltung der Versicherungsträger. Es handelt sich jeweils um prozentuale Anteile vom Bruttoerwerbseinkommen der Versicherten. Dabei wird nur Einkommen bis zu einer bestimmten Grenze berücksichtigt (**Beitragsbemessungsgrenze**). Darüber hinaus erhöhen sich die Beiträge nicht weiter.

- Durch die Versicherung wird in zweifacher Hinsicht ein sozialer Ausgleich geschaffen. Zum einen richtet sich die Beitragshöhe der einzelnen Versicherten nach ihrem Einkommen, es haben aber alle Anspruch auf die gleichen Leistungen. Zum anderen sind alle Versicherten beitragspflichtig, unabhängig davon, ob, und wenn ja in welchem Umfang, sie Leistungen der Versicherung in Anspruch nehmen (werden). Nur vereinzelt wird das **Solidarprinzip** durch anderweitige Regelungen durchbrochen. So ist die Höhe der Rentenleistungen in der Rentenversicherung abhängig von der Anzahl und Höhe der geleisteten Beiträge. Die Höhe des Kranken- und Arbeitslosengeldes richtet sich nach dem Arbeitseinkommen.

- Die **Pflicht zur Versicherung** gewährleistet die nötige Breite der Risikogemeinschaft aller Versicherten und stellt somit letztlich auch den sozialen Ausgleich sicher. Versicherungspflichtig sind in der Regel alle abhängig Beschäftigten (Arbeitnehmer).

- Die Träger der Sozialversicherung übernehmen staatliche Aufgaben und Verantwortungsbereiche in Eigenverantwortung. Sie sind organisatorisch und finanziell selbstständig, stehen aber unter der Aufsicht des Staates.

Warum mischt sich der Staat in die persönliche Risikovorsorge ein? Tatsächlich sprechen viele Gründe dafür, z. B.:

- Bei Einführung der gesetzlichen Sozialversicherung wäre die Arbeitgeberbeteiligung ohne Anordnung des Staates nie passiert.

- Bis heute sind einkommensschwache Bürger nicht in der Lage, die Prämien für eine private Versicherung aufzubringen. Durch eine besondere Gestaltung der gesetzlichen Versicherung ermöglicht der Staat auch diesen Bürgern eine Risikoabsicherung.

- Manche Bürger wollen sich nicht versichern. Meist ignorieren sie das Risiko und verwenden ihr Geld lieber für andere Zwecke. Eine Altersabsicherung für alle kommt dann nur zustande, wenn der Staat sie zur Versicherung zwingt.

Krankenversicherung
Kapitel 9.3.1

Pflegeversicherung
Kapitel 9.3.2

Rentenversicherung
Kapitel 9.3.3

Unfallversicherung
Kapitel 9.3.4

Arbeitslosenversicherung
Kapitel 9.3.5

9.3.1 Krankenversicherung

Unter **www.bmg.bund.de** finden Sie weitere Informationen zum Thema gesetzliche Krankenversicherung sowie zur Gesundheitsreform, zur Pflegeversicherung und zur Rente.

Aufgabe der gesetzlichen Krankenversicherung (KV) ist es, Arbeitnehmer und ihre Familien für den Krankheitsfall abzusichern. **Träger** der gesetzlichen Krankenversicherung sind Orts-, Betriebs- und Innungskrankenkassen sowie die Ersatzkassen, denen ein Versicherter beitreten kann.

Der **Versicherungspflicht** in der Krankenversicherung unterliegen alle abhängig Beschäftigten. Zum pflichtversicherten Personenkreis zählen ferner Landwirte, Künstler und Publizisten, Rentner sowie Studierende. Durch die Familienversicherung sind unter bestimmten Voraussetzungen auch der Ehegatte und die Kinder des Versicherten in den Schutz der Versicherung einbezogen. Wichtige Ausnahme: Versicherungspflichtig in der gesetzlichen Krankenversicherung sind Arbeitnehmer nur bis zu einer bestimmten Einkommensgrenze (**Versicherungspflichtgrenze**). Liegt das Bruttoeinkommen drei Jahre in Folge über der Versicherungspflichtgrenze, steht es Arbeitnehmern frei, in eine private Krankenversicherung zu wechseln.

Mutterschutz
Kapitel 9.4.1

Versicherte haben grundsätzlich Anspruch auf **Leistungen** zur Behandlung von Krankheiten (ambulant oder stationär, Versorgung mit Arzneimitteln) und Leistungen zur Verhütung und Früherkennung von Krankheiten (z. B. Vorsorge, Kuren) sowie zur Empfängnisverhütung, Sterilisation und bei einem Schwangerschaftsabbruch. Darüber hinaus erhalten die meisten Versicherten Krankengeld und Mutterschaftsgeld. Krankengeld wird gezahlt im Falle einer längeren Erkrankung des Arbeitnehmers. In diesem Fall ist der Arbeitgeber zunächst nach dem Entgeltfortzahlungsgesetz verpflichtet, für die Dauer von sechs Wochen weiterhin das volle Arbeitsentgelt zu zahlen. Dauert die Krankheit auch nach diesem Zeitraum weiter an, so besteht Anspruch auf Krankengeld gegen die Krankenkasse (70 % des Arbeitsentgelts). Mutterschaftsgeld erhalten (werdende) Mütter während des Mutterschutzes.

Jedes Mitglied der gesetzlichen Krankenkasse kann frei wählen, bei welcher Kasse es sich versichern lassen möchte. Während die Regelleistungen bei allen gesetzlichen Krankenkassen gleich sind, können die einzelnen Kassen zusätzliche Mehrleistungen in ihrer Satzung vorsehen.

Die Leistungen der Krankenversicherung werden überwiegend durch die Beiträge der Versicherten finanziert. Allerdings werden die Beiträge nur bis zur **Beitragsbemessungsgrenze** erhoben. Der Beitragssatz der Krankenkassen wird nicht von jeder einzelnen Krankenkasse individuell kalkuliert, sondern ist bundesweit gesetzlich vorgegeben und wird in einen Gesundheitsfonds eingezahlt.

Der Gesundheitsfonds

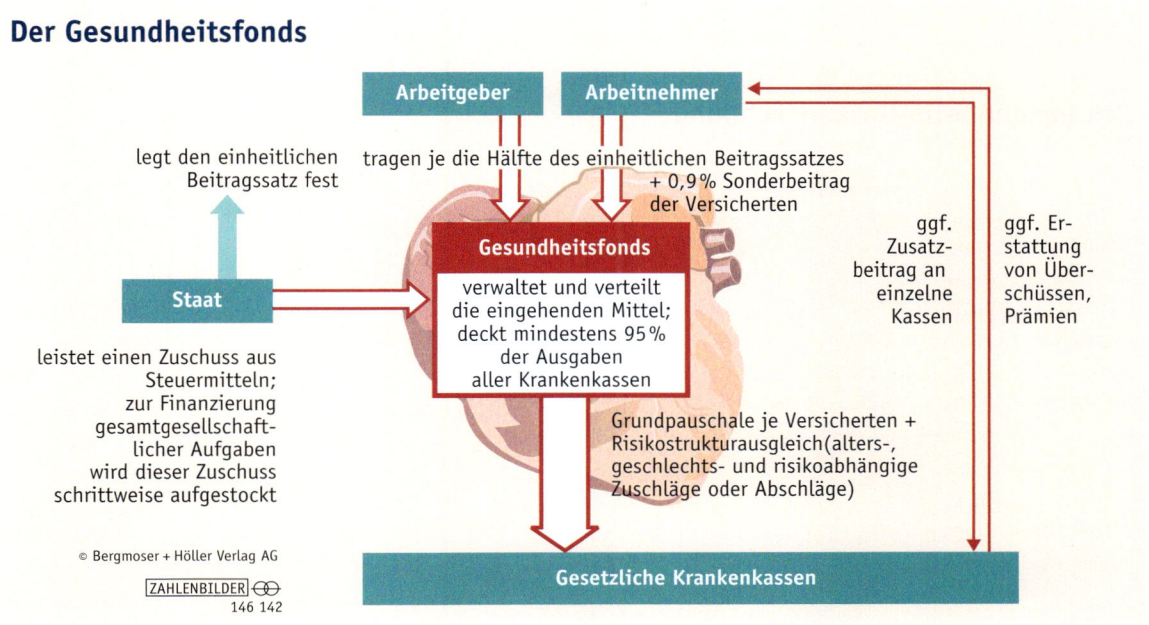

© Bergmoser + Höller Verlag AG

ZAHLENBILDER
146 142

Ab 2011 wird der Arbeitgeberbeitrag auf 7,3 % vom Bruttoerwerbseinkommen festgelegt. Der Beitrag der Arbeitnehmer wird 2011 bei 8,2 % liegen. Zukünftige Beitragssteigerungen gehen nur zu Lasten der Arbeitnehmer. Jeder Krankenkasse ist es allerdings freigestellt, einen **Zusatzbeitrag** in jeder beliebigen Höhe vom Arbeitnehmer zu fordern. Übersteigt dieser Betrag 2 % des individuellen Bruttoerwerbseinkommens, bekommt der Versicherte einen Ausgleich vom Staat. Zugrunde gelegt wird dabei ein statistisch ermittelter Zusatzbeitrag, der vom tatsächlichen Zusatzbeitrag abweichen kann. Nach Angaben des Gesundheitsministeriums werden bis 2014 die durchschnittlichen Zusatzbeiträge 16 Euro nicht übersteigen. Jeder Versicherte kann sich seine Krankenkasse frei wählen.

Die moderne Medizin entwickelt immer neue – zum Teil kostspielige – Methoden, Kranken zu helfen und ihre Gesundheit wiederherzustellen. Die Lebenserwartung steigt, doch je älter die Menschen werden, desto mehr Krankheiten stellen sich ein. Die steigende Arbeitslosigkeit der letzen Jahre hat zur Folge, dass die Beitragszahlungen nur auf sehr geringem Niveau erfolgen. Es ist daher nicht überraschend, dass die **Ausgaben im Gesundheitssystem** stärker wachsen als die Einnahmen. Da die Ausgaben die Einnahmen übersteigen, können nicht mehr alle Leistungen durch die Beiträge bezahlt werden, darum muss der Staat ausgleichen. Der Staat drängt daher auf **Korrekturen im Gesundheitssystem**. Zurzeit werden zwei verschieden Konzepte zur Finanzierung des Gesundheitssystems diskutiert, die von den unterschiedlichen Parteien unterstützt werden: Die Bürgerversicherung und die Gesundheitsprämie.

Arbeitslosigkeit
Kapitel 9.7

209

Das Konzept der **Bürgerversicherung** möchte alle Bürger, auch Gutverdienende, Selbstständige und Beamte, in das solidarische System der gesetzlichen Krankenversicherung mit einbeziehen. Zudem sollen neben Erwerbseinkommen auch Einkommen z.B. aus Miet- und Kapitaleinkünften bei der Berechnung des Beitrages zugrunde gelegt werden. Der Beitrag wird in Prozent dieser Einkommen ermittelt und bis zur Beitragsbemessungsgrenze erhoben. Die Arbeitgeber werden dabei nicht aus der Pflicht genommen. Dieses Konzept wird in verschiedenen Ausprägungen von der SPD, den Grünen und den Linken bevorzugt.

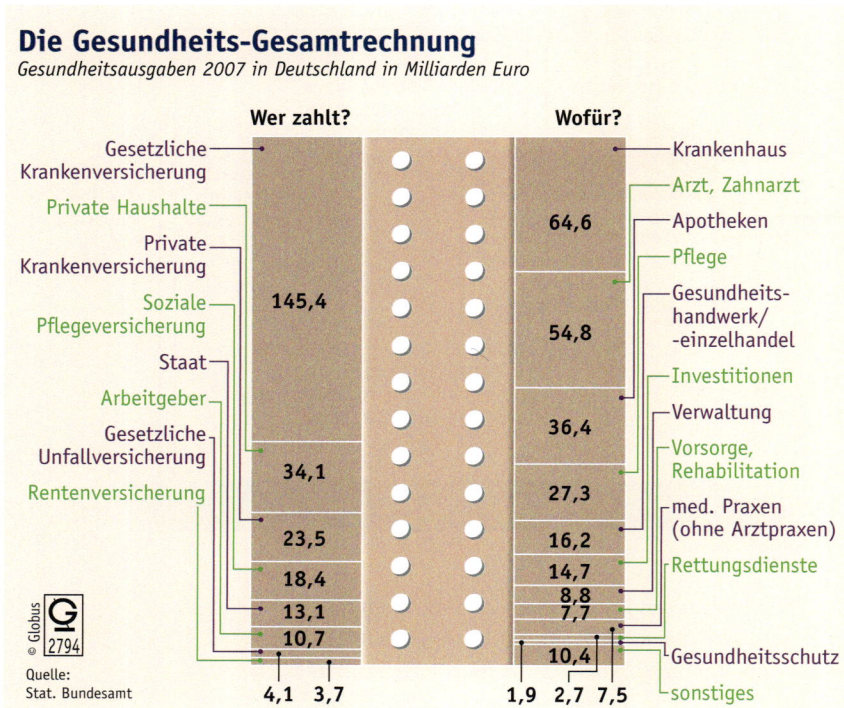

Die Gesundheits-Gesamtrechnung
Gesundheitsausgaben 2007 in Deutschland in Milliarden Euro

Das Prinzip der **Gesundheitsprämie** ist, dass jedes Mitglied der gesetzlichen Krankenversicherung monatlich eine vom Staat festgelegte Gesundheitsprämie zahlt. Kinder sind weiterhin beitragsfrei. Wichtig ist, dass das Solidarprinzip weiterhin bestehen bleibt. Wer wenig verdient und mit der Prämie übermäßig belastet wird, bekommt Zuschüsse aus Steuermitteln. Das Finanzamt stellt dies fest, indem es die gesamten Einkommen (z.B. Mieteinnahmen, Einkommen des mitversicherten Ehepartners und Kapitalerträge) zugrunde legt. Eine Beitragsbemessungsgrenze kann bei diesem System entfallen. Durch die Transferleistungen aus Steuermitteln tragen alle Steuerzahler die Lasten, auch die privat Krankenversicherten und Beamten. Auch bei der Gesundheitsprämie soll der Arbeitgeber nicht aus der Pflicht genommen, sondern mit einem festen Prozentsatz vom beitragspflichtigen Entgelt belastet werden. Dieses Konzept wird von der FDP und Teilen der CDU/CSU bevorzugt.

Streitfragen zu beiden Systemen:
- Was passiert mit den privaten Krankenversicherungen und den erworbenen Ansprüchen der Versicherten?
- Wie werden die finanziell Schwächeren unterstützt: über einen steuerfinanzierten Ausgleich oder durch Erweiterung des Versichertenkreises mit gleichzeitiger Erhöhung der Berechnungsgrundlage?

Auch die Ausgabenseite ist nicht unstrittig. Das bisherige Gesundheitssystem gibt wenig Anreize zu einem kostenbewussten Verhalten von Versicherten und auch Leistungserbringern. Die Versicherten werden über die tatsächlichen Kosten ihrer eingeforderten Leistungen im Unklaren gelassen. Somit besteht für sie geringe Möglichkeit, Kosten zu sparen. Die Krankenkassen sehen ihrerseits kaum Gründe, ihren Versicherten attraktive Angebote zu machen.

9.3.2 Pflegeversicherung

Als jüngster Zweig der Sozialversicherung versichert die im SGB XI geregelte Pflegeversicherung (PV) seit 1995 in enger Anbindung an die Krankenversicherung das Risiko der Pflegebedürftigkeit. **Träger** der Versicherung sind die Pflegekassen, deren Aufgaben von den Krankenkassen wahrgenommen werden. Wie auch bei der Krankenversicherung entfällt die **Versicherungspflicht** in der gesetzlichen Pflegeversicherung für Beschäftigte, deren Einkommen die Versicherungspflichtgrenze überschreitet. Diesem Personenkreis steht es frei, in eine private Pflegeversicherung zu wechseln, wenn sie sich ebenfalls für eine private Krankenversicherung entscheiden. Versicherungspflichtig sind allerdings alle Krankenversicherten, unabhängig davon, ob sie bei gesetzlichen oder privaten Trägern krankenversichert sind.

Auch in der Pflegeversicherung stehen **Leistungen** wie Prävention und Rehabilitation im Vordergrund. Lässt sich der Eintritt der Pflegebedürftigkeit dennoch nicht verhindern, so haben die Versicherten Anspruch auf Unterstützung bei den gewöhnlichen und regelmäßig wiederkehrenden Verrichtungen im Ablauf des täglichen Lebens (Körperpflege, Essen usw.). Um den Umfang der Leistungen zu bestimmen, werden die Betroffenen einer von drei Pflegestufen zugeordnet.

Die gesetzliche Pflegeversicherung

Seit dem 1.4.1995 gibt es Leistungen aus der Pflegeversicherung für die häusliche Pflege und seit dem 1.7.1996 für Pflegebedürftige in Heimen.

Was sie leistet (monatlich):

Häusliche Pflege	Übernahme der Kosten für ambulante Pflegedienste (Sachleistungen)	Zuschuss für pflegende Angehörige, Nachbarn oder Freunde (Geldleistungen)	Stationäre Pflege in Heimen
Pflegestufe I (erheblich Pflegebedürftige; mind. 1,5 Std./Tag)	**440 Euro**	**225 Euro**	**1023 Euro**
Pflegestufe II (schwer Pflegebedürftige; mind. 3 Std./Tag)	**1040 Euro**	**430 Euro**	**1279 Euro**
Pflegestufe III (Schwerstpflegebedürftige; mind. 5 Std./Tag)	**1510 Euro** (Härtefälle 1 918 Euro)	**685 Euro**	**1510 Euro** (Härtefälle 1825 Euro)

Sach- und Geldleistungen können auch kombiniert in Anspruch genommen werden. Daneben gibt es ergänzende Leistungen bei Ausfall der Pflegepersonen, bei Tages- und Nachtpflege sowie Kurzzeitpflege.

Was sie kostet:

Die Pflegeversicherung ist Pflicht für alle krankenversicherten Bürger.

* Beitragsbemessungsgrenze: **3 750,00 Euro**
  Versicherungspflichtgrenze: **4 162,50 Euro**
* Beitragssatz: **1,95 % vom Arbeitsentgelt,**
  davon tragen **Arbeitnehmer** und **Arbeitgeber** jeweils die Hälfte, also **0,975 %**
* Beitragszuschlag für Kinderlose: **0,25 %**, trägt allein **der Arbeitnehmer**

Vom Zuschlag ausgenommen:
- Rentner, geboren vor dem 1.1.1940
- Jugendliche bis 23 Jahre
- Wehr- u. Zivildienstleistende
- Empfänger von Arbeitslosengeld II

Quelle: BMG   Stand Januar 2010

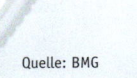
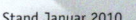

© Globus
3274

9.3.3 Rentenversicherung

Aufgabe der gesetzlichen Rentenversicherung (RV) ist die finanzielle Sicherung der Arbeitnehmer und ihrer Familien bei Berufs- und Erwerbsunfähigkeit, Alter und Tod. **Träger** ist die Deutsche Rentenversicherung. Der **Versicherungspflicht** unterliegen alle Personen, die gegen Arbeitsentgelt oder zu ihrer Berufsausbildung abhängig beschäftigt sind, einschließlich der sogenannten Scheinselbstständigen.

Leistungen werden nur gewährt, wenn ihr der Versicherte eine Mindestanzahl von Versicherungsjahren angehört hat. Geringfügig Beschäftigte, für die allein der Arbeitgeber Beiträge entrichtet, können ihren rentenversicherungsrechtlichen Leistungsanspruch erweitern, indem sie sich an der Beitragszahlung beteiligen. Die Leistungen der Rentenversicherung lassen sich in vier große Bereiche untergliedern.

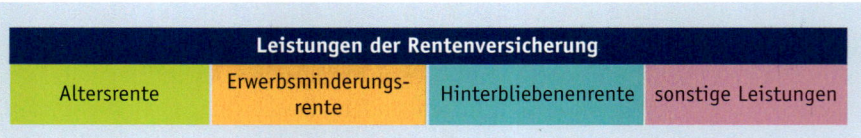

Leistungen der Rentenversicherung			
Altersrente	Erwerbsminderungsrente	Hinterbliebenenrente	sonstige Leistungen

Ab 2012 erfolgt 12 Jahre lang eine Erhöhung der Regelaltersrente in monatlichen Abschnitten. Von 2024 bis zum Jahr 2031 wird dann die Regelaltersgrenze in Zwei-Monats-Abschnitten angehoben.

Altersrente: Die Regelaltersrente erhält der Versicherte, wenn er das 65. Lebensjahr erreicht und die allgemeine Wartezeit von fünf Jahren erfüllt hat. Versicherte können aber vorzeitig in Rente gehen, müssen allerdings dann Abzüge bei ihren Rentenansprüchen in Kauf nehmen. Ab 2012 wird die Regelaltersgrenze für die gesetzliche Rente stufenweise vom 65. Lebensjahr auf das 67. Lebensjahr hochgesetzt.

Erwerbsminderungsrente: Können Arbeitnehmer aufgrund einer gesundheitlichen Einschränkung gar nicht mehr oder nur noch weniger als drei Stunden täglich arbeiten, erhalten sie aus der Rentenkasse die volle Erwerbsminderungsrente (ca. 35 % des letzten Bruttoerwerbseinkommens).

Hinterbliebenenrente: Stirbt ein Versicherter, zahlt die Rentenversicherung an den hinterbliebenen Ehepartner und/oder die Kinder eine Rente (Witwerrente/ Waisenrente).

Sonstige Leistungen: Neben der Zahlung von Renten hat die Rentenversicherung die Aufgabe, die Erwerbsfähigkeit der Versicherten zu erhalten, zu verbessern oder ggf. wiederherzustellen. Dies tut sie, indem sie Heilbehandlungen und Berufsförderungsmaßnahmen bei Bedarf für die Versicherten finanziert.

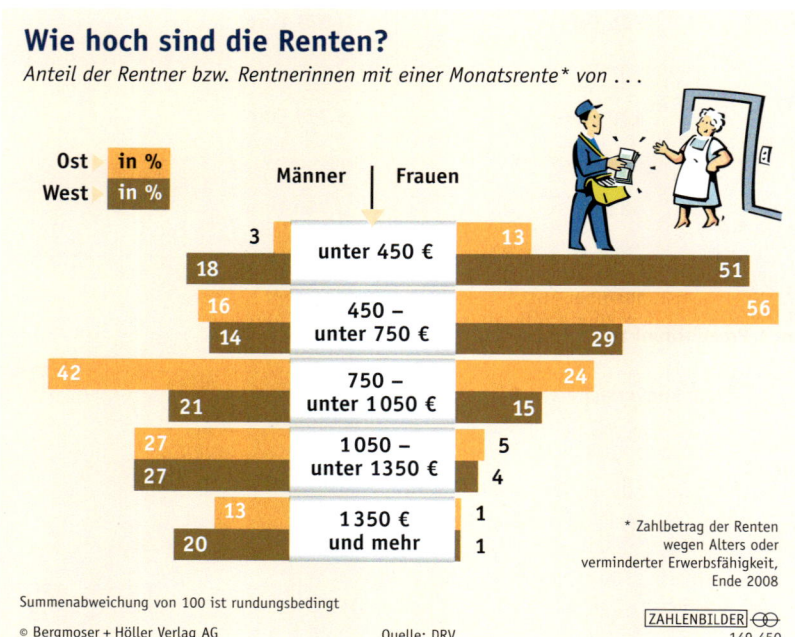

Wie hoch sind die Renten?

Anteil der Rentner bzw. Rentnerinnen mit einer Monatsrente* von . . .

* Zahlbetrag der Renten wegen Alters oder verminderter Erwerbsfähigkeit, Ende 2008

Summenabweichung von 100 ist rundungsbedingt

© Bergmoser + Höller Verlag AG

Quelle: DRV

ZAHLENBILDER
149 450

Der gesetzlichen Rentenversicherung liegt das Prinzip des **Generationenvertrages** zugrunde. Durch die Beitragszahlungen der Erwerbstätigen werden die Rentenzahlungen der nicht mehr erwerbstätigen Generation finanziert (**Umlageverfahren**).

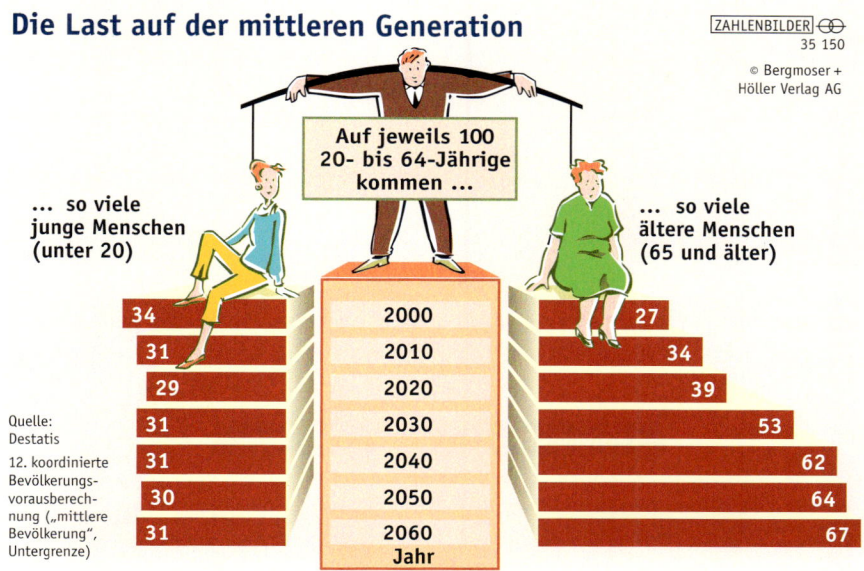

Angesichts sinkender Geburtenraten, steigender Lebenserwartung und hoher Arbeitslosigkeit steht die Rentenversicherung vor großen finanziellen Problemen.

Arbeitslosigkeit
Kapitel 9.7

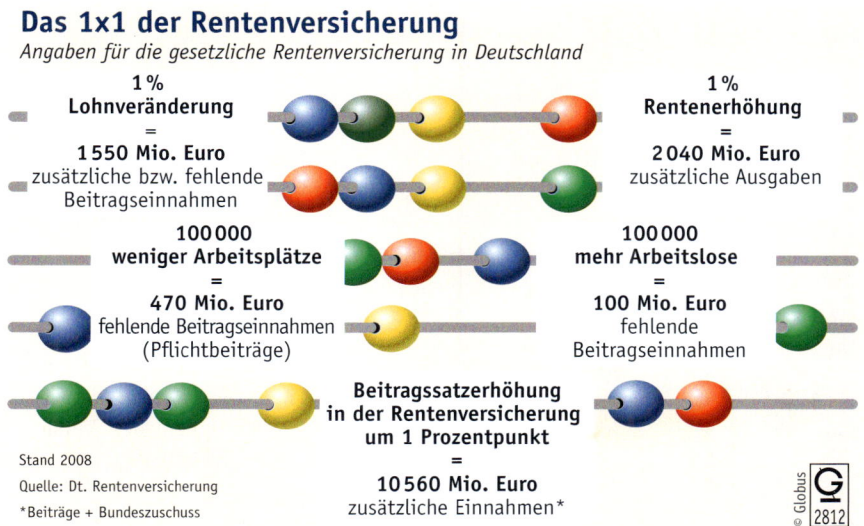

Die **Höhe einer Rente** für den einzelnen Versicherten richtet sich vor allem nach Höhe und Anzahl seiner entrichteten Beiträge, die wiederum abhängig sind von der Höhe des Einkommens und der Dauer der Erwerbstätigkeit. Die konkrete Berechnung wird nach der sogenannten **Rentenformel** vorgenommen. In der Regel werden die Renten den jährlichen Lohn- und Gehaltssteigerungen der rentenversicherungspflichtigen Arbeitnehmer angepasst.

9.3.4 Unfallversicherung

Die Unfallversicherung (UV) ist die gesetzliche Sozialversicherung mit den meisten Versicherten. Neben allen Arbeitnehmern sind u.a. auch Schüler und Studenten **pflichtversichert**. Unternehmer können sich selbst freiwillig versichern. Die Beiträge zur gesetzlichen Unfallversicherung werden im Gegensatz zu den anderen Versicherungszweigen vom Arbeitgeber allein gezahlt. Die **Beitragshöhe** richtet sich nach Gefahrenklassen und nach der Betriebsgröße.

> **BEISPIEL**
> Ein Dachdeckerbetrieb muss wegen der größeren Unfallgefahr höhere Beiträge zahlen als ein Großhandelsunternehmen.

Träger der Unfallversicherung sind die Berufsgenossenschaften der unterschiedlichen Branchen oder für Schüler die Gemeindeunfallversicherung.

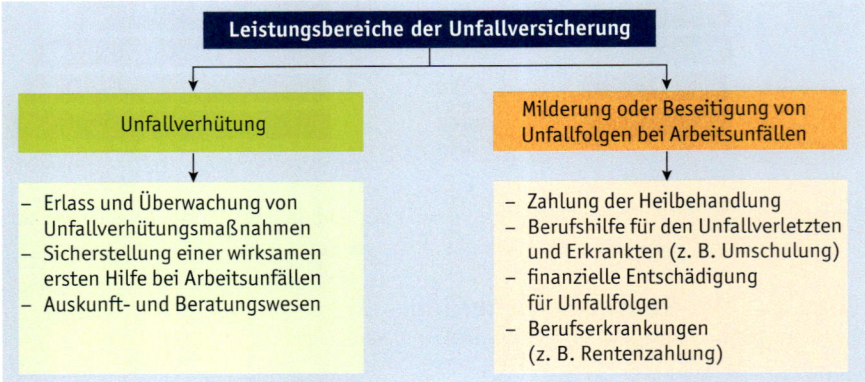

Leistungsbereiche der Unfallversicherung

Unfallverhütung
– Erlass und Überwachung von Unfallverhütungsmaßnahmen
– Sicherstellung einer wirksamen ersten Hilfe bei Arbeitsunfällen
– Auskunft- und Beratungswesen

Milderung oder Beseitigung von Unfallfolgen bei Arbeitsunfällen
– Zahlung der Heilbehandlung
– Berufshilfe für den Unfallverletzten und Erkrankten (z. B. Umschulung)
– finanzielle Entschädigung für Unfallfolgen
– Berufserkrankungen (z. B. Rentenzahlung)

Arbeitsunfälle sind Unfälle, die im Zusammenhang mit der Berufsausübung eintreten, wie Unfälle während der Arbeit, Unfälle auf dem Weg von oder zur Arbeit und Berufskrankheiten. **Berufskrankheiten** entstehen durch besonders schädigende Einflüsse am Arbeitsplatz, z.B. durch Schadstoffe und Lärm.

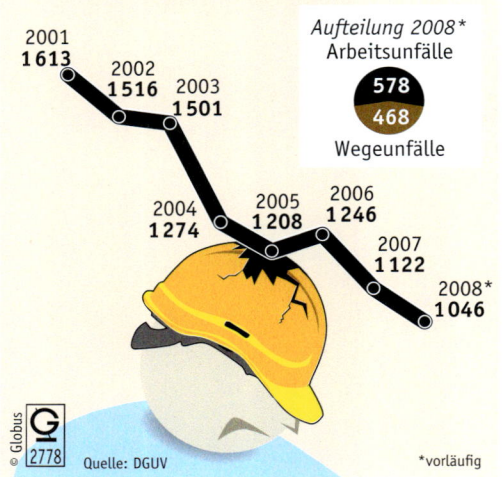

Risiko am Arbeitsplatz
Tödliche Arbeits- und Wegeunfälle im Bereich der gewerblichen Berufsgenossenschaften und der Unfallversicherung der öffentlichen Hand (ohne Schüler-Unfallversicherung)

2001 **1613**
2002 **1516**
2003 **1501**
2004 **1274**
2005 **1208**
2006 **1246**
2007 **1122**
2008* **1046**

Aufteilung 2008*
Arbeitsunfälle **578**
Wegeunfälle **468**

© Globus 2778 Quelle: DGUV

*vorläufig

Krank durch den Beruf
Die häufigsten Berufskrankheiten* in Deutschland 2008

Hautkrankheiten	18995
Lärmschwerhörigkeit	9792
Wirbelsäulenschäden durch Heben und Tragen	5550
Staublunge (Asbestose)	3879
Lungen- und Kehlkopfkrebs	3674
allergische Atemwegserkrankungen	2444
Infektionen	1495
Atemwegserkrankungen durch Chemikalien und Gifte	1491
durch Asbest ausgelöste Krebserkrankungen	1438

Krankheit / Arbeit

Quelle: BAUA

© Globus 3312

*angezeigte Verdachtsfälle

9.3.5 Arbeitslosenversicherung

Die Arbeitslosenversicherung (AV) versichert das Risiko der Arbeitslosigkeit und der damit verbundenen Einkommenseinbußen. **Träger** der Arbeitslosenversicherung ist die Bundesagentur für Arbeit.

Versicherungspflichtig sind alle Personen, die gegen Arbeitsentgelt oder zu ihrer Berufsausbildung beschäftigt sind. Hinzu kommen die in § 26 SGB III aufgeführten sonstigen Personen. Ausgenommen von der Versicherungspflicht sind u. a. geringfügig Beschäftigte und Schüler/Studierende, die während ihrer Ausbildung einer Beschäftigung nachgehen.

Die Arbeitslosenversicherung erbringt u. a. folgende **Leistungen** bei Arbeitslosigkeit:

Arbeitsmarktpolitik
Kapitel 9.7.2

- Zahlung von Entgeltersatzleistungen (Arbeitslosengeld, Kurzarbeitergeld, Winterausfallgeld, Insolvenzausfallgeld und Beiträge zur gesetzlichen Soziaversicherung für Arbeitslose)
- Berufsberatung
- Förderung der beruflichen Aus- und Weiterbildung
- Kindergeldzahlung als Familienkasse

Nur wer diese vier Kriterien erfüllt, gilt offiziell als arbeitslos. Er hat unter bestimmten Voraussetzungen Anspruch auf Arbeitslosengeld I (ALG I). **Arbeitslosengeld I** erhält, wer

- wie in der Abbildung oben beschrieben arbeitslos ist,
- in den letzten zwei Jahren vor der Arbeitslosigkeit mindestens zwölf Monate gearbeitet und dabei in die Arbeitslosenversicherung eingezahlt hat,
- sich persönlich arbeitslos gemeldet hat.

Die persönliche Meldung muss unmittelbar nach Kenntnis über die Beendigung des Arbeitsverhältnisses (z. B. bei Erhalt der Kündigung) erfolgen. Erfolgt die Meldung nicht rechtzeitig, so kommt es zu Kürzungen des Arbeitslosengeldes.

Die **Höhe des Arbeitslosengeldes** beläuft sich auf 60 % (bzw. 67 % für Arbeitslose mit Kind) des Nettoentgelts, das während der letzten Beschäftigung vor der Arbeitslosigkeit durchschnittlich erzielt wurde. Nach Ablauf des Anspruchs auf Arbeitslosengeld I hat der Arbeitslose die Möglichkeit, **Arbeitslosengeld II** (ALG II) bei der Bundesagentur für Arbeit zu beantragen. Das Arbeitslosengeld II ist allerdings keine Leistung der Arbeitslosenversicherung, sondern wird als staatliche Transferleistung durch Steuergelder finanziert.

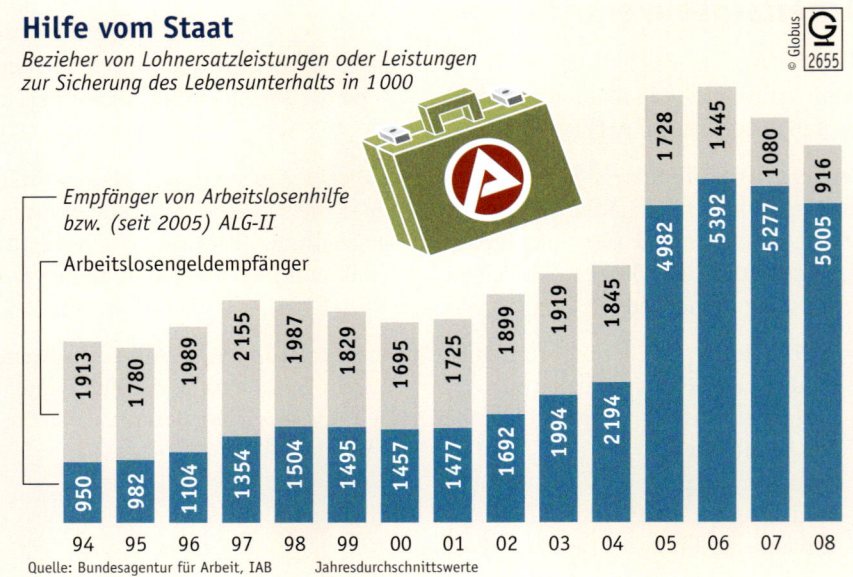

Hilfe vom Staat

Bezieher von Lohnersatzleistungen oder Leistungen zur Sicherung des Lebensunterhalts in 1 000

© Globus 2655

Empfänger von Arbeitslosenhilfe bzw. (seit 2005) ALG-II

Arbeitslosengeldempfänger

Jahr	Arbeitslosenhilfe/ALG-II	Arbeitslosengeld
94	1913	950
95	1780	982
96	1989	1104
97	2155	1354
98	1987	1504
99	1829	1495
00	1695	1457
01	1725	1477
02	1899	1692
03	1919	1994
04	1845	2194
05	1728	4982
06	1445	5392
07	1080	5277
08	916	5005

Quelle: Bundesagentur für Arbeit, IAB   Jahresdurchschnittswerte

---

ÜBERBLICK

Die **Beitragsbemessungsgrenze** deckelt die Versicherungsbeiträge der Kranken-, Pflege-, Renten- und Arbeitslosenversicherung. Das Bruttoerwerbseinkommen ist nur bis zu dieser Grenze Grundlage für den Versicherungsbeitrag.

Die Kranken- und Pflegeversicherung kennt auch eine **Versicherungspflichtgrenze**. Wer mit seinem Bruttoerwerbseinkommen drei Jahre in Folge über dieser Grenze liegt, kann sich entscheiden zwischen gesetzlicher Versicherung und privater Versicherung.

Sozialversicherungen im Überblick

Versicherung	Träger	Leistungen
Krankenversicherung	Krankenkassen	– Behandlung von Krankheiten – Verhütung und Früherkennung von Krankheiten – Krankengeld – Mutterschaftsgeld
Pflegeversicherung	Pflegekassen (bei den Krankenkassen)	Pflege in Abhängigkeit von der Pflegestufe
Rentenversicherung	Deutsche Rentenversicherung	– Altersrente – Erwerbsminderungsrente – Hinterbliebenenrente – Teilhabe (Rehabilitation)
Unfallversicherung	– Berufsgenossenschaften – Unfallversicherungsträger der öffentlichen Hand	– Verhütung von Arbeitsunfällen und Berufserkrankungen – Behandlung bei Arbeitsunfällen und Berufserkrankungen – Renten an Verletzte und Hinterbliebene
Arbeitslosen-versicherung	Bundesagentur für Arbeit	– Entgeltersatzleistungen – Berufsberatung – berufliche Aus- und Weiterbildung – Kindergeldzahlung

1 Ergänzen Sie die Tabelle aus dem Überblick um die Spalten Beitragssätze, unterteilt nach Arbeitgeber und Arbeitnehmer, Beitragsbemessungsgrenze und Versicherungspflichtgrenze. Recherchieren Sie die aktuellen Daten.

   Ermitteln Sie die Beiträge eines Arbeitnehmers zur Kranken-, Pflege-, Renten-, und Arbeitslosenversicherung:

   a 2000 Euro   c 4000 Euro

   b 820 Euro   d 6500 Euro

2 Erklären Sie mit eigenen Worten, warum sich der Staat in die persönliche Risikovorsorge einmischt.

3 Kann man Gesundheit als ein Wirtschaftsgut betrachten?

4 Vergleichen Sie einen Arztbesuch mit einem Besuch in einem Restaurant: Wer bestimmt, welche Leistungen in Anspruch genommen werden? Wer bezahlt?

5 Wie finanziert sich der Gesundheitsfonds? Was bedeutet in diesem Zusammenhang der Risikostrukturausgleich? Recherchieren Sie!

6 Finden Sie heraus, was ein Arztbesuch kostet: Informieren Sie sich über bestimmte Untersuchungen (Vorsorgeuntersuchung, Röntgen, Impfen, Behandlung einer chronischen Krankheit). Informieren sie sich z. B. bei einer gesetzlichen Krankenkasse. Vergleichen Sie die Preise und diskutieren Sie das Ergebnis in Gruppen von jeweils vier Personen.

7 Wer privat krankenversichert ist, bekommt nach einem Arztbesuch eine Rechnung, in der die Leistungen und Preise genau genannt sind. Warum gilt das nicht für gesetzlich Versicherte? Fragen Sie z. B. bei Ihrer Krankenkasse nach.

8 Führen Sie ein Streitgespräch zur Bürgerversicherung und Gesundheitsprämie. Informieren Sie sich dazu auch über die verschiedenen Ausprägungen der beiden Konzepte.

9 Informieren Sie sich über die aktuelle Diskussion und Entwicklung der Krankenversicherung.

10 Nehmen Sie zu folgender Aussage Stellung: „Ich bin durch die Regelung der Pflegeversicherung doppelt bestraft, denn ich kann keine Kinder bekommen und muss dann noch einen höheren Beitrag zahlen. Das ist nicht gerecht!"

11 Was steht hinter dem Umlageverfahren in der Rentenversicherung?

12 Dem ersten Bundeskanzler der Bundesrepublik, Konrad Adenauer, wird der Ausspruch zugeschrieben: „Kinder werden die Menschen immer kriegen!" Welche Folgen hat die Fehleinschätzung Adenauers für den Generationenvertrag in der Rentenversicherung?

13 Welche Unfälle sind in der gesetzlichen Unfallversicherung versichert?
   – Schülerin Nora verletzt sich in der Schule in der großen Pause.
   – Herr Meyer stürzt auf dem Weg zu seiner Arbeitsstätte und bricht sich das Bein.
   – Frau Sander hat sich im Urlaub das Kreuzband gerissen.
   – Frau Glocke arbeit als Reinigungskraft bei Familie Mandel. Sie stürzt beim Fensterputzen von der Leiter und bricht sich den Arm.

14 Welche Leistungen werden von der Arbeitslosenversicherung gezahlt?

15 Erläutern Sie mit eigenen Worten den Unterschied zwischen Arbeitslosengeld I und Arbeitslosengeld II.

Die Versicherungspflicht in der gesetzlichen Sozialversicherung gilt grundsätzlich für alle Arbeitnehmer, es gibt jedoch Sonderregelungen, z. B. für die geringfügig Beschäftigten. Recherchieren Sie die Sonderregelungen im Detail und erklären Sie, was unter geringfügiger Beschäftigung verstanden wird.

9.4 Förderung von Chancengleichheit und Unterstützung Benachteiligter

(..) Der Sozialstaat sichert soziale und gesellschaftliche Teilhabe und Integration durch Aktivierung und Befähigung. Das sozialpolitische Handeln der Bundesregierung ist darauf ausgerichtet, dauerhafte Abhängigkeit von staatlicher Unterstützung zu vermeiden. Dabei bleibt es nicht bei einem Appell an die Eigenverantwortung. Vielmehr macht die Bundesregierung Angebote, die die Bürgerinnen und Bürger befähigen, sich selbst zu helfen und vom Bezug von Transferleistungen unabhängig zu werden. Alle sollen die Chance erhalten, ihre individuellen Möglichkeiten auszuschöpfen und am gesellschaftlichen Leben teilzuhaben. (...)

Der Sozialstaat hat Antworten gefunden auf den Wunsch vieler Eltern, Familie und Beruf bzw. Berufsausbildung oder Studium besser vereinbaren zu können, beispielsweise durch den Ausbau der Kinderbetreuung für unter Dreijährige und die ab 2013 geplante Erweiterung des Rechtsanspruchs auf Kinderbetreuung für Ein- bis Dreijährige, die Einführung des Elterngelds, die Einführung eines Kinderbetreuungszuschlags im BAföG sowie durch die verbesserte steuerliche Absetzbarkeit von Aufwendungen für Kinderbetreuung oder Pflege. (...)

Quelle: Bundesministerium für Arbeit und Soziales, Sozialbericht 2009, S. 5 und 3

9.4.1 Bildungspolitik

Die Bildung ist ein wichtiger Faktor für die gesellschaftliche Entwicklung. Von ihr hängt es ab, wie viel Wohlstand eine Volkswirtschaft erwirtschaften kann und inwieweit der Einzelne am gesellschaftlichen Leben teilhaben kann, unabhängig von seiner Herkunft und seinen wirtschaftlichen Möglichkeiten. Das **Bildungsbudget** dokumentiert die jährlichen Ausgaben des Staates für den gesamten Bildungsbereich, und zwar über die formellen Bildungseinrichtungen hinaus auch den Bereich der beruflichen Weiterbildung, der Jugendarbeit usw.

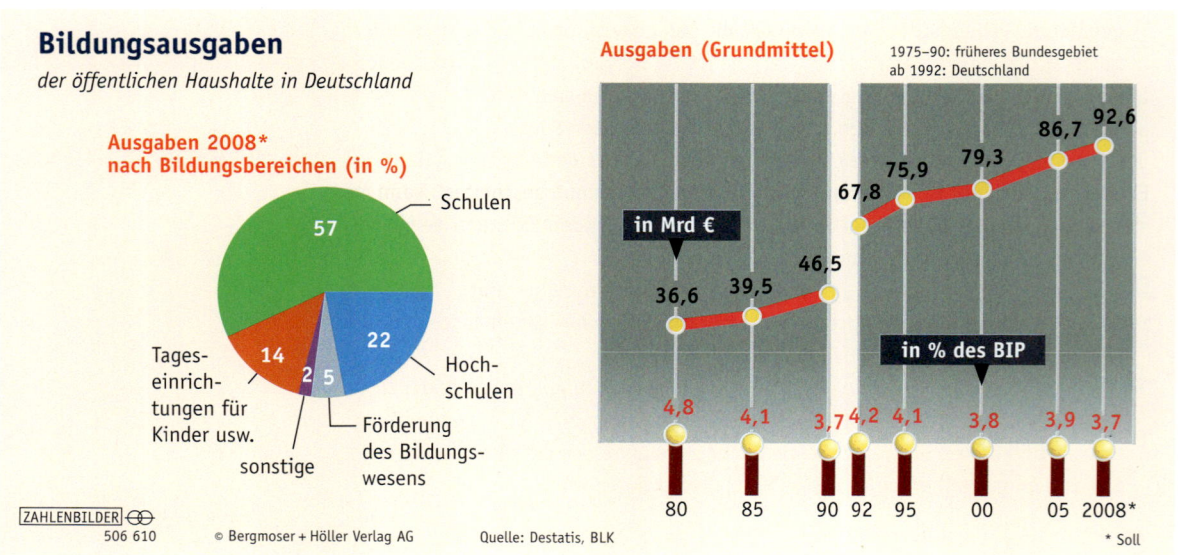

Schüler der Sekundarstufe II und Studenten können bei Bedürftigkeit Geldmittel nach dem Bundesausbildungsförderungsgesetz (**BAföG**) beantragen. BAföG ist familienabhängig. Die Leistungen richten sich nach dem eigenen Einkommen und Vermögen, aber auch nach dem Einkommen der Eltern und ggf. der Ehegatten.

www.das-neue-bafög.de

BAföG	**Monatliche Höchstförderung in €** BAföG-Sätze + höchstmögliche Wohnkostenzuschläge + Kranken- und Pflegeversicherungszuschuss	ZAHLENBILDER 506 546
wohnt bei den Eltern		wohnt nicht bei den Eltern
Keine Förderung	für Schüler an weiterführenden allgemeinbildenden Schulen, Berufsfachschulen (ab Klasse 10), Fach- und Fachoberschulen	455 €
212 €	für Schüler an mindestens zweijährigen Berufsfachschul- und Fachschulklassen	455 €
383 €	für Schüler an Abendhaupt- und Abendrealschulen, Berufsaufbauschulen und Fachoberschulklassen (mit abgeschlossener Berufsausbildung)	531 €
448 €	für Studierende an Fachschulklassen (mit abgeschlossener Berufsausbildung), Abendgymnasien, Kollegs	618 €
473 €	für Studierende an Hochschulen	643 €

Stand: ab Herbst 2008   © Bergmoser + Höller Verlag AG

Auszubildende im dualen System können **Ausbildungsbeihilfe** beantragen, wenn ihre Ausbildungsvergütung bestimmte Grenzen unterschreitet. Handwerker und andere Fachkräfte können während ihrer Weiterbildung das sogenannte **Meister-BAföG** nach dem Aufstiegsfortbildungsförderungsgesetz erhalten.

9.4.2 Familienpolitik

Vielleicht ist es so: Wenn man zu sehr übers Atmen nachdenkt, vergisst man fast, wie es geht. Und wenn man zu viel übers Kinderkriegen nachdenkt, passiert womöglich das Gleiche. Das Statistische Bundesamt hat vorläufige Geburtenzahlen für das Jahr 2009 veröffentlicht – und dass jetzt alle wieder einmal ganz intensiv übers Kinderkriegen nachdenken werden, ist unausweichlich. Wir tun es ja auch. Denn die Zahl – 650 000 Geburten, nicht mal halb so viele wie 1964, weniger als überhaupt je in der Bundesrepublik – gibt Anlass zu Fragen. Frage eins: Was ist los mit den Leuten, warum will sich diese Gesellschaft kurz und klein schrumpfen? Frage zwei: Wir hatten doch in den vergangenen Jahren viel von einer modernen Familienpolitik gehört, mit Elterngeld, Vätermonaten, Betreuungsplatzausbau. Ist die nun gescheitert, kann man sie mit Roland Koch wegsparen – oder braucht sie einfach mehr Zeit, andere Akzente?

Auf Frage eins gibt es zwei Antwortstränge, die beide etwas für sich haben. Einmal kann man sagen: Nun gut, wir haben 2008 eine der schwersten Wirtschaftskrisen erlebt, die die Welt seit Langem gesehen hatte. Dass da junge Berufsanfänger eine Familiengründung aufschieben, ist nicht wahnsinnig verwunderlich und auch nicht unvernünftig. Zumal die Generation U40, auf die es ja ankäme, zeit ihres Erwachsenenlebens mit Leistungsdruck und sinkenden Löhnen und schwindendem gesellschaftlichem Zusammenhalt konfrontiert war. Sie verzichtet nicht bewusst auf Kinder – aber sie hat eben das Gefühl, sie könne das, was die Gesellschaft von ihr erwartet, besser ohne Kinder erfüllen.

►

219

Aus der anderen Perspektive würde man dazu sagen: Habt ihr sie noch alle? Es kann ja wohl nicht wahr sein, dass Menschen in dramatisch viel ärmeren und unsichereren Weltgegenden ganz selbstverständlich Kinder bekommen – und in einem der reichsten Länder der Erde gilt das als Risiko? Aus dieser Perspektive betrachtet, ist die deutsche Kinderlosigkeit die Folge eines westlichen Großtrends, der Individualisierung. Der moderne Mensch, auf jeden Fall der Bundesbürger, ist ein anspruchsvoller Kunde. Nie ist er sich sicher, ob die Partnerbeziehung, die er gerade hat, wirklich schon die beste ist. Im Job gäbe es auch noch dies oder das zu erreichen, bevor man sich an den Wickeltisch fesselt. Und wer garantiert uns eigentlich, dass unser Wunschkind auch wirklich erste Qualität wird?

Beide Antwortstränge legen ernüchternde Schlussfolgerungen für die Antwort auf Frage zwei nahe, die Frage nach dem Nutzen der Familienpolitik. Ernüchternd zumindest für jene Bevölkerungspolitiktechnokraten, die hofften, die Geburtenrate werde sich mit jedem Elterngeld-Euro nach oben bewegen. Jetzt müssen wir feststellen: So uneingeschränkt begrüßenswert gute Kinderbetreuung und eine relativ großzügige soziale Absicherung junger Eltern sein mögen – Weltwahrnehmung und Lebensplanung lassen sich damit offenbar nicht im großen Stil beeinflussen. Die Instrumente überzeugen anscheinend weder diejenigen, die sich vor der Zukunft fürchten, noch diejenigen, die ihren Lebensentwurf bis zum Exzess optimieren.

Quelle: Gaschke, S., Wovor habt Ihr Angst? Mit Geld allein lässt sich die Geburtenrate nicht nach oben treiben, in: Die Zeit, 22. Mai 2010.

Heute versucht der Staat, durch eine Reihe von Maßnahmen die Familien zu fördern mit dem Ziel, dass sich wieder mehr Paare für ein Kind entscheiden. Die Maßnahmen lassen sich in zwei Gruppen einteilen: Zum einen kann der Staat die rechtlichen Rahmenbedingungen für Familien verbessern, zum anderen hat er die Möglichkeit, Transferleistungen als direkte Geldzuwendungen oder als Steuerermäßigungen zu gewähren.

Mutterschutz

Das Mutterschutzgesetz gilt für alle werdenden und stillenden Mütter. In der Phase der Schwangerschaft und der Stillzeit danach sollen berufstätige Frauen keinen Belastungen ausgesetzt werden, die schädlich für Mutter oder Kind sein könnten. Auch sollen Schwangere und Mütter keine Einkommensverluste hinnehmen müssen. Der Arbeitgeber muss deshalb besondere Vorkehrungen zum Schutz von Schwangeren am Arbeitsplatz treffen. Aus diesem Grund muss die Arbeitnehmerin ihren Arbeitgeber über die Schwangerschaft und den voraussichtlichen Entbindungstermin informieren. Sechs Wochen vor und acht Wochen nach der Entbindung dürfen Schwangere nicht beschäftigt werden. In dieser Zeit zahlt die Krankenversicherung **Mutterschaftsgeld**. Die Differenz zwischen dem Mutterschaftsgeld und dem letzten Nettoarbeitsentgelt trägt der Arbeitgeber.

Krankenversicherung **Kapitel 9.3.1**

Schwangeren dürfen keine schweren körperlichen und gefährlichen Arbeiten zugemutet werden. Gleiches gilt für Akkord- und Fließbandarbeit. Während der Schwangerschaft und bis vier Monate nach der Entbindung darf der Arbeitgeber keine Kündigung (Kündigungsschutz) aussprechen. Werdende und stillende Mütter dürfen keine Überstunden, Nachtarbeit (zwischen 20 und 6 Uhr) oder Sonntagsarbeit leisten.

Mutterschutz

Schutzfrist
6 Wochen vor
bis normalerweise 8 Wochen
nach der Entbindung

Gefahrenschutz
Keine Arbeiten, die
die Gesundheit von Mutter
und Kind gefährden

**Einkommens-
sicherung**
für Arbeitnehmerinnen
während der Schutzfrist:
Arbeitgeberzuschuss
zum Mutterschaftsgeld
bis zur Höhe des
vorherigen Nettolohns

bei sonstigem
Beschäftigungsverbot:
Mutterschutzlohn

**Leistungen der
Krankenkassen**
**bei Schwangerschaft
und Mutterschaft**
Vorsorgeuntersuchungen
ärztliche Betreuung
Hebammenhilfe
stationäre Entbindung
häusliche Pflege

Mutterschaftsgeld

Kündigungsschutz
während der Schwanger-
schaft, bis 4 Monate
nach der Entbindung
und während der Elternzeit

anschließend an die Schutzfrist (auf Antrag der Eltern):
Elternzeit (Erziehungsurlaub)

Elterngeld
als Einkommensersatz während der Betreuung des Kindes

ZAHLENBILDER
141 213

© Bergmoser + Höller Verlag AG

Elternzeit und Elterngeld

Erwerbstätige Mütter und Väter, die ihr Kind betreuen und erziehen, haben Anspruch auf **Elternzeit**. Der Anspruch auf Elternzeit besteht bis zur Vollendung des dritten Lebensjahres des Kindes und kann zwischen den Eltern aufgeteilt oder sogar gemeinsam genommen werden. Während dieser Zeit ruht das Arbeitsverhältnis. Allerdings ist es möglich, während der Elternzeit bis zu 30 Wochenstunden zu arbeiten.

Während der Elternzeit kann der Arbeitgeber grundsätzlich keine Kündigung aussprechen. Dieser Kündigungsschutz beginnt mit der Anmeldung der Elternzeit. Nach Beendigung der Elternzeit besteht für die Eltern wieder ein Anspruch auf ihren „verlassenen" oder einen gleichwertigen Arbeitsplatz. Dabei ist eine Schlechterstellung nicht zulässig.

Wenn sich Mütter oder Väter noch in der Ausbildung befinden, wird die Elternzeit nicht auf die Ausbildungszeit angerechnet. Dadurch verlängert sich die Ausbildungszeit entsprechend. Allerdings besteht wie bei jedem Auszubildenden die Möglichkeit, die Berufsbildung zu verkürzen.

Elterngeld erhalten Mütter oder Väter, wenn sie ihr Kind betreuen und nicht mehr als 30 Stunden in der Woche arbeiten. Grundsätzlich werden monatlich 65 % des monatlichen Nettoeinkommens als Elterngeld gewährt, jedoch maximal 1 800 Euro. Das Elterngeld wird maximal für die ersten 14 Lebensmonate des Kindes gezahlt. Ein Elternteil kann dabei allerdings höchstens zwölf Monate Elterngeld beziehen. Es wird zwei weitere Monate gezahlt, wenn der andere Elternteil Elternzeit nimmt. Das Elterngeld wird steuer- und abgabenfrei gewährt. Das Elterngeld ist eine Leistung des Bundes und deshalb liegt die Verwaltung des Elterngeldes bei den einzelnen Bundesländern.

Die Broschüre vom Bundesministerium für Familie, Senioren, Frauen und Jugend informiert Sie ausführlich über die gesetzlichen Regelungen zum Elterngeld und zur Elternzeit.
www.bmfsfj.de
www.elterngeld.net

Kindergeld und Kinderfreibetrag

Kinder kosten Geld. Wer Kinder hat und in Deutschland wohnt, hat Anspruch auf **Kindergeld**, unabhängig vom Einkommen. Das Kindergeld wird bis zur Vollendung des 18. Lebensjahres gezahlt, in bestimmten Fällen auch über das 25. Lebensjahr hinaus, z. B. bei Ausbildung, Studium und wenn Grundwehr- oder Zivildienst geleistet wurde. Im Jahr 2010 beträgt das Kindergeld für das erste und das zweite Kind 184 Euro, für das Dritte 190 Euro und ab dem Vierten 215 Euro. Alternativ zum Kindergeld kann man von einem **Kinderfreibetrag** profitieren, der das zu versteuernde Einkommen mindert. Das heißt, dass der Kinderfreibetrag nur dann zu einer Steuererleichterung führt, wenn das gezahlte Kindergeld unterhalb der möglichen Steuerersparnis durch die Freibeträge liegt. Das ist allerdings in der Regel nur bei höheren Einkommen der Fall. Das Finanzamt prüft, welches Modell am günstigsten ist.

Tagesbetreuung für Kleinkinder

Ein zentraler Gegenstand der familienpolitischen Debatte ist die Tagesbetreuung von Kindern unter drei Jahren. Nicht selten verbirgt sich hinter den unterschiedlichen Standpunkten zum Thema ein Streit um verschiedene Lebensentwürfe: Soll sich die Mutter ganz um Kinder und Familie kümmern und dafür auf eine eigene Erwerbstätigkeit verzichten – oder die Betreuung des Nachwuchses in fremde Hände legen, um sich z. B. beruflichen Aufgaben widmen zu können? Zweifelsfrei brauchen Kinder auch den Kontakt zu anderen Kindern und Anregungen von außen, gerade in den für ihre sprachliche und kognitive Entwicklung prägenden Lebensjahren.

Betreuung für die Kleinen

2009 wurden ... von jeweils 100 Kindern unter 3 Jahren in einer Tageseinrichtung oder in Tagespflege betreut

20 in Deutschland insgesamt

Schleswig-Holstein 15
Mecklenburg-Vorpommern 50
Hamburg 26
Bremen 14
Niedersachsen 12
Berlin 42
Sachsen-Anhalt 55
Brandenburg 48
Nordrhein-Westfalen 12
Sachsen 40
Hessen 16
Thüringen 43
Rheinland-Pfalz 18
Saarland 15
Baden-Württemberg 16
Bayern 16

ZAHLENBILDER
513 045   © Bergmoser + Höller Verlag AG

Quelle: Destatis

Einen wichtigen Beitrag für den Ausbau der Kindertagesbetreuung und damit zur Vereinbarkeit von Familie und Beruf leistet das Kinderförderungsgesetz von 2008. Auf seiner Grundlage sollen bundesweit bis 2013 für gut ein Drittel der Unter-Dreijährigen Betreuungsplätze geschaffen werden, 30 % davon in der Tagespflege. Modellrechnungen des Statistischen Bundesamtes gehen von 275 000 neu zu schaffenden Plätzen aus, darunter 83 000 in der Tagespflege. Ab 1. 8. 2013 soll jedes einjährige Kind einen Rechtsanspruch auf frühkindliche Förderung haben. Private und öffentliche Betreuungseinrichtungen werden erstmalig in der Förderung gleichgestellt. Auch die qualitativen Anforderungen an die Betreuung werden neu justiert. Ein Forum Frühkindliche Bildung soll Eckpunkte für verbindliche Qualitätsstandards in der Kinderbetreuung entwickeln und ihre Einhaltung prüfen – mit dem Ziel, Chancengleichheit für alle Kinder zu schaffen. Und im Zuge des Aktionsprogramms Kindertagespflege werden Tagesmütter und -väter seit Herbst 2009 entsprechend fachlich anerkannten Mindeststandards ausgebildet. Das soll die Qualität der Kindertagespflege verbessern, das Berufsbild aufwerten und motiviertes Personal anziehen.

(...) Während man im Osten von einem (reduzierten) DDR-Altbestand an Unterbringungsmöglichkeiten profitiert, begegnen Eltern im Westen dem Mangel mit einem komplizierten Arrangement aus Eigen-, Großeltern- und Fremdbetreuung. Hier müssen vor allem die notwendigen Betreuungskapazitäten geschaffen werden. Eltern, die ihre Sprösslinge zu Hause betreuen, sollen ab 2013 eine Förderung (z. B. Betreuungsgeld) bekommen. Während Befürworter diese Maßnahme als notwendige Unterstützung der elterlichen Erziehungsleistung begreifen, sehen Kritiker die beabsichtigte Frühförderung der Kinder aus bildungsfernen Schichten ausgehöhlt.

Quelle: Bergmoser + Höller Verlag AG, Zahlenbilder 513045, 1/2010

9.4.3 Arbeitnehmerschutz

Der Staat sieht die Arbeitnehmer in der schwächeren Rolle gegenüber ihren Arbeitgebern. Er hat deshalb gesetzliche Grundlagen geschaffen, die es den Arbeitnehmern möglich machen, ihre Interessen wahrzunehmen. Beispiele dafür sind das Betriebsverfassungsgesetz und das Kündigungsschutzgesetz.

Kündigungsschutzgesetz

Der Arbeitsplatz ist für den Arbeitnehmer oft die einzige Geldeinnahmequelle. Deshalb wird diese Einnahmequelle in der Bundesrepublik durch das Kündigungsschutzgesetz vor ungerechtfertigten Kündigungen durch den Arbeitgeber geschützt. Das gilt vor allem für besondere Personengruppen wie Auszubildende, Schwangere, Betriebsräte und JAV-Mitglieder, Schwerbehinderte und Wehr- und Ersatzdienstleister. Außerdem ist das Kündigungsschutzgesetz nur anzuwenden, wenn der Arbeitnehmer dem Unternehmen mehr als sechs Monate ohne Unterbrechung angehört und das Unternehmen mehr als zehn Arbeitnehmer beschäftigt.

Betriebliche Mitbestimmung

Das **Betriebsverfassungsgesetz** (BetrVG) regelt die Interessenvertretung der Arbeitnehmer in den Unternehmen der privaten Wirtschaft. Es ermöglicht die Bildung von **Betriebsräten**, die als gewählte Vertretungsorgane der Beschäftigten über abgestufte Mitbestimmungs- und Mitwirkungsrechte verfügen. Das Betriebsverfassungsgesetz stellt damit eine wichtige gesetzliche Regelung für die Auszubildenden und Arbeitnehmer dar. Die Rechte des Betriebsrates reichen von der Informationspflicht des Arbeitgebers in wirtschaftlichen Angelegenheiten bis zu Mitbestimmungsrechten in sozialen Angelegenheiten.

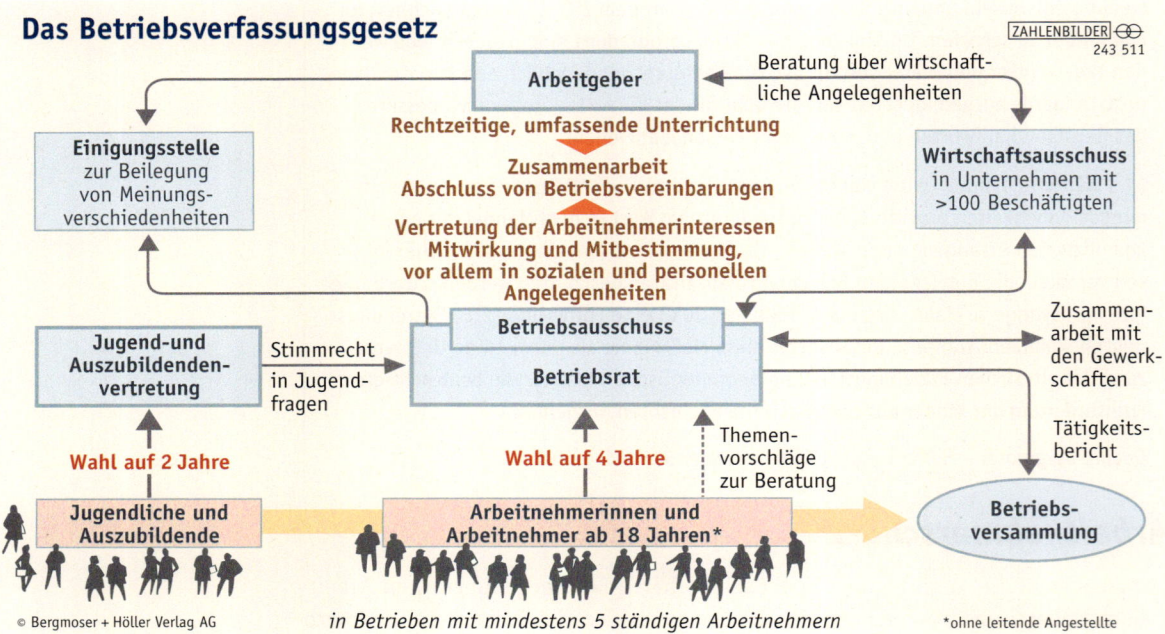

Das Betriebsverfassungsgesetz

in Betrieben mit mindestens 5 ständigen Arbeitnehmern

*ohne leitende Angestellte

© Bergmoser + Höller Verlag AG

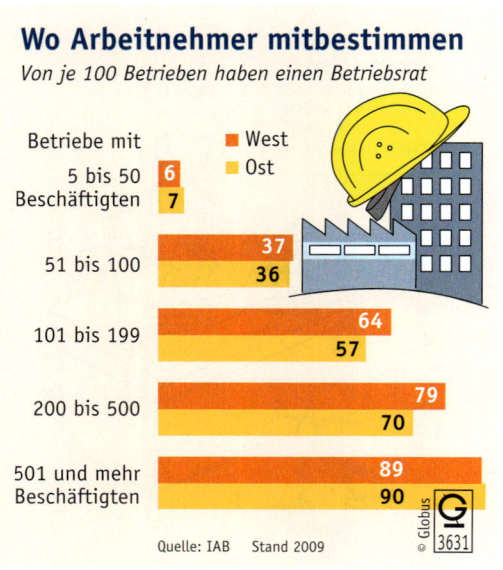

Wo Arbeitnehmer mitbestimmen

Von je 100 Betrieben haben einen Betriebsrat

Betriebe mit	West	Ost
5 bis 50 Beschäftigten	6	7
51 bis 100	37	36
101 bis 199	64	57
200 bis 500	79	70
501 und mehr Beschäftigten	89	90

Quelle: IAB   Stand 2009

© Globus 3631

Jugend- und Auszubildendenvertretungen (JAV) werden in Unternehmen mit mindestens fünf jugendlichen Arbeitnehmern oder Auszubildenden gewählt. Die Amtszeit beträgt zwei Jahre. Die Mitgliederzahl der Jugend- und Auszubildendenvertreter richtet sich dabei nach der Zahl der Jugendlichen und Auszubildenden im Betrieb. Die Jugend- und Auszubildendenvertretungen sind Teil des Betriebsrates. Wählbar sind alle Arbeitnehmer des Betriebes, die das 25. Lebensjahr noch nicht vollendet haben. Wählen dürfen alle Arbeitnehmer unter 18 Jahren und Auszubildende bis zu 25 Jahren. Die Wahlen zur JAV finden in der Zeit zwischen dem 1. Oktober und dem 30. November statt.

Die **Bildungspolitik** dient als Mittel zur Herstellung von Chancengleichheit und globaler Wettbewerbsfähigkeit. Sie ist ein wichtiger Faktor für Wohlstand. Schüler der Sekundarstufe II und Studenten können unter bestimmten Voraussetzungen **BAföG** erhalten, Auszubildende **Ausbildungsbeihilfe** und Handwerker sowie andere Fachkräfte **Meister-BAföG**.

Durch das **Mutterschutzgesetz** werden alle werdenden und stillenden Mütter geschützt.

Elternzeit können erwerbstätige Mütter und Väter nehmen. Die Elternzeit beträgt maximal drei Jahre. Der Elternzeitnehmer kann während der Elternzeit 30 Wochenstunden arbeiten.

Elterngeld wird gezahlt, wenn Mütter oder Väter ihre Kinder betreuen und nicht mehr als 20 Wochenstunden arbeiten. Es wird maximal für die ersten 14 Lebensmonate des Kindes gewährt.

Kindergeld wird einkommensunabhängig und in der Regel bis zur Vollendung des 18. Lebensjahrs gezahlt. Der **Kinderfreibetrag** ist eine Alternative zum Kindergeld, er ist allerdings in der Regel nur bei einem höheren Einkommen lohnenswert. In Deutschland sollen die **Tagesbetreuungen** von Kindern ausgebaut werden. Ab 1.8.2013 soll jedes einjährige Kind einen Rechtsanspruch auf frühkindliche Förderung haben.

Da Arbeitnehmer gegenüber ihrem Arbeitgeber vom Staat in der schwächeren Rolle gesehen werden, gibt es zahlreiche **gesetzliche Grundlagen**, um die Arbeitnehmer zu stärken, z. B. Kündigungsschutzgesetz und Betriebsverfassungsgesetz.

1 Recherchieren Sie die Voraussetzungen, die erfüllt sein müssen, um BAföG, Ausbildungsbeihilfe und Meister-BAföG zu erhalten. Bereiten Sie dazu eine Präsentation vor.

2 Welche besonderen Vorkehrungen muss der Arbeitgeber für schwangere Mitarbeiterinnen am Arbeitsplatz treffen?

3 Natascha und Alexander erwarten ihr erstes Kind. Beide haben sich dazu entschlossen, dass Natascha Elternzeit in Anspruch nehmen wird.

   a Recherchieren Sie, was das werdende Elternpaar tun muss, um Elternzeit in Anspruch nehmen zu können.

   b Natascha hat sich dann für die Elternzeit von zwei Jahren entschieden. Allerdings befürchtet Sie, dass ihr Arbeitgeber sie während dieser Zeit plötzlich kündigen könnte. Nehmen Sie dazu Stellung.

4 Diskutieren Sie, welche familienpolitische Maßnahme gerechter ist: Kindergeld oder Kinderfreibetrag.

5 Recherchieren Sie den aktuellen Stand zur Kinderbetreuung.

6 Weshalb wird der Arbeitsplatz durch das Kündigungsschutzgesetz besonders geschützt?

7 Sehen Sie sich das Schaubild „Wo Arbeitnehmer mitbestimmen" an.

   a Erklären Sie mit eigenen Worten die betriebliche Mitbestimmung.

   b Woran mag es liegen, dass es bei kleineren Betrieben so wenige Betriebsräte gibt?

8 Können Mitarbeiter gegen den Willen der Geschäftsleitung einen Betriebsrat gründen? Argumentieren Sie!

9.5 Einkommen „gerecht" verteilen

Bruttonationaleinkommen
Kapitel 2.3

Produktionsfaktoren
Kapitel 1.4.2

Das Bruttonationaleinkommen wird gern mit einem Kuchen verglichen, der in einer Volkswirtschaft innerhalb eines Jahres gebacken wird. Aus volkswirtschaftlicher Sicht sind hierzu mindestens drei Zutaten erforderlich: Arbeitsleistung, Kapital und Boden. Die Bürger eines Landes stellen diese Produktionsfaktoren zur Verfügung und erhalten als vertragliche Gegenleistung Einkommen.

Nicht jeder Bürger kann gleich viel zur Produktion des Kuchens beisteuern, da das Vermögen der Bürger unterschiedlich hoch ist. Immobilien- und Kapitalbesitz wird traditionell zum Vermögen gezählt. In der Volkswirtschaftslehre hat sich in letzter Zeit aber auch der Begriff „**Humankapital**" eingebürgert, dessen Wert allerdings schwer zu beziffern ist. Damit sind die Fähigkeiten, Kenntnisse und Erfahrungen eines Menschen gemeint. Das Humankapital ist die Quelle des Arbeitseinkommens und damit die wichtigste Einkommensquelle.

Die Vermögensausstattung legt fest, welchen Beitrag ein Bürger zum Bruttonationaleinkommen leisten kann. Danach bemisst sich sein Einkommen. Die Höhe des Einkommens entscheidet schließlich darüber, welchen Teil vom gemeinsam gebackenen Kuchen jeder Bürger erhält.

9.5.1 Die Einkommens- und Vermögensverteilung

Entscheidend für die Funktionsfähigkeit einer Volkswirtschaft ist auch die Frage, wie das Volkseinkommen auf einzelne Bürger oder Bevölkerungsgruppen verteilt wird. Werden einzelne Gruppen zu stark benachteiligt, ist der Staat genötigt, durch Umverteilungsmaßnahmen eine gerechtere Verteilung herbeizuführen. Eine gerechte Einkommens- und Vermögensverteilung ist daher ein wichtiges Ziel der deutschen Wirtschaftspolitik. Ausgangspunkt für die Betrachtung der Einkommens- und Vermögensverteilung ist das Bruttonationaleinkommen, aus dem sich das Volkseinkommen berechnet. Die Verteilung des Volkseinkommens kann unter verschiedenen Gesichtspunkten und auf verschiedenen Ebenen untersucht werden.

Wirtschaftspolitik
Kapitel 6

Funktionelle und personelle Einkommensverteilung

Funktionelle Einkommensverteilung ist die Verteilung der Einkommen in Lohn- und Gewinneinkommen: Dabei ist das Lohneinkommen das Einkommen aus unselbstständiger Arbeit. Als Gewinneinkommen wird das Einkommen aus Unternehmertätigkeit und Vermögen (Gewinne, Pacht, Zinsen, Miete) bezeichnet.

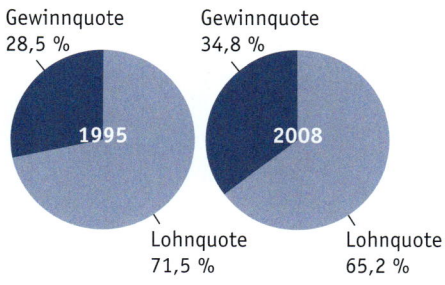

Gewinnquote 28,5 %
1995
Lohnquote 71,5 %

Gewinnquote 34,8 %
2008
Lohnquote 65,2 %

Der Anteil des Einkommens aus nichtselbstständiger Arbeit am Volkseinkommen bildet die **Lohnquote**. Einkommen aus Unternehmertätigkeit und Vermögen bildet die **Gewinnquote**.

Diese Verteilung des Volkseinkommens nennt man auch primäre Verteilung. Die **Primärverteilung** wird vom Staat auf zweierlei Weise korrigiert:
- Korrektur durch Erhebung von Einkommensteuern
- Korrektur durch Zahlung von Transfereinkommen, wie z.B. Kindergeld, Wohngeld und Arbeitslosengeld II

Einkommensteuer
Kapitel 9.5.2

Kindergeld
Kapitel 9.4.1

Arbeitslosengeld II
Kapitel 9.3.5

Die funktionale Einkommensverteilung wird häufig als Indiz für eine gerechte Einkommensverteilung gewertet. Das ist jedoch im Hinblick auf ihre Aussagefähigkeit umstritten. Es lässt sich nicht ablesen, ob sich die Verteilungssituation zu Lasten der Arbeitnehmer verschlechtert und zugunsten von Unternehmen verbessert hat. Besser geeignet ist die personelle Einkommensverteilung.

Die **personelle Einkommensverteilung** zeigt, wie sich das Volkseinkommen auf die Personengruppen verteilt. Um die personelle Verteilung des Einkommens darzustellen und zu untersuchen, werden Einkommensklassen oder Haushaltsgruppen gebildet. Haushaltsgruppen sind beispielsweise die Gruppe der Selbstständigen, der Angestellten, der Beamten, der Rentner, der Arbeiter oder der Nichterwerbstätigen/Arbeitslosen. Darüber hinaus können mit der personellen Einkommensverteilung auch unterschiedliche Einkommens- und Entlohnungsverhältnisse zwischen Männern und Frauen untersucht werden.

Um Veränderungen in der Einkommensverteilung festzustellen, benutzt man den Begriff der relativen Armut. Ein privater Haushalt gilt dann als arm, wenn ihm weniger als 60 % des Durchschnittseinkommens zur Verfügung steht. Der regelmäßig erscheinende **Armuts- und Reichtumsbericht** der Bundesregierung dokumentiert die aktuelle Lebenslage der Bevölkerung.

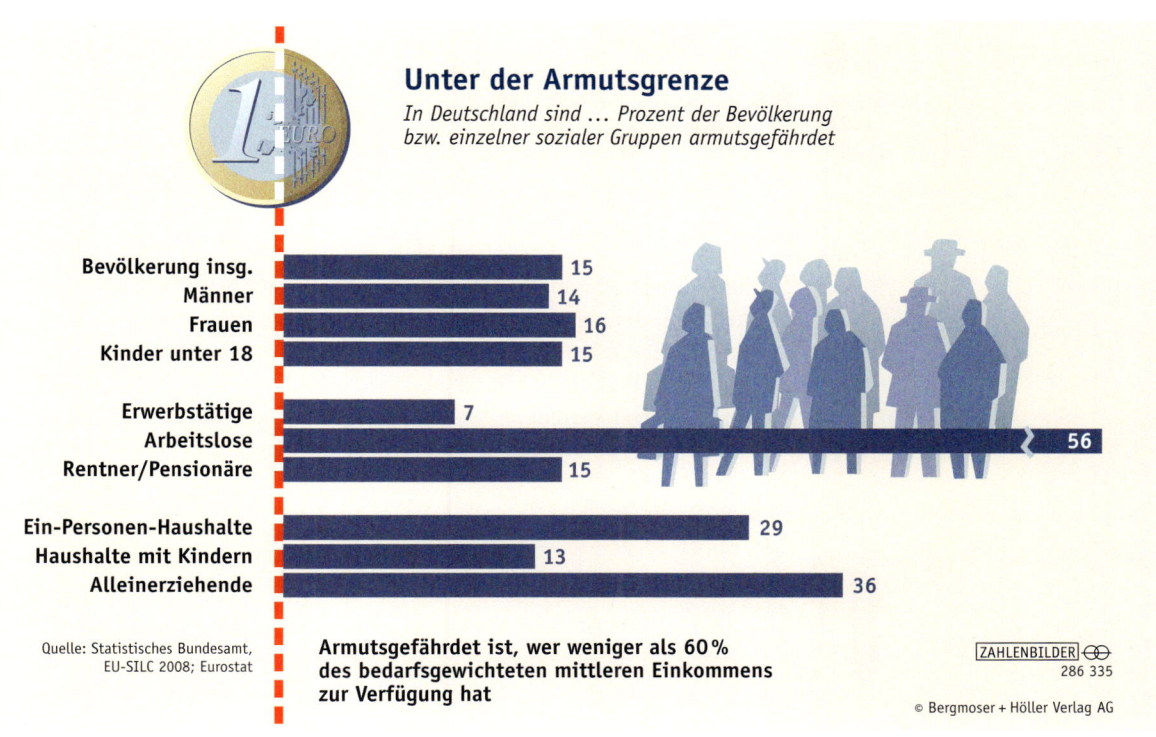

Unter der Armutsgrenze

In Deutschland sind ... Prozent der Bevölkerung bzw. einzelner sozialer Gruppen armutsgefährdet

Bevölkerung insg.	15
Männer	14
Frauen	16
Kinder unter 18	15
Erwerbstätige	7
Arbeitslose	56
Rentner/Pensionäre	15
Ein-Personen-Haushalte	29
Haushalte mit Kindern	13
Alleinerziehende	36

Quelle: Statistisches Bundesamt, EU-SILC 2008; Eurostat

Armutsgefährdet ist, wer weniger als 60 % des bedarfsgewichteten mittleren Einkommens zur Verfügung hat

ZAHLENBILDER
286 335

© Bergmoser + Höller Verlag AG

9.5.2 Steuergerechtigkeit

Steuern sind Geldleistungen an den Staat, ohne dass dieser dafür eine spezielle Gegenleistung erbringt. In Deutschland werden über 30 verschiedene Steuern erhoben. Die drei wichtigsten Steuern sind die Umsatzsteuer, die umgangssprachlich auch Mehrwertsteuer genannt wird, die Lohnsteuer und die Gewerbesteuer. Ein Sozialstaat wie Deutschland betreibt über seine **Steuerpolitik** in doppelter Hinsicht Sozialpolitik:

- Steuereinnahmen dienen unter anderem zur Finanzierung der Sozialausgaben.
- Leistungsschwache Bürger werden geringer mit Steuern belastet als leistungsstarke (Leistungsfähigkeitsprinzip).

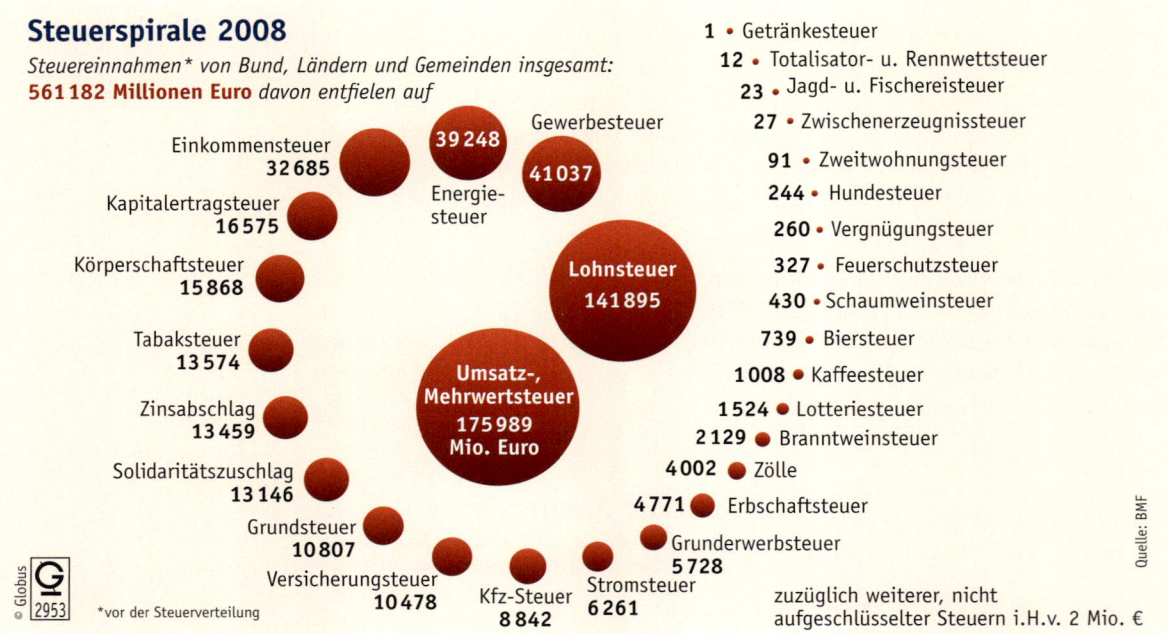

Betrachtet man die einzelnen Steuern näher, stellt man fest, dass nicht alle Steuern dem Leistungsfähigkeitsprinzip entsprechen. Die Umsatzsteuer, die Energiesteuer oder die Kfz-Steuer nehmen keine Rücksicht auf die finanzielle Situation des Steuerzahlers. Derartige Steuern nennt man **Objektsteuern**, da hier der Verbrauch oder der Besitz von Objekten besteuert wird. Objektsteuern sind zwar sozial ungerecht, haben aber für den Staat zwei Vorteile:

- Ihre Erhebung ist verhältnismäßig einfach, da die Leistungsfähigkeit des Bürgers nicht geprüft werden muss.
- Der Staat kann über Objektsteuern das Verhalten der Bürger beeinflussen.

BEISPIEL Eine Verteuerung des Benzins durch Steuern könnte Berufspendler motivieren, Fahrgemeinschaften zu bilden oder sogar den Wohnsitz zu verlagern. Auf diese Weise wird dann der umweltschädliche Benzinverbrauch reduziert.

Subjektsteuern berücksichtigen die Leistungsfähigkeit des Bürgers. Die wichtigsten Gradmesser für die steuerliche Leistungsfähigkeit sind das Einkommen und das Vermögen.

Als Steuergerechtigkeit bezeichnet man ein ethisch-sozialpolitisches Prinzip der Besteuerung. Die Steuergerechtigkeit beruht auf zwei grundgesetzlich verbrieften Prinzipien, einmal auf dem Prinzip der Gleichbehandlung, zum zweiten auf dem Prinzip der Sozialstaatlichkeit. Der Gleichheitsgrundsatz ist im Artikel 3 des Grundgesetzes (GG) formuliert.

Die Steuergerechtigkeit ist eine ständige Herausforderung für die Steuerpolitik. Es ist schwierig für alle festzulegen, was Steuergerechtigkeit ist, denn die Vorstellungen darüber sind sehr individuell. Der Rechtsstaat hat sich zur Aufgabe gemacht, die Steuerlast gerecht zu verteilen. Jede Abweichung davon würde nicht mit der Verfassung übereinstimmen.

Historisch ist die Steuergerechtigkeit das Ergebnis eines langen und teilweise sogar blutigen Kampfes. Immer wieder erhoben sich die unterdrückten Klassen gegen eine übermäßige Abgabenpolitik des Adels und der Kirche. Heute will sich Steuergerechtigkeit an der Leistungsfähigkeit des Einzelnen orientieren, die nicht nur von seinem Einkommen, sondern auch von seinen persönlichen Verhältnissen bestimmt wird. So heißt es in einem Urteil des Bundesverfassungsgerichts vom 22. Februar 1994: „Es ist ein grundsätzliches Gebot der Steuergerechtigkeit, dass die Besteuerung nach der wirtschaftlichen Leistungsfähigkeit ausgerichtet wird."

Steuern und Sozialabgaben belasten das Einkommen der privaten Haushalte. Wie hoch der Anteil der Zwangsabgaben am Bruttoinlandsprodukt ist, kann man der **Abgabenquote** entnehmen. Der Staat beansprucht einen Teil der Bruttoeinkommen für die Bereitstellung öffentlicher Güter und für die Umverteilung. Staatliche Umverteilung ist **Sekundärverteilung** und hat direkte oder indirekte Einkommens- und Vermögenseffekte.

Einkommenseffekte der Umverteilung:
- Ein progressives Einkommenssteuersystem hat zur Folge, dass hohe Einkommen stärker belastet werden als geringe Einkommen.
- Leistungsansprüche im Bereich der Kranken- und Pflegeversicherungen werden von allen Beitragszahlern durch einkommensabhängige Sozialabgaben finanziert.
- Reine Transferzahlungen wie Arbeitslosengeld II und Kindergeld werden aus allgemeinen Steuermitteln aufgebracht. Sie kommen nur bestimmten Personengruppen zugute.
- Subventionen sichern die Existenz von Unternehmen. Ein Teil der Produktionskosten wird vom Staat übernommen. Subventionierte Unternehmen zahlen einen Teil ihrer Arbeitsentgelte aus Steuermitteln.

Die Höhe der staatlichen Zwangsabgaben nimmt Einfluss auf die personelle Einkommensverteilung sowie auf das verfügbare Einkommen der privaten Haushalte. Eine hohe Belastung der Einkommen wird von den Betroffenen als ungerecht empfunden. Sie sehen die Leistungsgerechtigkeit nicht gewährleistet. Eine hohe Umverteilung zugunsten der Leistungsempfänger entspricht eher dem Prinzip der **Bedarfsgerechtigkeit**.

Generell sind hohe Abgabenquoten insbesondere dann problematisch, wenn sie den Bürgern den Spielraum für ihre private Lebensführung zu sehr einschränken. Es kommt zu einem Konflikt zwischen privatem und öffentlichem bzw. gesellschaftlichem Wohlstand.

Artikel 3 GG:
(1) Alle Menschen sind vor dem Gesetz gleich.
(2) Männer und Frauen sind gleichberechtigt. Der Staat fördert die tatsächliche Durchsetzung der Gleichberechtigung von Frauen und Männern und wirkt auf die Beseitigung bestehender Nachteile hin.
(3) Niemand darf wegen seines Geschlechtes, seiner Abstammung, seiner Rasse, seiner Sprache, seiner Heimat und Herkunft, seines Glaubens, seiner religiösen oder politischen Anschauungen benachteiligt oder bevorzugt werden. Niemand darf wegen seiner Behinderung benachteiligt werden.

Bruttoinlandsprodukt
Kapitel 2.3

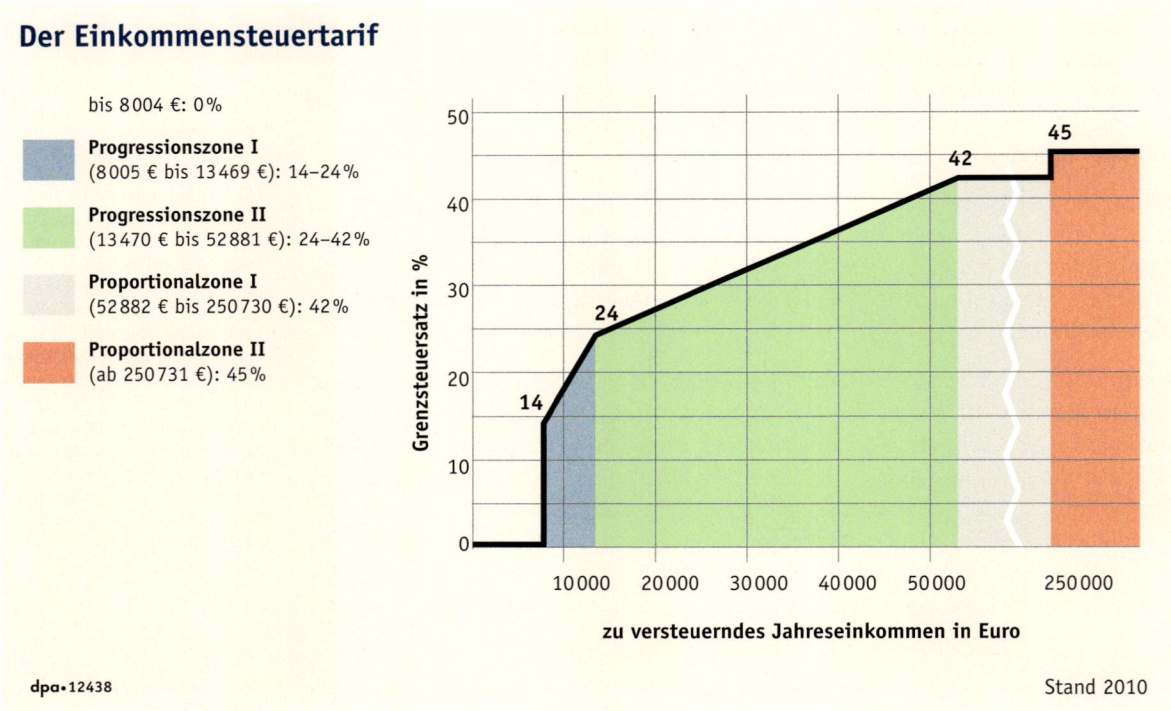

Der Einkommensteuertarif

bis 8004 €: 0%

Progressionszone I
(8005 € bis 13469 €): 14–24%

Progressionszone II
(13470 € bis 52881 €): 24–42%

Proportionalzone I
(52882 € bis 250730 €): 42%

Proportionalzone II
(ab 250731 €): 45%

Grenzsteuersatz in %

zu versteuerndes Jahreseinkommen in Euro

dpa·12438

Stand 2010

Kinderfreibetrag
Kapitel 9.4.1

Wenn der Staat weniger leistungsfähige Steuerzahler finanziell unterstützen möchte, räumt er ihnen **Steuerfreibeträge** ein. Freibeträge reduzieren das zu versteuernde Einkommen und führen zu einer Steuerersparnis. Die Höhe der Steuerersparnis ergibt sich aus dem jeweiligen Grenzsteuersatz des Steuerzahlers: Zur Familienförderung wird z. B. ein Kinderfreibetrag gewährt. Freibeträge kommen den besser Verdienenden stärker zugute als den gering Verdienenden.

Eine umstrittene Maßnahme der Familienförderung ist das **Ehegattensplitting**. Wenn Ehepartner nichts Gegenteiliges wünschen, werden sie gemeinsam zur Einkommensteuer veranlagt. Die Grundidee der gemeinsamen Veranlagung: Das Gesamteinkommen wird ermittelt und dann halbiert. Die Steuer auf die Hälfte wird nach dem Einkommensteuertarif ermittelt und dann wieder verdoppelt. Für Ehepartner mit demselben Einkommen bringt dieses Verfahren natürlich keine Vorteile. Je höher jedoch die Einkommensdifferenz, desto höher fällt durch das Splitting der Steuervorteil aus. Der maximale Vorteil wird erreicht, wenn ein Partner kein Einkommen hat.

	ohne Trauschein		mit Trauschein	
	Zu verst. Einkommen	Einkommen-steuer	Zu verst. Einkommen	Einkommen-steuer
Herr Müller	65 700 €	16 299 €	32 850 €	2 226 €
Frau Kaiser	0 €	0 €	32 850 €	2 226 €
Summe	65 700 €	16 299 €	65 700 €	4 452 €

Das Beispiel zeigt: Wenn Herr Müller Alleinverdiener ist, bleibt durch das Ehegattensplitting weniger als die halbe Steuerlast übrig.

230

ÜBERBLICK

Anhand der **Einkommens- und Vermögensverteilung** lassen sich Aussagen über die soziale Gerechtigkeit in einem Land machen. Die personelle Verteilung ist dabei aussagefähiger als die funktionelle Verteilung.

Die **funktionelle Einkommensverteilung** wird auch **Primärverteilung** genannt. Es lassen sich Lohn- und Gewinneinkommen (**Lohnquote** und **Gewinnquote**) unterscheiden. Bei der **personellen Einkommensverteilung** werden Personengruppen gebildet, auf die das Einkommen verteilt wird. Die **Sekundärverteilung** zeigt das Ergebnis der staatlichen Umverteilung durch das soziale Sicherungssystem.

Steuern sind Zwangsabgaben, die u. a. die Finanzierung der Umverteilungsausgaben ermöglichen. **Subjektsteuern** berücksichtigen die Leistungsfähigkeit eines Bürgers und sind daher sozial gerechter als die **Objektsteuern**. Die wichtigste Subjektsteuer ist die Einkommensteuer.

Die **Abgabenquote** entspricht den Zwangsabgaben (Steuern und Sozialabgaben) in Prozent des Bruttoinlandsprodukts.

Um die **Einkommensteuer** erheben zu können, muss zunächst die Summe aller Einkünfte und daraus das zu versteuernde Einkommen ermittelt werden. Im nächsten Schritt wird dann der progressive Einkommensteuertarif angewendet, um die Einkommensteuer zu berechnen. Aufgrund des progressiven Verlaufs des Steuertarifs sparen besser Verdienende durch **Steuerfreibeträge** und das **Ehegattensplitting** mehr Steuern.

AUFGABEN

1 Nennen Sie Quoten, mit denen Einkommens- und Vermögensverteilung gemessen werden können.
   a Recherchieren Sie die aktuellen Quoten.
   b Wie haben sich die Quoten entwickelt? Erklären Sie, warum sich die Quoten so entwickelt haben könnten.
2 Recherchieren Sie im aktuellen Armuts- und Reichtumsbericht der Bundesregierung die aktuelle Lebenslage der deutschen Bevölkerung.
3 Unterscheiden Sie Objektsteuer und Subjektsteuer.
4 Wie hoch ist der aktuelle Umsatzsteuersatz? Für welche Güter muss nur ein geringerer Umsatzsteuersatz gezahlt werden?
5 Was verstehen Sie unter einer gerechten Verteilung der Steuerlast?
6 Informieren Sie sich über die Einkommensteuer.
   a Was wird unter dem Grenzsteuersatz verstanden?
   b Wie wird das zu versteuernde Einkommen ermittelt? Welche Einkunftsarten werden dabei berücksichtigt?
   c Was wird unter Progressionszonen und Proportionalzonen verstanden?
   d Welche Steuerklassen gibt es? Wo liegen die Unterschiede?
7 Finden Sie durch eine Internet-Recherche heraus, ob die Steuerlast in der Bundesrepublik Deutschland im europäischen Vergleich eher hoch oder eher niedrig ist. Sammeln Sie Beispiele und diskutieren Sie Ihr Ergebnis mit Ihren Mitschülern.

9.6 Private Absicherung und Vermögensbildung

Geringfügige Risiken des Lebens kann der Betroffene oft selbst tragen, etwa den Verlust der Geldbörse, eine Schramme am eigenen Auto oder einen Defekt an der Waschmaschine. Viele Menschen bilden gerade für solche Fälle Ersparnisse. Man kann sich aber auch gegen fast alle Lebensrisiken privat versichern, z. B. mit einer **Haftpflichtversicherung** und einer **Berufsunfähigkeitsversicherung**, die jeder haben sollte. Gegen Zahlung einer Versicherungsprämie verpflichtet sich die Versicherungsgesellschaft, einen möglichen Schaden zu tragen. Wenn bei einem einzelnen Versicherten das individuelle Risiko höher ist, dann wird die private Versicherung eine höhere Prämie berechnen (**Äquivalenzprinzip**).

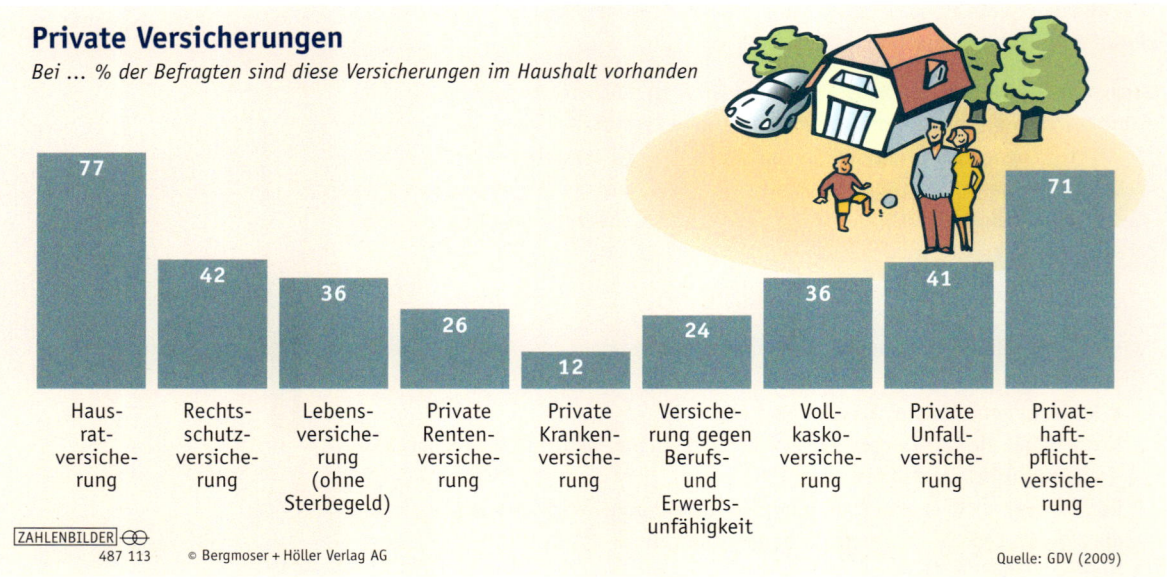

Private Versicherungen

Bei ... % der Befragten sind diese Versicherungen im Haushalt vorhanden

Hausratversicherung	Rechtsschutzversicherung	Lebensversicherung (ohne Sterbegeld)	Private Rentenversicherung	Private Krankenversicherung	Versicherung gegen Berufs- und Erwerbsunfähigkeit	Vollkaskoversicherung	Private Unfallversicherung	Privathaftpflichtversicherung
77	42	36	26	12	24	36	41	71

ZAHLENBILDER
487 113   © Bergmoser + Höller Verlag AG   Quelle: GDV (2009)

9.6.1 Vermögensbildung gefördert durch den Staat

Aus gesellschaftspolitischen Gründen hält der Staat es für unterstützenswert, dass sich Arbeitnehmer ein eigenes Vermögen aufbauen. Deshalb hat der Staat Gesetze geschaffen, mit denen die Arbeitnehmer zum Sparen angeregt werden sollen. Ein solches Gesetz ist das **5. Vermögensbildungsgesetz** (VermBG), das alle Arbeitnehmer begünstigt, die abhängig beschäftigt sind. Vermögensbildung nach diesem Gesetz wird unter bestimmten Voraussetzungen sowohl vom Staat als auch vom Arbeitgeber gefördert.

Der Arbeitgeber fördert den Arbeitnehmer, indem er zusätzlich zum Gehalt **Vermögenswirksame Leistungen** (VL) zahlt und für ihn langfristig anlegt. Der Anspruch des Arbeitnehmers auf Vermögenswirksame Leistungen wird in Tarifverträgen, Betriebsvereinbarungen oder dem Arbeitsvertrag geregelt. Damit ein Arbeitnehmer die VL erhält, muss er zunächst mit einem Anlageinstitut (z. B. Kreditinstitut oder Bausparkasse) einen Vermögenswirksamen Sparvertrag abschließen. Eine Durchschrift des Sparvertrages reicht er dann in der Personalabteilung ein, damit diese den entsprechenden Betrag an das Anlageinstitut überweisen kann.

Staatlich gefördert wird die Anlage der VL in Bausparverträgen und in Investment-sparverträgen (Aktienfonds). Die staatliche Förderung wird **Arbeitnehmersparzu-lage** genannt. Diese muss jährlich vom Arbeitnehmer mit der Einkommensteuerer-klärung beantragt werden. Das Anlageinstitut sendet dem Sparer automatisch eine Bescheinigung zu, die der Einkommensteuererklärung beigelegt wird. Die Arbeitneh-mersparzulage wird nach Ablauf einer siebenjährigen Sperrfrist gezahlt. Der Sparer zahlt sechs Jahre in die gewählte Anlageform ein, im siebten Jahr ruht der Sparver-trag. Nach Ablauf der Sperrfrist kann sich der Sparer den gesamten Sparbetrag und die Arbeitnehmersparzulage auszahlen lassen. Die betrieblich gezahlte VL ist häufig geringer als die maximale staatlich geförderte Sparleistung. Deshalb kann es sinnvoll sein, wenn der Arbeitnehmer die betriebliche VL aus seinem Gehalt aufstockt. So kann er die maximale Arbeitnehmersparleistung erhalten. Erhält ein Arbeitnehmer keine Arbeitnehmersparzulage, weil er die Voraussetzungen nicht erfüllt, so kann er die VL auch in Banksparplänen oder in Form einer Kapitallebensversicherung anle-gen.

Voraussetzungen zur staatlichen Förderung

Anlageform	Arbeitnehmer-sparzulage	Maximal geförderte Sparleistung	Wer erhält die Arbeitnehmersparzulage (Einkommensgrenze)?
Bausparvertrag	9 %	470 Euro im Jahr	– Ledige: 17 900 Euro pro Jahr – Verheiratete: 35 800 Euro pro Jahr
Investment-sparverträge	20 %	400 Euro im Jahr	– Ledige: 20 000 Euro pro Jahr – Verheiratete: 40 000 Euro pro Jahr

Die Anlageformen Bausparvertrag und Investmentsparverträge sind kombinierbar, d. h., beide Formen können gleichzeitig angespart und gefördert werden. Die maxi-male Sparzulage der Staates beträgt dann 122,30 Euro.

9.6.2 Altersvorsorge gefördert durch den Staat

Die Arbeitnehmer zahlen Beiträge in die gesetzliche Rentenversicherung, die sofort für die laufenden Renten ausgegeben werden. Dieses System funktioniert langfristig nicht mehr, denn immer mehr Rentner stehen immer weniger Arbeitnehmern gegen-über. Die Höhe der Renten wird sinken. Die Differenz zwischen dem finanziellen Bedarf im Ruhestand und der tatsächlich gezahlten Nettorente wird als **Versorgungs-lücke** im Alter bezeichnet. Die Verbraucherzentrale Stiftung Finanztest schlägt vor, dass im Alter ca. 80 % des letzten Nettogehalts zur Verfügung stehen sollen. Eine betriebliche oder/und private Altersvorsorge wird immer wichtiger.

Rentenversicherung
Kapitel 9.3.3

Ein Beispiel für die **private Altersvorsorge** ist die Riester-Rente, die es bestimmten Personen ermöglicht, vorzusorgen und dafür eine staatliche Förderung zu erhalten. Wer privat mit einer Riester-Rente vorsorgt, wird durch den Staat mit Geldzulagen und Steuerfreiheit der Beiträge gefördert. Am Ende der Sparphase – also zu Beginn der Rente – sind mindestens die eingezahlten Beiträge einschließlich der staatlichen Zulage garantiert. Die Förderung ist für alle Riester-Produkte gleich. Für kinderreiche Familien lohnt sich die Riester-Rente aufgrund der Kinderzulage besonders. Die Bei-träge sind Aufwendungen, die vom zu versteuernden Einkommen abgesetzt werden können.

Riester-Rente

Zusätzliche Altersvorsorge mit staatlicher Förderung

Wer wird gefördert?
– *Pflichtversicherte der gesetzlichen Rentenversicherung; Beamte, Richter, Soldaten; Wehr- und Zivildienstleistende; Pflegepersonen; Ehegatten der Förderberechtigten*

Was wird gefördert?
– *Kapitalanlagen im Rahmen anerkannter (zertifizierter) Altersvorsorgeverträge*
– *Bestimmte Formen der betrieblichen Altersversorgung*
– *Anlage in selbstgenutzten Wohnimmobilien („Eigenheim-Rente")*

Staatliche Zulagen bei einer Sparleistung* von 4 % des versicherungspflichtigen Bruttoeinkommens (ab 2008) (*Sparleistung = Eigenbeitrag+Zulagen)	
Grundzulage	154 €
Kinderzulage je Kind	185 €
Kinderzulage ab Geburtsjahr 2008	300 €
Mindesteigenbeitrag: (pro Jahr)	60 €
Steuerliche Berücksichtigung der Sparbeiträge als Sonderausgaben bis zu	2 100€

ZAHLENBILDER
149 480

© Bergmoser + Höller Verlag AG

Gefördert werden nur die Altersvorsorgeverträge, die von der Zertifizierungsstelle der Bundesanstalt für Finanzdienstleistungsaufsicht (BaFin) zertifiziert wurden. Das können z. B. sein: Rentenversicherungen, Fondssparpläne, Banksparpläne oder sogar Bausparverträge.

Seit 2002 muss jeder Arbeitgeber seinen Arbeitnehmern die Möglichkeit anbieten, in eine **betriebliche Altersversorgung** einzuzahlen. Jeder Arbeitnehmer hat einen Anspruch auf eine förderfähige Entgeltumwandlung in Höhe von 4 % der Beitragsbemessungsgrenze. Der Arbeitgeber kann die betriebliche Altersversorgung zum Beispiel über eine Direktversicherung, eine Pensionskasse, einen Pensionsfond oder eine Unterstützungskasse organisieren.

ÜBERBLICK

Jeder Bürger kann sich auch privat versichern. Die Höhe der **Versicherungsprämie** richtet sich nach dem Risiko.

Die **Vermögensbildung** wird zum Teil vom Staat gefördert, so z. B. durch das Vermögensbildungsgesetz. Um die Versorgungslücke im Alter zu schließen, fördert der Staat auch die private sowie die betriebliche Altersvorsorge. Die Riester-Rente ist ein Beispiel für die private Altersvorsorge.

AUFGABEN

1 Recherchieren Sie, welche privaten Versicherungen es gibt, und diskutieren Sie in der Klasse über deren Wichtigkeit für den Bürger.
2 Erklären Sie das Prinzip der Vermögenswirksamen Leistungen.
3 Mareile erhält monatlich VL in Höhe von 6,65 Euro. Sie zahlt aus eigener Tasche monatlich noch 32,52 Euro in einen Bausparvertrag ein. Wie hoch sind die jährliche Sparzulage und die gesamte jährliche Sparleistung?
4 Warum fördert der Staat die Altervorsorge?
5 Neben der gesetzlichen Rentenversicherung gibt es weitere Möglichkeiten der Altersvorsorge.
  a Welche sind das?
  b Erklären Sie diese.

9.7 Arbeitsmarkt- und Beschäftigungspolitik

Menschen nutzen ihre Arbeitskraft für unterschiedliche Zwecke. Sie setzen ihre Kenntnisse, Fähigkeiten und Fertigkeiten z. B. für die Produktion von Gütern ein. Ihre Qualifikation, Motivation, Mobilität und Flexibilität bilden das **Humankapital** einer Gesellschaft. Die Anzahl der erwerbsfähigen Menschen und ihre Produktivität bestimmen das Wachstum und den Wohlstand einer Volkswirtschaft wesentlich.

Regelmäßig werden vom Statistischen Bundesamt und der **Bundesagentur für Arbeit** Kennziffern zur Beschäftigungssituation in Deutschland veröffentlicht. Nachfolgendes Schema zeigt die Einteilung der Wohnbevölkerung in Erwerbspersonen und Nichterwerbspersonen.

Wohnbevölkerung			
Erwerbspersonen		Nichterwerbspersonen	
Erwerbstätige	Erwerbslose	Stille Reserve	Nichterwerbsfähige und Nichterwerbswillige
Erwerbspersonenpotenzial			

In der Statistik werden auch die Nichterwerbspersonen erfasst. Diese Personen treten am Arbeitsmarkt nicht als Anbieter ihrer Arbeitskraft auf. Das kann verschiedene Gründe haben:

- Nichterwerbsfähige aus Krankheits- oder Altersgründen (z. B. alle Personen unter 15 und die meisten über 65 Jahre, chronisch Kranke).
- Nichterwerbswillige (z. B. Hausfrauen und -männer, die unentgeltlich im privaten Umfeld tätig sind, Studenten und Schüler).
- Unter die stille Reserve fallen alle Erwerbsfähigen und Erwerbswillige, die nicht bei der Bundesanstalt für Arbeit als arbeitslos registriert sind.

Zur Beschreibung der Arbeitsmarktsituation wird in der Regel die **Arbeitslosenquote** anstelle der Erwerbslosenquote herangezogen. Die von der Bundesagentur für Arbeit registrierten Arbeitslosen erfüllen folgende Kriterien:

- Sie sind bei der Bundesagentur für Arbeit als arbeitslos registriert.
- Sie sind arbeitssuchend.
- Sie sind weniger als 15 Stunden in der Woche beschäftigt.

Das Statistische Bundesamt definiert **Erwerbslose** nach dem **Konzept der ILO** (International Labour Organisation), die international vergleichbare Kriterien für Erwerbslosigkeit erstellt. Nach dem ILO-Konzept gilt bereits als erwerbslos, wer zwischen 15 und 74 Jahre alt ist, nicht mehr als 1 Stunde pro Woche arbeitet und in den letzten 4 Wochen aktiv nach Arbeit gesucht hat.

$$\text{Erwerbsquote (in \%)} = \frac{\text{Erwerbspersonen} \cdot 100\,\%}{\text{Wohnbevölkerung}}$$

$$\text{Arbeitslosenquote (in \%)} = \frac{\text{Arbeitslose} \cdot 100\,\%}{\text{Erwerbspersonen}}$$

$$\text{Erwerbslosenquote (in \%)} = \frac{\text{Erwerblose} \cdot 100\,\%}{\text{Erwerbspersonen}}$$

Wirtschaftspolitik
Kapitel 6

Die **Höhe der Arbeitslosenquote** signalisiert, inwieweit das gesamtwirtschaftliche Ziel einer hohen Beschäftigungsquote erreicht ist. Sie ist die wichtigste Kennziffer zur Darstellung der Beschäftigungssituation in Deutschland. Sie erzeugt gegebenenfalls großen Handlungsdruck auf die Akteure der Wirtschaftspolitik.

Nach dem **Subsidiaritätsprinzip** sollte der Einzelne die ökonomische Hilfe anderer erst in Anspruch nehmen, wenn er sich selbst nicht mehr helfen kann. Für die meisten Menschen ist die Erwerbstätigkeit die wichtigste Möglichkeit, ohne fremde Hilfe den Lebensunterhalt zu sichern. Natürlich gibt es andere Möglichkeiten: unternehmerische Tätigkeit, Kapitalerträge wie Zinsen, Dividenden oder Mieterträge. Aber: Nicht jeder ist zum Unternehmer geboren und nur wenige verfügen über ein genügend hohes Vermögen, um von den Kapitalerträgen leben zu können.

9.7.1 Ursachen und Folgen von Arbeitslosigkeit

Folgen von Arbeitslosigkeit

	finanzielle Belastungen	soziale Belastungen
Folgen für den Einzelnen	– Einkommenseinbußen – Schulden entstehen – Lebensstandard sinkt – Humankapital wird vernichtet	– soziale Kontakte zu Arbeitskollegen fehlen – Gefühl, überflüssig zu sein – Spannungen in der Familie – Selbstachtung sinkt
Folgen für die Gesellschaft	– Mindereinnahmen bei den Sozialversicherungsbeiträgen und Steuern – Mehrausgaben für Versicherungsleistungen und Transfers – höhere Belastung der Arbeitseinkommen	– Kluft zwischen Arm und Reich wächst – soziale Spannungen entstehen – Gefahr der politischen Radikalisierung (Weimarer Republik)

Die beste Sozialpolitik besteht darin, dass für jeden Bürger, der arbeiten kann, ein geeigneter Arbeitsplatz zur Verfügung steht. Bekanntlich leidet Deutschland, wie viele andere Länder der Welt, aber unter einer hohen Arbeitslosigkeit. Die obenstehende Übersicht zeigt die negativen Folgen der Arbeitslosigkeit für den Einzelnen und die Gesellschaft unter finanziellen und sozialen Aspekten. Es lassen sich vier verschiedene **Arten der Arbeitslosigkeit** unterscheiden.

Die **friktionelle Arbeitslosigkeit** entsteht, wenn Arbeitnehmer auf der Suche nach einem neuen Arbeitsplatz sind oder Unternehmen für einen unbesetzten Arbeitsplatz einen neuen Mitarbeiter suchen. Diese „Sucharbeitslosigkeit" ist für den Einzelnen nur vorübergehend gegeben.

Unter **saisonaler Arbeitslosigkeit** versteht man die Abhängigkeit bestimmter Arbeitsplätze von den Jahreszeiten, z. B. im Baugewerbe, im Tourismus und in der Landwirtschaft.

Bei der **strukturellen Arbeitslosigkeit** sind Angebot und Nachfrage nach Arbeit nur schwer in Übereinstimmung zu bringen, da sich die Wirtschaftsstruktur verändert. Der Wandel wird häufig durch technischen Fortschritt verursacht. Nicht nur die Fertigungsverfahren, auch die Produkte werden ständig weiterentwickelt. Der Wandel wird häufig allerdings nicht von der Technik allein verursacht.

Letztlich entsteht der **Strukturwandel** durch das Zusammenwirken zahlreicher Einflussfaktoren. Dazu gehören z. B. die Bevölkerungsentwicklung, politische und weltwirtschaftliche Einflüsse, die Erfindung neuer Produkte und Produktionsmethoden oder Veränderungen bei der Güternachfrage.

Strukturwandel
Kapitel 6.4

Durch die Veränderung der Produkte und Produktionsverfahren verändert sich auch unsere Art zu denken und zu leben. Der elektrische Strom, das Auto, das Telefon und der Computer gehören zur Ausstattung eines modernen Menschen. Insbesondere die Entwicklung und Nutzung der Neuen Informations- und Kommunikationstechnologien (NIKT) verändert unser Leben schnell und nachhaltig. Konsumenten und Unternehmen können heute über das Internet in wenigen Minuten Preise vergleichen und beim günstigsten Anbieter einkaufen. Räumliche Entfernungen spielen dabei kaum noch eine Rolle. Die Globalisierung der Märkte verändert die Strukturen der Volkswirtschaften im erheblichen Umfang. Durch den Einsatz der neuen Technologien verschwinden einige Berufsbilder, zugleich entstehen aber auch neue Berufsbilder.

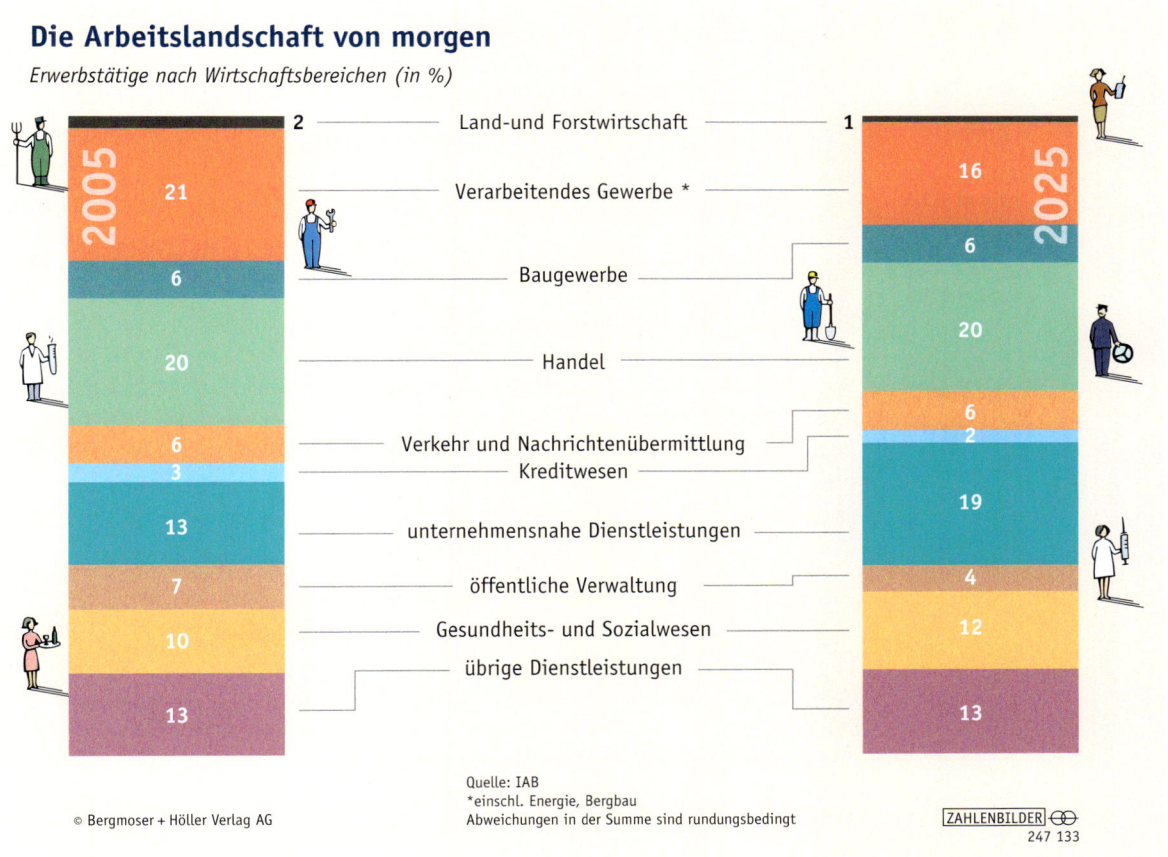

Die Arbeitslandschaft von morgen

Erwerbstätige nach Wirtschaftsbereichen (in %)

	2005	2025
Land- und Forstwirtschaft	2	1
Verarbeitendes Gewerbe *	21	16
Baugewerbe	6	6
Handel	20	20
Verkehr und Nachrichtenübermittlung	6	6
Kreditwesen	3	2
unternehmensnahe Dienstleistungen	13	19
öffentliche Verwaltung	7	4
Gesundheits- und Sozialwesen	10	12
übrige Dienstleistungen	13	13

© Bergmoser + Höller Verlag AG

Quelle: IAB
*einschl. Energie, Bergbau
Abweichungen in der Summe sind rundungsbedingt

ZAHLENBILDER
247 133

Ein besonderes Problem der strukturellen Arbeitslosigkeit stellt die **regionale Arbeitslosigkeit** dar. Es gibt Regionen in Deutschland, z. B. Mecklenburg-Vorpommern, Sachsen Anhalt und das Ruhrgebiet, die besonders vom Strukturwandel und damit von Arbeitslosigkeit betroffen sind.

9.7.2 Mittel der Arbeitsmarkt- und Beschäftigungspolitik

Eine Kernaufgabe der Wirtschaftspolitik ist es, Arbeitslosigkeit zu verhindern bzw. zu verringern. Das Ziel ist ein hohes Beschäftigungsniveau. Zentraler Träger der Arbeitsmarkt- und Beschäftigungspolitik ist die Bundesagentur für Arbeit. Auf der örtlichen Ebene sind die **Agenturen für Arbeit** zuständig.

Wesentliche Aufgaben sind:
- Vermittlung in Ausbildungs- und Arbeitsstellen
- Berufsberatung
- Arbeitgeberberatung
- Förderung der Berufsausbildung
- Förderung der beruflichen Weiterbildung
- Förderung der beruflichen Eingliederung von Menschen mit Behinderung
- Leistungen zur Erhaltung und Schaffung von Arbeitsplätzen
- Entgeltersatzleistungen, wie zum Beispiel Arbeitslosengeld oder Insolvenzgeld

Die **passive Arbeitsmarkt- und Beschäftigungspolitik** sorgt dafür, dass die soziale Grundsicherung für die Arbeitslosen und deren Haushaltsmitgliedern gewährleistet ist. Passive Arbeitsmarktpolitik umfasst die Zahlung von **Entgeltersatzleistungen**, um die finanziellen Folgen der Arbeitslosigkeit abzumildern.

**Arbeitslosengeld I
Kapitel 9.3.5**

Zu den zentralen Entgeltersatzleistungen zählen das Arbeitslosengeld I und II (ALG I und II). Das **Arbeitslosengeld I** ist eine Versicherungsleistung, auf die Arbeitslose unter bestimmten Voraussetzungen Anspruch haben. Das **Arbeitslosengeld II** ist eine Transferzahlung, die sich nach der Bedürftigkeit der Antragsteller richtet.

**Transferleistungen
Kapitel 9.2.1**

Im Rahmen ihrer aktiven Arbeitsmarkt- und Beschäftigungspolitik will die Bundesagentur für Arbeit vorrangig die Wiedereingliederung von Arbeitslosen in den Arbeitsprozess ermöglichen. Leistungen der Bundesagentur für Arbeit sind an die Auflage gebunden, dass Leistungsempfänger aktiv an ihrer Wiedereingliederung mitwirken. In vielen Fällen liegt die Höhe der Leistungen der aktiven Arbeitsförderung im Ermessen der Sachbearbeiter. Sämtliche Bestrebungen sind grundsätzlich darauf ausgerichtet, arbeitslosen Erwerbsfähigen den Weg in den regulären Arbeitsmarkt (sogenannter **ersten Arbeitsmarkt**) zu ebnen.

Die Vermittlung in den **zweiten Arbeitsmarkt** soll nach Möglichkeit auf besondere Fälle beschränkt bleiben. Der zweite Arbeitsmarkt wird durch den Staat im Rahmen seiner **aktiven Arbeitsmarktpolitik** gesteuert. Sowohl die Arbeitsbeschaffungsmaßnahmen (ABM) als auch die Ein-Euro-Jobs sollen die Eingliederungschancen der Teilnehmer in den ersten Arbeitsmarkt verbessern und insbesondere Langzeitarbeitslose zur Arbeitsaufnahme ermutigen.

Wiedereingliederung in Form von selbstständiger Tätigkeit ist aus Sicht der Bundesagentur für Arbeit eine Alternative zur Arbeitnehmertätigkeit. Selbstständigkeit macht unabhängig von Arbeits- und Transfereinkommen, ist aber nicht selten mit Anlaufschwierigkeiten und dem Risiko des Scheiterns verbunden.

Die Kosten der Arbeitslosigkeit

Geschätzte Belastung für Bund, Länder, Gemeinden und Sozialversicherung 2007

in Mrd €

12,3 Versicherungsleistungen(ALG I, Übernahme der Sozialbeiträge für Arbeitslose)

22,6 Sozialleistungen (ALG II, Übernahme der Sozialbeiträge, Wohngeld, Kosten für Unterkunft und Heizung, Sozialgeld)

Beitragsausfälle in der Sozialversicherung (Renten-, Kranken-, Pflege-, Arbeitslosenversicherung) **20,1**

Steuerausfälle (Lohn- und Einkommensteuer, Verbrauchsteuern) **12,8**

34,9 Mehrausgaben

**insgesamt rund
68 Mrd €**

Mindereinnahmen **32,9**

© Bergmoser + Höller Verlag AG   Quelle: IAB

ZAHLENBILDER
153 119

UBERBLICK

Der Arbeitsmarkt kann mit der **Arbeitslosenquote** beschrieben werden. Die Höhe der Arbeitslosenquote stellt die Beschäftigungssituation dar. **Arbeitslosigkeit** belastet jeden Einzelnen, kann aber auch die Gesellschaft belasten.

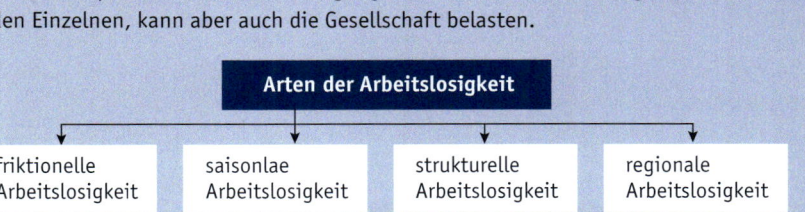

Arten der Arbeitslosigkeit

| friktionelle Arbeitslosigkeit | saisonlae Arbeitslosigkeit | strukturelle Arbeitslosigkeit | regionale Arbeitslosigkeit |

Der Staat versucht mit seiner **aktiven und passiven Arbeitsmarktpolitik** helfend einzugreifen.

AUFGABEN

1 Wie setzt sich das Erwerbspersonenpotenzial zusammen?

2 Wie definiert das Konzept der ILO Erwerbslose?

3 Wie berechnet sich die Arbeitslosenquote? Finden Sie die aktuelle Arbeitslosenquote heraus.

4 Erklären Sie mit eigenen Worten das Subsidiaritätsprinzip.

5 Nennen und erklären Sie die verschiedenen Formen der Arbeitslosigkeit.

6 Welche Auswirkungen hat der Strukturwandel auf den Arbeitsmarkt?

7 Nehmen Sie den Atlas zur Hand und finden Sie heraus, in welchen Regionen die Arbeitslosigkeit hoch ist.

8 Was versteht der Staat unter Arbeitsmarktpolitik?

9 Welche Formen der Arbeitsmarktpolitik kennen Sie? Erklären Sie diese mit eigenen Worten.

9.8 Projekt „Gründung eines Sozialunternehmens"

Beispiele für Sozialunternehmen finden Sie hier:
germany.ashoka.org
www.arbeiterkind.de
www.rockyourlife.de

Die soziale Sicherung ist im Sozialstaat Deutschland einheitlich geregelt. Nicht alle sozialen Probleme werden jedoch vom Sozialstaat gelöst. Jeder Einzelne kann in seiner Umgebung als Person sozial, d. h. ehrenamtlich, wirken. Manche Menschen engagieren sich in Parteien oder in Kirchen. Andere helfen Menschen in weniger reichen Ländern und arbeiten bei Organisationen wie Amnesty International, Ärzte ohne Grenzen oder gemeinnützigen Austauschorganisationen. Das sind Sozialunternehmen, die zwar nach wirtschaftlichen Gesichtspunkten arbeiten, aber keine monetären Ziele verfolgen, sondern die Welt verbessern wollen.

Erstellen Sie eine Liste mit sozialen Problemen aus ihrem näheren Lebensumfeld, die Sie gerne mit unternehmerischen Mitteln lösen möchten. Bilden Sie Arbeitsgruppen mit vier bis sechs Personen, die sich mit einem sozialen Problem beschäftigen. Wie Sie diese Probleme lösen wollen, ist zunächst egal, wichtig ist, dass Sie sie erkennen.

1) Beispielsweise können von den Teams folgende Probleme bearbeitet werden:
- Integration von Jugendlichen mit Migrationshintergrund
- Betreuung von Kindern mit Behinderungen
- Umweltprobleme in der Region
- Betreuung von alleinlebenden, älteren Menschen

2) Überlegen Sie, welches Ziel Sie mit Ihrem Projekt erreichen wollen:
- mehr Austausch mit Menschen aus anderen Ländern
- andere Lebenswelten kennenlernen
- Naherholungsgebiete, in denen sich jeder wohlfühlt
- Gemeinschaften für bedürftige Menschen schaffen

3) Überlegen Sie, wie Sie dieses Ziel mit Ihrem Team erreichen können. Hier ist Ihre Kreativität gefragt. Verteilen Sie zudem die Aufgaben.

4) Überlegen Sie im letzten Schritt, wer alles von Ihrer Projektidee profitiert: die Kommune, die Menschen, mit denen Sie sich beschäftigen, vielleicht sogar Sie selbst? Können Sie sich vorstellen, wer das Projekt finanziell unterstützen würde? Erstellen Sie eine Liste und halten Sie Ihre Ergebnisse schriftlich fest.

5) Präsentieren Sie Ihre Ergebnisse in der Gruppe. Eine anonyme Wahl soll nun entscheiden, welches das beste Sozialunternehmen ist. Überlegen Sie, ob Sie Ihren Plan in einer Projektwoche umsetzen können.

*Welche Gründe sprechen
für den internationalen Handel?*

Welche Handelsbeschränkungen gibt es?

*Was wird in der Zahlungsbilanz und
ihren Teilbilanzen erfasst?*

*Welche Bedeutung haben internationale
Organisationen und Abkommen?*

*Welche Bedeutung hat die Europäische
Union als regionales Handelsabkommen?*

*Welche Chancen und Risiken ergeben sich
aus der Globalisierung?*

10 Außenwirtschaft und Globalisierung

10.1 Soll Dirk Nowitzki seinen Rasen selbst mähen?

Opportunitätskosten
Kapitel 1.5

Dirk Nowitzki ist ein großer Basketballspieler. Er gehört im Basketball zu den Besten und ist vielleicht auch für Anderes begabt. Gewiss könnte er auch seinen Rasen am Haus selbst mähen. Vielleicht könnte er den Rasen sogar schneller mähen als manch einer seiner dafür zuständigen Bediensteten oder eine willige Nachbarin. Doch heißt das auch, dass er ihn wirklich selbst mähen sollte?

Um diese Frage zu beantworten, bedienen wir uns der Konzeptionen der Opportunitätskosten und des komparativen Vorteils. Nehmen wir an, Dirk könnte den Rasen in zwei Stunden mähen. In diesen zwei Stunden könnte er aber auch einen Auftritt absolvieren, bei dem er netto 10 000 Euro an Werbeeinnahmen erzielt. Anders verhält es sich mit Tosca S., die um die Ecke wohnt und bei McDonalds oder aus dem Werkvertrag eines Instituts 16 Euro pro Stunde verdient. Sie braucht zwar drei Stunden für die Rasenpflege, erwartet dafür aber nur 48 Euro oder ein wenig mehr an Bezahlung.

In diesem Beispiel betragen Dirk Nowitzkis Opportunitätskosten für das Rasenmähen 10 000 Euro, die Opportunitätskosten von Tosca S. jedoch nur 48 Euro. Dirk hat zwar einen absoluten Vorteil, weil er nur zwei anstatt drei Stunden Arbeitszeit aufwenden müsste. Doch Tosca verfügt über einen komparativen Vorteil beim Rasenmähen, weil sie niedrigere Opportunitätskosten hat. Der „Handelsvorteil" ist in diesem Beispiel gewaltig. Dirk Nowitzki sollte sich für den Werbeauftritt entscheiden und Tosca zum Rasenmähen anstellen. Solange Dirk ihr mehr als 48 Euro und weniger als 10 000 Euro bezahlt, sind beide bessergestellt.

Quelle: Mankiw, N. G., Grundzüge der Volkswirtschaftslehre, Stuttgart 2004, S. 58 f.

Problemstellung

Bereits David Ricardo, einer der berühmtesten Wirtschaftswissenschaftler, hat im Jahr 1817 in seinem Buch „Principles of Political Economy" das Theorem der komparativen Kostenvorteile formuliert. Zugleich zeigte er damit, dass es gute Gründe für einen Handel zwischen zwei Ländern gibt, auch wenn z. B. das Land A alle Güter kostengünstiger herstellen kann als sein Handelspartner Land B.

1 Erklären Sie anhand des oben angeführten Beispiels den Begriff der Opportunitätskosten, der absoluten Kosten und der komparativen Kosten.

2 Finden Sie weitere Beispiele, wo es von Vorteil erscheint, über eine Arbeitsteilung nachzudenken.

3 In welchen Bereichen der Handelsbeziehungen der Bundesrepublik lassen sich Beispiele für komparative Vorteile finden?

4 Wann ist es für Dirk Nowitzki wirklich sinnvoll, den Rasen zu mähen?

10.2 Gründe für den Außenhandel

Für eine Volkswirtschaft spielen Außenwirtschaftsbeziehungen eine große Rolle. Dies lässt sich allein schon an den vielen Handelsbeziehungen Deutschlands mit anderen Staaten erkennen. Von **Außenwirtschaft** wird gesprochen, wenn alle wirtschaftlichen Beziehungen mit dem Ausland gemeint sind, z. B. Geldbewegungen, Dienstleistungen und Warenbewegungen. Wenn nur die Warenbewegungen, d. h. Warenimport und Warenexport, betrachtet werden, dann spricht man vom **Außenhandel**.

Der ursprüngliche Grund für den internationalen Handel liegt in der ungleichen Verteilung der Rohstoffvorkommen und den unterschiedlichen land- und forstwirtschaftlichen Produktionsmöglichkeiten.

Weitere Informationen zur Außenwirtschaft finden Sie beim Bundesministerium für Wirtschaft und Technologie: **www.bmwi.de.**

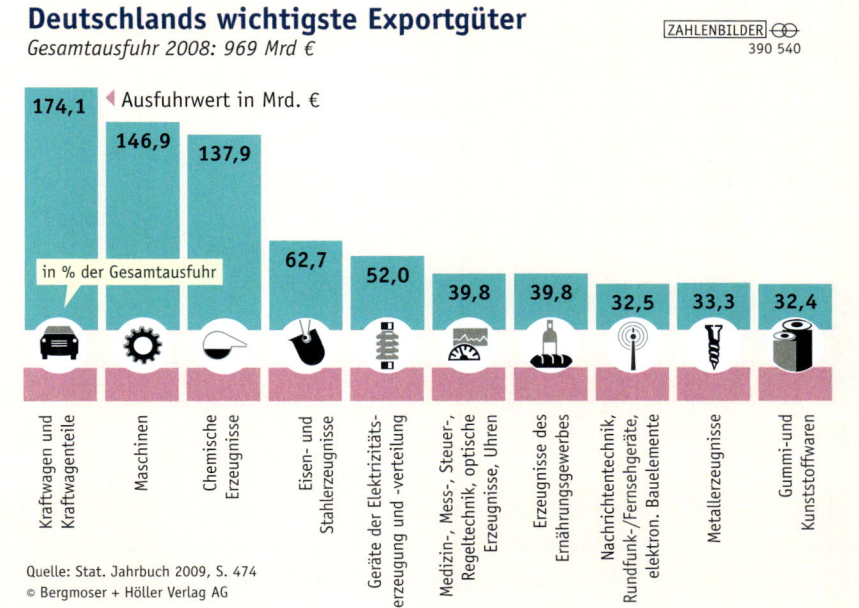

Deutschlands wichtigste Exportgüter
Gesamtausfuhr 2008: 969 Mrd €

ZAHLENBILDER 390 540

◀ Ausfuhrwert in Mrd. €

in % der Gesamtausfuhr

| 174,1 | 146,9 | 137,9 | 62,7 | 52,0 | 39,8 | 39,8 | 32,5 | 33,3 | 32,4 |

- Kraftwagen und Kraftwagenteile
- Maschinen
- Chemische Erzeugnisse
- Eisen- und Stahlerzeugnisse
- Geräte der Elektrizitätserzeugung und -verteilung
- Medizin-, Mess-, Steuer-, Regeltechnik, optische Erzeugnisse, Uhren
- Erzeugnisse des Ernährungsgewerbes
- Nachrichtentechnik, Rundfunk-/Fernsehgeräte, elektron. Bauelemente
- Metallerzeugnisse
- Gummi- und Kunststoffwaren

Quelle: Stat. Jahrbuch 2009, S. 474
© Bergmoser + Höller Verlag AG

10.2.1 Absolute Kostenvorteile

Als ein wichtiger Erklärungsansatz für Außenwirtschaftsbeziehungen wird immer wieder der **absolute Kostenvorteil** genannt. Länder beschaffen sich Waren aus anderen Ländern, wenn sie diese selbst nur zu höheren Kosten oder gar nicht herstellen können. Insgesamt können die beteiligten Länder auf diese Weise über mehr Güter verfügen, als wenn jedes Land seinen eigenen Bedarf selbst zu decken versucht.

Die Erklärung des absoluten Vorteils geht auf den als Gründervater der modernen Wirtschaftswissenschaft angesehenen Adam Smith zurück. Smith befasste sich mit den Vorteilen der Spezialisierung und stellte fest, dass, sofern ein Land in der Herstellung eines bestimmten Produktes besser als ein anderes ist, es so vom Handel und der Spezialisierung profitieren kann. Die Steigerung der weltweiten „Wohlfahrt" ist nach Smith dann am höchsten, wenn sich jedes Land auf die Produktion des Gutes spezialisiert, welches es am effektivsten und preiswertesten herstellen kann, also wenn es einen absoluten Kostenvorteil besitzt.

10.2.2 *Komparative Kostenvorteile*

David Ricardo (1772–1832)

Bereits im Eingangsbeispiel haben wir gesehen, dass Dirk Nowitzki einen absoluten Vorteil gegenüber Tosca hat, da er nur zwei anstatt drei Arbeitsstunden zum Rasenmähen aufwenden müsste. Einen komparativen Kostenvorteil dagegen hat Tosca und nicht Dirk Nowitzki.

David Ricardo entwickelte die Theorie der absoluten Kosten von Adam Smith weiter. Er stellte das **Gesetz der komparativen Kosten** auf. Damit zeigte er, dass unter bestimmten Voraussetzungen der Handel mit anderen Ländern auch dann von Vorteil ist, wenn ein Land alle Güter kostengünstiger herstellen kann als die übrigen Länder, also bei allen Produkten einen absoluten Kostenvorteil hat. Anhand eines Beispiels kann die Aussage Ricardos verdeutlicht werden:

BEISPIEL

Angenommen, zwei Länder (England und USA) hätten 100 Arbeitseinheiten pro Periode zur Verfügung, mit denen sie folgende Gütermengen herstellen:

Land Produkt	USA	England
Weizen	24	10
Tuch	18	16

Die USA können sowohl bei Tuch als auch bei Weizen mit gleichem Arbeitsaufwand mehr Gütereinheiten erzeugen als England. Damit besitzen sie gegenüber England einen **absoluten Kostenvorteil**.

Der Vorteil ist aber bei der Weizenproduktion größer als bei der Tuchproduktion (24:10 gegenüber 18:16). England hat damit einen **komparativen Vorteil** bei der Produktion von Tuch, da der Nachteil bei der Tuchproduktion gegenüber dem bei der Weizenproduktion kleiner ist.

Weizenernte

Tuchproduktion

Das Beispiel zeigt, dass jedes Land nach erfolgter Spezialisierung und internationalem Handel mehr Güter für den Konsum zur Verfügung hat, wenn es sich auf die Güter spezialisiert, bei denen es einen komparativen Kostenvorteil hat, und diese gegen Güter tauscht, die es relativ kostengünstig produziert. Außerdem können durch die Spezialisierung weitere Kosten gesenkt werden.

Aus der **internationalen Arbeitsteilung** und dem **Gesetz der komparativen Kosten** kann die Forderung nach **Freihandel** abgeleitet werden, d. h., jedermann sollte die Freiheit haben, im In- oder Ausland einzukaufen oder zu verkaufen, einen Arbeitsplatz zu suchen oder Arbeitskräfte einzustellen.

internationale Arbeitsteilung
Kapitel 1.4.2

Viele Produzenten fürchten dabei jedoch eine „Überschwemmung" des Inlandsmarktes mit billigen Waren aus dem Ausland. Daher versuchen Staaten nicht selten, die heimischen Erzeuger vor der ausländischen Konkurrenz zu schützen, sei es durch Einfuhrbeschränkungen, durch Gewährung von Steuerbegünstigungen oder auf dem landwirtschaftlichen Sektor durch staatliche Subventionen.

Freihandel
Kapitel 10.7

Schutz vor Außenhandel
Kapitel 10.4

Unterschiedliche außenwirtschaftliche Institutionen und Regelsysteme schaffen zudem in jedem Land unterschiedliche Voraussetzungen für den Außenhandel. Dadurch ergeben sich eine ganze Anzahl von Schwierigkeiten: Der internationale Handel findet zwischen verschiedenen Wirtschaftsgebieten mit z. T. unterschiedlichen Währungen statt, die nationalen Regierungen haben ungleiche Außenhandelsleitbilder und es gelten in den verschiedenen Staaten unterschiedliche Rechtsvorschriften.

Von **Außenhandel** wird gesprochen, wenn es um Warenimport und -exporte geht. Die **Außenwirtschaft** betrifft alle wirtschaftlichen Beziehungen.

Internationale Arbeitsteilung nutzt **absolute Kostenvorteile** durch Spezialisierung und Austausch. Der Güteraustausch lohnt sich für ein Land selbst dann, wenn es alle benötigten Güter billiger herstellen könnte als ein anderes Land (**komparativer Kostenvorteil**).

ÜBERBLICK

AUFGABEN

1 Grenzen Sie die Begriffe Außenwirtschaft und Außenhandel voneinander ab.
2 Nennen Sie die verschiedenen Ursachen des internationalen Handels und finden Sie zu den verschiedenen Erklärungsansätzen jeweils ein Beispiel.
3 Kommt dem komparativen Kostenvorteil in der Realität so viel Bedeutung zu?
4 Welche Schwierigkeiten bzw. Probleme gibt es beim Außenhandel?
5 Stellen Sie eine Liste mit zehn Waren zusammen, die ausschließlich im Ausland produziert werden, und begründen Sie, warum diese nicht in Deutschland hergestellt werden.
6 Entwickeln Sie ein eigenes Beispiel, um die Theorie der „komparativen Kostenvorteile" von David Ricardo zu erklären.
7 Führen Sie eine Befragung durch, wie die Menschen in Ihrer Stadt die internationale Arbeitsteilung bewerten.

10.3 Terms of Trade

Terms of Trade sind im Hinblick auf die Kosten- und Preisunterschiede in den jeweiligen Ländern von Bedeutung. Sie geben Auskunft darüber, welche Importmenge man für den Erlös einer Exporteinheit erhält.

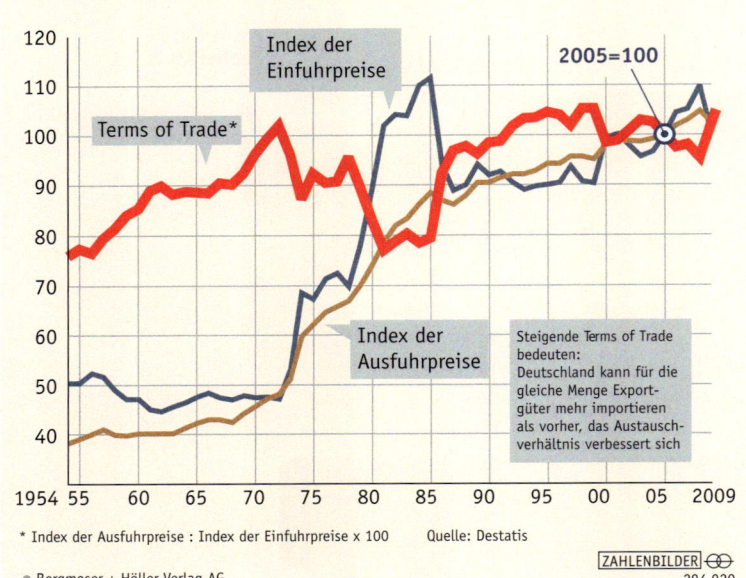

Terms of Trade
Reales Austauschverhältnis der Bundesrepublik Deutschland mit dem Ausland

* Index der Ausfuhrpreise : Index der Einfuhrpreise x 100   Quelle: Destatis

© Bergmoser + Höller Verlag AG

ZAHLENBILDER
294 920

$$\text{Terms of Trade} = \frac{\text{Exportpreise}}{\text{Importpreise}}$$

Die Terms of Trade für Deutschland verbessern sich, wenn die **Exportpreise** steigen, da dann mit einer Einheit an Exportgütern mehr Importe als vorher erworben werden können. Umgekehrt verschlechtern sie sich bei steigenden **Importpreisen.** In diesem Falle muss Deutschland mehr exportieren, um die gleiche Menge an ausländischen Gütern importieren zu können. Veränderungen der Terms of Trade zeigen damit auch die Vor- und Nachteile auf, die sich für ein Land aus dem Außenhandel ergeben können. Außerdem wirken sich Veränderungen der Terms of Trade auf die binnenwirtschaftliche Wohlfahrt einer Volkswirtschaft aus.

BEISPIEL Die beiden Länder Schlaraffenland und Lekkerland unterhalten Außenhandelsbeziehungen. Schlaraffenland produziert Fleisch und Lekkerland Kartoffeln. 1 kg Fleisch kostet 5 Euro und 1 kg Kartoffeln 0,50 Euro. Beim Tausch zwischen den beiden Ländern ergibt sich folgendes Tauschverhältnis: Für 1 kg Fleisch erhält Schlaraffenland von Lekkerland 10 kg Kartoffeln. Angenommen, der Preis für 1 kg Fleisch steigt auf 6 Euro und der Preis für Kartoffeln bleibt gleich, so erhält Schlaraffenland für dieselbe Exportmenge 12 kg Kartoffeln anstatt zuvor 10 kg. Die Außenhandelsposition von Schlaraffenland hat sich also verbessert, die von Lekkerland hat sich verschlechtert, denn für 1 kg Fleisch muss es jetzt 12 kg Kartoffeln exportieren.

ÜBERBLICK Die **Terms of Trade** geben das Austausch- bzw. Preisverhältnis von Gütern an. Hier werden die durchschnittlichen Preise für exportierte Güter zu importierten Gütern ins Verhältnis gesetzt. Für sich genommen ist der Wert der Terms of Trade weniger aussagekräftig als seine Veränderung.

Wechselkurse
Kapitel 4.7

AUFGABEN
1 Erklären Sie die Terms of Trade.
2 Recherchieren Sie, welchen Einfluss die Veränderungen der Wechselkurse auf die Terms of Trade haben. Interpretieren Sie diesen Einfluss für den Fall einer Währungsab- bzw. -aufwertung.

10.4 Handelsbeschränkungen

Die Vorteile des Außenhandels können für die beteiligten Länder sehr unterschiedlich ausfallen. Manche Länder nehmen nur unter bestimmten Bedingungen am internationalen Handel teil. Wenn ein Land versucht, den freien Handel in einem gewissen Umfang zu unterbinden, geschieht dies z.B. mit der Zielsetzung, bestimmte Branchen und Nachfragegruppen vor ausländischer Konkurrenz zu schützen oder aber gezielt zu fördern. Eine solche Außenhandelspolitik bezeichnet man als Protektionismus. Handelsbeschränkungen werden häufig mit folgenden Argumenten begründet:

Protektion = lat. Schutz

1. Sicherheitsargument: Die Gegner des Freihandels behaupten häufig, dass eine bestimmte Industrie für das Land lebensnotwendig sei, um die nationale Sicherheit zu gewährleisten. Zum Beispiel könnte die Stahlindustrie für die Sicherheit des Landes sehr wichtig sein, um im Kriegsfall genügend Waffen zur Verteidigung herzustellen. Aber auch andere Industrien könnten im Kriegsfall wichtig werden. Zu bedenken gilt hier allerdings, dass dieses Argument tatsächlich nur auf bestimmte Industriezweige anwendbar ist und sein Gewicht stark von der jeweiligen außenpolitischen Situation eines Landes abhängt.

Stahlindustrie in Deutschland: das ThyssenKrupp-Werk in Duisburg

2. Beschäftigungsargument: Es wird befürchtet, dass durch den internationalen Handel inländische Arbeitsplätze zerstört werden, weil sich die Wettbewerbsbedingungen für inländische Anbieter verschärfen. Denn wenn das Ausland ein Gut billiger anbieten kann, geraten die inländischen Produzenten unter Preisdruck, was letztlich auch den Verlust von Arbeitsplätzen bedeuten kann.

Dagegen lässt sich anführen, dass die Bewohner Deutschlands im internationalen Handel Textilien aus China günstiger erwerben können, als sie im eigenen Land zu produzieren. Dies gefährdet Arbeitsplätze in der deutschen Textilindustrie; allerdings wird China dadurch in die Lage versetzt, Güter aus Deutschland zu kaufen. Im günstigen Fall werden die deutschen Arbeitskräfte zu den Industrien wechseln, bei denen Deutschland einen relativen Vorteil aufweist. Fazit: Im Freihandel werden zwar Arbeitsplätze zerstört, aber letztlich auch wieder neue Beschäftigungsmöglichkeiten geschaffen.

Textilfabrik in China

3. Schutzargument: Junge Unternehmer sollten in der Aufbauphase gegenüber der Konkurrenz aus dem Ausland geschützt werden. Dafür wird ein Schutzzoll verlangt. Wenn nach einer bestimmten Zeit die Unternehmen konkurrenzfähig sind, kann der Schutz aufgehoben werden. Auch Vertreter der „alten" Industrien argumentieren, sie müssten für eine bestimmte Zeit geschützt werden, um sich veränderten Marktbedingungen anzupassen. Viele Ökonomen weisen darauf hin, dass eine Protektion nicht notwendig ist, da junge Unternehmen gerade in der Anfangsphase Verluste mit einkalkulieren müssen, die durch zukünftige Gewinne ausgeglichen werden.

4. Argument vom unfairen Wettbewerb: Oft wird auch argumentiert, dass der internationale Handel unfair sei, da unterschiedliche Regierungen unterschiedliche Gesetze anwenden. Richtig ist, dass unterschiedliche gesetzliche Regelungen zu internationalen Wettbewerbsverzerrungen führen und damit auch als Handelshemmnis wirken können. Im Sinne eines freieren Handels ist es jedoch sinnvoller, derartige Handelshemmnisse abzubauen, als ausgleichende Schutzmaßnahmen zu ergreifen. Im Rahmen internationaler Abkommen wird z. B. versucht, gleiche und damit auch fairere Bedingungen für Handelspartner zu schaffen.

internationale Organisationen
Kapitel 10.6

5. Argument vom Verhandlungsvorteil: Politiker, die eigentlich für den Freihandel sind, drohen bei Verhandlungen den Handelspartnern vielfach mit Handelsbeschränkungen. Eine mögliche Drohung könnte z. B. sein: „Wenn Deutschland die Einfuhrzölle für Stahl nicht abschafft, führt Großbritannien Zölle für Agrarprodukte ein."

Wirkt die Drohung, ist ein weiterer Schritt zum freien Handel gemacht, allerdings nicht auf freiwilliger Basis. Wirkt die Drohung nicht, dann steht das Land vor einer schwierigen Entscheidung: Bei Einführung des Ausgleichszolls muss möglicherweise ein Wohlfahrtsverlust hingenommen werden, bei Nichteinführung leiden vermutlich die Glaubwürdigkeit und das internationale Ansehen.

Europäische Union
Kapitel 10.8

Nachfolgend werden die wichtigsten Instrumente, die der Außenhandelspolitik zur Protektion zur Verfügung stehen, vorgestellt. Dabei werden die sogenannten tarifären und nichttarifären Handelshemmnisse beschrieben.

10.4.1 Tarifäre Handelshemmnisse

Zollkontrolle auf der Autobahn

Unter tarifären Handelshemmnissen werden steuerliche handelspolitische Maßnahmen verstanden. **Zölle** sind staatliche Abgaben. Sie werden auf eingeführte, ausgeführte oder durchs Land geleitete Güter erhoben. Ziel der Zollerhebung ist einerseits die Erzielung von Einnahmen durch den Staat (finanzpolitisches Ziel). Andererseits dienen Zölle zum Schutz der inländischen Industrie (wirtschaftliches Ziel). Mit der Erhebung von Einfuhrzöllen verteuern sich die importierten Güter. Damit kommt es zu einer Verzerrung des internationalen Handels. Die Europäische Union gewährt entwicklungspolitisch bedingte Zollvergünstigungen (Zollpräferenzen) mit dem Ziel der Wirtschaftsförderung von Entwicklungsländern.

Wie der Importzoll auf die Wohlfahrt wirkt, hängt maßgeblich von der Größe eines Landes, aber auch von der Marktstruktur und dem Marktverhalten ab. Es ergibt sich ein Wohlfahrtsverlust, wenn das Land klein ist und vollständige Konkurrenz herrscht. Durch die Verteuerung der importierten Güter wird die Inlandsproduktion erhöht, da Importe durch teure inländische Produkte ersetzt werden. Im Fall eines großen Landes kann die zollbedingte Verringerung der Einfuhrnachfrage den Weltmarktpreis des betreffenden Erzeugnisses mindern, sofern die Importnachfrage für den Weltmarkt ausreichend bedeutsam ist. Die Terms of Trade werden aus Sicht der Inländer verbessert.

Terms of Trade
Kapitel 10.3

10.4.2 Nichttarifäre Handelshemmnisse

Zu den nichttarifären Handelshemmnissen zählen alle formalen Maßnahmen, die inländische Produzenten schützen und den Marktzugang für ausländische Anbieter behindern. Das können mengenmäßige Beschränkungen (Kontingente), aber auch Subventionen, bürokratische oder technische Vorschriften sein. Ebenso wie tarifäre Handelshemmnisse führen sie zur Verzerrung zwischen den Weltmarktpreisen und inländischen Güterpreisen.

Unter einem **Kontingent** wird die wert- oder mengenmäßige Begrenzung für bestimmte Erzeugnisse verstanden. Kontingente können sowohl für Importe als auch für Exporte festgesetzt werden. Üblicherweise werden aber Einfuhrkontingente (Importquoten) verhängt. Es besteht die Möglichkeit, den Import für einen festgelegten Zeitraum auf eine Höchstmenge (sog. Mengenkontingent) oder auf einen Höchstwert (sog. Wertkontingent) zu beschränken. Den inländischen Produzenten wird so ein bestimmter Marktanteil bzw. ein bestimmter Marktwert gesichert. Daraus ergibt sich, dass das betreffende Gut preislich über dem Weltmarktpreis liegt. Es kann aber im internationalen Handel auch Ausfuhrkontingente geben. Die Länder legen sich selbst eine bestimmte Exportquote auf, z. B. die ölexportierenden Länder der OPEC.

OPEC = Abkürzung für **O**rganization of the **P**etroleum **E**xporting **C**ountries. Die OPEC betreibt eine gemeinsame Erdölpolitik.
www.opec.org

Transferzahlungen
Kapitel 9.2.1

Unter **Subventionen** werden staatliche Begünstigungen verstanden. Sie können durch direkte Geldleistungen und steuerliche Ermäßigungen vom Staat an eine bestimmte Gruppe geleistet werden, etwa an Unternehmen, aber auch an private Haushalte. Subventionen verlangen keine Gegenleistung. Mittels Subventionen wird der Außenhandel beeinflusst, da subventionierte Unternehmen eines Landes Güter auf dem Weltmarkt kostengünstiger anbieten können als andere Länder. Die Wettbewerbsposition der subventionierten Unternehmen verbessert sich dementsprechend. Subventionen an private Haushalte werden als Transferzahlungen bezeichnet.

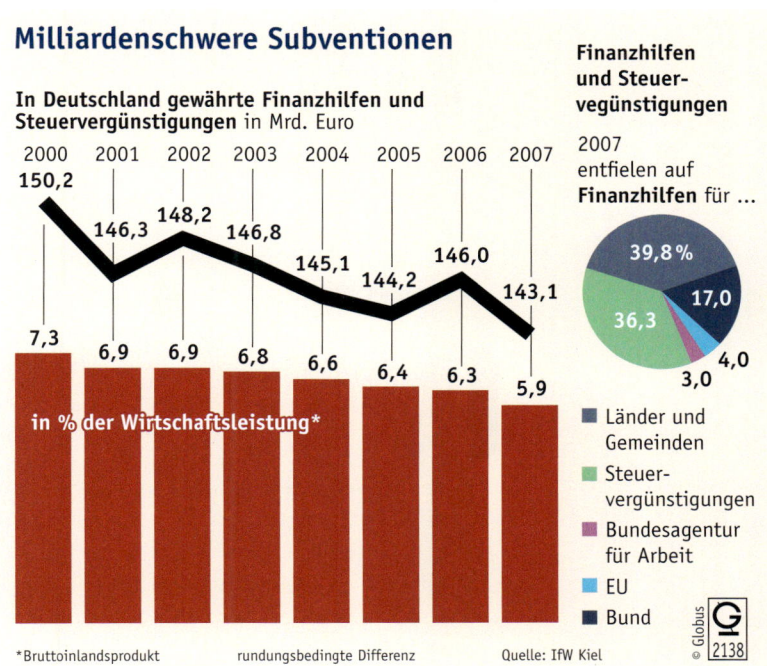

Milliardenschwere Subventionen

In Deutschland gewährte Finanzhilfen und Steuervergünstigungen in Mrd. Euro

2000	2001	2002	2003	2004	2005	2006	2007
150,2	146,3	148,2	146,8	145,1	144,2	146,0	143,1
7,3	6,9	6,9	6,8	6,6	6,4	6,3	5,9

in % der Wirtschaftsleistung*

*Bruttoinlandsprodukt   rundungsbedingte Differenz   Quelle: IfW Kiel

© Globus 2138

Finanzhilfen und Steuervergünstigungen

2007 entfielen auf **Finanzhilfen** für ...

- 39,8 %
- 17,0
- 4,0
- 3,0
- 36,3

■ Länder und Gemeinden
■ Steuervergünstigungen
■ Bundesagentur für Arbeit
■ EU
■ Bund

Mit sogenannten **Hermes-Bürgschaften** können deutsche Unternehmen ihre Exporte absichern. Praktisch liegt hier auch eine Form der staatlichen Subvention vor. Deutsche Exporteure werden mit dieser staatlichen Bürgschaft vor politischen und vor wirtschaftlichen Risiken geschützt. Die Vergabe dieser Bürgschaft erfolgt über die Hermes Kreditversicherungs-AG.

Handelshemmnisse, die auf unterschiedliche technische und bürokratische Vorschriften zurückzuführen sind, können den internationalen Handel genauso behindern wie geschlossene Grenzen. **Technische Vorschriften** können sich auf das Produkt selbst (Beschaffenheit, Normen), auf die Produktionsverfahren (Herstellung, Transport, Hygienevorschriften usw.) oder auf die Bewertung von Produkten (Prüfung, Zertifizierung, Zulassung) beziehen.

BEISPIEL

In Deutschland besteht seit 1516 eine Vorschrift, nach der Bier nur aus Malz mithilfe von Hefe, Wasser und Hopfen gebraut werden darf (Reinheitsgebot). „Biere", die unter anderem mit Geschmacksmanipulatoren und Konservierungsmitteln versetzt sind, dürfen auf dem deutschen Markt nicht vertrieben werden.

Das Reinheitsgebot gilt nach wie vor für in Deutschland gebrautes Bier. Aufgrund eines Urteils des Europäischen Gerichtshofes können seit 1987 aber auch Biere aus EU-Ländern in Deutschland vertrieben werden, die nicht nach dem Reinheitsgebot gebraut werden.

Bürokratische Regelungen können sich z. B. aus Vorschriften und internen Verwaltungsanweisungen ergeben. Wenn jedes Land unterschiedliche technische und bürokratische Vorschriften erlässt, wirkt sich dies negativ auf den internationalen Handel aus. Es kommt zu einer Verzögerung und Verteuerung der Produktion und der grenzüberschreitende Handel wird erschwert.

ÜBERBLICK

Handelsbeschränkungen lassen sich mit verschiedenen Argumenten begründen, z. B. Sicherheitsargument, Beschäftigungsargument, Schutzargument, Argument vom unfairen Wettbewerb und dem Argument vom Verhandlungsvorteil.

Der **Außenhandelspolitik** stehen verschiedene Instrumente zum Schutz der inländischen Unternehmen zur Verfügung. Unter **tarifären Handelshemmnissen** werden die Zölle verstanden. Kontingente, Subventionen, bürokratische oder technische Vorschriften gehören zu den **nichttarifären Handelshemmnissen**. Sowohl die tarifären als auch die nichttarifären Handelshemmnisse verzerren den internationalen Wettbewerb.

1 Finden Sie jeweils ein Beispiel für die verschiedenen Argumente, die zur Begründung der Handelshemmnisse herangezogen werden.

2 Unterscheiden Sie tarifäre und nichttarifäre Handelshemmnisse. Welche Bedeutung haben sie für den internationalen Handel?

3 Lesen Sie den folgenden Zeitungsartikel.

   a In dem Artikel sind verschiedene Maßnahmen der Abschottung dargestellt. Nennen Sie diese.

   b Erläutern Sie für die genannten protektionistischen Maßnahmen die Auswirkungen für das betreffende Land und für die Handelspartner.

   c Es gibt auch Argumente, die für Handelsbeschränkungen ins Feld geführt werden können. Stellen Sie diese zusammen und beurteilen Sie sie.

   d Nehmen Sie Stellung zu der Aussage „In einer protektionistischen Welt verlieren auf Dauer alle".

In der Krise ist sich jeder selbst der nächste. Frei nach diesem Motto hält es Frankreichs Staatspräsident Sarkozy für „unverantwortlich, Autos für den französischen Markt in Tschechien herzustellen". Wird der globale Krisenmanager Sarkozy zum Handelskrieger? Aus Sicht französischer Industriepolitiker mag dieser Rollenwechsel kaum der Rede wert sein. Schließlich gehört zu einer nationalen Industriepolitik der Protektionismus hinzu. Aber die europäische Gemeinschaft darf dem Zorn der Tschechen danken. Der derzeitige EU-Ratspräsident, der tschechische Ministerpräsident Topolánek, spricht aus, was bislang noch keiner zu sagen wagte: Europas Binnenmarkt mit freiem Wettbewerb und gleichen Regeln für alle ist in Gefahr – und das ist ein Gipfelthema für die Staatschefs der EU.

Je schmerzhafter die Folgen der Weltwirtschaftskrise werden, desto häufiger zeigen sich die verschiedenen Gesichter des Protektionismus. So wollte der amerikanische Kongress im Konjunkturpaket festschreiben, das Geld nur für amerikanische Waren und Dienstleistungen auszugeben. Eine andere Spielart ist der Subventionswettlauf. So können die Milliarden zur Rettung der Wall-Street-Banken wie auch der britischen Institute als Versuch gesehen werden, die Vorherrschaft von New York und London im Finanzgewerbe nicht zu verlieren. Ähnliches gilt für Bürgschaften oder andere Staatshilfen für Automobilunternehmen in der EU. Ein dritter Weg ist der Abwertungswettlauf der Währungen, der durch die Wirtschaftspolitik zu Lasten anderer Länder betrieben wird. Das ist der Hintergrund für den Streit zwischen den Vereinigten Staaten und der Volksrepublik China über einen fairen Wert zwischen Dollar und Yuan.

In einer protektionistischen Welt verlieren auf Dauer alle. Europa hat das in der Zeit ständiger Abwertungswettläufe nationaler Währungen erlebt – und ist heute froh über den Euro. Besonders schlimm war es in der Großen Depression des letzten Jahrhunderts. Zwischen den Weltkriegen folgte einer Episode des kurzen Freihandels die dunkle Zeit der Abschottung, die im Ankurbeln der Rüstungsindustrie mündete. Heute kämpft die Weltwirtschaft nach einer langen Phase des Wachstums, die es ohne Handel nicht gegeben hätte, mit einer tiefen Rezession. Wirtschaftspolitiker wissen um die Geschichte – und um den Wert des Freihandels.

Quelle: Steltzner, H., in: Frankfurter Allgemeine Zeitung 11. Februar 2009, S. 1

10.5 Zahlungsbilanz

Die wichtigsten Zahleninformationen für die außenwirtschaftlichen Beziehungen stammen aus der Zahlungsbilanz. Sie erfasst alle **wirtschaftlichen Transaktionen** zwischen dem **Inland** und dem **Ausland** innerhalb einer Periode und liefert den Wirtschaftspolitikern Zahlenwerte für die Konjunkturpolitik. Wenn vom Ziel des außenwirtschaftlichen Gleichgewichts gesprochen wird, so ist die ausgeglichene Zahlungsbilanz gemeint. Die Zahlungsbilanz erfasst Stromgrößen des Geldes.

Konjunkturpolitik
Kapitel 8.2

> **BEISPIEL** Wenn ein deutsches Unternehmen eine Maschine nach Frankreich verkauft, wird dies in der Zahlungsbilanz festgehalten. Das geschieht ebenso, wenn aus Kuwait Öl importiert wird, Touristen in Italien Geld ausgeben, ein Unternehmen in Österreich einen Kredit aufnimmt oder wenn ein Gastarbeiter Geld in seine Heimat überweist.

Bundesbank
Kapitel 8.3.2

Europäische Zentralbank
Kapitel 8.3.1

Die Zahlungsbilanz wird sowohl monatlich als auch jährlich von der Deutschen Bundesbank erstellt und veröffentlicht. Im Internet kann der jeweilige Monatsbericht unter www.bundesbank.de eingesehen werden. Entsprechend zur nationalen Zahlungsbilanz wird von der Europäischen Zentralbank auch eine Zahlungsbilanz für den Euro-Währungsraum erstellt. Um die Vielzahl der unterschiedlichen volkswirtschaftlichen Vorgänge systematisch und übersichtlich zu ordnen, wird die Zahlungsbilanz in sogenannte **Teilbilanzen** unterteilt. Dies sind die Leistungsbilanz, Vermögensübertragungsbilanz, Kapitalbilanz und Devisenbilanz.

10.5.1 Leistungsbilanz

Die Leistungsbilanz setzt sich zusammen aus der Handelsbilanz, der Dienstleistungsbilanz, der Erwerbs- und Vermögenseinkommensbilanz und der Übertragungsbilanz. Die Differenz zwischen den Einnahmen und Ausgaben für Warengeschäfte, Dienstleistungen und den laufenden Erwerbs- und Vermögenseinkommen nennt man **Außenbeitrag**. Dieser kann positiv, negativ oder gleich null sein.

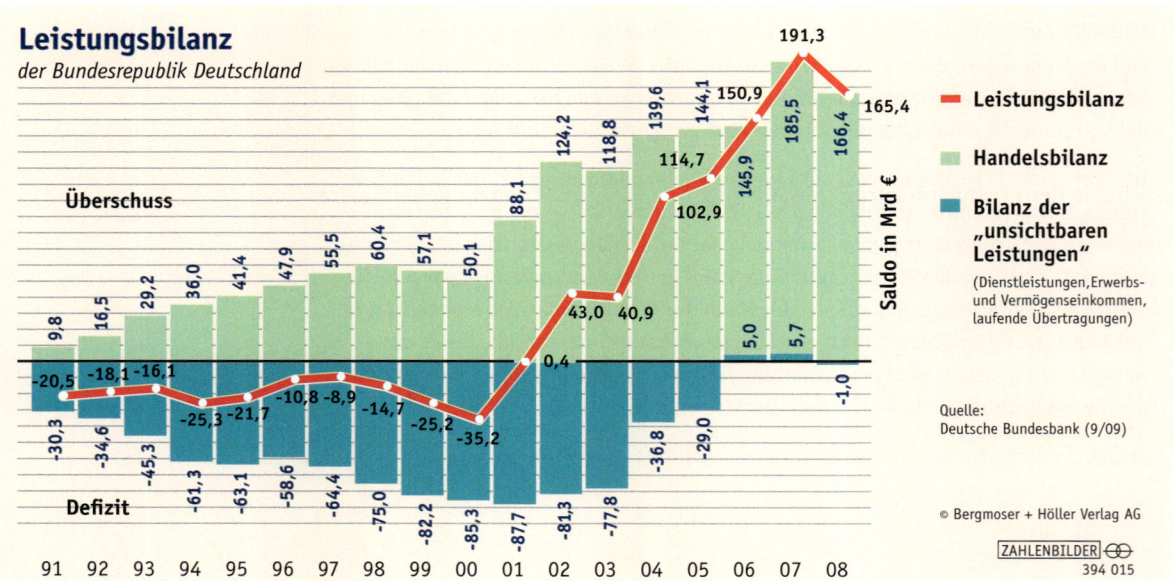

© Bergmoser + Höller Verlag AG

ZAHLENBILDER
394 015

Traditionell führt die Bundesrepublik schon seit Jahren mehr Güter in fremde Länder aus, als sie aus dem Ausland importiert. Klassische Exportschlager Deutschlands sind Fahrzeuge und Maschinen. Die Güterströme werden zahlenmäßig in der **Handelsbilanz** erfasst, die den Wert aller Importe und Exporte Deutschlands ausweist.

Der Austausch von Dienstleistungen zwischen Inländern und Ausländern wird in der **Dienstleistungsbilanz** erfasst. Dazu gehören u. a. Reisen, Transporte, Versicherungsleistungen, Finanzdienstleistungen, Austausch von Lizenzen und Patenten, Transithandel, Forschung und Entwicklung, kaufmännische Dienstleistungen, Bauleistungen und Montage .

Die Einkommen aus unselbstständiger Arbeit und aus Kapitalerträgen, die aus dem Ausland kommen oder an das Ausland gehen, werden in der **Erwerbs- und Vermögenseinkommensbilanz** dargestellt. Hierzu zählen sowohl ausländische Einkünfte wie Lohn oder Gehalt als auch Erträge aus Kapitalanlagen im Ausland.

> **BEISPIEL**
>
> Herr Paul wohnt in der Nähe der niederländischen Grenze. Da er keine Arbeit in Deutschland gefunden hat, fährt er jeden Tag in die Niederlande, um zu arbeiten. Jeden Monat bekommt er sein Gehalt von dort auf sein deutsches Konto überwiesen. Es fließt also ein Erwerbseinkommen aus dem Ausland ins Inland. Bei Frau de Mol verhält sich das Ganze genau umgekehrt, denn sie wohnt in den Niederlanden und arbeitet bei einem Unternehmen in Deutschland. Hier fließt ein Erwerbseinkommen vom Inland ins Ausland.

In der **Übertragungsbilanz** werden alle Vorgänge ohne wirtschaftliche Gegenleistung festgehalten. Hierzu zählen unentgeltliche Importe bzw. Exporte von Gütern sowie einseitige Zahlungen an das Ausland und aus dem Ausland (z. B. Entwicklungshilfe). Dies sind vor allem Zahlungen an internationale Einrichtungen (wie z. B. NATO, EU, Weltbank), Wiedergutmachungszahlungen aufgrund von Kriegen, Renten, Pensionen und Versicherungszahlungen in das Ausland und aus dem Ausland, aber auch die Überweisungen ausländischer Arbeitnehmer in die Heimat.

Europäische Union
Kapitel 10.8

internationale Organisationen
Kapitel 10.6

10.5.2 Vermögensübertragungs-, Kapital- und Devisenbilanz

Einmalige Vermögensübertragungen, wie z. B. Schenkungen, Erbschaften, der Erlass von Schulden, Vermögensmitnahmen von Auswanderern bzw. Einwanderern oder Zuschüsse der EU für Infrastrukturmaßnamen, werden in der **Vermögensübertragungsbilanz** ausgewiesen.

Kapitalbewegungen zwischen dem Inland und dem Ausland werden in der **Kapitalbilanz** festgehalten. Langfristig sind dies vor allem: Direktinvestitionen, Kauf und Verkauf von Kapitalmarktpapieren, Kauf und Verkauf von Grundstücken, Kredite mit einer Laufzeit von über einem Jahr. Kurzfristig sind dies u. a. Bewegungen von Devisen, Sorten und Gold, Kauf von Geldmarktpapieren, Anzahlungen, Kredite mit einer Laufzeit von unter einem Jahr.

Aktivitäten wie z. B. Unternehmensgründungen und Eröffnung von Niederlassungen von Unternehmen im Ausland werden als Direktinvestitionen bezeichnet.

Die **Devisenbilanz** ist eine Art Kapitalbilanz der Zentralbank, d. h., hier werden alle ihre Kapitalbewegungen festgehalten. Sie erfasst alle Devisenzu- und -abgänge sowie die Änderungen der Auslandspositionen Deutschlands und die Änderungen der Goldbestände.

Devisen
Kapitel 4.7

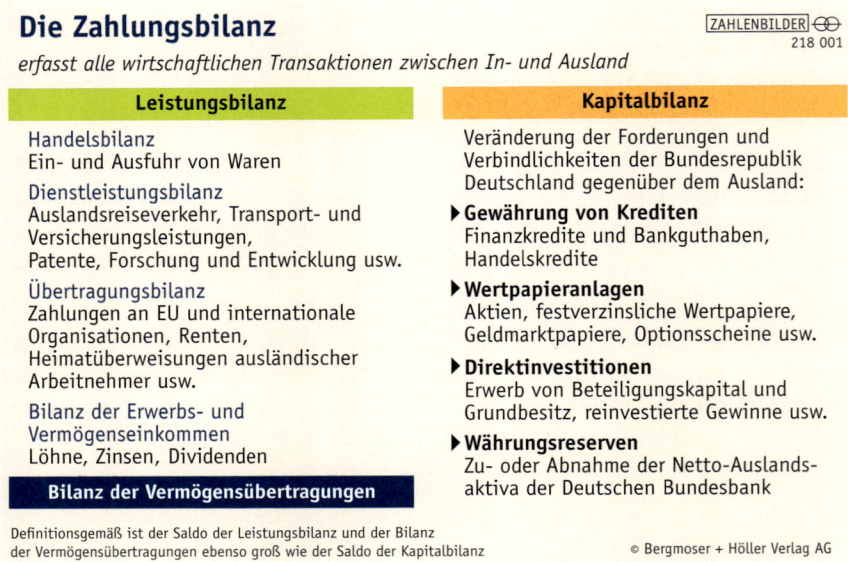

Die Zahlungsbilanz

erfasst alle wirtschaftlichen Transaktionen zwischen In- und Ausland

ZAHLENBILDER
218 001

Leistungsbilanz	Kapitalbilanz
Handelsbilanz Ein- und Ausfuhr von Waren	Veränderung der Forderungen und Verbindlichkeiten der Bundesrepublik Deutschland gegenüber dem Ausland:
Dienstleistungsbilanz Auslandsreiseverkehr, Transport- und Versicherungsleistungen, Patente, Forschung und Entwicklung usw.	▶ **Gewährung von Krediten** Finanzkredite und Bankguthaben, Handelskredite
Übertragungsbilanz Zahlungen an EU und internationale Organisationen, Renten, Heimatüberweisungen ausländischer Arbeitnehmer usw.	▶ **Wertpapieranlagen** Aktien, festverzinsliche Wertpapiere, Geldmarktpapiere, Optionsscheine usw.
Bilanz der Erwerbs- und Vermögenseinkommen Löhne, Zinsen, Dividenden	▶ **Direktinvestitionen** Erwerb von Beteiligungskapital und Grundbesitz, reinvestierte Gewinne usw.
Bilanz der Vermögensübertragungen	▶ **Währungsreserven** Zu- oder Abnahme der Netto-Auslands- aktiva der Deutschen Bundesbank

Definitionsgemäß ist der Saldo der Leistungsbilanz und der Bilanz
der Vermögensübertragungen ebenso groß wie der Saldo der Kapitalbilanz

© Bergmoser + Höller Verlag AG

10.5.3 Die Bedeutung der Zahlungsbilanz

Die Zahlungsbilanz ist nach dem System der doppelten Buchführung aufgebaut und muss stets ausgeglichen sein. Die Teilbilanzen hingegen sind in der Regel immer unausgeglichen. In diesen Fällen wird von einem Zahlungsbilanzdefizit oder einem -überschuss gesprochen. Ungleichgewichte in den Teilbilanzen eines Landes führen automatisch zu Ungleichgewichten in den Teilbilanzen eines anderen Landes.

Ein **Zahlungsbilanzdefizit** liegt vor bei

- einer passiven Handelsbilanz (Warenimporte › Warenexporte),
- einer passiven Dienstleistungsbilanz (Dienstleistungsimporte › Dienstleistungs-exporte) oder
- einer passiven Übertragungsbilanz (Leistungen an das Ausland › Leistungen an das Inland).

Ein **Zahlungsbilanzüberschuss** liegt vor bei

- einer aktiven Handelsbilanz (Warenimporte ‹ Warenexporte),
- einer aktiven Dienstleistungsbilanz (Dienstleistungsimporte ‹ Dienstleistungsexporte) oder
- einer aktiven Übertragungsbilanz (Leistungen an das Ausland ‹ Leistungen an das Inland).

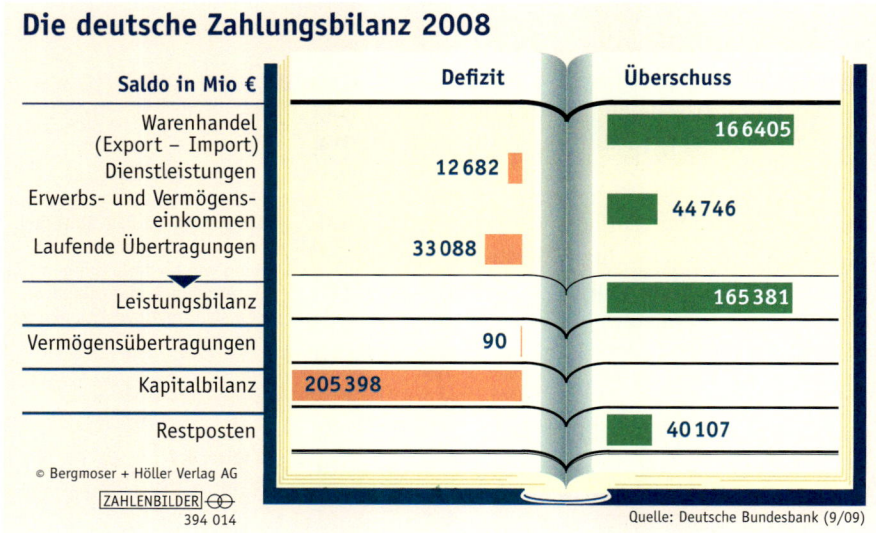

Die deutsche Zahlungsbilanz 2008

Saldo in Mio €	Defizit	Überschuss
Warenhandel (Export – Import)		166 405
Dienstleistungen	12 682	
Erwerbs- und Vermögens-einkommen		44 746
Laufende Übertragungen	33 088	
Leistungsbilanz		165 381
Vermögensübertragungen	90	
Kapitalbilanz	205 398	
Restposten		40 107

© Bergmoser + Höller Verlag AG

ZAHLENBILDER
394 014

Quelle: Deutsche Bundesbank (9/09)

In der **Zahlungsbilanz** werden alle wirtschaftlichen Transaktionen zwischen dem Inland und dem Ausland innerhalb einer Periode erfasst. Sie gibt Auskunft über internationale Verflechtungen einer Volkswirtschaft und liefert den Wirtschaftpolitikern nützliche Zahlenwerte. Die Zahlungsbilanz umfasst vier Teilbilanzen: die Leistungsbilanz, die sich aus der Handels-, Dienstleistungs-, Erwerbs- und Vermögensbilanz sowie der Übertragungsbilanz ergibt, die Vermögensübertragungsbilanz, die Kapitalbilanz und die Devisenbilanz.

Eine Zahlungsbilanz ist immer **ausgeglichen**. Wenn von einem **Zahlungsbilanzdefizit** bzw. -überschuss gesprochen wird, liegt eine passive oder aktive Handels-, Dienstleistungs- oder Übertragungsbilanz vor.

1 Was wird in der Zahlungsbilanz und welche Transaktionen werden in den Teilbilanzen erfasst?

2 Erklären Sie den Ausdruck eines Zahlungsbilanzüberschusses und eines Zahlungsbilanzdefizits.

3 Prüfen Sie die folgenden außenwirtschaftlichen Vorgänge. Welche Teilbilanz der Zahlungsbilanz betreffen sie?

a Italien importiert deutsche Maschinen.

b Ein deutsches Ingenieurbüro plant einen Staudamm in Ägypten.

c Herr Well kauft über seine Bank US-Aktien.

d Deutschland importiert Erdöl aus Saudi-Arabien.

e Ein arabischer Scheich beteiligt sich an einer deutschen Unternehmung.

f Die Bundesregierung zahlt Beiträge an die EU.

g Eine chinesische Reisegruppe macht Urlaub in Berlin.

h Ein türkischer Arbeitnehmer überweist einen Teil seines Gehaltes nach Istanbul zu seiner Familie.

4 Die Transaktionen zwischen Land A und Land B lassen sich vereinfacht wie folgt darstellen:

– Warenexporte = 51,9 Mrd. €

– Warenimporte = 45,7 Mrd. €

– Dienstleistungsimporte = 7,4 Mrd. €

– Dienstleistungsexporte = 10,2 Mrd. €

– Erwerbs- und Vermögensbilanz = –0,8 Mrd. €

– Laufende Zahlungen an Land B ohne Gegenleistung (EU-Beiträge, Renten, Heimatüberweisungen) = 3,0 Mrd. €

– Laufende Zahlungen aus Land B an Land A = 1,0 Mrd. €

– Vermögensübertragungsbilanz (einmalige Übertragungen) = –0,1 Mrd. €

– Direktinvestitionen von Land A in Land B = 7,1 Mrd. €

– Direktinvestitionen von Land B in Land A = 6,8 Mrd. €

– Land A kauft ausländische Wertpapiere im Wert von 11,4 Mrd. €.

– Land B kauft Wertpapiere von Land A im Wert von 3,1 Mrd. €.

– Land A (Unternehmen, Privatpersonen, Staat) erhält Kredite von Land B in Höhe von 16,8 Mrd. €.

– Kreditinstitute von Land A vergaben Kredite an Land B im Wert von 9,4 Mrd. €.

– Devisenbilanz = 1,2 Mrd. €

Welche Werte ergeben sich für die Leistungsbilanz, die Kapitalbilanz und die Zahlungsbilanz?

10.6 Internationale Organisationen und Abkommen

Globalisierung
Kapitel 10.9

Seit den 1970er-Jahren verschmelzen immer mehr nationale und internationale Märkte zu Weltmärkten und immer größere, multinationale Unternehmen entstehen. Diese Entwicklung führt zu neuen Anforderungen an die weltweiten „Spielregeln" für den Handel.

Wirtschaftsordnung
Kapitel 5.2

Eine tragfähige **Weltwirtschaftsordnung** sollte mit ihren Vorschriften den grenzüberschreitenden Handel von Waren, Dienstleistungen, Kapital und Arbeit regeln. Das erweist sich allerdings als außerordentlich schwierig, weil bisher kein geschlossenes Regelwerk existiert. Vielmehr besteht die derzeitige Weltwirtschaftsordnung aus vielen verschiedenen Organisationen und Abkommen, die die Handelsbeziehungen und die wirtschaftliche Zusammenarbeit zwischen den Mitgliedstaaten regeln. Die Weltwirtschaftsordnung kann in drei Bereiche unterteilt werden, und zwar in die Welthandels-, die Weltwährungs- und die Welttransferordnung. Nachfolgend werden die wichtigsten Organisationen und Abkommen vorgestellt.

EFTA = Europäische
Freihandelszone

FTAA = Amerikanische
Freihandelszone

Deutschland ist seit 1973 Mitglied der UNO.
www.un.org und
www.unric.org

Die **UNO** (United Nations Organization, Vereinte Nationen) hat die Entwicklung der Weltwirtschaft mit ihren Unterorganisationen entscheidend gefördert. Sie hat ihren Hauptsitz in New York und verfolgt u. a. das Ziel, den Weltfrieden zu wahren, freundschaftliche Beziehungen zwischen den Nationen zu entwickeln und den Lebensstandard und die Menschenrechte zu fördern. Im Laufe der Zeit entstanden neben der UNO eine Reihe von internationalen Einrichtungen zur Förderung der Weltwirtschaft, z. B. Welthandelsorganisation, Internationaler Währungsfonds und Weltbank.

Deutschland ist seit 1951 Mitglied der WTO (zuvor GATT).
www.wto.org

Handelshemmnisse
Kapitel 10.4

Bis 1994 war das Allgemeine Zoll- und Handelsabkommen **GATT** (General Agreement on Tariffs and Trade) das maßgebliche Instrument zur Regulierung des Welthandels. In der Anfangsphase bemühte sich das GATT vornehmlich um den Abbau von internationalen Zollschranken. Später wurde der Abbau aller Handelshemmnisse zum Hauptziel, da der zunehmende Abbau von Zöllen von der Errichtung neuer, nichttarifärer Handelshemmnisse begleitet war.

1995 wurde das GATT durch die Welthandelsorganisation **WTO** (World Trade Organization) abgelöst. Die WTO soll im Gegensatz zum GATT die Handelspraktiken der Mitgliedstaaten überwachen, da sie über mehr Entscheidungskompetenzen verfügt. Zu den Aufgaben der WTO zählt die Überwachung der Einhaltung des Allgemeinen Zoll- und Handelsabkommens sowie der Beschlüsse der einzelnen GATT-Runden.

Die Organisation der Vereinten Nationen – UN

Sicherheitsrat

5 ständige Mitglieder:
VR China, Frankreich, Großbritannien, Russland, USA

10 nichtständige Mitglieder
(von der General-
versammlung gewählt)

Ständiger Militärausschuss

Ausschüsse für Sanktionen

Anti-Terrorismus-Ausschuss

Internationale Strafgerichte

UN-Friedenstruppen

Ausschuss für Friedens-
entwicklung (Peacebuilding)

Menschenrechtsrat

Abrüstungskommission

Abrüstungskonferenz

Internationale Konferenzen

Sekretariat

Generalsekretär

Politische Abteilungen ·
Fachabteilungen ·
Sekretariate der Programme,
Fonds und Konferenzen ·
Allgemeine Dienste

Sitz: New York
Zweigstellen
in Genf,
Nairobi,Wien

Ausschuss für
Programme
und Koordi-
nierung (CPC)

General-
versammlung
jährlich eine Tagung,
Sondertagungen

Haupt-
ausschüsse

Lenkungs-
ausschuss
(zur Tagung der
General-
versammlung)

Internationaler
Gerichtshof

15 Richter
(von der Generalversammlung
und vom Sicherheitsrat gewählt)

Wirtschafts- und
Sozialrat (ECOSOC)

54 Mitglieder
(von der General-
versammlung gewählt)

(untersteht der
Generalversammlung)

Fachkommissionen

u.a. für:
Menschenrechte
Nachhaltige Entwicklung
Drogen
Stellung der Frauen

Regionale Wirtschafts-
kommissionen

Europa (ECE)
Asien und Pazifik (ESCAP)
Lateinamerika und Karibik
(CEPAL)
Afrika (ECA)
Westasien (ESCWA)

Sonder-
organisationen

ILO	Arbeit
FAO	Ernährung
UNESCO	Bildung, Kultur
WHO	Gesundheit
IMF	Währung
IBRD	Weltbank
• IDA	Entwicklung
• IFC	Finanzierung
• MIGA	Investitionsgarantien
ICAO	Zivilluftfahrt
UPU	Postwesen
ITU	Telekommunikation
WMO	Meteorologie
IMO	Schifffahrt
WIPO	Geistiges Eigentum
IFAD	Landw. Entwicklung
UNIDO	Industr. Entwicklung
UNWTO	Tourismus

IAEA	Atomenergie
WTO	Welthandel

Programme
und Fonds der UN

UNICEF	Kinderhilfswerk
UNCTAD	Handel und Entwicklung
UNDP	Entwicklung
UNEP	Umwelt
HABITAT	Siedlungswesen
UNFPA	Bevölkerung
WFP	Ernährung
UNDCP	Drogenkontrolle
UNHCR	Hoher Kommissar für Flüchtlinge
UNRWA	Palästinaflüchtlinge
OHCHR	Hoher Kommissar für Menschenrechte
UNAIDS	AIDS-Programm
UNV	Freiwilligen-programm
UNU	UN-Universität

Forschungsinstitute und
sonstige Einrichtungen

ZAHLENBILDER
615 120

Die Organisationsstruktur der WTO

Quelle: Bundesministerium für Ernährung,
Landwirtschaft und Verbraucherschutz, www.bmelv.de

Deutschland ist seit 1949
Mitglied der OECD.
www.oecd.org

Die **OECD** (Organization for Economic Cooperation and Development) wurde zur Förderung der wirtschaftlichen Zusammenarbeit und Entwicklung gegründet. Mitglieder sind vor allem die westlichen Industrieländer. Die Aufgaben der OECD sind:

- Koordination der Konjunktur- und Währungspolitik
- Koordination der Entwicklungshilfe für Entwicklungsländer und bedürftige OECD-Länder
- Förderung und Ausweitung des Welthandels
- Beobachtung der Wirtschaftsentwicklung ihrer Mitglieder, Veröffentlichung von umfangreichen Statistiken und ökonomischen Empfehlungen

© Bergmoser + Höller Verlag AG

ZAHLENBILDER
622 001

In Bretton Woods (New Hampshire, USA) wurden 1944 die Verträge zur Gründung des Internationalen Währungsfonds und der Weltbank beschlossen. Die Mitglieder des **Internationalen Währungsfonds** (IWF) haben sich dazu verpflichtet,

- die internationale Zusammenarbeit in der Währungspolitik zu fördern, damit geordnete Wechselkursregelungen gewährleistet sind und somit ein stabiles Wechselkurssystem gefördert werden kann;
- enger zusammenzuarbeiten in Fragen der internationalen Währungspolitik und des zwischenstaatlichen Zahlungsverkehrs (z. B. Beseitigung von Devisenverkehrsbeschränkungen);
- Hilfe bei Zahlungsbilanzdefiziten eines Mitgliedstaates zu leisten. Jedes Mitgliedsland hat bestimmte Zahlungsverpflichtungen gegenüber dem IWF. Aus diesem Fonds werden Kredite an Länder mit Zahlungsbilanzdefiziten geleistet.

www.imf.org
Wechselkurse
Kapitel 4.7

Zahlungsbilanz
Kapitel 10.5

Jedes Mitglied bekommt aufgrund seiner wirtschaftlichen und finanziellen Lage eine Einzahlungsquote zugewiesen. Nach ihr bemisst sich das Stimmrecht in den IWF-Organen und die Zuteilung der Sonderziehungsrechte. Benötigt ein Land Devisen, um ein Zahlungsbilanzdefizit zu decken, hat es aufgrund des Sonderziehungsrechtes das Recht, Devisen gegen eigene Währung zu erwerben. Sonderziehungsrechte können so als Kunstwährung des IWF bezeichnet werden. Die vom IWF gewährten Devisenkredite müssen vom Mitgliedsland verzinst und zurückgezahlt werden.

Die Zugehörigkeit von Staaten zur **Weltbank** (Internationale Bank für Wiederaufbau und Entwicklung) ist an die Mitgliedschaft im

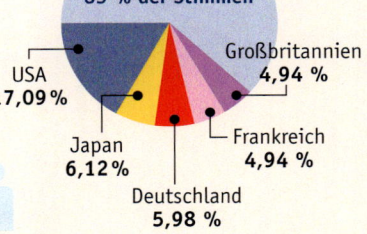

So funktioniert der Internationale Währungsfonds IWF

Gouverneursrat
– oberstes Gremium
– trifft sich einmal pro Jahr
– je 1 Vertreter der 186 Mitgliedsländer (in der Regel der Finanzminister oder der Chef der Notenbank)

bestimmt und wählt

Exekutivdirektorium
– zuständig für das tägliche Geschäft
– besetzt mit 24 Direktoren (einer davon geschäftsführend)

davon

je 1 Vertreter aus USA, Japan, Deutschland, Frankreich, Großbritannien

und 19 gewählte Vertreter aus anderen Ländern

Quoten
Das Stimmengewicht der Gouverneure und Direktoren hängt vom Kapitalanteil (so genannte Quote) ihrer Länder am Fonds ab*:

Wichtige Beschlüsse erfordern mindestens 85 % der Stimmen

USA 17,09 %
Japan 6,12 %
Deutschland 5,98 %
Großbritannien 4,94 %
Frankreich 4,94 %

*daneben haben alle Mitglieder Basisstimmen

Stand: März 2010

dpa•12269

IWF gekoppelt. Ursprünglich setzte die Weltbank ihre finanziellen Mittel nach dem Zweiten Weltkrieg für den Wiederaufbau Europas ein. Ab 1950 wandte sie sich ihrer zweiten Aufgabe, der Kreditgewährung für die Entwicklungsländer, zu. Zur Weltbankgruppe gehören außerdem noch zwei Tochterorganisationen (IBRD und IDA). Das gemeinsame Ziel dieser Organisationen ist die wirtschaftliche und soziale Entwicklung weniger entwickelter Mitgliedsländer durch finanzielle Hilfen, durch Beratung und technische Unterstützung.

IBRD = Internationale Bank für Wiederaufbau	**IDA = Internationale Einwicklungsorganisation**
– vergibt günstige Kredite für Wiederaufbau und Entwicklung – erwirtschaftet nötige Mittel auf dem Kapitalmarkt	– vergibt zinslose Kredite und Zuschüsse an die ärmsten Länder der Welt – finanziert Hilfe durch Beiträge der Mitgliedsländer

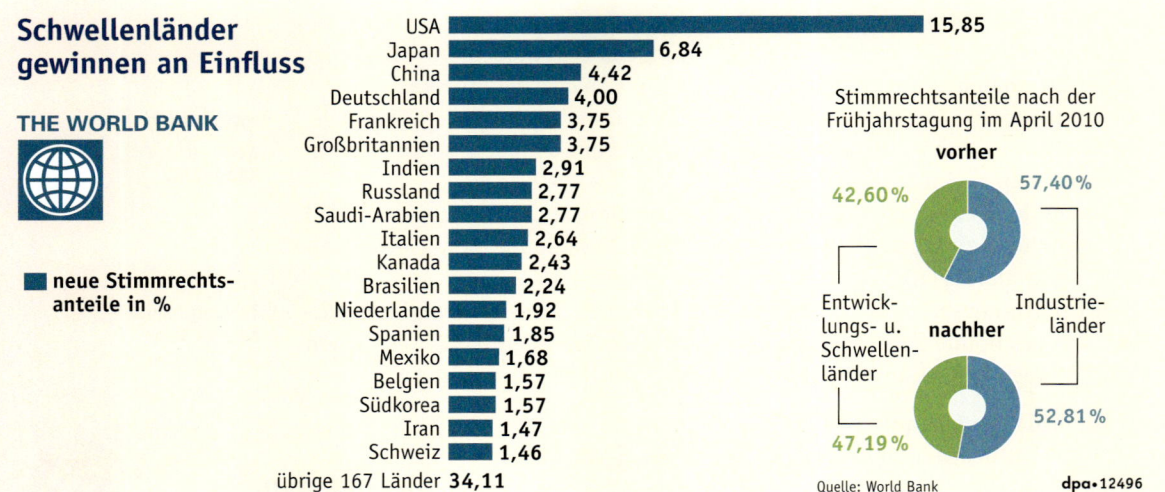

Schwellenländer gewinnen an Einfluss

THE WORLD BANK

■ neue Stimmrechts-anteile in %

USA	15,85
Japan	6,84
China	4,42
Deutschland	4,00
Frankreich	3,75
Großbritannien	3,75
Indien	2,91
Russland	2,77
Saudi-Arabien	2,77
Italien	2,64
Kanada	2,43
Brasilien	2,24
Niederlande	1,92
Spanien	1,85
Mexiko	1,68
Belgien	1,57
Südkorea	1,57
Iran	1,47
Schweiz	1,46
übrige 167 Länder	34,11

Stimmrechtsanteile nach der Frühjahrstagung im April 2010

vorher

42,60 %   57,40 %

Entwick-lungs- u. Schwellen-länder   **nachher**   Industrie-länder

47,19 %   52,81 %

Quelle: World Bank   dpa•12496

Die **UNCTAD** (United Nations Conference on Trade and Development) wurde als ständiges Organ der UNO gebildet. Die Gründung der UNCTAD entsprach vor allem den Wünschen der Entwicklungsländer, die ihre Interessen in den bestehenden internationalen Institutionen nicht genügend berücksichtigt sahen und ein spezielles Forum für den Nord-Süd-Dialog verlangten. Ziel der UNCTAD ist die Förderung der Umstrukturierung des Welthandels zugunsten der Entwicklungsländer und die Förderung des Handels zwischen den Entwicklungsländern.

ÜBERBLICK

Die **Weltwirtschaftsordnung** besteht aus vielen verschiedenen Organisationen und Abkommen, die mit ihren Vorschriften die internationalen Wirtschaftsbeziehungen regeln. Sie besteht aus den Bereichen Welthandels-, Welttransfer- und Weltwährungs-ordnung.

Das **GATT** (*General Agreement on Tariffs and Trade*) wurde 1995 durch die **WTO** (Welt-handelsorganisation) abgelöst. Ihre Aufgabe ist der Abbau von internationalen Zoll-schranken und nichttarifären Handelshemmnissen. Außerdem überwacht sie sämtli-che Ergebnisse der GATT-Runden.

Die **OECD** fördert die wirtschaftliche Zusammenarbeit und die Entwicklung ihrer Mit-gliedstaaten.

Das Ziel des **IWF** (Internationaler Währungsfonds) sind der Schutz und die Förderung des internationalen Handels- und Zahlungsverkehrs. Der IWF fördert die weltweite Zu-sammenarbeit auf dem Gebiet der Währungspolitik und sichert die Stabilität der Wäh-rungen. Wenn Mitgliedsländer in Zahlungsschwierigkeiten geraten, werden Kredite gewährt.

Die **Weltbank** mit ihren Tochterorganisationen **IDA** und **IFC** finanziert Projekte in Ent-wicklungsländern.

AUFGABEN

1 Nennen Sie die wichtigsten Aufgaben von WTO, OECD, IWF und Weltbank.
2 Nennen Sie Argumente, warum die WTO trotz aller Kritik als eines der erfolgreichs-ten internationalen Abkommen angesehen wird.

10.7 Regionale Handelsabkommen

Neben den nahezu weltumspannenden Regelungen der WTO gibt es eine Vielzahl regionaler Handels- und Integrationsabkommen. Diese unterscheiden sich hinsichtlich ihrer Integrationsstufe: Freihandelszone, Zollunion und gemeinsamer Markt.

> **BEISPIEL**
>
> Zu den regionalen Handelsabkommen zählen EU; NAFTA (North American Free Trade Area) mit Kanada, Mexiko und USA; Mercosur mit Argentinien, Brasilien, Paraguay und Uruguay; ASEAN (Association of South East Asian Nations) mit Brunei, Kambodscha, Indonesien, Malaysia, Laos, Philippinen, Singapur, Thailand und Vietnam sowie verschiedene Regionalabkommen auf dem afrikanischen Kontinent.

Europäische Union
Kapitel 1.8

Die **Freihandelszone** ist die schwächste Integrationsform eines wirtschaftlichen Zusammenschlusses zwischen verschiedenen Staaten und hat den freien Güterverkehr zum Ziel. Schrittweise sollen zwischen den beteiligten Ländern bestehende Handelshemmnisse abgebaut werden. Jedes Mitgliedsland behält aber seine volle Autonomie bei der Gestaltung der eigenen Außenhandelspolitik gegenüber Drittländern.

Handelshemmnisse
Kapitel 10.4

> **BEISPIEL**
>
> Die **EFTA** (European Free Trade Association) wurde 1960 von Dänemark, Großbritannien, Norwegen, Österreich, Irland, der Schweiz und Portugal gegründet. Die Mitglieder sind in ihrer Außenzollpolitik autonom, d. h., sie können ihre Zölle gegenüber Nichtmitgliedstaaten eigenständig festsetzen. Zwischen den Partnerländern existieren aber keine Zölle oder Mengenbeschränkungen. Damit Importe aus Drittländern nicht den Umweg über dasjenige Mitgliedsland nehmen, welches den geringsten Zoll für das jeweilige Gut erhebt, wird die Vorlage von sogenannten Ursprungszeugnissen verlangt. Nur auf Güter, die innerhalb der Freihandelszone hergestellt wurden, wird Zollfreiheit gewährt. Auch wenn das Produkt bestimmten Verarbeitungsprozessen unterworfen war oder Bestandteile aus Drittländern enthält, deren Wert weniger als 50 % des Gesamtwertes ausmacht, wird Zollfreiheit gewährt. Die Gründungsländer Dänemark, Großbritannien, Österreich, Irland und Portugal sind mittlerweile der EU beigetreten.

Die **Zollunion** als nächsthöhere Integrationsform ist ein typisches Konzept zur regionalen Handelsliberalisierung. Die Mitglieder einer Zollunion gewähren untereinander freien Güterverkehr und legen zusätzlich einheitliche Außenzölle gegenüber Drittländern fest. Das gemeinsame Auftreten nach außen kann sich zusätzlich auch auf andere wirtschaftspolitische Bereiche erstrecken. Die Errichtung einer Zollunion ist in der Regel die Vorstufe zur Gründung eines gemeinsamen Marktes oder einer Wirtschaftsunion. Die Mitgliedstaaten der EU erreichten das Stadium der Zollunion bereits 1968.

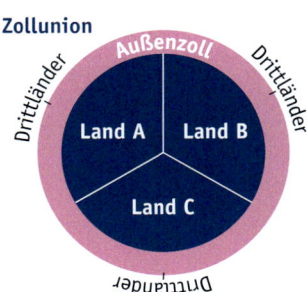

Gemeinsamer Markt

In den Ländern
A, B, C

1. Kapitalververkehrsfreiheit
2. Dienstleistungsfreiheit
3. Warenverkehrsfreiheit
4. Niederlassungsfreiheit

gemeinsamer

Drittländer

Außenzoll

Auf einem **gemeinsamen Markt** (Binnenmarkt) gelten die Bedingungen der Zollunion. Darüber hinaus gewähren sich die Mitgliedsländer gegenseitig die sogenannten vier „Grundfreiheiten":

- Freier Personenverkehr: Wegfall von Grenzkontrollen, Annäherung der Gesetze, Niederlassungs- und Beschäftigungsfreiheit
- Freier Dienstleistungsverkehr: Liberalisierung der Finanzdienste, Öffnung der Transport- und Telekommunikationsmärkte
- Freier Warenverkehr: Wegfall von Grenzkontrollen, Harmonisierung und gegenseitige Anerkennung von Normen und Vorschriften
- Freier Kapitalverkehr: mehr Freizügigkeit für Geld- und Kapitalbewegungen, Schritte zu einem gemeinsamen Markt für Finanzdienstleistungen, Liberalisierung des Wertpapierverkehrs

Seit 1993 hat die EU das Ziel des gemeinsamen Marktes offiziell erreicht.

Weitergehende Integrationsstufen regionaler Wirtschaftsräume umfassen z. B. gemeinsame Regelungen in binnenwirtschaftlichen Fragen bis hin zu einer Integration auf politischer und institutioneller Ebene. Von diesem Ideal war auch der Integrationsprozess der Europäischen Union geleitet.

Regionale Handelsabkommen bieten häufig ein Konfliktpotenzial mit Blick auf die Weiterentwicklung des internationalen Freihandels. Grundsätzlich lassen sich gemeinsame Interessen leichter auf regionaler anstatt auf internationaler Ebene finden und durchsetzen. Allerdings entstehen im Zuge der Regionalisierung von Wirtschaftsräumen neue Außengrenzen. Diese Abschottung kann trotz der positiven Effekte innerhalb der Region zu Nachteilen hinsichtlich der globalen Arbeitsteilung führen. Konflikte zwischen regionalen Wirtschaftsräumen sind selbst unter dem Dach der WTO nur schwierig zu lösen, da sich zum Teil mächtige Wirtschaftsräume gegenüberstehen (wie z. B. EU und NAFTA).

AUFGABEN

1 Erklären Sie die Unterschiede zwischen einer Freihandelszone, einer Zollunion und einem gemeinsamen Markt.
2 Begründen Sie, warum regionale Handelsabkommen ein Konfliktpotenzial für die Weiterentwicklung des internationalen Freihandels darstellen.

10.8 Die Europäische Union (EU)

Der europäische Einigungsprozess begann im Jahre 1951 mit sechs Gründungsmitgliedern. Mittlerweile tritt die Europäische Union auch in vielen politischen Bereichen gemeinsam nach außen auf, wie z.B. in der Wirtschafts-, Sozial-, Umwelt-, Rechts-, Außen-, Innen- und Sicherheitspolitik.

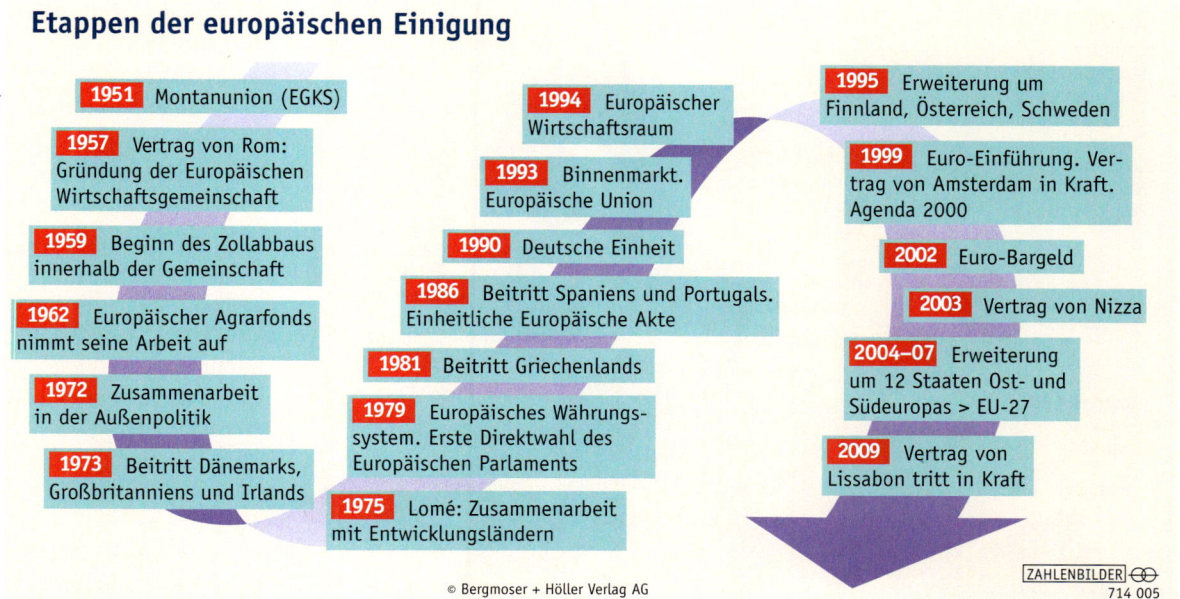

Etappen der europäischen Einigung

1951 Montanunion (EGKS)

1957 Vertrag von Rom: Gründung der Europäischen Wirtschaftsgemeinschaft

1959 Beginn des Zollabbaus innerhalb der Gemeinschaft

1962 Europäischer Agrarfonds nimmt seine Arbeit auf

1972 Zusammenarbeit in der Außenpolitik

1973 Beitritt Dänemarks, Großbritanniens und Irlands

1975 Lomé: Zusammenarbeit mit Entwicklungsländern

1979 Europäisches Währungssystem. Erste Direktwahl des Europäischen Parlaments

1981 Beitritt Griechenlands

1986 Beitritt Spaniens und Portugals. Einheitliche Europäische Akte

1990 Deutsche Einheit

1993 Binnenmarkt. Europäische Union

1994 Europäischer Wirtschaftsraum

1995 Erweiterung um Finnland, Österreich, Schweden

1999 Euro-Einführung. Vertrag von Amsterdam in Kraft. Agenda 2000

2002 Euro-Bargeld

2003 Vertrag von Nizza

2004–07 Erweiterung um 12 Staaten Ost- und Südeuropas > EU-27

2009 Vertrag von Lissabon tritt in Kraft

© Bergmoser + Höller Verlag AG

ZAHLENBILDER
714 005

10.8.1 Die Wirtschafts- und Währungsunion (WWU)

Ein gemeinsames Auftreten der Mitgliedstaaten der EU beinhaltet in ausgewählten wirtschaftspolitischen Bereichen den Verzicht auf autonome Entscheidungsfindung. Nationale Zuständigkeiten wurden zum Teil auf supranationale Institutionen der EU übertragen. Darüber hinaus findet aber auch eine Zusammenarbeit nationaler Stellen in „Angelegenheiten des gemeinsamen Interesses" statt.

Im Fall der Zusammenarbeit behalten die Mitgliedstaaten ihre nationale Souveränität, verpflichten sich aber, Konsultationsverfahren einzuhalten und gemeinsam gefasste Beschlüsse in ihren Ländern umzusetzen.

> Die europäische Geld- und Wechselkurspolitik wird von der EZB als supranationale Institution verantwortet. EZB und ESZB sind autonome Gemeinschaftsinstitutionen. Eine nationale Einflussnahme ist ausdrücklich untersagt. In „gemeinsamen" wirtschafts- und haushaltspolitischen Angelegenheiten hingegen schreiben die Verträge lediglich eine Koordinierung der Wirtschafts- und Haushaltspolitik auf nationaler Ebene vor.
>
> **BEISPIEL**

Bestandteile der Wirtschafts- und Währungsunion sind
- der einheitliche Wirtschaftsraum für alle Mitglieder der Gemeinschaft,
- das einheitliche Währungsgebiet für Mitglieder, die den Euro eingeführt haben.

Euroländer
Kapitel 4.4

gemeinsamer Markt
Kapitel 10.7

Inflation
Kapitel 4.6

Der **einheitliche Wirtschaftsraum** ist gekennzeichnet durch einen gemeinsamen EU-Binnenmarkt, der sich nach außen durch eine gemeinsame Zollgrenze abschirmt. Der EU-Binnenmarkt trat 1993 im Zuge der Maastrichter Verträge in Kraft. Es gelten die vier „Grundfreiheiten" des gemeinsamen Marktes: freier Personenverkehr, freier Dienstleistungsverkehr, freier Warenverkehr und freier Kapitalverkehr.

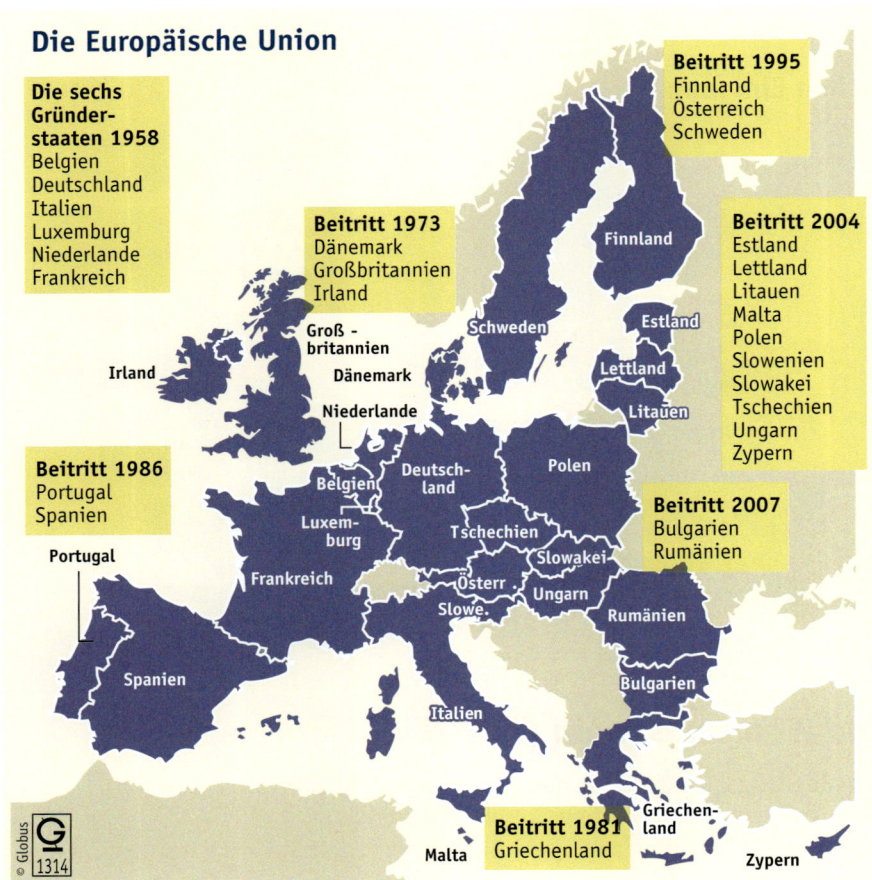

Die Europäische Union

Beitritt 1995
Finnland
Österreich
Schweden

Die sechs Gründer-staaten 1958
Belgien
Deutschland
Italien
Luxemburg
Niederlande
Frankreich

Beitritt 1973
Dänemark
Großbritannien
Irland

Beitritt 2004
Estland
Lettland
Litauen
Malta
Polen
Slowenien
Slowakei
Tschechien
Ungarn
Zypern

Beitritt 1986
Portugal
Spanien

Beitritt 2007
Bulgarien
Rumänien

Beitritt 1981
Griechenland

© Globus
1314

Das **einheitliche Währungsgebiet** ist gekennzeichnet durch die **Währungsunion**, die 1999 mit der Einführung des Euro im bargeldlosen Zahlungsverkehr in Kraft trat. Grundgedanke der Währungsunion ist, dass eine gemeinsame Währung nur dann erfolgreich sein kann, wenn die wirtschaftlichen Rahmenbedingungen vergleichbar sind und in einem Mitgliedsland keine anhaltende Inflationsgefahr besteht. Der Beitritt zur Währungsunion war und ist daher an sogenannte **Konvergenzkriterien** gekoppelt, die auch zukünftige Beitrittskandidaten erfüllen müssen. Die Konvergenzkriterien sind im europäischen Stabilitätspakt festgeschrieben.

Konvergenzkriterien	
Haushalts-gleichgewicht	Begrenzung der jährlichen Neuverschuldung auf maximal 3 % des BIP sowie Begrenzung der Gesamtverschuldung auf maximal 60 % des BIP
Preisniveaustabilität	maximale Abweichung der Inflationsrate von 1,5 %, bezogen auf die durchschnittliche Inflationsrate der drei Euro-Länder mit der geringsten Inflationsrate
Harmonisierung der langfristigen Zinssätze	maximale Abweichung von 2 % vom langfristigen Kapital-marktzins der drei Länder mit der geringsten Inflationsrate
Wechselkursstabilität	mindestens zweijährige Teilnahme am WKM II sowie Verbot der einseitigen Leitkursänderung oder des Überschreitens der Bandbreite während der letzten zwei Jahre vor der Konvergenzprüfung

WKM II
Kapitel 4.8.3

Am 1. Dezember 2009 trat der **Reformvertrag von Lissabon** in Kraft. Durch den Vertrag von Lissabon besitzt die Europäische Union seither eine einheitliche Rechtspersönlichkeit. Der Vertrag reformierte die Vertragsgrundlagen der EU nach den Verträgen von Maastricht (1992), Amsterdam (1997) und Nizza (2001). Der Vertrag löste die drei Säulen Struktur der EU auf, die durch die Europäische Union als Klammer zusammengehalten wurden. Der Vertrag zur Gründung der Europäischen Union wurde in **Vertrag über die Arbeitsweise der Europäischen Union** (AEUV) umbenannt.

Der **Lissabon-Vertrag** soll die Handlungsfähigkeit und die demokratische Legitimation der EU sowie ihre Rolle in der Welt stärken. Wichtige Neuerungen im Vertrag sind:
- die erstmalige Auflistung der EU-Kompetenzen
- die Ausdehnung der Befugnisse des Europäischen Parlaments
- die verstärkte Kontrolle des Subsidiaritätsprinzips durch die nationalen Parlamente
- die Schaffung eines permanenten Präsidenten des Europäischen Rates und eines Hohen Vertreters für die Außen- und Sicherheitspolitik

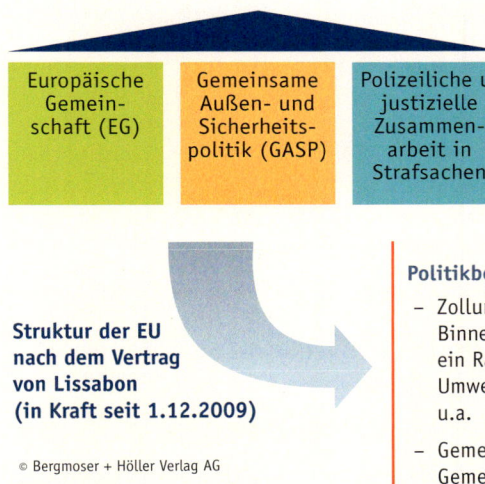

Von den drei Säulen zur einheitlichen EU

Europäische Gemeinschaft (EG)

Gemeinsame Außen- und Sicherheitspolitik (GASP)

Polizeiliche u. justizielle Zusammenarbeit in Strafsachen

Die **Europäische Union** besitzt einheitliche Rechtspersönlichkeit; sie löst die Europäische Gemeinschaft ab.

Struktur der EU nach dem Vertrag von Lissabon (in Kraft seit 1.12.2009)

© Bergmoser + Höller Verlag AG

ZAHLENBILDER
714 020

Politikbereiche der EU

- Zollunion · Währungspolitik · Handelspolitik · Wettbewerbspolitik · Binnenmarkt · wirtschaftlicher, sozialer und territorialer Zusammenhalt · ein Raum der Freiheit, der Sicherheit und des Rechts · Landwirtschaft · Umwelt · Verbraucherschutz · Transeuropäische Netze · Energie · Forschung u.a.

- Gemeinsame Außen- und Sicherheitspolitik einschließlich einer Gemeinsamen Sicherheits- und Verteidigungspolitik.

Für diesen Bereich gelten besondere Entscheidungsverfahren.

10.8.2 Organe der EU

Im Laufe des Europäischen Integrationsprozesses haben die Mitgliedstaaten eine Vielzahl von Aufgaben eigenständigen Organen der EU übertragen. Der institutionelle Aufbau der EU entspricht dem Prinzip der Gewaltenteilung.

Die **Europäische Kommission** ist als überstaatliches Organ gestaltet und ist autonom. Sie sorgt für die Umsetzung und Überwachung des Gemeinschaftsrechts. Bei Verstößen gegen das Gemeinschaftsrecht kann sie Klageverfahren vor dem Europäischen Gerichtshof einleiten. Darüber hinaus hat sie ein weitgehendes Initiativrecht in Gesetzgebungsverfahren, sodass sich die anderen Organe häufig mit den Vorschlägen der Kommission befassen.

Der **Europäische Rat** ist das wichtigste politische Organ der EU. Seine Aufgabe besteht hauptsächlich darin, für die europäische Entwicklung Ziele vorzugeben und ihr Impulse zu verleihen.

Der **Rat der europäischen Union** (**Ministerrat**) verantwortet entweder allein oder gemeinsam mit dem Parlament die Gesetzgebung in der EU und beschließt EU-Verordnungen und EU-Richtlinien. Für jedes Fachgebiet gibt es einen Ministerrat.

Das **Europäische Parlament** wird von den Bürgern der Mitgliedstaaten direkt gewählt. Seine Mitwirkungs- und Mitentscheidungsrechte sind Schritt für Schritt erweitert worden, auch wenn es nach wie vor an einer ganzen Reihe von Entscheidungsverfahren nicht beteiligt ist (wie z.B. in Fragen der Wirtschafts- und Währungspolitik.

> **BEISPIEL**
>
> Zustimmungsrechte hat das Europäische Parlament u. a. bei der Erweiterung der EU, bei Entscheidungen über die Strukturfonds und im Rahmen von Assoziationsabkommen mit Drittstaaten. Mitentscheidungsrechte stehen dem Parlament bei europäischen Rechtsakten zu. Dazu gehören insbesondere EU-Rechtsverordnungen zum Binnenmarkt, zu Fragen der Arbeitnehmerfreizügigkeit, der Bildung, Forschung und Gesundheit sowie des Verbraucherschutzes.

Der **Europäische Gerichtshof** (EuGH) kontrolliert, ob sich die Mitgliedstaaten und die Gemeinschaftsorgane vertragsgerecht verhalten und legt als Organ der Judikative das Gemeinschaftsrecht aus. Der Weg zum EuGH steht in bestimmten Rechtsstreitigkeiten jedem Bürger der Mitgliedstaaten offen, auch wenn dieser sich durch nationale Gesetze und Gerichte in seinen Rechten beeinträchtig sieht. Es gilt das Prinzip, dass EU-Recht dem nationalen Recht der Mitgliedstaaten übergeordnet ist.

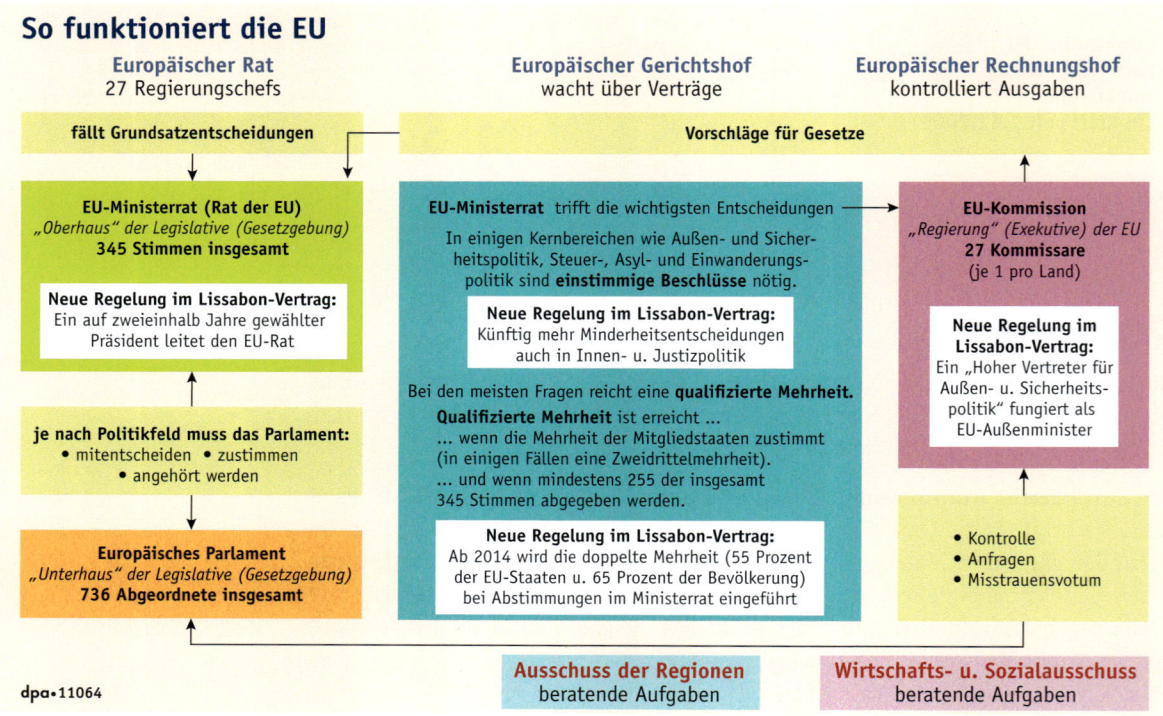

So funktioniert die EU

Europäischer Rat
27 Regierungschefs

Europäischer Gerichtshof
wacht über Verträge

Europäischer Rechnungshof
kontrolliert Ausgaben

fällt Grundsatzentscheidungen

Vorschläge für Gesetze

EU-Ministerrat (Rat der EU)
„Oberhaus" der Legislative (Gesetzgebung)
345 Stimmen insgesamt

Neue Regelung im Lissabon-Vertrag:
Ein auf zweieinhalb Jahre gewählter Präsident leitet den EU-Rat

je nach Politikfeld muss das Parlament:
• mitentscheiden • zustimmen
• angehört werden

Europäisches Parlament
„Unterhaus" der Legislative (Gesetzgebung)
736 Abgeordnete insgesamt

EU-Ministerrat trifft die wichtigsten Entscheidungen

In einigen Kernbereichen wie Außen- und Sicherheitspolitik, Steuer-, Asyl- und Einwanderungspolitik sind **einstimmige Beschlüsse** nötig.

Neue Regelung im Lissabon-Vertrag:
Künftig mehr Minderheitsentscheidungen auch in Innen- u. Justizpolitik

Bei den meisten Fragen reicht eine **qualifizierte Mehrheit**.
Qualifizierte Mehrheit ist erreicht ...
... wenn die Mehrheit der Mitgliedstaaten zustimmt (in einigen Fällen eine Zweidrittelmehrheit).
... und wenn mindestens 255 der insgesamt 345 Stimmen abgegeben werden.

Neue Regelung im Lissabon-Vertrag:
Ab 2014 wird die doppelte Mehrheit (55 Prozent der EU-Staaten u. 65 Prozent der Bevölkerung) bei Abstimmungen im Ministerrat eingeführt

EU-Kommission
„Regierung" (Exekutive) der EU
27 Kommissare
(je 1 pro Land)

Neue Regelung im Lissabon-Vertrag:
Ein „Hoher Vertreter für Außen- u. Sicherheitspolitik" fungiert als EU-Außenminister

• Kontrolle
• Anfragen
• Misstrauensvotum

dpa•11064

Ausschuss der Regionen
beratende Aufgaben

Wirtschafts- u. Sozialausschuss
beratende Aufgaben

10.8.3 EU-Strukturpolitik

Im Zuge des europäischen Einigungsprozesses sind der EU auch strukturpolitische Aufgaben übertragen worden. Die Strukturpolitik ist ein zentraler Politikbereich der EU und umfasst ca. ein Drittel der Haushaltsmittel. Dies hat zur Folge, dass die EU nicht nur zur Finanzierung von nationalen Strukturmaßnahmen beiträgt, sondern gegebenenfalls auch nationale Anpassungsmaßnahmen untersagen oder die Höhe von Subventionen begrenzen kann, wenn sie gegen wettbewerbspolitische Grundsätze verstoßen. **Träger der EU-Strukturpolitik** sind der Europäische Fonds für regionale Entwicklung (EFRE), der Europäische Sozialfonds (ESF) und der Kohäsionsfonds.

Strukturpolitik
Kapitel 6.4

Der **EFRE** hat die Aufgabe, Regionen mit Entwicklungsrückstand und Strukturproblemen zu unterstützen. So werden zum Beispiel Infrastrukturmaßnahmen und produktive Investitionen zur Schaffung von Arbeitsplätzen und zur Entwicklung sowie strukturelle Anpassungen rückständiger Gebiete gefördert. Das gilt auch für Maßnahmen zur Förderung von Forschung und Entwicklung und den Schutz der Umwelt.

Der **ESF** ist das wichtigste Instrument der Beschäftigungspolitik der EU. Die Schwerpunkte sind:
- Verbesserung der Anpassungsfähigkeit von Beschäftigten und Unternehmen
- Verbesserung des Zugangs zum Arbeitsmarkt
- Bekämpfung von Diskriminierung und Erleichterung des Zugangs zum Arbeitsmarkt für benachteiligte Personengruppen
- Förderung von Partnerschaften für Reformvorhaben in den Bereichen Beschäftigung und Eingliederung

Die grundlegenden **Ziele der EU-Strukturpolitik** für den Förderzeitraum von 2007 bis 2013 sind vom Europäischen Rat beschlossen worden:

- Das Ziel der „**Konvergenz**" richtet sich vorrangig auf die Entwicklung und Strukturanpassung von Regionen mit Rückstand. Das gilt für Regionen mit einem BIP von weniger als 75 % des EU-Durchschnitts. Darüber hinaus gilt es für Übergangsregionen, die ein Pro-Kopf-Inlandsprodukt unterhalb von 82,15 % des EU-Durchschnitts aufweisen. Förderfähig im Sinne dieses Ziels sind in Deutschland alle neuen Bundesländer und als Übergangsregion der Raum Lüneburg in Niedersachsen.
- Das Ziel „**Regionalwettbewerbsfähigkeit und Beschäftigung**" betrifft alle übrigen Gebiete der Gemeinschaft unabhängig von strukturellen Problemen. Mit diesem Ziel soll eine Förderung ermöglicht werden, die darauf ausgerichtet ist, wirtschaftliche und soziale Umbrüche zu bewältigen sowie die Globalisierung und den Übergang zu einer wissensbasierten Gesellschaft zu meistern. Förderungsfähig sind im Rahmen dieses Ziels in Deutschland die alten Bundesländer mit Ausnahme der niedersächsischen Region Lüneburg.

Globalisierung
Kapitel 10.9

- Das Ziel „**Europäische territoriale Zusammenarbeit**" (ETZ) ist auf die Unterstützung der Zusammenarbeit der Regionen ausgerichtet. Die ETZ hat insbesondere das Ziel, eine harmonische, ausgewogene und nachhaltige Entwicklung der Gemeinschaft zu fördern. Gefördert werden:
  - die grenzübergreifende Zusammenarbeit von mindestens zwei Mitgliedstaaten im Grenzgebiet
  - die transnationale Zusammenarbeit der Regionen von Mitgliedstaaten in großen Räumen, z. B. alle Ostseeanrainer, alle Alpenstaaten
  - die internationale EU-weite Kooperation

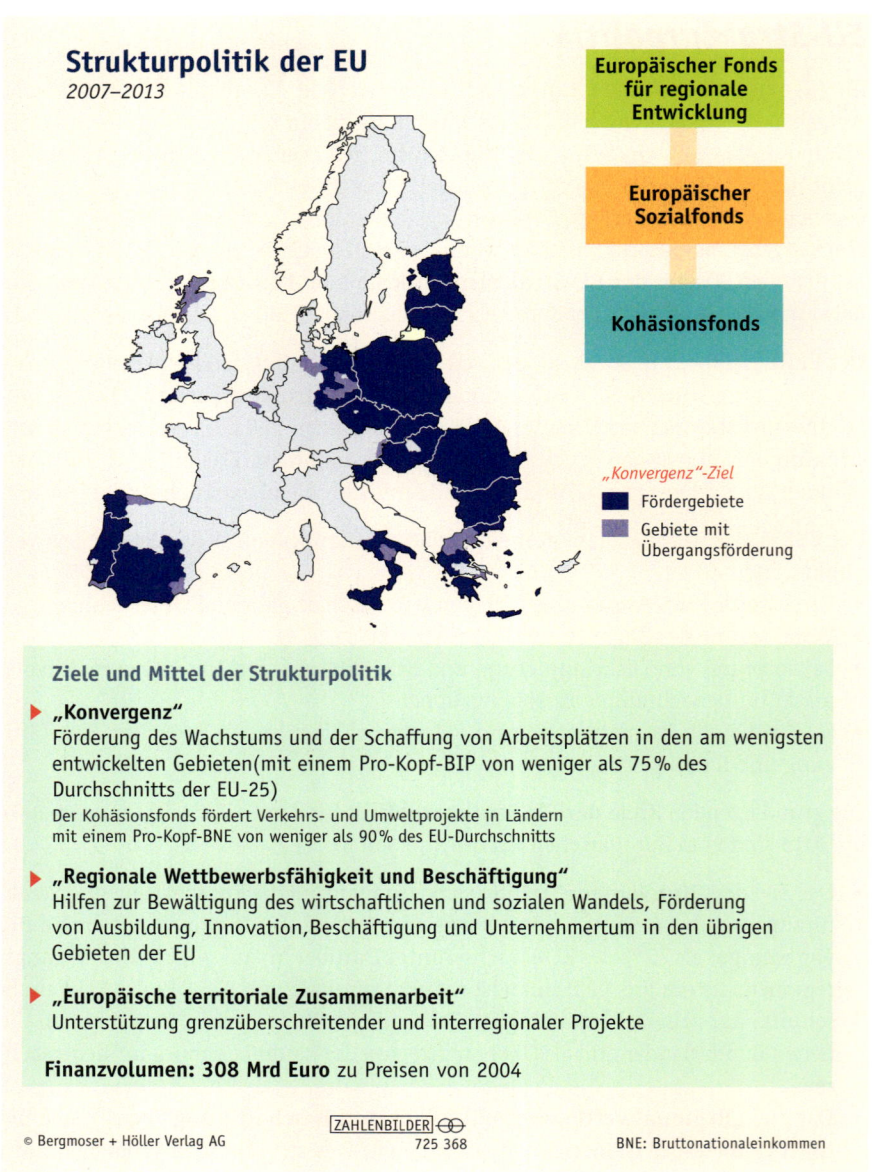

Im Zeitraum von 2007 bis 2013 sind für alle EU-Mitgliedstaaten strukturpolitische Mittel in Höhe von insgesamt rund 364 Milliarden Euro vorgesehen. Deutschland wird davon EU-Fördermittel in Höhe von ca. 26,3 Milliarden Euro erhalten. Diese Gelder teilen sich wie folgt auf:

- Für Konvergenzregionen werden 16,3 Milliarden Euro bereitgestellt. Davon sind für die neuen Bundesländer 15,3 Milliarden Euro und für Lüneburg rund 799 Millionen Euro vorgesehen.
- Alle übrigen Regionen erhalten im Rahmen des Ziels „Regionalwettbewerbsfähigkeit und Beschäftigung" rund 9,4 Milliarden Euro (alte Bundesländer ohne Lüneburg).
- Für das Ziel „Europäische territoriale Zusammenarbeit" sind rund 851 Millionen Euro vorgesehen.

Die Europäische Union ist ein Zusammenschluss von Ländern zu einer **Wirtschafts- und Währungsunion** (WWU). Die EU ist gekennzeichnet durch einen gemeinsamen Binnenmarkt, in dem die vier Grundfreiheiten gelten. Länder, die den Euro eingeführt haben, gehören zum einheitlichen Währungsgebiet. Um den Euro-Ländern beizutreten, müssen vier **Konvergenzkriterien** erfüllt werden.

Der **Lissabon-Vertrag** ist ein Reformvertrag und soll die Handlungsfähigkeit der EU sowie ihre Rolle in der Welt stärken. Der Vertrag zur Gründung der Europäischen Union (EG-Vertrag) wurde in Vertrag für die **Arbeitsweisen der Europäischen Union** (AE-UV) umbenannt.

Zu den wichtigsten **Organen der EU** gehören der Europäische Rat, der Rat der europäischen Union (Ministerrat), das Europäische Parlament und der Europäische Gerichtshof.

In der EU existieren regionale Unterschiede vor allem hinsichtlich der wirtschaftlichen Leistungsfähigkeit, des Wohlstands, der Beschäftigungslage und der einzelstaatlichen Sozialsysteme. Träger der **EU-Strukturpolitik** sind der Europäische Fonds für regionale Entwicklung (EFRE), der Europäische Sozialfonds (ESF) und der Kohäsionsfonds.

1 Welche Konvergenzkriterien gibt es für die Europäische Währungsunion und was soll damit sichergestellt werden?
2 Benennen Sie die Gebiete bzw. Staaten in Europa, die gesonders förderbedürftig sind. Finden Sie Gründe.
3 Welches Interesse hat Deutschland an europäischer Strukturpolitik?
4 Stellen Sie anhand der Wirtschaftskarte im Atlas die Gebiete Deutschlands zusammen, die als besonders strukturschwach ausgewiesen sind, und diskutieren Sie die Probleme, mit denen diese Regionen zu kämpfen haben.
5 Informieren Sie sich auf der Internetseite http://europa.eu/index_de.htm über Projekte und Programme, die vom Europäischen Fonds für regionale Entwicklung (EFRE) unterstützt werden.

10.9 Globalisierung

Das Phänomen der Globalisierung ist wahrscheinlich so alt wie die Menschheit selbst. Bereits in der Antike haben die verschiedenen Länder Beziehungen miteinander aufgenommen, indem sie ihren Einfluss und ihren Handel bis an die Grenzen der damaligen Welt ausgedehnt haben. Im Laufe der Zeit erhielt die Globalisierung durch die Verselbstständigung von Handel und Recht immer mehr Auftrieb.

Industrielle Revolution = schneller und sozial spannungsreicher Übergang von der Agrar- zur Industriegesellschaft. Die industrielle Revolution begann in Großbritannien; sie wurde u. a. durch die Erfindung der Dampfmaschine ermöglicht.

Mit der industriellen Revolution im 18. Jahrhundert wurde der internationale Handel entscheidend vorangetrieben. Ein weltweiter Warenaustausch ergab sich schließlich im Zeitalter des Imperialismus (1870–1918), als sich Staaten über ihre Grenzen hinaus ausweiteten und Kolonien in Afrika gründeten. Dennoch erlangte die Globalisierung noch bei Weitem nicht die heutigen Ausmaße.

Die **Globalisierung im heutigen Sinne** wurde vor allem durch die Neuen Informations- und Kommunikationstechnologien (NIKT), das Informations- und Transportwesen, neue Organisationsformen der betrieblichen Produktionsprozesse sowie Liberalisierungs- und Deregulierungsmaßnahmen vorangetrieben. Sie führte zur Entstehung weltweiter Märkte, wie z. B. für Güter, Arbeitskräfte, Finanzen und Dienstleistungen. Die Globalisierung der Wirtschaft hat sich in den letzten Jahren deutlich beschleunigt. Ihre Hauptakteure sind Unternehmen und Finanzinstitute, die in vielen Staaten vertreten sind und als sogenannte Global Players auftreten.

Deregulierung = Verringerung des staatlichen Einflusses auf die Wirtschaft und Schaffung von Entscheidungsspielräumen für Unternehmen

Die Global Players, die mit ihrem Netzwerk von weltweit angesiedelten Produktionsstätten die Weltmärkte beliefern, sind die entscheidenden Akteure beim Vormarsch der Globalisierung. Erst der technologische Fortschritt hat die Erweiterung ihres Tätigkeitsfelds ermöglicht. Theoretisch muss ein Global Player nicht einmal eine Niederlassung im Ausland haben, um weltweit operieren zu können. Große Unternehmen haben sich jedoch zunehmend auch im Ausland angesiedelt.

Die Vernetzung der multinationalen Unternehmen hat besondere Auswirkungen auf die nationalen Volkswirtschaften, z. B. kann der Beitrag eines Unternehmens zum Bruttoinlandsprodukt eines Landes nicht mehr ganz eindeutig diesem Land zugeordnet werden. Zudem vernetzen Global Players mit ihren Direktinvestitionen viele nationale Volkswirtschaften.

10.9.1 Antriebskräfte

Es sind vor allem die **drei Entwicklungen** Liberalisierung der Märkte, technologischer Fortschritt und politische und wirtschaftliche Entwicklungen, die die Globalisierung vorantreiben:

Liberalisierung der Märkte

GATT, WTO
Kapitel 10.6

Handelshemmnisse
Kapitel 10.4

Seit Gründung des GATT (heute: WTO) wurde die Globalisierung auf den internationalen Märkten mehr und mehr vorangetrieben. Zunächst kam es durch die Vereinbarungen des GATT zum Abbau von Handelshemmnissen für den internationalen **Güteraustausch**. Erst in den 1970er-Jahren setzte dann auch die Liberalisierung von **Devisen- und Kapitalverkehr** ein. Die Kapitalmobilität hat sich durch die seither entstandenen globalen Finanzmärkte immer mehr erhöht. Auf dem **Dienstleistungssektor** kam es zur Deregulierung und Privatisierung, z. B. in den Bereichen Bankdienstleistungen, Transport, Telekommunikation und Versicherungen.

Die Neuen Informations- und Kommunikationstechnologien (NIKT) sorgen dafür, dass **Dienstleistungen** verstärkt international ausgetauscht werden. Zu den Dienstleistungen zählen z. B. die Bereiche Wirtschaftsprüfung, rechtliche Beratung, Transport, Bankdienstleistungen, Wertpapierhandel und Versicherung. Der Handel mit Dienstleistungen ist sozusagen ein „unsichtbarer" Handel, denn er erfolgt überwiegend über Computer. Zurzeit entfallen gut zwei Drittel der Produktion und der Beschäftigung in den Industrieländern auf den Dienstleistungssektor.

Kennzeichen für die Globalisierung auf den **Finanzmärkten** (Geld- und Kapitalmarkt) ist die erhöhte Mobilität des Kapitals. Hier geht es nicht nur um Geldkapital, das blitzschnell von einem Börsenplatz zu einem anderen bewegt werden kann, sondern auch um Sachkapital. Für die starke Expansion des Umsatzvolumens an den internationalen Finanzmärkten sind mehrere Faktoren verantwortlich:

- Die Unternehmen wollen auf expandierenden Märkten präsent sein und tätigen Direktinvestitionen. Diese Vertiefung der internationalen Arbeitsteilung zieht eine Ausweitung der Finanzströme nach sich.
- Länder und Regionen, die bisher keinen Zugang zu den internationalen Finanzmärkten hatten, werden stärker integriert und hoffen auf zinssenkende Effekte.
- Die weltweite Deregulierung hat die Integration nationaler und regionaler Finanzmärkte stark vorangetrieben.
- Durch das Investmentsparen und den privaten Vermögensaufbau wird vermehrt Kapital auf den internationalen Finanzmärkten angelegt.

> Sachkapital (Realkapital) = die Summe aller Güter, die für die Güterproduktion neben den Produktionsfaktoren Boden und Arbeit eingesetzt werden, z. B. Maschinen, Gebäude und Werkzeuge

Infolge sinkender Transport- und Kommunikationskosten sowie einer fortschreitenden Marktöffnung (z. B. Abbau von Zöllen) ist die Globalisierung der **Gütermärkte** weiter vorangeschritten. Langfristig bedeutet dies eine weltweite Ausweitung des Warenangebots. Durch das größere Angebot an Gütern können die Preise sinken (z. B. bei Textilien). Einheimische Unternehmen können dem Preisdruck nicht standhalten und geben die Produktion ganz auf oder verlagern diese ins Ausland, wo sie billiger produzieren können.

Handel in der globalisierten Welt
Reale Entwicklung – Index 1950 = 100

Quelle: WTO, IWF

© Globus 3381

Der Produktionsfaktor Arbeit ist bei Weitem nicht so mobil wie Güter und Kapital. Daher werden die **Arbeitsmärkte** infolge der Globalisierung nur teilweise durchlässiger. Gleichwohl hat die Globalisierung gravierende Auswirkungen auf den Arbeitsmarkt. Hochqualifizierte, leistungsmotivierte und flexible Arbeitnehmer können gewissermaßen weltweit eine Anstellung finden. Sie profitieren somit von der Globalisierung auf dem Arbeitsmarkt. Weniger gut qualifizierte Arbeitnehmer geraten hingegen in eine schwierige Situation: Ihre Arbeitsplätze werden wegrationalisiert und sie treten in direkte Konkurrenz mit Arbeitnehmern aus Niedriglohnländern.

Produktionsfaktoren
Kapitel 1.4.2

Arbeitsmarkt
Kapitel 9.7

Technologischer Fortschritt

Zu einer rasanten Entwicklung kam es im Technologiebereich. Durch die NIKT sind die Transport- und Kommunikationskosten in den letzten Jahren beträchtlich gefallen. Erst die NIKT haben es den Unternehmen ermöglicht, ihren Tätigkeitsbereich weltweit zu koordinieren und beim Transport von Gütern, Personen und Informationen in dramatischem Ausmaß Kosten einzusparen. Das gilt inzwischen für alle Bereiche unternehmerischen Handelns – für Produktion, Marketing und Finanzierung ebenso wie für Forschung und Entwicklung.

Politische und wirtschaftliche Entwicklungen

Schließlich haben auch die politischen Entwicklungen der 1990er-Jahre einen entscheidenden Beitrag zur Ausweitung der Globalisierung geleistet. Nachdem die Marktwirtschaft ihre Überlegenheit gegenüber sozialistischen Planwirtschaften gezeigt hat, verwischen sich nun auch zunehmend die Grenzen vormals unterschiedlicher politischer und wirtschaftlicher Systeme. Durch den fortschreitenden Transformationsprozess in Mittel- und Osteuropa liegen die Niedriglohnländer z. B. für Deutschland heute direkt vor der Haustür. Die Unternehmen können in Ländern mit niedrigen Lohnkosten billiger produzieren. Aber auch Länder in Asien, Südamerika und Afrika versuchen ihren materiellen Wohlstand durch zunehmende Exporte in die Industrieländer zu erhöhen.

10.9.2 Auswirkungen

Die wirtschaftlichen und sozialen Entwicklungen auf den Güter-, Finanz- und Arbeitsmärkten, die mit der Globalisierung einhergehen, beeinflussen die Lebenssituation jedes Einzelnen. In privaten und öffentlichen Diskussionen wird die Globalisierung daher kontrovers beurteilt.

Argumente für positive Auswirkungen:
- Die Öffnung von Märkten fördert den Handel. Es entstehen neue Unternehmen und neue Arbeitsplätze. Dies bewirkt einen Wohlstandszuwachs der Länder.
- Es kommt zu einem Technologieaustausch von hoch entwickelten Ländern zu Entwicklungsländern.
- Durch die Verlegung von Unternehmensstandorten in Niedriglohnländer erhöht sich dort das Einkommen und das Wohlstandsniveau steigt. Die Wohlstandsunterschiede zwischen den Ländern können so langfristig ausgeglichen werden.
- Multinationale Unternehmen haben die Möglichkeit, neue Produkte und Ideen in vielen verschiedenen Ländern anzubieten. Ohne diese Unternehmen würden Erzeugnisse zumeist nur in den Ursprungsländern angeboten werden.
- Der Zwang zum Strukturwandel kommt letztlich allen Ländern zugute.

Argumente für negative Auswirkungen
- Die multinationalen Unternehmen haben die Möglichkeit, ihre Gewinne in Regionen mit niedrigen Steuersätzen zu verlagern.
- Der harte Wettbewerb um Investoren, Kapital und Arbeitsplätze bereitet der Politik immer größere Schwierigkeiten, soziale Sicherheit und soziale Gerechtigkeit zu gewährleisten (Gefahr des „Sozial-Dumpings").
- Weltweit agierende Unternehmen lassen sich kaum mehr ökonomisch und politisch kontrollieren.

- Entwicklungsländer stehen in einer zunehmenden Abhängigkeit von den multinationalen Unternehmen.
- Unternehmensstandorte werden in Länder mit geringen Umweltvorschriften verlagert.
- Durch Zunahme internationaler Transporte erhöht sich die Umweltzerstörung.
- Letztlich sind die Nationen Gewinner, die über moderne Techniken, flexible und billige Arbeitskräfte verfügen.
- Die nationale Politik der Einzelländer verliert an Handlungsspielräumen und damit an Möglichkeiten, die Märkte zu regulieren.

Der Prozess der Globalisierung ist gestaltungsbedürftig, da viele Probleme international verursacht und mit nationalen Mitteln nicht zu beherrschen sind. Erforderlich sind daher internationale Regelungen, die die Grundlage einer **Weltwirtschaftsordnung** darstellen können.

Wirtschaftsordnung
Kapitel 5.2

10.9.3 Krisenerscheinungen

Die globalen Finanzmärkte sind besonders krisenanfällig und durch nationale oder internationale Institutionen kaum zu kontrollieren. Die Anleger auf globalen Finanzmärkten entscheiden sich für solche Anlagemöglichkeiten, die ihnen im internationalen Vergleich die höchste Rendite versprechen. Überdies spekulieren internationale Anleger auf Kursschwankungen für Wertpapiere und Währungen sowie auf Preisschwankungen für Rohstoffe.

Rendite = jährlicher Gesamtertrag eines angelegten Kapitals

Aus Sicht der Kapitalnehmer ist eine Kapitalbeschaffung auf den globalen Finanzmärkten mit geringeren Geldbeschaffungskosten verbunden. Werden internationale Kredite jedoch nicht verlängert, können **Liquiditätsprobleme** auftreten. Ferner ist es von Nachteil, wenn internationale Großaktionäre auf die Geschäftspolitik von Unternehmen einwirken, Standorte verlagern oder ihre Anteile an andere Investoren weiterverkaufen, die eine Übernahme beabsichtigen. Darüber hinaus ist die Aufnahme von Finanzmitteln in Fremdwährung mit **Währungsrisiken** verbunden, zumal die Tendenz zu reinen Finanztransaktionen aus spekulativen Gründen steigt.

Wechselkurs
Kapitel 4.8

Gefahr droht den globalen Finanzmärkten dann, wenn Länder ihre Zahlungsfähigkeit verlieren und Kapitalanleger ihre Gelder zurückziehen. Auslöser für eine solche Entwicklung können konjunkturelle Schwierigkeiten oder instabile politische Verhältnisse sein. Der Abzug von Kapital aus krisengeschüttelten Regionen kann das Vertrauen in die internationalen Kapitalmärkte so erschüttern, dass auch andere Länder von der Kapitalflucht betroffen sind. Es droht ein weltweiter Zusammenbruch der Kapitalmärkte.

Im Jahre 2008 kam es zu gravierenden Turbulenzen auf den internationalen Finanz-märkten. Auslöser hierfür war der US-Wohnimmobilienmarkt, auf dem es massive Übertreibungen gab. Die Preise für Häuser stiegen von Anfang 2000 bis zu ihrem Höchststand im Sommer 2006 um gut 100 %. Damit entstand eine klassische Speku-lationsblase.

Viele US-Bürger entschlossen sich zum Kauf eines Hauses, da für einen Immobilien-kredit zunächst keine oder nur sehr niedrige Zinsen zu zahlen waren. Allerdings konnten sich viele Menschen diesen Kauf im Grunde nicht leisten, und die Verschul-dung der privaten Haushalte stieg ins Unermessliche. Die unzureichende staatliche Finanzaufsicht in den USA erleichterte die Kreditvergabe zusätzlich. Das Kreditrisiko erschien den Gläubigern gering, weil sie annahmen, dass die Preise am Immobilien-markt immer weiter steigen würden.

Die Banken bündelten ihrerseits die Kredite und verkauften das Risiko der Kredit-rückzahlung an andere Banken weiter. Dabei packten sie sehr geschickt spezielle „Kreditpakete", die das tatsächliche Ausmaß des Risikos verschleierten. Überdies ver-kauften sie diese gebündelten Kreditprodukte nicht selten über sogenannte Zweck-gesellschaften im Ausland.

Mit der Zeit konnten immer weniger Hauskäufer ihren Kreditverpflichtungen nach-kommen. Die Banken blieben auf ihren Krediten „sitzen" und mussten hohe Ab-schreibungen vornehmen. Dies löste eine Negativspirale aus, deren Wirkung sich schließlich über Ländergrenzen hinaus entfaltete. Schließlich waren sogar einige Großbanken nicht mehr zahlungs- und kreditfähig, was eine **weltweite Finanzkrise** auslöste. Die Finanzmarktkrise erfasste im vollen Umfang auch Europa und damit die Bundesrepublik Deutschland, sodass sich der Staat gezwungen sah, Maßnahmen zur Rettung gefährdeter Banken zu ergreifen. Ziel dieser Maßnahmen war, das Finanz-system wieder zu stabilisieren und Schaden von der Gesamtwirtschaft abzuwenden. Gleichwohl gerieten viele Unternehmen in Schwierigkeiten, da sie keine Kredite von den Banken erhalten konnten und aufgrund der allgemeinen Wirtschaftskrise die Nachfrage nach ihren Produkten in erheblichem Umfang zurückging.

Alle Staaten sind sich darüber einig, dass die Krise letztlich nur durch einen grund-legenden Umbau der globalen Finanzsysteme bewältigt werden kann. Zu den aktuell diskutierten Vorschlägen gehören:
- ein strengeres und effizienteres Kontrollsystem
- mehr Eigenkapitalunterlegung für Banken und Finanzgeschäfte
- mehr Transparenz
- die Neugründung einer europäischen Kontrollorganisation
- eine radikale Neuordnung des internationalen Währungssystems

Im Hinblick auf ein strengeres und effizientes Kontrollsystem hat sich die EU inzwi-schen durchgerungen, drei neue Behörden für die Kontrolle von Banken, Versiche-rungen und Wertpapieren zu gründen. Den Ratingagenturen wird eine Mitschuld an der Krise zur Last gelegt, weil sie zu positive Urteile über gefährdete Wertpapiere abgegeben hätten. Deshalb müssen sich zukünftig die Agenturen beim Staat regist-rieren lassen. Diese Funktion übernimmt die Finanzaufsicht BaFin.

Nicht zuletzt sind auch die Banker-Boni in die Kritik geraten. Die Aussicht auf hor-rende Erfolgsprämien hätten die Wertpapierhändler dazu verleitet, zu große Risiken bei ihren Geschäften einzugehen. Deshalb wurden erste Beschlüsse gefasst, die Be-zahlung zu begrenzen.

So beschloss der Bundestag 2009 ein neues Gesetz, demzufolge die Gehälter von Vorständen rückwirkend gekürzt werden, wenn die Bank in Schwierigkeiten gerät. Die Manager haften überdies für Verluste mit größeren Summen. Ihre Aktienoptionen dürfen sie erst nach Jahren einlösen. Ziel der Änderungen ist es, kurzfristige Supergehälter durch Hochzinsrisikospekulation zu verhindern.

ÜBERBLICK

Unter dem Begriff der **Globalisierung der Wirtschaft** versteht man die Zunahme internationaler Wirtschaftsverflechtungen und das Zusammenwachsen von Märkten für Güter, Dienstleistungen und Finanzen über die Grenzen einzelner Staaten hinaus.

Als **Global Players** bezeichnet man große, weltweit tätige Unternehmen (z. B. Deutsche Telekom oder Siemens).

Ursachen der Globalisierung sind:
– die Liberalisierung der Märkte,
– der technologische Fortschritt sowie
– politische und wirtschaftliche Entwicklungen.

Zur **Globalisierung der Gütermärkte** kommt es nicht nur durch die sinkenden Transport- und Kommunikationskosten infolge der Neuen Informations- und Kommunikationstechnologien, sondern auch durch den Abbau von Marktschranken. Auch **Dienstleistungen** werden verstärkt international ausgetauscht. Besonders auf den **Finanzmärkten** ist die Globalisierung zu spüren, die Mobilität des Kapitals ist stark gestiegen.

Die Globalisierung hat nicht nur positive **Auswirkungen** auf die Weltbevölkerung, sondern auch negative.

AUFGABEN

1 Was sind die Antriebskräfte der Globalisierung?
2 Welche Rolle spielen die NIKT bei der Globalisierung der Güter-, Dienstleistungs- und Finanzmärkte?
3 Nennen Sie die Gründe, die 2008 zu gravierenden Turbulenzen auf den internationalen Finanzmärkten geführt haben.
4 Erläutern Sie anhand des Textes „Verbietet die gefährlichsten Geschäfte" warum Leerverkäufe in besonderer Weise für Finanzkrisen mitverantwortlich sein können.

Verbietet die gefährlichsten Geschäfte

Mithilfe der sogenannten Leerverkäufe können Anleger auf sinkende Kurse von Wertpapieren (Aktien, Anleihen und so weiter) spekulieren. Insbesondere die Hedgefonds, aber auch die Investmentbanken, Brokerfirmen und Investmentfonds machen das schon seit Jahrzehnten. Dabei leiht sich der Investor kurzfristig ein Wertpapier, verkauft es und hofft, es zu einem niedrigeren Kurs zurückkaufen zu können. Die Preisdifferenz abzüglich Leihgebühr wäre sein Gewinn. Dieses Leihgeschäft funktioniert sogar, wenn man das Wertpapier gar nicht besitzt, also „ungedeckt". Zuletzt so geschehen mit griechischen Staatsanleihen, ihr tatsächlicher Kurswert verfiel immer stärker. Als sich zeitweise gar keine Kaufinteressenten mehr fanden, stand der Markt vor dem Zusammenbruch. Dieses Treiben will die Politik nun unterbinden."

Quelle: Stern 21/2010, S. 59 f.

Hedgefonds = eine spezielle Art von Investmentfonds, die durch eine spekulative Anlagestrategie gekennzeichnet sind. Hedgefonds bieten die Chance auf sehr hohe Renditen und tragen entsprechend ein hohes Risiko. Typisch für Hedgefonds ist der Einsatz von Derivaten und Leerverkäufen.

METHODE

10.10 Surfen im Internet – Vorbereitung einer PowerPoint-Präsentation

Wissen über die Welt ist dank der internationalen Vernetzung jederzeit und überall verfügbar und kann im Internet abgerufen werden. Allerdings ist es nicht immer leicht, aus der Informationsflut verlässliches und relevantes Wissen herauszufiltern. Insbesondere im Umgang mit den Informationen im Internet kommt es darauf an, dass man sich produktive und verantwortungsvolle Strategien des Wissenserwerbs aneignet. In der Wissenschaft und in den Untenehmen werden Fähigkeiten im Umgang mit dem Wissenserwerb und der Wissensanwendung als **Wissensmanagement** bezeichnet.

Wissensmanagement = Umgang mit dem Wissenserwerb und der Wissensverwendung

Wenn man zu einer Thematik Informationen aus dem Internet zusammenstellt, erweist es sich als sinnvoll, in folgenden Schritten vorzugehen:
1. **Recherchieren:** Entsprechende Texte und Berichte, Statistiken, Daten usw. suchen
2. **Selektion:** Texte, Zitate, Dokumente, Schaubilder usw. aussortieren
3. **Organisation:** Informationen kategorisieren
4. **Integration:** Was haben meine Mitschüler gefunden?
5. **Kritisch bewerten:** Was ist im gegebenen Zusammenhang von Bedeutung?

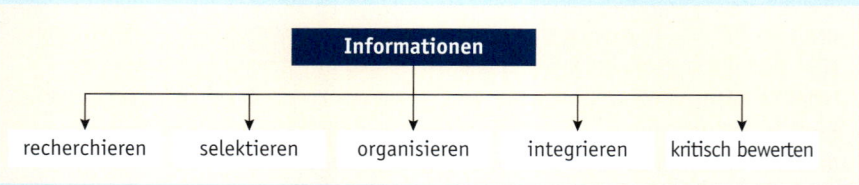

Mit **Microsoft PowerPoint** lassen sich Präsentationen erstellen. Texte, grafische Elemente, Tabellen, Diagramme sowie Video- und Klangelemente können dabei zu einem Gesamtbild zusammengeführt werden. Das Ergebnis einer PowerPoint-Präsentation kann ausgedruckt, direkt am Bildschirm präsentiert oder sogar als Webseite gespeichert werden.

Hier kann nur ein kurzer Einblick in das Erstellen von Präsentationen gegeben werden. Hilfe finden Sie, wenn Sie die F1-Taste drücken und einen oder mehrere Suchbegriffe eingeben.

Ein kurzer Überblick über PowerPoint

– PowerPoint starten
– Erstellen einer neuen Präsentation

Hier gibt es mehrere Möglichkeiten, eine neue Präsentation zu erstellen:
a Leere Präsentation: wenn Sie das Design der Präsentation selbst entwerfen wollen
b Entwurfsvorlage: wenn Sie aus einer großen Anzahl von bereits vorhandenen, professionell gestalteten Vorlagen wählen wollen
– Folienlayout wählen
– Texte eingeben und bearbeiten
– Texte in die bereits vorgegebenen Textfelder eingeben oder zusätzliche Textfelder einfügen und dort den Text eingeben. Die Texte können genau wie in einem Word-Dokument bearbeitet werden: kopieren, verschieben, löschen, Schriftart, -größe usw.
– Grafiken einfügen und erstellen
– Grafiken können z. B. aus der Clip Gallery, aus einer Datei oder direkt vom Scanner eingefügt werden. („Einfügen" → „Grafik" → „Clip Art" oder „Aus Datei" oder „Von Scanner oder Kamera" → Grafik auswählen → Clip einfügen)
– Tabellen und Diagramme einfügen: Tabellen: „Einfügen" → „Tabelle" → Spalten- und Zeilenzahl wählen → „OK" → Texte, Zahlen, Grafiken usw. eingeben Diagramme: „Einfügen" → „Diagramm" → Daten eingeben
– Präsentation speichern: „Datei" → „Speichern" oder „Speichern unter"
– Präsentation drucken: „Datei" → „Drucken" evtl. Einstellungen vornehmen
– Präsentation am Bildschirm präsentieren: „Bildschirmpräsentation" → „Bildschirmpräsentation vorführen" oder F5 drücken

Das Internet lässt sich als weltumspannendes Netzwerk von Computern begreifen, in dem Daten ausgetauscht werden. Das sogenannte **World Wide Web** (WWW) ist ein Dienst des Internets. Hinter einer WWW-Site befindet sich nicht nur ein einzelnes Dokument, sondern eine ganze Dokumentenstruktur. Um bestimmte Informationen im Internet zu finden, werden **Suchmaschinen** benutzt. Hierbei wird das gesamte WWW nach einem oder mehreren Stichworten durchsucht.

Grundsätzlich gilt, dass es keine einzelne „beste" Suchmaschine gibt; daher sollte die Informationssuche mit mehreren Suchmaschinen durchgeführt werden. Die Suche wird erfolgreicher, je spezieller die Suchabfrage ist. Bei einer **einfachen Suche** können ein Wort, mehrere Worte oder eine Phrase eingegeben werden. Phrasen werden in Anführungszeichen gesetzt. Bei der **erweiterten Suche** können komplexere Suchvorgaben gemacht werden. Auf der Hilfe-Seite der jeweiligen Suchmaschine erhalten Sie einen besseren Überblick über die erweiterte Suche.

METHODE

Hier einige Suchmaschinen:

www.altavista.de

www.yahoo.de

www.lycos.de

www.google.de

www.metacrawler.de

www.fireball.de

usw.

Aufgaben

Bereiten Sie in Gruppen zu ausgewählten Themen dieses Themenbereichs eine PowerPoint-Präsentation vor.

Themenvorschläge:

1 Globalisierung der Gütermärkte

2 Globalisierung der Dienstleistungsmärkte

3 Globalisierung der Finanzmärkte

4 Auswirkung der Globalisierung auf die Entwicklungsländer

Linkliste

www.hermes-kredit.com (Hermes-Kreditversicherungs AG)

www.bundesbank.de (Deutsche Bundesbank)

www.bmwi.de (Bundesministerium für Wirtschaft u. Technologie)

www.uno.de (UNO)

www.wto.org (WTO)

www.oecd.org (OECD)

www.imf.org (IWF)

www.worldbank.org (Weltbank)

www.efta.int (EFTA)

www.europa.eu.int (Europäische Union)

www.apec.org (APEC)

www.ftaa-alca.org (FTAA)

www.iwkoeln.de (Institut der deutschen Wirtschaft Köln)

www.faz.de (Frankfurter Allgemeine Zeitung)

www.welt.de (Die Welt)

www.sueddeutsche.de (Süddeutsche Zeitung)

www.handelsblatt.com (Handelsblatt)

www.wiwo.de (Wirtschaftswoche)

www.gabler-online.de (Gabler Wirtschaftslexikon)

www.verbrauchernews.de (Verbraucher-News)

www.zeit.de (ZEIT)

In welcher Beziehung stehen Ökonomie und Ökologie?

An welchem wirtschaftlichen Leitbild kann sich umweltgerechtes Wirtschaften orientieren?

Gibt es umweltbezogene Wachstumsgrenzen des Wirtschaftens?

Welches sind die Ziele, Prinzipien und Instrumente der Umweltpolitik?

Wie ist die Diskrepanz zwischen Umweltbewusstsein und Umweltverhalten zu erklären?

11 Umweltpolitik

11.1 *Weltklima vor dem Kollaps?*

UN (United Nations)
Kapitel 10.6

Das Kyoto-Protokoll wurde
nach dem Ort der Konferenz
Kyoto in Japan benannt.

In Kopenhagen fand 2009 eine **UN-Klimakonferenz** statt. Die internationale Staatengemeinschaft stand vor der Aufgabe, sich in der Nachfolge des Kyoto-Protokolls auf verbindliche Ziele und Regelungen zum Schutz des Weltklimas zu einigen. Das **Kyoto-Protokoll** gilt als Meilenstein der internationalen Klimapolitik. In dem Protokoll verpflichten sich die führenden Industriestaaten, die Emissionen der sechs schädlichsten Treibhausgase im Zeitraum zwischen 2008 bis 2012 um 5,2 Prozent unter das Niveau von 1990 zu senken. Es trat 2005 in Kraft und hat eine Laufzeit bis 2012. Angesichts des fortschreitenden Klimawandels sind ab 2012 dringend neue Vereinbarungen notwendig. In Kopenhagen sollte auf dem Weltklimagipfel nun ein Nachfolgeabkommen beschlossen werden.

Treibhauseffekt

Seit Beginn der Industrialisierung vor etwa 150 Jahren trägt der Mensch zum Klimawandel bei; rund 40 Gase sind beteiligt, bedeutsam sind vor allem: CO_2, CH_4 und FCKW.

Folgen
- Pole und Gletscher schmelzen
- Meeresspiegel steigt
- Golfstrom wird geschwächt
- Wetterextreme nehmen zu
- Vegetationszonen verschieben sich
- Erreger erobern neue Regionen

Natürlicher Treibhauseffekt
Vor allem Gase aus diesen Quellen wirken in der Atmosphäre wie die Glasscheibe eines Gewächshauses:

Boden   Vulkane   Sümpfe   Gewässer

Natürlicher Treibhauseffekt (in %)

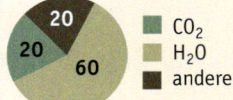

- CO_2
- H_2O
- andere

20 / 20 / 60

Anthropogener Treibhauseffekt (in %)

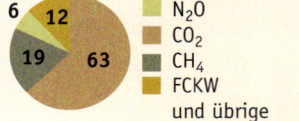

- N_2O
- CO_2
- CH_4
- FCKW und übrige

6 / 12 / 19 / 63

© Globus 3189

Anthropogener Treibhauseffekt

| CO_2 | FCKW | CO_2 | CO_2 | CH_4 | CO_2 | CH_4 |

Verbrennung von Kohle, Erdöl, Erdgas (z.B. Kraftwerke, Heizungen) — Kühlanlagen — Verkehr — Industrie — Organische Abfälle — Brandrodung, Waldbrände — Landwirtschaft (z.B. Reisanbau, Rinderhaltung)

Verantwortliche Gase: Methan CH_4, Wasser H_2O, Kohlendioxid CO_2, Fluorkohlenwasserstoff **FCKW**, Distickstoffoxid N_2O

Beim Kopenhagener Weltklimagipfel hat das Plenum die Abschlussvereinbarung lediglich „zur Kenntnis" genommen. Nach einer chaotischen Nachtsitzung und einer mehrstündigen Unterbrechung verzichteten die Delegierten darauf, wie sonst üblich über alle Punkte der „Kopenhagener Erklärung" einzeln abzustimmen. Damit ist der Gipfel faktisch gescheitert. (...)
Über das Papier kam es zu einer hitzigen Debatte im Plenum, die keine Mehrheit für die von einer kleinen Runde von Staaten ausgehandelte Vereinbarung gezeigt hatte. Damit das Dokument hätte in Kraft treten können, hätten alle Staaten zustimmen müssen. Ein Vorschlag des britischen Energieministers Ed Miliband fand ebenfalls keine Mehrheit. Er hatte sich dafür ausgesprochen, die Vereinbarung anzunehmen, gleichzeitig aber diejenigen Staaten in einem Anhang aufzuführen, die das Dokument ablehnten.

Quelle: Wetzel, D., Klima Gipfel in Kopenhagen faktisch gescheitert, www.welt.de, 19. Dezember 2009

Die CO_2-Emissionen müssen reduziert werden, weil sie zur Veränderung des Klimas beitragen. Dabei ist CO_2 ein natürlicher Bestandteil der Erdatmosphäre mit einem zunächst durchaus positiven Effekt. Es wirkt wie das Glasdach eines Treibhauses. Die Temperatur der Erdoberfläche steigt dadurch von lebensfeindlichen minus 20 °C auf durchschnittlich plus 15 °C an. Durch Verbrennung fossiler Energieträger wie Kohle, Öl oder Erdgas wird allerdings zusätzlich CO_2 freigesetzt, und es hat deshalb seit der Industrialisierung kontinuierlich zugenommen. In der Folge ist eine Veränderung des Klimas im Gange. Die deutliche Erhöhung der Erdtemperatur, der dramatische Rückgang der Gletscher und die Zunahme von Wetter-Katastrophen sind die augenfälligsten Anzeichen dafür. Die zehn wärmsten Jahre seit Beginn der Temperaturmessung wurden sämtlich in den letzten beiden Jahrzehnten registriert. Bis 2100 – so die Prognose des Weltklimarats IPCC – wird die mittlere Erdoberflächentemperatur um 1,4 bis 5,8 °C und in der Folge der Meeresspiegel um 9 bis 88 cm ansteigen, wenn der Ausstoß der Treibhausgase nicht wesentlich vermindert wird.

Quelle: Bundesministerium für Umwelt, Naturschutz und Reaktorsicherheit: Emissionshandel. Mehr Klimaschutz durch Wettbewerb, 3. akt. Aufl. Berlin (2008), S. 5

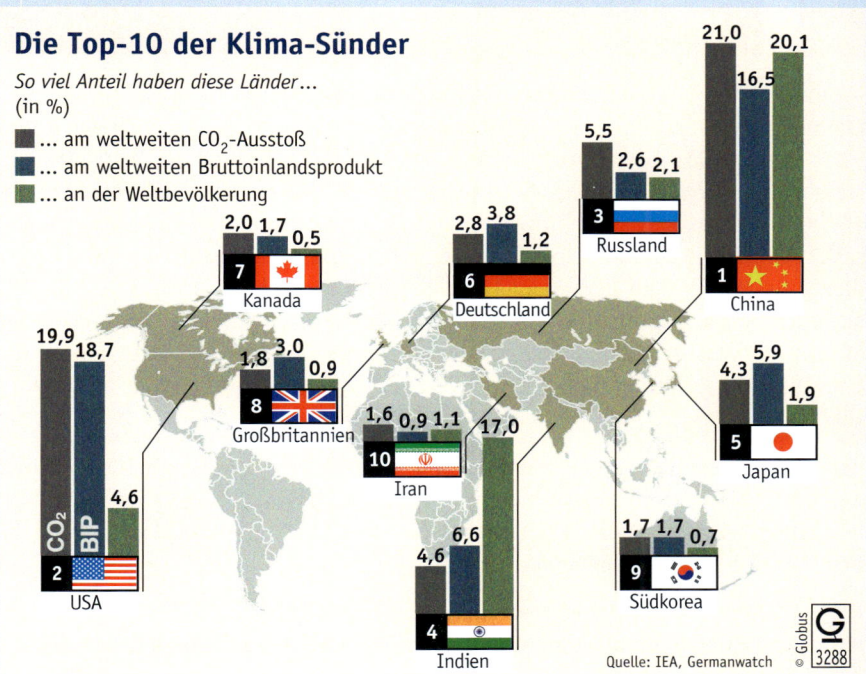

Die Top-10 der Klima-Sünder

So viel Anteil haben diese Länder…
(in %)

■ … am weltweiten CO_2-Ausstoß
■ … am weltweiten Bruttoinlandsprodukt
■ … an der Weltbevölkerung

Kanada 7 — 2,0 1,7 0,5
Deutschland 6 — 2,8 3,8 1,2
Russland 3 — 5,5 2,6 2,1
China 1 — 21,0 16,5 20,1
Großbritannien 8 — 1,8 3,0 0,9
Iran 10 — 1,6 0,9 1,1
Japan 5 — 4,3 5,9 1,9
USA 2 — 19,9 18,7 4,6
Indien 4 — 4,6 6,6 17,0
Südkorea 9 — 1,7 1,7 0,7

Quelle: IEA, Germanwatch

© Globus 3288

Problemstellung

Bearbeiten Sie in Gruppen, inwiefern nach dem Klimagipfel in Kopenhagen Chancen bestehen, internationale Regelungen zur Begrenzung der Klimaerwärmung zu realisieren. Recherchieren Sie folgende Teilfragen:

1 Was ist Anlass und welche Ziele verfolgte der Kopenhagener Weltklimagipfel?
2 Wie sind die Ergebnisse des Weltklimagipfels zu bewerten?
3 Wie kann es nach dem Klimagipfel 2009 weitergehen, um eine international verbindliche Regelung zu realisieren?

11.2 Verhältnis von Ökonomie und Ökologie

Die Umwelt gehört keinem Menschen, wird aber von jedem genutzt und wirkt sich auf jeden Einzelnen aus. Luft, Wasser und Boden ermöglichen es, dass Menschen, Tiere und Pflanzen auf der Erde leben können. Aufgrund unserer Lebensweise und der gegenwärtigen Art zu wirtschaften belasten wir jedoch die Umwelt in einem Ausmaß, dass ein Überleben auf der Erde gefährdet erscheint.

Luft   Wasser   Boden

Die meisten Menschen sind sich bewusst, dass die Umwelt tagtäglich benutzt und belastet wird. Fast jeder ist für den Schutz der Umwelt. Nur das konkrete Handeln sieht meist anders aus: Auf alte Gewohnheiten will man nicht verzichten und finanzielle Opfer zum Schutz der Umwelt will man nicht auf sich nehmen. Aus ökologischer Sicht soll unser Handeln so ausgerichtet sein, dass der Zustand der Umweltmedien Luft, Wasser und Boden ein Überleben von Menschen, Tieren und Pflanzen sichert. Aus ökonomischer Sicht sind die wirtschaftlichen Rahmenbedingungen vom Staat so zu gestalten, dass Ressourcenverbrauch und Folgen des Wirtschaftens die Umwelt nicht gefährden.

Umweltpolitik Kapitel 11.5

Als **Umweltprobleme** werden solche Ereignisse oder Entwicklungen in der Natur bezeichnet, die von Menschen verursacht werden und die Lebensgrundlagen bedrohen oder zerstören. Umweltprobleme haben eine lokale (z. B. Wegwerfen von Abfällen auf der Straße), nationale (z. B. staatliche Umweltpolitik) und internationale Dimension (z. B. globale Klimaerwärmung).

Die vielfältigen **Beziehungen zwischen Ökonomie und Ökologie** können im Rahmen einer modellhaften Betrachtungsweise folgendermaßen dargestellt werden:

- Die Umwelt dient dem ökonomischen System als Lieferant von erneuerbaren und nicht erneuerbaren Ressourcen (z. B. Energie). Diese gehen als Input in die Produktion ein und werden im Produktionsprozess in Güter umgewandelt.
- Im Rahmen von Produktions- und Konsumprozessen können Emissionen, d. h. Abfälle und Schadstoffe, anfallen, die z. T. nicht oder nur auf lange Sicht abbaubar sind. Sie werden von der Luft, dem Wasser und/oder dem Boden als Immissionen aufgenommen, sofern sie nicht über Recyclingverfahren in den Wirtschaftsprozess zurückgeführt werden. Diese Schadstoffe können sich eventuell durch biochemische Prozesse in neue Schadstoffe verwandeln.
- Die Umwelt liefert elementare Güter wie z. B. Luft, Wasser und Boden. Diese können für die Produktion von Gütern verwendet oder vom Menschen „konsumiert" werden.

Konflikt zwischen Ökonomie und Ökologie

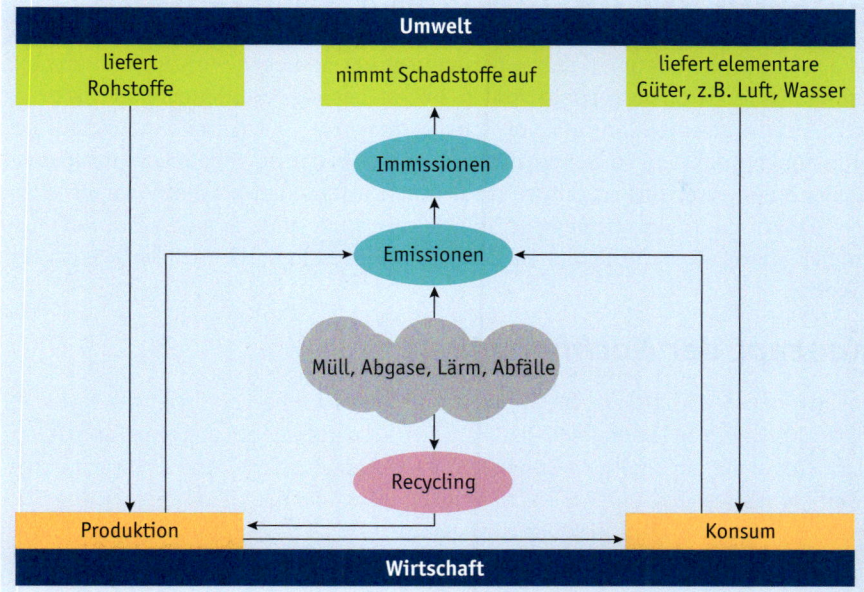

Die Funktionen der Umwelt werden durch die zunehmenden ökologischen Schädigungen immer mehr beeinträchtigt, sodass ein **Nutzungskonflikt** entstanden ist. Dieser Konflikt kann im Kern durch die Problematik der Umwelt als öffentliches Gut und das Auftreten externer Effekte gekennzeichnet werden.

Marktversagen
Kapitel 3.9

Es spricht viel dafür, dass der Konflikt zwischen Ökonomie und Ökologie im Kern nicht zu lösen ist. Einerseits können wir auf wirtschaftliches Handeln nicht verzichten, weil wir nur auf dieser Basis unsere Existenz sichern können. Andererseits ist menschliches Wirtschaften immer mit Eingriffen in die Natur, und somit in unsere natürliche Lebensgrundlage, verbunden. Der Konflikt kann nur entschärft werden, wenn vielfältige Anstrengungen unternommen werden, die Produktion und den Konsum von Gütern so umweltfreundlich wie möglich zu gestalten.

Die **Umwelt** sichert das Überleben von Menschen, Tieren und Pflanzen. Die Umwelt muss daher geschützt werden. Die Umwelt liefert Rohstoffe, nimmt Schadstoffe auf und liefert elementare Güter, wie Boden, Luft und Wasser.

Umweltprobleme haben in der Regel menschliche Ursachen. Durch die Produktion von Gütern werden beispielsweise Rohstoffe verbraucht und Schadstoffe ausgestoßen.

ÜBERBLICK

1 Wie sind Umweltprobleme definiert? Erläutern Sie die Umweltproblematik an Beispielen.
2 Erläutern Sie das Verhältnis von Ökonomie und Ökologie an Beispielen.
3 Welche ökonomischen Ursachen hat die Umweltproblematik?
4 Recherchieren Sie im Internet, welche Umweltprobleme die Menschen in Deutschland als am wichtigsten erachten.

AUFGABEN

283

11.3 Leitbild der nachhaltigen Entwicklung

In den letzten 30 Jahren, in denen **Umweltschutz** betrieben wurde, sind durchaus Erfolge in Teilbereichen erzielt worden. Entsprechende Aktivitäten waren aber im Kern oftmals an einer Kontrolle von Schadstoffen bzw. Verringerung von Schadstoffemissionen orientiert. In Zukunft wird es verstärkt darum gehen, vorausschauend Maßnahmen zum Umweltschutz einzuleiten. Diese sollten präventiv darauf abzielen, Strukturen in Gesellschaft und Volkswirtschaft zu ändern, sodass Umweltbelastungen, die zur Zerstörung der Lebensgrundlagen führen, gar nicht erst entstehen können.

11.3.1 Konzept der Nachhaltigkeit

Über 170 Staaten haben sich auf ein neues Leitbild für die weltweite Entwicklung von Gesellschaft, Wirtschaft und Umwelt verpflichtet.

Ein Leitbild enthält ein visionäres Idealbild, auf das hingearbeitet wird.

Im Rahmen der Konferenz für Umwelt und Entwicklung der Vereinten Nationen (UNCED) in Rio de Janeiro 1992 hat sich die internationale Staatengemeinschaft auf das Leitbild der nachhaltigen Entwicklung („sustainable development") verständigt. Damit wurde das Konzept der Nachhaltigkeit durch die Agenda 21 formal zum Leitprinzip der Politik. Danach sollen die Ressourcen der Erde in Zukunft behutsam genutzt werden, sodass alle Menschen auf der Erde gegenwärtig und in Zukunft gute und gerechte Entwicklungschancen erhalten.

Der Begriff der Nachhaltigkeit stammt ursprünglich aus der Forstwirtschaft. In einem bestimmten Zeitraum dürfen danach nur so viele Bäume geschlagen werden, dass der Wald sich z. B. durch Aufforstung regenerieren kann.

> „Nachhaltigkeit ist eine Entwicklung, die wirtschaftliche Leistungsfähigkeit und soziale Sicherheit mit der langfristigen Erhaltung der natürlichen Lebensgrundlage in Einklang bringt."
>
> Quelle: www.bmu.de

Eine nachhaltige Entwicklung kann nur erreicht werden durch die gleichzeitige und gleichberechtigte Umsetzung von ökologischen, ökonomischen und sozialen Zielen. Auf diese Weise kann die nachhaltige Leistungsfähigkeit einer Gesellschaft sichergestellt werden. In diesem Zusammenhang wird von einem **Drei-Säulen-Modell** gesprochen. Nur alle drei Säulen ergeben ein tragfähiges Konzept der Nachhaltigkeit.

Drei-Säulen-Modell der nachhaltigen Entwicklung

Nachhaltigkeit

Ökologisches Handeln heißt im Einklang mit der Natur handeln. Die Menschen achten dabei auf die Schonung der Natur, z.B. versuchen sie nicht erneuerbare Ressourcen durch erneuerbare zu ersetzen und den Ausstoß von Schadstoffen zu vermeiden bzw. zu verringern.

Ökonomisches Handeln heißt individuelle und gesellschaftliche Bedürfnisse effizient zu befriedigen. Die Menschen wirtschaften so, dass der Wohlstand auch für die kommenden Generationen gewährleistet wird.

Soziales Handeln heißt die Lebensverhältnisse so zu gestalten, dass niemand z.B. aus Armut, Arbeitslosigkeit oder Krankheit ausgegrenzt wird. Alle Menschen sollen sich frei entfalten können und am Wohlstand teilhaben. Solidarisches Handeln verlangt z.B., dass reiche Länder nicht auf Kosten armer Länder ihren Wohlstand sichern.

Zwischen diesen drei Dimensionen des nachhaltigen Handelns bestehen **Zielkonflikte**. Wie schwierig es ist, diese drei Dimensionen in Einklang zu bringen, lässt sich an folgenden Beispielen erkennen.

Ein Einkaufsführer zum Ausprobieren und Diskutieren: **www.nachhaltiger-warenkorb.de**

Das **Wachstum der Weltbevölkerung** verläuft nicht geradlinig, sondern die Zahl der Menschen nimmt immer schneller zu. Aus dieser Entwicklung ergeben sich viele Umweltprobleme. Die Nahrungsmittelproduktion muss erheblich erhöht werden, indem die Anbaufläche ausgedehnt und der Ackerboden intensiver bewirtschaftet wird. Probleme wie beispielsweise Bodenerosion, Zunahme des Einsatzes von Dünge- und Unkrautvernichtungsmitteln oder Belastungen des Grundwassers mit Schadstoffen können die Folge sein. Mit steigender landwirtschaftlicher und industrieller Produktion ist eine Zunahme des Energieverbrauchs verbunden. Schließlich entstehen mehr Abfälle und Schadstoffe, deren ordnungsgemäße Entsorgung immer schwieriger wird.

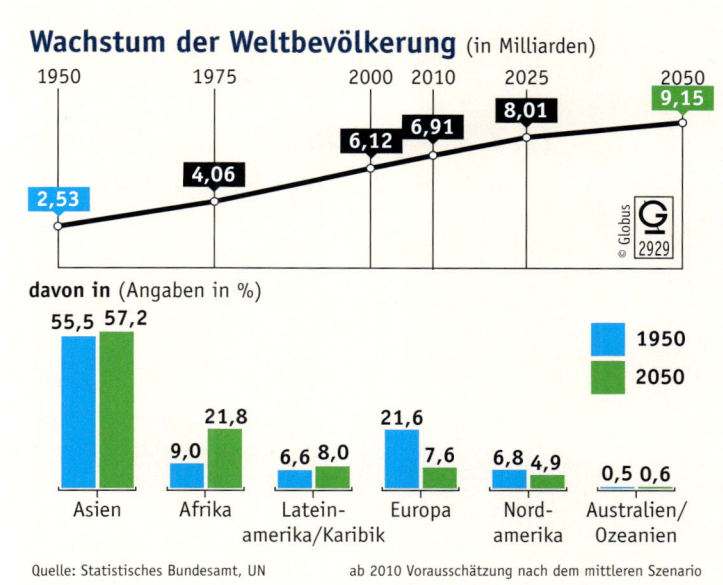

Um die nicht **erneuerbaren Ressourcen** zu schonen, wird aus ökologischer Sicht gefordert, sie durch erneuerbare Ressourcen zu ersetzen, z. B. der Anbau von Mais und Raps für die Gewinnung von Biosprit. Dadurch stehen immer weniger Anbauflächen für die Produktion von Lebensmitteln zur Verfügung. Das bedeutet letzten Endes, dass in armen Ländern immer mehr Menschen vom Hunger bedroht sind.

Bei Bodenerosionen wird Boden durch Wind, Wasser und menschliche Tätigkeit abgetragen. Dadurch können ganze Regionen unfruchtbar werden.

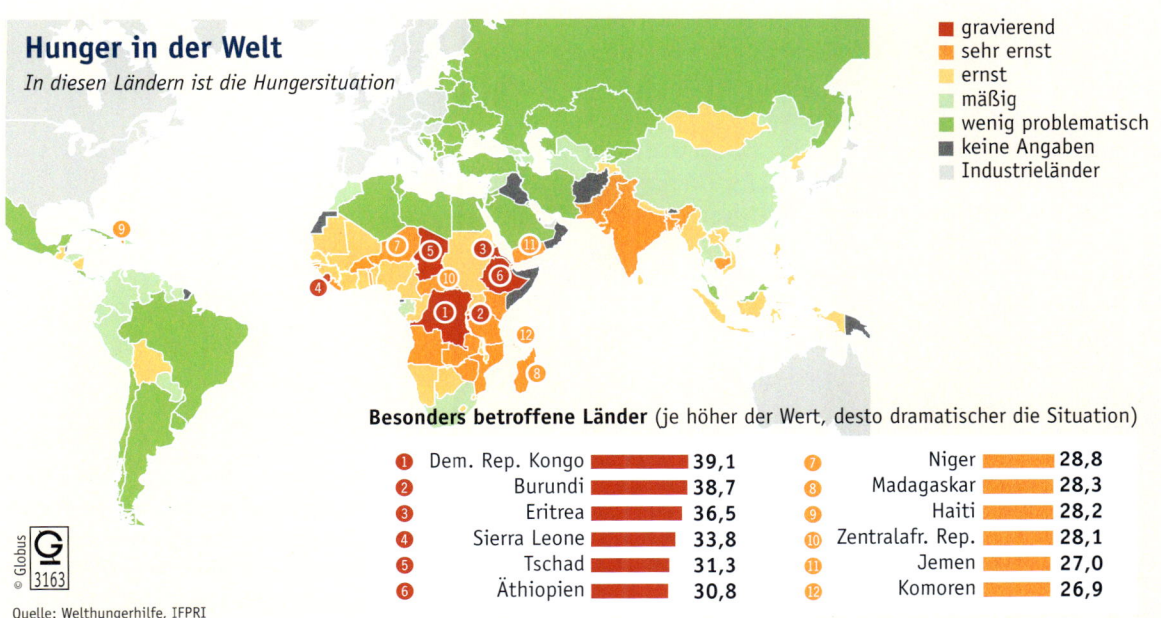

Wirtschaftspolitik
Kapitel 6

Ziel der Wirtschaftspolitik ist unter anderem, ein **angemessenes und stetiges Wirtschaftswachstum** sicherzustellen. Mit dem Wirtschaftswachstum ist in der Regel ein zunehmender Ressourcenverbrauch verbunden und somit eine steigende Umweltbeanspruchung. Ohne Wirtschaftswachstum und entsprechend steigende Steuereinnahmen des Staates wird es schwerer möglich sein, den erreichten Lebensstandard und das Arbeitsplatzangebot zu sichern bzw. zu erhöhen sowie Einkommen und Vermögen gerechter zu verteilen und soziale Ungerechtigkeiten zu vermindern.

11.3.2 Agenda 21 und „Lissabon-Strategie"

Die **Agenda 21**, das Aktionsprogramm für das 21. Jahrhundert, enthält Handlungsempfehlungen zur nachhaltigen Bewirtschaftung der Ressourcen. Prinzipien einer nachhaltigen Entwicklung sind folgende „Managementregeln":

- Regeneration: Erneuerbare Naturgüter (z.B. Holz, Fischbestände) dürfen nur in dem Maße genutzt werden, wie sie sich von menschlichen Eingriffen erholen können, sodass ihr Fortbestand nicht gefährdet ist.
- Substitution: Nicht erneuerbare Naturgüter (z.B. Öl, Gas) dürfen nur in dem Umfang genutzt werden, in dem ein gleichwertiger Ersatz geschaffen werden kann.
- Anpassungsfähigkeit: Schadstoffe (z.B. Abgase, Müll) dürfen nur in dem Umfang freigesetzt werden, in dem das Ökosystem sie ohne dauerhafte Schädigungen verkraften kann.
- Vermeidung unvertretbarer Risiken: Technische Großrisiken (z.B. Atomkraftwerke) mit möglicherweise katastrophalen Auswirkungen auf die Umwelt sind zu vermeiden.

Lissabon-Vertrag
Kapitel 10.8.1

Auf **europäischer Ebene** beschlossen im März 2000 die Staats- und Regierungschefs beim Europäischen Rat in Lissabon, die EU bis 2010 durch umfangreiche Reformen zu einem wettbewerbsfähigen und dynamischen Wirtschaftsraum zu entwickeln, der weltweit führend ist. Die sogenannte „Lissabon-Strategie" war geboren. Im Juni 2001 ergänzte der Europäische Rat in Göteborg den wirtschaftlichen und sozialen Ansatz der Strategie um die Umwelt als dritte Dimension. Seitdem bildet die Lissabon-Strategie einen Rahmen für die europäische Wirtschafts-, Arbeits-, Sozial- und Umweltpolitik. Der Europäischen Rat hat im Juni 2006 eine überarbeitete EU-Nachhaltigkeitsstrategie beschlossen, die Entwicklungsvorgaben für die folgenden Herausforderungen beinhaltet:

- Klimawandel und saubere Energie
- nachhaltige Verkehrsentwicklung
- nachhaltiger Konsum und nachhaltige Produktion
- Schutz und Management der natürlichen Ressourcen
- öffentliche Gesundheit
- globale Herausforderungen in Bezug auf Armut und nachhaltige Entwicklung
- Verbesserung der Lebensqualität im Rahmen von gesellschaftlicher Einbeziehung, Demografie und Migration

Die Lissabon-Strategie läuft 2010 aus, d.h., der Europäische Rat steht vor der Aufgabe, eine Nachfolgestrategie „EU 2020" zu beschließen.

Umwelt- und Nachhaltigkeitsprobleme treten besonders in Städten zutage, da sich hier Bevölkerungswachstum, Energieverbrauch, Güternutzung, Stoffumsätze und Abfälle, Flächenverbrauch und Verkehrsvorgänge konzentrieren. Die Mitwirkung der Kommunen ist ein entscheidender Faktor für die Umsetzung der Agenda 21.

Ziel des Lokale-Agenda-21-Prozesses ist es, die ökologischen, ökonomischen und sozialen Aktivitäten in einer Kommune unter dem politischen Leitbild der Nachhaltigkeit zusammenzuführen. Unter dem Schirm der **Lokalen Agenda** sollen die verschiedenen kommunalen Ansätze und Aktivitäten (z. B. Energie-, Verkehrs-, Wirtschafts-, Umweltpolitik) gebündelt und systematisch auf die Anforderungen einer nachhaltigen Entwicklung ausgerichtet werden. Es wird der Versuch unternommen, zunächst ein regionales Leitbild zu entwickeln, das den neuen Anforderungen einer dauerhaften und zukunftsbeständigen Entwicklung von Gesellschaft, Wirtschaft und Umwelt gerecht wird. Im Anschluss an die Leitbildentwicklung wird versucht, diese Leitvorstellung mit vorhandenen regionalen Strukturen in Einklang zu bringen und die kommunale Praxis entsprechend weiterzuentwickeln.

ÜBERBLICK

Das **Drei-Säulen-Modell der nachhaltigen Entwicklung**, bestehend aus ökologischem, ökonomischem und sozialem Handeln, ergibt ein tragkräftiges Konzept der Nachhaltigkeit. Zwischen diesen drei Dimensionen des nachhaltigen Handelns bestehen **Zielkonflikte**.

In der **Agenda 21** wurden Zielsetzungen für ein ökologisch weltweit tragbares Wirtschaftssystem entwickelt. Im Rahmen **Lokaler Agenden 21** wird der Versuch unternommen, diese Zielsetzungen auf regionaler und kommunaler Ebene zu konkretisieren und umzusetzen.

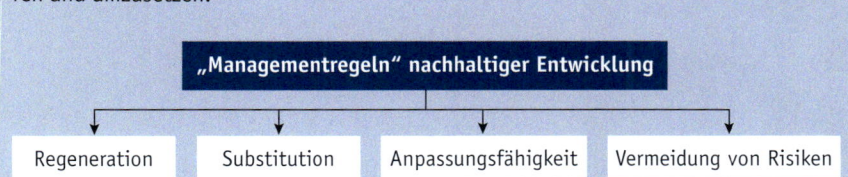

„Managementregeln" nachhaltiger Entwicklung

| Regeneration | Substitution | Anpassungsfähigkeit | Vermeidung von Risiken |

AUFGABEN

1 Erläutern Sie die politische Zielbestimmung „sustainable development".
2 Erkundigen Sie sich in Ihrer Stadt bzw. Gemeinde, inwiefern eine Lokale Agenda 21 diskutiert und umgesetzt wird.
3 Wo sehen Sie Möglichkeiten, die Prinzipien nachhaltigen Wirtschaftens in Ihrer Stadt bzw. Gemeinde umzusetzen?
4 Diskutieren Sie in Gruppen: Nach welchen Kriterien kann entschieden werden, wie viele Naturressourcen wir verbrauchen können und wie viele Ressourcen für zukünftige Generationen zu erhalten sind?
5 Recherchieren Sie im Internet:
  a Aufgaben des Rats für nachhaltige Entwicklung
  b Projekte des Rats für nachhaltige Entwicklung
6 Wie beurteilen Sie die Möglichkeiten, einen nachhaltigen Warenkorb als Leitmaxime des Konsumentenhandelns zu realisieren?

11.4 Die Grenzen des Wachstums

Der Club of Rome wurde 1968 in Rom gegründet. Er ist eine Vereinigung von Persönlichkeiten aus Wissenschaft, Kultur, Wirtschaft und Politik aus allen Regionen unserer Erde.

Bruttoinlandsprodukt
Kapitel 2.3

Volkswirtschaftliche Gesamtrechnung
Kapitel 2.3

1972 veröffentliche der **Club of Rome** eine Studie zur Zukunft der Weltwirtschaft mit dem Titel „Die Grenzen des Wachstums". Seither ist das wirtschaftspolitische Ziel „angemessenes und stetiges Wirtschaftswachstums" umstritten. Denn mit dieser Studie wurden erstmals verschiedene Szenarien simuliert, wie sich die weltweiten zukünftigen Entwicklungen in den Bereichen Industrialisierung, Bevölkerungszunahme, Unterernährung, Rohstoffverknappung und Umweltzerstörung auswirken. Ergebnisse dieser und weiterer Folgestudien (1992 und 2004) zeigen, dass die Wachstumsgrenzen auf der Erde schnell erreicht sein können, d. h., dass bei Fortsetzung des gegenwärtigen Trends ein katastrophaler Rückgang der Weltbevölkerung und des Lebensstandards innerhalb von 50 bis 100 Jahren erwartet werden kann.

In seiner gegenwärtigen Form ist das **Bruttoinlandsprodukt** (BIP) kein hinreichender Maßstab für Wirtschaftswachstum und kein umweltbezogener Wohlstandsindikator. Im BIP werden nur monetär bewertete Stromgrößen (z. B. Geldzahlungen) und keine Bestandsgrößen (z. B. wie viele Rohstoffe noch zur Verfügung stehen) erfasst. Die Kosten der Umweltnutzung, d. h. Umweltschäden und der Verbrauch nicht erneuerbarer Rohstoffe, bleiben unberücksichtigt. Demgegenüber gehen die Kosten der Beseitigung von Umweltschäden sogar wachstumssteigernd in die Berechnung ein.

Eine Volkswirtschaft setzt für ihre wirtschaftlichen Aktivitäten, für Produktion und Konsum nicht nur Arbeit und Kapital ein, sondern auch den Produktionsfaktor Natur. In einer Umweltökonomischen Gesamtrechnung (UGR) wird die Volkswirtschaftliche Gesamtrechnung (VGR) darum um den Faktor Natur ergänzt. Es werden die Beziehungen zwischen wirtschaftlichen Aktivitäten und der Natur statistisch, mit Geldwerten, wiedergegeben. Die Umweltökonomische Gesamtrechnung soll Informationen für die Umweltpolitik liefern.

Teilbereiche der Umweltökonomischen Gesamtrechnung des statistischen Bundesamtes sind:

www.clubofrome.de

Statistisches Bundesamt:
www. destatis.de

- Umweltbelastung (Material- und Energieflussrechnung): Hier werden die pro Jahr entnommenen Rohstoffe aus der Natur und die abgegebenen Rest- und Schadstoffe an die Natur abgebildet.
- Umweltzustand: Hier wird bisher nur der Naturvermögensbestandteil Bodenfläche dargestellt, z. B. wie viel Bodenfläche für Siedlungszwecke beansprucht wird.
- Umweltschutzmaßnahmen: Es werden die monetären Ströme aus der VGR abgebildet und „auseinandergenommen", z. B. umweltbezogene Steuern, Investitionen und laufende Ausgaben für den Umweltschutz.
- Sektorale Berichtsmodule: Hier wird das Standardprogramm der URG um politisch bedeutsame Themen punktuell erweitert, z. B. zu den Themen Verkehr, Landwirtschaft, Wald und private Haushalte.

Module der deutschen Umweltökonomischen Gesamtrechnungen

Belastung	Zustand	Maßnahmen
Material- und Energieflussrechnungen physische Materialströme • gesamtwirtschaftliches Materialkonto • Rohstoffrechnung nach Branchen • Energieflussrechnungen nach Branchen • Primärmaterialien nach Branchen • Emissionsrechnungen nach Branchen • Wassergesamtrechnungen nach Branchen • physische Input-Output Tabellen	**Umweltzustand** quantitative und qualitative Bestandsveränderungen des Naturvermögens in physischen Einheiten • Siedlungsfläche nach Branchen • Nutzungsintensität der Agrarökosysteme	**Umweltschutzmaßnahmen** umweltbezogene monetäre Ströme und Bestände • Umweltschutzausgaben • Umweltsteuern

sektorale Berichtsmodule
- Verkehr und Umwelt
- Landwirtschaft und Umwelt
- Waldgesamtrechnungen
- private Haushalte und Umwelt

Bei der Erstellung einer Umweltökonomischen Gesamtrechnung besteht jedoch das Problem, dass unterschiedliche veröffentlichte Daten zum Naturverbrauch verglichen werden, da beispielsweise einige Daten nur geschätzt werden. Außerdem sind die Erfassung von Umweltschäden und deren monetäre Bewertung sehr schwer, da keine Marktpreise existieren. Es bestehen noch erhebliche methodische Probleme, bis eine Umweltökonomische Gesamtrechnung erstellt werden kann, in der die tatsächlichen Kosten des Umweltverbrauchs erfasst und ausgewiesen werden.

Letzten Endes ist es zur Erreichung einer **nachhaltigen wirtschaftlichen Entwicklung** von Bedeutung, in welcher Weise es gelingt, durch Wirtschaftspolitik, Strukturwandel, Umweltschutzinvestitionen, technischen Fortschritt oder neue Produkte wirtschaftliches Wachstum von der Umwelt- und Ressourcennutzung zu entkoppeln. Von **Entkopplung** wird gesprochen, wenn es gelingt, Umweltbelastung bei gleichzeitigem Wirtschaftswachstum zu senken.

Die **Entkopplung** von **Wirtschaftswachstum** und **Umweltverbrauch** ist jedoch keine einfach zu bewerkstelligende Aufgabe. Die Entwicklung selektiver bzw. qualitativer Entwicklungspfade hat beispielsweise folgende Lebens- und Handlungsbereiche entsprechend zu gestalten:

- Im Rahmen einer **nachhaltigen Wirtschaftspolitik** ist der ökologische Umbau der Industriegesellschaft voranzutreiben. Dies bedeutet eine Überprüfung und ggf. Neuentwicklung aller Produkte, sodass sie in Zukunft den Kriterien der Nachhaltigkeit genügen. Die Geld- und Steuerpolitik kann beispielsweise hierfür einen wesentlichen Beitrag leisten, indem für entsprechende Investitionen zinsgünstige Kredite vergeben, Investitionszulagen gewährt oder Steuersätze (z. B. Umsatzsteuer) gesenkt werden. Leitgedanke ist die Entwicklung einer Kreislaufwirtschaft, in der der Ressourcenverbrauch optimiert wird, sodass Schadstoffe und Abfälle, sofern sie nicht zu vermeiden sind, weitgehend in den Wirtschaftskreislauf zurückgeführt werden.

Wirtschaftspolitik
Kapitel 6

289

Kreislaufwirtschaft

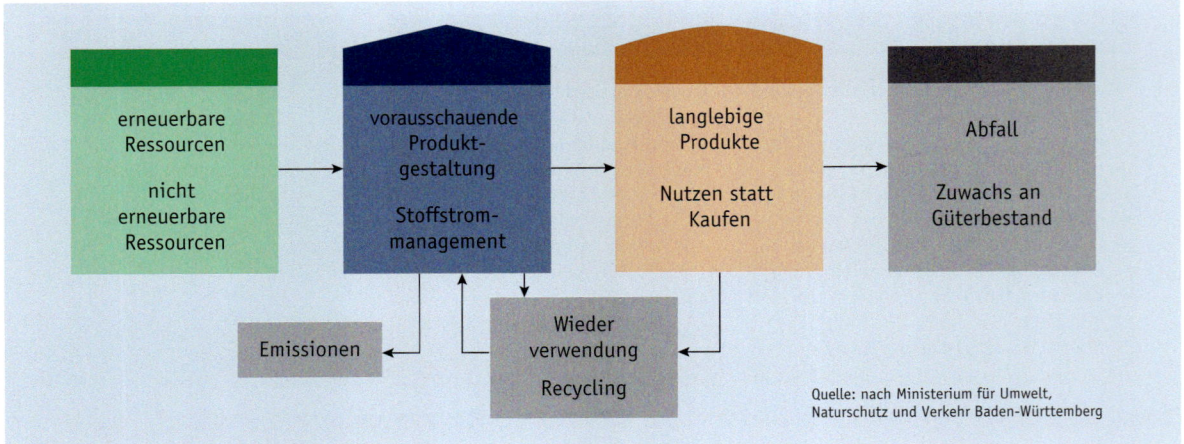

Quelle: nach Ministerium für Umwelt,
Naturschutz und Verkehr Baden-Württemberg

- Eine **nachhaltige Energiepolitik** strebt die ausreichende Versorgung aller Menschen mit Energiedienstleistungen in den Begrenzungen der natürlichen Tragfähigkeit des ökologischen Systems an. Zukunftsfähig ist eine Energiepolitik, die Versorgungssicherheit gewährleistet und Umweltbelastungen (Naturverträglichkeit, Ressourceneinsatz und Klimaverträglichkeit) aufgrund von Energieerzeugung und -verbrauch durch Effizienz- und Suffizienzstrategien vermindert. Notwendig ist ferner eine Steigerung des Einsatzes erneuerbarer Energien, um den Verbrauch fossiler Energien (z. B. Erdöl) zu begrenzen.
- **Mobilität** kann nicht nur mit Verkehr gleichgesetzt werden, gleichwohl resultieren eine Vielzahl von Umweltproblemen aus dem Kfz-Verkehr. Eine nachhaltige Mobilitätspolitik befriedigt die Bedürfnisse der Menschen nach Mobilität zu angemessenen Preisen, ohne die Begrenzungen der natürlichen Tragfähigkeit zu überschreiten. Wesentliche Handlungsziele im Bereich des Straßenverkehrs sind die Steigerung der Umwelteffizienz bestehender Fahrzeuge (z. B. schadstoffarmer Motoren, Erdgasantrieb) und Optimierung ihres Gebrauchs durch eine effizientere Auslastung (z. B. Car-Sharing), Substitution umweltbelastender Verkehrsträger durch Verlagerung auf umweltfreundlichere und nachhaltige Techniken (z. B. Förderung des öffentlichen Personennahverkehrs), Vermeidung von Verkehr und Entschleunigung (z. B. Wiederentdeckung des Nahraumes statt jährlicher Urlaubsreisen ins Ausland).
- Normale Produkte stellen einzeln für die Umwelt keine Gefahr dar, in ihrer Summe sind sie jedoch Quelle vieler Umweltbelastungen. Eine **nachhaltige Produktgestaltung** berücksichtigt Umweltbezüge von der ersten Produktidee bis hin zur Außerbetriebnahme und Abfallbeseitigung. Dies beinhaltet eine umweltfreundliche Auswahl von Materialien, Werkstoffen und Fertigungsverfahren, die geringere Stoff- und Energieströme als bisherige vergleichbare Produkte benötigen.
- Eine zukunftsorientierte **Abfallpolitik** hat sich an folgenden Prinzipien zu orientieren:
  1. Abfall- und Schadstoffvermeidungen
  2. Wiederverwendung von wiederaufbereiteten Produkten
  3. Wiederverwertung und Weiterverwertung
  4. sonstige, z. B. thermische oder energetische Verwertung (wie Abfallverbrennung und Gewinnung von Fernwärme) und
  5. Beseitigung, d. h. Sortierung von Abfall und Deponierung

Der Umweltschutz hat sich in den vergangenen zwei Jahrzehnten zu einem wichtigen positiven Wirtschafts- und Standortfaktor in Deutschland entwickelt. Die **Umweltschutzindustrie** stellt eine Wachstumsbranche dar. Über Vorleistungsverflechtungen wirken sich Umweltschutzinvestitionen auf andere Bereiche der Volkswirtschaft aus, sodass sie dort Produktion, Kapazitätsauslastung und Beschäftigung erhöhen. Umweltschutzinvestitionen sind in der Regel mit Wachstumssteigerungen verbunden, wenn sie zu Produktivitätssteigerungen führen.

Arbeitsplätze im Umweltschutz

Beschäftigungseffekte durch …

Umweltschutz-Investitionen	175 000
Laufende Sachausgaben für den Umweltschutz	175 000
Export von Gütern für den Umweltschutz	49 000
Personalaufwendungen und umweltorientierte Dienstleistungen	1 132 400
Erneuerbare Energien	235 000
Beschäftigte im Umweltschutz insg. rund	**1 767 000**

Quelle: UBA/DIW (2009/2010) Berechnungen und Schützungen für das Jahr 2006
© Bergmoser + Höller Verlag AG

ZAHLENBILDER
126 157

Umweltschutzmaßnahmen können sowohl positive als auch negative Auswirkungen auf die Beschäftigung haben. Die sogenannte „Job-Killer-These", dass Unternehmen, die Umweltschutzinvestitionen tätigen, im internationalen Wettbewerb nicht mehr wettbewerbsfähig wären, wird zumeist in Diskussionen dramatisch überzeichnet. Insgesamt hatten Umweltschutzmaßnahmen positive Netto-Beschäftigungseffekte, d. h., es wurden mehr Menschen eingestellt als entlassen.

Letztlich ist davon auszugehen, dass der Wirtschaft durch die Umwelt **keine starren Wachstumsgrenzen** gesetzt sind. Ein sogenanntes Nullwachstum führt nicht unmittelbar zu einer Entlastung der Umwelt, d. h., es werden nicht weniger Ressourcen verbraucht oder Schadstoffe in die Natur abgegeben. Außerdem ist das Nullwachstum mit erheblichen Beschäftigungs- und Verteilungsproblemen verbunden. Eine politische Realisierung scheint weder erstrebenswert noch möglich zu sein.

Ein **qualitatives Wachstum** im Sinne selektiver wirtschaftlicher Entwicklungen bietet die bessere Alternative, um die Umwelt zu entlasten; insbesondere, wenn damit eine Verbesserung der Lebensqualität verbunden ist. Der Durchsetzung des qualitativen Wachstums stehen allerdings noch eine Vielzahl von Hemmnissen im Wege. Der entsprechende Strukturwandel der Wirtschaft hat allenfalls erst begonnen.

Das **Bruttoinlandsprodukt** erfasst nur die im Inland auf dem Markt gehandelten Leistungen.

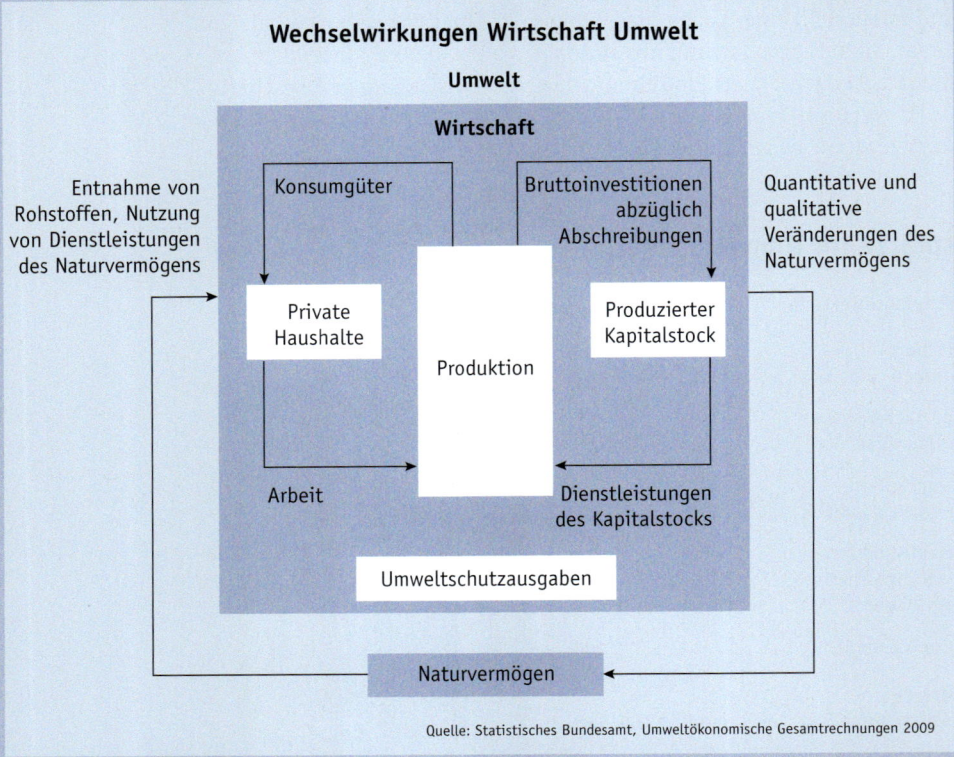

Wechselwirkungen Wirtschaft Umwelt

Umwelt

Wirtschaft

Entnahme von Rohstoffen, Nutzung von Dienstleistungen des Naturvermögens

Konsumgüter

Bruttoinvestitionen abzüglich Abschreibungen

Quantitative und qualitative Veränderungen des Naturvermögens

Private Haushalte

Produktion

Produzierter Kapitalstock

Arbeit

Dienstleistungen des Kapitalstocks

Umweltschutzausgaben

Naturvermögen

Quelle: Statistisches Bundesamt, Umweltökonomische Gesamtrechnungen 2009

Eine nachhaltige Entwicklung verfolgt die Zielsetzung, dass das **Wirtschaftswachstum vom Umweltverbrauch entkoppelt** wird. Leitgedanke ist dabei eine Kreislaufwirtschaft. Letztendlich sind alle Wirtschaftsbereiche gefordert, den Gedanken der Nachhaltigkeit umzusetzen. Insofern ist Umweltschutz ein Wachstumsfaktor, der auch dazu führt, dass neue Arbeitsplätze in diesem Bereich entstehen.

1 Recherchieren Sie Aufgaben und Ziele des Club of Rome.

2 Warum ist das Bruttoinlandsprodukt (BIP) in seiner gegenwärtigen Form kein umweltbezogener Wohlstandsindikator?

3 Erläutern Sie die Vorteile qualitativen Wachstums im Hinblick auf eine Steigerung von Lebensqualität und Wohlstand.

4 Recherchieren Sie Informationen zur Entwicklung einer Kreislaufwirtschaft und erläutern Sie den Grundgedanken.

5 Recherchieren Sie die Entwicklung der Einspeisevergütung für Strom aus Fotovoltaik gemäß dem Erneuerbaren Energiegesetz (EEG).

6 Recherchieren Sie, welche Umweltschutzmaßnahmen zu Beschäftigungswirkungen geführt haben. Wie ist diese Entwicklung zu beurteilen?

7 Das Wuppertaler Institut für Klima, Umwelt und Energie beschäftigt sich mit dem nachhaltigen Umbau der Gesellschaft. Recherchieren Sie Aufgaben und Ziele des Wuppertaler Institutes.

8 Recherchieren und diskutieren Sie in Gruppen: Inwiefern können Maßnahmen zum Umweltschutz in Zukunft Arbeitsplätze sichern bzw. neue Arbeitsplätze schaffen?

11.5 Ziele und Prinzipien staatlicher Umweltpolitik

Die Umweltpolitik ist ein bedeutendes Handlungsfeld der **Ordnungspolitik**. In Art. 20 a des Grundgesetzes ist der Umweltschutz seit 1994 als Staatsziel verankert. Die Erhaltung der natürlichen Lebensgrundlagen ist nicht nur Aufgabe der Umweltpolitik, sondern eine Querschnittsaufgabe aller staatlichen Politikbereiche.

Ordnungspolitik
Kapitel 6.4

Die Realisierung einer erfolgreichen Umweltpolitik erfordert
- einen strikten ordnungsrechtlichen Rahmen mit Umweltgeboten und -verboten,
- die Durchsetzung der Umweltauflagen mit entsprechenden Kontrollsystemen,
- Maßnahmen einer marktwirtschaftlichen Umweltpolitik, die das Eigeninteresse aller Menschen für den Umweltschutz mobilisiert.

Das Bundesumweltamt (UBA) mit Sitz in Dessau ist die zentrale Fachbehörde des Bundes auf dem Gebiet des Umweltschutzes. Das Bundesumweltamt ist eine nachgeordnete Behörde des Bundesministeriums für Umwelt, Naturschutz und Reaktorsicherheit (BMU). Zu den Hauptaufgaben des UBA gehören:

www.umweltbundesamt.de

www.bmu.de

- die wissenschaftliche Unterstützung des BMU auf den Gebieten Luftreinigung, Lärmbekämpfung, Abfallwirtschaft, Wasserwirtschaft und Bodenschutz,
- die Entwicklung von Hilfen für die Umweltplanung und die ökologische Begutachtung umweltrelevanter Maßnahmen sowie die Aufklärung der Öffentlichkeit in Umweltfragen.

Ziel der Umweltpolitik ist es, ein menschenwürdiges Dasein zu sichern, Boden, Luft, Wasser, Pflanzen und Tierwelt vor schädlichen menschlichen Tätigkeiten zu schützen sowie Schäden und negative Folgen menschlicher Eingriffe in die Umwelt zu beseitigen.

Die Umweltpolitik in Deutschland beruht auf verschiedenen Prinzipien, deren Durchsetzung mit verschiedenen Problemen verbunden ist. Nach dem **Vorsorgeprinzip** soll sichergestellt werden, dass Umweltschäden erst gar nicht entstehen oder so weit wie möglich reduziert werden. In der Praxis ist es häufig nicht möglich, vorausschauend dafür Sorge zu tragen, dass Umweltschäden vermieden werden. Werden beispielsweise im Rahmen einer sogenannten Ökobilanz sämtliche Inputs und Outputs erfasst, die bei Herstellung, Gebrauch und Außerbetriebnahme eines Autos anfallen, und in die Kostenrechnung internalisiert, müsste ein Mittelklassewagen ein Vielfaches seines jeweiligen „Marktpreises" kosten.

Nach dem **Verursacherprinzip** soll derjenige, der Umweltschäden verursacht, auch mit den Kosten belastet werden. Dieses Prinzip soll verhindern, dass die Kosten für die Beseitigung von Umweltschäden auf die Allgemeinheit abgewälzt werden. Häufig sind Verursacher von Umweltbelastungen nicht eindeutig zu ermitteln. Wurden Umweltschäden in der Vergangenheit verursacht, so sind ihre Verursacher mitunter kaum noch feststellbar. Beispielsweise lassen sich hinsichtlich des Waldsterbens einzelne Verursacher schwerlich ausmachen und in die Pflicht nehmen.

In vielen Fällen ersetzt oder ergänzt das **Gemeinlastprinzip** das Verursacherprinzip. Nach diesem Prinzip wird der Staat mit öffentlichen Mitteln tätig, um Umweltbeeinträchtigungen zu beseitigen oder zu vermindern. Die breite Anwendung dieses Prinzips ist jedoch abzulehnen.

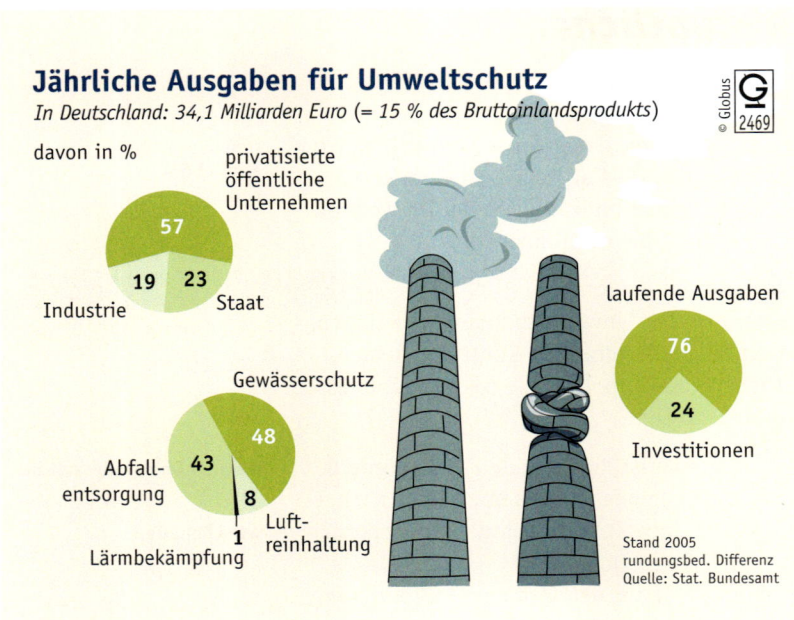

Jährliche Ausgaben für Umweltschutz

In Deutschland: 34,1 Milliarden Euro (= 15 % des Bruttoinlandsprodukts)

© Globus 2469

davon in %

privatisierte öffentliche Unternehmen

57

19 23

Industrie Staat

Gewässerschutz

48

Abfall- entsorgung 43

8

1

Lärmbekämpfung Luft- reinhaltung

laufende Ausgaben

76

24

Investitionen

Stand 2005
rundungsbed. Differenz
Quelle: Stat. Bundesamt

Das **Kooperationsprinzip** soll sicherstellen, dass die staatlichen und gesellschaftlichen Kräfte an der Verwirklichung der Umweltziele mitwirken. Dabei ist es das Ziel der Regierung, im Rahmen der rechtlichen Möglichkeiten die Unternehmen, Gewerkschaften, Bürger, Umweltverbände und andere Institutionen mitverantwortlich an den Entscheidungen zu beteiligen. Das gilt nicht zuletzt für die internationale Kooperation im Bereich des Umweltschutzes. In der Praxis sind die Entscheidungsträger in Politik und Verwaltung auf Informationen angewiesen, über die häufig nur Verursacher von Umweltschäden verfügen. Mächtige Industrieunternehmen, die in einer Kommune der größte Arbeitgeber sind, können beispielsweise bestrebt sein, wirtschaftliche Interessen gegen die Forderung nach mehr Umweltschutz durchzusetzen.

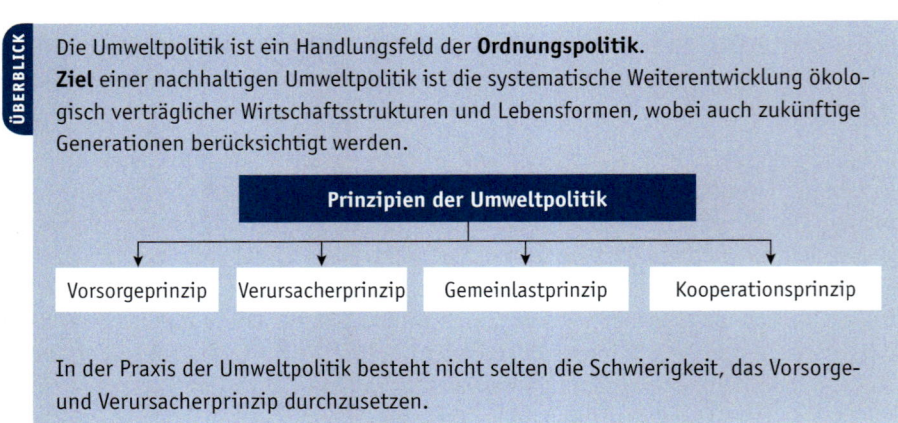

ÜBERBLICK

Die Umweltpolitik ist ein Handlungsfeld der **Ordnungspolitik**.
Ziel einer nachhaltigen Umweltpolitik ist die systematische Weiterentwicklung ökologisch verträglicher Wirtschaftsstrukturen und Lebensformen, wobei auch zukünftige Generationen berücksichtigt werden.

Prinzipien der Umweltpolitik

| Vorsorgeprinzip | Verursacherprinzip | Gemeinlastprinzip | Kooperationsprinzip |

In der Praxis der Umweltpolitik besteht nicht selten die Schwierigkeit, das Vorsorge- und Verursacherprinzip durchzusetzen.

AUFGABEN

1 Informieren Sie sich im Internet über gegenwärtige Schwerpunkte der Umweltpolitik der Bundesregierung.
2 Wie beurteilen Sie die Durchsetzungschancen der Prinzipien der Umweltpolitik?
3 Recherchieren Sie, was die Bundesregierung unter einer nachhaltigen Umweltpolitik versteht.
4 Diskutieren Sie in Gruppen: Inwiefern ist das Umweltbewusstsein eine notwendige Bedingung für eine nachhaltige Umweltpolitik?

11.6 Instrumente der Umweltpolitik

Für die Realisierung umweltpolitischer Zielsetzungen existieren eine Vielzahl von umweltpolitischen Instrumenten. Nachfolgend soll kurz auf die planungsrechtlichen, ordnungsrechtlichen und ökonomischen Instrumente eingegangen werden.

Ziele und Instrumente der Umweltpolitik

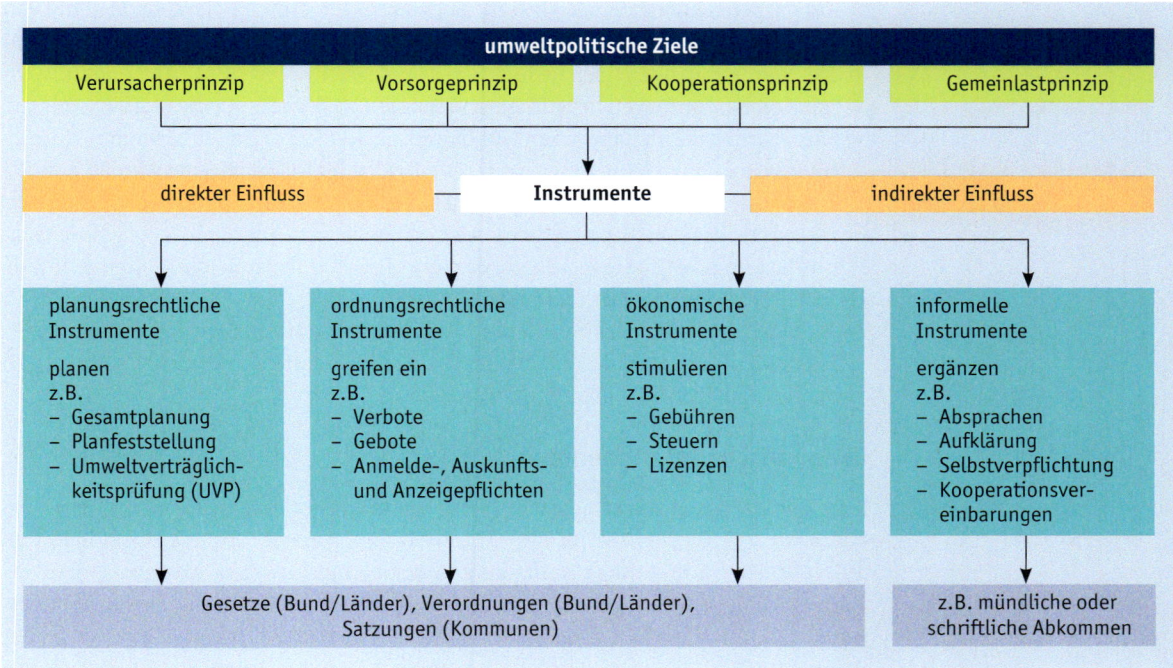

Planungsrechtliche Instrumente

Planungsrechtliche Instrumente spielen vor allem bei Planungen für öffentliche Maßnahmen des Bundes, der Länder und der Kommunen eine Rolle. Das gilt z. B. für die Verkehrsplanung, die Energie- und Ressourcenplanung sowie die Erstellung von Flächennutzungs- und Bebauungsplänen. Ein wichtiges Instrument, das in der Planungsphase von Projekten eingesetzt wird, ist die Umweltverträglichkeitsprüfung (UVP).

> **Gesetz über die Umweltverträglichkeitsprüfung**
> § 1 Zweck dieses Gesetzes ist es sicherzustellen, dass bei bestimmten öffentlichen und privaten Vorhaben (...) die Auswirkungen auf die Umwelt und die Ergebnisse der durchgeführten Umweltprüfungen so früh wie möglich berücksichtigt werden.

Ordnungsrechtliche Instrumente

Beim Einsatz **ordnungsrechtlicher Instrumente** stehen im Rahmen einer Auflagenpolitik Ge- und Verbote im Mittelpunkt. Verbote können Umweltschäden völlig unterbinden (z. B. Produktionsstilllegungen). Gebote lassen weiterhin ein begrenztes Maß an Umweltbelastungen (z. B. Grenzwerte für Schadstoffabgaben) zu.

Ge- und Verbote sind bisher in jedem Staat Hauptansatz der Umweltpolitik. Sie haben häufig den Vorteil schnellerer Wirksamkeit, sind leicht einzusetzen, werden klar vorgegeben und ihre Einhaltung kann relativ einfach kontrolliert werden.

Auf längere Sicht gesehen ist eine Umweltpolitik als Auflagenpolitik allerdings mit erheblichen Nachteilen verbunden:
- Eine Auflagenpolitik, die für alle Schadstoffemittenten die gleichen Gebote vorschreibt, ist ökonomisch kaum sinnvoll. In der Regel werden die Emissionsvermeidungskosten der einzelnen Unternehmen unterschiedlich hoch sein. Mithilfe von Auflagen ist es kaum möglich, unterschiedlich hohe Kosten der Unternehmen für die Vermeidung von Schadstoffen zu berücksichtigen. Mit stärker marktwirtschaftlich orientierten Instrumenten lässt sich ein höherer Umwelteffekt erzielen.
- Hinsichtlich der dynamischen Anreizwirkung fehlen diesem Instrument Anreize für weitere Umweltverbesserungen. Die Kräfte des Marktsystems werden auf den Kopf gestellt. Die Rolle des Motors des technischen Fortschritts wird dem Staat zugeschrieben. Die Unternehmen sind tendenziell in einer Position, dass sie technische Entwicklungen verzögern, da die Auflagen umso höher ausfallen, je fortgeschrittener der Stand der Technik ist.
- Auflagen formulieren absolute Emissionshöchstgrenzen. Sie sind ein geeignetes Instrument, um unmittelbare Gefahren in krisenhaften Umweltsituationen und bei hochgiftigen Schadstoffen abzuwehren.

Ökonomische Instrumente

Beim Einsatz ökonomischer Instrumente (marktorientierte Instrumente) wird im Rahmen einer Abgabenpolitik vom Grundsatz ausgegangen: Wer die Umwelt als Produktionsfaktor nutzt, muss dafür einen entsprechenden Preis entrichten. Es wird angestrebt, dass die Verursacher von Umweltschäden die ökologischen Kosten entsprechend der Höhe der Abgabe einbeziehen. Als entsprechende Instrumente der Abgabenpolitik gelten z.B. Umweltsteuern, -gebühren, -beiträge, Emissionslizenzen und Abgaben auf Produkte.

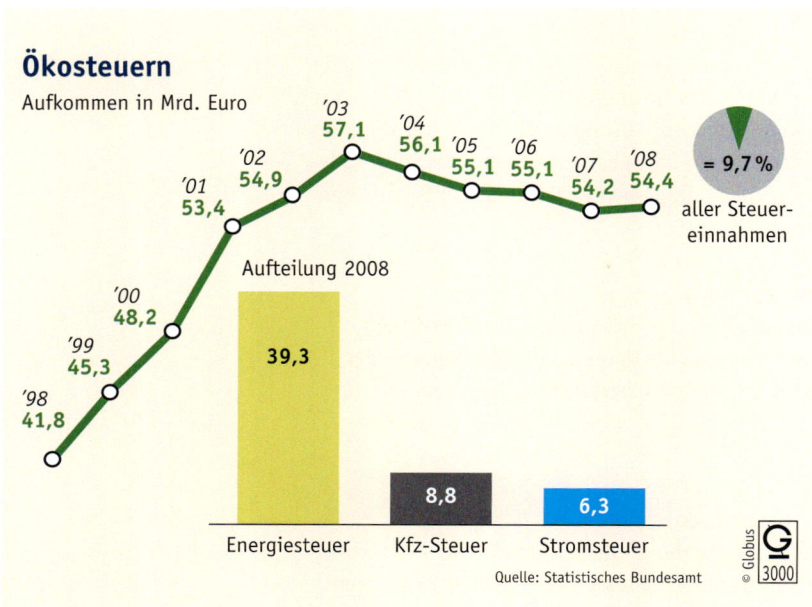

In der Europäischen Union wurde 2003 im Rahmen einer gesamteuropäischen Ökologischen Steuerreform eine Mindestbesteuerung auf Strom, Kraft- und Brennstoffe für alle Mitgliedstaaten eingeführt. In Deutschland wurden Subventionen gesenkt (z.B. gewerbliche Wirtschaft, Kohle, Pendlerpauschale) und von 1999–2003 die Besteuerung von Strom, Kraftstoffen, Heizöl und -gas in fünf Stufen angehoben (**Ökosteuer**). Die hierdurch erzielten Steuermehreinnahmen werden dazu verwendet, entweder andere Abgaben zu verringern oder ökologische Investitionen zu fördern.

Warum Energie besteuern?

Das Prinzip der Ökologischen Steuerreform ist einfach: „Mehr Arbeitsplätze bei weniger Umweltbelastung". Konkret heißt das: Um den umweltschädigenden Verbrauch fossiler Energieträger zu reduzieren, werden die Steuern auf diese erhöht. Das schafft Anreize für Energieeinsparung, Innovationen für energieeffiziente Technologien und für die Nutzung von Erneuerbaren Energien. So können die Emissionen von Treibhausgasen und Luftschadstoffen gesenkt und die Ölabhängigkeit verringert werden. Mit den Einnahmen werden die Sozialversicherungsbeiträge auf Lohnarbeit gesenkt. (…) Ein kleinerer Teil wird für die Förderung der erneuerbaren Energien und der energetischen Gebäudesanierung verwendet; hinzu kommen Steuerbegünstigungen u. a. für effiziente Kraftwerke und den öffentlichen Verkehr. Damit wird zum einen der Klimaschutz gefördert und unterstützt; zum anderen wird Arbeit verbilligt und attraktiver gemacht.

Quelle: www.bmu.de/wirtschaft_und_umwelt/oekologische_steuerreform/doc/4027.php

Umweltabgaben gewährleisten einen kostengünstigen Schutz der Umwelt. Jeder Einzelne kann genau zwischen zu zahlender Abgabe und den Vermeidungskosten unterscheiden. Ferner lösen sie ökonomische Anreize aus, Innovationen einzuführen, um die Kosten des Umweltschutzes zu senken.

Mithilfe von Emissionslizenzen wird die Preisbildung für bestimmte Umweltnutzungen nicht dem Staat überlassen, sondern dem Markt übertragen. Im Hinblick auf gewünschte Umweltqualitätsziele legt der Staat für bestimmte Schadstoffe Grenzwerte fest. Eine danach zu bestimmende Menge von gestückelten Emissionslizenzen wird vom Staat zur Verfügung gestellt. Ein Unternehmen, das an Verschmutzungsrechten interessiert ist, muss Emissionslizenzen kaufen. Darüber hinaus kann der Staat den Bestand von Lizenzen – beispielsweise durch Rückkauf oder ihre jährliche Abwertung – verknappen und dadurch zusätzliche Anreize für umweltschützende Innovationen schaffen.

Innerhalb der Europäischen Union wurde der Emissionshandel im Jahr 2005 z. B. für Stromerzeuger, die Zement- und Papierindustrie eingeführt, um Kohlendioxidemissionen (CO_2) zu reduzieren. Ab 2013 soll ein einheitlicher europäischer Handelsraum mit einer Emissionsobergrenze existieren.

Ab 2010 werden im Auftrag der Bundesregierung an der Leipziger Strombörse „European Energy Exchange" (EEX) Emissionszertifikate für die Jahre 2010 bis 2012 einmal wöchentlich versteigert.

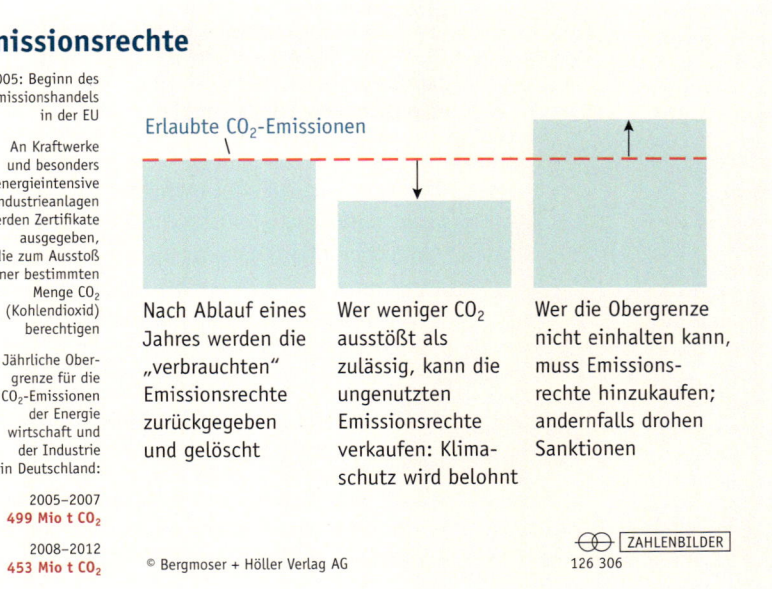

Emissionsrechte

2005: Beginn des Emissionshandels in der EU

An Kraftwerke und besonders energieintensive Industrieanlagen werden Zertifikate ausgegeben, die zum Ausstoß einer bestimmten Menge CO_2 (Kohlendioxid) berechtigen

Jährliche Obergrenze für die CO_2-Emissionen der Energie wirtschaft und der Industrie in Deutschland:

2005–2007
499 Mio t CO_2

2008–2012
453 Mio t CO_2

Erlaubte CO_2-Emissionen

Nach Ablauf eines Jahres werden die „verbrauchten" Emissionsrechte zurückgegeben und gelöscht

Wer weniger CO_2 ausstößt als zulässig, kann die ungenutzten Emissionsrechte verkaufen: Klimaschutz wird belohnt

Wer die Obergrenze nicht einhalten kann, muss Emissionsrechte hinzukaufen; andernfalls drohen Sanktionen

© Bergmoser + Höller Verlag AG

ZAHLENBILDER
126 306

Emissionslizenzen vereinigen die Vorteile von Auflagen und Umweltabgaben, ohne die Nachteile dieser Instrumente zu übernehmen:

- Sie beinhalten ein hohes Maß an ökonomischer Effizienz. Jeder Verursacher von Umweltbelastungen kann auf der Grundlage seiner eigenen betrieblichen Kosten-Nutzen-Rechnung vergleichen, in welcher Höhe ihm Kosten für die Vermeidung je Schadstoffeinheit oder für entsprechend zu bezahlende Lizenzgebühren entstehen.
- Emissionslizenzen verfügen über ein hohes Maß an dynamischer Anreizwirkung. Die Kosten für Umweltzertifikate werden umso geringer, je weiter Emissionen z. B. durch umwelttechnischen Fortschritt vermindert werden können.
- Emissionslizenzen führen zu einer hohen ökologischen Treffsicherheit. Die Anzahl der ausgegebenen Zertifikate ist hinsichtlich eines insgesamt einzuhaltenden Emissionszielwertes begrenzt, sodass dieser (auf legalem Weg) nicht überschritten werden kann.

Informelle Instrumente

Darüber hinaus ergänzen informelle Instrumente wie Kooperationsvereinbarungen, Absprachen, Selbstverpflichtung und Aufklärung die planungsrechtlichen, ordungsrechtlichen und ökonomischen Instrumente.

Bewertung umweltpolitischer Instrumente

Umweltpolitische Instrumente können nach verschiedenen Kriterien beurteilt werden: nach der ökologischen Effizienz, der dynamischen Anreizwirkung und der ökologischen Treffsicherheit.

Bewertung umwelt-politischer Instrumente	Umweltauflagen	Umweltabgaben	Umweltlizenzen
ökonomische Effizienz	gering	hoch	hoch
dynamische Anreizwirkung	gering	hoch	hoch
ökologische Treffsicherheit	hoch	gering	hoch

Es kann grundsätzlich davon ausgegangen werden, dass mittel- und längerfristig ökonomische Instrumente ordnungsrechtlichen Ansätzen überlegen sind, da Erstere Anreize beinhalten, mehr für den Umweltschutz zu tun, als z. B. der Gesetzgeber ordnungsrechtlich vorschreibt:

- Mithilfe von ordnungsrechtlichen Instrumenten muss umweltgerechtes Handeln gegen andere Handlungsmotivationen durchgesetzt werden.
- Mithilfe von ökonomischen Instrumenten wird umweltverträgliches Handeln ökonomisch „belohnt" und umweltschädliches Handeln „bestraft".

Marktwirtschaftliche Instrumente können das Ordnungsrecht nicht ersetzen, aber staatliche Aufgaben an geeigneten Stellen ergänzen. Insbesondere müssen sie vorhersehbar und kalkulierbar sein, um Unternehmen langfristige Maßnahmen zum Schutz der Umwelt zu ermöglichen.

ÜBERBLICK

Unter den umweltpolitischen Instrumenten des Staats sind ordnungsrechtliche und ökonomische Instrumente von besonderer Bedeutung.

Eine **Auflagenpolitik** beinhaltet **Ge- und Verbote**. Mit Auflagen können zwar – im Sinne einer Gefahrenabwehr – umweltpolitische Zielsetzungen relativ genau erreicht werden, allerdings beinhaltet dieses Instrument keine Anreize, darüber hinausgehend mehr zum Schutz der Umwelt zu tun, da die Umwelt weiterhin zum Nulltarif genutzt werden kann.

Umweltabgaben belegen Umweltleistungen mit Preisen. Sie beinhalten ein hohes Maß an dynamischer Effizienz, da Anreize bestehen, z. B. mithilfe von Innovationen den Umweltverbrauch zu verringern und somit Kosten zu sparen. Allerdings kann die ökologische Treffsicherheit nicht vorausgesagt werden.

Mithilfe von **Umweltlizenzen** wird die Preisbildung für die Inanspruchnahme von Umweltleistungen dem Markt übertragen. Gemäß der Modellvorstellung können Verschmutzungsrechte, deren Umfang vom Staat festgelegt wird, am Markt gehandelt werden. Sie beinhalten ein hohes Maß an ökonomischer Effizienz, dynamischer Anreizwirkung und ökologischer Treffsicherheit.

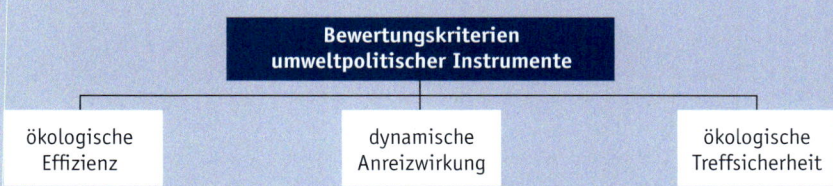

Bewertungskriterien umweltpolitischer Instrumente		
ökologische Effizienz	dynamische Anreizwirkung	ökologische Treffsicherheit

AUFGABEN

1 Erläutern Sie Vorteile und Nachteile einer Auflagenpolitik.
2 Erläutern Sie Vorteile und Nachteile von Umweltabgaben.
3 Erläutern Sie Vorteile und Nachteile von Emissionslizenzen.
4 Drei Unternehmen emittieren Schadstoffe in die Luft. Der Staat will die Gesamtemission auf 24 t begrenzen.
  a Auflagenpolitik: Der Staat begrenzt die Emissionen für jedes Unternehmen auf 8 t. Wie hoch sind die Gesamtkosten für die Unternehmen?
  b Lizenzen: Der Staat stellt Emissionslizenzen für jedes Unternehmen über 8 t aus. Die Lizenzen sind frei handelbar, der Preis pendelt sich bei 8 Millionen Euro pro t ein. Wie hoch sind die Gesamtkosten für die Unternehmen?

t = Tonne

	Ist-Emission	Soll-Emission	Angabe für a) Vermeidungskosten pro t	Angabe für b) Kauf von Lizenzen
Unternehmen 1	4 t	8 t	10 Mio. Euro	– 4 t
Unternehmen 2	10 t	8 t	6 Mio. Euro	+ 2 t
Unternehmen 3	10 t	8 t	8 Mio. Euro	+ 2 t

5 Recherchieren Sie im Internet das Prinzip des Emissionshandels.
6 Recherchieren und diskutieren Sie in Gruppen: Inwiefern hat der Emissionshandel bisher dazu beigetragen, Klimaschutzziele zu erreichen?

11.7 Diskrepanz zwischen Umweltbewusstsein und -verhalten

Der Wandel zu einer nachhaltigen Wirtschafts- und Lebensweise bedingt einen „langen Atem". Ergebnisse empirischer Forschungen legen die Auffassung nahe, dass Personen mit umweltbewussten Einstellungen diese nicht in allen Bereichen in entsprechendes Verhalten umsetzen. Sie tun es in der Regel eher dort, wo für sie persönlich keine einschneidenden Änderungen von Verhaltensgewohnheiten oder Verzichtleistungen erforderlich werden.

Hinsichtlich der Realisierung von Umweltverhalten kann von folgender Tendenz ausgegangen werden:

- In sogenannten **Low-cost-Situationen**, in denen ein umweltgerechtes Verhalten ohne größere persönliche Nachteile oder Kosten erfolgen kann, wird es leichter realisiert (z. B. Papierrecycling).
- In sogenannten **High-cost-Situationen**, in denen eine entsprechende Verhaltensweise zu hohen Verhaltenskosten führen würde, unterbleibt es in stärkerem Maße (z. B. Verzicht auf das Autofahren).

Zudem ist zu berücksichtigen, dass inzwischen fast jeder Mensch punktuell nachweisen kann, dass er sich in wenigstens einem Lebensbereich umweltgerecht verhält. Allerdings wird nicht selten dieser Bereich zum Maßstab für die Beurteilung des gesamten persönlichen Umweltverhaltens gemacht. Andere umweltschädigende Verhaltensweisen werden dann gerne ignoriert.

Alle Überlegungen, den Umweltschutz in das Handeln der Wirtschaftssubjekte zu integrieren, haben sich mit dem Egoismus des Einzelnen auseinanderzusetzen. Menschen handeln in der Regel rational und eigennützig. Dies führt nicht selten dazu, dass trotz ausgeprägten Umweltbewusstseins nicht immer ein entsprechendes Handeln zum Schutz der Umwelt erfolgt.

Mit dem sogenannten **Gefangenendilemma** aus der Spieltheorie lässt sich die Schwierigkeit, individuelles umweltbewusstes Verhalten zu realisieren, verdeutlichen. Dieses Modell beschreibt eine Situation, in der individuell rationale Entscheidungen zu einem kollektiv suboptimalen Ergebnis führen.

öffentliche Güter
Kapitel 3.9

Transaktionskosten
Kapitel 3.2

Zentrale Annahmen des folgenden Beispiels: Die Umwelt stellt ein öffentliches Gut dar, Verhandlungen zwischen den Beteiligten sind aufgrund hoher Transaktionskosten ausgeschlossen und die Personen handeln rational. Der Einzelne steht, wenn er sich umweltgerecht verhalten will, vor nachfolgendem Dilemma.

Zwei Personen (A und B) haben die Möglichkeit, sich umweltverträglich oder nicht umweltverträglich zu verhalten. Jede Person hat einen Kostenvorteil, wenn sie sich weiterhin umweltschädlich verhält und beispielsweise nicht mehr Geld zum Schutz der Umwelt ausgibt. Damit verknüpft ist die Hoffnung, die anderen werden schon für den Erhalt der Umwelt sorgen bzw. dafür bezahlen und ihn nicht von der Nutzung ausschließen.

In der folgenden Grafik wird dieser Zusammenhang mit einem fiktiven Zahlenbeispiel dargestellt. Es enthält die beiden folgenden Annahmen: Die Kosten für umweltverträgliches Verhalten betragen für den Einzelnen 10 Einheiten (EH). Die durch alle anderen bewirkten Umweltverbesserungen schlagen mit 30 Einheiten (EH) zu Buche.

BEISPIEL Der Kostenbegriff ist nicht nur auf Geldeinheiten beschränkt.

Person B \ Person A	umweltverträgliches Verhalten	nicht umweltverträgliches Verhalten
umweltverträgliches Verhalten	I A: 20 EH Nettonutzen[*1] B: 20 EH Nettonutzen[*1]	III A: 30 EH Nettonutzen[*3] B: -10 EH Nettonutzen[*2]
nicht umweltverträgliches Verhalten	II A: -10 EH Nettonutzen[*2] B: 30 EH Nettonutzen[*3]	IV A: 0 EH Nettonutzen[*4] B: 0 EH Nettonutzen[*4]

[*1] Nutzen 30 EH − Kosten 10 EH = Nettonutzen 20 EH

[*2] Nutzen 0 EH − Kosten 10 EH = Nettonutzen −10 EH

[*3] Nutzen 30 EH − Kosten 0 EH = Nettonutzen 30 EH

[*4] Nutzen 0 EH − Kosten 0 EH = Nettonutzen 0 EH

Am besten wäre für Person A das Erreichen von Feld III und für Person B das Feld II. Für Person A wie auch für Person B ergibt sich nun folgende Situation:
- Wenn A davon ausgeht, dass B sich umweltverträglich verhält, wäre es für A am besten, sich nicht umweltverträglich zu verhalten, denn dann hat er einen Nettonutzen von 30 EH (Feld III).
- Wenn A davon ausgeht, dass B sich nicht umweltverträglich verhält, wäre es für A am besten, sich auch nicht umweltverträglich zu verhalten, denn dann hat er einen Nettonutzen von 0 EH (Feld IV).

Das Dilemma für Person A und Person B ist aber Folgendes: Unabhängig davon, wie sich die andere Person entscheidet, ist es immer rational, sich nicht umweltverträglich zu verhalten. Dann kommt man immer besser weg, denn der Nettonutzen beträgt 0 EH anstatt −10 EH. Wenn sich nun aber beide Personen nicht umweltverträglich verhalten ergibt sich ein Nettogesamtnutzen (Nettonutzen A + Nettonutzen B) von 0 EH. Damit ist Feld IV die schlechteste aller möglichen Lösungen.

Im Rahmen der Modellvorstellung ist das **Trittbrettfahrerverhalten** des Einzelnen die Folge, solange der Verbrauch der Umwelt – als öffentliches Gut – quasi „kostenlos" erfolgen kann. Unter den gegenwärtigen ökonomischen Rahmenbedingungen besteht für den Einzelnen kein unmittelbarer Anreiz, sich umweltgerecht zu verhalten. Es überwiegen Anreize, die Umwelt zu schädigen, da umweltschädigende Güter in der Regel kostengünstiger als ökologisch verträglichere Güter sind. Hierbei wird grundsätzlich nicht bestritten, dass sich ein umweltbewusstes Verhalten z. B. aus ethischen Motiven entwickeln kann. Diese Art motivierter Verhaltensweisen bilden aber eher die Ausnahme und laufen Gefahr, an den ökonomischen Realitäten zu scheitern. Auch ein vermeintlich hohes Umweltbewusstsein sollte nicht darüber hinwegtäuschen, dass ein unmittelbarer Zusammenhang zu einem entsprechenden Verhalten besteht.

ÜBERBLICK

Menschen sind in der Regel hinsichtlich ihres realisierten **Umweltverhaltens** dahingehend inkonsequent, dass sie sich in Bereichen, in denen es keine Mühe macht, durchaus umweltgerecht verhalten. In Bereichen, die mit hohen persönlichen Kosten verbunden sind, spielt jedoch der Schutz der Umwelt oftmals keine so große Rolle.

Mit dem Modell des **Gefangenendilemmas** kann der Konflikt verdeutlicht werden, dass – sofern die umweltpolitischen Rahmenbedingungen nicht geändert werden – ein systematischer Anreiz besteht, sich umweltschädigend zu verhalten, sofern umweltfreundliches Verhalten gegen den Kostendruck des Marktes realisiert werden soll.

AUFGABEN

1 Was ist unter Low-cost-Situationen und High-cost-Situationen im Umweltbereich zu verstehen? Erläutern Sie diese an Beispielen.

2 Was ist unter einem sogenannten Trittbrettfahrerverhalten im Umweltbereich zu verstehen?

3 Erläutern Sie das Problem umweltfreundlichen Verhaltens am Modell des Gefangenendilemmas.

4 Für wie plausibel halten Sie das Modell des Gefangenendilemmas, um das umweltgerechte Handeln der Wirtschaftssubjekte zu erklären?

5 Unter einem „ökologischen Fußabdruck" kann die Fläche auf der Erde verstanden werden, die erforderlich ist, um den Lebensstandard eines Menschen dauerhaft zu ermöglichen. Die schließt alle Flächen ein, die – bezogen auf den individuellen Lebensstil – für Herstellung von Kleidung oder Nahrung, zur Bereitstellung von Energie, zum Abbau von Müll oder zum Binden freigesetzten Kohlendioxids benötigt werden.

   a Informieren sie sich über diesen Umweltindikator für eine nachhaltige Entwicklung im Internet.

   b Berechnen Sie Ihren ökologischen Fußabdruck z. B. unter www.gigt.de/fussabdruck.

6 Recherchieren und diskutieren Sie in Gruppen die Realisierungschancen der zehn Leitlinien für eine marktwirtschaftliche Umweltpolitik des Bundesministeriums für Wirtschaft und Technologie.

11.8 Projekt „Lokale Agenda 21"

Führen Sie folgendes Projekt durch: „Entwicklung eines nachhaltigen kommunalen Wirtschaftskonzepts im Rahmen der Umsetzung der Lokalen Agenda 21".

Führen Sie eine **Recherche** im Internet, in Printmedien und in kommunalen Institutionen durch, inwiefern in Ihrer Stadt bzw. Gemeinde auf der Basis der Lokalen Agenda 21 ein Leitbild für eine „dauerhaft-umweltgerechte Entwicklung" vorliegt und welche wirtschaftlichen Konsequenzen es hat.

Adressen und Ansprechpartner können beispielsweise sein:
*   Umweltbundesamt
*   Stadt- bzw. Gemeindeverwaltung
*   Umweltbeauftragter
*   Agenda-21-Büro
*   Industrie- und Handelskammer
*   Handwerkskammer
*   Bürgerinitiativen

Leitfragen für die **Auswertung** der vorhandenen Materialien:
*   Welche Maßnahmen wurden in Ihrer Stadt bzw. Gemeinde bisher unternommen, um die Lokale Agenda 21 umzusetzen?
*   Wie sieht das Leitbild für eine dauerhaft-umweltgerechte Entwicklung aus?
*   Inwiefern wird der Zusammenhang von Gesellschaft, Wirtschaft und Ökologie gewahrt?
*   Wie sieht das wirtschaftliche Leitbild aus?
*   Welche Konsequenzen wurden bisher aus dem Leitbild gezogen?
*   Welche Arbeitsbereiche sind noch offen?
*   Wie beurteilen Sie die bisherigen Maßnahmen in Ihrer Stadt bzw. Gemeinde hinsichtlich der Realisierung einer dauerhaft-umweltgerechten Entwicklung?

Entwickeln Sie die bisherigen Ansätze weiter bzw. entwerfen Sie das Leitbild eines nachhaltigen kommunalen Wirtschaftskonzepts auf der Basis der Lokalen Agenda 21, wenn dieses in Ihrer Stadt bzw. Gemeinde noch nicht existiert.

Diskutieren Sie Ihr Wirtschaftskonzept für eine „dauerhaft-umweltgerechte Entwicklung" mit Politikern Ihrer Stadt oder Gemeinde und mit Beteiligten am Lokalen Agenda-21-Prozess.

Führen Sie ggf. eine Teilarbeit im Rahmen der Umsetzung der Lokalen Agenda 21 weiter fort und engagieren Sie sich im Rahmen des Agenda-Prozesses.

Nachfolgend finden Sie Beispiele für die Umsetzung der Lokalen Agenda 21 in der Stadt Oldenburg. Weitere Hinweise stehen im Internet.

www.oldenburg.de/
agenda21

Ratsbeschluss vom 21. Januar 1997

Lokale Agenda 21

(...) Die Verwaltung wird beauftragt, entsprechend dem 1992 in Rio auf der UN-Konferenz für Umwelt und Entwicklung beschlossenen Aktionsprogramm AGENDA 21 gemeinsam mit unterschiedlichen in der Stadt Oldenburg vertretenen Verbänden und Institutionen (umwelt- und entwicklungspolitische Gruppen, Kammern, Gewerkschaften, Sozialverbände, Kirchen, Hochschulen und andere Bildungseinrichtungen, Parteien ...) unter breiter Beteiligung der Bevölkerung in den nächsten drei Jahren eine Lokale Agenda 21 für Oldenburg zu erarbeiten.

Ziel ist die Bündelung und Ergänzung der lokalen Aktivitäten in einem Aktionsplan. Er soll die Stadtentwicklung bis zur Bildungspolitik im Zusammenhang beschreiben, sodass sie nicht mehr nur mit dem verengten Blick lokaler Interessen, sondern verstärkt auf ihre globale Sinnhaftigkeit ausgerichtet werden. Die Erarbeitung der lokalen Agenda soll ämter- und dezernatsübergreifend im Umweltdezernat koordiniert werden. Dabei ist eine enge Kooperation mit bestehenden Lokale-Agenda-21-Initiativen (z. B. im Umwelthaus) und den oben aufgelisteten gesellschaftlichen Gruppen sowie eine intensive Beteiligung der Bevölkerung herzustellen. (...)

Quelle: www.oldenburg.de/agenda21

Projektübersicht der Stadt Oldenburg

Quelle: www.oldenburg.de/agenda21

Glossar

Abgabenquote	Anteil der Zwangsabgaben (**Steuern** und Sozialabgaben) am **Bruttoinlandsprodukt**
Agenda 21	Leitbild für die weltweite Entwicklung von Wirtschaft, Gesellschaft und Umwelt, die den Prinzipien einer **nachhaltigen Entwicklung** entspricht
Angebotsgesetz	Angebot nach einem Gut steigt, wenn der Preis steigt und umgekehrt
Angebotspolitik	– auch **Monetarismus** genannt – Stärkung der Anbieter, d. h. Unternehmen – weitgehender Verzicht auf Eingriffe des Staates – Maßnahmen, die das Angebot beeinflussen, z. B. Steuersenkungen für Unternehmen, um sie zu motivieren, zu investieren und somit neue Arbeitsplätze schaffen – von der **Nachfragepolitik** zu unterscheiden
Angebotsüberhang (Nachfragelücke)	Angebot übersteigt die Nachfrage
Arbeitslosengeld I	– wird aus der gesetzlichen Arbeitslosenversicherung gezahlt – ist beitragsfinanziert – **Arbeitslosengeld II**
Arbeitslosengeld II	– wird nach Ablauf des Anspruchs auf **Arbeitslosengeld I** gezahlt – ist steuerfinanziert (**Transferleistung**) und keine Leistung der Arbeitslosenversicherung
Arbeitslosenquote (in %)	– Formel, mit der der Bundesagentur für Arbeit rechnet – $\text{Arbeitslosenqoute (in \%)} = \dfrac{\text{Arbeitslose} \cdot 100\,\%}{\text{Erwerbspersonen}}$
Arbeitslosigkeit (Arten)	– friktionelle: Arbeitslosigkeit, die dadurch entsteht, dass sowohl die Arbeitskraft als auch das Unternehmen Zeit zur Suche benötigen, bevor eine Stelle besetzt werden kann – saisonale: Arbeitslosigkeit, die durch jahreszeitliche Einflüsse in einzelnen Wirtschaftszweigen entsteht – strukturelle: Arbeitslosigkeit, die durch sinkende Arbeitskräftenachfrage z. B. durch technischen Fortschritt in bestimmten Branchen, entsteht – regionale: Arbeitslosigkeit, die durch sinkende Arbeitskräftenachfrage in bestimmten Regionen entsteht
Arbeitsmarktpolitik	– Maßnahmen zu Bekämpfung von Arbeitslosigkeit – passive: Entgeltersatzleistungen (**Arbeitslosengeld I** und **II**), vorrangiges Ziel: Wiedereingliederung von Arbeitslosen – aktive: Arbeitsbeschaffungsmaßnahmen (ABM) und Ein-Euo-Jobs, soll Eingliederungschancen der Arbeitslosen verbessern

Arbeitsteilung	– die **Produktivität** kann durch Arbeitsteilung gesteigert werden – unterschieden werden innerbetriebliche, zwischenbetriebliche und internationale
Außenhandel	internationale Warenbewegungen, d. h. Import und Export
Außenwert des Geldes	**Wechselkurs**
Außenwirtschaft	alle denkbaren Beziehungen mit dem Ausland auf wirtschaftlichem Gebiet, z. B. Geldbewegungen, Dienstleistungen, Warenbewegungen
Bedarf	– auf bestimmte Waren und Dienstleistungen bezogener Wunsch – finanziell gesicherte Möglichkeit, Güter zu kaufen
Bedürfnis	Antriebskräfte, die den Menschen bewegen, wirtschaftlich zu handeln und einen empfundenen Mangel zu beseitigen
Bedürfnispyramide	Unterscheidung von fünf Bedürfnisebenen, nach Maslow: physiologische Bedürfnisse, Sicherheitsbedürfnisse, soziale Bedürfnisse, Wertschätzungsbedürfnisse, Entwicklungsbedürfnisse
Beitragsbemessungsgrenze	Bruttoentgeltgrenze, bis zu der Beiträge zu den einzelnen Zweigen der gesetzlichen Sozialversicherung erhoben werden
Betriebswirtschaftslehre (BWL)	beschäftigt sich mit der Analyse des betrieblichen Geschehens aus Sicht der Unternehmen
Binnenwert des Geldes	Kaufkraft des Geldes
Bruttoinlandsprodukt (BIP)	– Wert der im Inland entstandenen wirtschaftlichen Leistungen (Einkünfte der Inländer und der Ausländer im Inland) – nominales BIP entspricht den derzeitigen Preisen – reales BIP ist preisbereinigt, indem ein Basisjahr festgelegt wird – **Bruttonationaleinkommen**
Bruttonationaleinkommen	– Wert der im Inland und Ausland entstanden wirtschaftlichen Leistungen der Inländer – **Bruttoinlandsprodukt**
Buchgeld	– auch **Giralgeld** genannt – Sichtguthaben auf Bankkonten
Bundesbank	– gehört zum **Europäischen System der Zentralbanken** (ESZB) – **nationale Zentralbank** von Deutschland – unabhängig – führt gemeinsam mit dem ESZB die **Geldpolitik** durch – weitere Aufgaben: Notenbank, Bank der Banken, Bank des Staates, Verwaltung der Währungsreserven
Bundeskartellamt	– oberste Bundesbehörde zur Sicherung des nationalen Wettbewerbs mit Sitz in Bonn – Tätigkeitsgrundlage: **Gesetz gegen Wettbewerbsbeschränkungen**

Deflation	– Lebenshaltungskosten sinken und damit steigt die **Kaufkraft** des Geldes – Unterscheidung nach Ursachen (nachfrageinduziert, angebotsinduziert oder monetär) und Arten (offen und versteckt oder schleichend, trabend und galoppierend) – **Inflation**
Devisenbilanz	– Teilbilanz der **Zahlungsbilanz** – alle Kapitalbewegungen der nationalen Zentralbank werden festgehalten – erfasst alle Devisenzu- und -abgänge sowie die Änderungen der Auslandspositionen Deutschlands und die Änderungen der Goldbestände
Dienstleistungsbilanz	– Teilbilanz der **Leistungsbilanz** – erfasst Ausgaben im Reiseverkehr, Einnahmen aus dem Reiseverkehr und den gesamten Austausch von Dienstleistungen zwischen Inländern und Ausländern
Entstehungsrechnung	– ein Gesichtspunkt der Volkswirtschaftlichen Gesamtrechnung – Wie entsteht das Bruttoinlandsprodukt? – **Wertschöpfung** Land- und Forstwirtschaft + Wertschöpfung produzierendes Gewerbe + Wertschöpfung Dienstleistungsgewerbe = **Bruttoinlandsprodukt**
Erwerbs- und Vermögensbilanz	– Teilbilanz der **Leistungsbilanz** – erfasst alle Einkommen aus unselbstständiger Arbeit und aus Kapitalerträgen, die aus dem Ausland kommen oder an das Ausland gehen
Erwerbslosenquote (in %)	– Formel nach dem Konzept der ILO (International Labour Organisation) – Erwerbslosenquote (in %) = $\dfrac{\text{Erwerbslose} \cdot 100\,\%}{\text{Erwerbspersonen}}$
EU-Kommisson	– Europäische Kommission – zuständig bei Unternehmenszusammenschlüssen, die über nationale Grenzen hinaus bedeutend sind – Tätigkeitsgrundlage: **Vertrag über die Arbeitsweisen der Europäischen Union** (AEUV) und Verordnung zur Fusionskontrolle – es gilt das **Subsidiaritätsprinzip** – **Bundeskartellamt**
Europäische Union (EU)	**Wirtschafts- und Währungsunion**
Europäische Zentralbank (EZB)	– Zentralbank der an der Europäischen Währungsunion teilnehmenden Staaten – unabhängig – bildet zusammen mit allen **nationalen Zentralbanken** das **Europäisches System der Zentralbanken** – oberstes Ziel: Preisniveaustabilität – Aufgaben: **Geldpolitik**, **Wechselkurs**geschäfte, Halten und Verwalten der Fremdwährungsreserven, Zahlungssystem in der EU
Europäisches System der Zentralbanken (ESZB)	**Europäische Zentralbank** und alle nationalen Zentralbanken

Euro-Referenzkurs	**Wechselkurs** des Euros zu ausgesuchten Währungen
Eurowährungsgebiet	– auch **Eurozone** genannt – EU-Staaten, die den Euro eingeführt haben
Eurozone	– auch **Eurowährungsgebiet** genannt – EU-Staaten, die den Euro eingeführt haben
externe Effekte	– Auswirkungen von Produktions- und Konsumtionsaktivitäten auf Dritte, die Allgemeinheit oder die Umwelt, die nicht über den Marktmechanismus verrechnet werden – sind neben dem Vorliegen von **Marktmacht** ein Ansatz zur Erklärung von **Marktversagen**
Faktormarkt	**Markt**, auf dem die **Produktionsfaktoren** gehandelt werden, z. B. Arbeitsmarkt
Finanzpolitik	– beschäftigt sich mit den Einnahmen und Ausgaben des Staates – beeinflusst die wirtschaftliche Lage über Einkommens- und Nachfrageeffekte – von der **Fiskalpolitik** zu unterscheiden
Finanzwissenschaft	beschäftigt sich mit den Aktivitäten (Einnahmen und Ausgaben) der öffentlichen Haushalte (Bund, Länder, Gemeinden)
Fiskalpolitik	– gezielte Veränderungen der Einnahmen und Ausgaben des Staates, mit denen die Konjunktur beeinflusst werden kann, z. B. über **Steuern**, **Transferleistungen** oder **Subventionen** – von der **Finanzpolitik** zu unterscheiden
freie Marktwirtschaft	– idealtypische **Wirtschaftsordnung** – Eigennutzstreben des Einzelnen wird als Triebkraft wirtschaftlichen Handelns angesehen – Staat soll lediglich die Rahmenbedingungen der Wirtschaft entsprechend gestalten und so wenig wie möglich in das wirtschaftliche Geschehen eingreifen – Moral und Ethik setzen dem Einzelnen Grenzen für sein Handeln
Freihandelszone	– regionales Handelsabkommen mit dem Ziel, zwischen den beteiligten Ländern alle Zölle und Kontingente schrittweise abzubauen – jedes Mitgliedsland behält aber seine volle Autonomie bei der Gestaltung der eigenen Handelspolitik gegenüber Drittländern
Fusionskontrolle	Kontrollverfahren des **Bundeskartellamts**, das Zusammenschlüsse von Unternehmen bei Entstehung einer marktbeherrschenden Stellung untersagen bzw. Auflagen zum Zusammenschluss machen kann
GATT	– General Agreement on Tariffs and Trade (Allgemeines Zoll- und Handelsabkommen) – 1947 geschlossenes Abkommen mit dem Ziel, Handelshemmnisse im internationalen Handelsverkehr abzubauen – wurde 1995 von der **WTO** abgelöst

Geld (Funktionen)	– Tauschmittel – Zahlungsmittel – Wertmaßstab – Recheneinheit – Wertaufbewahrungsmittel
Geldmengen	– umlaufender Geldbestand einer Volkswirtschaft – Geldmenge M 1: Bargeld + täglich fällige Einlagen – Geldmenge M 2: M 1 + Einlagen mir vereinbarter Kündigungsfrist von bis zu drei Monaten, Termineinlagen (Laufzeit bis zu zwei Jahren) – Geldmenge M 3: M 2 + Geldmarktfondsanteile und Geldmarktpapiere, Reprogeschäfte, Schuldverschreibungen bis zu zwei Jahren
Geldpolitik	– Teilbereich der **Prozesspolitik** – alle Maßnahmen, mit denen die Zentralbank versucht, vorrangig das Ziel der **Preisniveaustabilität** zu erreichen – expansive: Maßnahmen zur Ausweitung des Geldangebots, z. B. Senkung der Leitzinsen, mit dem Ziel, die Nachfrage zu steigern und die Wirtschaftstätigkeit zu beleben – kontraktive: Maßnahmen zur Reduktion des Geldangebots, z. B. Erhöhung der Leitzinsen, mit dem Ziel, die Nachfrage zu dämpfen, um eine konjunkturelle Überhitzung zu vermeiden
Geldschöpfung	– Schaffung von neuem, zusätzlichem Geld durch das Bankensystem – aktive Giralgeldschöpfung: Entstehung von Bankengeld durch Kreditvergabe des Bankensektors an den **Nichtbankensektor** – passive Giralgeldschöpfung: Bargeldeinzahlungen des **Nichtbankensektors** auf Girokonten des Bankensektors
Geldschöpfungsmultiplikator	beschreibt, das Wievielfache an Geld die Banken aus Zentralbankgeld schöpfen können
gemeinsamer Markt	– auf diesem Markt sollen binnenmarktähnliche Verhältnisse mit einheitlichen Wettbewerbsregeln geschaffen werden – Voraussetzung für einen Binnenmarkt sind die sogenannten vier Grundfreiheiten: freier Personenverkehr, freier Dienstleistungsverkehr, freier Warenverkehr und freier Kapitalverkehr
Generationenvertrag	Grundlage der umlagefinanzierten Rentenversicherung; die Erwerbstätigengeneration finanziert die Renten der Rentnergeneration und erwirbt im Gegenzug Ansprüche gegenüber der nachwachsenden Generation
Gesetzt gegen unlauteren Wettbewerb	Gesetz, das die Verbraucher und Unternehmen vor unfairen Wettbewerbspraktiken von Marktteilnehmern schützt
Gesetzt gegen Wettbewerbs-beschränkungen (GWB)	– gesetzliche Grundlage staatlicher Wettbewerbspolitik in Deutschland – auch Kartellgesetz genannt – Inhalte: **Kartell**verbot, Fusionskontrolle, Missbrauchsaufsicht über marktbeherrschende Unternehmen und Überprüfung der Vergabe öffentlicher Aufträge

Gesundheitsfonds	verwaltet und verteilt die Beiträge der Arbeitnehmer und Arbeitgeber für die Kranken-versicherung sowie den Zuschuss des Staates
Gewinnquote	– Anteil des Einkommens aus Unternehmertätigkeit und Vermögen am **Volkseinkommen** – **Lohnquote**
Giralgeld	– auch **Buchgeld** genannt – Sichtguthaben auf Bankkonten
Globalisierung	beschleunigtes Zusammenwachsen der Weltwirtschaft, verbunden mit verschärftem Konkurrenzdruck; vorrangig vorangetrieben durch technischen Fortschritt, Liberalisierung und Deregulierung sowie durch politische und wirtschaftliche Entwicklungen
Grenzanbieter	Anbieter, die beim Gleichgewichtspreis gerade noch anbieten
Grenzkosten	– auch marginale Kosten oder Marginalkosten – Kosten, die z. B. der Produktion einer zusätzlichen Einheit entstehen
Grenznachfrager	Nachfrager, die beim Gleichgewichtspreis gerade noch nachfragen
Grenznutzen	gibt an, wie viel zusätzlichen Nutzen eine weitere Einheit des Gutes stiftet
Grundfreibetrag	Betrag, bis zu dem das Einkommen steuerfrei bleibt; entspricht dem Existenzminimum
Güter	– Waren und Dienstleistungen – Unterscheidung nach verschieden Aspekten möglich, z. B. freie und wirtschaftliche Güter, Konsum- und Produktionsgüter – in der Regel herrscht Güterknappheit
Handelsbilanz	– Teilbilanz der **Leistungsbilanz** – erfasst den Werte aller Importe und Exporte
Handelshemmnisse	– tarifäre: steuerliche handelspolitische Maßnahmen (**Zoll**) – nichttarifär: „versteckte" Handelsbarrieren in Form von z. B. Kontingenten, administrativen und technischen Vorschriften der Länder, **Subventionen**
harmonisierter Verbraucher-preisindex (HVPI)	– wurde entwickelt, um die Vergleichbarkeit der **Kaufkraft** des Euros zwischen den EU-Staaten zu ermöglichen – **Verbraucherpreisindex**
Höchstpreis	– Preis, der unter dem Gleichgewichtspreis liegt und die Nachfrager schützen soll – **Mindestpreis**
Homo oeconomicus	Modellvorstellung, nach der der Mensch alle seine Bedürfnisse in eine Rangfolge bringt und sie auf rationalem Weg der Reihe nach befriedigt (Handeln gemäß dem **ökonomischen Prinzip**)
Humankapital	Fähigkeiten und Kenntnisse eines Menschen, die ihn befähigen, Arbeitseinkommen zu erzielen

Inflation	– Lebenshaltungskosten steigen und damit sinkt die **Kaufkraft** des Geldes – Unterscheidung nach Ursachen (nachfrageinduziert, angebotsinduziert oder monetär) und Arten (offen und versteckt oder schleichend, trabend und galoppierend) – **Deflation**
Institutionen	auf Dauer angelegte Einrichtung zur Regelung, Herstellung oder Durchführung bestimmter Zwecke und Handlungen
IWF	– Internationaler Währungsfonds – Organisation, die eine Zusammenarbeit auf dem Gebiet der Währungspolitik weltweit fördert und die Stabilität der Währungen sichern soll – geraten Mitgliedsländer in Zahlungsschwierigkeiten, werden Kredite gewährt
Kapitalbilanz	– Teilbilanz der **Zahlungsbilanz** – erfasst die Kapitalbewegungen (Kapitalimporte und -exporte) zwischen In- und Ausland, z. B. Direktinvestitionen, Kapitalmarktpapiere, Kredite
Kartell	– vertragliche **Kooperation** von Unternehmen mit dem Ziel, den Wettbewerb zu beschränken bzw. auszuschließen – nach dem **Gesetz gegen Wettbewerbsbeschränkungen** (GWB) grundsätzlich verboten (§ 1 GWB), es gibt aber Ausnahmen: Freistellungsvoraussetzung (§ 2 GWB), Mittelstandskartelle (§ 3 GWB)
Kaufkraft des Geldes	misst, welchen Tauschwert das Geld besitzt, d. h. misst diejenige Gütermenge, die mit einem bestimmten Geldbetrag tatsächlich gekauft werden kann
Keynesianismus	auch **Nachfragepolitik** genannt
Kondratieff-Zyklen	– langfristige Wellen der Konjunktur – werden durch technischen Fortschritt ausgelöst – **Konjunkturzyklus**
Konjunkturindikatoren	Messgrößen, die den Konjunkturverlauf anzeigen (Frühindikatoren, Präsensindikatoren, Spätindikatoren)
Konjunkturpolitik	– Teilbereich der **Prozesspolitik** – im weiteren Sinne: alle Maßnahmen der staatlichen **Wirtschaftspolitik** zur Erreichung der vier Ziele des **Stabilitäts- und Wachstumsgesetzes** – im engeren Sinne: Maßnahmen zur Verminderung konjunktureller Schwankungen
Konjunkturzyklus	– setzt sich aus vier Phasen (Aufschwung, Boom, Abschwung und Tiefstand) zusammen – vollständiger Bewegungsablauf von Aufschwung über Abschwung bis zum nächsten Aufschwung – **Kondratieff-Zyklen**
Konsumentenrente	– Ersparnis der Konsumenten dadurch, dass sie nur den Gleichgewichtspreis zahlen müssen – **Produzentenrente**

Konvergenzkriterien	– Haushaltsgleichgewicht: Begrenzung der jährlichen Neuverschuldung auf max. 3 % des Bruttoinlandsprodukts sowie Begrenzung der Gesamtverschuldung auf max. 60 % des Bruttoinlandsprodukts – **Preisniveaustabilität**: maximale Abweichung der **Inflation**srate von 1,5 %, bezogen auf die durchschnittliche Inflationsrate der drei Euro-Länder mit der geringsten Inflationsrate – Harmonisierung der langfristigen Zinssätze: maximale Abweichung von 2 % vom langfristigen Kapitalmarktzins der drei Länder mit der geringsten Inflationsrate – **Wechselkurs**stabilität: mindestens zweijährige Teilnahme am **WKM II** sowie Verbot der einseitigen Leitkursänderung oder des Überschreitens der Bandbreite während der letzten zwei Jahre vor der Konvergenzprüfung
Konzentration	– als Prozess: Unternehmen verlieren ihre rechtliche und/oder wirtschaftliche Selbstständigkeit, Ausprägungen: Konzern und Trust – als Zustand: Teilmärkte mit nur einer relativ geringen Zahl von Anbietern – **Kooperation**
Kooperation	– Unternehmenszusammenschluss zwischen rechtlich und wirtschaftlich unabhängigen Unternehmen zur Steigerung des Wettbewerbs – Ausprägungen: Fachverband, Interessensgemeinschaft, Arbeitsgemeinschaft und **Kartelle** – **Konzentration**
Kostenvorteil	– absoluter: Produktivitätsvorteil eines Produzenten gegenüber einem anderen Produzenten bei der Erzeugung eines bestimmten Gutes; Ansatz von Adam Smith zur Erklärung des internationalen Handels – komparativer: Wenn in einem Land der Preis des Gutes 1 im Vergleich zum Gut 2 geringer ist als in einem anderen Land, dann hat dieses Land einen komparativen Vorteil beim Gut 1. Unter bestimmten Voraussetzungen ist nach der Theorie von David Ricardo der Handel mit anderen Ländern auch dann von Vorteil, wenn ein Land alle Güter kostengünstiger herstellen kann als die übrigen Länder, also bei allen Produkten einen absoluten Vorteil hat.
Leistungsbilanz	– Teilbilanz der **Zahlungsbilanz** – setzt sich zusammen aus **Handelsbilanz**, **Dienstleistungsbilanz**, **Erwerbs- und Vermögensbilanz** sowie **Übertragungsbilanz**
Lissabon-Vertrag	**Vertrag über die Arbeitsweisen der Europäischen Union** (AEUV)
Lobbyismus	Einflussnahme organisierter Interessengruppen bzw. -verbände auf Exekutive und Legislative
Lohn-Preis-Spirale	auf jede Welle von Preiserhöhungen folgt eine Welle von Lohnerhöhungen, sodass Löhne und Preise sich gegenseitig in die Höhe treiben
Lohnquote	– Anteil des Einkommens aus nichtselbstständiger Arbeit am **Volkseinkommen** – **Gewinnquote**

magisches Sechseck	– Ergänzung der vier Ziele des **Stabilitäts- und Wachstumsgesetzes** um zwei weitere: gerechte Einkommensverteilung- und Vermögensverteilung sowie Erhalten der ökologischen Lebensgrundalge – **magisches Viereck**
magisches Viereck	– vier Ziele des **Stabilitäts- und Wachstumsgesetzes** sind schwer gleichzeitig zu verwirklichen – **magisches Sechseck**
Makroökonomie	– beschäftigt sich mit einer Volkswirtschaft als Ganzes – **Volkswirtschaftslehre**
Markt	– **Institution** – Aufeinandertreffen von Angebot und Nachfrage wirtschaftlicher Güter – mithilfe von Preisen wird der Tausch der Güter organisiert
Marktmacht	– Beschränkung des funktionsfähigen Wettbewerbs auf dem Markt, z. B. durch **Kooperation** oder **Konzentration** – neben **externen Effekten** ein Ansatz zur Erklärung von **Marktversagen**
Marktversagen	– Situation, in der der Markt es alleine nicht schafft, die wirtschaftlichen Güter effizient zu verteilen, d. h., Angebot und Nachfrage über den Preismechanismus zu koordinieren (z. B. Umweltschäden, für deren Beseitigung sich niemand zuständig fühlt, Oligopolbildung und entsprechende Preisabsprachen der Anbieter) – als Gründe gelten insbesondere **externe Effekte** und **Marktmacht**
Maximalprinzip	– mit vorgegebenen Mitteln einem größtmöglichen Erfolg erreichen – **ökonomisches Prinzip**
Mengentender	– Bietungsverfahren im Tenderverfahren bei **Offenmarktgeschäften** – **Europäische Zentralbank** gibt den Zinssatz vor, zu dem Banken ihr Betragsangebot einreichen können – **Zinstender**
Mikroökonomie	– beschäftigt sich mit ökonomischen Einzelentscheidungen und deren Folgen – **Volkswirtschaftslehre**
Mindestpreis	– Preis, der über dem Gleichgewichtspreis liegt und die Anbieter schützen soll, z. B. Mindestlohn – **Höchstpreis**
Mindestreservepolitik	– geldpolitisches Instrument – Banken müssen zwangsweise Mindestreserven bei der **Europäischen Zentralbank** hinterlegen, um die Zahlungsfähigkeit zu gewährleisten – Mindestreserven werden verzinst – Zinssatz wird von der Europäischen Zentralbank festgelegt – Mindestreserve dient zur Beeinflussung der **Geldmenge** und der **Geldschöpfung**

Minimalprinzip	– ein bestimmtes vorgegebenes Ziel unter Einsatz geringstmöglicher Mittel erreichen – **ökonomisches Prinzip**
Ministererlaubnis	Ausnahmegenehmigung des Bundeswirtschaftsministers bei geplanten Zusammenschlüssen, wenn durch die Fusion übergeordnete, gesamtwirtschaftliche Vorteile gerechtfertigt werden
Missbrauchsaufsicht	Vorgehen des **Bundeskartellamts**, das bei missbräuchlicher Ausnutzung einer marktbeherrschenden Position von Unternehmen wettbewerbsschädigendes Verhalten untersagen und Verträge für unwirksam erklären lassen kann
Modelle	– es werden nicht alle Eigenschaften erfasst, die ökonomische Sachverhalte in der Realität aufweisen – beschränken sich in der Regel auf einige wenige Faktoren, die besonders hervorgehoben werden sollen – bilden die ökonomische Wirklichkeit nie vollständig ab
Monetarismus	auch **Angebotspolitik** genannt
Monopol	– ein Anbieter, viele Nachfrager (Angebotsmonopol) – beschränktes Angebotsmonopol: ein Anbieter und wenige Nachfrager – Nachfragemonopol: viele Anbieter und ein Nachfrager – beschränktes Nachfragemonopol: wenige Anbieter, ein Nachfrager – zweiseitiges Monopol: ein Anbieter und ein Nachfrager
Monopolkommission	– fünf unabhängige Gutachter beraten seit 1973 die Bundesregierung in wettbewerbspolitischen Fragen – erstellt regelmäßig Gutachten für die Bundesregierung
Nachfragegesetz	Nachfrage nach einem Gut steigt, wenn der Preis sinkt und umgekehrt
Nachfragepolitik	– auch Keynesianismus genannt – Stärkung der Nachfrager, z. B. Arbeitnehmer – alle Maßnahmen, die die gesamtwirtschaftliche Nachfrage beeinflussen, z. B. Steuersenkungen oder -erhöhungen, Investitionen oder Ausgabenkürzung – von der **Angebotspolitik** zu unterscheiden
Nachfrageüberhang (Angebotslücke)	Nachfrage übersteigt das Angebot
nachhaltige Entwicklung	– Ansatz, der den Zusammenhang von ökonomischen, sozialen und ökologischen Entwicklungen betont (Drei-Säulen-Modell) – nur so viele **Ressourcen** sollen verbraucht werden, wie der Mensch zum Überleben benötigt und die Natur verkraften kann – gewahrt bleiben muss, dass auch nachfolgende Generationen angemessene Lebensmöglichkeiten haben

Nationale Zentralbank (NZB)	– Zentralbanken jedes EU-Mitgliedstaates – unabhängig – in Deutschland: Deutsche **Bundesbank** – alle nationalen Zentralbanken bilden zusammen mit der **Europäischen Zentralbank** das **Europäische System der Zentralbanken**
Nichtbankensektor	alle privaten Haushalte, der Staat und allen Unternehmen
OECD	– Organization for Economic Cooperation and Development – wurde zur Förderung der wirtschaftlichen Zusammenarbeit und Entwicklung gegründet – Mitglieder sind im Wesentlichen die westlichen Industrieländer
Offenmarktgeschäfte	– geldpolitisches Instrument – Wertpapiere werden von der Zentralbank auf bestimmte Zeit oder endgültig gekauft oder verkauft – Ausschreibung erfolgt über Tenderverfahren (**Mengentender** und **Zinstender**) – befristete Transaktionen mit Rückkaufvereinbarung werden als Wertpapierpensionsgeschäfte bezeichnet – weitere geldpolitische Instrumente: **ständige Fazilitäten** und **Mindestreservepolitik**
ökonomisches Prinzip	– auch Wirtschaftlichkeitsprinzip genannt – effizienter Einsatz von Mitteln nach **Minimalprinzip** bzw. **Maximalprinzip**
Oligopol	– Markt mit nur wenigen Anbietern und vielen Nachfragern (Angebotsoligopol) – Nachfrageoligopol: viele Anbieter, wenige Nachfrager – zweiseitiges Oligopol: wenige Anbieter und wenige Nachfrager
Opportunitätskosten	Kosten, die entgangene Erträge oder entgangenen Nutzen im Vergleich zu einer besseren Handlungsalternative in Geld ausdrücken (Alternativkosten)
Ordnungspolitik	– Gestaltung der Rahmenbedingungen der Volkswirtschaft durch den Staat – Staat schafft **Institutionen**, bestimmt Träger, weist Kompetenzen zu und entwickelt Instrumente zur Steuerung der **Wirtschaftspolitik**, z. B. Wettbewerbsordnung, Sozialordnung und Eigentumsordnung – langfristig angelegt – **Prozesspolitik** – **Strukturpolitik**
Polypol	Situation mit vielen Anbietern und Nachfragern auf dem Mark
Preiselastizität der Nachfrage	– misst, wie die Nachfrage auf eine Preisänderung reagiert – ergibt sich aus dem Verhältnis der prozentualen Änderung der nachgefragten Menge und der prozentualen Änderung des Preises für ein Gut
Preiselastizität des Angebots	– misst, wie das Angebot auf eine Preisänderung reagiert – ergibt sich aus dem Verhältnis der prozentualen Änderung der angebotenen Menge und der prozentualen Änderung des Preises für ein Gut

Preisniveaustabilität	– eines der vier Ziele des Stabilitäts- und Wachstumsgesetzes – **Kaufkraft des Geldes** bleibt erhalten, d. h., dass mit einer bestimmten Menge Geld die gleiche Gütermenge über einen langen Zeitraum hinweg erworben werden kann
Produktionsfaktoren	werden als Leistung zur Erstellung von wirtschaftlichen Gütern bereitgestellt: Arbeit, Kapital und Boden
Produktions-möglichkeitenkurve	bildet verschiedene Kombinationsmöglichkeiten der Mengen von hergestellten Gütern in einer Volkswirtschaft ab bei gleichbleibender Menge von **Ressourcen** und **Produktionsfaktoren**
Produktivität	$$\text{Produktivität} = \frac{\text{Output}}{\text{Input}} \qquad \begin{array}{l}\text{Beispiel:} \\ \text{Poduktivität der Arbeit} = \dfrac{\text{erzeugte Produktionsmenge}}{\text{Arbeitszeit}}\end{array}$$
Produzentenrente	– zusätzlicher Gewinn für die Produzenten dadurch, dass sie den Gleichgewichtspreis erhalten, obwohl sie ein Produkt auch für einen geringeren Preis verkauft hätten – **Konsumentenrente**
progressiver Steuertarif	Steuerbelastung steigt stärker als das Einkommen, wird erreicht durch steigende Grenzsteuersätze und den Grundfreibetrag (Bsp. Einkommensteuer)
Protektionismus	– Handelsbeschränkungen – Schutz der einheimischen Produktion gegen die Konkurrenz des Auslandes durch Maßnahmen der Außenhandelspolitik
Prozesspolitik	– Eingriffe des Staates in den Ablauf des Wirtschaftsgeschehens, z. B. **Fiskalpolitik**, **Konjunkturpolitik**, aber auch Eingriffe der Deutschen Bundesbank durch ihre **Geldpolitik** – kurzfristig angelegt – Ordnungspolitik – Strukturpolitik
Ressourcen	**Güter** und **Produktionsfaktoren**
Schuldenbremse	– Staatsschulden sollen begrenzt werden – im Grundgesetz verankert
Sozialbudget	– Zusammenstellung aller staatlichen Sozialleistungen und ihrer Finanzierung – **Sozialleistungsquote**
soziale Marktwirtschaft	– realtypische **Wirtschaftsordnung** – durch die Prinzipien Wettbewerbsprinzip, Sozialprinzip, konjunkturpolitisches Prinzip und Marktkonformität gekennzeichnet – Staat nimmt sozialpolitische Korrekturen vor
Sozialleistungsquote	Anteil des gesamten **Sozialbudgets** am **Bruttoinlandsprodukt** in einer Periode

Sozialstaatsprinzip	– gesetzliche Verpflichtung des Staats, den Bürgern soziale Sicherheit zu garantieren (Grundgesetz Art. 20 und Art. 28) – steuerfinanzierte **Transferleistungen** und beitragsfinanzierte gesetzliche Sozialversicherung
Sozialversicherungen (gesetzliche)	– will die Folgen von Krankheit, Pflegebedürftigkeit, Alter oder Arbeitslosigkeit abmildern – fünf Säulen: Kranken-, Pflege, Renten-, Unfall- und Arbeitslosenversicherung – Arbeitnehmer und Arbeitgeber zahlen die Beiträge überwiegend zu gleichen Teilen, Ausnahme ist die Unfallversicherung, die zahlt der Arbeitgeber alleine – Kranken- und Pflegeversicherungen sind für alle Bürger, egal ob Angestellter oder Selbstständiger, Pflichtversicherungen – Versicherte bilden eine Solidargemeinschaft: Pflichtbeiträge richten sich nach dem Bruttoerwerbseinkommen, aber alle Versicherungsmitglieder haben Anspruch auf die gleiche Leistung – Versicherte müssen Beiträge aus dem Bruttoerwebseinkommen nur bis zu einer bestimmten Grenze, der **Beitragsbemessungsgrenze**, zahlen
Stabilitäts- und Wachstumsgesetz (StWG)	– Kurzbezeichnung für das Gesetz zur Förderung der Stabilität und des Wachstums der Wirtschaft von 1967 – Bund und Länder obliegen der rechtlichen Pflicht, bei ihren wirtschafts- und finanzpolitischen Maßnahmen die Erfordernisse des gesamtwirtschaftlichen Gleichgewichts zu beachten – Maßnahmen gem. StWG sollen so getroffen werden, dass sie im Rahmen der marktwirtschaftlichen Ordnung gleichzeitig zu **Preisniveaustabilität**, Vollbeschäftigung, außenwirtschaftlichem Gleichgewicht und zu einem stetigen und angemessenen Wirtschaftswachstum beitragen (**magisches Viereck**)
ständige Fazilitäten	– geldpolitisches Instrument – Banken können über Nacht überschüssige Liquidität bei der **Europäischen Zentralbank** anlegen (Einlagenfazilität) oder sich „über Nacht" Kredite beschaffen (Spitzenrefinanzierungsfazilität)
Steuer	– Einnahme des Staates – Geldleistungen ohne Anspruch auf eine konkrete Gegenleistung
Steuerfreibeträge	Geldbeträge, um die das zu versteuernde Einkommen gemindert wird und die somit nicht der Einkommensteuer unterliegen
Strukturpolitik	– Staat versucht auf bestehende Strukturen einzuwirken – Bereiche der Strukturpolitik: sektoral, intrasektoral und regional – mittelfristig angelegt – Ordnungspolitik – Prozesspolitik

Subsidiaritätsprinzip	– bestimmt die Rangfolge der Zuständigkeit staatlicher Behörden – Bsp. Sozialpolitik: Soziale Sicherung ist zunächst Aufgabe möglichst kleiner Gemeinschaften (Familie, Vereine), der Staat soll nur eingreifen, wenn diese mit der Aufgabe überfordert sind – Bsp. **Wettbewerbspolitik**: Regelung zwischen nationalen und europäischen Wettbewerbsbehörden, dass erst bei Konzentrationsvorgängen, die den europäischen Markt betreffen, die **EU-Kommission** zuständig wird
Subventionen	– Ausgabe des Staates – zweckgebundene Unterstützungen für Unternehmen – können durch direkte Geldleistungen und steuerliche Ermäßigungen vom Staat an eine bestimmte Empfängergruppe geleistet werden
Terms of Trade	– geben Auskunft über das Austausch- bzw. Preisverhältnis der Güter im Außenhandel – ins Verhältnis gesetzt werden die durchschnittlichen Preise für exportierte Güter zu importierten Gütern – Terms of Trade = Exportpreise / Importpreise
Transaktionskosten	Kosten, die für Einrichtung, Nutzung, Erhaltung oder Veränderung des Marktes entstehen, z. B. Informations-, Verhandlungs- und Kontrollkosten
Transferleistungen	– Ausgabe des Staates – Zahlungen der öffentlichen Hand an private Haushalte ohne marktliche Gegenleistung, z. B. Kindergeld und Wohngeld
Übertragungsbilanz	– Teilbilanz der **Leistungsbilanz** – erfasst alle laufenden Vorgänge ohne wirtschaftliche Gegenleistung, dies sind vor allem: Zahlungen an internationale Einrichtungen (wie z. B. NATO, EU, Weltbank), Wiedergutmachungszahlungen aufgrund von Kriegen, Renten und Pensionen und Versicherungszahlungen ins Ausland, aber auch die Überweisungen der Gastarbeiter in die Heimat
Umlaufgeschwindigkeit des Geldes	misst, wie oft Geld in einem bestimmten Zeitraum für Kaufhandlungen eingesetzt wird
Umweltökonomische Gesamtrechnung	– die **Volkswirtschaftliche Gesamtrechnung** (VGR) wird um den Faktor Natur ergänzt – Beziehungen zwischen wirtschaftlichen Aktivitäten und der Natur werden statistisch, mit Geldwerten, wiedergegeben. – soll Informationen für die Umweltpolitik liefern – Teilbereiche: Umweltbelastungen (Material- und Energieflussrechnung, Umweltzustand, Umweltschutzmaßnahmen und sektorale Berichtsmodule)
Umweltpolitik	– Gesamtheit staatlicher Maßnahmen, die erforderlich sind, um dem Menschen notwendige Umweltgüter zu sichern, **Ressourcen** vor nachteiligen Folgen menschlichen Handelns zu schützen und Umweltschäden zu beseitigen – kann als Ressortpolitik z.T. nur die Umweltschäden beseitigen, die aufgrund von Entscheidungen in anderen politischen Bereichen verursacht werden (z. B. Verkehrspolitik, Raumordnung, **Wirtschaftspolitik**)

UNCTAD	– United Nations Conference on Trade and Development – 1964 gegründete Unterorganisation der UN mit dem Ziel, die Umstrukturierung des Welthandels zugunsten der Entwicklungsländer zu fördern
unvollkommener Markt	wenn eine Funktionsbedingung des **vollkommenen Marktes** nicht erfüllt wird
Verbraucherpreisindex (VIP)	– dient zu Messung der **Kaufkraft**entwicklung des Geldes – ein Warenkorb enthält dabei **Güter** des täglichen Bedarfs, die gewichtet werden (sogenanntes Währungsschema)
Verkehrsgleichung des Geldes	– auch Quantitätsgleichung genannt – Betrachtung von Gütermenge, Geldmenge und **Umlaufgeschwindigkeit des Geldes** – Veränderung einer Größe hat Auswirkung auf das Preisniveau
Vermögensübertragungsbilanz	– Teilbilanz der **Zahlungsbilanz** – einmalige Vermögensübertragungen, wie z. B. Schenkungen, Erbschaften, der Erlass von Schulden, Vermögensmitnahmen von Auswanderern bzw. Einwanderern oder Zuschüsse der EU für Infrastrukturmaßnamen, werden in der Vermögensübertragungs- bilanz ausgewiesen
Vermögenswirksame Leistungen	– wird zusätzlich vom Arbeitgeber gezahlt, wenn in Tarifverträgen, Betriebsverein- barungen oder Arbeitsverträgen geregelt – dient der Vermögensbildung der Arbeitnehmer – Anlageformen z. B. Bausparverträge und Investmentfonds
Versicherungpflichtgrenze	– Einkommensgrenze, von der an ein Arbeitnehmer nicht mehr Pflichtmitglied der gesetzlichen Krankenversicherung ist, sondern freiwillig Versicherter – liegt das Bruttoerwerbseinkommen drei Jahre über der Versicherungspflichtgrenze, kann der Versicherte in eine private Kranken- und Pflegeversicherung wechseln
Verteilungsrechnung	– ein Gesichtspunkt der Volkswirtschaftlichen Gesamtrechnung – Wie wird das erwirtschaftete Geld verteilt? – Arbeitnehmereinkommen + Unternehmens- und Vermögenseinkommen + Produktions- und Importabgaben + Abschreibungen +/- Saldo der Einkommen vom/ans Ausland = **Bruttoinlandsprodukt**
Vertrag über die Arbeitsweisen der Europäischen Union (AEUV)	– auch **Lissabon-Vertrag** genannt – reformierte zum 1.12.2009 die Vertragsgrundlagen der **Europäischen Union** nach den Verträgen von Maastrich (1992), Amsterdam (1997) und Nizza (2001) – Europäische Union besitzt durch diesen Vertrag eine einheitliche Rechtspersönlichkeit – wichtige Neuregelungen: die erstmalige Auflistung der EU-Kompetenzen, die Aus- dehnung der Befugnisse des Europäischen Parlaments, die verstärkte Kontrolle des **Subsidiaritätsprinzips** durch die nationalen Parlamente, die Schaffung eines permanenten Präsidenten des Europäischen Rates und eines Hohen Vertreters für die Außen- und Sicherheitspolitik

Verwendungsrechnung	– ein Gesichtspunkt der Volkswirtschaftlichen Gesamtrechnung – Von wem werden die produzierten Güter verbraucht? – privater Konsum + Staatsausgaben + Investitionen +/- Außenbeitrag = **Bruttoinlandsprodukt**
Volkseinkommen	– **Bruttonationaleinkommen** – Abschreibungen – Produktions- und Importausgaben an den Staat + Subventionen vom Staat = Volkseinkommen – wird an Arbeitnehmer, Unternehmen und Kapitalgeber verteilt (**Verteilungsrechnung**)
Volkswirtschaftliche Gesamtrechnung (VGR)	– mengenmäßige Erfassung des wirtschaftlichen Geschehens in einer abgelaufenen Periode – lässt sich nach der Entstehung, nach der Verteilung und nach der Verwendung des **Bruttoinlandsproduktes** betrachten
Volkswirtschaftslehre (VWL)	– Teilbereich der Wirtschaftswissenschaften – Annahme: Knappheit der Ressourcen (**Güter** und **Produktionsfaktoren**), die zur Bedürfnisbefriedigung dienen – untersucht Zusammenhänge und Prozesse bei der Verteilung von Ressourcen – lässt sich nach **Mikro-** und **Makroökonomie** unterscheiden
vollkommener Markt	– Markt, der nur in der Theorie existiert – Bedingungen: Güter sind homogen, es gibt keine persönlichen räumlichen und zeitlichen Präferenzen, es herrscht vollkommene Markttransparenz
Wechselkurs	– Preis einer ausländischen Währungseinheit ausgedrückt in inländischer Währungseinheit – **Außenwert des Geldes**
Wechselkurssysteme	– System freier **Wechselkurse**: Wechselkurs bildet sich nach Angebot und Nachfrage, entspricht somit dem tatsächlichen Marktwert, Kursschwankungen – System fixer Wechselkurse: Wechselkurs wird politisch festgesetzt, es gibt keine Kursschwankungen – System der Leitkurse und Bandbreiten: Kombination aus System freier und fixer Wechselkurse, Existenz eines Leitkurses, in einer bestimmten Bandbreite sind Kursschwankungen zulässig, **WKM II**
Weltbank	Organisation zur Finanzierung von Projekten in Entwicklungsländern
Wertschöpfung	Summe aller Werte, die durch die Produktion von **Gütern** neu entstehen
Wettbewerbspolitik	– Teilbereich der **Ordnungspolitik** – soll freien Zugang zu Güter- und Faktormärkten gewährleisten und für wettbewerbsintensive Märkte sorgen
Wirtschafts- und Währungsunion (WWU)	– z. B. Europäische Union – einheitlicher Wirtschaftsraum für alle Mitglieder der Gemeinschaft (**gemeinsamer Markt**) – einheitliche Währungsgebiete, die den Euro eingeführt haben, Voraussetzung: Erfüllung der **Konvergenzkriterien**

Wirtschaftskreislauf	Darstellung gesamtwirtschaftlicher Zusammenhänge mit Geld- und Güterströmen anhand eines vereinfachten **Modells**, bestehend aus den Sektoren Unternehmen, private Haushalte, Staat, Ausland, Vermögensänderungskonto
Wirtschaftsordnung	– grundlegende Rechts- und Organisationsform, innerhalb der Wirtschaftssubjekte tätig werden und Wirtschaftsprozesse ablaufen – idealtypische Wirtschaftsordnung: **freie Marktwirtschaft** – realtypische Wirtschaftsordnungen: **soziale Marktwirtschaft** und **Zentralverwaltungswirtschaft**
Wirtschaftspolitik	– Beeinflussung des wirtschaftlichen Geschehens im Rahmen bestimmter Zielvorgaben mit verschiedenen Instrumenten – Handlungsfelder: **Ordnungspolitik**, **Prozesspolitik**, **Strukturpolitik**
WKM II	– **Wechselkurssystem** der Leitkurse und Bandbreiten – Wechselkursmechanismus II – Euroeinführung eines Landes der EU möglich, wenn der **Wechselkurs** mind. zwei Jahre innerhalb der Bandbreite liegt – **Konvergenzkriterien**
WTO	– World Trade Organization – Nachfolgeorganisation des **GATT** – kann im Gegensatz zum GATT die Handelspraktiken der Mitgliedsstaaten überwachen, da sie über Entscheidungskompetenzen verfügt
Zahlungsbilanz	– Gegenüberstellung aller Transaktionen mit dem Ausland innerhalb eines bestimmten Zeitraums, ausgedrückt in Geld – erfasst im Gegensatz zu anderen Bilanzen keine auf einen bestimmten Zeitpunkt bezogenen Bestandsgrößen, sondern Stromgrößen – gibt Auskunft über die internationalen Verflechtungen einer Volkswirtschaft
Zentralverwaltungswirtschaft	– realtypische **Wirtschaftsordnung** – zentrales Kennzeichen: gesellschaftliches Eigentum an den Produktionsmitteln – Staat lenkt alle Wirtschaftsabläufe – Staat legt Preise fest
Zinstender	– Bietungsverfahren im Tenderverfahren bei **Offenmarktgeschäften** – Banken bieten Betrag sowie Zinssatz des Geschäfts, das sie mit der **Europäischen Zentralbank** tätigen wollen – **Mengentender**
Zoll	– Abgabe, die der Staat an der Grenze auf die Einfuhr, Ausfuhr oder Durchfuhr von Waren erhebt – tarifäre **Handelshemmnisse**
Zollunion	– einheitliches Zollgebiet, das entsteht, wenn mehrere Staaten sich zusammenschließen und schrittweise alle Zölle und sonstige Handelsbeschränkungen beseitigen – Länder, die der Zollunion nicht angehören, müssen einen einheitlichen Außenzoll zahlen – ist i. d. R. die Vorstufe zur Gründung eines **gemeinsamen Marktes**

Stichwortverzeichnis

A

Abgabenquote 229
Absatzmarkt 49
Abschreibungsregelung 193
absoluter Kostenvorteil 243
Absolutismus 107
Abwertung 92
AEUV 265
ALG I 215
ALG II 215
Altersrente 212
Altersvorsorge 233
Anbieter 46
Angebot 46, 53
Angebotskurve 53
Angebotslücke 95
Angebotspolitik 196
Angebotsüberhang 55, 97
Äquivalenzprinzip 232
Arbeitgemeinschaft 147
Arbeitnehmerschutz 223
Arbeitnehmersparzulage 233
Arbeitsbeschaffungs-
  maßnahmen 238
Arbeitslosengeld I 215
Arbeitslosengeld II 215
Arbeitslosenquote 122, 235
Arbeitslosenversicherung 215
Arbeitslosigkeit 23, 215, 236
Arbeitsmarkt 235, 271
Arbeitsmarktpolitik 238
Arbeitsteilung 17
Arbeitsunfall 214
Armut 227
Armuts- und Reichtums-
  bericht 227
Aufschwung 166
Aufwertung 92
Ausbeutungsmissbrauch 158

Ausbildungsbeihilfe 219
Ausland 34
Ausschlussprinzip 65
Außenbeitrag 39, 252
Außenhandel 243
Außenhandelspolitik 248
Außenwert 88
Außenwirtschaft 243

B

BAföG 219
Bankensektor 176
Banknoten 71
Bedarf 14
Bedarfsgerechtigkeit 229
Bedürfnis 13
Bedürfnispyramide 14
Behinderungsmissbrauch 158
Beiträge 189
Beitragsbemessungsgrenze 207, 209
Berufskrankheit 214
Berufsunfähigkeitsversicherung 232
Beschaffungsmarkt 49
betriebliche Mitbestimmung 224
Betriebsrat 224
Betriebsverfassungsgesetz 224
Betriebswirtschaftslehre (BWL) 10
BGB-Gesellschaft 146
Bildungsbudget 218
Bildungspolitik 218
Binnenmarkt 262
Binnenwert 77
Boom 166
Börse 46
Bruttoinlandsprodukt (BIP) 37, 41, 122
Bruttonationaleinkommen 37
Bruttosozialprodukt 37

Buchgeld 72
Bundesagentur für Arbeit 235
Bundesausbildungsförderungs-
  gesetz 219
Bundeskartellamt 153
Bürgerversicherung 210

D

DDR 115
Deflation 85
Depression 167
Deregulierung 270
Deutsche Bundesbank 172
Devisen 88
Devisenbilanz 253
Devisenhandel 89
Devisenkurs 88
Devisentermingeschäft 91
Dienstleistung 15
Dienstleistungsbilanz 253
DM 75

E

Effizienz 19
EFTA 261
Ehegattensplitting 230
Eigentumsrecht 65
Ein-Euro-Jobs 238
eingetragener Verein 146
Einkommen 226
Einkommensteuersystem 229
Einkommens- und
  Vermögensverteilung 226
Einkommensverteilung 123, 226
Einlagefazilität 182
Elterngeld 221
Elternzeit 221
Engels, Friedrich 115
Entgeltersatzleistung 238

Entgeltfortzahlungsgesetz 208
Entstehungsrechnung 39
Erhard, Ludwig 111
erstes Gossensches Gesetz 21
Erwerbslose 235
Erwerbsminderungsrente 212
Erwerbsperson 235
Erwerbstätiger 235
Erwerbs- und Vermögens-
    einkommensbilanz 253
ESZB 171
EU 263
Euro 75
Europäische Kommission 152, 265
Europäischer Gerichtshof 266
Europäischer Rat 266
Europäisches Parlament 266
Europäisches System der
    Zentralbanken 171
Europäische Union 263
Europäisches Währungsinstitut 75
Europäische Währungsunion 172
Europäische Zentralbank 90, 171
Euro-Referenzkurse 90
Eurowährungsgebiet 75
Eurozone 75
EU-Strukturpolitik 267
Expansion 166
Expertengespräch 27
Export 34
Exportkartell 147
externer Effekt 22, 65
EZB 90, 171

F
Fachverband 146
Faktorleistung 107
Faktormarkt 33
Familienpolitik 219
Familienversicherung 208
Festpreis 61
Finanzmarkt 271
Finanzpolitik 188
Finanz- und Wirtschaftskrise 194,
    274
Finanzwissenschaft 10
Freihandel 245
Freihandelszone 261

Freistellung 155
Friedman, Milton 196
Frühstückskartell 148
Fürsorgeprinzip 204
Fusion 149
Fusionskontrolle 152, 157

G
GATT 256
Gebietskartell 147
Gebrauchsgüter 15
Gebühren 189
Geldmarktfonds 175
Geldmenge 175
Geldpolitik 171
Geldpolitik, expansive 184
Geldpolitik, kontraktive 184
Geldschöpfungsprozess 176
Geldstrom 32
Geldverfassung 73
Geldwert 77, 122
Geldwertstörung 80
gemeinsamer Markt 262
Generationenvertrag 213
Gerechtigkeit 19
Gesellschaftssystem 104
Gesetz der Nachfrage 50
Gesetz des Angebots 53
Gesetz gegen Wettbewerbsbeschrän-
    kungen 147, 155
gesetzliche Sozialversicherung 206
Gesundheitsprämie 210
Gesundheitssystem 209
Gewinnmaximierung 26
Gewinnquote 226
Giralgeldschöpfung 176
Giralgeld 72
Giralgeldschöpfungs-
    multiplikator 178
Gleichgewichtspreis 55
Globalisierung 270
Global Players 270
Grenzanbieter 55
Grenzkosten 21
Grenznachfrager 55
Grundsicherung 238
Güter 15
Gütermarkt 33, 271

Güterstrom 32
GWB 155

H
Haftpflichtversicherung 232
Handelsabkommen 261
Handelsbeschränkung 247
Handelsbilanz 253
Handelshemmnis 248
Hauptrefinanzierungsgeschäft 180
Hauptrefinanzierungssatz 181
Haushaltsdefizit 192
Hermes-Bürgschaft 250
Hinterbliebenenrente 212
Hochkonjunktur 166
Höchstpreis 50, 61
Holding 148
Homo oeconomicus 25
Humankapital 226, 235

I
Import 34
Inflation 23, 80
Informations- und Kommunikations-
    technologien 237, 270
Inländerkonzept 37
Inlandskonzept 37
Institution 47
Interessengruppen 126
Internationaler Währungsfonds 259
Investitionsgüter 15
Investmentfonds 175
IWF 259

J
Jugend- und
    Auszubildendenvertretung 224

K
Kapitalbilanz 253
Kartellarten 147
Kartell 147, 155
Kartellgesetz 147, 155
Käufermarkt 49
Kaufkraft 77
Kaufkraft des Geldes 122
Keynes, John Maynard 32, 192
Kinderfreibetrag 222

Kindergeld 222

Knappheitsproblem 13

Kollektivgüter 41

komparativer Kostenvorteil 244

Komplementärgüter 50

Konditionenkartell 147

Kondratieff-Zyklen 167

Konjunkturausgleichsrücklage 193

Konjunkturforschung 168

Konjunkturindikator 169

Konjunkturpaket I 194

Konjunkturpakt II 194

Konjunkturpolitik 166

konjunkturpolitisches Prinzip 111

Konjunkturprognose 168

Konjunkturzyklus 166

Konsortium 147

Konsumentenrente 55

Konsumgüter 15

Kontingent 249

Konvergenzkriterien 264

Konzentration 144, 146

Konzentrationstendenz 144

Konzern 148

Kooperation 144, 146

Krankengeld 208

Krankenversicherung 208

Kredit 193

Kündigungsschutz 220, 221

Kündigungsschutzgesetz 223

Kurantmünze 71

L

Legalausnahme 155

Leistungsbilanz 252

Leitkurs 96

Leitzins 181, 182

Liberalisierung 270

Liberalismus 107

Lissabon-Vertrag 265

Lobbyismus 126

Lohn-Preis-Spirale 82

Lohnquote 226

M

magisches Viereck 123

Makroökonomie 10

Markt 46, 49

marktbeherrschende Stellung 158

Marktformen 57

Marktmacht 65

Marktverdrängung 59

Marktversagen 22, 65

Marktwirtschaft, freie 107

Marktwirtschaft, soziale 103, 111, 126

Marktzutrittsbeschränkungen 57

Marx, Karl 115

Maximalprinzip 25

Meister-BAföG 219

Mengennotierung 88

Mengentender 181

Merkantilismus 107

Mikroökonomie 10

Mindestlohn 63

Mindestpreis 63

Mindestreserve 177, 183

Mindestreservepolitik 183

Minimalprinzip 25

Ministererlaubnis 157

Ministerrat 266

Missbrauchsaufsicht 158

Mittelstandskartell 156

Modell 12

Monetarismus 196

Monopol 59

Mutterschaftsgeld 220

Mutterschutz 220

N

Nachfrage 14, 46, 50

Nachfragekurve 50

Nachfragepolitik 192

Nachfrager 46

Nachfrageüberhang 55, 97

Naturalgeld 71

Naturaltausch 71

Nennwert 71, 77

Net Economic Welfare 42

NGOs 126

Nichtbankensektor 175

Nichterwerbsperson 235

NIKT 270

non-governmental organizations 126

Normenkartell 147

Nutzen 19

NZB 171

O

Objektsteuer 228

OECD 258

Offenmarktgeschäfte 180

öffentlicher Auftrag 159

ökonomisches Prinzip 25

Oligopol 58

OPEC 249

Opportunitätskosten 19

Ordnungspolitik 113, 129

P

Papiergeld 72

Pflegeversicherung 211

Pflichtversicherung 206

Planwirtschaft 103

Polypol 57

Preisabsatzfunktion 58

Preisabsprache 59

Preiselastizität der Nachfrage 51

Preiselastizität des Angebots 54

Preiskartell 147

Preisniveau 122

Preisniveaustabilität 77, 122, 180, 183

Preisnotierung 88

Primärverteilung 227

private Haushalte 33

Produktionsfaktor 16

Produktionsgüter 15

Produktionsmöglichkeitenkurve 20

Produktivität 16

Produzentenrente 55

Progression, kalte 84

Protektionismus 247

Prozesspolitik 129

Q

Quantitätsgleichung 82

Quotenkartell 147

R

Rabattkartell 147

rationales Handeln 25

Rationalisierungskartell 147

Realkapital 271
Recheneinheit 74
Regionalförderung 132
Rente 233
Rentenversicherung 212
Repogeschäft 175, 180
Rezession 167
Ricardo, David 244
Riester-Rente 233
ruinöser Wettbewerb 59

S

Sachgüter 15
Sachkapital 271
Sachverständigenrat 169
Samuelson, Paul 42
Sättigungsmenge 50
Scheidemünze 71
Schuldenbremse 190
Schuldverschreibung 175
Sektoren 32
Smith, Adam 107, 243
Solidarprinzip 207
Sonderziehungsrecht 259
Sorten 88
Sozialbericht 204
Sozialbudget 204
Sozialgesetzbuch 206
Sozialleistungsquote 204
Sozialpolitik 112
Sozialprinzip 111
Sozialstaat 203
Sozialstaatsprinzip 203
Sozialversicherung 206
Spareinlage 175
Spekulationsblase 274
Staat 33
Staatsausgaben 190, 193
Staatsquote 190
Staatsverschuldung 188
Stabilitäts- und Wachstums-
  gesetz 121, 169
Stagflation 84
Steuerfreibetrag 230
Steuergerechtigkeit 229
Steuer 189, 228
Steuerpolitik 193, 228
Strukturkrise 168

Strukturpolitik 129
Strukturwandel 129, 237
StWG 121
Subjektsteuer 228
Submissionskartell 147
Subsidiaritätsprinzip 236
Substitutionsgüter 50
Subvention 131, 229, 249

T

Tagesbetreuung 222
Tauschmittel 73
Tauschwirtschaft 71
Tenderverfahren 181
Termingeld 175
Terms of Trade 246
time lags 195
Transaktionskosten 47
Transferleistung 204, 249
Transmissionsmechanismus 184
Trittbrettfahrer 65
Trust 149
Typenkartell 147

U

Übertragungsbilanz 253
Umlageverfahren 213, 233
Umlaufgeschwindigkeit des
  Geldes 82
Umverteilungsaufgabe 111
Umwelt 35
Umweltökonomische
  Gesamtrechnung 36
Umweltpolitik 123
UNCTAD 260
Unfallversicherung 214
UNO 256
unsichtbare Hand 22, 107
Unternehmen 33
unvollkommener Markt 57

V

Verbraucherpreisindex 77
Verbrauchsgüter 15
Vereinte Nationen 256
Verkäufermarkt 49
Verkehrsgleichung des Geldes 82
Vermögensänderungskonto 34

Vermögensbildung 232
Vermögensbildungsgesetz 232
Vermögensübertragungsbilanz 253
Vermögensverteilung 123
Vermögenswirksame
  Leistungen 232
Versicherungspflicht 212
Versicherungspflichtgrenze 208
Versicherungsprinzip 206
Versorgungslücke 233
Verteilungsrechnung 40
Vertrag über die Arbeitsweise der
  Europäischen Union 152, 265
Verwendungsrechnung 39
Volkseinkommen 40
Volkswirtschaftliche Gesamt-
  rechnung 32, 37, 39, 122
Volkswirtschaftslehre (VWL) 10
vollkommener Markt 55
vollständige Konkurrenz 57

W

Währung 88
Währungsreform 76
Währungsschema 78
Währungsunion 75, 264
Warengeld 71
Warenkorb 77
Wechselkurs 88, 91
Wechselkurs, fixer 95
Wechselkurs, freier 91
Wechselkurssystem 91
Weltbank 259
Welthandelsorganisation 256
Weltwirtschaftsordnung 256
Wertaufbewahrungsmittel 74
Wertpapierpensionsgeschäft 180
Wertschöpfung 39
Wettbewerb 142
Wettbewerbspolitik 142
Wettbewerbsprinzip 111
Wirtschaftsforschungsinstitut 168
Wirtschaftskreislauf 32, 37
Wirtschaftsordnung 103, 105
Wirtschaftspolitik 10, 112, 121
Wirtschaftsraum 264
Wirtschaftssubjekt 9
Wirtschaftssystem 104

Wirtschaftstheorie 10
Wirtschafts- und
 Währungsunion 263
Wirtschaftsunion 75
Wirtschaftsverfassung 105
Wirtschaftswachstum 122
Wirtschaftswissenschaft 10
WKM II 96
Wochenmarkt 46

WTO 256
WWU 263

Z
Zahlungsbilanz 122, 252
Zahlungsbilanzdefizit 254
Zahlungsbilanzüberschuss 254
Zahlungsmittel 73
Zentralbank 172

Zentralbankbuchgeld 177
Zentralverwaltungswirtschaft 103
Zinskanal 182
Zinstender 181
Zoll 248
Zollunion 261
Zusatzbeitrag 209

Bildquellenverzeichnis

adpic: S. 29/1/E.Wodicka, S. 38/1/E.Wodicka, S. 58/M. Baumann, S. 139/2/B. Leitner, S. 140/1/B. Leitner, S. 151/1-151/2/E. Isselée, S. 279/2/K. Neudert, S. 282/1/I. Shpulak, S. 282/2/D. Koschek, S. 282/3/H. Dora

akg-images: S. 9, S. 13/Paul Hey, S. 244/1

Bundeskartellamt, Bonn: S. 139/1, S. 153

Bundesagentur für Arbeit: S. 27

Bundesministerium für Familie, Senioren, Frauen und Jugend, Alexanderstraße 3,

10178 Berlin: S. 221/2

Deutsche Bundesbank, Frankfurt am Main: S. 69/1, S. 71/1-71/4, S. 73

Deutscher Sparkassen Verlag GmbH: S. 68

Digitalstock: S. 7/1/ D.Pietsch, S.7/3/M.Dietrich , S. 16/1/D.Pietsch, S. 16/2/M.Dietrich, S. 238

Europäische Zentralbank, Frankfurt am Main: S. 163/1

Fotofinder: S. 29/2/vario images, S. 29/3/Volkmar Schulz/Keystone, S. 38/2/vario images, S. 38/3/Volkmar Schulz/Keystone, S. 45/1/argus/Mike Schroeder, S. 45/2/ecopix Fotoagentur, S. 46/argus/Mike Schroeder, S. 67/ecopix Fotoagentur, S. 100/Manfred Vollmer/ Das Fotoarchiv

Gottwald, Joachim, Berlin: S. 215, S. 272

Haitzinger, Horst: S. 124, S. 288

Haus der Geschichte, Bonn: S. 206

IG Friedrichstraße, Berlin: S. 146/1

iStockphoto: S. 162

Kommission der Europäischen Gemeinschaft, Brüssel (in: Die Gemeinschaft 1992: ein Markt mit neuen Dimensionen): S. 250

Löffler, Reinhold: S. 223

Mohr: S. 126

Müller, Klaus, Teltow: S. 137

picture-alliance: S. 15/akg, S. 64/dpa/dpaweb, S. 69/2/ dpa, S. 80/dpa, S. 81/dpa, S. 101/3/akg-images, S. 102/ Judaica-Sammlung-Richter, S. 111/1/akg-images, S. 111/2/dpa, S. 115/1-115/2/dpa, S. 116/dpa, S.119/1/ dpa, S. 119/2/akg-images, S. 130/akg- images/Schuetze/ Rodemann, S. 134/dpa, S. 135/dpa, S. 136/dpa, S. 163/3/ dpa, 172/dpa, S. 192/akg-images, S. 196/dpa, S. 202/ dpa, S. 241/1/Icon SMI, S. 241/2/dpa, S. 241/3/dpa, S. 242/Icon SMI, S. 244/2-244/3/dpa, S. 247/1-247/2/ dpa, S. 248/dpa, S. 273/dpa, S. 279/1/dpa

Plassmann, Thomas, Essen: S. 222, S.300

project photo, Augsburg: S. 70

Rauschenbach: S. 14

Schamuhn, Anette, Berlin: S. 49, S. 200

Schüler, Detlev, Berlin: S. 8

Shutterstock: S. 7/2, S. 16/3, S. 17, S. 101/2, S. 119/3, 132/1-132/2, 139/3, 140/2, S. 163/2, S. 180 (Eurosymbol), S. 287

Superbild, Berlin: S. 69/3, S. 201/1-201/3, S. 279/3

toonpool.com GmbH: S. 30/besscartoon, S. 65/Karsten Schley

ullsteinbild: S. 101/1/Granger Collection, S. 107/Granger Collection

Wirtz, Peter, Dormagen: S. 276

Wolter, Jupp, Lohmar: S. 148, S. 205

www.koeln-vorort.de/Michael Musto: S. 146/2